EL TERRITORIO, LA FRONTERA Y LOS MAPAS EN EL DERECHO INTERNACIONAL

El caso Guyana c. Venezuela

Héctor Faúndez Ledesma

EL TERRITORIO, LA FRONTERA Y LOS MAPAS EN EL DERECHO INTERNACIONAL

El caso Guyana c. Venezuela

Prólogo de Juan Carlos Sainz Borgo

Serie Estudios 167

Academia de Ciencias Políticas y Sociales

Editorial Jurídica Venezolana

Faúndez Ledezma, Héctor
EL TERRITORIO, LA FRONTERA Y LOS MAPAS EN EL DERECHO INTERNACIONAL - El caso Guyana c. Venezuela / Héctor Faúndez Ledezma / Prólogo de Juan Carlos Sainz Borgo / Caracas, Academia Nacional de Ciencias Políticas y Sociales - Editorial Jurídica Venezolana International, 2026.
446 p.

Serie Estudios 167

ISBN: 979-8-90504-416-8

1. Controversia territorial entre Guyana y Venezuela. 2. Derecho internacional. 3. Medios de adquisición de territorios. 4. Fronteras internacionalmente reconocidas 5. El valor de los mapas como medio de prueba

1. Territorial controversy between Guyana and Venezuela.2. International law. 3. Means of acquisition of territories. 4. Internationally recognized borders. 5. The value of maps as a means of evidence

Editorial Jurídica Venezolana International
ISBN: 979-8-90504-412-0
Editorial Jurídica Venezolana, Avenida Francisco Solano López; Torre Oasis, P.B., Local 4 Sabana Grande.
Apdo. 17598. Caracas, 1015, Venezuela.
Teléfono 0212-762.2553 / 762.3842 /
Email: ejvinternational@gmail.com www.juridicavenezolana.com.ve
Impreso por: Lightning Source, an INGRAM Content company para: Editorial Jurídica Venezolana International Inc.
Panamá, República de Panamá.

Portada por: Susana C. Gil O.
Diagramación y montaje por: Susana C. Gil O.
Garamond 12 puntos, interlineado sencillo, mancha de 23,4 x 16,cm

A la memoria de Lotti.
Mi alegría y mi mundo.
El mejor regalo que me dio la vida.
Siempre en mi corazón.

ÍNDICE

EL TERRITORIO, LA FRONTERA, Y LOS MAPAS EN EL DERECHO INTERNACIONAL

El caso Guyana c. Venezuela

PRÓLOGO 15

INTRODUCCIÓN 21

1. LA BÚSQUEDA DE EL DORADO 22
2. LAS CONTROVERSIAS FRONTERIZAS Y LAS DISPUTAS TERRITORIALES 23
3. EL CASO GUYANA C. VENEZUELA 25
4. EL OBJETO DE LA CONTROVERSIA 26
5. LAS POSICIONES DE LAS PARTES 30
6. LAS EXPLORACIONES Y LOS MAPAS DE SCHOMBURGK 35
7. LA FRONTERA ESCURRIDIZA Y LA DANZA DE LOS MAPAS INGLESES 38
8. EL LAUDO DE PARÍS, Y LO QUE ESTÁ EN JUEGO 41
9. EL DAVID VENEZOLANO Y EL GOLIATH INGLÉS 46

PRIMER PARTE

EL TERRITORIO

49

I. EL TERRITORIO EN EL DERECHO INTERNACIONAL 49

II. LAS DIMENSIONES DEL ESPACIO ESTATAL 52

1. El espacio terrestre, aéreo y marítimo 55
2. Los espacios marinos 56

III. LA ADQUISICIÓN DE TERRITORIO Y LOS TÍTULOS 59

IV. LOS MEDIOS DE ADQUISICIÓN DE TERRITORIOS 62

1. LA BULA *INTER CAETERA* 64
2. EL DESCUBRIMIENTO 65
3. LA OCUPACIÓN. 70

a) Los territorios susceptibles de ser ocupados 71
b) El *animus occupandi* 72
c) La ocupación "efectiva" 72
d) Los espacios adyacentes 74
e) La notoriedad de la ocupación 77
f) La ocupación del territorio de Guayana 79
4. LA CESIÓN. 79
5. LA PRESCRIPCIÓN 84
a) La doctrina 85
b) La jurisprudencia 90
c) Las condiciones operativas 93
i. La posesión a título de soberano 93
ii. El abandono de derechos por otro Estado 93
iii. La posesión duradera 94
iv. La posesión pacífica e ininterrumpida 96
d) Una recapitulación 97
6. LA ACCESIÓN, ACRECIÓN, O ALUVIÓN 99
7. LA CONTIGÜIDAD GEOGRÁFICA 101
8. LA CONQUISTA MILITAR 112
9. LA ADJUDICACIÓN 116
10. LOS "TÍTULOS HISTÓRICOS" 117
V. LAS "*EFFECTIVITÉS*" COMO PRUEBA DE LA SOBERANÍA 129

SEGUNDA PARTE
LA FRONTERA
139

I. LA DELIMITACIÓN DE LAS FRONTERAS 148
II. EL *UTI POSSIDETIS* COMO PRINCIPIO DE DELIMITACIÓN 152
1. LA EVOLUCIÓN DEL *UTI POSSIDETIS* EN EL DERECHO INTERNACIONAL 157
2. LA RELACIÓN DEL *UTI POSSIDETIS* CON LOS TÍTULOS TERRITORIALES 158
3. LA FORMULACIÓN DOCTRINAL DEL *UTI POSSIDETIS* 159

4. EL RAZONAMIENTO DEL CONSEJO FEDERAL SUIZO

a) Un acuerdo entre nuevos Estados [illegible]

b) Un principio de delimitación **163**

c) La naturaleza de este principio **164**

d) Algo distinto de los títulos territoriales **165**

e) La elección entre límites jurídicos y límites de hecho **165**

f) La imprecisión de las fronteras coloniales **166**

g) La fecha crítica **168**

h) La extinción de *terra nullius* en la región **169**

5. LA EXPANSIÓN DE SU APLICACIÓN **169**

6. LA JURISPRUDENCIA INTERNACIONAL **175**

a) La frontera del Rann de Kutch **175**

b) La frontera entre Honduras y Guatemala **177**

c) La frontera entre El Salvador y Honduras **179**

d) La frontera entre Burkina Faso y Mali **181**

e) La frontera "marítima" entre Guinea-Bissau y Senegal **183**

f) La frontera entre Benín y Niger **185**

g) La frontera entre Burkina Faso y Niger **186**

7. LA TRANSFORMACIÓN DEL *UTI POSSIDETIS* **186**

8. LA DEMARCACIÓN DE LA FRONTERA **188**

III. UNA RECAPITULACIÓN **189**

TERCERA PARTE

LOS MAPAS EN LAS DISPUTAS TERRITORIALES

195

I. LA NATURALEZA DE LOS MAPAS **197**

1. Los mapas y los títulos territoriales **199**

2. Lo que muestran los mapas **199**

3. El valor intrínseco de los mapas **200**

II. LOS MAPAS EN EL DERECHO INTERNACIONAL **201**

1. LA IMPORTANCIA Y LA UTILIDAD DE LOS MAPAS **201**

2. EL VALOR PROBATORIO DE LOS MAPAS **202**

3. LOS MAPAS QUE SE CONSIDERAN RELEVANTES **204**

.A CAUTELA CON QUE LOS TRIBUNALES VEN LOS MAPAS 206
) La procedencia de los mapas 207
i. Los mapas oficiales 208
ii. Los mapas formalmente carentes de un aval oficial 213
iii. Las cláusulas de exención de responsabilidad oficial 214
iv. Los mapas procedentes de fuente interesada 215
.v. Los mapas procedentes de fuentes independientes 215
b) El carácter meramente ilustrativo de los mapas 216
c) La escala utilizada 218
d) La fiabilidad técnica 220
e) Los errores en los mapas 221
f) La relevancia jurídica de los colores y las líneas de puntos 226
g) Las omisiones en los mapas 226
h) Las inconsistencias entre los mapas 227
i) Los mapas extraviados o de existencia dudosa 227
5. EL EFECTO ACUMULATIVO DE LOS MAPAS PREDOMINANTES 227

CUARTA PARTE
LOS MAPAS DEL ESEQUIBO

299

I. LOS PRIMEROS MAPAS 235
II. LOS MAPAS DE CARTÓGRAFOS HOLANDESES 244
1. EL MAPA DE BLAEUW, DE 1635 245
2. EL MAPA DE HENEMAN, CA. 1776 250
3. EL MAPA DE BOUCHENROEDER, DE 1798 252
III. LOS MAPAS DE CARTÓGRAFOS FRANCESES 256
1. LOS MAPAS DE SANSON 257
2. LOS MAPAS DE DELISLE 263
3. EL MAPA DE D'ANVILLE, DE 1748 269
4. EL MAPA DE VAUGONDY, DE 1750 276
5. LOS MAPAS DE BELLIN (1757, 1763, Y 1764) 279
6. EL MAPA DE BONNE, DE 1781 284
7. EL MAPA DE POIRSON, DE 1802 287

8. LOS MAPAS DE DELAMARCHE, DE 1824 Y 1838
9. EL MAPA DE LAPIE, DE 1828
10. EL MAPA DE DUFOUR, DE 1849 293
IV. LOS MAPAS DE OBSERVADORES INDEPENDIENTES 299
1. EL MAPA DE FRANÇOIS DEPONS, DE 1805 299
2. LOS MAPAS DE CUMMINGS 304
3. EL MAPA DE BOUCHON, DE 1825 304
4. EL MAPA DE HEZEKIAH Y FRANCIS J. HUNTINGTON, DE 1830 304
5. EL MAPA DE RICHARD SCHOMBURGHK, DE 1847 311
V. LA VISIÓN DE LOS GOBERNADORES DE GUAYANA 313
1. LOS BOCETOS DE STORM VAN GRAVESANDE (1748 Y 1750) 313
2. EL MAPA DE DIGUJA, DE 1761 319
3. EL MAPA DE CENTURIÓN, DE 1773 323
VI. LOS MAPAS ESPAÑOLES 327
1. EL MAPA DE CRUZ CANO Y OLMEDILLA, DE 1775 329
2. EL MAPA DE LUIS DE SURVILLE, DE 1778 338
VII. LOS MAPAS COLOMBIANOS Y VENEZOLANOS 342
1. LA CARTA DE LA REPÚBLICA DE COLOMBIA, DE RESTREPO 342
2. LOS MAPAS DE CODAZZI 344
VIII. LOS MAPAS BRITÁNICOS 355
1. LOS MAPAS ANTERIORES A LA CONTROVERSIA 355
a) El mapa de Popple, de 1733 355
b) Los mapas de De La Rochette (1783 y 1807) 360
c) El mapa de Aaron Arrowsmith, de 1810 364
d) El mapa de Pinkerton, de 1818 367
e) El mapa de Thomson, de 1817 370
f) El mapa de Hall, de 1829 370
g) El mapa de Alexander, de 1832 375
h) Los mapas de John Arrowsmith, de 1832, 1834, y 1858 378
i) El mapa de Hadfield, de 1838 383
2. LOS MAPAS DE SCHOMBURGK 387
a) El mapa de 1835 389
b) El mapa de 1839 (1840) 392
i. La naturaleza oficial -o cuasi oficial- del mapa de 1840 392

ii. Las fronteras reclamadas en el mapa de 1840 **393**
c) El mapa de 1844 **397**
d) Un mapa extraviado o inexistente **397**
e) Los mapas que se le atribuyen indebidamente **399**
3. LOS MAPAS POSTERIORES AL DE SCHOMBURGK 401
a) El mapa de Hebert, de 1842 **401**
b) El mapa Stanford, de 1875 **405**
c) El mapa Stanford, de 1886 **408**
d) Los mapas del Colonial Office List (marzo y diciembre de 1886) **410**
IX. LOS MAPAS HISTÓRICOS DE LA OCUPACIÓN EUROPEA 414
1. LA OCUPACIÓN EUROPEA EN 1597 414
2. LA OCUPACIÓN EUROPEA EN 1626412 414
3. LA OCUPACIÓN EUROPEA EN 1648 415
4. LA OCUPACIÓN EUROPEA EN 1674 415
5. LA OCUPACIÓN EUROPEA EN 1703 415
6. LA OCUPACIÓN EUROPEA EN 1724 416
7. LA OCUPACIÓN EUROPEA EN 1756 416
8. LA OCUPACIÓN EUROPEA EN 1772 417
9. LA OCUPACIÓN EUROPEA EN 1796 418
10. LA OCUPACIÓN EUROPEA EN 1803 419
11. LA OCUPACIÓN EUROPEA DE 1597 A 1803 (1814) 423
X. LAS LÍNEAS DE COMPROMISO 425
XI. LA LÍNEA DEL LAUDO DE PARÍS 433

CONCLUSIÓN

437

PRÓLOGO
en clave de Derecho Internacional

El libro que tengo la honra de prologar por invitación de su autor es un libro de derecho internacional, y quien emprenda su lectura debe tener claro su objeto. Aunque ese objeto está descrito claramente en el título, para el lector desprevenido no es difícil perderse en la variedad de temas que presenta: "El territorio, la frontera y los mapas en el derecho internacional: El caso Guyana vs Venezuela".

Para que no quede duda, el Dr. Héctor Faundez Ledesma, recuerda que "… Las interpretaciones de la historia hechas por los juristas valen tan poco como el juicio de los historiadores -o de los geógrafos- sobre las reglas relativas a la adquisición de territorios, la interpretación de los tratados, las condiciones de validez de un instrumento jurídico, o el derecho aplicable en una situación determinada." Faúndez Ledesma es un jurista y, como tal, su intención no es reescribir la historia o enseñar geografía a los geógrafos, sino articular la información disponible y señalar las consecuencias jurídicas de la misma. En realidad, en más de un punto -particularmente en lo que concierne a los espacios efectivamente ocupados por las partes en el territorio en disputa-, él advierte que, en lo concerniente a la controversia del Esequibo, falta una investigación histórica rigurosa, que permita establecer con certeza quién estaba en qué porción del territorio en disputa.

Este es un libro de derecho internacional, y el método jurídico es la base y la estructura de esta obra, que puede ser calificada de fundamental para el momento que atraviesa Venezuela. El autor adopta un método cartesiano, basado en las fuentes del derecho internacional para explicar escenarios sobre la adquisición del territorio en disputa, la determinación de la frontera, el valor jurídico de los mapas disponibles, y su posible impacto en la decisión de la Corte Internacional de Justicia sobre la disputa entre Guyana y Venezuela.

El Derecho Internacional Público, que sirve de base, estructura y propósito de este volumen, es una disciplina no siempre bien comprendida. Muchos confunden el derecho con la política internacional, y asocian las agendas personales de líderes mundiales a las fallas del derecho internacional. En esta época tan compleja que navegamos, numerosas voces agoreras hablan de la crisis del derecho internacional, de la ausencia del derecho internacional, y hasta del fin del derecho internacional. Cuando las sociedades se plantean los problemas del autoritarismo, o el incremento de la criminalidad, no hacen responsable de esos fallos al derecho constitucional como un todo, o al derecho penal como una disciplina. En ocasiones, esas crisis pueden terminar en procesos constituyentes para actualizar la constitución como un nuevo pacto social, o la ley penal respectiva debe ser ajustada. Pero las sociedades nunca se plantean una crisis de la validez del sistema normativo como un todo. Lamentablemente, esta es una acusación que con frecuencia recibe el derecho internacional de parte de quienes no se han formado en él.

Quisiera entonces, dado este contexto, ofrecer algunas luces sobre el derecho internacional, para ayudar al aventurado lector cuya disciplina base no sea el derecho de gentes, y se sienta frustrado cuando sus respuestas no le satisfagan, o no corresponden con sus expectativas.

En palabras de una expresidenta de la Corte Internacional de Justicia y profesora del alma mater del autor, el London School of Economics, Rosalyn Higgins, *"el derecho internacional no son reglas de derecho. Es un sistema normativo*". Para ella, "*Un sistema normativo hace posible un nivel de orden en la sociedad para maximizar el bien común y, además, evitar el caos en la red de tratados bilaterales y multilaterales y las relaciones que esos tratados abrazan.*" De esta manera, la Profesora Higgings deja clara una de las premisas de Héctor Faundez en el análisis de este libro: el derecho internacional no son reglas aisladas, sino un sistema normativo, que debe ser analizado de esa forma para poder ordenar el cúmulo de fuentes que orbitan alrededor de un tema particular.

La Profesora Higgins, en su libro "Problemas y Procesos. El derecho Internacional y como lo usamos", entra en el fondo del problema de esta disciplina cuando se pregunta: "¿Cómo puede haber un derecho sin una fuente central de autoridad que la imponga?" En su explicación, comienza basándose en una visión positivista, donde "el concepto del derecho se basa en un comando soberano que hace posible la imposición de sanciones". Pero, "en el sistema del derecho internacional... las sanciones juegan un papel muy pequeño en el cumplimiento de la norma." Entonces, la ex Presidenta del máximo órgano judicial del sistema internacional se pregunta: "¿Qué hace el derecho internacional para ser observado por los estados miembros de la comunidad internacional como vinculante?"

Para responder a la Profesora Higgins, quisiéramos hacer una breve revisión de la bibliografía, y comenzar con el caraqueño asentado en Chile, Andrés Bello, que en su libro "Principios de Derecho Internacional", propone una definición similar a la citada previamente, con una diferencia de 150 años: "*El derecho internacional o de gentes es la colección de las leyes o reglas generales de conducta que las naciones o Estados deben observar entre sí para su seguridad y bienestar común.*" La definición no ha variado, pero la forma de abordarla ha orbitado todas las escuelas de pensamiento, desde el naturalismo, el positivismo, y el marxismo, entre otras. Tampoco ha variado la importancia del territorio en la construcción y desarrollo del derecho internacional. En su tratado de mediados del Siglo XIX, el Maestro Bello afirmó lo siguiente: "*Nada importa más a las naciones para precaver disputas y guerras que fijar con exactitud los linderos o términos de sus respectivos territorios*".

Y de eso trata este libro que tengo la oportunidad de prologar: reiterar la importancia de los límites internacionales para los Estados, como forma de conservar la paz en un plano bilateral, y finalmente para el propio derecho internacional en su conjunto. Parafraseando a Lázaro Cárdenas, el respeto del derecho internacional es la paz. Y, como también refiere el autor en otro texto suyo, se recuerda que, en lo fundamental, el derecho internacional es un conjunto de reglas mutuamente convenidas por los propios Estados.

En este sentido, el territorio del Estado y sus límites desempeñan un papel fundamental en el nacimiento y el funcionamiento del derecho internacional. No solo constituyen elementos definitorios del Estado, sino que delimitan el ámbito espacial de validez de las normas jurídicas, y organizan la coexistencia entre órdenes estatales distintos. Estos elementos definitorios de la soberanía, desde la teoría del estado también constituyen un elemento clave para la comprensión del derecho internacional público contemporáneo. Y quiero enfatizar el tema contemporáneo, ya que muchos pretenden ver la existencia de un derecho internacional estático, desde la práctica de la diplomacia ateniense o espartana, o de las relaciones entre imperios o grandes potencias. En lo personal considero que el derecho internacional nace con el estado-nacional, con el que surge paralelamente el concepto de soberanía, y es a partir de ese momento que podemos hablar de la existencia de un derecho internacional público, donde las fronteras y la aproximación de este libro constituyen un aporte fundamental.

Desde mediados del siglo XIX y comienzos del XX, se desarrolló un profundo debate sobre la naturaleza del derecho internacional. Una respuesta a este debate fue la teoría de la autolimitación, según la cual el Estado se somete voluntariamente a normas jurídicas que él mismo reconoce como obligatorias. Esta concepción permitió construir un fundamento positivista del derecho internacional, compatible con la centralidad del Estado y con la estructura territorial del orden internacional, que articuló el nacimiento de un sólido derecho internacional a partir de esa época.

A finales del siglo XIX, Georg Jellinek elaboró una de las formulaciones más influyentes de la autolimitación mediante su concepto de *Selbstbindung*. Para Jellinek, el Estado es un ente jurídico soberano que se obliga a sí mismo mediante normas que reconoce como válidas. Esta auto vinculación no contradice la soberanía, sino que la presupone: sólo un sujeto soberano puede decidir limitar jurídicamente su propio poder. En su teoría, Jellinek identifica tres elementos constitutivos del Estado —pueblo, territorio y poder— y sitúa el territorio como el ámbito espacial dentro del cual el orden jurídico estatal despliega su validez. La frontera delimita ese espacio y permite la coexistencia de múltiples órdenes jurídicos estatales. En este sentido, la autolimitación explica no sólo la obediencia interna al derecho, sino también la aceptación de límites externos derivados del derecho internacional.

A finales del siglo XIX, Heinrich Triepel introdujo un matiz decisivo al voluntarismo clásico, al sostener que el derecho internacional no surge de una voluntad unilateral, sino de una voluntad común entre Estados. En *Völkerrecht und Landesrecht*, Triepel defiende un dualismo entre el derecho interno y el internacional, pero explica la obligatoriedad de este último como resultado de una decisión concertada de los Estados.

La frontera adquiere aquí un significado particular: es el punto de contacto entre dos órdenes jurídicos distintos. La autolimitación no se produce de manera aislada, sino en un contexto relacional en el que los Estados aceptan límites recíprocos para hacer posible la convivencia jurídica. Esta convivencia es en sí misma la explicación y la definición del derecho internacional moderno. Estamos en presencia de un aporte contemporáneo del derecho internacional.

Por otro lado, la escuela italiana del voluntarismo político, con Dionisio Anzilotti, desarrolló una versión estrictamente positivista y voluntarista del fundamento del derecho internacional. Para él, la obligatoriedad de las normas internacionales deriva exclusivamente del consentimiento del Estado. La soberanía no es negada por el derecho internacional; al contrario, se manifiesta en la capacidad del Estado para obligarse jurídicamente mediante tratados y costumbre aceptada.

En el *Cours de droit international* de 1929, Anzilotti otorga un lugar central al territorio y a las fronteras como objetos de regulación jurídica. Las normas internacionales delimitan competencias territoriales, establecen títulos sobre espacios, y fijan los límites de la jurisdicción estatal. Así, la autolimitación se traduce en restricciones espaciales concretas que organizan la vida internacional.

Posteriormente, Oppenheim consolidó la tradición positivista en lengua inglesa, mediante una exposición sistemática del derecho internacional basada en el consentimiento estatal. En "International Law: A Treatise" (1905), el territorio ocupa un lugar central como objeto de regulación: títulos territoriales, fronteras, delimitación marítima y competencia jurisdiccional constituyen capítulos esenciales de su obra.

En la tradición hispana, Manuel Díez de Velasco desempeñó un papel central como sistematizador de las teorías clásicas del Derecho internacional. En "Instituciones de Derecho Internacional Público", él expone de manera clara las doctrinas voluntaristas y normativistas, subrayando su impacto en la regulación del territorio y las fronteras iberoamericanas.

No puede entenderse el derecho internacional público si no se entiende plenamente el papel de la construcción de los límites internacionales y las fronteras de un estado. La teoría de la autolimitación, como escuela de pensamiento, es la que mejor estructura, a mi criterio, una base para esta disciplina que se comprende plenamente al atender a su dimensión espacial: los límites y fronteras son el correlato jurídico de la soberanía autolimitada.

Para entender los límites y las fronteras será necesario usar las disciplinas auxiliares, como la historia y la geografía, para poder construir un argumento jurídico para el derecho territorial. Sin embargo, solo será el derecho internacional, las reglas establecidas a través de la voluntad de los estados y su desarrollo mediante la jurisprudencia, la doctrina, los tratados y la costumbre, las que determinarán las reglas relativas a la adquisición de territorios, la interpretación de los tratados, las condiciones de validez de un instrumento jurídico, o el derecho aplicable en una situación determinada.

En esta obra, Héctor Faundez Ledesma ha decidido abordar desde el derecho internacional, con rigor académico, el análisis de los mapas como un medio de prueba en la determinación de los espacios que, en la región situada en la ribera izquierda del río Esequibo, corresponden a una u otra de las partes en litigio. La obra comienza con uno de los estudios más detallados en derecho internacional en el continente sobre los medios de adquisición del territorio, los títulos territoriales y los medios de delimitación. Se revisa la doctrina disponible, los desarrollos teóricos, pero se utiliza un amplio análisis de la jurisprudencia global en la materia. Este estudio constituye en sí mismo un aporte relevante en la bibliografía venezolana y continental a la bibliografía de los problemas territoriales, normalmente enfocados en el análisis histórico, donde, paradójicamente, el tema jurídico juega un papel más bien marginal. Quizás la única excepción en el tema en Venezuela proviene de los estudios jurídicos de Isidro Morales Paul en las delimitaciones en el Mar Caribe, por ejemplo, "La delimitación de áreas marinas y submarinas entre Venezuela y Trinidad y Tobago" (Academia de Ciencias Políticas y Sociales, 1983).

El texto de Héctor Faúndez Ledesma, en gran medida, es provocador, ya que las realidades jurídicas que él explica en muchas ocasiones no corresponden con las expectativas políticas o históricas que alguien se podría haber hecho de ciertos documentos o mapas, e incluso con instituciones de la historia regional, como es el análisis que al autor realiza del *Uti Possidetis Iuris.* El Dr. Faundez lo deja claro en el texto que ya he mencionado a comienzos de estas líneas introductorias: "*Las interpretaciones de la historia hechas por los juristas valen tan poco como el juicio de los historiadores -o de los geógrafos- sobre las reglas relativas a la adquisición de territorios, la interpretación de los tratados, o las condiciones de validez de un instrumento jurídico". Lo último es, sin duda, tarea de los juristas*

La cuarta parte de la obra es una mapoteca regional de una extraordinaria relevancia. Según el listado del índice, el autor analiza más de 64 mapas, que en sí mismo representan un gran aporte al tema. Sin embargo, codificar esa colección de mapas no es el mayor aporte del esfuerzo del autor, sino en la clasificación según las fuentes del derecho y el análisis de su posible valor jurídico dentro de las reglas que ha utilizado la Corte Internacional de Justicia y otros tribunales internacionales para adjudicar los territorios a las partes en conflicto. El análisis de estos mapas es una gran contribución con ejemplos que son fundamentales para la historia de Venezuela, pasando por el mapa de Robert Schomburgk, de 1840, con el que se inició esta controversia, y los mapas posteriores de Inglaterra, que cada vez reclamaban una frontera más hacia el oeste.

La mapoteca se presenta con un orden cartesiano, como mencioné previamente. El índice divide los mapas en el siguiente listado: los primeros mapas, sin relevancia jurídica en esta controversia, los mapas de cartógrafos holandeses, los mapas de cartógrafos franceses, los mapas de observadores independientes, la visión de los gobernadores de Guayana, los mapas españoles, los mapas colombianos y venezolanos, los mapas británicos -distinguiendo entre los mapas anteriores a la controversia territorial, el mapa de Schomburgk, los mapas posteriores al de Schomburgk-, y los mapas históricos de la ocupación europea. Cada uno de estos mapas incluye una breve mención a su origen, el cartógrafo o autor encargado de elaborarlo, con una apreciación jurídica de lo que ese mapa pueda probar en esta controversia.

Al terminar con esa sección, el autor introduce dos grupos de mapas, que terminan de construir las líneas de compromiso. En especial, son interesantes sus consideraciones sobre la línea trazada por el Tribunal Arbitral de París en 1899: "*Este autor no conoce un mapa con la línea del laudo que no sea la que se representa en los mapas de las partes en esta controversia, junto con otros mapas de Guayana, incluyendo uno que reposa en la Biblioteca del Congreso de los Estados Unidos. Desde 1905 en los mapas de Venezuela y en los mapas de la Colonia de Guyana Británica, primero, y -desde 1966- en los mapas de la Guyana independiente, se ha mostrado, como línea de frontera, la indicada por el laudo de París. A partir de 1965, Venezuela continuó utilizando esa línea, pero marcó, con rayas oblicuas, toda la zona situada entre dicha línea y el río Esequibo como "Territorio en reclamación*". Esas reflexiones sobre la naturaleza de la línea de frontera. que el Tribunal Arbitral determinó, son las que están en discusión, pendientes de la decisión de la Corte sobre la nulidad o validez del laudo del 3 de octubre de 1899.

El autor concluye su obra con algunas reflexiones importantes, que explican la importancia de su trabajo: "Si se declara que el Laudo de París es nulo, será necesario determinar cuál es la frontera terrestre definitiva entre Guyana y Venezuela, teniendo en cuenta los medios a través de los cuales los Estados litigantes habrían adquirido esos territorios". Si la Corte Internacional ratifica el Laudo del Tribunal de París, más allá de la confirmación de un exabrupto jurídico herencia de la época colonial donde el Imperio Británico marcaba las fronteras con prescindencia de la realidad jurídica e histórica, se iniciaría una nueva época donde Guyana y Venezuela deberán comenzar un trabajo para delimitar y demarcar espacios acuáticos, como consecuencia de la inmutabilidad del límite terrestre establecido en el Laudo de 1899.

Finalmente, quisiera terminar este prologo rescatando una de las ideas mencionadas al inicio de este: la honra que me produce presentar estas páginas. Héctor Faundez Ledesma fue el coordinador del Programa de Especialización en Derecho Internacional que me entrevistó a inicios de la década de los noventa del siglo pasado, para iniciar mis estudios de postgrado en esta disciplina que ha sido mi vida, mi compromiso y mi pasión. El Dr. Faundez fue mi profesor en varias ocasiones y en no pocas oportunidades sus posiciones y las mías chocaron estrepitosamente. La fuerza del tiempo y del estudio me hizo retroceder y aceptar las enseñanzas del profesor devenido maestro años después. Sin duda, todos éramos más jóvenes. Héctor fue además en varias ocasiones mi profesor en el Doctorado, fue el Presidente del Tribunal de mi tesis doctoral y, además, el Presidente del Jurado para mi ingreso por concurso de oposición al escalafón profesoral en el Instituto de Derecho Público de la Universidad Central de Venezuela. Luego le he acompañado en muchas ideas y proyectos, innumerables conversaciones en la terraza o en la biblioteca de su casa. Lamentablemente, hechos por todos conocidos me han impedido acompañarlo con la regularidad que me hubiera gustado.

En todo caso, que un maestro le pida a un pupilo que escriba el prólogo de una obra de la importancia de la que presenta Héctor Faundez Ledesma en esta oportunidad es un gesto de su compromiso con el avance del conocimiento del derecho y de quienes hemos sido sus alumnos en las aulas y fuera de ellas. Muchas gracias por la oportunidad de expresar por escrito mis opiniones.

El libro que tiene en sus manos será una brújula fundamental en los años por venir para reparar el daño causado por el Laudo Arbitral de 1899, o una obra histórica para entender la decisión que adopten de los jueces de la Corte Internacional de Justicia. Solo el tiempo nos dará la respuesta.

Dr. Juan Carlos Sainz Borgo

Investigador del Instituto de Derecho Público,
Universidad Central de Venezuela
Vice-Rector, Universidad para la Paz,
Organización de las Naciones Unidas. Costa Rica.

INTRODUCCIÓN

Desde la Revolución Francesa, con el nacimiento del Estado-Nación, el territorio del Estado se ha identificado con el espacio que ocupa una nación. De ahí que las controversias territoriales sean percibidas con extremada sensibilidad por la opinión pública. Disputas de esa naturaleza suelen ser muy apasionadas, pudiendo escalar al fanatismo, desde el que hay sólo un paso al uso de la violencia. Por su carácter simbólico, que hace que se le asocie con la idea de nación -y de patria-, cualquier amenaza a la integridad territorial del Estado despierta sentimientos colectivos difíciles de racionalizar, y enardece las pasiones de quienes se identifican con una de las partes. Porque, mientras el sano sentimiento patriótico nos acerca a nuestras raíces, uniéndonos a aquellos con quienes tenemos una cultura y una historia común, el patriotismo delirante empequeñece el espíritu, es excluyente de los otros seres humanos, no disimula los prejuicios hacia los demás, y es el caldo de cultivo de teorías supremacistas y aventuras militares.

El fantasma de Nicolás Chauvin, ese soldado de Napoleón que -con su visión mezquina de un patriotismo provinciano y fanático- incitaba a defender "la patria, con razón o sin ella", siempre está medrando en torno a las disputas territoriales. Además, como ilustra el caso de las islas Malvinas, los conflictos internacionales pueden ser el pretexto para distraer la atención de los problemas internos que afligen a la población. Por eso, Albrecht-Carrié ha observado que, en las relaciones entre los Estados, las fronteras son el asunto más difícil de ser modificado, hasta el punto de que es difícil encontrar ejemplos de cambio pacífico de las fronteras de un Estado.[1] Más que otras preocupaciones, lo que se percibe como una amenaza a la integridad territorial del Estado suele despertar el orgullo nacional, y conduce a dolorosos conflictos internacionales. En este sentido, Luard observa que, en los últimos dos o tres siglos, las disputas territoriales han sido, tal vez, la más importante causa de guerra entre los Estados.[2]

En la disputa territorial entre Guyana y Venezuela, como nacional de una de las partes en esta contienda, es difícil evitar que nuestro corazón se incline del lado del país con el que nos identificamos, lo cual podría ser la causa de más de alguna apreciación equivocada. Pero ser nacional de una de las partes no nos descalifica como juristas, ni nos obliga a renunciar a la búsqueda de la verdad, o a los principios que sirven de guía a quien ha dedicado su vida a la cátedra universitaria. Desde esta tribuna, nuestro papel no es el del burócrata, o el del abogado defensor de una de las partes. Si vamos a ser fieles a nuestra condición de estudiosos del derecho, no podemos utilizar la tarima del profesor para traicionar la misión de la universidad, plegándonos al discurso irracional de los mercenarios que hacen su fortuna en aguas tormentosas, o a las consignas elaboradas en los cuarteles, que pueden ser apropiadas para motivar a la tropa, pero que no sirven para delimitar fronteras, y que obedecen a fines políticos muy alejados de la defensa de la integridad territorial de un país. Si el propósito del derecho internacional es asegurar la coexistencia de derechos igualmente dignos de protección, en cualquier disputa territorial, la única forma de establecer quién tiene la razón es examinando desapasionadamente

1 Cfr. René Albrecht-Carrié, *A Diplomatic History of Europe since the Congress of Vienna*, revised edition, Harper & Row, Publishers, New York / Evanston / San Francisco / London, 1973, p. 22.

2 Cfr. Evan Luard, *Frontier disputes in modern international relations*, en The International Regulation of Frontier Disputes, Edited by Evan Luard, Thames and Hudson, London, 1970, p. 7.

el caso, y determinando cuáles son los derechos de unos y de otros. Ese es el espíritu que anima a las páginas que siguen.

1. La búsqueda de *El Dorado*

La búsqueda de oro y riquezas está en las raíces de esta controversia. En un mapa de Ptolomeo, de 1540, toda la costa norte de Sudamérica está cubierta por la leyenda "*Parias abundat auro et margaritis*".[3] Walter Raleigh -político, cortesano de Isabel I de Inglaterra, marino, corsario, y en algún momento alumno de la Universidad de Oxford, aunque no llegó a graduarse en ella- en su relato del viaje que en 1595 realizó a la región,[4] puso atención en esa tierra que se suponía pletórica de oro y riquezas, y que él llamó "*Guiana*".[5] Deslumbrado por las riquezas y las historias que llegaban del Perú, la ambición del oro llevó a Raleigh -al igual que a muchos españoles- a explorar esa región, en busca de *El Dorado*, una comarca prodigiosa, en la que supuestamente abundaban el oro y la plata, y que estaba gobernada por un cacique que -en las ceremonias religiosas- se cubría el cuerpo con polvo de oro. Si bien fueron muchos los que se dejaron deslumbrar por esa leyenda, la diferencia está en que -según una carta patente del 25 de marzo de 1584- Raleigh lo hizo en nombre de Isabel de Inglaterra.[6] A diferencia de otros exploradores, Raleigh supo excitar la imaginación y la ambición de la reina Isabel, preparando el terreno para esta controversia.

Entre los primeros trabajos de cartografía sobre esta región, Mallet-Prevost menciona el mapa de Raleigh, de 1595, que por primera vez en la cartografía hizo uso del nombre de "*Guiana*", en cuyo interior estaría situado el mítico lago Parima (que, según los indios le contaron a Lawrence Kemys, era de tal tamaño que no se distinguía del mar), el igualmente legendario palacio del cacique Manoa, y la fabulosa ciudad de *El Dorado*, que los europeos nunca habían visto.[7] No sabemos, con certeza, si el lago Parima alguna vez existió; pero, a mediados del siglo XVII, el Cartógrafo Nicolas Sanson explicaba que la parte de Guayana más avanzada hacia el interior era muy poco conocida, y que era allí donde se encontraba el Reino o la Ciudad de Manoa, o *El Dorado*, que muchos creían imaginario.[8] Dando cierto crédito a la leyenda, en la esquina inferior izquierda del mapa de la Guayana Británica de James E.

---

3 "*Margaritis*" era la forma arcaica de referirse a las perlas.

4 Cfr. Walter Raleigh, *The Discovery of the Large, Rich, and Beatiful Empire of Guiana, with a relation of the Great and Golden City of Manoa (which the Spaniards call El Dorado) and the provinces of Emeria, Arromaia, Amapaia and other Countries, with their rivers, adjoining*, Imprinted at London by Robert Robinson, 1596. Hay una reimpresión de 1848, publicada por la Hakluyt Society, de Londres, con un prefacio, notas y explicaciones de Robert H. Schomburgk, que es la que hemos consultado. Esta edición agrega dos textos de Raleigh, "Of the voyage for Guiana", probablemente escrito en 1596, y su diario autobiográfico de ese viaje. Es interesante observar que, en el prefacio de esta edición, Schomburgk atribuye a Raleigh el mérito de haber sido el fundador del imperio colonial británico. Cfr. op. cit., p. x. El texto está ilustrado con un mapa del viaje de Raleigh por el Orinoco, el cual fue preparado por Schomburgk, pero cuya parte norte está tomada del Atlas de Venezuela de Codazzi.

5 Manuel Donís cita un mapa anónimo, elaborado en la isla de Margarita en 1556, conocido como el mapa "de los Aruacas", en el que al sur este del río Caroní, se utiliza 'por primera vez en la cartografía- el topónimo Guyana. Según Donís, éste habría sido utilizado inicialmente por Diego de Ordaz, en su viaje de 1531, y provendría probablemente de la lengua arawaca, en la que significa "tierra de muchos ríos". Manuel Alberto Donís Ríos, *El Esequibo: Una reclamación histórica*, Universidad Católica Andrés Bello, Caracas, 2016, p. 17.

6 Isabel de Inglaterra había comisionado a Raleigh para "descubrir, explorar, averiguar y ver esas tierras tan remotas y bárbaras, que actualmente no estén en posesión de ningún príncipe cristiano, ni habitadas por pueblos cristianos." Cfr. *Hakluyt's voyages*, vol. III, p. 243, citado por Schomburgk, en su introducción a Walter Raleigh, *The Discovery of the Large, Rich, and Beatiful Empire of Guiana…*, p. xxvii.

7 Cfr. Ibid, p. 12. Kemys era un amigo y compañero de viaje de Raleigh.

8 Cfr. *L'Amerique en plusieurs cartes nouvelles, et exactes, &c. en divers traitez de geographie et d'histoire*, par Nicolas Sanson d'Abbeville, Geographe ordinaire du Roy, Chez L'Autheur, París, 1657, p. 80.

Alexander, de 1832, se explica que el lago Parima, al que se asocia con la leyenda de *El Dorado* -el reino de "*el rey dorado*"-, o con la Ciudad Dorada de Manoa, "es una extensa sabana, situada entre el río Branco y el Siparoonee, cubierta de agua sólo durante la época de lluvias." Por su parte, Schomburgk sostiene que la estructura geológica de la región deja pocas dudas de que alguna vez fue el lecho de un lago que, por una de esas catástrofes de las que tiempos más recientes dan testimonio, rompió sus barreras, forzando a sus aguas a salir al Atlántico. Schomburgk se preguntaba si no podía conectarse la pasada existencia de este mar interior con la leyenda del lago Parima y de *El Dorado*, cuya tradición sobrevivió al paso del tiempo, y cuya fama cruzó el Atlántico, encendiendo el fuego romántico del caballeroso Walter Raleigh.[9]

Restando credibilidad a la leyenda de *El Dorado*,y parcialmente a la existencia del lago Parima, aunque haciendo referencia a la ficción de las Amazonas, Humboldt recuerda que el mito pertenece a uno de esos ciclos uniformes y naturales de ensueños e ideas, que en todas las épocas se ven influidos, casi instintivamente, por la fantasía poética y religiosa de la humanidad.[10] Pero fue esa fantasía la que estimuló el afán de conquista, y en la que echó raíces esta controversia.

La decadencia del imperio español, que condujo a la independencia de las nuevas repúblicas americanas, hizo posibles opciones que no habrían estado disponibles si América Latina hubiera permanecido bajo el dominio colonial español. A partir de ese acontecimiento, las nuevas naciones estaban abiertas a la influencia del mundo, y despertaron agudos intereses entre los europeos. Pero desde mucho antes de eso, estimuladas por las riquezas que llegaban de Perú y Quito, las visiones de la mítica ciudad de *El Dorado* danzaban ante los ojos de los comerciantes, fabricantes y emprendedores europeos.[11] Las nuevas rutas comerciales, así como la ambición de poder y de riqueza, hicieron de Guayana -esa "inmensa isla continental", como la llama Lucena Giraldo,[12] o esa vasta zona situada en la cuenca entre los ríos Esequibo y Amazonas, circundada en el norte por el Océano Atlántico- una región particularmente apetecida por las potencias marítimas de la época. Fue con la expansión colonial en el nuevo mundo, asociada con la búsqueda del oro, los recursos naturales, y las nuevas rutas comerciales, que comenzó la disputa por el territorio situado al oeste del río Esequibo. Ahora, parece que lo que mantiene el interés por ese territorio es el "oro negro" que brota en la plataforma continental contigua a las costas de la zona en disputa.

2. Las controversias fronterizas y las disputas territoriales

Puesto que la soberanía territorial de un Estado excluye la de los demás, los Estados pueden disputar a quién corresponde determinado territorio, particularmente si éste se encuentra escasamente ocupado, o ha sido insuficientemente explorado.

En teoría, las controversias territoriales pueden versar sobre quién tiene el título a determinado territorio, o pueden ser controversias de límites, que requieren determinar por dónde pasa

---

9 Cfr. *A Description of British Guiana, geographical and statistical: Exhibiting its resources and capabilities, together with the present and future condition and prospects of the Colony*, Simpkin, Marshall, and Co., London, 1840, p. 6.

10 Cfr. Alexandre de Humboldt, *Examen critique de l'histoire de la géographie du nouveau continent et des progrès de l'astronomie nautique aux quinzième et seizième siècle*, Librairie de Gide, París, 1836, Tome Premier, p. 336.

11 Cfr. Lewis Hanke, *Liberation Movements in Latin America*, en *The Columbia History of the World*, edited by John A Garraty and Peter Gay, Harper & Row, Publishers, New York / Evanston / San Francisco / London, 1972 (Fifth Dorset Press Printing, 1985), pp. 812 y s.

12 Cfr. Manuel Lucena Giraldo, estudio preliminar en *Viajes a la Guayana ilustrada: El hombre y el territorio*, Fundación Provincial, Caracas, 1999, p. 25.

la frontera. Sin embargo, como quiera que se les llame, en términos prácticos, unas y otras son disputas por el control de un espacio geográfico determinado.

En la conquista del territorio, la ambición por expandir las fronteras del Estado a espacios ricos en recursos naturales, o a espacios potencialmente estratégicos para el acceso a esos recursos, para la defensa del territorio en el que ya se está firmemente asentado, o para el control de las rutas comerciales, no puede ser ignorada. Desde el punto de vista jurídico, las controversias territoriales pueden tener su origen en diversos factores, y pueden ser el resultado de la interpretación divergente de lo que es la descripción verbal de la frontera acordada en un tratado, o formulada en la sentencia de un tribunal internacional, o, incluso, en normas de Derecho interno. Dos o más Estados pueden tener ideas divergentes sobre el espacio efectivamente ocupado por ellos, sobre la existencia de títulos históricos, o sobre los orígenes de sus respectivas reclamaciones territoriales.

Intentando responder a qué hace que surjan las disputas territoriales, Boggs sugiere que, en general, las disputas fronterizas en el Nuevo Mundo, y -en menor medida- en África, habrían surgido debido a que, en el momento en que se fijó el límite en un tratado, o cuando se elaboraron los primeros mapas inexactos, se sabía muy poco de la geografía del país. Por el contrario, en Europa, en muchos casos, las disputas fronterizas habrían surgido porque las partes involucradas recordaban demasiada historia y, en ese caso, tales problemas no pueden resolverse, sencillamente, mediante la elaboración de mapas más precisos.[13]

Las controversias territoriales pueden ser el resultado de la interpretación divergente de lo que es la descripción verbal de una frontera -formulada en un tratado, una sentencia de un tribunal internacional, o, incluso, en normas de Derecho interno-, como ilustran, por ejemplo, las controversias entre Argentina y Chile, primero por la zona de Palena -a partir de un Tratado de 1881 y un Protocolo de 1903-,[14] y luego por la soberanía de las islas del Canal de Beagle, según el Tratado de límites de 1902 suscrito entre ambos países, y la disputa fronteriza terrestre, insular y marítima de El Salvador y Honduras, en 1992. En segundo lugar, la controversia puede haber surgido a partir de discrepancias en cuanto a la descripción gráfica de una frontera -hecha en mapas que son el producto de una de las partes, o de ambas, o de un tercero-, como queda ilustrado por el caso del Templo de Preah Vihear, o la disputa fronteriza entre Burkina Faso y Mali. En tercer lugar, las controversias territoriales pueden ser la consecuencia de los actos de una de las partes, guiados simplemente por el afán expansionista de quien tiene el poder para hacerlo, o por la creencia de que los territorios en los que ha incursionado eran *terra nullius*; los casos de las islas Malvinas, o la anexión de Texas por los Estados Unidos, pueden citarse como un ejemplo de esta categoría. En fin, las controversias territoriales (o limítrofes) pueden ser el producto de una combinación de todos esos factores, sin perjuicio de que haya alguno que prevalezca sobre los demás; éste es, probablemente, el caso de la controversia entre Guayana y Venezuela por el territorio situado al oeste del río Esequibo, en el que los mapas han tenido un papel preponderante. Cuando surge una controversia fronteriza, el tribunal llamado a resolverla tendrá que

---

13 Cfr. Samuel Whittemore Boggs, *International Boundaries: A study of boundary functions and problems*, Columbia University Press, New York, 1940, p. 17.

14 El Gobierno argentino sostenía que el límite contemplado debía ser esencialmente una frontera orográfica determinada, por las cumbres más altas de la Cordillera de los Andes. Por su parte, el Gobierno de Chile sostenía que la definición de la frontera que se encuentra en el Tratado y en los Protocolos sólo podía satisfacerse mediante una línea hidrográfica, que formara la división de aguas entre los océanos Atlántico y Pacífico, dejando a la Argentina las cuencas de todos los ríos que desembocan en el primero, dentro de la línea costera de la Argentina, y dejando a Chile las cuencas de todos los ríos que desembocan en el Pacífico, dentro de la línea costera chilena. *Award by His Majesty King Edward VII in the Argentine Chile Boundary Case (Palena)*, 20 November 1902, Report of the Tribunal Appointed by the Arbitrator, dated 19 November 1902, párrafo 10 del Informe del Tribunal. Reports of International Arbitral Awards, *The Cordillera of the Andes Boundary Case* (Argentina / Chile), Award of 20 November 1902, vol. IX, pp. 37-49.

determinar quién tiene un justo título al territorio en disputa, o quien tiene un mejor título, o quien tiene una reclamación más sólida,[15] o quien tiene una "reclamación dominante"[16] respecto del territorio en disputa.

3. El caso Guyana c. Venezuela

En el caso de la controversia entre Guyana y Venezuela, hoy pendiente en la Corte Internacional de Justicia, ambas partes están haciendo valer títulos territoriales que no son originarios, sino que derivan de un Estado al que ellas han sucedido. En el caso de Guyana, ella es la sucesora de los derechos que, luego de su independencia, le transfirió Gran Bretaña, que, a la vez, deriva sus títulos sobre el territorio en disputa de una cesión de derechos que le habrían hecho los Países Bajos. Por su parte, Venezuela es la sucesora de los derechos que le correspondían a la Corona Española en la región objeto de litigio, en la cual le sucedieron Colombia y, posteriormente, Venezuela, en su condición de antiguas colonias españolas. De manera que no está de más recordar que, cuando un nuevo Estado hereda un territorio en disputa, también hereda la disputa que está pendiente de ser solucionada, trayendo consigo todos los derechos que tenía el Estado al cual sucede, junto con las obligaciones asumidas por su antecesor respecto de ese territorio.

La controversia por el territorio situado en la ribera izquierda del río Esequibo es un asunto contencioso que, como consecuencia de las pasiones que despierta, es poco probable que pueda ser objeto de conciliación. En este sentido, mientras el juez Bennouna ha observado que ésta es una controversia con un alto impacto político y emocional,[17] el Juez Kirill Gevorgian ha puesto de relieve que esta disputa involucra intereses nacionales del mayor interés, tales como el derecho a extensas porciones de territorio.[18] Ahora, esta disputa está pendiente de ser resuelta por la Corte Internacional de Justicia.

---

15 En el caso de la Isla de Palmas, el Árbitro señaló que, si las partes no podían mostrar un justo título al territorio en disputa, entonces habría que buscar quien tenía un mejor título, o si, en presencia del título alegado por una de las partes, la otra estaba en capacidad de presentar un título equivalente, o más sólido. Cfr. *Island of Palmas Case* (Netherlands / USA), Max Huber, Arbitrator, Award 4 April 1928. Reports of International Arbitral Awards, Vol. II, pp. 829-871, p. 868. Cfr., también, Permanent Court of International Justice, *Legal Status of Eastern Greenland*, Judgment of April 5th, 1933, p. 28. Asimismo, en el caso de la frontera entre Brasil y la Colonia de Guayana Británica, el laudo hace notar que "no puede determinarse con certeza si el derecho de Brasil o el de Gran Bretaña es el más fuerte". Cfr. *Award of His Majesty the King of Italy with regard to the boundary between the Colony of British Guiana and the United States of Brazil*, given at Rome, June 6, 1904. Reports of International Arbitral Awards, vol. XI, pp. 11–23, en pág. 22. De manera semejante, en la disputa entre Egipto e Israel por los hitos fronterizos en Taba, las partes estuvieron de acuerdo en que, si la evidencia de una de ellas no era concluyente por sí sola, el Tribunal tenía que sopesar las pruebas de una de las partes con las de la otra, y adoptar una decisión en favor de la parte con la "mejor" reclamación. *Case concerning the location of boundary markers in Taba between Egypt and Israel*, Arbitral Award of 29 September 1988. Reports of International Arbitral Awards, vol. XX, pp. 1-118, párrafo 176.

16 Cfr. *Award in the Arbitration regarding the delimitation of the Abyei Area between the Government of Sudan and the Sudan People's Liberation Movement / Army*, Award of 22 July 2009, párrafo 770 (a) 1. Reports of International Arbitral Awards, vol. XXX, pp. 145-416.

17 Cfr. International Court of Justice, *Arbitral Award of 3 October 1899 (Guyana v. Venezuela)*, Jurisdiction of the Court, Judgment of 18 December 2020, Opinión Disidente del Juez Bennouna, párrafo 9.

18 Cfr. Ibid, Opinión Disidente del Juez Gevorgian, párrafo 2.

4. El objeto de la controversia

La controversia fronteriza surgida inicialmente entre Venezuela e Inglaterra[19] por el territorio situado al oeste del Esequibo, y -a partir de su independencia, en 1966- heredada por Guyana, se encuentra actualmente en su fase de fondo ante la Corte Internacional de Justicia. En sendas sentencias de la Corte, ya ha sido resuelta la cuestión de su competencia para conocer de este caso,[20] y también se ha determinado que la demanda es admisible.[21] Ahora, dicho Tribunal tendrá que decidir, en primer lugar, si el laudo de París, del 3 de octubre de 1899, es nulo -como alega Venezuela- o si es válido, como sostiene Guyana. En segundo lugar, si se determina que el laudo es nulo, la Corte tendrá que entrar a pronunciarse sobre la frontera terrestre que separa a Guyana y Venezuela. Para las partes en esta controversia, ese es el meollo del asunto. Lo otro -si el laudo es nulo o es válido- es, simplemente, una cuestión previa, que sin duda tiene incidencia sobre los derechos de los Estados litigantes en ese territorio; pero lo verdaderamente importante es determinar a quién es el que, legítimamente, le corresponde el dominio y control efectivo del territorio en disputa. Como ya expresara la Corte Permanente de Justicia Internacional, en la mayoría de los casos que involucran reclamaciones territoriales y que han llegado a un tribunal internacional, ha habido dos reclamaciones de soberanía opuestas, y el tribunal ha tenido que decidir cuál de las dos es la más fuerte.[22] Si se determina que el laudo del 3 de octubre de 1899 es nulo, eso es lo que le corresponderá hacer a la Corte.

En un texto nuestro, anterior a la sentencia de la Corte del 18 de diciembre de 2020, en la que ésta decidió sobre su jurisdicción, ya nos hemos referido a la competencia de la Corte para conocer de esta controversia. En otro libro sobre este caso, que debe aparecer simultáneamente con esta publicación, además de la historia de esta controversia, comentamos, *inter alia*, la referida sentencia sobre jurisdicción, una segunda sentencia del 6 de abril de 2023, resolviendo la excepción preliminar planteada por Venezuela -alegando la inadmisibilidad de la demanda por faltar una parte indispensable en el procedimiento-, la decisión del 1 de diciembre de 2023, sobre la primera solicitud de medidas provisionales planteada por Guyana, y la decisión del 1 de mayo de 2025, sobre la solicitud de Guyana para modificar la orden previa sobre medidas provisionales. Es innecesario reiterar que las sentencias y resoluciones previamente referidas son obligatorias, como lo son todas las sentencias de la Corte. En otro libro -que debe aparecer simultáneamente con éste-, nos referimos al principio de cosa juzgada, a las circunstancias en que, según el derecho internacional, se puede considerar que un laudo arbitral es nulo, a la práctica internacional en esta materia, a la demanda de Guyana y la alegada aquiescencia de Venezuela a la validez del laudo de París, y a las razones por las que consideramos que el laudo de París es nulo. Pero el presente texto tiene un propósito distinto, que apunta específicamente a examinar la cuestión de la disputa territorial, a la luz de los mapas.

Lo ideal es que la cuestión de la nulidad o validez del laudo y la posible cuestión de la determinación de la frontera terrestre entre ambos países se hubiera examinado en etapas sucesivas,

---

19 En esta controversia, inicialmente, Venezuela tuvo como contraparte al Reino Unido de Gran Bretaña e Irlanda; en 1922, luego de la independencia de la república de Irlanda (situada al sur de la isla del mismo nombre), éste devino en el Reino Unido de Gran Bretaña e Irlanda del Norte. Por razones históricas, pero también por comodidad y brevedad, y puesto que Inglaterra es la nación predominante en esa unión, con frecuencia haremos referencia a Inglaterra como la contraparte de Venezuela, y no al Reino Unido de Gran Bretaña e Irlanda del Norte, que es lo técnicamente correcto. Físicamente, Gran Bretaña es la isla principal del Reino Unido, que comparten Inglaterra, Gales, y Escocia. Ocasionalmente también podremos hacer referencia a Gran Bretaña, por lo que pedimos la comprensión del lector.

20 Cfr. International Court of Justice, *Arbitral Award of 3 October 1899 (Guyana v. Venezuela)*, Jurisdiction of the Court, Judgment of 18 December 2020.

21 Cfr. International Court of Justice, *Arbitral Award of 3 October 1899 (Guyana v. Venezuela)*, Preliminary Objection, Judgment of 6 April 2023.

22 Cfr. Permanent Court of International Justice, *Legal Status of Eastern Greenland*, Judgment of April 5th, 1933, p. 28.

permitiendo que las partes -y la Corte- pudieran concentrarse en un asunto a la vez, con la posibilidad de que, en caso de que se decidiera que el laudo es válido, el segundo de ellos ni siquiera llegara a plantearse. El desglose del expediente no es un asunto inusual en el procedimiento ante la Corte Internacional de Justicia. En este sentido, además de la frecuente separación de las fases de excepciones preliminares y de fondo, se recuerda que, en el caso de la frontera entre El Salvador y Honduras, tras consultar a las partes, la Sala decidió que éstas deberían presentar sucesivamente sus argumentos sobre cada uno de los siguientes aspectos de la controversia (con audiencias separadas para cada uno de ellos): a) la totalidad de la cuestión general; b) cada uno de los seis sectores de la frontera terrestre en disputa; y c) las islas y los espacios marítimos.[23] También, en el caso de Ahmadou Sadio Diallo (Guinea c. Congo), la Corte se pronunció primero sobre la responsabilidad internacional del Congo y, una vez establecida ésta, en una fase posterior, oyó a las partes y resolvió sobre la compensación que el Congo debía pagar a Guinea. Asimismo, en el caso de ciertas actividades llevadas a cabo por Nicaragua en su frontera con Costa Rica, luego de su sentencia de fondo, en una fase separada, la Corte escuchó alegatos y dictó su sentencia sobre la compensación que Nicaragua le debía pagar a Costa Rica. Igualmente, en el caso de las actividades armadas en el territorio del Congo (Congo c. Uganda), después de la sentencia sobre el fondo de la controversia, la Corte escuchó a las partes sobre las reparaciones, y dictó una sentencia separada sobre esta materia. En el caso Guyana c. Venezuela, por lo menos hasta el momento de escribir estas líneas, lo que está previsto es que todo el trámite se realizará en una sola fase, examinando tanto la cuestión previa -relativa a la nulidad o validez del laudo- y la determinación de la frontera terrestre entre ambos países; pero adoptar un tratamiento escalonado hubiera facilitado el trabajo de las partes y del Tribunal. Todavía se podría adoptar ese esquema en la fase oral.

Actualmente, entre Guyana y Venezuela hay una frontera *de facto*, delimitada por un laudo arbitral que Venezuela considera que carece de validez, por lo que estaría en duda la legitimidad de la frontera así trazada. Para determinar quién tiene mejores títulos al territorio situado en la ribera izquierda del río Esequibo hay que remontarse muy atrás en la historia. Los antecedentes más lejanos de esta disputa territorial se remontan al descubrimiento de América, a la conquista y ocupación de las tierras en disputa por parte de los españoles o los holandeses, a los cambios territoriales derivados del Tratado de Münster, suscrito en 1648, en el que, entre otras cosas, España reconoció a las Provincias Unidas de los Países Bajos como Estado independiente, a la porción de los territorios efectivamente ocupados por los holandeses en 1814, a los territorios que, mediante el Protocolo de Londres, de 1814, los holandeses habrían cedido -o estaban en capacidad de ceder- a Gran Bretaña, y a los territorios que, una vez obtenida su independencia, Venezuela podía reclamar como legítima sucesora de los antiguos derechos de la corona española en las tierras en disputa. De haber habido territorios sin dueño, también habría que considerar los espacios ocupados por Inglaterra, o por Venezuela, después de 1814.

No es evidente si esta disputa se debe caracterizar como una controversia limítrofe -en la que hay discrepancias sobre la línea de frontera entre dos Estados vecinos-, o como una controversia territorial, en que la disputa versa sobre la atribución de soberanía en un espacio geográfico determinado. Además de su diferencia conceptual, mientras las disputas fronterizas normalmente se refieren a espacios relativamente pequeños, y necesariamente adyacentes a las partes en conflicto (como la disputa entre Egipto e Israel por la ubicación de los pilares fronterizos de Taba, el asunto del Chamizal, entre México y Estados Unidos, o la disputa fronteriza por la zona de Palena, entre Argentina y Chile), las controversias territoriales, como regla general, se refieren a territorios de un tamaño considerable, no necesariamente adyacente a los Estados en disputa (como ilustran los casos de Groenlandia Oriental y las islas Malvinas). Mientras las disputas fronterizas requieren fijar *los límites* hasta donde se extiende la soberanía de Estados adyacentes, las controversias territoriales requieren

---

[23] Cfr. International Court of Justice, *Land, Island and Maritime Frontier Dispute* (El Salvador / Honduras: Nicaragua intervening), Judgment of 11 September 1992, párrafo 17.

determinar cuál de las partes es quien tiene *un mejor título sobre el territorio en disputa*. Pero, en la práctica, esta distinción no tiene una importancia crucial porque, como hizo notar la Corte Internacional de Justicia en el caso de la Plataforma Continental del Mar del Norte, la pertenencia de un área determinada, considerada como un todo, de ninguna manera determina la delimitación precisa de sus fronteras, del mismo modo que la incertidumbre en cuanto a los límites no puede afectar los derechos territoriales.[24] En definitiva, ambos tipos de controversia requieren determinar a quién pertenece un territorio en disputa. En este sentido, en el caso de la Plataforma Continental del Mar Egeo, la Corte advirtió que sería difícil aceptar que la delimitación de una frontera es enteramente ajena a los títulos territoriales; a juicio del Tribunal, toda delimitación de un área controvertida implica, de alguna manera, la determinación del derecho a las áreas que se han de delimitar.[25] Por otra parte, en la disputa territorial entre Burkina Faso y Mali, el Tribunal entendió que, en la mayoría de los casos, ésta no era tanto una diferencia de clase, sino de grado, y notó que, sin importar el tamaño del territorio en disputa, el efecto de cualquier delimitación es una distribución de las áreas que se encuentran a ambos lados de la frontera; además, la Sala señaló que el efecto de cualquier decisión judicial, ya sea que recaiga sobre una disputa fronteriza o una controversia territorial, necesariamente es establecer una frontera.[26]

Éste es un asunto que tendrá que ser resuelto a partir de los argumentos y de la evidencia presentada por las partes en relación con sus derechos respectivos sobre el territorio reclamado por ellos. Corresponde a los historiadores demostrar -con datos relevantes y no con opiniones- cuál era el territorio efectivamente ocupado por los Estados litigantes en el período crítico. En espera de que eso ocurra, los mapas son una prueba que, sin ser la única o la más importante, desde el comienzo de esta controversia, han sido esgrimidos por ambas partes. Por supuesto, queda por saber qué prueban esos mapas, y cuál es el valor que les atribuye la jurisprudencia de los tribunales internacionales. Eso es lo que pretendemos abordar en la presente publicación.

Según el punto de referencia que se tenga en cuenta, la controversia del Esequibo ya ha cumplido, o está muy cercana a cumplir dos siglos. Scruggs[27] sostiene que la reclamación formal de dicha frontera habría sido hecha tan temprano como en 1822, y que la misma se habría mantenido desde entonces, de manera persistente y consistente.[28] En efecto, en 1822, considerando que la ocupación de colonos ingleses al oeste del río Esequibo era ilegal, por instrucciones de Bolívar, Francisco Antonio Zea encargó a Rafael Revenga, su Ministro Plenipotenciario en Londres, que obtuviera del gobierno británico el retiro de aquellos colonos a sus antiguas posesiones en la margen derecha del río antes referido.[29] En cambio, para González y Ojer, la controversia encuentra su origen en el mapa de Schomburgk, publicado en los *Parliamentary Papers* en 1840, inmediatamente protestado por Venezuela. En un conflicto que se iba intensificando, aunque sin reclamar propiamente ese territorio como británico, el 15 de enero de 1841, el Cónsul británico notificó al gobierno de Venezuela

---

24 Cfr. International Court of Justice, *North Sea Continental Shelf Cases (Federal Republic of Germany/Denmark; Federal Republic of Germany / Netherlands)*, Judgment of 20 February 1969, párrafo 46.

25 Cfr. International Court of Justice, *Aegean Sea Continental Shelf Case (Greece v. Turkey)*, Jurisdiction of the Court, Judgment of 19 December 1978, párrafo 84.

26 Cfr. International Court of Justice, *Frontier Dispute* (Burkina Faso / Republic of Mali), Judgment of 22 December 1986, párrafo 17.

27 William L. Scruggs, abogado y diplomático estadounidense. Desde 1889 hasta 1892 se desempeñó como Ministro de Estados Unidos en Venezuela. En 1893 fue contratado por Venezuela como abogado y relacionista público, autor de un panfleto titulado *British aggressions against Venezuela: The Monroe Doctrine on trial* (octubre de 1894), que contribuyó a convencer al Gobierno de los Estados Unidos a involucrarse en esta controversia.

28 Cfr. William Lindsay Scruggs, *Fallacies of the British "Blue Book" on the Venezuelan Question*, McGill & Wallace Law Printers, Washington, D. C., s/f, pero publicado en 1896, p. 20. Agradezco a la doctorando Josmar Fernández por haber traído a mi atención este documento.

29 Cfr. *Historia Oficial de la Discusión entre Venezuela y la Gran Bretaña sobre sus límites en la Guayana*, Nueva York, 1896, p. 6.

que las autoridades de Georgetown rechazarían cualquier agresión que se dirigiese contra las "*tribus independientes*" que habitaban cerca de la frontera.[30] Y ciertamente, ya había indicios de un diferendo cuando, el 28 de enero de 1841, el Ministro Plenipotenciario de Venezuela en Londres -Alejo Fortique-, le propuso a Gran Bretaña celebrar un tratado de límites. Por su parte, para el cronista de la oficina de la historia de los Estados Unidos del Departamento de Estado de los Estados Unidos, esta disputa comenzó oficialmente en 1841, cuando el gobierno venezolano protestó las incursiones británicas en territorio venezolano.[31] Por el contrario, en el Libro Azul (el *Blue Book*) del gobierno británico, de marzo de 1896,[32] se afirma que la alegación de que las fronteras de Venezuela llegaban hasta el Esequibo habría sido hecha en 1844, debiendo asumirse que ese es el momento en que habría comenzado esta controversia. Lo cierto es que, con las repetidas invitaciones de Venezuela para que este diferendo fuera sometido a arbitraje -en 1841, 1880, 1884, y 1887- , todas rechazadas, el conflicto fue escalando a mayor y, después de pedir -sin éxito- la evacuación del territorio venezolano desde las bocas del Orinoco hasta el Pomarón, que indebidamente había sido ocupado por Gran Bretaña, el 20 de febrero de 1887, Venezuela rompió relaciones diplomáticas con Gran Bretaña. Teniendo en cuenta esas distintas visiones y esos diversos acontecimientos, de manera más flexible, en su sentencia sobre jurisdicción, la Corte Internacional de Justicia expresa que la disputa entre Guyana y Venezuela se remonta a acontecimientos que tuvieron lugar en la segunda mitad del siglo XIX, y que, durante el siglo XIX, tanto el Reino Unido como Venezuela reclamaron el territorio comprendido entre la boca del río Esequibo, en el este, y el río Orinoco, en el noroeste.[33]

Entre los acontecimientos que tuvieron lugar en la segunda mitad del siglo XIX, a los que se refiere la Corte, algunos aludían a la frontera reclamada por uno u otro Estado, y otros pudieron haber sido la chispa de un conflicto bélico. Entre la documentación que debe mencionarse cabe citar, *inter alia*, el Memorándum del 16 de julio de 1824, presentado por Colombia al Gobierno británico, solicitando su reconocimiento como república independiente, y señalando que sus límites se extendían "por la Mar del Norte *desde el río Esequibo o confines de la provincia de Guayana*..."[34]; también debe citarse la *Gaceta de Londres*, del 21 de octubre de 1886, indicando cual era, a juicio de Gran Bretaña, la frontera de la colonia de Guyana Británica.

Entre los sucesos más notables, cabe mencionar el incidente del Cuyuní, cerca de El Dorado, que se fue gestando en el curso del segundo semestre de 1894, como consecuencia de diversos actos de un inspector inglés en la zona, de nombre Douglas D. Barnes; dicho inspector pretendía impedir que algunos lugareños cultivaran la tierra y dispusieran de sus propiedades, lo que hizo que el General venezolano Domingo Sifontes saliera en apoyo de dichos campesinos para asegurar sus posesiones, izando la bandera venezolana en los terrenos de algunos de ellos. Barnes insistía en que esos terrenos debían ser desalojados, porque eran británicos. La respuesta del General Sifontes fue acuartelar la tropa y dejar izada la bandera venezolana. El 1 de enero de 1895, Barnes se percató de que el puesto militar venezolano estaba solo, y ordenó tomar posesión del mismo, arreando la bandera venezolana e izando la británica. Al darse cuenta de esta situación, el Capitán Andrés Avelino Domínguez ordenó a sus hombres cruzar el río, capturar al inspector Barnes y a sus acompañantes, retirar la bandera inglesa, y

---

30 Cfr. ibid., p. 33.

31 Cfr. Office of the Historian, https://history.state.gov/milestones/1866-1898/venezuela

32 *Documents and correspondence relating to the question of boundary between British Guyana and Venezuela, Presented to both Houses of Parliament by Command of Her Majesty*, London, March 1896, p. 27.

33 Cfr. International Court of Justice, *Arbitral Award of 3 October 1899 (Guyana v. Venezuela)*, Jurisdiction of the Court, Judgment of 18 December 2020, párrafos 29 y 31.

34 Memorándum presentado por el Ministro Plenipotenciario de Gran Colombia, José Manuel Hurtado, al Gobierno Británico, del 16 de julio de 1824. Copia de este documento se encuentra en el *Public Record Office*, de Londres, registrado con el N° 18/10.

volver a izar la bandera venezolana. Los detenidos fueron llevados a Ciudad Bolívar, en donde se les abrió un expediente; pero, a los pocos días, por orden del gobierno venezolano, todos ellos fueron puestos en libertad.

A juicio de Burr, parecía que, en este caso, el más destacado de los Estados civilizados estuvo a punto de verse arrastrado a una guerra desesperada, con dos vecinos transatlánticos, por una reclamación que no tenía mejor base objetiva que la lectura incorrecta de un nombre indígena por un aventurero alemán.[35]

5. Las posiciones de las partes

Para emitir cualquier juicio sobre el fondo de la casi bicentenaria controversia territorial existente sobre lo que algunos llaman la Guayana Esequiba, la determinación de los títulos históricos que pueda exhibir una u otra parte son de crucial importancia para su solución.

España reclamaba los derechos derivados del descubrimiento de América que, en derecho internacional, le daban un derecho preferente a la ocupación de esos territorios. Ese argumento fue retomado por Venezuela, quien, adicionalmente, invocó la línea trazada por el papa Alejandro VI, en la bula *inter caetera*, aunque ésta ni siquiera había sido reconocida y observada por España y Portugal, como beneficiarios de esta.[36] Con más fundamento, durante el proceso arbitral, también se alegó la ocupación española de esos espacios.

Mediante el Tratado de Münster, suscrito el 30 de enero de 1648, España reconoció la independencia de las Provincias Unidas de los Países Bajos, y en su artículo V, ambas potencias se comprometieron a respetar la soberanía sobre los territorios controlados respectivamente por ellas; pero dicho tratado no fija fronteras. Para ese momento, las Provincias Unidas de los Países Bajos tenían el dominio sobre los asentamientos de Berbice, Demerara y Esequibo, todos situados al este del río Esequibo, y todos situados junto a la desembocadura del río del que tomaron sus respectivos nombres, siendo Berbice el más oriental y Esequibo el más occidental. En su Memoria, Guyana señala que, al final de las Guerras Napoleónicas, mediante la Convención de Londres de 1814, los Países Bajos cedieron oficialmente a Gran Bretaña los territorios de Esequibo, Demerara y Berbice.[37] Pero este tratado tampoco fija fronteras.

El 8 de septiembre de 1777, el rey Carlos III había promulgado una Real Cédula, mediante la cual creó la Capitanía General de Venezuela, uniendo un conjunto de provincias que hasta entonces habían estado bajo los Virreinatos de Nueva España y Nueva Granada, regidas por las Audiencias de Santo Domingo y el Nuevo Reyno de Granada. A esta nueva Capitanía General se incorporó, entre otras, la Provincia de Guayana, que, según el mapa de Luis de Surville, de 1778, se extendía hasta la

---

[35] Cfr. George Lincoln Burr, *The search for the Venezuela-Guiana boundary*, The American Historical Review, vol. 4, N° 3, April 1899, p. 477.

[36] En el artículo I del Tratado de Tordesillas, España y Portugal acordaron declarar nula la referida bula. En 1896, ante la Comisión Cleveland designada para determinar la verdadera frontera entre Guyana y Venezuela, esta última todavía insistía en la bula papal como título territorial. Cfr. Special Commission of the Government of Venezuela, *The case of Venezuela. A reply to the British Blue Book entitled "Documents and correspondence relating to the question of boundary between British Guiana and Venezuela"*, The Frankling Printing and Publishing Co., Atlanta, GA, 1896, pp. 58 a 66. Tres años después, ante el Tribunal de París, los argumentos de Venezuela estuvieron estrictamente centrados en las consideraciones del derecho internacional relativas a los modos de adquisición de territorios.

[37] Cfr. Memoria de Guyana, presentada a la Corte Internacional de Justicia el 8 de marzo de 2022, en el caso *Arbitral Award of 3 October 1899 (Guyana v. Venezuela)*, vol. I, párrafo 2.19.

ribera de lo que él llama el río "*Esquivo*". Este mapa, que tenía carácter oficial,[38] nunca fue protestado por Holanda.

Con la independencia de Venezuela, asumiendo como suyos los territorios que antes pertenecían al reino de España, inicialmente, la provincia de Guyana -al igual que las provincias de Coro y Maracaibo- no se sumó a la gesta independentista. El 15 de octubre de 1817, luego de la incorporación de la provincia de Guayana a la nueva república, Simón Bolívar dictó un decreto, en cuyo artículo 1 declaró que dicha provincia, en toda su extensión, quedaba unida al territorio de Venezuela, formando parte de la República. Si bien el Decreto de Bolívar no señala límites precisos, debe asumirse que estos eran los que correspondían a dicha provincia, como parte de la Capitanía General de Venezuela en tiempos de la colonia española. En todo caso, en un Memorándum presentado al Gobierno Británico el 16 de julio de 1824, se señala que los límites de este país "se extiende[n] por la Mar del Norte *desde el río Esequibo o confines de la provincia de Guayana*..."[39] El hecho es que, aunque la frontera así señalada no era el límite con un país cualquiera, sino que precisamente con el Reino Unido de Gran Bretaña e Irlanda, su gobierno no protestó. En realidad, cuando, en diciembre de aquel año, el Reino Unido reconoció a Colombia como Estado independiente, lo hizo sin formular ninguna objeción a los límites reclamados por Colombia. Escasos meses después, en el Tratado de Amistad, Comercio y Navegación, que ambas partes suscribieron, en la ciudad de Bogotá, el 18 de abril de 1825, Gran Bretaña tampoco objetó, en ninguna de sus disposiciones, los límites previamente reclamados por Colombia. Por lo menos hasta ese momento, la posesión prolongada y pacífica de Venezuela en el territorio situado al oeste del río Esequibo no era discutida, y parecía estar firmemente establecida.

Sin embargo, para 1840, la frontera de la Colonia de Guayana Británica, particularmente en su costado occidental, no estaba definida. Refiriéndose al monte Roraima -que Schomburgk describe como "un precipicio mural, más impresionante que lo que [él] hubiera visto en cualquier otro sitio", por la cara de cuyas montañas se precipitan numerosas cascadas, que dan nacimiento a los afluentes de los tres grandes ríos de la mitad norte de América del Sur, como son el Amazonas, el Orinoco y el Esequibo-, Schomburgk añade que estas montañas forman la separación de las aguas de las cuencas del Orinoco y el Esequibo por el norte, y el Amazonas por el sur, por lo que son de la mayor importancia para "*decidir*" el límite de la Guayana Británica.[40] Después de que, en 1841, por instrucciones del gobierno británico, Robert Schomburgk plantara unos hitos fronterizos en territorio venezolano -algunos de ellos en la misma boca del río Orinoco-, Venezuela protestó y pidió a Gran Bretaña retirar las referidas marcas. Según relata Enrique Bernardo Núñez, una mañana de agosto de 1841, los tripulantes del buque venezolano *Restaurador* divisaron, en Punta Playazo, cerca de las bocas

---

38 En la cartela, ubicada en la parte superior derecha del mapa, se lee: "MAPA CORO-GRAFICO DE LA NUEVA ANDALUCIA PROVINCIAS DE CUMANÁ, Y GUAYANA, VERTIENTES DEL ORINOCO, su cierto origen, comunicación con el de las Amazonas, situación de la Laguna Parime, y nuevas poblaciones. CONSTRUIDO SOBRE LAS MEJORES OBSERVAC.s Y POSTERIOR.s NOTICIAS POR D. LUIS DE SURVILLE Off.l seg.do del Archivo de la Secret.a de Estado y del Despacho universal de Yndias *de orden de su Gefe* el Ex.mo S.r D. Josef de Galvez. Año de 1778" (sic). Mayúsculas y abreviaturas en el original. Las cursivas son del autor de estas líneas.

39 Memorándum presentado por el Ministro Plenipotenciario de Gran Colombia, José Manuel Hurtado, al Gobierno Británico, del 16 de julio de 1824. Copia de este documento se encuentra en el *Public Record Office*, de Londres, registrado con el N° 18/10.

40 Cfr. Robert H. Schomburgk, *A Description of British Guiana, geographical and statistical: Exhibiting its resources and capabilities, together with the present and future condition and prospects of the Colony*, Simpkin, Marshall, and Co., Stationers' Hall Court, London, 1840, pp. 4 y s.

del Caño Amacuro y Punta Barima, la bandera inglesa, arbolada sobre una garita con los signos reales.[41] El 21 de octubre de 1841, el entonces Ministro de Asuntos Exteriores británico, Lord Aberdeen, informó oficialmente al representante de Venezuela en Londres, Alejo Fortique, que no se trataba de hitos fronterizos, sino de marcas provisionales, sujetas a futura aprobación.[42] Un mes después, en una audiencia particular, Aberdeen repitió que esas marcas no revelaban una intención de conquista, y que habían sido colocadas como simples puntos de referencia para el levantamiento de un plano de la región.[43] Finalmente, el 31 de diciembre de 1842, el Ministerio de Relaciones Exteriores británico comunicó al agente diplomático venezolano que se habían impartido órdenes para eliminar los postes y las otras marcas que había colocado Schomburgk.[44]

Existiendo ya una controversia fronteriza, y ante la reiterada insistencia de Venezuela en suscribir un tratado de límites, mediante un canje de notas -del 18 de noviembre de 1850 la nota británica y del 20 de diciembre del mismo año la nota venezolana-, las partes acordaron que el territorio en disputa no podría ser ni ocupado ni usurpado, manteniéndose el *statu quo*, sin que ninguna de las partes pudiera derivar derechos de cualquier incursión en dicho territorio.[45]

La ocupación efectiva del territorio tiene una importancia primordial en el derecho internacional. Por eso, para determinar quién tiene mejores títulos al territorio en disputa, habrá que recordar que, a partir de 1623, al oriente del río Esequibo, quienes se asentaron primeramente en una porción de lo que hoy es la región de Guyana fueron los holandeses, quienes, a comienzos del siglo XIX, en un tratado de 1814, cedieron parte de dicho territorio a los ingleses. Específicamente, los territorios cedidos según dicho tratado eran los correspondientes a los asentamientos de Esequibo, Demerara y Berbice, todos situados en la costa atlántica, al este del río Esequibo, salvo un pequeño triángulo entre el río Moroco -o el Pomerón- y la boca del Esequibo. Ésta ubicación costera es puesta de relieve por Robert Schomburgk, quien recuerda que los holandeses, primeros colonizadores de esta región, la llamaron Guiana, "*o la costa salvaje*".[46] Pero, en los mapas de Guillaume Delisle -uno de los principales cartógrafos del siglo XVIII-, ni siquiera figuran los establecimientos del Esequibo;[47] según expresa Delisle en su *Carte d'Amerique*, de 1722, las Provincias Unidas bajo el nombre de Holanda poseían varias islas del Caribe "y algunas colonias *en la costa de Guyana*".[48] En este sentido, Alexander Maconochi -Secretario de la *Royal Geographical Society*- se refiere a la ignorancia de lo que él denomina el interior de la "Guyana Británica", marcada por el repliegue de los holandeses a mediados del siglo XVIII, y acentuada con el régimen colonial inglés, pues la población se contrajo a las tierras fértiles del litoral; según Maconochi, se trataba de una colonia de pura fachada al mar, asomada a la boca de los

---

41 Cfr. Enrique Bernardo Núñez, *Tres momentos en la controversia de límites de Guayana*, tercera edición, a cargo de Ediciones del Ministerio de Educación, Caracas, 1967, p. 16. Publicado originalmente por Editorial Élite, Caracas, 1945. Segunda edición, Publicaciones del Ministerio de Relaciones Exteriores, Caracas, 1962.

42 Cfr. Carlos Álamo Ybarra, *Fronteras de Venezuela con la Guayana Británica.* Editorial Elite, Caracas, 1938, p. 36.

43 Cfr. ibidem.

44 Cfr. ibid., p. 37.

45 Canje de notas del 18 de noviembre y 20 de diciembre de 1850.

46 Cfr. Robert H. Schomburgk, *A Description of British Guiana, geographical and statistical: Exhibiting its resources and capabilities, together with the present and future condition and prospects of the Colony*, Simpkin, Marshall, and Co., Stationers' Hall Court, London, 1840, p. 1, en nota al pie de página.

47 Cfr. Guillaume Del'Isle, L'Amerique Meridionale, 1700, Carte de la Terre Ferme, du Perou, de Brasil et du Pays des Amazones, de 1703, y Carte d'Amerique, de 1722, citado por Hermann González Oropeza, Atlas de la Historia Cartográfica de Venezuela (publicación auspiciada por el Ministerio de Relaciones Exteriores de Venezuela), Editorial Papi, Caracas, 1982, pp. 74 y s.

48 Ibid., p. 75.

ríos.[49] De manera coherente con lo anterior, un historiador venezolano, Hermann González, afirma que, entre los años 1613 y 1678, los establecimientos de Esequibo, *que estaban situados en una isla frente a la desembocadura de los ríos Cuyuní y Mazaruni*, lograron mantenerse precariamente bajo dominio holandés, como un centro de intercambio comercial y como una colonia agrícola de pequeña importancia.[50]

Después de que Gran Bretaña tomó posesión de esos tres asentamientos, el 31 de octubre de 1829, su administración se unió en lo que se denominó la colonia de Guyana Británica. La población de todo ese territorio -no solamente del que hoy está en disputa- escasamente alcanzaba a los 78.784 habitantes.[51] Según el Reino Unido, en 1871 la población del condado de Esequibo (la región en disputa) llegaba a 35.122 personas.[52] De acuerdo con el último censo, realizado en 2012, la población de la República Cooperativa de Guyana es de 746.955 habitantes, de los que 235.928 estarían asentados en el territorio en disputa, que -con una superficie aproximada de 159.500 km2- tiene una densidad poblacional inferior a un habitante y medio por kilómetro cuadrado (exactamente, 1.4791).

Burr[53] sostiene que había una gran cantidad de correspondencia diplomática, que se remontaba a más de medio siglo, y que demostraba que durante todo este período ninguna de las dos potencias había hecho ningún reclamo, salvo bajo protesta expresa de la otra. Por las repetidas declaraciones de las partes, resultó que éstas no basaban sus pretensiones en un título originalmente obtenido por ellas mismas, sino que el suyo era un título derivado de los derechos de España o de Holanda.[54] La investigación demostró que incluso esa famosa línea de Schomburgk -cuyo cuestionamiento estaba en el origen de la disputa, no era producto de la inspiración divina, sino que se basaba en las supuestas pretensiones de los holandeses.[55] Por consiguiente, en el análisis de Burr, no había que remitirse a la documentación cruzada entre Venezuela y Gran Bretaña, sino a la de España y Holanda, y particularmente a los tratados suscritos entre estas dos últimas potencias. Estos tratados se reducían a tres: a) el Tratado de Münster, de 1648, mediante el cual España reconoció la independencia de las Provincias Unidas de los Países Bajos y sus derechos en los territorios colonizados por ellos, b) el Tratado de Utrecht, de 1713, con el que se puso fin a la guerra por la sucesión de la corona de España y que, en lo que a las Indias Occidentales se refiere, no hizo sino confirmar lo dispuesto por el Tratado de Münster -incluido el principio de posesión efectiva-, y c) el Tratado de Aranjuez, de 1791, relativo al intercambio de los esclavos huidos y capturados por cualquiera de las partes. De manera que, en lo sustancial, en lo concerniente a esta controversia, sólo era pertinente el

---

49 Cfr. Carta de Alexander Maconochie, Secretario de la Real Sociedad Geográfica Británica, del 4 de febrero de 1834, dirigida a R. W. Hay. Citada en Pablo Ojer, *Robert H. Schomburgk: Explorador de Guayana y sus líneas de frontera*, Universidad Central de Venezuela, Facultad de Humanidades y Educación, Instituto de Estudios Latinoamericanos, Caracas, 1969, p. 17.

50 Hermann González Oropeza, *Atlas de la Historia Cartográfica de Venezuela*, Editorial Papi S. R. L., Caracas, 1983, p. 77.

51 Cfr. *Census of population in Demerara and Essequivo*, Otober 31, 1829, en Venezuela-British Guiana Boundary Arbitration. The Case of the United States of Venezuela Before the Tribunal of Arbitration to Convene at Paris under the Provisions of the Treaty between the United States of Venezuela and Her Britanic Majesty signed at Washington February 2, 1897, Vol. 3, The Evening Post Job Printing House, New York, 1898, pp. 65 y ss.

52 Cfr. *Boundary between British Guiana and Venezuela. Counter-case presented on the part of the Government of Her Britannic Majesty to the Tribunal of Arbitration constituted under article I of the Treaty concluded at Washington on the 2nd February, 1897, between Her Britannic Majesty and the United States of Venezuela*, Harrison and Sons, London, 1899, p. 124.

53 George Lincoln Burr fue uno de los historiadores llamados, en 1896, a asistir a la Comisión designada por el presidente de los Estados Unidos, Grover Cleveland, para investigar e informar sobre la verdadera frontera entre la República de Venezuela y la Guyana Británica.

54 Holanda es la expresión que emplea George Lincoln Burr, y que, para no tener que recurrir a la terminología más precisa -pero más larga- de "las Provincias Unidas de los Países Bajos", también utilizamos.

55 Cfr. George Lincoln Burr, *The search for the Venezuela-Guiana boundary*, The American Historical Review, vol. 4, N° 3, April 1899, p. 471.

Tratado de Münster,[56] que estableció como criterio el principio de la posesión, pero que no fijó fronteras entre España y las Provincias Unidas de los Países Bajos.

Según admite Guyana, después de que, en 1621, los Estados Generales Holandeses otorgaron una Carta a la Compañía Holandesa de las Indias Occidentales, que le permitía proceder a la colonización de la región del Esequibo -con autoridad para la construcción de fortalezas, el nombramiento de gobernadores, y el comercio con las Indias Occidentales-, el gobierno de dicha colonia se instaló formalmente en Kykoveral, una pequeña isla fluvial situada en la boca del río Mazaruni, en su confluencia con el río Cuyuní y el Esequibo, en las proximidades de Bartica.[57] Habría sido desde allí que -durante un corto tiempo- las Provincias Unidas ejercieron posesión, control y autoridad política sobre el territorio entre los ríos Esequibo y Orinoco;[58] pero, significativamente, el gobierno de dicho asentamiento nunca estuvo instalado en la ribera occidental del río Esequibo, o en la ribera de los ríos Cuyuní o Mazaruni.

Primero en 1781, y luego en 1796, Inglaterra ocupó las colonias holandesas en la región de Guayana; pero, con las hostilidades en progreso, no adquirió por ello la titularidad de esos espacios. Las colonias así ocupadas fueron provisionalmente cedidas por Holanda, mediante los Artículos de Capitulación del 19 de septiembre de 1803. En 1814, cuando el final de las guerras Napoleónicas estaba cerca, Gran Bretaña adquirió formalmente las colonias de Esequibo, Demerara, y Berbice, mediante un tratado celebrado con las Provincias Unidas de los Países Bajos, en el que no se trazaba la frontera occidental de esas posesiones.[59] Inicialmente, Gran Bretaña administró cada uno de esos territorios como colonias independientes, hasta que, en 1831, los consolidó en la Colonia de Guayana Británica.

Según Venezuela, después del Tratado de Aranjuez de 1791, los holandeses nunca llegaron a establecerse en territorios situados al oeste del río Esequibo, por lo que la zona reclamada por los ingleses no correspondería a la que los holandeses le habrían cedido, o que, de acuerdo con el principio romano, *nemo dat quod non habet*, estaban en capacidad de ceder. En este sentido, se recuerda que, en el Tratado de Münster, lo que España había cedido (o reconocido) a las Provincias Unidas de los Países Bajos eran los *asentamientos* de Berbice, Esequibo y Demerara, todos ellos situados al este del río Esequibo. Respecto del asentamiento de Esequibo, Álamo Ybarra lo describe como "una faja de haciendas de caña de azúcar, diseminadas a lo largo del curso de dicho río, las que no llegaban a la horqueta del Cuyuní."[60] Sin embargo, en algunos mapas de la época -posteriores a la firma del Tratado de Münster de 1648-, notablemente en los de Bouchenroeder (de 1798), de Hadfield (de 1838), y de Richard Schomburgk (de 1847), se muestra la existencia de plantaciones de caña de azúcar, algodón, y

---

[56] Cfr. ibidem.

[57] Cfr. Richard Schomburgk, *Travels in British Guiana during the years 1840-1844. Carried out under the Commission of His Majesty the King of Prussia* (título original: Reisen in Britisch-Guiana in der Jahren 1840-1844), traducido por Walter E. Roth, Publishing House of J. J. Weber, Leipzig, 1847, pp. 200 y 201.

[58] Según Richard Schomburgk, su nombre viene del hecho que, desde un viejo fuerte holandés, se puede observar las corrientes de los tres ríos: Kyk-over-all. Poco tiempo después de que los holandeses fueran expulsados del Esequibo por los españoles con la ayuda de los indios, en 1596, un tal Jost van der Hooge regresó para fundar la colonia de Nueva Zelanda; ya plenamente establecida en 1613, esta colonia estaba protegida por un pequeño Fuerte que allí encontró el nuevo promotor, y que posteriormente recibió el nombre de Kyk-over-all.Cfr. Memoria de Guyana, presentada a la Corte Internacional de Justicia el 8 de marzo de 2022, en el caso *Arbitral Award of 3 October 1899 (Guyana v. Venezuela)*, vol. I, párrafo 2.12 y la figura 2.4, con los mapas de los ríos Esequibo y Demerara, mostrando el Fuerte Kykoveral en la conjunción de los ríos Mazaruni, Cuyuní y Esequibo.

[59] Cfr. Convención de Londres, suscrita el 13 de agosto de 1814, por el Reino Unido y las Provincias Unidas de los Países Bajos, mediante la cual las últimas cedieron a Gran Bretaña, *inter alia*, los asentamientos bajo su posesión en Demerara, el Esequibo y Berbice.

[60] Op. cit., p. 25.

cacao, en la ribera occidental de la boca del río Esequibo, hasta su confluencia con el Cuyuní y el Mazaruni.

Venezuela consideraba que, desde 1875, sobre la base de una nueva línea de frontera -supuestamente marcada por el naturalista alemán Robert Hermann Schomburgk-, los mapas oficiales de Inglaterra se internaban considerablemente hacia el oeste, en perjuicio de los derechos territoriales de Venezuela. El conflicto escaló, en 1890, cuando Inglaterra pretendió llevar su frontera occidental hasta la boca del río Orinoco. Y, en 1893, Lord Rosebery pretendió pactar una frontera situada todavía más al oeste de lo que él mismo había propuesto en 1886.

Durante el procedimiento arbitral, Ambas naciones sustentaron sus respectivas reclamaciones territoriales en argumentos no muy diferentes. Mientras Venezuela reclamaba haber sucedido a España en ese territorio, con los mismos títulos que ésta tenía al momento de la independencia de Venezuela, Gran Bretaña alegaba una cesión territorial, hecha por las Provincias Unidas de los Países Bajos en 1814.

6. Las exploraciones y los mapas de Schomburgk

Esa profusión de mapas ingleses comenzó con un mapa de Schomburgk. En 1834, la Real Sociedad Geográfica Británica había encargado al naturalista Robert Schomburgk explorar la Guayana Británica, con el propósito de realizar observaciones geográficas compatibles con los fines de esa sociedad científica. Se esperaba de él "buenos mapas, observaciones correctas, exactas, descripciones del país, de los indios, del clima, etc."[61] Lo que le interesaba a la Real Sociedad Geográfica Británica era la dirección de las grandes cadenas de montañas, puesto que éstas constituían el asunto principal de la geografía, y puesto que sería el conocimiento de su altura y extensión el que permitiría juzgar la cuenca de los ríos.[62] Ese es el origen de la primera exploración de Schomburgk en Guayana, la cual comenzó en septiembre de 1835, en Georgetown -la capital de la colonia, y el principal asentamiento británico en Guayana-, y concluyó en junio de 1839.[63] En julio de ese mismo año, Schomburgk presentó el informe de su misión a Guayana, el cual fue remitido a Londres el 15 de julio de 1839, por el gobernador de la colonia, Henry Light.[64] Sobre este particular, Pablo Ojer comenta que Schomburgk no vino a descubrir un mundo nuevo, pues todas las tierras transitadas por él ya habían sido exploradas por las expediciones españolas que, al igual que otras, buscaban el mítico *El Dorado*.[65] Pero debe recordarse que, para el derecho internacional, lo que cuenta no es indicar los territorios transitados o explorados por unos u otros, sino los territorios efectivamente ocupados por unos u otros.

---

61 Cfr. Carta del Capitán Alexander Maconochie, Secretario de la Real Sociedad Geográfica Británica, del 15 de abril de 1836, dirigida a Robert Schomburgk, insistiendo en el objetivo eminentemente geográfico de la misión que se le había encomendado. Citada en Pablo Ojer, *Robert H. Schomburgk: Explorador de Guayana y sus líneas de frontera*, Universidad Central de Venezuela, Facultad de Humanidades y Educación, Instituto de Estudios Latinoamericanos, Caracas, 1969, p. 27.

62 Cfr. Carta dirigida a Schomburgk, del 2 de julio de 1836. Citada en Pablo Ojer, op. cit, pp. 27 y sig.

63 Según la descripción de Pablo Ojer, Schomburgk remontó el río Esequibo hasta un rancherío de los indios macusis, en Pirara, en donde instaló su campamento para explorar, desde allí, parte del alto Rupununi (aunque sin llegar a sus cabeceras), y el alto Esequibo, hasta el punto en el que se encuentran las cataratas que él bautizó con el nombre de King William. Volvió por el Rupununi, regresando a Georgetown el 28 de marzo de 1836. Luego exploró parte del río Corentín (sin llegar a sus fuentes), y del Berbice. En junio de 1839 regresó a Georgetown, para luego dirigirse a Londres, a donde llegó en septiembre de 1839. Cfr. Pablo Ojer, op. cit., pp. 19 a 26.

64 Pablo Ojer observa que el informe de Schomburgk fue publicado en 1840, en los *Parliamentary Papers* (N° 288), pero fechado el 1° de julio de .de 1840. Cfr. su op. cit., p. 33, en nota a pie de página.

65 Cfr. Pablo Ojer, op. cit., pp. 20, 23, y 26.

Con el antecedente de esa primera exploración de Guayana, en marzo de 1840, el Ministerio de Colonias británico sugirió demarcar las fronteras de la Guayana Británica, y recomendó el nombre de Schomburgk para realizar esa tarea.[66] A partir de lo anterior, el Ministerio de Relaciones Exteriores del Reino Unido giró instrucciones para que se hiciera un mapa de la Guayana Británica, según las fronteras descritas por Schomburgk, el cual debería ir acompañado de una memoria descriptiva de las características naturales que definían y configuraban las fronteras en cuestión. Dicho mapa, con su respectiva memoria, debería ser transmitido a los gobiernos de Venezuela, Brasil y Holanda, como declaración del reclamo británico. Mientras tanto, se enviarían comisionados británicos a erigir hitos en el terreno, con el objeto de señalar la frontera reclamada por Gran Bretaña.[67] Así, en enero de 1841, Schomburgk estaba de vuelta en Guyana, esta vez enviado por el gobierno británico, y con la misión de fijar su frontera occidental.

El mapa de Schomburgk que en 1840 se publicó en los Papeles del Parlamento británico, con el trazado de las fronteras *reclamadas* por Venezuela y la colonia de la Guayana Británica, es un croquis, o un boceto, que indica lo que se conoce como *la línea Schomburgk*, que -en la proyección de la frontera reclamada por Gran Bretaña- se internaba en una inmensa extensión de territorio reclamado por Venezuela, que había sido reconocido como tal, como consecuencia del reconocimiento de la independencia de Colombia (la Gran Colombia) como Estado independiente, señalando que su frontera oriental era el río Esequibo. El tamaño del territorio situado entre las fronteras reclamadas por Inglaterra y Venezuela alcanzaba 141.930 km cuadrados, y luego, con lo que Inglaterra denominó su *línea de máxima reclamación*, fue llevado a más de 203.000 km cuadrados.[68] George Burr observa que, en el *Blue Book* del gobierno británico, se cuenta que, en 1841, muy arriba del río Barima, Schomburgk supo de una tradición indígena según la cual, "en el principio del siglo, un hombre blanco… había avanzado tierra adentro, hasta el río Herena." "Los indios -dice Schomburgk- nos mostraron el lugar donde el hombre blanco había cultivado azúcar, y nos dijeron que poseía una goleta y varias embarcaciones con las cuales hacía un tráfico de maderas de construcción. En su expresivo lenguaje, el indio llama al establecimiento anterior 'el último lugar del hombre blanco'." Según la memoria presentada por Inglaterra ante el Tribunal arbitral, había cinco lugares donde aún eran visibles vestigios de zanjas de drenaje, y uno de ellos sería el que le fue señalado a Schomburgk.

Los británicos no estaban muy seguros de esa línea fronteriza sugerida por Schomburgk, para la cual éste no proporcionaba ningún fundamento histórico o de otro tipo.[69] En realidad, ante la protesta venezolana por la colocación de los hitos, el ministro Aberdeen desautorizó a Schomburgk y respondió que dichos postes serían quitados, pero con la advertencia de que esto no debía entenderse como una renuncia o abandono de los derechos británicos en cualquier porción de territorio que

---

[66] Cfr. Oficio del 6 de marzo de 1840. Citado en Pablo Ojer, op. cit., p. 48.

[67] Cfr. Oficio del Ministerio de Relaciones Exteriores Británico al Ministerio de Asuntos Coloniales, del 18 de marzo de 1840. Citado en Pablo Ojer, op. cit, p. 48.

[68] Ésta era una línea que comenzaba en Punta Barima, en la boca del río Orinoco, corriendo, a partir de allí, en dirección sudoeste y oeste, casi paralela al Orinoco, hasta Upata; de allí, se internaba en dirección sur hacia el valle del Caroní y cerca a ese río, y luego en dirección sudeste hasta el Monte Roraima y la frontera con Brasil.

[69] Cfr. Minuta suscrita el 7 de noviembre de 111841 por Lord Stanley, Ministro de Colonias británico, en la que se reconoce que Schomburgk no proporciona ningún dato en que fundamentar de línea fronteriza o los derechos de la Corona Británica a dichos territorios (Public Record Office, London, C. O. 111/179), y un Memorándum confidencial del Ministerio de Relaciones Exteriores Británico, del 24 de noviembre de 1857, en el que se pone en duda la evidencia presentada por Schomburgk y los derechos británicos en lo que respecta a los territorios a que se extendía su pretensión (Bodleian Library, Oxford, Mss. Clarendon Deposit, C/275). Citado por Juan Carlos Rey, en *La Reclamación Venezolana sobre la Guayana Esequiba*, Instituto Internacional de Estudios Avanzados (IDEA), Valle de Sartenejas, Estado Miranda, 1990, párrafo 8, nota a pie de página.

anteriormente hubiera sido poseído por los holandeses. Con dicha afirmación, Aberdeen demostró que ellos -los ingleses- desconocían la frontera exacta heredada de los holandeses.

Ese desconocimiento de la frontera occidental de la Guayana británica se manifestaba también en las comunicaciones internas del gobierno británico. Según un memorándum de Edward Hertslet -bibliotecario del Ministerio de Asuntos Exteriores británico-, éste le habría pedido al Administrador en Funciones de la Guayana Británica -Sr. Hawtagne- que le indicará cuál le parecía el mejor mapa de la colonia. La respuesta de Hawtagne fue que era un mapa elaborado por un Sr. Stanford, de la Oficina de Colonias, publicado en 1875, en cuatro hojas. Hertslet ordenó inmediatamente una copia de dicho mapa; pero alguien, de la Oficina de Colonias, que lo vio sobre su escritorio, le dijo que la frontera, como estaba coloreada, estaba completamente equivocada y era enteramente contraria a los intereses británicos, si se le comparaba con el mapa de Schomburgk, *actualizado a 1875* (cuando Schomburgk ya tenía diez años de fallecido). A este memorándum, Hertslet agregó una extensa nota que, entre otras cosas, le sugería a la Oficina de Colonias ponerse en contacto con Stanford para que reeditara su mapa, corrigiéndolo y actualizándolo a 1886; mientras tanto, Hertslet sugería suspender la venta del referido mapa pues, si eso era lo mejor que el Gobierno inglés podía producir en apoyo de su reclamación territorial en la controversia con Venezuela, la opinión general no podría dejar de pronunciarse en favor de esta última, y en contra de las pretensiones británicas. Para Hertslet, este era un asunto tan importante, que se permitió sugerir que el Departamento de Inteligencia de la Oficina de Guerra preparara de inmediato un mapa basado en los mapas de Schomburgk, citándolo como el mapa oficial del Reino Unido. Hertslet advirtió que, el 15 de septiembre de 1881, se había dado al Sr. (José María) Rojas, Ministro[70] de Venezuela en Londres, un mapa que difería del mapa de la Oficina de Colonias de 1873, y que era el que, en ese momento, indicaba las fronteras de la Guayana Británica.[71]

Los mapas en que se basaban las reclamaciones británicas no eran creíbles ni para ellos mismos. En efecto, en un memorándum de junio de 1886, el Bibliotecario de la Oficina de Asuntos Extranjeros del Reino Unido, señor Edward Herslet (así en el memorándum), restó importancia a dichos mapas, señalando que los límites indicados en ellos por Robert Schomburgk no debían tomarse como fidedignos, ya que tales límites nunca habían sido ajustados por los respectivos gobiernos. En el mismo sentido, en una nota de junio de 1886, del Ministro de Colonias británico, señor Charles Harris, dirigida a Herslet, se sostenía que, al parecer, el Ministerio de Colonias tenía un mapa más o menos oficial, pero que difería ampliamente del mapa original de Schomburgk, y que, privadamente, habría escuchado que la línea fronteriza -presentada a Venezuela como un ultimátum- no podía ser garantizada en absoluto. Tampoco el líder de la oposición al gobierno británico, Sir William Harcourt, tenía como veraces los mapas basados en la línea Schomburgk, que él consideraba indefendible.[72]

Otto Schoenrich menciona un mapa oficial de la Guyana Británica, publicado en 1877, pero con fecha de 1875, señalando como frontera con Venezuela la línea que había indicado Schomburgk, incluyendo todo el territorio reclamado por Inglaterra, pero con una nota que advertía que esa frontera estaba sujeta a lo que acordaran los respectivos gobiernos. Según Schoenrich, en 1886, cuando se descubrieron yacimientos de oro en la región, Inglaterra habría publicado un nuevo mapa, aunque también fechado en 1875, trazando la frontera mucho más al oeste que la señalada por la línea

---

[70] Ministro, o Ministro Plenipotenciario, era la denominación con que, en esa época, se designaba a lo que hoy son los embajadores acreditados en una nación extranjera.

[71] Cfr. Memorándum de Sir Edward Hertslet, Bibliotecario del Ministerio de Asuntos Exteriores británico, del 1 de junio de 1886. Public Record Office, F. O., 80/30. Reproducido por J. Gillis Wetter, en op. cit., vol. III, pp. 145 y s.

[72] Cfr. Nota en el Diario de Joseph Chamberlain sobre una reunión con el líder de la oposición, Sir William Harcourt, sostenida el 9 de enero de 1896, depositada en los archivos de la biblioteca de la Universidad de Birmingham, transcrita de una fotocopia del original, y reproducida por J. Gillis Wetter en op. cit., vol. III, p. 9.

Schomburgk, agregando a la Guayana Británica un inmenso territorio que antes no había sido reclamado como propio y, esta vez, sin advertir que dicha frontera estaba sujeta al acuerdo de los gobiernos respectivos.[73]

El mapa de Schomburgk que en 1840 se publicó en los Papeles del Parlamento británico, con el trazado de la frontera entre Venezuela y la colonia de la Guyana Británica, es un croquis, o un boceto, que indica lo que se conoce como *la línea Schomburgk*, que se internaba en una inmensa extensión de territorio reclamado por Venezuela, y que, como consecuencia del reconocimiento de la independencia de Colombia como Estado independiente -señalando que su frontera oriental era el río Esequibo- había sido reconocido como tal. El tamaño de ese territorio alcanzaba 141.930 km cuadrados, y luego, con lo que Inglaterra denominó su *línea de máxima reclamación*, fue llevado a más de 203.000 km cuadrados.[74]

George L. Burr decía que la masa de mapas y descripciones con las que fueron inundados por la Biblioteca del Congreso -que es a la que la Comisión Cleveland primero había pedido ayuda-, mostraba que la región en disputa era una maraña de pantanos y selvas sin caminos, salvo sus ríos, y éstos todavía escasamente transitados por cualquier hombre blanco. Pero ni uno solo de esos mapas mostraba una señal de una línea fronteriza.[75] Burr cita al geógrafo Justin Winsor, quien, después de examinar entre doscientos y trescientos mapas, sólo pudo concluir que no había -ni podía haber- una "verdadera línea fronteriza", en el sentido de que ésta fuera indubitable.[76] Sin embargo, había que determinar hasta dónde llegaba la autoridad política de unos y otros.

7. La frontera escurridiza y la danza de los mapas ingleses

Los mapas son un valioso instrumento para mostrar las fronteras de los Estados, y son parte importante de la historia de esta controversia. Pero las líneas trazadas sobre un mapa pueden ser el reflejo de cosas muy distintas. Ellas pueden mostrar las fronteras internacionalmente reconocidas, o pueden representar lo que una de las partes considera que es su frontera,[77] o, habiendo posiciones encontradas sobre cuál es la frontera de derecho, alguna de las partes puede sugerir una línea de compromiso (que es mostrada en un mapa),[78] o ambas partes pueden admitir que, respecto de una

---

[73] Cfr. Otto Schoenrich, *The Venezuela-British Guiana Boundary Dispute*, American Journal of International Law, 1949, p. 524.

[74] Ésta era una línea que comenzaba en Punta Barima, en la boca del río Orinoco, corriendo, a partir de allí, en dirección sudoeste y oeste, casi paralela al Orinoco, hasta Upata; de allí, se internaba en dirección sur hacia el valle del Caroní y cerca a ese río, y luego en dirección sudeste hasta el Monte Roraima y la frontera con Brasil.

[75] Cfr. George Lincoln Burr, *The search for the Venezuela-Guiana boundary*, The American Historical Review, vol. 4, N° 3, April 1899, p. 470.

[76] Cfr., ibid, p. 471.

[77] Por ejemplo, en el caso que nos ocupa, la línea de Schomburgk, de 1840 -recogida en el mapa de los Papeles del Parlamento británico-, durante un tiempo representó lo que los ingleses consideraban su frontera con Venezuela. En cambio, en 1886, según los mapas de marzo y diciembre de la *Colonial Office List*, Gran Bretaña sostenía que su frontera era otra, y que ésta se extendía mucho más al oeste. Por su parte, la línea presentada por Fortique a los ingleses, en 1844 -mostrada en la Carta Corográfica de las regiones del Esequibo, Cuyuní y Amacuro, de 1896-, representaba lo que Venezuela consideraba su frontera con la Colonia de Guayana Británica, aunque también considera esa frontera como la base de un arreglo. Según Núñez, la línea del Esequibo no fue propuesta sino como medio de abrir el debate y llegar a un término de conciliación. Cfr. Enrique Bernardo Núñez, *Tres momentos en la controversia de límites de Guayana*, tercera edición, a cargo de Ediciones del Ministerio de Educación, Caracas, 1967, p. 30. Publicado originalmente por Editorial Élite, Caracas, 1945. Segunda edición, Publicaciones del Ministerio de Relaciones Exteriores, Caracas, 1962.

[78] Por ejemplo, en el caso que nos concierne, las líneas de Aberdeen, de 1844, la línea de Granville, de 1881, la línea de Rosebery, de 1886, la línea de Salisbury, de 1890, la línea de Sanderson, de 1890, o una segunda línea de Rosebery, de 1893, son expresión de distintas soluciones de compromiso propuestas por Gran Bretaña. En el mismo sentido, la línea

porción del territorio, existe una controversia en cuanto a su titularidad.[79] Además, puede que las líneas de frontera reclamadas por un Estado -suponiendo que estén indicadas con precisión- no estén reflejadas gráficamente en un mapa.[80] Pero, en el caso que nos concierne, para fijar una frontera, entre otras cosas, interesa saber si, según los mapas disponibles, Guayana era considerada como una unidad geográfica, o si estaba conformada por distintas regiones.

Lo que sirve a las relaciones pacíficas entre los Estados es la existencia de fronteras estables -esto es, fronteras fijas y definitivas-, con plena conciencia de que la frontera de hoy también será la frontera de mañana; esas son las únicas fronteras que se pueden demarcar. En este sentido, se recuerda que el artículo 1 de la Convención sobre derechos y deberes de los Estados, suscrita en Montevideo, el 26 de diciembre de 1933, menciona, entre los requisitos que debe reunir un Estado, un territorio "determinado". A juicio de Visscher, la firme configuración del territorio proporciona al Estado un marco perfectamente determinado para el ejercicio de sus atribuciones soberanas, y esa estabilidad -aunque relativa- se halla en función de la autoridad exclusiva que en él ejerce en el territorio, y de la coexistencia de unidades políticas, fuera de sus fronteras, investidas de similares prerrogativas. Tal estabilidad es un factor de seguridad, como el sentimiento que experimentan los pueblos al abrigo de fronteras reconocidas.[81]

Pero lo cierto es que, para Inglaterra, a partir de 1840, la frontera occidental de la Colonia de Guayana Británica era una frontera flexible, errática, indecisa y cambiante, que se rectificaba con frecuencia, sin que los responsables de diseñarla llegaran a decidirse por una u otra. Con la habilidad de un prestidigitador, Inglaterra fue sacando de su sombrero un mapa tras otro, cada vez reclamando una frontera distinta, y cada vez exigiendo más territorio. En una profusión de mapas -marcando una frontera borrosa e irresoluta- sin más sustento que la fantasía o los sueños imperiales de sus autores, las líneas retorcidas de lo que se suponía era la frontera común bailaban en frente de los ojos del estudioso, en una danza que se desplazaba sistemáticamente hacia el oeste. En el siglo XIX, esa falta de certeza sobre la frontera con Venezuela, que se movía constantemente en la correspondencia diplomática de Inglaterra con su contraparte, contribuyó a que esta controversia fuera de difícil solución, y de allí el interés de Venezuela en someterla a arbitraje. Esa constante metamorfosis de la frontera, que -a los ojos de Inglaterra- cambiaba de un momento a otro (incluso en cuestión de meses, como muestran los mapas de marzo y diciembre de 1886 publicados por la *Colonial Office List*), restaba credibilidad a la reclamación británica y, en el mejor de los casos, indicaba que esa era una frontera por determinar.

Ante ese cambio total de posición de una de las partes, en una situación semejante, -que tiene implicaciones generales-, en el caso del Canal de Beagle, el Tribunal arbitral observó que los mapas presentados por Argentina -algunos calificados de tan extravagantes que difícilmente podían ser

---

propuesta en 1844 por el Consejo de Gobierno (al que se habían pasado la nota de Aberdeen y la correspondencia de Fortique), que es la misma línea de Viso, de 1880, y la línea de Rojas, de 1881, reflejan las soluciones de compromiso propuestas por Venezuela.

79 Por ejemplo, la Carta de la República de Colombia, de Codazzi, de 1840-1841, señala, en la frontera oriental del departamento del Orinoco, dos enclaves, uno en la boca del Esequibo y otro al sur, buscando las fuentes del Esequibo hasta la Sierra de Acaraí, a los que identifica como "*Territorio que se considera usurpado por los ingleses*".

80 Por ejemplo, el Decreto de Bolívar, del 15 de octubre de 1817, que incorpora a Venezuela la provincia de Guayana, señala cuáles son los límites de cada uno de sus tres departamentos, pero no incluye un mapa que los muestre gráficamente. Además, respecto de las fronteras del Departamento del Bajo Orinoco, el Decreto expresa simplemente que, al oriente y sur, estos son "*los límites con las posesiones extranjeras*".

81 Cfr. Charles de Visscher, *Teorías y realidades en Derecho Internacional Público* (Título original, *Théoriés et Réalités en Droit International Public*, Éditions A. Pedone, París, 1953), traducción al castellano de Pablo Sancho Riera, Editorial Bosch, Barcelona, 1962, pp. 216 y s.

tomados con seriedad- mostraban la falta de uniformidad con que, en diferentes momentos, ésta había abordado su reclamación, ya sea incluyendo o excluyendo como parte de su territorio a las islas Nueva y Lenox, mientras que Chile, desde el mismo momento de la conclusión del Tratado de límites de 1881, mantuvo consistentemente, en su cartografía, la tesis de que las islas Picton, Nueva, y Lenox, eran chilenas.[82] Según el Tribunal, ese cambio de opiniones, sin ninguna explicación convincente, debía ser tenido en cuenta,[83] pues era difícil evitar la impresión de que la confusión e inconsistencia de la cartografía argentina era tan grande, que la privaba de todo valor probatorio.[84]

En el constante afán por extender sus fronteras hacia el oeste del río Esequibo, las pretensiones inglesas no se detenían, y parecían no tener límites. En 1895, el senador de Massachusetts Henry Cabot Lodge resumió ese deseo insaciable de los ingleses en los siguientes términos: En 1840, Gran Bretaña no había avanzado más allá del Río Pomarón pero, de una vez, el mismo año, intentó extender sus dominios tan allá como Barima, donde fijó el punto de partida de la frontera entre las dos Guayanas (la línea de Schomburgk); en 1844 retrocedió y propuso una línea que comenzara en el río Moroco, entre el Pomarón y Punta Barima (la línea de Aberdeen); en 1881, removió el punto de partida a 29 millas de distancia del Moroco, en dirección a Punta Barima (la línea de Granville); de allí en adelante, en 1886 avanzó a un lugar en la costa occidental del río Guaima, entre el punto anterior y Punta Barima (la línea de Rosebery); en 1890 situó la frontera en la boca del Amacuro, al occidente de Punta Barima, en el Orinoco (la línea de Salisbury); y finalmente, en 1893, constantemente avanzando hacia el oeste y hacia el sur en el interior de esa región, Inglaterra llevó la frontera desde un punto en el occidente del Amacuro hasta la fuente del río Cumano y de la Sierra de Usupamo (la nueva línea de Rosebery). Así, desde 1844, Inglaterra habría seguido avanzando más allá de la línea dentro de la cual había rechazado el arbitraje, y con cada avance presentaba una reclamación adicional sobre más territorio sobre el cual estaría dispuesta a arbitrar, y en los últimos años había avanzado más rápidamente que nunca. Con la convicción de que la fuerza crea derechos, Inglaterra había seguido conquistando los territorios de un país más débil, y había violado el acuerdo de 1850, por el cual ambas partes se comprometieron a no ocupar el territorio en disputa, un acto que en cualquier nación menos virtuosa que Inglaterra se llamaría mala fe.[85] Cabot Lodge cita una nota del Secretario de Estado Thomas Bayard dirigida a Phelps, el ministro de los Estados Unidos en Londres, en la que sostiene que "La reclamación que ahora se afirma ha sido presentada por las autoridades de la Guayana Británica necesariamente genera gran inquietud, y crea la preocupación de que la reclamación territorial (británica) no se ajuste a las tradiciones ni a la evidencia histórica, sino que sea aparentemente indefinida."[86]

Andrew Carnegie también se refirió al apetito insaciable por el territorio que caracterizaría a lo que él denominó "las razas de habla inglesa", al extremo de que algunos de esa "raza" pensaban que era prerrogativa suya adquirirlo. Según Carnegie, en el caso de la pequeña isla de Gran Bretaña, como ésta no tenía a dónde extenderse, "*por las buenas o por las malas*", los británicos habían adquirido territorios en todo el mundo, sin importar lo distantes que se encontraran. En su opinión, no podía haber una mejor ilustración de este *modus operandi* que sus relaciones con Venezuela. Con fina ironía, Carnegie se refirió a ese constante cambio de posiciones por parte de Gran Bretaña en la controversia

---

82 Cfr. *Beagle Channel arbitration between the Republic of Argentina and the Republic of Chile*, Report and decision of the Court of Arbitration, 18 February 1977, párrafos 144.5 y 146. Ver, también, el párrafo 154, que hace referencia a un mapa con una línea de frontera "so eccentric that it can hardly be taken seriously".

83 Cfr. Ibid, párrafos 155 y 157 (a).

84 Cfr. Ibid, párrafo 157.

85 Cfr. Henry Cabor Lodge, *England, Venezuela, and the Monroe Doctrine*, en The North American Review, vol. 160, N° 463 (June 1895), pp. 656 y s.

86 Cfr. ibid., p. 655.

del Esequibo. Según Carnegie, Gran Bretaña comenzó, modestamente, reclamando una frontera que, como Venezuela no aceptó, decidió guardar silencio y dejar pasar el tiempo. Pero luego, Venezuela se encontró con que la frontera británica se había desplazado todavía mucho más dentro de su territorio, a lo cual siguió otra protesta de Venezuela y otro silencio de Inglaterra. Una vez que se reavivó la cuestión, Gran Bretaña descubrió que se había equivocado de nuevo, y que no reclamó lo suficiente, por lo que su tercera reclamación se extendió aún más allá de la segunda. Finalmente, se trazó una cuarta línea, que abarcaba valiosos yacimientos auríferos, y que situaba a Gran Bretaña a orillas del río Orinoco.[87] Carnegie observó que, en un editorial del periódico londinense *Dayly News*, se expresaba la convicción de que la reclamación británica era justa ("*We believe the British claim to be just.*"); pero -como apunta Carnegie-, se omitía indicar cuál de las muchas reclamaciones británicas era la justa. Para Carnegie, la primera reclamación probablemente era justa; pero la segunda reclamación era más justa, y la tercera reclamación era aún más justa, puesto que era la que daba más territorio a Gran Bretaña. En su opinión, éste era, sin duda, uno de los más flagrantes ejercicios de la fuerza bruta en contra de un país débil, para ilustrar la propensión de lo que él llamaba la raza de habla inglesa a absorber tanto territorio como fuera posible.[88] Según Carnegie, la verdad pura y simple era que, en el pasado, los británicos le habían puesto la mano a todos los territorios que podían adquirir en Europa, Asia, África, y América. Siguiendo su instinto de expansión y, habiéndolo hecho con éxito en otras latitudes, ellos tenían el propósito de llevar a cabo esta misma política en el continente americano, esta vez a costa de la débil república de Venezuela.[89]

Si había algún fundamento en la reclamación británica, no había forma de sustentarla con mapas creíbles, que los propios ingleses asumieran como suyos, y con líneas fronterizas que no se estuvieran desplazando constantemente. Tal vez por eso, en su mensaje al Congreso de los Estados Unidos del 17 de diciembre de 1895, el presidente Cleveland anunció que consideraba las reclamaciones venezolanas como "justas y válidas", y que los Estados Unidos no podían someterse indolentemente al mal y a la injusticia.

8. El laudo de París, y lo que está en juego

Marcus Baker enseña que la región Orinoco-Esequibo es "un distrito en la costa noreste de Sur América, situada entre los ríos Orinoco y Esequibo, que se extiende algo más de doscientas millas hacia el interior… El sector sometido a examen está limitado al este por el Esequibo, al norte por el océano Atlántico y el río Orinoco, al oeste por el río Caroní, y al sur por el distrito montañoso con las hoyas que separan las corrientes que fluyen en dirección norte, hacia el Atlántico, de las que fluyen en dirección sur, hacia el Amazonas. Está incluido entre los paralelos cuarto y décimo de latitud norte, y entre los meridianos cincuenta y ocho y sesenta y cuatro de longitud al oeste de Greenwich."[90]

---

87 Cfr. Andrew Carnegie, *The Venezuelan Question*, en The North American Review, vol. 162. N° 471, February 1896, pp. 131 a 134. "She begins modestly by claiming a boundary; Venezuela requests her to submit her claims to arbitration; this is refused; the matter rests awhile, when it appears that the boundary of England has been shifted a good deal and embraces more territory adjoining Venezuela; another remonstrance from Venezuela, and another rest. When the question revives, Britain discovers she was mistaken again and did not claim enough, and her third claim extends far beyond the second. Finally, there is a fourth line drawn which reaches over valuable auriferous deposits, and really lands Great Britain on the banks of the Orinoco."

88 Cfr. Ibid., p. 134.

89 Cfr. Ibid., p. 141.

90 Marcus Baker, *Notes on the Geography of the Orinoco-Essequibo region, Sout America, en Geographical Report of the U. S. Presidential Commission appointed to investigate upon the true divisional line between the Republic of Venezuela and British Guiana*, Government Printing Office, Washington, 1897, pp. 224 y s..

Junto con ofrecer la ubicación más precisa de la región en disputa, la descripción que Baker hace de su paisaje es, también, una de las más hermosas.

"Hay parajes dispersos que representan trechos nunca vistos por el hombre blanco... A grandes rasgos, puede ser caracterizada como una región de bancos, sepultada en su mayor parte bajo una selva tropical de una densidad y belleza maravillosas. Yace cerca del corazón de la zona tórrida, con el sol día tras día, siempre a través del zenit o cerca de él, y con dos estaciones lluviosas cada año, con lluvias que duran semanas, intercaladas con chaparrones de agua tibia que imitan el diluvio, proporcionando las condiciones de una casa caliente de la naturaleza. De sus condiciones de calor y humedad excesiva proviene la cubierta selvática que los viajeros describen unánimemente como indescriptible por su densidad, variedad, y belleza. Más allá de los espacios selváticos hay, en su interior, sectores no selváticos llamados sabanas que, según las características del suelo y su altitud, son pantanosos, o duros y cubiertos de yerba, o son parcialmente desérticos."[91]

El relato de Baker continúa indicando que el punto culminante de la región es la cima del monte Roraima.

"Esta montaña es una masa rocosa, con cima plana de piedra arenisca, cuya cumbre casi inaccesible está situada a 8.600 pies sobre el nivel del mar. Sus bancos rocosos son, casi por doquier, picos de más de media milla de altura. Desde este fortín de la propia naturaleza, la región se desliza suavemente, y -hasta donde sabemos- cae en bancos o picos en todas direcciones."[92]

A continuación, Baker advierte que

"esta región, que hace más de tres siglos recibió el nombre de Guayana, entonces se creía y se hacía saber que era el país más rico del mundo, que abundaba en oro y perlas. Puede ser interesante anotar por qué tal región permanecería inexorable, y casi desconocida, hasta el tiempo de que tienen memoria hombres todavía vivos. Las densas selvas ofrecen al viajero blanco una barrera prácticamente infranqueable. Por todas partes se encuentran animales salvajes y, a veces, también hombres salvajes. Pero la enorme dificultad experimentada -durante más de dos siglos- en penetrarlas o atravesarlas, ha mantenido al hombre blanco fuera de ellas. El único acceso al interior ha sido y es el que ofrecen los ríos. Pero la región es tan escarpada que, al penetrar en ella, surgen una serie de terraplenes o bancos. Así, al ascender por los ríos fuera del Orinoco, la tierra de aluvión de las orillas apenas se alcanza a pasar cuando uno se encuentra con una catarata o un rápido, o una serie de rápidos, que bloquean el paso. El viajero, ya sea cargando o arrastrando su canoa de madera forrada en cuero, a través de densos bosques en torno a estos obstáculos, sólo logra remar una corta distancia contra la fuerte corriente, para encontrarse con una y otra agotadora sucesión de lo mismo. Penetrar al interior, a través de esa espesa selva, húmeda y pantanosa, es casi imposible. Penetrar en ella por las vertientes acuosas es posible solamente en botes pequeños, aunque con dificultad y peligros."[93]

Las circunstancias en que se llegó a un compromiso arbitral entre las partes para delimitar este territorio en disputa, cómo, y qué es lo que decidió el Tribunal arbitral, será objeto de examen en capítulos posteriores. Pero, a partir de lo decidido por el laudo que hoy se impugna ante la Corte, en esta breve introducción sólo corresponde señalar qué es lo que está en juego para las partes.

---

91 Cfr. ibidem.

92 Cfr. ibidem.

93 Cfr. ibid., p. 149.

Durante décadas, Venezuela ha sentido que el laudo de París, dictado el 3 de octubre de 1899, constituye una grave afrenta a su honor nacional. Este fue un laudo dictado por un Tribunal en el que, a diferencia de Inglaterra, Venezuela no tuvo ninguna representación, que llegó a una solución de compromiso sin consultarla, que decidió en forma caprichosa, sin ninguna fundamentación, que la despojó de un inmenso territorio que sentía que le pertenecía, y en el que ni Holanda ni Inglaterra habían echado raíces. Para Venezuela, el laudo fue una burla grotesca, que se consumó gracias a que ella era la parte más débil en un conflicto con la principal potencia marítima y comercial de la época.

Más de un siglo después, con una controversia territorial que Guyana ha heredado de Inglaterra, ella siente que lo que está en juego son los dos tercios de su actual territorio.

La dimensión de lo que, en el Laudo de París, se adjudicó a Gran Bretaña es de aproximadamente 159.540 kilómetros cuadrados,[94] con una zona costera de aproximadamente 291 kilómetros situados frente al Océano Atlántico. Para tener una idea del tamaño de lo que está en disputa, debe observarse que ese territorio es mayor que la superficie conjunta de Suiza, Bélgica y los Países Bajos; es tanto como la superficie de Portugal y Costa Rica juntos, casi el doble del tamaño de Hungría, y mayor que Nicaragua, mayor que Checoslovaquia antes de su desmembramiento, y el doble del tamaño de la isla de Irlanda, que alberga a la República de Irlanda y a Irlanda del Norte. El tamaño del territorio que, mediante este laudo, se adjudicó a Gran Bretaña es mayor que la superficie conjunta de toda Inglaterra y Gales. Adicionalmente, la proyección de la costa sobre la fachada atlántica genera derechos soberanos sobre áreas marinas y submarinas de un tamaño igualmente significativo.

En cuanto a sus recursos naturales, junto a sus inmensos bosques tropicales, situados en el pulmón de la humanidad, como parte de Guayana[95] -expresión indígena que significa "tierra de aguas", o "tierra de muchos ríos", y que se aplica a toda la cuenca situada entre los ríos Orinoco y Amazonas- el territorio situado al oeste del río Esequibo está surcado por numerosos ríos, y su tierra es regada por lluvias torrenciales la mayor parte del año. Algunas de sus cascadas -como las del Salto Kaiteur- son cuatro veces más altas que las cataratas del Niágara. Los ríos de la región, con su curso común de sur a norte, debido a sus raudales y caídas de agua, más que vías de acceso, son barreras de penetración que cierran el paso incluso a embarcaciones pequeñas.[96] El territorio en disputa es una tierra fértil, abundante en petróleo, gas natural, oro, diamantes, bauxita, coltán, manganeso, hierro, uranio, y otros minerales. Según la Memoria de Guyana, el territorio en disputa incluye algunas de las selvas tropicales más prístinas y ecológicamente diversas del mundo.[97] Sin embargo, González Oropeza advierte que "La fragilidad de la capa vegetal hace que la ruptura del delicado equilibrio ecológico, debido a talas indiscriminadas, pueda ocasionar la desaparición de la selva y el surgimiento de áreas desérticas."[98] Sus bosques son densos, pero de precaria conservación.[99] Por su exuberante biodiversidad y por su riqueza natural, con el descubrimiento de grandes reservas de gas y petróleo, particularmente en su proyección marítima, el Esequibo es un territorio inmensamente apetecido. Esa circunstancia ha involucrado a

---

94 Según Guyana, aproximadamente 159.500 kilómetros cuadrados. Cfr. Memoria de Guyana, presentada a la Corte Internacional de Justicia el 8 de marzo de 2022, en el caso *Arbitral Award of 3 October 1899 (Guyana v. Venezuela)*, vol. I, párrafo 2.2.

95 Guayana, o Guyana, es el nombre genérico que se ha dado a todo el territorio ubicado entre los ríos Orinoco y Amazonas, incluyendo todo el territorio en disputa, el cual está situado al oeste del río Esequibo.

96 Cfr. Hermann González Oropeza, *Atlas de la Historia Cartográfica de Venezuela* (publicación auspiciada por el Ministerio de Relaciones Exteriores de Venezuela), Editorial Papi, Caracas, 1982, p. 49.

97 Cfr. Memoria de Guyana, presentada a la Corte Internacional de Justicia el 8 de marzo de 2022, en el caso *Arbitral Award of 3 October 1899 (Guyana v. Venezuela)*, vol. I, párrafo 1.27.

98 Hermann González Oropeza, nota sobre *El territorio del Esequibo*, en *Diccionario de Historia de Venezuela*, Fundación Polar, Caracas, 1988, Tomo II, p. 100.

99 Cfr. ibidem.

otros actores en la controversia, incluyendo a grandes corporaciones transnacionales, lo cual podría hacer que la decisión de la Corte se vea contaminada por factores extrajurídicos.

Gracias a los recursos naturales que atesora, tanto en el espacio terrestre como en su proyección marítima, el territorio en disputa tiene un valor económico no solo para las partes, sino que también para otros actores, incluyendo grandes corporaciones transnacionales. Guyana ya está explotando esos recursos.

A fines del siglo XIX, los mares eran vistos principalmente como puntos estratégicos para las comunicaciones y los flujos comerciales; por eso, respondiendo a los intereses de Inglaterra, se había impuesto la libertad de los mares. Es sólo a partir de mediados del siglo XX -con la Proclamación Truman sobre la plataforma continental- que se ha valorado la importancia del mar y de las áreas submarinas como fuente de recursos económicos. La proyección de la extensa costa del territorio Esequibo en el Atlántico -generando, *inter alia*, una plataforma continental y una zona económica exclusiva- no es una excepción a esta dimensión económica de los espacios marinos y submarinos; de ahí que, actualmente, además de la controversia jurídica hoy pendiente ante la Corte Internacional de Justicia, éste sea un campo de disputa por los derechos de pesca, y por la exploración y explotación de grandes depósitos de petróleo y gas natural. No es mera coincidencia que la demanda de Guyana se haya introducido en la Corte en marzo de 2018, menos de dos años después de que, en las aguas sobre las que se proyecta el territorio en disputa, se descubriera un inmenso depósito de gas y petróleo, conocido como el Bloque Stabroek. Con licencia de Guyana, el Bloque Stabroek -de más de 28.000 kilómetros cuadrados de extensión- comenzó a ser explotado en 2019 por un consorcio internacional de tres empresas petroleras, encabezado por la ExxonMobil, con participación de la corporación estatal china CNOOC y, desde 2025, por Chevron, luego de que ésta adquiriera la participación de HESS. A comienzos de 2024, el Bloque Stabroek estaba produciendo 640.000 barriles de petróleo por día, y se espera que, para 2027, su producción aumente a 1,2 millones de barriles de petróleo por día. Los hallazgos recientes de petróleo y gas en los espacios marinos que son una proyección de la zona en disputa han hecho que Guyana -un país con menos de 800.000 habitantes-, sorpresivamente se convierta en una de las economías de mayor crecimiento en el mundo, con un PIB que, en 2022, creció en un 57,8%, y que se espera que siga creciendo a un ritmo acelerado. En septiembre de 2025, Guyana concedió una licencia de producción para el proyecto marítimo de Hammerhead, en el que ExxonMobil, CNOOC, y Chevron, invertirán seis mil ochocientos millones de dólares de los Estados Unidos. Los yacimientos de petróleo costa afuera contienen grandes volúmenes de gas natural, que el gobierno de Guyana busca aprovechar como fuente de energía para su desarrollo económico interno, y se espera que el primer gaseoducto ya esté en marcha a finales de 2026, con una capacidad de producción de unos 300 megavatios.[100] Mientras tanto, como parte de estos lazos e intereses cruzados, en 2016, ExxonMobil entregó a Guyana un bono especial de 18.000 millones de dólares de los Estados Unidos, que se afirmó que sería para pagar los honorarios de abogados y las costas asociadas con la demanda que, en los meses siguientes, se introduciría ante la Corte Internacional de Justicia por la controversia territorial que Guyana mantiene con Venezuela; esa afirmación fue negada por el Gobierno de Guyana.[101] Pero, sea como fuere, lo cierto es que, gracias al dinero de la ExxonMobil, Guyana cuenta con un formidable equipo de abogados para que la represente en esta controversia.

---

[100] Cfr. El reportaje de Sheila Dang y Kemol King, *Exxon committed to move fast on Guyana gas projects, but needs demand sources, executive says*, Reuters, 17 de febrero de 2026, en https://www.reuters.com/business/energy/exxon-committed-moving-fast-develop-gas-guyana-executive-says-2026-02-17/

[101] Cfr. Entre otras, la Declaración del Vicepresidente y Ministro de Asuntos Exteriores de Guyana, Carl B. Greenidge, ante la Asamblea Nacional de Guyana, el 14 de diciembre de 2017, en http://old.parliament.gov.gy/media-centre/speeches/statement-to-the-national-assembly-on-thursday-december-14th-2017-by-the-ho/

Incluso si no fuera por sus recursos naturales, por sí sola, la ubicación de la zona en disputa tiene una importancia estratégica que se hizo evidente desde un comienzo, y no sólo por razones militares. Quizás fue Schomburgk quien primero resaltó la ventaja estratégica de la ubicación de Guayana para el comercio, así como el valor de las vías de comunicación que poseía, porque esas circunstancias podían contribuir a la fortaleza marítima del imperio británico.[102] Similarmente, Daniel Florencio O'Leary -ex edecán de Bolívar durante la guerra de independencia-, estando al servicio del Reino Unido como Encargado de Negocios en Caracas y Cónsul en Puerto Cabello, en una carta del 4 de agosto de 1841, le advirtió al gobernador de la Guyana Británica sobre la importancia de Punta Barima y de la boca del Orinoco; según O'Leary, quizás no había en el continente sudamericano una posición más valiosa, desde el punto de vista militar, político o comercial, que el Barima, que domina la boca principal del Orinoco; en su opinión, Gran Bretaña, que ya era señora de Trinidad y de la Guyana Británica, necesitaba del Barima para completar sus posesiones en esta parte del mundo. Y es innecesario recordar que, en octubre de 1962, la crisis de los misiles cubanos puso de manifiesto que el Mar Caribe -con sus islas y costas aledañas a corta distancia de los Estados Unidos-, puede constituir una amenaza militar para los Estados Unidos y para la paz y la seguridad internacional.

Situada en la faja continental del sur del Caribe, junto con su cercanía con el Canal de Panamá, que conecta con el océano Pacífico, su zona marítima es una importante arteria para el tránsito y el flujo de mercancías hacia y desde Europa, y en menor medida para los mercados del norte del continente americano. Independientemente del oro, los diamantes, y otros minerales y recursos naturales -y ahora petróleo en su plataforma continental- la posesión del territorio en disputa viene aparejada con ventajas económicas y estratégicas innegables.

El mundo no ha sido indiferente a la controversia por el territorio del Esequibo, y hay razones económicas, estratégicas, y militares para ello. Por razones históricas, si no de otro tipo, es obvio que el Reino Unido apoya las pretensiones de Guyana. Por razones históricas y culturales, los países del Caribe angloparlante también apoyan a Guyana. Por lazos políticos y militares que datan de las guerras de liberación de las colonias portuguesas en África -particularmente en Angola y Mozambique-, Cuba apoya a Guyana, aunque ese apoyo haya sido más discreto durante los años del chavismo-madurismo en Venezuela. Países como China, que tienen negocios tanto con Guyana como con Venezuela, parecen inclinarse en favor de la primera. Brasil -que comparte frontera con ambos Estados litigantes- tiene proyectos de infraestructura en la zona en disputa (bajo control y administración de Guyana), que hacen difícil que se pueda inclinar a favor de Venezuela. Por lo menos desde octubre de 2013, luego de la detención -por buques de la Armada venezolana- del Teknik Perdana (un barco estadounidense de la Anadarko Petroleum Co., que -con licencia de Guyana- realizaba exploraciones petroleras en la proyección marítima de la zona en disputa), Estados Unidos ha apoyado abiertamente a Guyana. después de la captura de Nicolás Maduro y de la toma de control del negocio petrolero por parte de los Estados Unidos, sería aventurado predecir cuál será, en el futuro cercano, su posición sobre esta controversia. Pero lo cierto es que, por razones políticas, económicas, o por la mayor o menor habilidad diplomática de unos y otros, al menos por el momento, Venezuela esta huérfana del apoyo de terceros países.

Por supuesto, el posicionamiento de los diversos países respecto de la controversia del Esequibo se ha reflejado en los foros internacionales, y en la actitud de la OEA, el CARICOM, la Mancomunidad Británica de Naciones, e incluso Naciones Unidas. Del 17 al 20 de febrero de 2026, Guyana celebró, en Georgetown, gracias al patrocinio -entre otros- de ExxonMobil, CNOOC, y HESS,

---

102 Cfr. Robert H. Schomburgk, A Description of British Guiana, Geographical and Statistical: Exhibiting its resources and capabilities, together with the present and future condition and prospects of the colony, Simpkin, Marshall, and Co., Stationers' Hall Court London, 1840, p. 88.

la *Guyana Energy Conference*, en cuya jornada inaugural intervinieron, entre otros, Adel bin Ahmed Al-Jubeir, Ministro de Asuntos Exteriores de Arabia Saudita, Al Jaber, Ministro de Industria y Tecnología Avanzada de los Emiratos Árabes Unidos, Iván Duque, ex Presidente de Colombia, Dan Ammann, Presidente de ExxonMobil Upstream Company y Vicepresidente de ExxonMobil Corporation, Mike Wirth, Presidente de Chevron, Rachel Wilson, Directora General y Directora de Datos, Morgan Stanley Wealth Management, y Daniel Best, Presidente del Banco de Desarrollo del Caribe; con ellos, estuvo, también, Aleshia Duncan (Subsecretaria Adjunta para Asia y las Américas, Oficina de Asuntos Internacionales, Departamento de Energía de los Estados Unidos).

9. El David venezolano y el Goliath inglés

Desde sus inicios, ésta ha sido una controversia entre desiguales. Mientras que las guerras del siglo XVIII terminaron de arruinar económicamente a España, dejándola convertida en una potencia de segunda categoría, Inglaterra se convirtió en una potencia marítima y comercial de primer orden. Para fines de ese siglo, de todas las posesiones españolas en América, las costas de Guayana eran la región más desguarnecida militarmente.

A mediados del siglo diecinueve, las relaciones de poder favorecían claramente a Inglaterra, el amo de unos tiempos convulsos, en que se imponía la *Pax Britannica*,[103] mientras Venezuela se desangraba en medio de luchas intestinas.

Esta es una controversia que surgió casi paralelamente con el nacimiento de la doctrina de la *realpolitik*, enunciada por el canciller Bismark como explicación del funcionamiento de las relaciones internacionales, y según la cual cualquier derecho tiene que inclinarse frente a la fuerza de los hechos.

En las postrimerías del siglo XIX, fueron las circunstancias antes referidas las que dieron forma a la controversia entre Gran Bretaña y Venezuela por el territorio situado en la ribera izquierda del Esequibo. Esa controversia enfrentaba al mayor imperio colonial de la época y a un nuevo y débil país, que había obtenido su independencia a principios de ese mismo siglo, y que se debatía en medio de una guerra civil. En ese momento, mientras Inglaterra era la mayor potencia mundial, Venezuela estaba sumida en una severa crisis interna, agravada por una enorme deuda externa que, sólo un par de años más tarde, condujo al bloqueo de sus costas por tres potencias europeas -incluida Inglaterra-, para forzar el pago de esa deuda, arrancándole la suscripción de un compromiso de pago preferente. Fue en esa atmósfera que se dictó el Laudo de París.

Ahora, Guyana ha querido caracterizar esta controversia como la disputa entre un pequeño país pobre y débil, que sería ella, y un país grande, rico y poderoso, que sería Venezuela. Ese, ciertamente, no es el caso, y para ello basta con revisar la posición que ocupa Venezuela en los índices económicos internacionales, los últimos datos de crecimiento del producto interno bruto de uno y otro país, o los datos de migración, que pueden lastrar el futuro de una nación. Pero, incluso si Venezuela fuera actualmente el país rico y poderoso que se sugiere, debe recordarse que esta es una controversia heredada de la colonización europea, y no el producto de las supuestas ambiciones territoriales de Venezuela. Venezuela. Quien ahora enfrenta a Guyana es una Venezuela empobrecida y en crisis, con

---

[103] Cfr. Robert K. Webb, *The Great Powers to the Verge of War*, en *The Columbia History of the World*, edited by John A Garraty and Peter Gay, Harper & Row, Publishers, New York / Evanston / San Francisco / London, 1972 (Fifth Dorset Press Printing, 1985), p. 966. Cfr., también, René Albrecht-Carrié, *A Diplomatic History of Europe since the Congress of Vienna*, revised edition, Harper & Row, Publishers, New York / Evanston / San Francisco / London, 1973, p. 20. También, Pierre Renouvin, *Historia de las Relaciones Internacionales: Siglos XIX y XX* (Título original, *Histoire des Relations Internationales*, Librairie Hachette, París, 1955), traducción de Justo Fernández Buján, Isabel Gil de Ramales, Manuel Suárez, y Felix Caballero Robredo, Akal Editor, Madrid, 1982, pp. 476 y ss.

su liderazgo político en el exilio, y sin instituciones democráticas capaces de asumir este litigio con responsabilidad. Esta vez, Venezuela no tiene que enfrentar a una potencia imperial, sino a un pequeño país con una democracia consolidada, con el mayor crecimiento del producto interno bruto en la región, y que cuenta con el apoyo de grandes potencias y prosperas corporaciones transnacionales. No hay que confundir el David con el Goliath.

Estando planteada ante una instancia judicial internacional, ésta es una controversia territorial que tendrá que resolverse sobre la base del derecho, y no del poder de fuego, o la mayor o menor riqueza de los litigantes. En esta ocasión, ni Venezuela ni Guyana quieren despojar al otro de parte de su territorio; ambos reclaman lo que consideran que en justicia les pertenece, y los argumentos de uno son tan buenos como los del otro. Eso es lo que tendrá que considerar y evaluar la Corte Internacional de Justicia.

PRIMERA PARTE

EL TERRITORIO

El territorio es un componente indispensable del Estado; sin territorio, no hay Estado. En el derecho internacional, el territorio es el eje en torno al cual gira la reglamentación de muchos de los asuntos internacionales, comenzando por la determinación de la nacionalidad de sus habitantes y terminando con el límite de la autoridad estatal. En el caso de las pesquerías de la costa del Atlántico Norte, la Corte Permanente de Arbitraje Internacional atribuyó al territorio los mismos límites que a la soberanía,[104] un concepto jurídico, que tiene fuertes connotaciones políticas. Pero la formación del territorio del Estado es el resultado de procesos históricos complejos..

I. EL TERRITORIO EN EL DERECHO INTERNACIONAL

Históricamente, el territorio del Estado constituye uno de los pilares fundamentales del orden jurídico y político del Estado moderno, nacido en el siglo XVII con los Tratados de Paz de Westfalia, y concebido como una organización asentada en un territorio determinado. Con su geografía, el territorio es un elemento imprescindible, y el más estable del Estado.

Sin perjuicio de sus competencias funcionales[105] o personales,[106] el territorio de cada Estado es el que determina el ámbito espacial de validez de su ordenamiento jurídico; de ese espacio están excluidos los demás Estados. Según Schachter, el territorio es una de las bases para que el Estado pueda prescribir determinadas normas y ejercer su autoridad.[107] Dentro de un territorio con fronteras internacionalmente reconocidas, cada Estado es soberano para ejercer, de manera exclusiva, sus competencias legislativas, judiciales, y administrativas. Por consiguiente, en las relaciones entre los Estados, en lo que concierne a la repartición de competencias en el espacio, el territorio de cada uno es el punto de referencia obligado. Pero esa es también la clave de la coexistencia pacífica entre los Estados. Por eso, Hans Kelsen afirmaba que, si sus esferas de validez territorial no estuviesen jurídicamente delimitadas, si los Estados no tuviesen límites fijos, los diversos órdenes jurídicos nacionales, es decir, los Estados, quizás no podrían coexistir sin conflictos.[108]

No hay -ni puede haber- Estados sin territorio. El territorio del Estado es el ámbito geográfico dentro del que éste es soberano, pudiendo ejercer sus competencias respecto de las personas y bienes que en él se encuentren, o respecto de los actos que en él se realicen; éste el espacio en el cual el Estado

---

104 Cfr. Permanent Court of Arbitration, *The North Atlantic Coast Fisheries Case* (Great Britain / United States of America), Award of 7 September 1910, en Reports of International Arbitral Awards, vol. XI, pp. 167-226, en p. 180.

105 Éstas son las competencias relativas a los servicios públicos, que pueden realizarse incluso fuera del territorio del Estado, como es el caso de la actividad de los agentes consulares en el exterior.

106 Éstas son, fundamentalmente, las competencias del Estado respecto de sus nacionales, independientemente del lugar en el que se encuentren.

107 Cfr. Oscar Schachter, *International Law in Theory and Practice*, Martinus Nijhoff Publishers, Dordrecht / Boston / London, 1991, p. 254.

108 Cfr. Hans Kelsen, *Principios de Derecho Internacional Público* (Título original: *Principles of International Law*, Rinehart & Company, Inc., New York, 1952), traducción de Hugo Caminos y Ernesto C. Hermida, El Ateneo, Buenos Aires, 1965, p. 180.

puede desempeñar lo que son sus funciones propias. Por eso, debido a la preponderancia de la soberanía territorial sobre su competencia personal, las reglas que regulan la adquisición de territorios son de la mayor importancia práctica en el derecho internacional contemporáneo.[109]

Según Vattel, cuando una nación toma posesión de un país que no es reclamado por ningún propietario anterior, se considera que -junto con el dominio- adquiere el imperio o la soberanía del mismo; porque, siendo la nación libre e independiente, al establecerse en un país no puede tener intención de ceder a otros el derecho de mandar, ni ninguno de los derechos que constituyen la soberanía. De manera que todo el espacio sobre el cual una nación extiende su gobierno se convierte en la sede de su jurisdicción, y se denomina territorio.[110]

Para Oppenheim y Lauterpacht, el territorio es el espacio en el cual el Estado ejerce su autoridad suprema, por lo cual no se puede concebir, en un mismo territorio, la existencia de dos o más Estados soberanos.[111] En palabras de Kelsen, el territorio del Estado es el espacio en el que, de acuerdo con el derecho internacional general, los órganos determinados por un orden jurídico nacional están facultados para hacer cumplir ese orden.[112] En este sentido, en el caso de la Isla de Palmas, el juez Huber expresó que la soberanía, en relación con una porción de la superficie del globo, es la condición legal necesaria para la inclusión de dicha porción en el territorio de un Estado en particular, y que es a ésta a la que se le denomina "soberanía territorial". A juicio de Huber, en las relaciones entre los Estados, la soberanía significa independencia, y la independencia con respecto a una porción del globo es el derecho a ejercer en ella, con exclusión de cualquier otro Estado, las funciones de un Estado. El desarrollo del derecho internacional ha establecido el principio de la competencia exclusiva del Estado respecto de su territorio, de tal manera que este principio se ha convertido en el punto de partida de la mayoría de las cuestiones que conciernen a las relaciones internacionales.[113]

El carácter exclusivo de la competencia territorial, con exclusión de los demás Estados y de toda otra autoridad, se traduce en la independencia respecto de otros Estados para los efectos de su organización política, la organización de los servicios públicos, y el ejercicio de su poder jurisdiccional, sin perjuicio de que la determinación de los derechos humanos de las personas que se encuentren en dicho territorio esté definida y regulada por el derecho internacional.

Ha habido una tendencia a explicar las normas relativas a la soberanía territorial y a la naturaleza de los derechos que se tiene sobre el territorio a partir de conceptos propios del Derecho privado, y particularmente del Derecho Romano. Por eso, a veces, con cierta ligereza, se afirma que tal o cual Estado tiene la *propiedad* de un territorio determinado. Pero, ya en los albores del derecho internacional, Hugo Grocio advertía que el dominio se distingue de la soberanía, y recordaba que Séneca expresó que, mientras a los reyes pertenece la potestad de todas las cosas, a los particulares pertenece la propiedad. Según Grocio, la soberanía y el dominio son conceptos distintos; la soberanía

---

[109] Cfr. Georg Schwarzenberger y E. D. Brown, *A Manual of International Law*, (primera edición de 1947), sixth edition, Professional Books Limited, Oxford, 1976, p. 96.

[110] Cfr. Emer de Vattel, *The Law of Nations, or, Principles of the Law Natura, Applied to the Conduct and Affairs of Nations and Sovereigns, with three early essays on the origin and nature of natural law and on luxury*, originalmente publicado en 1758, con una introducción de Béla Kapossy y Richard Whatmore, traducción de Thomas Nugent, Liberty Fund, Inc., Indianapolis, 2008, Libro I, párrafo 205, pág. 214.

[111] Cfr. Lassa Francis Lawrence Oppenheim y Hersch Lauterpacht, *Tratado de Derecho Internacional Público* (título original: *International Law – A treatise*, Longmans, Green and Co., London / New York / Toronto, 1905), octava edición inglesa (1955), traducción de J. López Oliván y J. M. Castro Rial, Bosch, Barcelona, 1961, tomo I, vol. II, pp. 4 y s.

[112] Cfr. Hans Kelsen, op. cit., pp. 180 y s.

[113] Cfr. *Island of Palmas Case* (Netherlands /USA), Max Huber, Arbitrator, Award 4 April 1928, en Reports of International Arbitral Awards, Vol. II, pp. 829-871, p. 838.

es lo que corresponde a la ciudad,[114] mientras que la propiedad es lo que corresponde a los particulares. Igualmente, Kelsen enseña que el territorio no es propiedad del Estado, y que la propiedad es la relación específica entre un individuo (o un grupo de individuos) y todos los demás individuos, respecto de una cosa; en cambio, el territorio "del Estado" es una expresión figurada, que define la esfera de validez del derecho estatal. Para Kelsen, el territorio del Estado no es una cosa -y particularmente no es un pedazo de tierra-, sino que es un espacio determinado por el derecho internacional que está bajo la supremacía territorial -o la soberanía- de un Estado. Dentro de ese espacio, la propiedad de la tierra podrá o no ser propiedad del Estado; pero el Estado también podrá ser propietario de tierras en otro Estado, estando, respecto de ellas, sometido a la supremacía territorial de ese otro Estado.[115]

En el derecho internacional, soberanía territorial y propiedad no son conceptos equivalentes; mientras la primera tiene que ver con el ejercicio de la autoridad política, la segunda tiene una connotación de carácter patrimonial. La soberanía corresponde al concepto de *imperium*, entendido como la autoridad suprema del Estado para administrar y disponer de su territorio en cuanto poder público. En cambio, la propiedad está asociada a la capacidad de gozar y disponer de un pedazo de suelo, sin más limitaciones que las que establezcan las leyes, y corresponde al concepto de *dominium*, ya sea en su forma de propiedad estatal o de propiedad privada. Esta distinción no ha sido ignorada por los tribunales internacionales. En el caso de la disputa fronteriza entre Guatemala y Honduras, el Tribunal Arbitral señaló que él se ocupaba de los límites territoriales de las dos Repúblicas, y no de los derechos privados de propiedad de una compañía de ferrocarriles u otros derechos privados, salvo en la medida en que se pudiera considerar que la creación de tales derechos guardaba relación con la cuestión del momento y las circunstancias de la afirmación de la autoridad soberana por los Gobiernos respectivos en el territorio en disputa.[116]

La soberanía territorial es, en general, una situación reconocida y delimitada en el espacio, ya sea por las llamadas fronteras naturales -como los ríos o las cadenas de montañas, fácilmente reconocibles y difíciles de cruzar- o por signos exteriores de delimitación que son indiscutibles, o bien por compromisos jurídicos celebrados entre los países vecinos interesados -de los que resultan las fronteras convencionales-, o por actos de reconocimiento de los Estados dentro de fronteras preestablecidas.[117]

Según Max Huber, el hecho de que, dentro de una zona determinada, las funciones de un Estado puedan ser realizadas por cualquier Estado es el rasgo característico de la situación jurídica de aquellas partes del globo que, como la alta mar o tierras sin dueño, no pueden formar parte del territorio de un Estado, o que aún no lo hacen. [118]

Aunque la soberanía territorial implica el derecho exclusivo de ejercer la autoridad de un Estado, este derecho tiene como corolario el deber de proteger, en dicho territorio, los derechos de los demás Estados, incluyendo los derechos que cada Estado pueda reclamar respecto de sus

---

114 Cfr. Hugo Grocio, *Del Derecho de la Guerra y de la Paz*, (título original, *De iure belli ac pacis*, Amsterdam, 1625), traducción de Jaime Torrubiano Ripoll, Editorial Reus, (S. A.), Madrid, 1925, Libro Segundo, Cap. III, sección IV, Tomo I de la edición consultada, p. 315.

115 Cfr. Hans Kelsen, *Principios de Derecho Internacional Público* (Título original: *Principles of International Law*, Rinehart & Company, Inc., New York, 1952), traducción de Hugo Caminos y Ernesto C. Hermida, El Ateneo, Buenos Aires, 1965, pp. 186 y s.

116 Cfr. *Honduras Borders* (Guatemala / Honduras), Arbitral Award of 23 January 1933, en Reports of International Arbitral Awards, Vol. II, pág. 1363.

117 Cfr. Ibidem.

118 Cfr. Ibidem.

nacionales en territorio extranjero. De modo que la soberanía territorial no se limita a excluir las actividades de otros Estados y, en su aspecto positivo, determina el espacio en el que cada Estado debe garantizar a los seres humanos que en él se encuentran los derechos que les reconoce el derecho internacional.

Si surge una disputa sobre la soberanía de una porción de territorio, es costumbre examinar cuál de los Estados que reclaman soberanía posee un título superior al que pueda oponer el otro Estado, invocando la cesión, la conquista, la ocupación, u otro título. Si una de las partes ha ejercido y demostrado efectivamente su soberanía sobre el territorio en disputa, no basta mostrar el título por el cual la soberanía territorial se adquirió válidamente en un momento determinado, sino que también debe demostrarse que la soberanía territorial ha continuado existiendo, y que existía en el momento en que debía tomarse una decisión sobre la controversia. Esta demostración consiste en el despliegue efectivo de las actividades del Estado, tal como las que pertenecen únicamente a quien es el soberano territorial.[119] Sin embargo, las manifestaciones de soberanía territorial pueden asumir diferentes formas, según las condiciones de tiempo y lugar. Y si bien la soberanía debe ejercerse de manera continua, en la práctica, no puede ejercerse en todo momento y en cada punto de un territorio. La intermitencia y la discontinuidad compatibles con el mantenimiento de la soberanía territorial difieren, necesariamente, según se trate de regiones habitadas o no, de regiones incomunicadas y apartadas, de territorios en los que hay un despliegue indiscutible de soberanía, o de espacios en los que la soberanía es apenas evidente.[120]

II. LAS DIMENSIONES DEL ESPACIO ESTATAL

En el derecho internacional, la expresión "territorio", o "territorio estatal", se refiere a todo el espacio en el que el Estado ejerce su jurisdicción exclusiva. Ese espacio tiene distintas dimensiones, y distintas manifestaciones materiales.

Históricamente, el territorio del Estado constituye uno de los pilares fundamentales del orden jurídico y político del Estado moderno, nacido en el siglo XVII con los Tratados de Paz de Westfalia, y concebido como una organización asentada en un territorio determinado. Con su geografía, el territorio es un elemento imprescindible, y el más estable del Estado.

Sin perjuicio de sus competencias funcionales[121] o personales,[122] el territorio de cada Estado es el que determina el ámbito espacial de validez de su ordenamiento jurídico; de ese espacio están excluidos los demás Estados. Según Schachter, el territorio es una de las bases para que el Estado pueda prescribir determinadas normas y ejercer su autoridad.[123] Dentro de un territorio con fronteras internacionalmente reconocidas, cada Estado es soberano para ejercer, de manera exclusiva, sus competencias legislativas, judiciales, y administrativas. Por consiguiente, en las relaciones entre los Estados, en lo que concierne a la repartición de competencias en el espacio, el territorio de cada uno es el punto de referencia obligado. Pero esa es también la clave de la coexistencia pacífica entre los Estados. Por eso, Hans Kelsen afirmaba que, si sus esferas de validez territorial no estuviesen

---

[119] Cfr. Ibid, pp. 838 y s.

[120] Cfr. Ibid, p. 840.

[121] Éstas son las competencias relativas a los servicios públicos, que pueden realizarse incluso fuera del territorio del Estado, como es el caso de la actividad de los agentes consulares en el exterior.

[122] Éstas son, fundamentalmente, las competencias del Estado respecto de sus nacionales, independientemente del lugar en el que se encuentren.

[123] Cfr. Oscar Schachter, *International Law in Theory and Practice*, Martinus Nijhoff Publishers, Dordrecht / Boston / London, 1991, p. 254.

jurídicamente delimitadas, si los Estados no tuviesen límites fijos, los diversos órdenes jurídicos nacionales, es decir, los Estados, quizás no podrían coexistir sin conflictos.[124]

El territorio es el espacio en el que el Estado despliega sus actividades y ejerce las competencias que le corresponden respecto de las personas y bienes que en él se encuentren, o respecto de los actos que en él se realicen. Sin perjuicio de las otras competencias estatales, sobre los servicios públicos o sobre sus nacionales, las competencias del Estado sobre su territorio son las más notables, pues atañen a la esencia misma de la soberanía. Por lo mismo, en el derecho internacional, las reglas relativas a la adquisición de territorios tienen una importancia práctica que otras no tienen.[125]

Según Vattel, cuando una nación toma posesión de un país que no es reclamado por ningún propietario anterior, se considera que -junto con el dominio- adquiere el imperio o la soberanía del mismo; porque, siendo la nación libre e independiente, al establecerse en un país no puede tener intención de ceder a otros el derecho de mandar, ni ninguno de los derechos que constituyen la soberanía. De manera que todo el espacio sobre el cual una nación extiende su gobierno se convierte en la sede de su jurisdicción, y se denomina territorio.[126]

Para Oppenheim y Lauterpacht, el territorio es el espacio en el cual el Estado ejerce su autoridad suprema, por lo cual no se puede concebir, en un mismo territorio, la existencia de dos o más Estados soberanos.[127] En palabras de Kelsen, el territorio del Estado es el espacio en el que, de acuerdo con el derecho internacional general, los órganos determinados por un orden jurídico nacional están facultados para hacer cumplir ese orden.[128] En este sentido, en el caso de la Isla de Palmas, el juez Huber expresó que la soberanía, en relación con una porción de la superficie del globo, es la condición legal necesaria para la inclusión de dicha porción en el territorio de un Estado en particular, y que es ésta a la que se le denomina "soberanía territorial". A juicio de Huber, en las relaciones entre los Estados, la soberanía significa independencia, y la independencia con respecto a una porción del globo es el derecho a ejercer en ella, con exclusión de cualquier otro Estado, las funciones de un Estado. El desarrollo del derecho internacional ha establecido el principio de la competencia exclusiva del Estado respecto de su territorio, de tal manera que este principio se ha convertido en el punto de partida de la mayoría de las cuestiones que conciernen a las relaciones internacionales.[129]

El carácter exclusivo de la competencia territorial, con exclusión de los demás Estados y de toda otra autoridad, se traduce en la independencia respecto de otros Estados para los efectos de su organización política, la organización de los servicios públicos, y el ejercicio de su poder jurisdiccional,

---

[124] Cfr. Hans Kelsen, *Principios de Derecho Internacional Público* (Título original: *Principles of International Law*, Rinehart & Company, Inc., New York, 1952), traducción de Hugo Caminos y Ernesto C. Hermida, El Ateneo, Buenos Aires, 1965, p. 180.

[125] Cfr. Georg Schwarzenberger y E. D. Brown, *A Manual of International Law*, (primera edición de 1947), sixth edition, Professional Books Limited, Oxford, 1976, p. 96.

[126] Cfr. Emer de Vattel, *The Law of Nations, or, Principles of the Law Natura, Applied to the Conduct and Affairs of Nations and Sovereigns, with three early essays on the origin and nature of natural law and on luxury*, originalmente publicado en 1758, con una introducción de Béla Kapossy y Richard Whatmore, traducción de Thomas Nugent, Liberty Fund, Inc., Indianapolis, 2008, Libro I, párrafo 205, pág. 214.

[127] Cfr. Lassa Francis Lawrence Oppenheim y Hersch Lauterpacht, *Tratado de Derecho Internacional Público* (título original: *International Law – A treatise*, Longmans, Green and Co., London / New York / Toronto, 1905), octava edición inglesa (1955), traducción de J. López Oliván y J. M. Castro Rial, Bosch, Barcelona, 1961, tomo I, vol. II, pp. 4 y s.

[128] Cfr. Hans Kelsen, op. cit., pp. 180 y s.

[129] Cfr. *Island of Palmas Case* (Netherlands /USA), Max Huber, Arbitrator, Award 4 April 1928, en Reports of International Arbitral Awards, Vol. II, pp. 829-871, p. 838.

sin perjuicio de que la determinación de los derechos humanos de las personas que se encuentren en dicho territorio esté definida y regulada por el derecho internacional.

Ha habido una tendencia a explicar las normas relativas a la soberanía territorial y a la naturaleza de los derechos que se tiene sobre el territorio a partir de conceptos propios del Derecho privado, y particularmente del Derecho Romano. Por eso, a veces, con cierta ligereza, se afirma que tal o cual Estado tiene la *propiedad* de un territorio determinado. Pero, ya en los albores del derecho internacional, Hugo Grocio advertía que el dominio se distingue de la soberanía, y recordaba que Séneca expresó que, mientras a los reyes pertenece la potestad de todas las cosas, a los particulares pertenece la propiedad. Según Grocio, la soberanía y el dominio son conceptos distintos; la soberanía es lo que corresponde a la ciudad,[130] mientras que la propiedad es lo que corresponde a los particulares. Igualmente, Kelsen enseña que el territorio no es propiedad del Estado, y que la propiedad es la relación específica entre un individuo (o un grupo de individuos) y todos los demás individuos, respecto de una cosa; en cambio, el territorio "del Estado" es una expresión figurada, que define la esfera de validez del derecho estatal. Para Kelsen, el territorio del Estado no es una cosa -y particularmente no es un pedazo de tierra-, sino que es un espacio determinado por el derecho internacional que está bajo la supremacía territorial -o la soberanía- de un Estado. Dentro de ese espacio, la propiedad de la tierra podrá o no ser propiedad del Estado; pero el Estado también podrá ser propietario de tierras en otro Estado, estando, respecto de ellas, sometido a la supremacía territorial de ese otro Estado.[131]

En el derecho internacional, soberanía territorial y propiedad no son conceptos equivalentes; mientras la primera tiene que ver con el ejercicio de la autoridad política, la segunda tiene una connotación de carácter patrimonial. La soberanía corresponde al concepto de *imperium*, entendido como la autoridad suprema del Estado para administrar y disponer de su territorio en cuanto poder público. En cambio, la propiedad está asociada a la capacidad de gozar y disponer de un pedazo de suelo, sin más limitaciones que las que establezcan las leyes, y corresponde al concepto de *dominium*, ya sea en su forma de propiedad estatal o de propiedad privada. Esta distinción no ha sido ignorada por los tribunales internacionales. En el caso de la disputa fronteriza entre Guatemala y Honduras, el Tribunal Arbitral señaló que él se ocupaba de los límites territoriales de las dos Repúblicas, y no de los derechos privados de propiedad de una compañía de ferrocarriles u otros derechos privados, salvo en la medida en que se pudiera considerar que la creación de tales derechos guardaba relación con la cuestión del momento y las circunstancias de la afirmación de la autoridad soberana por los Gobiernos respectivos en el territorio en disputa.[132]

La soberanía territorial es, en general, una situación reconocida y delimitada en el espacio, ya sea por las llamadas fronteras naturales -como los ríos o las cadenas de montañas, fácilmente reconocibles y difíciles de cruzar- o por signos exteriores de delimitación que son indiscutibles, o bien por compromisos jurídicos celebrados entre los países vecinos interesados -de los que resultan las

---

130 Cfr. Hugo Grocio, *Del Derecho de la Guerra y de la Paz*, (título original, *De iure belli ac pacis*, Amsterdam, 1625), traducción de Jaime Torrubiano Ripoll, Editorial Reus, (S. A.), Madrid, 1925, Libro Segundo, Cap. III, sección IV, Tomo I de la edición consultada, p. 315.

131 Cfr. Hans Kelsen, *Principios de Derecho Internacional Público* (Título original: *Principles of International Law*, Rinehart & Company, Inc., New York, 1952), traducción de Hugo Caminos y Ernesto C. Hermida, El Ateneo, Buenos Aires, 1965, pp. 186 y s.

132 Cfr. *Honduras Borders* (Guatemala / Honduras), Arbitral Award of 23 January 1933, en Reports of International Arbitral Awards, Vol. II, pág. 1363.

fronteras convencionales-, o por actos de reconocimiento de los Estados dentro de fronteras preestablecidas.[133]

Según Max Huber, el hecho de que, dentro de una zona determinada, las funciones de un Estado puedan ser realizadas por cualquier Estado es el rasgo característico de la situación jurídica de aquellas partes del globo que, como la alta mar o tierras sin dueño, no pueden formar parte del territorio de un Estado, o que aún no lo hacen. [134]

Aunque la soberanía territorial implica el derecho exclusivo de ejercer la autoridad de un Estado, este derecho tiene como corolario el deber de proteger, en dicho territorio, los derechos de los demás Estados, incluyendo los derechos que cada Estado pueda reclamar respecto de sus nacionales en territorio extranjero. De modo que la soberanía territorial no se limita a excluir las actividades de otros Estados y, en su aspecto positivo, determina el espacio en el que cada Estado debe garantizar a los seres humanos que en él se encuentran los derechos que les reconoce el derecho internacional.

Si surge una disputa sobre la soberanía de una porción de territorio, es costumbre examinar cuál de los Estados que reclaman soberanía posee un título superior al que pueda oponer el otro Estado, invocando la cesión, la conquista, la ocupación, u otro título. Si una de las partes ha ejercido y demostrado efectivamente su soberanía sobre el territorio en disputa, no basta mostrar el título por el cual la soberanía territorial se adquirió válidamente en un momento determinado, sino que también debe demostrarse que la soberanía territorial ha continuado existiendo, y que existía en el momento en que debía tomarse una decisión sobre la controversia. Esta demostración consiste en el despliegue efectivo de las actividades del Estado, tal como las que pertenecen únicamente a quien es el soberano territorial.[135] Sin embargo, las manifestaciones de soberanía territorial pueden asumir diferentes formas, según las condiciones de tiempo y lugar. Y si bien la soberanía debe ejercerse de manera continua, en la práctica, no puede ejercerse en todo momento y en cada punto de un territorio. La intermitencia y la discontinuidad compatibles con el mantenimiento de la soberanía territorial difieren, necesariamente, según se trate de regiones habitadas o no, de regiones incomunicadas y apartadas, de territorios en los que hay un despliegue indiscutible de soberanía, o de espacios en los que la soberanía es apenas evidente.[136]

1. LOS ESPACIOS TERRESTRE, AÉREO Y MARÍTIMO

En un sentido amplio, además del espacio terrestre -incluyendo su subsuelo y la plataforma continental-, el territorio del Estado comprende, el espacio aéreo[137] (el espacio atmosférico), y el espacio marítimo (el mar territorial)[138] sobre el cual se proyecta el espacio terrestre. Las aguas interiores, esto es, los espacios fluviales y lacustres situados dentro de su espacio terrestre, forman parte del territorio del Estado. En opinión de Vattel, cuando una nación toma posesión de un territorio con miras a establecerse en él, toma posesión de todo lo que éste incluye, tales como el terreno, los lagos,

---

133 Cfr. Ibidem.

134 Cfr. Ibidem.

135 Cfr. Ibid, pp. 838 y s.

136 Cfr. Ibid, p. 840.

137 Lo que Charles Rousseau llama la prolongación vertical del territorio del Estado. Cfr. *Droit International Public*, Sirey, París, 1977, Tome III, Les compétences, p. 9.

138 Lo que Charles Rousseau llama la prolongación horizontal del territorio del Estado. Ibidem.

ríos, etc.[139] De manera que, además de su espacio terrestre, el territorio del Estado comprende también sus aguas interiores, y su espacio aéreo y marítimo.

2. LOS ESPACIOS MARINOS

Según apunta Brownlie, el mar territorial es jurídicamente una parte del territorio del Estado,[140] entendido éste en su acepción más amplia. Por implicación necesaria, un tratado -o una sentencia de un Tribunal internacional- que determine la frontera terrestre entre dos Estados, también está determinando los derechos que, a partir de esa frontera, se proyectan sobre sus espacios aéreo y marítimo. Otra cosa es que también haya que delimitarlos.

Desde los inicios del derecho internacional, la proyección del territorio del Estado en el mar adyacente a sus costas ha ocupado la atención de los estudiosos, y ha sido fuente de conflictos. Grocio recuerda que los argirios pleitearon con los atenienses porque estos últimos habían permitido pasar por su mar a los espartanos, enemigos de los argirios, como si hubiesen violado la alianza por la que se había establecido que un pueblo no dejaría pasar a los enemigos del otro pueblo por "los lugares de su jurisdicción"; pero, por otra parte, en las treguas anuales de la guerra del Peloponeso se permitía a los megarenses navegar por el mar que pertenecía a tierras suyas y de sus aliados. Seguidamente, Grocio cita a autores romanos, refiriéndose a "todo el mar que es del imperio romano", a que el mar se agitaba "bajo las leyes del Emperador", o al "derecho sobre la parte del mar próximo". Por eso, a juicio de Grocio, "parece que la soberanía sobre una porción del mar se adquiere de la misma manera que las otras soberanías, … en cuanto desde la tierra pueden ser forzados los que se hallen en paraje próximo del mar, no menos que si se hallasen en la misma tierra."[141] Así surgió el concepto de mar territorial, como ese espacio marítimo que es una continuación natural del espacio terrestre.

A juicio de Vattel, puesto que una nación puede apropiarse de bienes cuyo uso libre y común le resultaría perjudicial o peligroso, ésta es una razón para que los gobiernos extiendan su dominio sobre el mar a lo largo de sus costas, *en la medida en que puedan proteger su derecho*. Es de suma importancia para la seguridad y el bienestar del Estado que no se permita a todos los interesados una libertad general para acercarse tanto a sus posesiones, especialmente con buques de guerra, que obstaculicen la llegada de las naciones comerciantes, y que perturben su navegación.[142] Respecto de la soberanía sobre el mar que rodea las costas del Estado, Vattel dice que no es fácil determinar una distancia; pero, en su opinión, todo lo que puede decirse razonablemente es que, en general, el dominio del Estado sobre el mar vecino se extiende hasta donde su seguridad lo requiera y su poder le permita ejercerlo; por lo demás, sería una pretensión vana y ridícula reclamar un derecho que no pudiera hacerse valer. El Estado no puede apropiarse de una cosa que es común a toda la humanidad, como el mar, excepto en la medida en que tenga necesidad de él para algún fin lícito.[143]

Entre muchos otros autores, Oppenheim y Lauterpacht afirman que las aguas territoriales son dependencias *inseparables* de la tierra firme.[144] Inicialmente, había quienes pretendían que el mar territorial sometido a la soberanía del Estado costero se extendiera, desde la costa, hasta donde

---

139 Cfr. Emer de Vattel, op. cit., Libro I, párrafo 266, pág. 242.

140 Cfr. Ian Brownlie, loc. cit., p. 121.

141 Cfr. Hugo Grocio, op. cit., Libro II, cap. III, sección XIII, Tomo I de la edición consultada, pp. 323 y sig.

142 Cfr. Emer de Vattel, op. cit., Libro I, párrafo 288, pág. 253.

143 Cfr. Ibid, Libro I, párrafo 289, pág. 254.

144 Cfr. Lassa Francis Lawrence Oppenheim y Hersch Lauterpacht, *Tratado de Derecho Internacional Público* (título original: *International Law – A treatise*, Longmans, Green and Co., London / New York / Toronto, 1905, octava edición inglesa (1955), traducción de J. López Oliván y J. M. Castro Rial, Bosch, Barcelona, 1961, tomo I, vol. II, pp. 16 y 42.

alcanzara la vista en un día claro (alrededor de catorce millas marinas), o a medidas arbitrarias mucho mayores; pero, según la tesis prevaleciente, la extensión del mar territorial se asoció a lo que el Estado costero estaba en capacidad de defender. En este sentido, a comienzos del siglo XVIII, Bynkershoek fijaba la anchura del cinturón de mar que se podía ocupar hasta donde parecemos tener mando y posesión, y que el control desde la tierra termina donde termina el poder de las armas de los hombres (*terrae potestas finitur ubi finitur vis armorum*), porque esto es lo que garantiza la posesión.[145] En los tiempos de Bynkershoek, una bala de cañón alcanzaba aproximadamente tres millas; por eso, ésta fue la medida propuesta por el célebre jurista holandés, la cual, por un largo tiempo, fue aceptada por la sociedad internacional. Ese era el Derecho imperante al momento de dictarse el laudo de París. Actualmente, primero con la Convención de Ginebra de 1958, sobre Mar Territorial y Zona Contigua, y luego con la Convención sobre el Derecho del Mar, de 1982, esa extensión se ha fijado en doce millas.

A fines del siglo XIX, puesto que la controversia entre Inglaterra y Venezuela versaba fundamentalmente sobre el espacio terrestre, ni las reclamaciones de las partes ni el laudo del 3 de octubre de 1899 se refirieron al mar territorial o a los espacios marinos adyacentes. Sin embargo, la determinación de la frontera terrestre -que debe corresponder al derecho internacional en vigor al momento del laudo- tiene consecuencias en la determinación de los espacios marinos adyacentes, entre los que el mar territorial y la plataforma continental, según el derecho internacional general, son parte del territorio del Estado. En este sentido, se recuerda que, en el caso de la Plataforma Continental del Mar Egeo, la Corte Internacional de Justicia señaló que un compromiso internacional -y lo mismo aplica para un laudo arbitral- debe interpretarse según las reglas del derecho internacional actualmente existentes, y no como ellas existían al momento de dicho acuerdo.[146] En el caso ya referido, el *dictum* de la Corte indica que "la tierra domina el mar";[147] por ello, en el caso de la delimitación de la frontera marítima entre Guyana y Surinam, la primera sostuvo que la determinación del frente costero genera titularidad jurídica sobre el espacio marítimo.[148] A juicio de la Corte, es únicamente en virtud de la soberanía del Estado ribereño sobre las tierras que pueden corresponderle que surgen derechos sobre los espacios marinos. En opinión del Tribunal, los derechos sobre la plataforma continental son jurídicamente tanto una emanación de la soberanía territorial del Estado ribereño como un complemento automático de la misma; de allí se desprende que el estatuto territorial de un Estado ribereño comprende, *ipso iure*, los derechos de exploración y explotación sobre la plataforma continental a los que tiene derecho en virtud del derecho internacional. Por lo tanto, puede decirse que una disputa relativa a esos derechos "se relaciona" con el estatuto territorial del Estado ribereño.[149] En el mismo sentido, en la disputa entre Argentina y Chile concerniente a las islas del Canal de Beagle, el Tribunal señaló que la jurisdicción marítima no existe como un concepto separado, divorciado de la

---

145 Cfr. Cornelius van Bynkershoek, *De dominio maris*, (Originalmente publicado en latín, en 1702), traducción de la segunda edición, publicada en Leyden, en 1744, por Ralph van Deman Magoffin, Publication of the Carnegie Endowment for International Peace, Washington, 1923, p. 44 (párrafo 365).

146 Cfr. International Court of Justice, *Aegean Sea Continental Shelf Case*, Greece v. Turkey, Jurisdiction of the Court, Judgment of 19 December 1978, párrafo 80.

147 Cfr. Ibid, párrafo 86. Cfr., también, International Court of Justice, *North Sea Continental Shelf* (Federal Republic of Germany/Denmark, y Federal Republic of Germany/Netherlands), Judgment of 20 February 1969, párrafo 96; International Court of Justice, *Maritime Delimitation in the Black Sea* (Romania v. Ukraine), Judgment of 3 February 2009, párrafo 99; y International Court of Justice, Case Concerning the Continental Shelf (Tunisia/Libyan Arab Jamahiriya), Judgment of 24 February 1982, párrafo 73.

148 Cfr. *Award in the arbitration regarding the delimitation of the maritime boundary between Guyana and Suriname*, Award of 17 September 2007, párrafo 6. Reports of International Arbitral Awards, vol. XXX, pp. 1-144, en p. 95.

149 Cfr. International Court of Justice, *Aegean Sea Continental Shelf Case*, Greece v. Turkey, Jurisdiction of the Court, Judgment of 19 December 1978, párrafo 86.

jurisdicción territorial, y que para delimitar la jurisdicción marítima de los Estados es necesario atribuirles, o reconocerles, el título sobre los espacios terrestres que generan dicha jurisdicción.[150]

Son las proyecciones de la costa en dirección hacia el mar las que generan derechos sobre el mar adyacente, y son las reclamaciones con proyecciones marítimas que se superponen las que generan conflictos limítrofes. Por eso, en las delimitaciones marítimas, es la configuración geográfica de la costa la que va a determinar los espacios que le corresponden a los Estados con costas adyacentes, o a los Estados con costas opuestas. Por consiguiente, en cualquier disputa territorial por espacios que se proyectan en el mar, una vez que se haya resuelto la controversia limítrofe terrestre, en algún momento también tendrán que ser delimitados sus espacios marinos.

En el caso de la controversia entre Guyana y Venezuela, en su sentencia sobre jurisdicción, la Corte Internacional de Justicia ha dicho que ella es competente para determinar la frontera *terrestre* entre los dos Estados.[151] Con ello, por implicación, parece haber quedado excluida cualquier referencia a los espacios marinos adyacentes a las costas del territorio en disputa. Eso es correcto, en el sentido de que la delimitación de los espacios marinos tendría que ser objeto de una negociación posterior entre las partes, teniendo en cuenta que uno de los Estados litigantes -en este caso, Venezuela-, no es parte en la Convención sobre el Derecho del Mar.[152] Esa es, también, la consecuencia necesaria de que el eje central de la demanda de Guyana gire en torno a la cuestión de la nulidad del laudo de París, que determinó la frontera *terrestre* entre la colonia británica de Guayana y Venezuela. Pero, querámoslo o no, determinar la frontera *terrestre* que separa a Guyana de Venezuela tiene implicaciones en los espacios marinos adyacentes al territorio en disputa, así como en la determinación de los derechos de las partes sobre los recursos que se encuentren en ese espacio. Sin embargo, la delimitación de las zonas marinas y de los espacios terrestres se rigen por principios y normas jurídicas diferentes, y están sometidas a distintas consideraciones, sin que haya un método único de delimitación marítima; en este sentido, en el caso del Golfo de Maine, la Sala de la Corte indicó que los criterios más adecuados, y el método o combinación de métodos con mayor probabilidad de producir un resultado acorde con lo que indica el derecho, solo pueden determinarse en relación con cada caso particular, teniendo en cuenta sus características específicas.[153]

Tampoco se puede pasar por alto que -exceptuando una pequeña franja de mar territorial-, en la época en que se dictó el laudo, los Estados veían los océanos principalmente como una vía de comunicación (ignorando sus dimensiones económicas), y el mar era un espacio libre, no sometido al control de ningún Estado. Eso cambió, particularmente a partir de la segunda mitad del siglo XX, cuando se comenzó a ver los espacios marinos como una fuente de recursos vivos y no vivos, que los Estados costeros consideraban suyos. Eso condujo, en primer lugar, a que los Estados costeros comenzaran a extender la anchura de la zona que reclamaban como mar territorial, como espacio en el que el Estado es soberano, pasando de tres millas marinas a doce, veinte, e incluso más; sin embargo, esa cuestión quedó zanjada, en 1958, con la Convención sobre Mar Territorial y Zona Contigua, que lo fijó en doce millas. En segundo lugar, en 1945, con la Proclamación Truman -que pronto pasó a ser parte del derecho internacional general-, se determinó que la plataforma continental adyacente a las costas del Estado es parte de su territorio. Además, en 1958 surgió el concepto de zona contigua (al

---

150 Cfr. *Beagle Channel arbitration between the Republic of Argentina and the Republic of Chile*, Report and decision of the Court of Arbitration, 18 February 1977, párrafo 6.

151 Cfr. International Court of Justice, *Arbitral Award of 3 October 1899 (Guyana v. Venezuela), Jurisdiction of the Court*, Judgment of 18 December 2020, párrafos 137 y 138.1.

152 Suscrita en Montego Bay, Jamaica, el 10 de diciembre de 1982. Guyana ratificó la Convención el 16 de noviembre de 1993.

153 Cfr. International Court of Justice, *Case Concerning Delimitation of the Maritime Boundary in the Gulf of Maine Area* (Canada / United States of America), Judgment of 12 October 1984, párrafo 81.

mar territorial), que no es parte del territorio (marítimo) del Estado, pero en donde el Estado costero ejerce competencias en materia de migración y aduana. Posteriormente, con la III Conferencia sobre el Derecho del Mar, convocada por la Asamblea General de las Naciones Unidas en 1970 -y cuya sesión inaugural se realizó en Caracas, en diciembre de 1973-, se desarrolló el concepto de Zona Económica Exclusiva, que se extiende más allá del mar territorial, hasta las doscientas millas náuticas, medidas desde la costa; en ese espacio, el Estado costero tiene el derecho de explorar, explotar, y administrar los recursos marinos, pero no ejerce soberanía, pues no es parte de su territorio. En todos esos espacios, el Estado costero tiene derechos -de soberanía o de otro tipo- que están amparados por el derecho internacional, y que no dependen de que sean efectivamente ejercidos.[154] En este sentido, en el caso *Guyana c. Venezuela*, se recuerda que es en virtud del Laudo de París que Guyana controla los espacios marinos adyacentes al territorio en disputa, otorgando concesiones para la exploración y explotación de sus recursos naturales. En su sentencia sobre jurisdicción, la Corte dispuso que, de ser necesario, ella se pronunciaría sobre la frontera terrestre entre las partes; no es su tarea delimitar espacios marinos. No obstante, en espera de que se determine si el laudo es nulo o es válido, y a quién pertenece el territorio en disputa, los derechos de las partes sobre esos espacios marinos -aunque estén sin delimitar- serán una consecuencia directa de lo que decida la Corte, y están directamente relacionados con el objeto de la actual controversia. Por lo tanto, el ejercicio de esos derechos, el destino de los recursos naturales que allí se encuentren, o el destino de los beneficios del producto de la explotación de esos recursos, puede ser objeto de medidas provisionales. Puesto que Guyana es quien -en virtud del laudo- tiene el control de esos espacios, podría tener interés en solicitar medidas provisionales, por ejemplo, para evitar que Venezuela interfiera -o amenace con interferir- en las actividades proyectadas o realizadas en la zona. Pero, precisamente por no tener el control o la administración de esa zona, es Venezuela, quien mayor interés debería tener, por ejemplo, en la adopción de medidas provisionales para la retención -ya sea en un fideicomiso o en otra forma apropiada- de los beneficios generados por la actividad económica realizada en unos espacios que, como consecuencia de la sentencia que dicte la Corte, finalmente podría resultar que le pertenecen a Venezuela. Sin embargo, llama la atención que, por lo menos hasta el momento de escribir estas líneas, ninguna de las partes haya solicitado medidas provisionales sobre el particular.

III. LA ADQUISICIÓN DE TERRITORIO Y LOS TÍTULOS

Se ha advertido que las reglas concernientes a la adquisición de territorios pueden ser sustancialmente más claras que muchas de las reglas del derecho internacional, y que esta claridad ha sido oscurecida por el esfuerzo de algunos autores por hacerlas más claras.[155] Pero nuestro propósito no es reformularlas, sino que, a partir de la doctrina y la jurisprudencia, hacer explícito cuál es el contenido de esas reglas, que por sí mismas son suficientemente claras.

Brownlie observa que, en términos espaciales, el derecho internacional reconoce cuatro tipos de regímenes: 1) la soberanía territorial, 2) los territorios no sometidos a la soberanía de ningún Estado, y que poseen un estatuto jurídico propio (como es el caso de los territorios bajo mandato, o bajo administración fiduciaria), 3) los territorios que se consideran *res nullius*, y 4) los territorios que son *res communis*. Aunque los territorios *res nullius* son susceptibles de adquisición por los Estados, mientras eso no ocurra, ellos todavía no están sometidos a la soberanía territorial de ningún Estado. Los espacios

---

[154] Cfr. International Court of Justice, *North Sea Continental Shelf* (Federal Republic of Germany/Denmark, y Federal Republic of Germany/Netherlands), Judgment of 20 February 1969, párrafo 19.

[155] Cfr. D. H. Johnson, *Consolidation as a root of title in International Law*, The Cambridge Law Journal, Vol. 13, N° 2, Nov. 1955, p. 215.

comunes, como la alta mar o el espacio ultraterrestre, no están abiertos a la adquisición de ningún Estado.[156]

Respecto de los viejos Estados, que dieron forma al derecho internacional, el territorio con el cual nacieron se da casi como un hecho que, por lo demás, ha sido reconocido por el resto de los Estados. Tampoco hay mayor problema con los nuevos Estados que suceden en su territorio a un Estado anterior, y que, con ese territorio, son igualmente reconocidos por la comunidad internacional. El problema surge, fundamentalmente, con los cambios territoriales, con los nuevos territorios que pueden adquirir los Estados, y con los territorios que están en disputa, respecto de los cuales no está claro quién es el soberano.

Lo que hace que un Estado tenga la soberanía sobre un territorio determinado es la existencia de un título que lo acredite como tal. Es la posesión de ese título lo que permite resolver las controversias territoriales entre Estados. Esos títulos territoriales pueden derivar de un hecho del hombre -como el acto de ocupación de un territorio sin dueño, o la conquista militar-, de un acto jurídico -como un tratado de cesión, o una decisión judicial-, o de un hecho de la naturaleza, como la acreción.

La Corte Internacional de Justicia ha dicho que, en los procedimientos ante ella, en ocasiones, el término "título" se ha utilizado de tal manera que no ha quedado claro cuál de sus varios significados posibles debe atribuírsele. Intentando establecer algunas distinciones básicas, en el caso de la disputa fronteriza entre Burkina Faso y Mali, la Sala de la Corte señaló que, aunque la expresión "*título legal*" parece denotar únicamente pruebas documentales, recordó que éste no es el único significado aceptado de la palabra "*título*", y que, de manera más general, el concepto de título también puede abarcar cualquier prueba que pueda establecer la existencia de un derecho, como la fuente real de ese derecho.[157] Asimismo, en el caso de la disputa fronteriza entre El Salvador y Honduras, el Tribunal subrayó que el "título" sobre las áreas en disputa, en el sentido de la fuente de sus derechos a nivel internacional, era -como reconocían ambas Partes- la sucesión de los dos Estados en los derechos de la Corona Española, en relación con sus territorios coloniales; a juicio del Tribunal, sin ser el título territorial propiamente tal, *el uti possidetis juris* de 1821 sirvió para determinar la extensión del territorio que cada Estado heredó.[158] Según la Sala, en la medida en que cada uno de los dos Estados heredó el territorio de unidades administrativas particulares de la estructura colonial, un "título" podría derivarse, por ejemplo, de un Real Decreto español que atribuyera ciertas áreas a una de las partes. La concesión de tierras particulares a individuos o comunidades indígenas no pueden considerarse "títulos"; pero podrían compararse con las "efectividades coloniales" (las "*effectivités*") definidas por la Sala constituida para tratar la disputa fronteriza entre Burkina Faso y Mali como «La conducta de las autoridades administrativas, como prueba del ejercicio efectivo de la jurisdicción territorial en la región durante el período colonial»:[159] sin embargo (volviendo al caso de El Salvador y Honduras), el Tribunal aclara que éstos, o algunos de ellos, constituyen «títulos» en un tercer sentido -el del derecho municipal-, ya que acreditan el derecho de los cesionarios a la propiedad de las tierras definidas en ellos. Aunque, según el Tribunal, en algunos casos, la concesión del «título» en este tercer sentido no se perfeccionó, el registro, en particular de cualquier medición realizada, conservaría el carácter de una «*effectivité* colonial»,

---

156 Cfr. Ian Brownlie, *Principles of Public International Law*, Third Edition, Clarendon Press, Oxford, 1979, p. 109.

157 Cfr. International Court of Justice, *Frontier Dispute* (Burkina Faso / Republic of Mali), Judgment of 22 December 1986, párrafo 18.

158 Cfr. International Court of Justice, *Land, Island and Maritime Frontier Dispute* (El Salvador / Honduras: Nicaragua intervening), Judgment of 11 September 1992, párrafo 45.

159 Cfr. International Court of Justice, *Frontier Dispute* (Burkina Faso / Republic of Mali), Judgment of 22 December 1986, párrafo 63.

que podría ser valiosa como prueba de los límites provinciales. Respecto a una clase particular de estos títulos, conocidos como «títulos formales de propiedad comunal» (*ejidos*), la Sala observó que El Salvador había reivindicado para ellos un estatus particular en el derecho colonial español, elevándolos al rango de «títulos» de segunda categoría, o de actos de la Corona española que determinaban directamente el alcance de la jurisdicción territorial de una división administrativa.[160]

En derecho internacional, se ha entendido por "título" el fundamento de la reclamación de un Estado sobre determinado territorio; es decir, el título es lo que hace que un Estado ejerza soberanía sobre un territorio, con exclusión de todos los demás. Por lo tanto, la expresión "título territorial" se refiere a las condiciones de hecho y de derecho que hacen que un territorio pueda considerarse sometido a la soberanía de uno u otro Estado, o a los requisitos indispensables para que un hecho tenga consecuencias jurídicas respecto del soberano en un territorio determinado. Los títulos son los actos -o los hechos- que tienen la capacidad de conferirle al Estado la condición de soberano en un determinado espacio territorial. Puede que esos actos -particularmente si consisten en transacciones entre Estados- estén recogidos en un documento legal que dé fe de la misma, y que constituyan una prueba del título. Pero hay distintos medios, o modos, a través de los cuales el Estado puede adquirir esa soberanía territorial, y a veces, en la literatura jurídica esos medios se confunden con los títulos. Además, la soberanía de los Estados sobre un territorio determinado suele ser el producto de una lenta evolución, en la que los títulos se confunden unos con otros.

Por supuesto, esos títulos tienen un valor relativo. Es posible que dos o más Estados tengan reclamaciones antagónicas sobre una determinada porción de territorio, a pesar de lo cual ese territorio termine perteneciendo a un tercero, o a ninguno. En este sentido, en el caso de la Isla de Palmas, el Árbitro observó que el compromiso que regía sus funciones suponía que la Isla de Palmas podía pertenecer únicamente a los Estados Unidos o a los Países Bajos, y que debía formar parte, en su totalidad, del territorio de una u otra de las partes en esa disputa;[161] en esas circunstancias, el Árbitro concluyó que, en el compromiso, las partes habían previsto la posibilidad de que el laudo se pudiera fundar en la fuerza relativa de los títulos invocados por las partes,[162] por lo que, en ausencia de un título válido presentado por cualquiera de ellas -en un pasaje que muestra el carácter relativo de los títulos territoriales en el derecho internacional-, el Árbitro fundó su decisión en su apreciación de quién había presentado un *mejor* título.[163] Asimismo, en el caso de los islotes de Minquiers y Ecrehos, da la impresión que la Corte Internacional de Justicia falló en favor del Reino Unido, entre otras cosas, porque sus actos de soberanía sobre ellos superaban en número la actividad de las autoridades francesas,[164] lo mismo que, en el caso de Groenlandia Oriental, la Corte Permanente de Justicia Internacional estimó que los actos de autoridad desplegados por Dinamarca eran superiores a los de Noruega.[165] Según Shaw, el Estado vencedor en una controversia por *terra nullius*, en la mayor parte de los casos, no habrá probado un título absoluto, pero sí un mejor título relativo que el alegado por los

---

160 Cfr. Ibidem.

161 Cfr. *Island of Palmas Case* (Netherlands / United States of America), Arbitral award of 4 April 1928 (Max Huber, arbitrator), en Reports of International Arbitral Awards, vol. II, pp. 829-871, en p. 869.

162 Cfr. Ibidem.

163 Cfr. Ibid, p. 868.

164 Cfr. International Court of Justice, *The Minquiers and Ecrehos Case* (France / United Kingdom), Judgment of November 17th, 1953, pp. 22 a 24.

165 Cfr. Permanent Court of International Justice, *Legal Status of Eastern Greenland*, Judgment of April 5th, 1933, pp. 30 a 47.

otros Estados que disputaban el mismo territorio.[166] Pero, en la práctica internacional, no siempre los tribunales se han conformado con tan poco, y a veces han exigido demostrar la existencia de un título.

Estar en posesión de un territorio no es lo mismo que tener un título territorial. La Corte ha sostenido que, cuando un Estado tiene el título sobre un territorio del cual otro tiene la posesión, debe darse preeminencia al título legal sobre la posesión efectiva.[167] En el caso de la controversia entre Guyana y Venezuela, la primera está en posesión del territorio, porque así lo dispuso el laudo arbitral del 3 de octubre de 1899; pero, si se determina que el laudo es nulo, queda por saber cuál de las partes es la que tiene el título al territorio en disputa, o cuál tiene un mejor título.

IV. LOS MEDIOS DE ADQUISICIÓN DE TERRITORIOS

En 1648, con la formación del Estado moderno, surgido de entidades políticas medievales, su territorio era un hecho dado, que encontraba sus raíces en una larga historia de luchas y conquistas de pueblos con una historia y una cultura común, y que se había ido consolidando con el paso del tiempo. A partir de allí, lo normal es que los Estados nazcan a la vida dentro de un espacio particular, más o menos bien determinado, y puede que, a través de sucesivas transformaciones, ese espacio se ensanche o se encoja. A lo largo de la historia, algunos Estados se han desintegrado, otros han sufrido escisiones que han dado paso a nuevos Estados, y algunos se han unido a otros Estados, o han sido absorbidos por otros Estados. Pero queda por definir cómo es que los Estados se convierten en soberanos respecto de un determinado territorio, o cómo es que pueden adquirir un título respecto de ese territorio.

A juicio de Oppenheim y Lauterpacht, el carácter controversial de la materia se debe al hecho de que la noción de territorio estatal ha sufrido un cambio profundo desde el nacimiento del derecho internacional, pues, cuando Grocio sentó sus bases, el territorio estatal todavía era "más o menos" identificado -como en la Edad Media- con la propiedad privada del monarca del Estado. Por lo tanto, Grocio y sus seguidores aplicaron a la adquisición territorial de los Estados las reglas del Derecho Romano sobre adquisición de la propiedad privada. Pero, en la actualidad, la adquisición de territorios por parte del Estado no puede significar nada más que la *soberanía* sobre el territorio. Sin embargo, a pesar de que los modos de adquisición de territorios se derivan de la práctica de los Estados y no del Derecho Romano, Oppenheim y Lauterpacht advierten que las normas de este último han dejado huellas difíciles de borrar, por lo que no se pueden descartar de modo absoluto.[168] Los hechos históricos son los que dan cuenta de las razones que explican el ejercicio de la soberanía del Estado sobre su territorio. Tal vez una parte le habrá sido cedida por otro Estado; otra se hallará en posesión del soberano por efecto de la accesión; una tercera por conquista; una cuarta por ocupación de un territorio *nullius*; y, por último, el Estado podrá alegar que ha venido ejerciendo la soberanía territorial por un período de tiempo tan largo que el mero hecho de la posesión ininterrumpida constituye, por sí sólo, un título suficiente "de propiedad".[169]

Según Hall, el Estado puede adquirir territorio a través de un acto unilateral, como es la ocupación, por la cesión consecuente con un tratado celebrado con otro Estado, por la donación de

---

[166] Cfr. Malcolm N. Shaw, *International Law*, Third edition, Grotius Publications Limited, Cambridge, 1991, p. 295.

[167] Cfr., International Court of Justice, *Frontier Dispute* (Burkina Faso / Republic of Mali), Judgment of 22 December 1986, párrafo 63, y *Case Concerning the Frontier Dispute* (Benin / Niger), Judgment of 12 july 2005, párrafo 47.

[168] Cfr. Lassa Oppenheim, *Tratado de Derecho Internacional Público* (título original: *International Law: A treatise*, séptima edición editada por Hersch Lauterpacht, Longmans, Green and Co., Londres / Nueva York / Toronto, 1952), traducción de Antonio Marín López, Bosch, Casa Editorial, Barcelona, 1966, Tomo I, vol. II, pp. 104 y s.

[169] Cfr. Ibid, p. 105.

un tercero, por la prescripción a través de la operación del paso del tiempo, o por la acreción, a través de la operación de la naturaleza.[170] Similarmente, Wheaton considera que el derecho exclusivo de todo Estado independiente a poseer su territorio se funda en un título originalmente adquirido por ocupación, conquista o cesión, y posteriormente confirmado por la presunción surgida del transcurso del tiempo, o por los tratados y otros pactos celebrados con Estados extranjeros.[171] Según su criterio, el derecho de casi todas las naciones de Europa a reclamar el territorio que ahora poseen en esa parte del mundo se derivó originalmente de la conquista, la cual fue confirmada posteriormente por una larga posesión y por acuerdos internacionales, de los cuales, sucesivamente, todos los Estados europeos se han hecho partes. Su reclamación sobre sus posesiones en el Nuevo Mundo, y sobre los territorios que han adquirido en los continentes e islas de África y Asia, se derivó originalmente del descubrimiento, la conquista y la colonización, lo que ha sido confirmado mediante tratados. Pero, independientemente de estas fuentes del título territorial, el consenso general ha establecido el principio de que la posesión prolongada e ininterrumpida por una nación excluye la reclamación de cualquier otra.[172]

Lo que otros llaman títulos de adquisición de territorios, Rousseau prefiere llamarlo modos de establecimiento de la competencia territorial, y los clasifica en tres categorías: a) los modos jurídicos, entre los que menciona la ocupación, la cesión, y la adjudicación; b) los modos históricos o políticos, entre los que menciona únicamente la "*debellatio*" o subyugación, que, al término de las operaciones militares (aunque no necesariamente en el curso de una guerra), supone la sumisión completa del Estado vencido al Estado vencedor, con la extinción -"pasajera o duradera"- del primero; y c) los modos geográficos, entre los que señala la contigüidad, o la proximidad geográfica.[173] Otros autores mencionan, también, la accesión, o la acreción,[174] y en la jurisprudencia se ha desarrollado el concepto de "títulos históricos".

La doctrina clasifica los modos de adquisición de territorios en originarios y derivados. Aunque no existe consenso en cuanto a cuáles serían unos y otros, en principio, puede asumirse que -al tener por objeto territorios que nunca han pertenecido a otro- la ocupación y la accesión tienen un carácter originario; por el contrario, la sucesión de un Estado en los derechos de otro, la cesión, la conquista militar (lo que los autores anglo-sajones llaman "subyugación", o "sumisión"), y tal vez la prescripción, serían títulos derivados de un soberano anterior. En el caso de la cesión se trata de un modo de transferencia del título territorial anterior. Pero, cualquiera que sea el medio por el cual un Estado se haya establecido legalmente en un territorio, la titularidad del mismo debe prevalecer sobre la mera posesión de hecho ostentada por otro Estado.

En la controversia entre Guyana y Venezuela por el territorio situado al oeste del río Esequibo, las partes alegan haber adquirido ese territorio por distintos medios. Lo que queda por saber es cuál de esos medios es el que, en efecto, les confiere un título sobre el territorio en disputa.

---

[170] Cfr. William Edward Hall, *A Treatise on International Law*, Third Edition, Clarendon Press, Oxford, 1890, p, 104, párrafo 31.

[171] Cfr. Henry Wheaton, *Elements of International Law*, Little, Brown, and Company, 1866, p. 238, párrafo 161.

[172] Cfr. Ibid, p. 240, párrafo 165.

[173] Cfr. Charles Rousseau, *Droit International Public*, Sirey, París, 1977, Tome III, Les compétences, pp. 145 y s.

[174] Cfr., por ejemplo, Lassa Oppenheim, *Tratado de Derecho Internacional Público* (título original: *International Law: A treatise*, séptima edición editada por Hersch Lauterpacht, Longmans, Green and Co., Londres / Nueva York / Toronto, 1952), traducción por Antonio Marín López, Bosch, Casa Editorial, Barcelona, 1966, Tomo I, vol. II, p. 123, Robert Y. Jennings, *The Acquisition of Territory in International Law*, Manchester University Press, Manchester, 1963, pp. 6 y s., e Ian Brownlie, *Principles of Public International Law*, Third Edition, Clarendon Press, Oxford, 1979, p.p. 134 y s. (aunque este último considera que el enfoque en los modos de adquisición de territorios es inadecuado).

1. LA BULA *INTER CAETERA*

Aunque la doctrina no lo menciona como un modo de adquisición de territorios, en el procedimiento arbitral ante el Tribunal reunido en París, en 1899, se invocó la bula papal de Alejandro VI.

El 4 de septiembre de 1479, con la firma del Tratado de Alcazobas, Castilla y Portugal habían acordado, *inter alia*, el reparto de territorios en el océano Atlántico, correspondiendo a Castilla las islas Canarias, y a Portugal -entre otros territorios- las islas de Madeira, las Azores, y Cabo Verde. Para ese momento, ni Castilla ni Portugal estaban en posesión de esos territorios. Pero este tratado es un antecedente de los pronunciamientos papales que estaban por venir.

Antes de que se cumplieran seis meses del descubrimiento de América, un papa español -Alejandro VI- dictó cinco documentos pontificios (conocidos como bulas) referidos al Nuevo Mundo. En el primero de ellos -la bula *inter caetera*, del 3 de mayo de 1493-, el papa Borgia dispuso que:

> "no por instancia vuestra [refiriéndose a los reyes de Castilla y Aragón] ni de ningún otro en favor vuestro, sino por nuestra mera liberalidad y con pleno conocimiento, y haciendo uso de la plenitud de la potestad apostólica y con la autoridad de Dios Omnipotente que detentamos en la tierra y que fue concedida al bienaventurado Pedro y como Vicario de Jesucristo, a tenor de las presentes, os *donamos concedemos y asignamos perpetuamente*, a vosotros y a vuestros herederos y sucesores en los reinos de Castilla y León, todas y cada una de *las islas y tierras predichas y desconocidas que hasta el momento han sido halladas por vuestros enviados, y las que se encontrasen en el futuro y que en la actualidad no se encuentren bajo el dominio de ningún otro señor cristiano*, junto con todos sus dominios, ciudades, fortalezas, lugares y villas, con todos sus derechos, jurisdicciones correspondientes y con todas sus pertenencias; y a vosotros y a vuestros herederos y sucesores os investimos con ellas y os hacemos, constituimos y deputamos señores de las mismas con plena, libre y omnímoda potestad, autoridad y jurisdicción."

En un segundo documento, del 4 de mayo de 1493, conocido como la *Bula de Partición*, se enmendó el anterior (la bula *inter caetera*), determinando que:

> "*donamos, concedemos y asignamos*, todas las islas y tierras firmes descubiertas y por descubrir, halladas y por hallar hacia el Occidente y Mediodía, fabricando y construyendo una línea del Polo Ártico que es el Septentrión, hasta el polo Antártico que es el Mediodía, *ora se hayan hallado* islas y tierras firmes, *ora se hayan de encontrar* hacia la India o hacia otra cualquiera parte, la cual línea diste de las islas que vulgarmente llaman Azores Cabo Verde cien leguas hacia el Occidente y mediodía, así que todas sus islas y tierra firme *halladas y que hallaren, descubiertas y que se descubrieren* desde la dicha línea hacia el Occidente y mediodía que por otro Rey cristiano no fuesen actualmente poseídas hasta el día del nacimiento de Nuestro Señor Jesucristo próximo pasado del cual comienza el año presente de mil cuatrocientos y noventa y tres, cuando fueron por vuestros mensajeros y capitanes halladas algunas de las dichas islas con todos los dominios de las mismas, con ciudades, fortalezas, lugares y villas, derechos, jurisdicciones y todas sus pertenencias."

Negando cualquier derecho a los pueblos autóctonos y a su organización política -en donde la había-, a partir de esta "*donación*" y del límite así trazado entre lo que se había asignado a Castilla y lo que correspondería a Portugal, se pretendió excluir a todas las demás naciones europeas de la posesión de territorios al oeste de la línea trazada por el papa. Una partición de esa naturaleza -criticada incluso por Francisco de Vittoria- sólo podía tener valor respecto de las naciones que consintieran en ella. No hay que tener demasiada imaginación para saber qué efectos jurídicos y políticos podía tener una decisión papal tan extravagante como esa, atribuyéndose la autoridad para repartir territorios descubiertos o por descubrir, y para excluir a otras potencias -católicas y no católicas- de la conquista del Nuevo Mundo. En 1523, Francisco I de Francia, irónicamente, preguntaba si el papa tenía el testamento de Adán, y rechazó no haber sido invitado a ese reparto de territorios. Con igual determinación, en 1580, al responder las quejas del embajador español por las expediciones de Francis Drake, Isabel de Inglaterra manifestó que no estaba persuadida de los derechos de España derivados de una donación del papa, pues no reconocía a éste ninguna prerrogativa para convertir el Nuevo Mundo en un feudo español, y mucho menos autoridad para obligar a príncipes que no le debían obediencia.

Lo cierto es que Portugal tampoco aceptó la adjudicación papal, cuya línea de partición fue modificada por el Tratado de Tordesillas, del 7 de junio de 1494, desplazándola 270 leguas más al oeste de las islas del Cabo Verde, repartiendo entre dichas potencias (con exclusión de todas las demás) "las tierras descubiertas o por descubrir". Se trataba, en todo caso, de una línea cuya ubicación exacta no se podía precisar, entre otras razones porque la unidad de medida utilizada -la legua- tenía una longitud variable de una región a otra, y porque no estaba claro si el punto de partida para esa medición era la isla de San Nicolás (como pretendía España), o la isla de San Antonio (como pretendía Portugal). Es innecesario señalar que -entre otros- Inglaterra, Francia, y Holanda ignoraron el Tratado de Tordesillas -al igual que ignoraron la pretendida autoridad papal para repartir territorios-, y dieron rienda suelta a sus propios descubrimientos, tanto en Oriente como en Occidente, conquistando las tierras así descubiertas, y estableciéndose en ellas. Naturalmente, las reclamaciones territoriales de esas potencias en el Nuevo Mundo entraron en conflicto con las pretensiones españolas y portuguesas. Por otra parte, en 1581 Felipe II fue reconocido como rey de Portugal, con lo que, con la unión de las coronas de España y Portugal, desde 1581 a hasta 1640, esa frontera perdió relevancia. Luego de la separación de ambos reinos, España y Portugal, mediante el artículo I del Tratado de Madrid, del 13 de enero de 1750, declararon nulos y sin valor tanto la bula papal del papa español como el Tratado de Tordesillas.

Respecto del valor jurídico de la bula papal, entre varios otros argumentos, el Reino Unido observó que en ningún momento durante las negociaciones o comunicaciones de España con los holandeses sobre el territorio hoy en disputa aquella se basó en la bula papal; este argumento -que España nunca utilizó y que habría permanecido obsoleto por más de 300 años- habría sido introducido de nuevo, por Venezuela, a mediados del siglo XIX.[175] Pero debe observarse que, incluso a fines de la Edad Media, una cosa era que, para la solución de una controversia fronteriza, los príncipes cristianos recurrieran al papa como árbitro, y otra muy distinta era reconocerle la autoridad sin precedentes para adjudicar territorios sin dueño, incluyendo aquellos de los que ni siquiera se tenía noticias. Traducido en términos actuales, sería como aceptar que el papa -o el Dalai Lama, o el Gran Maestro de la Logia Masónica de Escocia- repartiera entre Estados Unidos e Inglaterra las galaxias conocidas o por conocer, situadas más allá de la vía láctea.

2. EL DESCUBRIMIENTO

Aunque la doctrina y la jurisprudencia tampoco lo mencionan como un modo de adquisición de territorios, en el caso que nos ocupa, Venezuela ha sugerido la relevancia del descubrimiento, como título territorial adquirido por España, y luego transferido a Venezuela. En cuanto a los efectos

---

175 Cfr. *Boundary between British Guiana and Venezuela. Argument presented on the part of the Government of Her Britannic Majesty to the Tribunal of Arbitration constituted under article I of the Treaty concluded at Washington on the 2nd February, 1897, between Her Britannic Majesty and the United States of Venezuela*, Harrison and Sons, London, 1899, p. 5.

jurídicos del descubrimiento en la adquisición de territorios, la posición concordante de la doctrina y la jurisprudencia internacional es categórica.

Vattel explicaba que toda la humanidad tenía el mismo derecho a las cosas que aún no habían caído en posesión de alguien, y que esas cosas pertenecían a quien primero las tomara. Por lo tanto, cuando una nación encontraba un país deshabitado y sin dueño, podía tomar posesión de él legalmente y, tras haber manifestado suficientemente su voluntad al respecto, no podía ser privada de ese territorio por otra nación. Así, los navegantes que emprendieron viajes de descubrimiento, con una comisión de su soberano, al encontrarse con islas u otras tierras desérticas, tomaron posesión de ellas en nombre de su nación, y este título ha sido generalmente respetado, siempre que, poco después del descubrimiento, haya sido seguido por una posesión real.[176] Pero este precursor del derecho internacional se preguntaba si una nación podía, por el mero hecho de descubrir y tomar posesión, apropiarse de países que realmente no ocupaba, y así acaparar una extensión de territorio mucho mayor de la que podía poblar o cultivar. Para Vattel, no es difícil concluir que tal pretensión constituiría una violación absoluta de los derechos naturales del hombre, y sería repugnante a la concepción de la naturaleza, que, habiendo destinado toda la tierra a satisfacer las necesidades de la humanidad en general, no otorga a ninguna nación el derecho a apropiarse de un país, salvo para su uso, y no para impedir que otros se beneficien de él. Por lo tanto, Vattel advertía que el derecho de gentes no reconocía la propiedad ni la soberanía de una nación sobre ningún país deshabitado, excepto de aquellos en los que realmente hubiera tomado posesión, en los que hubiera establecido asentamientos, o de los que hubiera hecho uso efectivo.[177] Según Vattel, había otra cuestión célebre, suscitada principalmente por el descubrimiento del Nuevo Mundo, que hacía surgir la pregunta de si una nación puede tomar posesión legal de una parte de un vasto país, donde solo existen naciones erráticas, cuya escasa población es incapaz de ocuparlo todo; y puesto que dichas naciones no pueden apropiarse de más tierra de la que necesitan, ni más que aquella en la que pueden asentarse y cultivar, su asentamiento irregular en esas inmensas regiones no puede considerarse una posesión verdadera y legal.[178]

En sintonía con la opinión de Vattel, Bluntschli afirma que descubrir es un acto científico y no un acto político, por lo que los descubrimientos no pueden tener como consecuencia la soberanía. La toma de posesión consiste en organizar políticamente el país recién descubierto, junto con la intención de ejercer allí el poder en el futuro. Plantar la bandera, u otros emblemas, en un suelo recién descubierto puede servir para indicar la intención de tomar posesión de él, pero no puede tomarse como un vínculo con las autoridades realmente constituidas.[179]

Sobre los efectos del descubrimiento, Oppenheim y Lauterpacht distinguen dos momentos históricos. En la antigüedad, la posesión y el ejercicio del poder público -que hoy hacen efectiva la ocupación- no eran consideradas necesarias para la adquisición del territorio por ocupación. Porque, en la era de los descubrimientos, la toma de posesión revestía, con frecuencia, el carácter de un mero acto simbólico. No fue sino hasta el siglo XVIII que los escritores del derecho de gentes exigieron la efectividad de la ocupación, y la práctica internacional no se avino con dicho postulado hasta el siglo XIX. Pero, aún hoy, el descubrimiento no deja de tener cierta trascendencia jurídica, a pesar de que no constituya un medio de adquisición por ocupación. En su opinión, en principio, se admite que el

---

[176] Cfr. Emer de Vattel, op. cit, Libro I, párrafo 207, p. 214.

[177] Cfr. Ibid, Libro I, párrafo 208, pp. 214 y s.

[178] Cfr. Ibid, Libro I, párrafo 209, p. 216.

[179] Cfr. Johan Kaspar Bluntschli, *Le Droit International Codifie*, (Título original: *Das Moderne Völkerrecht Der Civilisirten Staten Als Rechtsbuch Dargestellt*, Druck und Verlag der C. H. Beck'schen Buchhandlung, Nördlingen, 1872), Traducción del alemán al francés por M. C. Lardy, Cinquième édition revue et augmentée, Librairie Guillaumin et Cie., Éditeurs, París, 1895, página 173, párrafo 278.

descubrimiento otorga al Estado en cuyo nombre se realiza un título embrionario, que sirve de impedimento temporal para la ocupación por otro Estado, durante un período suficientemente razonable para ocupar de modo efectivo el territorio descubierto. Si este período transcurre sin que el Estado descubridor intente transformar su título incoado en un título *real* de ocupación, el título incipiente se extingue, y cualquier Estado puede adquirir el territorio por medio de la ocupación efectiva.[180]

Rousseau afirma que el descubrimiento nunca ha sido un título que, por sí solo, confiera plena soberanía; en su opinión, la noción misma de descubrimiento es muy difícil de precisar, y es difícil determinar los límites de lo que ha sido descubierto. En todo caso, los efectos del descubrimiento sólo proporcionan el principio de un título, un derecho preferente (para ocupar), o un título provisorio, suficiente para descartar provisoriamente -pero no indefinidamente- las pretensiones concurrentes de otros Estados sobre el mismo territorio. Pero esta consecuencia desaparece en cuanto el tiempo durante el cual el derecho preferente podría ejercerse permanece indeterminado.[181] En realidad, lo que plantea la doctrina del título incoado es que tiene que haber un tiempo razonable -y ciertamente no indefinido- para que el Estado autor del descubrimiento pueda hacer efectiva la ocupación del territorio, antes de que un tercero inescrupuloso pueda tomar posesión de este. En todo caso, evocando la noción de realidad que debe existir entre el hecho y el Derecho utilizada por De Visscher, Rousseau recuerda la exigencia de efectividad o eficacia ("*effectivité*") del título territorial alegado, y cita la jurisprudencia internacional en los casos del arbitraje del General Grant sobre la isla de Bulama (1870), el laudo arbitral del Mariscal Mac Mahon en el asunto de la bahía de Delagoa (1875), el laudo del juez Huber en el caso de la Isla de Palmas (1928), el laudo del rey Víctor-Emmanuel III en el asunto de la Isla de Clipperton (1932), la sentencia de la Corte Permanente de Justicia Internacional en el asunto de Groenlandia Oriental (1933), y la sentencia de la Corte Internacional de Justicia en el caso de los islotes Minquiers y Ecrehous (1953).[182] En todos esos casos estuvo presente la exigencia de un control efectivo, como condición del reconocimiento de la soberanía territorial.

Kelsen tampoco le confiere al descubrimiento el carácter de un título de adquisición de territorio. En su opinión, el simple descubrimiento de un territorio no crea un título. En cuanto a la afirmación de algunos autores, en el sentido de que el descubrimiento otorga un título incoado -esto es, un título incipiente-, él hace notar que eso significa que, después del descubrimiento, y durante el tiempo necesario para tomar posesión efectiva del territorio, los demás Estados están excluidos de la posibilidad de ocupar el territorio en cuestión.[183] Pero, una vez que se extingue ese derecho del descubridor, el territorio puede ser ocupado por cualquier Estado.

En 1790, en la disputa entre Gran Bretaña y España por el territorio situado en la costa noroeste del océano Pacífico, en América del Norte -el territorio aledaño al estrecho de Nutka (Nootka), donde se encuentra la isla de Vancouver-, España reclamó esos territorios basándose en el descubrimiento previo y en la posesión prolongada, confirmados por el artículo octavo del Tratado de Utrech (1713), referente al estado de posesión en la época de Carlos II. Sin embargo, esta reclamación fue impugnada por el gobierno británico, basándose en el principio de que la tierra es patrimonio común de la humanidad, de la cual cada individuo y cada nación tiene derecho a apropiarse de una parte, mediante su ocupación y cultivo. Esta disputa se resolvió posteriormente, mediante la

---

180 Cfr. Lassa Oppenheim, op. cit., Tomo I, vol. II, p. 118.

181 Cfr. Ibid., pp. 161 y s.

182 Cfr. Ibid, pp. 165 y s.

183 Cfr. Hans Kelsen, *Principios de Derecho Internacional Público* (Título original: *Principles of International Law*, Rinehart & Company, Inc., New York, 1952), traducción de Hugo Caminos y Ernesto C. Hermida, El Ateneo, Buenos Aires, 1965, p. 185.

Convención del estrecho de Nutka, suscrita el 28 de octubre de 1790. El artículo VI de la referida Convención estipulaba, con respecto a las costas oriental y occidental de Sudamérica y las islas adyacentes, que los respectivos súbditos no procederían, en el futuro, a fundar ningún asentamiento en las partes de la misma costa y de las islas adyacentes ya ocupadas por España; según esta disposición, se entendía que los respectivos súbditos de las partes conservarían la libertad de desembarcar en las costas e islas así situadas para objetos relacionados con su pesquería, y de erigir en ellas chozas y otras estructuras temporales que sirvieran solamente a esos fines. La violación de esa Convención y de otros dos acuerdos -suscritos en 1793 y 1794- condujo, en 1796, a que España le declarara la guerra a Gran Bretaña.

De manera un tanto confusa, el laudo arbitral de Víctor-Emmanuel III, en el caso de la frontera entre Brasil y la colonia de la Guayana británica, señala que el descubrimiento de nuevos canales de comercio en regiones que no pertenecen a ningún Estado no puede considerarse, por sí solo, como un derecho efectivo a la adquisición de la soberanía de dichas regiones por el Estado cuyos súbditos puedan ser las personas que a título privado hacen el descubrimiento.[184]

Con mayor precisión, en el caso de la isla Clipperton, el árbitro señaló que, aun admitiendo que el descubrimiento de dicha isla fue hecho por súbditos españoles (y en nombre de la Corona española, de cuyos derechos México era sucesor), para que la tesis mexicana estuviera bien fundada, habría sido necesario probar que España no sólo tenía el derecho, como Estado, de incorporar la isla a sus posesiones, sino que lo había ejercido de hecho, cuestión que no se había demostrado.[185]

El descubrimiento, sin que haya signos de toma de posesión o de administración, esto es, sin el despliegue de soberanía, por sí solo, nunca es suficiente para adquirir un territorio; en el mejor de los casos, es un título embrionario, que tiene que ser perfeccionado dentro de un plazo razonable, a través de la ocupación efectiva. Ese plazo para proceder a la toma de posesión podrá variar, según las circunstancias del descubrimiento, las características del territorio, o incluso el momento histórico en que ocurrió el descubrimiento -porque el plazo razonable para proceder a ocupar no puede ser hoy el mismo que se requería hace tres o cuatro siglos-, pero nunca es eterno.

En el asunto de la Isla de Palmas, las partes admitieron que, en lo que concierne a los derechos del descubrimiento y la adquisición de territorios deshabitados, o habitados por pueblos salvajes o semi civilizados, entre el fin de la Edad Media y las postrimerías del siglo XIX, el derecho internacional había experimentado profundas modificaciones. Pero las consecuencias jurídicas de los hechos tienen que ser examinadas a la luz del Derecho contemporáneo con ellos, y no a la luz del Derecho en vigor al momento en el que surge una disputa, o cuando ésta tiene que ser resuelta. En consecuencia, los efectos jurídicos del descubrimiento tienen que ser determinados a partir del derecho vigente en el momento en el que éste ocurrió.[186] Respecto de cuál era el Derecho imperante en ese momento, el Tribunal arbitral puso en duda la lógica de que el descubrimiento como tal -esto es, el mero hecho de avistar una tierra, sin siquiera un acto simbólico de toma de posesión-, implicara, *ipso jure*, la adquisición de soberanía territorial, y no simplemente un título incoado, que tenía que ser perfeccionado por la toma de posesión efectiva, dentro de un tiempo razonable. Y, si así fuera, el Tribunal se pregunta si dicha soberanía todavía existía en la fecha crítica respecto de la disputa por la Isla de Palmas, esto es,

---

184 Cfr. Award of His Majesty the King of Italy with regard to the boundary between the Colony of British Guiana and the United States of Brazil, given at Rome, June 6, 1904, en Reports of International Arbitral Awards, vol. XI, pp. 11 – 23, en pág. 21.

185 Cfr. *Affaire de l'Ile de Clipperton* (Mexique contre France), Sentence, Rome, 28 janvier 1931, en Reports of International Arbitral Awards, vol. II, pp. 1105 – 1111, en pág. 1109.

186 Cfr. *Island of Palmas Case* (Netherlands / United States of America), Arbitral award of 4 April 1928 (Max Huber, arbitrator), en Reports of International Arbitral Awards, vol. II, pp. 829-871, en p. 845.

al momento de la conclusión y entrada en vigor del Tratado de París (mediante el cual España la cedió a los Estados Unidos); porque, según el laudo, también debe distinguirse entre la creación (o el surgimiento) de determinados derechos, y la persistencia, o la continua manifestación de esos derechos, de acuerdo con las condiciones requeridas por la evolución del derecho internacional.[187]

Huber observa que, desde mediados del siglo XVIII, se requiere que, para conferir soberanía territorial, la ocupación sea efectiva, esto es, que ofrezca ciertas garantías a los otros Estados y a sus nacionales. Por consiguiente, es incompatible con esta regla que pueda haber regiones que no estén bajo la soberanía efectiva de un Estado ni sean territorios sin dueño, sino que estén *reservados* para la influencia exclusiva de un Estado, sólo en virtud de un título de adquisición de territorios que ya no es reconocido por el derecho en vigor, incluso si alguna vez ese título confirió soberanía territorial.[188]

El mero hecho de avistar un territorio nunca se ha considerado como un título territorial, pues inicialmente se requería por lo menos un acto simbólico de toma de posesión. El descubrimiento sólo servía para notificar a los otros Estados de que el autor del descubrimiento tenía un interés prioritario en el territorio descubierto.[189] Pero incluso la idea de que el descubrimiento pueda conferir algún derecho sobre el territorio ha sido firmemente resistida. En una comunicación relacionada con la expedición de Roald Amundsen a la Antártica, en 1924, Estados Unidos negó que el descubrimiento confiriera siquiera un derecho incipiente sobre el territorio, antes de proceder a la ocupación efectiva. En dicha comunicación, El Gobierno de Estados Unidos expresó que: "Hoy en día, si un explorador logra determinar la existencia de tierras aún desconocidas para la civilización, su supuesto acto de descubrimiento, junto con una toma de posesión formal, carecería de importancia, salvo que pudiera anunciar la llegada de colonos; y donde, por razones climáticas o de otra índole, el asentamiento real fuera imposible, como en el caso de las regiones polares, tal conducta de su parte constituiría un débil fundamento para una reclamación razonable de soberanía."[190]

En la disputa por las islas Malvinas, Argentina no ha basado su reclamación en el descubrimiento de estas por parte de España. Según la memoria presentada ante el Tribunal arbitral reunido en París en 1903, el Reino Unido recuerda que, en una nota del 17 de junio de 1833, del Ministro de Argentina en Londres, Manuel Moreno, a Palmerston (en su condición de ministro de asuntos exteriores del Reino Unido), su autor admite que, "por un arreglo que se puede decir que es universal y lo más conforme a los principios de la razón y de la filosofía, se ha convenido que, para establecer un derecho de dominio, el hecho accidental de un descubrimiento, o de una posesión momentánea, no es suficiente."[191] Quienquiera que sea que haya descubierto un territorio, si no lo ha ocupado dentro de un plazo razonable, no tiene nada.

En la controversia por el territorio del Esequibo, el Reino Unido admitió que España fue la primera en descubrir Guayana, pero observó que la exploró sólo en una parte muy limitada, alegando que las exploraciones importantes de la región fueron hechas por los holandeses y los ingleses, y que, a menos que el descubrimiento y la exploración del territorio sea seguido por la ocupación dentro de un tiempo razonable, no son suficientes para conferir título territorial. Según el Reino Unido, España

---

187 Cfr. Ibidem.

188 Cfr. Ibid, p. 846.

189 Cfr. Malcolm N. Shaw, *International Law*, Third edition, Grotius Publications Limited, Cambridge, 1991, p. 290.

190 Citado por Humphrey Waldock, *Disputed sovereignty in the Falkland Islands Dependencies*, en British Yearbook of International Law, vol. 25, 1948, p. 351.

191 Citado en *Boundary between British Guiana and Venezuela. Case presented on the part of the Government of Her Britannic Majesty to the Tribunal of Arbitration constituted under article I of the treaty concluded at Washington, on the 2nd February, 1897, between Her Britannic Majesty and the United States of Venezuela*, Harrison and Sons, London, 1899, p. 152.

nunca tomó posesión ni ocupó Guayana como un todo.[192] El descubrimiento de América no le dio a España un derecho de posesión de todo el continente, sino sólo de las porciones de ese territorio que fueron ocupadas dentro de un lapso razonable.[193] A juicio del Reino Unido, la pretensión española de adquirir la Guayana en su conjunto, por el mero hecho del descubrimiento, no tendría fundamento en ningún principio conocido del derecho internacional.[194]

3. LA OCUPACIÓN

En el derecho internacional, la ocupación es, probablemente, el medio de adquisición de territorios por excelencia. Cuando un Estado realiza un acto equivalente a la toma de posesión de un territorio que no es reclamado por nadie, y al mismo tiempo indica su intención de conservarlo, se obtiene un derecho en contra de los otros Estados, que están obligados a reconocer la intención de ejercer soberanía sobre los espacios así ocupados. Dicha ocupación es el fundamento mismo de la soberanía, y el título así obtenido se denomina título por ocupación, que comienza su existencia en el momento en que se asume el control efectivo del territorio.[195]

La ocupación supone el establecimiento de asentamientos permanentes, por personas de ambos sexos, regidas por las autoridades de un Estado reconocido, con capacidad para hacer cumplir la ley y garantizar la defensa del territorio; es decir, la ocupación significa que hay una autoridad estatal que tiene el control absoluto del territorio y de la población. Realizada la ocupación, ésta genera una situación objetiva, oponible a todos los demás Estados, estableciendo un título territorial válido *erga omnes*.

Oppenheim define la ocupación como el acto de apropiación realizado por un Estado, con la intención de adquirir la soberanía sobre un territorio que, en ese momento, no se halla sometido a la soberanía de otro Estado, y advierte que la ocupación sólo puede efectuarse por y para el Estado; tiene que ser un acto estatal, llevado a cabo en nombre del Estado, o reconocido por éste una vez realizado. Pero, el territorio de otro Estado, incluso si se trata de un Estado que se encuentra al margen de la comunidad internacional, no es susceptible de ocupación.[196]

La Corte Internacional de Justicia definió la ocupación como uno de los métodos legales de adquirir "pacíficamente" soberanía sobre un territorio, y agregó que, siendo un medio original de adquirirlo, a diferencia de la cesión o de la sucesión, para una ocupación válida, era condición fundamental que el territorio fuera *terra nullius* -en el sentido de que no pertenecía a nadie, y que estaba abierto a la adquisición a través del proceso legal de ocupación- en el momento del acto que supuestamente constituía la ocupación.[197] Según la Corte, independientemente de las diferencias de opinión que pudieran existir entre los juristas, la práctica estatal indica que los territorios habitados por tribus o pueblos con una organización social y política no se consideraban *terrae nullius*. En el caso de dichos territorios, la adquisición de soberanía no se efectuaba a través de un acto unilateral de

---

[192] Cfr. *Boundary between British Guiana and Venezuela. Counter-case presented on the part of the Government of Her Britannic Majesty to the Tribunal of Arbitration constituted under article I of the Treaty concluded at Washington on the 2nd February, 1897, between Her Britannic Majesty and the United States of Venezuela*, Harrison and Sons, London, 1899, pp. 130 y ss.

[193] Cfr. Ibid, p. 137.

[194] Cfr. *Boundary between British Guiana and Venezuela. Argument presented on the part of the Government of Her Britannic Majesty to the Tribunal of Arbitration constituted under article I of the Treaty concluded at Washington on the 2nd February, 1897, between Her Britannic Majesty and the United States of Venezuela*, Harrison and Sons, London, 1899, p. 5.

[195] Cfr. William Edward Hall, *A Treatise on International Law*, Third Edition, Clarendon Press, Oxford, 1890, pp. 104 y s.

[196] Cfr. Lassa Oppenheim, op. cit., Tomo I, vol. II, pp. 114 y s.

[197] Cfr. Internacional Court of Justice, *Western Sahara*, Advisory Opinion of 16 October 1975, párrafo 79.

ocupación, sino mediante acuerdos celebrados con los jefes locales. En ocasiones, el término "ocupación" se utilizaba en un sentido no técnico, denotando simplemente la adquisición de soberanía; pero esto no significaba que la adquisición de soberanía mediante dichos acuerdos con las autoridades locales se considerara "ocupación" de una "*terra nullius*", en el sentido estricto del término. A juicio del Tribunal, dichos acuerdos con gobernantes locales, ya sea que se consideraran o no una "cesión" real del territorio, se consideraban raíces derivadas del título territorial, y no títulos originales obtenidos por la ocupación de *terrae nullius*.[198]

Aunque hoy pueda estar lejos de tener la importancia práctica que una vez tuvo -pues ya no quedan espacios susceptibles de apropiación y que no pertenezcan a ningún Estado-, en las controversias territoriales del presente, la ocupación, como el medio por el cual se adquirió el territorio, sigue estando en la primera línea de la argumentación.

La ocupación requiere de un elemento material (el *corpus occupandi*), caracterizado por los actos soberanos de la potencia ocupante, que deben ir acompañados de un elemento psicológico, consistente en la intención soberana con la que se realizan esos actos (el *animus occupandi*). Según Waldock, para que un Estado pueda adquirir territorios por medio de la ocupación, debe demostrar a) un ejercicio o despliegue de soberanía que sea a) pacífico, b) real, c) suficiente para conferir un título válido, y d) continuo.[199] Cumplidas esas cuatro condiciones, cualquier actividad posterior, por parte de terceros Estados, en el territorio cuestión, es ilegal y no produce efectos jurídicos.

La Corte Permanente de Justicia Internacional sostuvo que un reclamo de soberanía que no esté basado en un acto o en un título particular, como un tratado de cesión, sino simplemente en una demostración continua de autoridad, implica dos elementos, cada uno de los cuales debe demostrarse que existe: la intención y la voluntad de actuar como soberano, y algún ejercicio o exhibición real de dicha autoridad.[200] Sin embargo, la Corte observó que, al estudiar las decisiones de casos relacionados con la soberanía territorial, se podía apreciar que, en muchos de ellos -siempre que el otro Estado no había podido demostrar un reclamo superior-, el tribunal se había conformado con muy poco en cuanto al ejercicio real de los derechos soberanos. A juicio de la Corte, esto es particularmente cierto en el caso de reclamos de soberanía sobre áreas escasamente pobladas, o en las que no hay asentamientos.[201]

a) Los territorios susceptibles de ser ocupados. A través de la ocupación, un Estado adquiere territorios sin dueño (*terra nullius*). Mediante la ocupación efectiva, esto es, mediante el ejercicio continuo y no discutido de las competencias estatales, cualquier Estado puede extender su soberanía en territorios que no estén bajo la jurisdicción de otro Estado. Para que constituya un título válido de adquisición de territorio, la actividad estatal puede manifestarse en el sometimiento de los habitantes a la autoridad de la potencia ocupante, en la aplicación de sus leyes en el territorio ocupado, o en medidas para asegurar el reconocimiento y el respeto de su autoridad en esas tierras por parte de las Potencias extranjeras. Por supuesto, no puede tratarse de meras pretensiones, que puedan ser ignoradas por los otros Estados, y habrá que demostrar hasta dónde se aplican sus leyes, y hasta dónde se extiende efectivamente esa ocupación, o si es que ella está limitada sólo a una parte del territorio.

---

[198] Cfr. Ibid, párrafo 80.

[199] Cfr. Humphrey Waldock, op. cit., p. 347.

[200] Cfr. Permanent Court of International Justice, *Legal Status of Eastern Greenland*, Judgment of April 5th, 1933, pp. 27 y s.

[201] Cfr. Ibid, p. 28.

A partir del momento en que el Estado ha establecido que adquirió por ocupación un territorio sin dueño (*terra nullius*), cualquier otro acto de ocupación en ese espacio por parte de un tercer Estado es una violación de la situación legal existente y, por lo tanto, es ilícito, e inválido.[202]

Si el *corpus*, esto es, el espacio efectivamente ocupado, es una unidad geográfica -como, por ejemplo, una pequeña isla, como la Isla de Palmas, o la isla Clipperton-, lo normal será que la ocupación surta efectos respeto de toda la isla; y probablemente ese mismo principio opere, también, respecto de un archipiélago en su conjunto. Pero, si se trata de un continente, o de una isla muy grande (como, por ejemplo, Groenlandia), puede que la ocupación efectiva de una porción de ese espacio (como se planteó en el caso de Groenlandia Oriental) genere controversias respecto de la condición jurídica del resto de ese espacio. Sin embargo, incluso en espacios relativamente pequeños, como la isla de Timor, puede que haya reclamaciones antagónicas por parte de dos potencias ocupantes, en cuanto a la extensión de esa ocupación. Teniendo en cuenta la capacidad de expansión de la potencia ocupante, lo normal será que, a partir de los espacios inicialmente ocupados, ésta se extienda hacia el interior del territorio.

***b) El animus occupandi*.** Un elemento esencial en el proceso de consolidación del título del territorio reclamado es la intención de ocupar un espacio determinado, y de reclamar dicho territorio a título de soberano. Esa intención se puede manifestar en las relaciones con otros Estados, en la legislación interna, y en actos administrativos o judiciales, todos ellos con el propósito de ejercer y de hacer valer su soberanía en ese espacio.

Lo que confiere soberanía es la ocupación realizada por un Estado mediante actos que tengan carácter de soberanos, y no de actos de una naturaleza puramente comercial, de conveniencia práctica, o de actos realizados por razones de seguridad -como, por ejemplo, el mantenimiento de un faro-, o de otro tipo de actos que no reflejen claramente que, en ese territorio, el Estado está actuando como poder soberano. Por eso, tampoco sirve una ocupación emprendida por individuos o empresas privadas, realizada a título particular.

***c) La ocupación "efectiva"*.** La posesión efectiva del territorio es una condición necesaria de la ocupación, por lo que no basta una posesión meramente nominal, basada sólo en una pretensión de soberanía, sin contacto real con el espacio que se reclama. La teoría y la práctica internacionales indican que la ocupación se lleva a cabo mediante la toma de posesión y el establecimiento en el territorio de una administración organizada, que actúa en nombre y para el Estado adquirente; la ocupación así ejecutada es real, por oposición a la ficticia, y se denomina ocupación *efectiva*. El Estado ocupante debe tomar posesión del territorio, sometiéndolo a su dominio, mediante el establecimiento de órganos de administración.[203] Oppenheim señala que la toma de posesión debe estar acompañada de un acto formal que la proclame, junto con el propósito de conservar el territorio bajo su dominio soberano.[204] Verificada la toma de posesión del territorio, el ocupante tiene que instaurar una organización pública que evidencie que el territorio es gobernado realmente por el nuevo poseedor; si el poseedor no establece, dentro de un plazo razonable después de la toma de posesión, una autoridad competente que ejerza las funciones de gobierno, no habría ocupación efectiva, pues el Estado no estaría ejerciendo su soberanía sobre el territorio.[205]

Para Waldock -según las decisiones arbitrales del siglo XX- la «ocupación efectiva» no significa sólo el asentamiento físico en el territorio, sino la manifestación efectiva de la actividad

---

[202] Cfr. Ibid, pp. 46 y 57.

[203] Cfr. Lassa Oppenheim, op. cit., Tomo I, vol. II, pp. 116 y s.

[204] Cfr. Ibid, Tomo I, vol. II, p. 117.

[205] Cfr. Ibid, Tomo I, vol. II, pp. 117 y s.

estatal.[206] Asimismo, en el asunto de Groenlandia Oriental, aunque la Corte no exigió necesariamente la presencia física de funcionarios estatales para demostrar la ocupación danesa, sí se requería demostrar que las actividades de individuos daneses, si bien no eran empleados del Estado, se realizaban bajo el pretexto de las leyes danesas.[207]

A juicio de Martens, la ocupación es efectiva si el Estado que la ha realizado está resuelto a someter a su poder el territorio que ha descubierto, ocupado y anexado. Esta resolución (*animus possidendi*) se manifiesta exteriormente por el despliegue de la bandera nacional, por las armas, y por otros símbolos, pero, sobre todo, por la ocupación material del territorio recién descubierto, por el establecimiento de una administración, el envío de tropas, la construcción de fortificaciones, etc. Sin embargo, en 1883, Martens creyó necesario agregar que, como lo atestigua la historia de la colonización en América del Sur y del Norte, los gobiernos europeos, en la mayoría de los casos, parecían estar convencidos de que bastaba que un aventurero desembarcara en un país habitado por salvajes para que éste se convirtiera en propiedad del Estado en cuyo nombre el aventurero había considerado conveniente actuar.[208] Asimismo, en una obra de 1872, Bluntschli sostenía que la simple intención de tomar posesión de un territorio, al igual que la expresión simbólica o formal de dicha intención, o una toma de posesión provisoria, son insuficientes.[209]

Respecto de la efectividad de la ocupación, en el caso de la isla Clipperton, Víctor-Emmanuel III decidió que no existía prueba de un derecho histórico de México, respaldado por cualquier manifestación de su soberanía sobre la isla; hasta la expedición de 1897, esa soberanía nunca se ejerció, y no se podía mantener la simple convicción, incluso general y de larga data, de que éste fuera un territorio que pertenecía a la República de México. Por consiguiente, el árbitro determinó que, al momento en que Francia proclamó su soberanía sobre esta isla (el 17 de noviembre de 1858), ella se encontraba en la situación jurídica de *territorium nullius*, susceptible de ser ocupado. Aun así, quedaba por saber si Francia había procedido a una ocupación efectiva, que satisficiera las condiciones requeridas por el derecho internacional para la validez de esta.[210]

Pero, si bien la efectividad de la ocupación es una condición para que ésta constituya un medio de adquisición del territorio, también lo es para que el título no se pierda, como consecuencia del abandono del territorio, o del cese de los actos de soberanía ejercidos por el Estado en un espacio determinado. En este sentido, según Max Huber, la creciente insistencia con que, desde mediados del siglo XVIII, el derecho internacional ha demandado que la ocupación sea efectiva, sería inconcebible si la efectividad fuera requerida sólo para el acto de adquisición del territorio, y no para la conservación de ese derecho.[211] En esa misma ocasión, el Árbitro expresó que la imposibilidad, de indicar cualquier acto de la administración pública -se entiende que a título ilustrativo- hacía difícil imaginar el despliegue real de la soberanía, incluso si se considerara que, en ese caso, la soberanía estaba confinada dentro de

---

206 Cfr. Humphrey Waldock, *Disputed sovereignty in the Falkland Islands Dependencies*, en British Yearbook of International Law, vol. 25, 1948, p. 343.

207 Cfr. Permanent Court of International Justice, *Legal Status of Eastern Greenland*, Judgment of April 5th, 1933, pp. 33 y s.

208 Cfr. F. de Martens, *Traité de Droit International*, traducción del ruso de Alfred Léo, Chevalier-Marescq et Cie, París, 1883, pp. 463 y s.

209 Cfr. Johan Kaspar Bluntschli, op. cit., página 173, párrafo 278.

210 Cfr. *Affaire de l'Ile de Clipperton* (Mexique contre France), Sentence, Rome, 28 janvier 1931. Reports of International Arbitral Awards, vol. II, pp. 1105–1111, en pág. 1.109 y s.

211 Cfr. *Island of Palmas Case* (Netherlands / United States of America), Arbitral award of 4 April 1928 (Max Huber, arbitrator). Reports of International Arbitral Awards, vol. II, pp. 829-871, en p. 839.

límites tan estrechos como los que se supondrían para una pequeña isla, habitada exclusivamente por los nativos.[212]

Por otra parte, Hall hace notar que, cuando los viajes de descubrimiento se extendían por años, cuando las costas y los archipiélagos abiertos a la ocupación parecían inagotables en su vastedad, cuando los Estados sabían poco de lo que sus agentes o los agentes de otros países podían estar haciendo, y cuando las comunicaciones con los puestos establecidos eran raras y lentas, se consideraba apropiado atribuir significado y valor a actos aislados e imperfectos. Por lo tanto, cuando comenzó a valer la pena cuestionar los derechos sobre una zona determinada o disputar sus límites, la prueba de la ocupación efectiva fue necesariamente laxa.[213]

Es innecesario señalar que, en caso de controversias territoriales, el despliegue continuo y pacífico de las funciones y de la autoridad del Estado, como manifestación de una ocupación efectiva reconocida por otros Estados, debe probarse precisamente en el territorio que es el objeto de la disputa. De no haber fronteras internacionalmente reconocidas, el título por excelencia para determinarlas es el territorio efectivamente ocupado por parte de unos y otros.

d) Los espacios adyacentes. Mediante la ocupación, se espera que se reconozca la autoridad del Estado en un radio determinado, hasta donde se supone que éste está en capacidad de ejercer efectivamente su autoridad política y administrativa; en este sentido, esos espacios adyacentes marcan los confines del territorio ocupado. Por lo tanto, no se trata de un título autónomo de adquisición de territorios -como se examinará más adelante-, sino de una forma de definir los límites del territorio adquirido por ocupación.

La efectividad de la ocupación -que tiene una dimensión tanto espacial como temporal- debe manifestarse en la posesión y en la administración del territorio. Pero, si bien la ocupación es el modo de adquisición por excelencia, no se puede pretender que ella requiera una *pedis possessio* de cada porción del territorio, particularmente si la naturaleza de este es tal que no requiere de actos físicos para su efectiva apropiación.[214] Se recuerda que, en el caso de Minquiers y Ecrehos, lo que estaba en disputa eran unos islotes y rocas, de los que sólo cuatro o cinco eran habitables.[215]

En un texto de 1883-, Federico de Martens sostenía que este medio de adquisición de territorios era "de enorme importancia práctica para países como los Estados Unidos de América del Norte, cuyo territorio es tan vasto que la ocupación de toda su superficie sólo puede lograrse en un gran número de años", y que, habiendo adoptado la regla de considerar todas las tierras que componían el territorio de la América del Norte como dependientes de los Estados Unidos, este último había extendido gradualmente su dominio sobre aquellas tierras ocupadas por los indios.[216] Martens agrega que, la mayoría de las veces, los descubrimientos tuvieron lugar en las costas, y no se extendieron al interior del territorio; sin embargo, los Estados en cuyo nombre se habían ocupado ciertos puntos de la costa se declararon dueños no sólo de la costa sino también de todo el espacio, completamente desconocido, situado en el interior de la isla o del continente recién descubierto. Así, los portugueses pretendían poseer toda África, los españoles la América del Sur, y los ingleses la América del Norte.[217]

---

212 Cfr. Ibid, p. 855.

213 Cfr. William Edward Hall, *A Treatise on International Law*, Third Edition, Clarendon Press, Oxford, 1890, p. 116.

214 Cfr. Ian Brownlie, *Principles of Public International Law*, Third Edition, Clarendon Press, Oxford, 1979, p. 140.

215 Cfr. International Court of Justice, *The Minquiers and Ecrehos Case* (France / United Kingdom), Judgment of November 17th, 1953.

216 Cfr. F. de Martens, op. cit., pp. 453 y s.

217 Cfr. Ibid, p. 462.

En los siglos XV y XVI, cuando se produjeron los descubrimientos más importantes de tierras desconocidas, los Estados que se beneficiaron de ellos estaban divididos sobre la cuestión de cuáles debían ser los límites de sus nuevas posesiones. Sin embargo, parecía existir consenso en que esos límites estaban determinados por la posibilidad material de hacer cumplir la autoridad del Estado dentro de la extensión del territorio ocupado. Donde no se siente la autoridad del Estado, no hay ocupación; pero los signos que prueban la acción del poder estatal varían, según las circunstancias locales y los medios disponibles del autor de la ocupación.[218]

La jurisprudencia internacional ha admitido que el despliegue de autoridad -como condición de una ocupación efectiva- se ha suavizado y adaptado a la naturaleza del terreno y al tamaño de su población, si es que la hubiere.[219] Según la Corte Permanente de Justicia Internacional, era imposible leer los registros de sus decisiones en casos de soberanía territorial sin observar que, en muchos casos, ella se había conformado con muy poco en lo que respecta al ejercicio real de los derechos soberanos -siempre que el otro Estado no pudiera presentar un reclamo superior-, y que esto era especialmente cierto en casos de reclamaciones territoriales en regiones despobladas. En este sentido, ante la preocupación de un ciudadano danés por la posibilidad de que, debido a la ausencia de una ocupación efectiva en la costa este de Groenlandia, alguna potencia extranjera pudiera intentar establecerse en ella, la Corte observó que ésta era una opinión manifestada por personas privadas, mientras que el Gobierno danés, siempre que había sido necesario, había sostenido que no había dudas en cuanto a su soberanía territorial sobre la costa este de Groenlandia.[220]

Pero, si bien puede asumirse que la ocupación se extiende a los espacios adyacentes, con los que forma una unidad geográfica, debe existir una proporción razonable entre los territorios efectivamente ocupados y aquellos que -en ausencia de ocupación por una potencia extranjera- pueden considerase un accesorio de estos. Según Bluntschli, la mera pretensión de ciertos publicistas y hombres de Estado ingleses de arrogarse la soberanía de la América del Norte, simplemente porque Inglaterra estaba en posesión de la costa este, era un acto de fantasía.[221] Lo que debe quedar claro es que la mera proximidad, entre los espacios efectivamente ocupados y los que no lo están, no es suficiente. En todo caso, el Reino Unido ha rechazado que el vasto y variado territorio "entre el entre el Orinoco y el Amazonas", atravesado por ríos y cadenas de montañas, pueda ser considerado una "unidad geográfica".[222] Pero, aceptando que esa apreciación pudiera ser correcta, queda por determinar si la región situada entre el Orinoco y el Esequibo puede considerarse una unidad geográfica.

Por otra parte, aunque pueda asumirse que una unidad geográfica corresponde a un solo Estado ocupante, debe observarse que nada impide que una unidad geográfica de tamaño considerable esté repartida entre distintas unidades políticas -como es el caso de la región Guayana, en que se sitúan Guyana, Surinam, la Guayana francesa, la Guayana portuguesa, y la Guayana venezolana-, o que unidades geográficas menores -como el espacio situado entre el Orinoco y el Esequibo- pudieran estar repartidas entre dos o más Estados.

---

218 Cfr., por ejemplo, Emer de Vattel, op. cit., Libro I, cap. XVII, párrafo 208, y F. de Martens, op. cit., pp. 464 y s.

219 Cfr. *Permanent Court of International Justice, Legal Status of Eastern Greenland (Denmark v. Norway)*, Judgment of April 5th, 1933, p. 46. También, Award of the Arbitral Tribunal in the first stage of the proceedings between Eritrea and Yemen - Territorial Sovereignty and Scope of the Dispute (Eritrea and Yemen), Arbitral Award of 9 October 1998, en Reports of International Arbitral Awards, vol. XXII, pp. 209-332, párrafo 239.

220 Cfr. Permanent Court of International Justice, *Legal Status of Eastern Greenland*, Judgment of April 5th, 1933, p. 37.

221 Cfr. Johan Kaspar Bluntschli, op. cit., página 176, párrafo 282.

222 Cfr. *Boundary between British Guiana and Venezuela. Argument presented on the part of the Government of Her Britannic Majesty to the Tribunal of Arbitration constituted under article I of the Treaty concluded at Washington on the 2nd February 1897, between Her Britannic Majesty and the United States of Venezuela*, Harrison and Sons, London, 1899, pp. 5 y s.

En el asunto del Rann de Kutch, respecto de un sector del Rann, Gunnar Lagergren, actuando como presidente del Tribunal arbitral -en una opinión que se convirtió en el laudo- afirmó que las actividades realizadas por Kutch en esas zonas no podían considerarse un ejercicio continuo y efectivo de la jurisdicción; en cambio, la presencia de Sind en Dhara Banni y Chhad Bet presentaba características que, considerando la topografía del territorio y el carácter desolado de la región habitada adyacente, se acercaban lo más posible a una ocupación pacífica efectiva, y a una manifestación de la autoridad gubernamental que razonablemente cabría esperar en esas circunstancias. En su opinión, tanto los habitantes de Sind, que utilizaron abiertamente los pastizales durante más de 100 años, como las autoridades de Sind, debieron haber actuado partiendo de la base de que Dhara Banni y Chhad Bet eran territorio de Sind.[223]

En el caso de la frontera entre Brasil y la Colonia de Guayana Británica, el laudo arbitral sostuvo que, para adquirir la soberanía sobre regiones que no estaban bajo el dominio de ningún Estado, era indispensable que la ocupación se efectuara en nombre del Estado que intentaba adquirir la soberanía de dichas regiones, y que no podía considerarse que la ocupación se hubiera llevado a cabo sino mediante la toma de posesión efectiva, ininterrumpida y permanente, en nombre del Estado. Pero una simple afirmación de derechos de soberanía, o una intención manifiesta de hacer efectiva la ocupación, no puede ser suficiente. Incluso, la posesión efectiva de parte de una región, aunque pueda conferir derecho a la adquisición de soberanía sobre toda una región que constituye un conjunto orgánico, no puede conferir el derecho a la adquisición de toda una región que, ya sea por su tamaño o por su configuración física, no puede considerarse *de facto* un todo orgánico. Por consiguiente, el laudo dictaminó que no se podía sostener que Portugal primero, o Brasil después, hubieran tomado efectivamente posesión de todo el territorio en disputa, y que sólo se podía reconocer que tenían posesión de algunos lugares en dicha región, habiendo ejercido allí sus derechos soberanos.[224]

En el que quizás es el reconocimiento más claro de la proximidad como un factor que determina los contornos del territorio efectivamente ocupado, en el asunto sobre la isla de Bulama, el laudo indica que las islas en las proximidades del continente se consideran como sus apéndices, y que la propiedad y ocupación del continente incluye la de las islas adyacentes, aun cuando no se hayan ejercido sobre ellas actos positivos de propiedad (soberanía). El Tribunal encontró que, entre 1699 y 1768, Portugal tuvo un asentamiento en el río Jeba, en Bissao, y otro en Guinala, en el río Grande, que reivindicó su soberanía sobre todo el país y sobre la isla de Bulama, situada frente a la costa entre ambos ríos, y que -en una ocasión- tomó posesión formal, y ejerció actos de soberanía sobre la isla. Esos actos le habrían otorgado soberanía sobre Bissao y, según los principios establecidos, dicha posesión continua, con pretensión de dominio, confería a Portugal la soberanía de toda la península entre los dos ríos, y esta soberanía conllevaba, salvo disposición en contrario, el dominio sobre la isla de Bulama, tan próxima al continente que incluso los animales cruzaban a ella durante la baja marea.[225]

Aunque, en el caso de Groenlandia Oriental, la contigüidad fue poco comentada, porque la decisión final se basó en otros fundamentos, la Corte Permanente de Justicia Internacional se preguntó si -en el siglo XVIII- los actos de soberanía territorial del rey de Noruega (en ese momento, Noruega y Dinamarca unidas) eran de tal entidad como para conferirle un título territorial sobre toda Groenlandia. La Corte hizo referencia al significado de la palabra Groenlandia, utilizada habitualmente

---

223 Cfr. *Case Concerning the Indo-Pakistan Western Boundary (Rann of Kutch)*, Award of 19 February 1968. Reports of International Arbitral Awards, vol. XVII, pp. 1-576, en p. 569.

224 Cfr. *Award of His Majesty the King of Italy with regard to the boundary between the Colony of British Guiana and the United States of Brazil, given at Rome*, June 6, 1904. Reports of International Arbitral Awards, vol. XI, pp. 11–23, en págs. 21 y s.

225 Cfr. *Arbitral award between Portugal and the United Kingdom, regarding the dispute about the sovereignty over the Island of Bulama, and over a part of the mainland opposite to it, 21 April 1870*. Reports of International Arbitral Awards, vol. XXVIII, pp. 131-140, en pp. 137 y s.

en los mapas para referirse a toda la isla, y señaló que el hecho de que la mayoría de sus leyes se relacionaran con lo que ocurría en las colonias -todas ellas situadas en la costa oeste- no bastaba, por sí solo, para sostener que la autoridad del Estado estuviera restringida a la zona colonizada; en opinión del Tribunal, la autoridad del rey no estaba limitada a la zona colonizada.[226] Por supuesto, las anteriores conclusiones de la Corte son el resultado de haber tratado a toda la isla como una unidad geográfica, en que la soberanía territorial abarcaba tanto los espacios efectivamente colonizados como aquellos no colonizados. Además, respecto de aquellos espacios que no estaban efectivamente colonizados, teniendo en cuenta la ausencia de reclamaciones territoriales por otras potencias entre 1721 y 1824, así como el carácter ártico e inaccesible de las tierras no colonizadas, la Corte llegó a la conclusión de que -en el período referido- la autoridad del rey de Dinamarca y Noruega se había extendido a esos espacios en una medida suficiente para conferirle un reclamo válido de soberanía, por lo que sus derechos sobre Groenlandia no se extendían sólo al área colonizada.[227]

e) La notoriedad de la ocupación. Para que sea oponible a terceros Estados, la ocupación debe tener características de suficiente notoriedad, que permitan a terceros Estados objetar o hacer valer sus propios derechos en el territorio en cuestión. No sirve una ocupación subrepticia o clandestina, sino que tiene que ser una ocupación ostensible y notoria, que sea conocida por terceros Estados.

Aunque no se necesita el consentimiento de terceros para ocupar una *terra nullius*, podría ocurrir que esa condición sea objetada y se alegue una ocupación anterior. Si los demás Estados han reconocido que se trata de la ocupación de *terra nullius*, o si han consentido en esa situación, la ocupación se habrá consolidado.

En 1885, cuando comenzaban a agotarse los territorios sin dueño, reduciendo las posibilidades de la ocupación, con el propósito de evitar controversias futuras, las potencias europeas suscribieron el Acta General de la Conferencia de Berlín, del 26 de febrero de 1885. En dicha Acta, el capítulo VI se refiere a "las formalidades esenciales que habrán de llenarse para que se consideren efectivas las nuevas ocupaciones en las costas del continente *africano*". Esas condiciones eran dos. Primero, de acuerdo con el artículo XXXIV del Acta, la potencia que *en el futuro* tomara posesión de un territorio *en las costas del continente africano* debía dirigir una notificación a las demás potencias signatarias del Acta, a fin de que ellas pudieran hacer valer sus reclamaciones; en segundo lugar, según lo dispuesto por el artículo XXXV del Acta, las potencias signatarias se obligaban a mantener -en los territorios que ocuparan en la costa del continente africano- la autoridad competente para hacer respetar los derechos adquiridos de las otras naciones.

En el caso de la isla Clipperton, por tratarse de un instrumento internacional adoptado con posterioridad a la ocupación francesa de la mencionada isla, y por no concernir a territorios ubicados en las costas de África, el árbitro señaló que las estipulaciones del Acta de Berlín no eran aplicables en este caso, pero hizo constar que, con la publicación de la proclamación de su soberanía sobre la referida isla, la ocupación francesa ya había adquirido suficiente notoriedad.[228]

Pero la notoriedad también se puede manifestar en la actitud de terceros Estados. Como muestra el asunto de Groenlandia Oriental, en casos de territorios en disputa, el reconocimiento de

---

[226] Cfr. Permanent Court of International Justice, *Legal Status of Eastern Greenland*, Judgment of April 5th, 1933, pp. 30 a 47.

[227] Cfr. Ibid, pp. 50 y s.

[228] Cfr. *Affaire de l'Ile de Clipperton* (Mexique contre France), Sentence, Rome, 28 janvier 1931. Reports of International Arbitral Awards, vol. II, pp. 1105–1111, en pág. 1.110.

terceros Estados puede tener carácter probatorio.[229] Además, en el caso de reclamaciones territoriales antagónicas, un Estado que no ha protestado, haciendo valer sus propias reclamaciones, o un Estado que ha consentido en la ocupación y en actos realizados a título de soberano, está impedido de cambiar de posición en el futuro (*estoppel*).[230]

Aunque no pueda caracterizarse precisamente como un caso de ocupación, el requisito de la notoriedad también se planteó en el asunto de las pesquerías, suscitado entre el Reino Unido y Noruega. En esa ocasión, Noruega había delimitado sus aguas interiores y el mar territorial adyacente a sus costas medido a partir de un sistema de líneas de base recta, que tenían en cuenta la geografía peculiar de su accidentada costa y que seguían la dirección general de la misma, y había fijado la extensión de su mar territorial en 10 millas, en un momento en que, según la regla generalmente aceptada, eran tres, aunque con la oposición de Noruega. Estos principios de delimitación significaban incursionar en un espacio que, de otra forma, hubiera formado parte de la alta mar, que no es susceptible de apropiación por los Estados, afectando, entre otras cosas, la zona de pesca, lo cual era objetado por el Reino Unido. Noruega alegó que ella había ejercido jurisdicción sobre esas aguas por un largo tiempo, sin la oposición de otros Estados, lo que constituía una especie de *possessio longi temporis*, con el resultado de que ahora debía ser reconocida, incluso si se apartaba del derecho internacional en vigor, por constituir una excepción basada en títulos históricos. El Tribunal observó, *inter alia*, que el sistema de bases rectas aplicado por Noruega se remontaba a un Decreto de 1812 -reiterado en 1869, 1889, y 1935-, y que así es como se había aplicado invariablemente durante los siglos XIX y XX; la Corte hizo notar que Noruega había aplicado ese método de delimitación marítima de manera consistente e ininterrumpida, desde 1869 hasta el momento en el que surgió la disputa (1933), sin oposición por Estados extranjeros, y con una tolerancia general, sobre la base de su consolidación histórica; durante más de 60 años, el Reino Unido no protestó en ninguna forma. Aunque el gobierno británico alegó que el sistema de delimitación aplicado por Noruega carecía de la "notoriedad esencial" para proporcionarle las bases de un título histórico, el Tribunal señaló que no podía aceptar este argumento. Según la Corte, como Estado costero del Mar del Norte, en gran medida interesado en la pesca en esa zona, como Potencia marítima tradicionalmente preocupada por el derecho del mar, y particularmente preocupada por defender la libertad de los mares, el Reino Unido no podía haber ignorado el Decreto de 1869 -que había provocado inmediatamente una petición de explicaciones por parte del Gobierno francés-, y tampoco podría haber alegado algún malentendido en cuanto al significado de sus términos, que describían claramente la aplicación de ese sistema de delimitación. El Tribunal observó que, respecto de una situación que sólo podía fortalecerse con el paso del tiempo, el Gobierno del Reino Unido se abstuvo de formular cualquier reserva. Por lo tanto, a juicio de la Corte, la notoriedad de los hechos, la tolerancia general de la comunidad internacional, la posición de Gran Bretaña en el Mar del Norte, su propio interés en la cuestión, y su prolongada abstención, justificaban, en cualquier caso, la aplicación de dicho sistema por parte de Noruega en contra del Reino Unido.[231]

La notoriedad de la ocupación también es tomada en cuenta por la prescripción, porque, para que mediante ella se pueda perfeccionar un título defectuoso, quien la alega tiene que haber actuado de buena fe y de manera ostensible, para que su posesión del territorio pueda prevalecer ante quien crea tener un mejor título. El Estado que alega la adquisición por prescripción debe haber estado en posesión del territorio ante el silencio persistente de quienes podrían haber exhibido otro título.

---

[229] Cfr. Permanent Court of International Justice, *Legal Status of Eastern Greenland*, Judgment of April 5th, 1933, pp. 34 y ss.

[230] Cfr. Ibid, pp. 46 a 50.

[231] Cfr. International Court of Justice, *Fisheries case* (United Kingdom v. Norway), Judgment of December 18th, 1951, pp. 18, 22, 26, y 27.

f) La ocupación del territorio de Guayana. Queda por saber cómo es que los europeos procedieron a la ocupación de la región de Guayana, particularmente en el territorio actualmente en disputa, y hasta dónde llegaba efectivamente esa ocupación. Pero, aunque algo se haya escrito al respecto, aquí no sirven las meras opiniones, sino las explicaciones debidamente sustentadas. En espera de las investigaciones de los historiadores, lo que se puede afirmar es que, a pesar de la voluntad de ocupar en nombre del soberano al que servían, la ocupación del Nuevo Mundo no fue fácil ni para unos ni para otros, y así se puede apreciar en los mapas.

Depons cuenta que,

> "De todas las conquistas que se hicieron en el Nuevo Mundo, a nombre del Rey de España, la de las regiones de que se trata [*Terra Firma*] fue la más larga, la más penosa, y se puede agregar, la más imperfecta. Las montañas de que este país está cubierto, la multitud de ríos cuyos desbordamientos cortan las comunicaciones durante una buena parte del año; los lagos, los pantanos, los desiertos, ofrecían dificultades que sólo hombres atormentados por la ambición podían desafiar; pero lo que más debió de contribuir a moderar los progresos de los conquistadores en muchas partes de América fue la multiplicidad de los gobiernos indios que no estando reunidos en cuerpo de nación, como en Méjico (sic) o en el Perú, hacían las victorias de los españoles menos decisivas y las negociaciones más difíciles. Cada cacique hacía la guerra por su cuenta, y una guerra de emboscada. Los caciques se aliaban raras veces, y aun era más raro que presentaran o aceptasen el combate en campo raso. Sojuzgada una nación, los vencedores no solían adquirir cuatro leguas de tierra, era preciso ganar el país palmo a palmo, y conquistarlo a fuerza de coraje, de paciencia, de privaciones y de peligros."[232]

A falta de otra explicación, la forma como, a fines del siglo XIX, las potencias europeas -en particular, España, Holanda, e Inglaterra- fueron ocupando el territorio en disputa, y dónde ellas estaban presentes a fines del siglo XIX, ha sido expuesta con maestría por George Lincoln Burr. En este sentido, sus mapas relativos a la historia de la ocupación europea en Guayana, elaborados en 1897, son materia de consulta obligada, y se comentan en páginas posteriores.

4. LA CESIÓN

Uno de los atributos de la soberanía es el derecho a disponer del territorio, incluyendo la posibilidad de enajenarlo, o de renunciar a él. Aquí estamos asumiendo que lo que se cede o se transfiere es la soberanía territorial, y no simplemente la propiedad de la tierra, o incluso el mero derecho a operar un faro.[233]

La cesión es un título derivado, mediante el que un Estado transfiere a un tercer Estado, mediante un tratado, una porción de su territorio. Aunque el consentimiento de la población manifestado, por ejemplo, en un plebiscito- pueda ser deseable, no es un requisito indispensable de la

---

[232] Cfr. *Viaje a la parte Oriental de Tierra Firme* (Título original: Voyage à la partie orientale de la Terre-Ferme, dans l'Amérique Méridionale, fait pendant les années 1801, 1802, 1803 et 1804: contenant la description de la capitainerie générale de Caracas, composée des provinces de Venezuéla, Maracaibo, Varinas, la Guiane Espagnole, Cumana, et de l'ile de la Marguerite; et renfermant tout ce qui a rapport à la découverte, à la conquête, à la topographie, à la législation, au commerce, aux finances, aux habitans et aux productions de ces provinces; avec un aperçu des moeurs et usages des Espagnols, et des Indiens sauvages et civilisés, Colnet, F. Buisson, París, 1806.) Tipografía Americana, Caracas, 1960. p. 4.

[233] Cfr., en este sentido, International Court of Justice, *Case concerning Sovereignty over Pedra Branca / Pulau Batu Puteh, Middle Rocks and South Ledge* (Malaysia / Singapore), Jjudgment of 23 May 2008, párrafos 135 a 139, 162, 165, 172, 203, 206, y 222, entre otros.

cesión. Sin embargo, puesto que la cesión tiene el efecto de reemplazar en el territorio a un soberano por otro, el Estado cedente no puede ceder más de lo que le pertenece, y el beneficiario nunca puede adquirir, por este medio, más territorio que el que legalmente poseía el autor de la cesión. Como decían los romanos, *nemo dat quod non habet.*

Respecto de terceros Estados, un tratado de cesión de territorios es *res inter alios acta* y, como tal, es inoponible a un Estado que tenga un mejor título. El cedente nunca puede ceder más territorios que los que efectivamente le pertenecen, y ninguna inferencia o implicación puede conducir a un resultado diferente, Tampoco puede el transcurso del tiempo -por muy largo que éste sea-, transformar el territorio cedido en un espacio mayor.

Entre las cesiones más notables, en 1686, Austria cedió Venecia a Francia, y semanas después Francia la cedió a Italia. En 1867, Rusia vendió Alaska a los Estados Unidos (por siete millones doscientos mil dólares), y, en 1803, Francia vendió a los Estados Unidos inmensas posesiones francesas en América del Norte (incluida Luisiana), por quince millones de dólares.[234] En 1686, Austria cedió Venecia a Francia, y semanas después Francia la cedió a Italia. Ya entrado el siglo XX, mediante un tratado suscrito el 4 de agosto de 1916, Dinamarca vendió sus posesiones en el Caribe (las Islas Vírgenes: Saint Thomas, Saint John, y Saint Croix) a los Estados Unidos.

Aunque las donaciones no sean frecuentes, la cesión no tiene que ser necesariamente a cambio de una compensación territorial, económica, o de otro tipo; no tiene que haber *quid pro quo.* Además, hay que mencionar que la mayor parte de los tratados de cesión territorial han sido concluidos al término de una confrontación armada, o como consecuencia de una amenaza del uso de la fuerza, sin que haya una compensación de por medio, o sin que haya una compensación equivalente. Se recuerda que, antes de la adopción de la Carta de las Naciones Unidas, la cesión podía ser voluntaria o impuesta por la fuerza; ahora, a la luz del artículo 2, párrafo 4, de la Carta, habrá que examinar si dicha cesión es lícita, o si es el producto de la amenaza o del uso de la fuerza en contra de la integridad territorial del Estado. Pero debe observarse que los tratados de cesión impuestos por la fuerza de las armas se hallan reconocidos por la práctica internacional.[235]

A juicio de algunos autores (Oppenheim y Lauterpacht entre ellos), el tratado de cesión tiene que ser acompañado de la tradición efectiva del territorio al nuevo Estado propietario, a menos que éste ya lo hubiere ocupado, como ocurre cuando la cesión es consecuencia de la guerra y el territorio cedido ya había sido ocupado militarmente, durante la conflagración, por el Estado adquirente.

Oppenheim y Lauterpacht advierten que las cesiones territoriales de las tribus indígenas a los Estados no caen dentro de la órbita del derecho de gentes.[236] Sin embargo, ellas son citadas con frecuencia, porque tienen consecuencias jurídicas, aunque sólo sea como prueba de que -desde la fecha de esa cesión- el Estado ejercía su autoridad en el territorio así obtenido, y porque esa es la raíz de su título.

En el caso de la Isla de Palmas, el laudo expresa que la cesión partió de la premisa de que el cedente tenía la facultad de disponer del territorio cedido, y que era evidente que España no podía transferir más derechos que los que ella misma poseía. El laudo cita una carta del Secretario de Estado

---

234 A esta transferencia se suele hacer referencia como la venta de Luisiana. Pero esa Luisiana era un vasto territorio, de aproximadamente dos millones de kilómetros cuadrados, de los que el actual estado de Luisiana era sólo una pequeña parte.

235 Cfr. Charles de Visscher, *Teorías y realidades en Derecho Internacional Público* (Título original, *Théoriés et Réalités en Droit International Public*, Éditions A. Pedone, París, 1953), traducción al castellano de Pablo Sancho Riera, Editorial Bosch, Barcelona, 1962, p. 218.

236 Cfr. Lassa Oppenheim, op. cit., Tomo I, vol. II, p. 107.

de los Estados Unidos en la que expresamente reconoce este principio, indicando que ninguna de las partes entendió que las medidas y límites definidos en el tratado limitaran o extendieran el derecho de cesión de España. Si se determinaba que alguna isla dentro de los límites descritos pertenecía de hecho a otra Nación, Estados Unidos no podría derivar ningún título válido de su inclusión en la cesión hecha por España. El pacto en el que insistieron los negociadores de los Estados Unidos fue que todos los títulos españoles sobre el archipiélago conocido como las Islas Filipinas pasaran a los Estados Unidos; ni menos ni más que todas las posesiones reales de España en dicho archipiélago. En consecuencia, para el Gobierno de los Estados Unidos, la única prueba equitativa por la cual se podía determinar el título de una cesión territorial consistía en establecer si España poseía un título válido, caso en el cual efectivamente habría cedido el territorio en cuestión; pero si España no tenía un título válido, no podía transmitir nada. De allí, el laudo concluye que, a pesar de la amplitud de los términos del artículo III del Tratado de París, y aunque los territorios en disputa estuvieran dentro de los límites trazados por el Tratado, nunca se previó que la cesión pudiera comprender territorios sobre los que España no tenía un título válido. Para el Tribunal arbitral, es evidente que, cualquiera que sea la interpretación correcta de un tratado, no puede interpretarse en el sentido de que disponga de los derechos de terceras Potencias.[237] En consecuencia, el laudo concluyó que, aunque el Tratado de París comprendía la isla en disputa dentro de los límites de la cesión, y a pesar de la ausencia de cualquier reserva o protesta por parte de los Países Bajos en cuanto a estos límites, dicha cesión no creó a favor de los Estados Unidos ningún título de soberanía respecto de lo que previamente no formaba parte de los derechos de España.[238]

En la disputa por las islas de Ligitan y Sipadan, respectos de los contratos de vasallaje de Holanda con el Sultán de Bulungan -presentados por Indonesia como una especie de cesión de territorios-, en cuyos derechos Indonesia habría sucedido a los Países Bajos, Malasia alegaba que las islas en litigio nunca habían formado parte de las posesiones del Sultán de Bulungan. La Corte hizo notar que, en el contrato de 1878, las islas en posesión del Sultán eran descritas como Tarakan, Nanukan, y Sebatik "con los islotes que les pertenecían"; el contrato enmendado en 1893 se refería a las tres islas y a los islotes en términos similares. Además, el Tribunal observó que las palabras "los islotes que les pertenecen" solo podían interpretarse como referencias a las pequeñas islas que se encuentran en las inmediaciones de las tres islas mencionadas por su nombre, y no a islas ubicadas a más de 40 millas náuticas; por lo tanto, la Corte no aceptó la afirmación de Indonesia de que ésta había heredado de los Países Bajos el título sobre las islas en disputa, a través de contratos que establecían que el Sultanato de Bulungan, tal como se describe en los contratos, formara parte de las Indias Holandesas.[239]

Demostrando que las cesiones territoriales pueden ser muy complejas, en la disputa por las islas de Ligitan y Sipadan, Malasia alegaba que ella habría adquirido dichas islas gracias a una serie de transferencias del soberano original -el Sultán de Sulu-, las que habrían pasado a España, de ésta a los Estados Unidos, de allí [gracias a una renuncia de Estados Unidos en favor de la Compañía Británica de Borneo del Norte], a Gran Bretaña en nombre de Borneo del Norte, luego al Reino Unido de Gran Bretaña e Irlanda [gracias a una cesión de Borneo del Norte], y finalmente a Malasia [luego de que, en 1963, Borneo del Norte pasó a ser parte de Malasia]. Esa "cadena de títulos" le proporcionaba, en su opinión, un título basado en un tratado (de cesión de territorios). En respuesta, Indonesia sostenía, *inter alia*, que, si no se podía demostrar que el título de uno solo de esos supuestos titulares fuera

---

[237] Cfr. *Island of Palmas Case* (Netherlands / United States of America), Arbitral award of 4 April 1928 (Max Huber, arbitrator). Reports of International Arbitral Awards, vol. II, pp. 829-871, en pp. 839 y 842.

[238] Cfr. Ibid, p. 866.

[239] Cfr. International Court of Justice, *Case Concerning Sovereignty over Pulau Ligitan and Pulau Sipadan* (Indonesia / Malaysia), Judgment of 17 December 2002, párrafos 94 al 96.

"demostrablemente válido", desaparecería el fundamento jurídico del argumento de Malasia sobre la "cadena de títulos". De entrada, la Corte notó que las islas en disputa no se mencionaban por su nombre en ninguno de los instrumentos jurídicos internacionales presentados por Malasia para probar las supuestas transferencias consecutivas de título. El Tribunal señaló, como un hecho no controvertido por las partes, que ambas islas no se incluyeron en la concesión mediante la cual, el 22 de enero de 1878, el Sultán de Sulu había cedido todos sus derechos y facultades sobre sus posesiones en Borneo, incluidas las islas dentro de un límite de tres leguas marinas, a Alfred Dent y al Barón von Overbeck.[240] El Tribunal consideró que España era el único Estado que, en virtud de los instrumentos pertinentes, podía haber reclamado Ligitan y Sipadan, pero que no había pruebas de que lo hubiera hecho. Además, la Corte hizo notar que, en ese momento, ni Gran Bretaña -en nombre de Borneo del Norte- ni los Países Bajos reclamaron, ni explícita ni implícitamente, Ligitan y Sipadan. El siguiente eslabón en la cadena de transferencias de titularidad era el Tratado del 7 de noviembre de 1900 entre Estados Unidos y España, por el cual España cedió a Estados Unidos todo título y reclamación de título "sobre todas y cada una de las islas pertenecientes al Archipiélago Filipino que no habían sido contempladas en el Tratado de Paz del 10 de diciembre de 1898"; en particular, este Tratado menciona las islas de Cagayán Sulu y Sibutu, pero no se menciona por su nombre ninguna otra isla situada más cerca de la costa de Borneo Septentrional. La Corte señaló que, si bien era indiscutible que Ligitan y Sipadan no estaban comprendidas en el ámbito de aplicación del Tratado de Paz de 1898, mediante el Tratado de 1900, España renunció a cualquier reclamación que pudiera haber tenido sobre Ligitan, Sipadan u otras islas situadas más allá del límite de tres leguas marinas desde la costa de Borneo del Norte.[241] Pero los acontecimientos posteriores demostraron que los Estados Unidos no estaba seguro respecto de qué islas había adquirido la titularidad en virtud del Tratado de 1900. La correspondencia entre el Secretario de Estado de los Estados Unidos y los Secretarios de Guerra y de la Marina de los Estados Unidos, tras el viaje del barco estadounidense *Quiros* y la reedición de un mapa del Servicio Hidrográfico de los Estados Unidos, cuya primera versión contenía una línea de separación entre las posesiones estadounidenses y británicas, atribuyendo Ligitan y Sipadan a los Estados Unidos, demostraba que el Departamento de Estado no tenía una idea clara de la extensión territorial y marítima del archipiélago filipino, titularidad que había obtenido de España. A este respecto, la Corte señaló que el Secretario de Estado de los Estados Unidos, en su carta del 23 de octubre de 1903 al Secretario de Guerra interino, escribió que era necesario un acuerdo bilateral con Gran Bretaña "para trazar la línea que demarcara [sus] respectivas jurisdicciones", mientras que, con respecto a Sipadan, declaró explícitamente que no estaba en condiciones de determinar si "Sipadan y los cayos y rocas incluidos habían sido reconocidos como pertenecientes a los dominios de Sulu". En 1907 se llegó a un acuerdo temporal entre Gran Bretaña y Estados Unidos mediante un Canje de Notas que no implicó una transferencia de soberanía territorial, y que dispuso la continuación de la administración de las islas situadas a más de tres leguas marinas de la costa de Borneo del Norte por parte de la Compañía Británica de Borneo del Norte, pero dejó sin resolver la cuestión de a quién pertenecían las islas; tampoco se indicó respecto de qué islas administradas por la BNBC es que Estados Unidos reclamaba título, por lo que la cuestión de la soberanía quedó en suspenso. Por lo tanto, a juicio de la Corte, del Canje de Notas de 1907 no se podía extraer ninguna conclusión en cuanto a la soberanía sobre Ligitan y Sipadan.[242] Pero no acaba allí este rompecabezas. Ese acuerdo temporal duró hasta el 2 de enero de 1930, cuando se firmó una Convención entre Gran Bretaña y los Estados Unidos, en la que se trazó una línea que separaba las islas pertenecientes al archipiélago filipino, por un lado, y las islas pertenecientes al Estado de Borneo del Norte, por otro; el artículo III de dicha Convención establecía que todas las islas al sur y al oeste de la línea pertenecerían al Estado de Borneo del Norte; desde un

---

[240] Cfr. Ibid, párrafos 97 al 108.

[241] Cfr. Ibid, párrafos 114 al 116.

[242] Cfr. Ibid, párrafos 117 y 118.

punto bastante al noreste de Ligitan y Sipadan, la línea se extendía hacia el norte y el este. La Corte hace constar que la Convención no mencionaba ninguna isla por su nombre, salvo las islas Turtle y Mangsee, que se declararon bajo la soberanía de los Estados Unidos. Al firmar la Convención de 1930, Estados Unidos renunció a cualquier reclamación que pudiera haber tenido sobre Ligitan, Sipadan y las islas vecinas. No obstante, la Corte señaló que -ni del Canje de Notas de 1907, ni de la Convención de 1930, ni de ningún documento emanado de la Administración de los Estados Unidos durante el período intermedio- no se podía concluir que Estados Unidos efectivamente hubiera reclamado la soberanía sobre esas islas. Por lo tanto, a juicio de la Corte, no se podía afirmar con certeza que, mediante la Convención de 1930, Estados Unidos hubiera transferido la titularidad de Ligitan y Sipadan a Gran Bretaña, como afirmaba Malasia.[243] El Tribunal no podía pasar por alto que Gran Bretaña opinó que, como resultado de la Convención de 1930, adquirió, en nombre de la BNBC, la titularidad de todas las islas situadas más allá de la zona de tres leguas marinas que habían sido administradas por la Compañía, con excepción de las islas Turtle y Mangsee. Con anterioridad a esa Convención, Gran Bretaña no había presentado una reclamación formal respecto de ninguna de las islas situadas más allá de la zona de tres leguas marinas. Si dicho título, en el caso de Ligitan y Sipadan y las islas vecinas, se adquirió efectivamente. como resultado de la Convención de 1930, era menos relevante que el hecho de que la postura de Gran Bretaña sobre el efecto de dicha Convención no fue objetada por ningún otro Estado. En 1946 Borneo del Norte se transformó en colonia y, posteriormente, en virtud del Artículo IV del Acuerdo de 9 de julio de 1963, el Gobierno del Reino Unido acordó adoptar las medidas que fueran apropiadas y estuvieran a su alcance para asegurar la promulgación, por el Parlamento, de una ley que dispusiera la cesión de la soberanía y jurisdicción británica respecto de Borneo del Norte, Sarawak y Singapur a favor de Malasia.[244] Por otra parte, en 1969, Indonesia impugnó el título de Malasia sobre Ligitan y Sipadan y alegó tener la titularidad de ambas islas con base en la Convención de 1891. En consecuencia, la Corte concluyó que no podía aceptar la afirmación de Malasia de que existía una serie ininterrumpida de transferencias de propiedad del supuesto titular original, el Sultán de Sulu, a Malasia, como el actual titular. Según la Corte, no se había establecido con certeza que Ligitan y Sipadan pertenecieran a las posesiones del Sultán de Sulu, ni que ninguno de los supuestos titulares posteriores tuviera un título sobre esas dos islas, basado en un tratado. Por ende, la Corte entendió que no podía concluir que Malasia hubiera heredado de su predecesor, el Reino Unido de Gran Bretaña e Irlanda del Norte, un título basado en un tratado.[245]

En la disputa actualmente pendiente ante la Corte Internacional de Justicia entre Guyana y Venezuela -inicialmente entre Gran Bretaña y Venezuela-, en el artículo III del compromiso arbitral de 1897, se tuvo muy en cuenta que el elemento central de esta controversia era una transferencia de territorios de Holanda a Gran Bretaña, así como el cambio territorial que resultó de territorios que se desprendieron de España y que pasaron a la posesión de Venezuela. La tarea que se le encomendó al Tribunal arbitral era "investigar y establecer" la medida de los territorios que, a partir de esas circunstancias, legalmente podían ser reclamados por Gran Bretaña o Venezuela. La ruptura en la continuidad de la soberanía territorial respecto de todo o parte de los territorios en disputa requería determinar qué es lo que fue cedido por unos y adquirido por otros, y en qué territorios es que uno era el sucesor de los derechos de otro.

---

[243] Cfr. Ibid, párrafos 119 y 120.

[244] Cfr. Ibid, párrafos 121 y 122.

[245] Cfr. Ibid, párrafos 123 y 124.

5. LA PRESCRIPCIÓN

Ya sea porque es un principio general de Derecho reconocido por las naciones civilizadas o porque es parte de una costumbre aceptada como Derecho, en el derecho internacional, la prescripción es considerada como un medio de adquisición de territorios.

Aplicada al territorio, en las relaciones entre Estados, esta es una doctrina que permite otorgar validez jurídica a títulos territoriales cuya validez original era imposible de probar, y a títulos que originalmente eran inválidos o defectuosos. En el primer caso, conocido como "posesión inmemorial", el largo paso del tiempo hace imposible establecer cuál era exactamente la situación jurídica, y esta incertidumbre es curada por la "posesión inmemorial". En la segunda hipótesis, más parecida a la *usucapión* del derecho Romano, se sabe que el título original del poseedor es defectuoso, y se acepta que esto pueda ser corregido por una posesión pacífica de largo tiempo. Dado que el poseedor ha disfrutado de la posesión ininterrumpida del territorio durante un período de tiempo considerable, se puede presumir la aquiescencia o el consentimiento tácito por parte del legítimo titular, y se considera que el poseedor ha adquirido un título pleno y completo mediante la prescripción. Pero parece razonable asumir que las condiciones de la prescripción deberían ser más estrictas en el caso de un título defectuoso -originalmente ilegal- que en el de uno cuyos orígenes son inciertos y se pierden en el tiempo.

Conceptualmente, debe distinguirse entre la prescripción extintiva o liberatoria -esto es, la que, transcurrido cierto tiempo, opera para extinguir los derechos que se tienen sobre un territorio-, y la prescripción adquisitiva, mediante la que se adquiere el dominio sobre un territorio. Estas dos formas de prescripción son las dos caras de una misma moneda, porque, si -invocando esta regla- una parte logra establecer su derecho sobre el territorio poseído y lo adquiere legalmente, automáticamente se extingue el derecho de quien haya sido el poseedor anterior. De acuerdo con esta doctrina, quien logra establecer un título territorial obtiene un derecho sustantivo, mientras que los derechos sustantivos (si los hubiera) del poseedor anterior (si lo hubiera) quedan abolidos.[246] Pero Johnson advierte que, para los fines del análisis, es más preciso aceptar dos categorías principales de prescripción, a saber, prescripción extintiva y prescripción adquisitiva, y luego subdividir la prescripción adquisitiva en posesión inmemorial, y una forma de prescripción similar a la *usucapión*. En el caso de esta última, se "adquiere" un título válido cuando no existía uno anterior. En cambio, en el caso de la posesión inmemorial, es posible que, originalmente, existiera o no un título válido, aunque, incluso, si existiera, puede que sea imposible probar su existencia. Por lo tanto, no es ilógico o superfluo decir que, bajo esta última forma de prescripción, se "adquiere" un título territorial.[247] Johnson define la 'prescripción adquisitiva' como el medio por el cual, bajo el derecho internacional, se da reconocimiento jurídico al derecho de un Estado a ejercer soberanía sobre un territorio terrestre o marítimo en los casos en que ese Estado, de hecho, ha ejercido su autoridad de manera continua, ininterrumpida y pacífica sobre el área en cuestión durante un período de tiempo suficiente, siempre que todos los demás Estados interesados y afectados (en el caso de territorio terrestre, el poseedor anterior, y, en el caso de territorio marítimo, los Estados vecinos y otros Estados cuyos intereses marítimos se vean afectados) hayan consentido en ese ejercicio de autoridad.[248]

---

246 Cfr. D. H. N. Johnson, *Acquisitive prescription in International Law*, The British Year Book of International Law, Oxford University Press, London, 1950, vol. 27, p. 332.

247 Cfr. D. H. N. Johnson, op. cit., p. 335.

248 Cfr. D. H. N. Johnson, *Acquisitive prescription in International Law*, The British Year Book of International Law, Oxford University Press, London, 1950, vol. 27, p. 353.

La prescripción se distingue de la ocupación en que esta última es un medio de adquisición de territorios sin dueño (*terra nullius*), mientras que la prescripción supone la existencia de un soberano anterior y otorga su aquiescencia al traspaso de soberanía; de allí se deriva, respecto de la prescripción, la existencia de reglas más estrictas en materia de prueba de la posesión, y de la aquiescencia o el abandono del territorio por parte del soberano original. El concepto de aquiescencia, entendido no como el consentimiento, sino como la simple inacción de un Estado que se enfrenta a una situación que constituye una amenaza a sus derechos, tiene un papel protagónico en la operación de la prescripción.

A pesar de sus diferencias, entre la ocupación y la prescripción -ambas basadas en el control efectivo del territorio-, hay varios puntos de contacto.[249] Aunque la prescripción difiere de la ocupación, en cuanto esta última recae sobre un territorio sin dueño y la primera se relaciona con un territorio que previamente ha estado bajo la soberanía de un Estado, ambos conceptos requieren la prueba de actos soberanos durante un cierto tiempo. De manera que, aunque sean diferentes en teoría, en la práctica, con frecuencia, no se pueden distinguir, puesto que la soberanía sobre un territorio puede caducar, haciendo surgir dudas en cuanto a si se trata de un territorio abandonado, que ha devenido en *terra nullius*. Como en la ocupación, la prescripción también requiere que la posesión, como fundamento del título, esté basada en el ejercicio de la autoridad del Estado, y no en la manifestación de esfuerzos individuales, sin conexión con reclamaciones de soberanía. Pero la mayoría de las controversias territoriales involucra reclamaciones en las que ambos Estados han realizado algún acto soberano en el territorio en disputa. En ambos casos la posesión del territorio debe ser pública, de modo que los demás Estados estén advertidos de ella.[250]

La mayoría de los autores sugiere que el fundamento de la existencia de esta regla es preservar el orden y la estabilidad internacional. Puesto que su fundamento es el abandono de sus derechos por el poseedor anterior, esta situación se puede comparar con un Estado que ha descuidado el territorio que posee, en contraste con un Estado que ha mantenido el orden público en dicho territorio y lo ha desarrollado, adquiriendo el derecho a la soberanía sobre ese espacio.[251]

a) La doctrina. Black recuerda que, en el Derecho romano, la *usucapión* tenía dos requisitos esenciales: la justa causa, esto es, la posesión de un título, y la buena fe, esto es, la ignorancia de que el título que se tenía podía ser imperfecto. En ausencia de estos requisitos, a pesar del largo tiempo transcurrido, no podía adquirirse la propiedad.[252]

Grocio rechazaba la aplicación de la *usucapión* del Derecho Romano en el derecho internacional, pero aceptaba la validez de la prescripción inmemorial (también del Derecho Romano). En efecto, Grocio sostenía que había una grave dificultad con la prescripción, pues esta regla habría sido introducida por la ley civil, aunque el tiempo, por su naturaleza, no tiene eficacia alguna entre dos pueblos libres -porque "nada hace el tiempo que no se haga en el tiempo"- por lo que no podía tener lugar; admitido esto, él concluía que las controversias de los reinos y de los límites entre ellos no se extinguen.[253] Según Grocio, puesto que el tiempo inmemorial es moralmente indefinido, el silencio del tiempo siempre parecerá que basta para conjeturar el abandono del territorio, salvo que la contraparte

---

249 Cfr. Malcolm N. Shaw, *International Law*, Third edition, Grotius Publications Limited, Cambridge, 1991, p. 289.

250 Cfr. Ibid, p. 291.

251 Cfr. Ibid, p. 333.

252 Cfr. Henry Campbell Black, *Black's Law Dictionary*, revised fourth edition, West Publishing Co., St. Paul, Minnesota, 1968, p. 1712.

253 Cfr. Hugo Grocio, *Del Derecho de la Guerra y de la Paz*, (título original, *De iure belli ac pacis*, Amsterdam, 1625), traducción de Jaime Torrubiano Ripoll, Editorial Reus, (S. A.), Madrid, 1925, Libro Segundo, Cap. IV, sección I, Tomo II de la edición consultada, pp. 7 y s.

pueda esgrimir "poderosísimas razones en contrario". A continuación, él agrega que los jurisconsultos más prudentes notaron que no es lo mismo el tiempo inmemorial que el centenario, aunque muchas veces no disten mucho el uno del otro, porque el término común de la vida humana son cien años, espacio que suele abarcar tres generaciones, las cuales oponían los romanos a Antíoco, cuando le mostraban que reclamaba ciudades que ni él, ni su padre, ni su abuelo, habían ocupado.[254] A partir de lo anterior, Grocio procedió a afirmar que la posesión inmemorial no interrumpida, y sin interponer recurso a árbitro, confiere completo dominio sobre el territorio. En su opinión, es creíble que las naciones hayan consentido en esta regla, ya que ella tiende en gran medida a la paz. Pero, citando a Sulpicio, Grocio tiene buen cuidado de agregar que esto es lo que deriva de la posesión perpetua, "sin que la dispute nadie".[255]

Según Vattel, para garantizar que haya paz y estabilidad entre las Naciones, una posesión prolongada e indisputada establece el derecho al territorio; pero esa posesión debe probarse por hechos notorios.[256] Viendo las dos caras de la prescripción (la adquisitiva y la extintiva del dominio), Vattel explica que la usucapión es la adquisición de dominio basada en una posesión prolongada, ininterrumpida e indisputada; es decir, una adquisición que se prueba únicamente por esa posesión, y cita a Christian von Wolff [*Ius Gentium Methodo Scientifica Pertractatum*, 1749], quien la define como una adquisición de dominio basada en una presunta deserción, porque la prescripción es la exclusión de toda pretensión a un derecho, o una exclusión basada en el tiempo durante el cual se ha descuidado ese derecho, o la pérdida de un derecho inherente, en virtud de un presunto consentimiento. Para Vattel, esta definición explica cómo un derecho puede perderse por una negligencia prolongada.[257] Aunque refiriéndose a la propiedad privada, Vattel sostiene que sería absurdo suponer que, tras la introducción del dominio y la propiedad, la ley natural pueda garantizar a un propietario algún derecho capaz de introducir desorden en la sociedad humana. Tal sería el derecho a descuidar por completo una cosa que le pertenece, dejarla, durante un largo periodo, bajo la apariencia de estar completamente abandonada o no pertenecerle, y finalmente arrebatársela a un poseedor de buena fe. Si la ha descuidado durante tanto tiempo, según la ley natural, ya no se le permite reclamarla y reivindicar sus derechos sin poner en peligro los derechos de otros. Se presume que todo propietario que descuide su derecho durante un tiempo prolongado, y sin justa razón, lo ha renunciado y abandonado por completo. Esto es lo que forma la presunción absoluta (*iuri et de iure*) de su abandono, y permite que otra persona tenga el derecho legal a apropiarse de la cosa así abandonada. El poseedor de buena fe, basando su título en una presunción de este tipo, tiene entonces un derecho que es aprobado por la ley natural, que requiere que los derechos de cada individuo sean los más capaces y ciertos. Así entendido, el derecho de usucapión significa propiamente que el poseedor de buena fe no está obligado a tolerar (o sufrir) que su derecho de propiedad sea perturbado o disputado, después de una posesión larga, continua y pacífica de su parte.[258] Vattel insiste en que, como no puede fundarse en otra presunción que no sea absoluta o legal, la prescripción no tiene fundamento si el titular no ha descuidado realmente su derecho.[259] Pero, si la posesión es objeto de disputa, quien alega la prescripción no es un poseedor de buena fe, y no puede adquirir territorios por el mero transcurso del tiempo; además, si no ha habido descuido o negligencia por parte del poseedor original, no se pierde el derecho que se tiene sobre el territorio.

---

254 Cfr. Ibid, Tomo II, Libro Segundo, Cap. IV, sección VII, p. 14.

255 Cfr. Ibid, Tomo II, Libro Segundo, Cap. IV, sección IX, pp. 16 y s.

256 Cfr. Emer de Vattel, op. cit., Libro I, párrafo 266.4, pág. 243.

257 Cfr. Ibid, Libro II, párrafo 140, pp. 331 y s.

258 Cfr. Ibid, Libro II, párrafo 141, pp. 332 y s.

259 Cfr. Ibid, Libro II, párrafo 142, p. 334.

A juicio de Vattel, tras haber demostrado que la usucapión y la prescripción se fundamentan en el derecho natural, se puede demostrar que, igualmente, forman parte del derecho de gentes y deben aplicarse entre los diferentes Estados. La naturaleza de las partes está tan lejos de otorgarles una exención en este caso, pues la usucapión y la prescripción son mucho más necesarias entre Estados soberanos que entre individuos; sus disputas son de mucha mayor trascendencia, y suelen resolverse mediante guerras sangrientas. En consecuencia, la paz y la felicidad de la humanidad exigen, con mucha mayor fuerza, que la posesión por parte de los soberanos no se altere fácilmente, y que, si ha permanecido indiscutida durante un tiempo considerable, se reconozca como justa e indisputable. Si se nos permitiera recurrir a la antigüedad en cada ocasión, pocos soberanos podrían disfrutar de sus derechos con seguridad, y no habría paz en la tierra.[260] Pero solo es en casos de posesión prolongada, indisputada e ininterrumpida, que opera la prescripción, porque es necesario que en algún momento los asuntos se lleven a una conclusión y se asienten sobre una base firme y sólida. La prescripción, cuando se basa en una posesión indisputada y prolongada, debe surtir pleno efecto entre las naciones, sin admitir ninguna alegación de injusticia de la posesión, a menos que la prueba que la demuestre sea muy clara y convincente pues, sin dicha prueba, toda nación debe ser considerada poseedora de buena fe; pero sólo el poseedor de buena fe superará la prueba de conciencia.[261]

Prestando más atención a la conducta del poseedor original que a la ilicitud de la forma en que el actual posesor adquirió esa posesión, Wheaton justifica la prescripción adquisitiva diciendo que ella se funda en la suposición, confirmada por la experiencia constante, de que cada persona buscará naturalmente disfrutar de lo que le pertenece; además, de su silencio y negligencia se puede inferir el defecto original de su título, o su intención de renunciar a él.[262]

De manera que, en el derecho internacional, la prescripción es, esencialmente, la legitimación de un hecho irregular. En este sentido, Shaw afirma que la prescripción es el modo de establecer un título territorial sobre espacios que no son *terra nullius* y que han sido obtenidos ya sea ilegalmente o en circunstancias en que la legalidad de su adquisición no puede demostrarse; la prescripción es la legitimación de un título dudoso mediante el paso del tiempo, y con la supuesta aquiescencia del anterior soberano.[263]

Martens sostenía que, en las relaciones internacionales, la prescripción es admitida dentro de límites bastante restringidos, y que su importancia podía resumirse en las siguientes proposiciones: 1) que el derecho internacional no reconoce un plazo de prescripción, porque un Estado se considera dueño de un territorio mientras pueda y quiera mantener allí su autoridad; 2) que, en el ámbito de las relaciones internacionales, nada puede interrumpir la continuidad de un derecho antiguo; aunque un gobierno (Estado) pueda perder una posesión, siempre tiene la posibilidad de recuperarla, de una forma u otra; y 3) que, en las relaciones internacionales, sólo se da importancia real a la antigüedad inmemorial (*antiquitas, vetustas, cujus contraria memoria non existit*); en su opinión, es esto lo que sirve de base a todo el mapa político y a la existencia de Estados civilizados y bárbaros. La fuerza del tiempo y la sanción de la historia imponen silencio sobre todas las reclamaciones y acusaciones que puedan encontrar su origen en la violencia y las injusticias cometidas durante la expansión territorial. Es en este sentido que se puede afirmar que el hecho consumado, revestido de una antigüedad inmemorial, se vuelve legítimo ante el derecho internacional.[264]

---

[260] Cfr. Ibid, Libro II, párrafo 147, p. 336.

[261] Cfr. Ibid, Libro II, párrafos 149 y 150, p. 337.

[262] Cfr. Henry Wheaton, *Elements of International Law*, Little, Brown, and Company, 1866, p. 239, párrafo 164.

[263] Cfr. Malcolm N. Shaw, op. cit., p. 290.

[264] Cfr. F. de Martens, op. cit., pp. 460 y s.

Para Hans Kelsen, en el caso de lo que él refiere como "la llamada prescripción", es decir, en caso de que un Estado esté en posesión indiscutida de un territorio durante un cierto espacio de tiempo, está admitido que un Estado pueda no sólo retener, sino también adquirir territorio, mediante una conducta que constituya una violación del derecho internacional. En aplicación del principio de efectividad, dicho territorio es considerado legalmente como territorio del Estado que lo posea, aun cuando la toma de posesión efectiva haya tenido lugar mediante una acción ilícita.[265]

Por su parte, Oppenheim y Lauterpacht advierten que, desde los albores del derecho internacional, siempre ha existido cierta resistencia contra la prescripción como uno de los modos de adquirir el territorio del Estado.[266] Sin embargo, ellos admiten que, con arreglo a la práctica internacional, los Estados se consideran propietarios legítimos de sus territorios respectivos, "incluso de aquellas partes territoriales que originariamente entraron en su posesión de modo injusto e ilegal," con tal de que el poseedor haya ejercido la posesión pacífica del mismo "durante el tiempo necesario para crear la convicción común de que la situación real de las cosas se halla en armonía con el orden internacional." Pero ambos autores aclaran que esta clase de prescripción no puede ser comparada con la usucapión del Derecho Romano, porque éste requería la *bona fide* en la posesión, mientras que el derecho internacional reconoce la prescripción tanto si se da o no la *bona fide* en la posesión del Estado. En el derecho internacional, el fundamento de la prescripción no es otra cosa que el reconocimiento general de un hecho, por ilícito que éste sea en su origen. Por consiguiente, ellos definen la prescripción como "la adquisición de la soberanía de un territorio por el ejercicio continuo y pacífico de la soberanía sobre él, durante el período de tiempo necesario para crear, bajo el influjo de la evolución histórica, la convicción común de que el estado de cosas presente concuerda con el orden internacional."[267]

Comentando las divergencias que hay en la doctrina internacional sobre la prescripción, después de citar a Federico de Martens entre quienes niegan la "*prescripción adquisitiva*", Brownlie observa que, si el origen de la posesión es desconocido, es ilógico referirse a éste como una forma de prescripción; según él, en este tipo de casos, la fuente genuina sería el reconocimiento o la aquiescencia en las consecuencias de una posesión indiscutida.[268] Por supuesto, una cuestión distinta es la relativa al efecto procesal de la presunción de legalidad. Para Brownlie, aquellas partes del análisis que descansan sobre la *usucapión* revelan la incomodidad ("*the malaise*") inherente a la doctrina general de la prescripción, pues existe una cierta incongruencia entre la buena fe de la *usucapión* y el concepto de aquiescencia que el derecho inglés equipara con la prescripción. En este sentido, Brownlie hace notar la diferencia entre la ocupación efectiva y la prescripción, aunque, a veces, ésta pueda ser muy sutil. Generalmente, la prescripción se utiliza como la suplantación de un título respecto de un territorio que pertenecía a otro, mientras que la ocupación tiene lugar en un territorio que no es de nadie (*res nullius*). Brownlie recuerda que, en el caso de la Isla de Palmas, el territorio en disputa no era *res nullius*, puesto que pertenecía a una de las dos partes en la controversia; había, contemporáneamente, una actividad estatal concurrente y, al decidir quién tenía el mejor título, el árbitro aplicó el principio del control efectivo, asociado a la ocupación efectiva. Para Brownlie, hablar de prescripción en el caso de la Isla de Palmas no ayudaba, por lo que el juez Huber eludió ese término, excepto por una referencia al pasar a la "así llamada prescripción", con lo que quería referirse al "*despliegue continuo y pacífico de la soberanía del Estado*".[269] Bajo el subtítulo de "*Adverse holding or negative prescription*", Brownlie admite que "*algunos*" autores apoyan -o parecen apoyar- la doctrina de que el título podría surgir incluso sin aquiescencia, por el mero transcurso del tiempo y una posesión que no sea entorpecida por medidas defensivas de

---

265 Cfr. Hans Kelsen, op. cit., p. 184.

266 Cfr. Lassa L. Oppenheim, op. cit., Tomo I, vol. II, p. 136.

267 Cfr. Ibid, Tomo I, vol. II, p. 137.

268 Cfr. Ian Brownlie, op. cit., p. 158.

269 Cfr. ibid., pp. 158 y s.

la otra parte; pero, a su juicio, tales opiniones son excepcionales, y no están respaldadas ni por la práctica de los Estados ni por la jurisprudencia. Sin embargo, lo que, en su opinión, parece ser indiscutible, es que, de acuerdo al Derecho, la prescripción no puede crear derechos derivados de un acto ilegal.[270] En resumen, Ian Brownlie sostiene que la esencia de la prescripción es la remoción de defectos en un título imperfecto, derivado de la usurpación a otro soberano, y que -transcurrido un tiempo- se puede corregir con el consentimiento o aquiescencia de este último; según Brownlie, la justificación tradicional de este principio descansa en consideraciones de buena fe, en el abandono voluntario de derechos territoriales por parte de la potencia que pierde el título a los mismos, y en la necesidad de preservar la estabilidad y el orden internacional.[271]

En términos semejantes, Schwarzenberger y Brown sostienen que un Estado puede perfeccionar el título que tiene sobre un territorio, ejerciendo, por un período prolongado, su jurisdicción pacífica y efectiva sobre el mismo. En virtud de las reglas que gobiernan el principio de la buena fe, la inacción prolongada de los terceros Estados, que, en algún momento, podrían haber estado en una posición de desafiar las reclamaciones del Estado que tiene la posesión efectiva del territorio, gradualmente viene a ser vista como aquiescencia. Cuando eso ocurre, esos Estados están impedidos de desafiar el título del ocupante. Pero, según los autores que comentamos, este título territorial, tradicionalmente conocido como prescripción adquisitiva, es, en realidad, un título que tiene múltiples raíces, y que está basado en la interacción de las reglas subyacentes en los principios de soberanía, consentimiento, y buena fe.[272]

Rousseau sostiene que los autores de inspiración positivista se resisten a incorporar la prescripción adquisitiva -una institución tomada del Derecho privado y preconizada por juristas formados en el Derecho privado-, en el Derecho aplicable a las relaciones entre Estados.[273] Aun así, Rousseau entiende que esta expresión ha sido escogida para referirse a "la adquisición de la soberanía *por vía del ejercicio continuo y pacífico* de la autoridad estatal sobre un territorio determinado"; en su opinión, la prescripción no es más que la etiqueta que cubre una posesión mancillada por la irregularidad. Porque la cuestión de la prescripción no surge en relación con un territorio sin dueño, sino en relación con un territorio que ya es reivindicado por otro; si el Estado que ha sido desposeído no ha protestado, por aplicación de la teoría del silencio, se puede decir que ha otorgado su asentimiento tácito a la adquisición efectuada por el otro Estado.[274] Según la jurisprudencia internacional, para que se pueda recurrir a la noción de prescripción se requiere, por una parte, el silencio del soberano original, y, por la otra, el ejercicio efectivo, continuo y sin laguna de la soberanía territorial,[275] por parte de quien aspira a que se le reconozca como el nuevo soberano.

Para James Fawcett, la prescripción no es, en sí misma, un título de soberanía, sino que es, apenas, el medio de probar la existencia de un título; quien haya ocupado pacíficamente el territorio, con el conocimiento y la aquiescencia del soberano original, después de un lapso suficiente, desplazará al soberano original, probando que el título que posee deriva de la ocupación efectiva.[276]

---

270 Cfr. ibid., p. 162. En una nota a pie de página, cita, como sostenedores, o aparentes sostenedores, de la doctrina de la posesión adversa como medio de adquisición de territorios, a Oppenheim, Fauchille, Johnson, y Hyde.

271 Cfr. Ian Brownlie, *Principles of Public International Law*, tercera edición, Clarendon Press, Oxford, 1979, p. 157.

272 Cfr. Georg Schwarzenberger y E. D. Brown, op. cit., p. 98.

273 Cfr. Charles Rousseau, *Droit International Public*, Sirey, París, 1983, Tome III, p. 183.

274 Cfr. Ibidem.

275 Cfr. Ibid., p. 185.

276 Cfr. James E. S. Fawcett, *The Law of Nations*, originally published by Allen Lane, The Penguin Press, Ringwood, Victoria, Australia, 1968, second edition published by Penguin Books, 1971, p. 67.

Algunas de las reservas sobre la prescripción adquisitiva llevaron a Charles de Visscher a preferir la expresión "consolidación" (consolidación de título), para evitar lo que él considera discusiones inútiles.[277] En su opinión, el uso prolongado -que constituye el fundamento de la consolidación de títulos históricos- no es sino la expresión de un conjunto de intereses y relaciones que, por sí mismas, tienden a vincular un territorio o un espacio marítimo con un Estado determinado; serían esos intereses e interrelaciones -y no el transcurso del tiempo- lo que el juez toma en consideración para apreciar, *in concreto*, la existencia o inexistencia de una consolidación basada en títulos históricos.[278] La consolidación, como la entiende de Visscher, es más amplia que la prescripción adquisitiva propiamente dicha, pues también puede aplicarse a territorios donde no quepa establecer la anterior pertenencia a otro Estado, y difiere también de la ocupación, pues puede aplicarse tanto a espacios terrestres como marinos.[279] Se trata, por lo tanto, de un concepto que abarca tanto la posesión pura y simple como la posesión adversa. No obstante, Visscher admite que la situación se puede consolidar por una falta de oposición suficientemente prolongada, y acepta que un Estado que haya cesado totalmente de ejercer su autoridad sobre un territorio no puede mantener su título en contra de otro Estado que, durante un lapso de tiempo suficientemente largo, haya ejercido -en dicho territorio- las atribuciones de la soberanía y los deberes que de ella dimanan.[280] En su opinión, en la práctica, los tribunales internacionales suelen encontrarse con un cúmulo de factores, así como con acontecimientos ocurridos en diferentes momentos, que intentan mostrar la actividad desplegada por el Estado para establecer su soberanía sobre un determinado territorio, junto con la reacción de los otros Estados ante dichas reclamaciones, y su aceptación por la doctrina y los demás actores pertinentes.

Similarmente, después de mencionar la prescripción adquisitiva casi al pasar, Schwarzenberger y Brown siguen utilizando la expresión títulos territoriales ("*titles to territory*"), pero luego incorporan una sección dedicada a la consolidación de los mismos, en la que no asignan ningún papel a la prescripción, o al transcurso del tiempo, sino al reconocimiento, el consentimiento, y la buena fe. Probablemente al comienzo, como en la cesión de territorio de un Estado a otro mediante un tratado, la validez del título territorial es relativa; sin embargo, en la medida que otros Estados reconocen dicho tratado, o cesan de objetar a esa transferencia de territorio, el ámbito operacional del tratado tiende a ser absoluto. Es en ese movimiento, que va desde una validez relativa a una absoluta, que la cesión territorial experimenta un proceso de consolidación histórica.[281]

Louis Cavaré afirma que la prescripción supone una rivalidad o una lucha entre dos Estados; un Estado alega la prescripción frente a otro Estado que inicialmente poseía un título de adquisición, pero que ha descuidado hacerlo valer posteriormente. Según Cavaré, no es de extrañar que, al pasar del derecho interno al internacional, la prescripción haya experimentado profundas transformaciones, y que, por razones evidentes, las condiciones del derecho interno no sean aplicables en el derecho internacional. En su opinión, es principalmente en relación con la interrupción de la prescripción en donde el derecho internacional es más flexible, bastando la protesta diplomática.[282]

b) La jurisprudencia. A juicio del juez Huber, del mismo modo como, antes del nacimiento del derecho internacional, las fronteras eran necesariamente determinadas por el hecho de que la

---

277 Cfr. Charles de Visscher, op. cit., p. 219, nota 335.

278 Cfr. Ibid, p. 220.

279 Cfr. Ibidem.

280 Cfr. Ibid, pp. 220 y s.

281 Cfr. Georg Schwarzenberger y E. D. Brown, op. cit., pp. 96 a 99.

282 Cfr. Louis Cavaré, *Le Droit International Public Positif*, Troisième Edition, mise à jour par Jean Pierre Quenedec, Editions A. Pedone, París, 1969, Tome II, pp. 692 y s.

autoridad del Estado era ejercida dentro de ellas, así también, bajo el imperio del derecho internacional, el despliegue pacífico y continuo de la autoridad del Estado todavía es la consideración más importante en el establecimiento de las fronteras entre los Estados.[283] Por eso, la prescripción es una forma irregular de ocupación del territorio de otro, que se perfecciona mediante la posesión y administración durante un lapso de tiempo más o menos prolongado, en el que esa posesión no es protestada o desafiada por un tercer Estado. Transcurrido ese tiempo, el Estado adquiere dicho territorio. En este sentido, el laudo dictado en el caso de la Isla de Palmas menciona que "el establecimiento de la soberanía puede ser el resultado de una lenta evolución, [en la que se observa] una progresiva intensificación del control del Estado."[284]

De modo semejante, en la disputa entre Bélgica y Holanda por los enclaves de la contraparte en sus respectivos territorios, aunque sin mencionar la prescripción (en este caso la prescripción *extintiva* de dominio respecto de Bélgica), ante los alegados actos de soberanía ejercidos por Holanda, la Corte observó que la cuestión era si Bélgica había perdido su soberanía sobre el espacio en disputa al no hacer valer sus derechos, y al dar su aquiescencia a los actos de soberanía ejercidos por Holanda desde 1843. En este sentido, la Corte puso de relieve que, desde 1874, los mapas militares belgas habían mostrado sus enclaves en territorio belga; esas parcelas fueron incluidas en los censos de 1847 y 1852 y, cuando una de ellas fue eliminada, fue restituida en 1890, fecha desde la que continuaba apareciendo en ellos; además, en 1896 y 1904, transferencias de dominio sobre esas parcelas fueron registradas con las autoridades de Baarle-Duc (Bélgica). Cuando se descubrió que las parcelas 91 y 92 -del enclave belga- estaban inscritas en el registro de propiedades de ambos países, Bélgica llamó la atención del Gobierno holandés, alegando desconocer el cobro de impuestos por parte de Holanda, y señaló que dichas tierras no estaban sujetas al impuesto belga, puesto que estaban sin cultivar, y una de ellas era propiedad del Estado. Según la Corte, las dificultades que enfrentaba Bélgica para detectar invasiones y ejercer su soberanía sobre dos parcelas rodeadas, como estaban, por territorio neerlandés, eran manifiestas. A juicio del Tribunal, los términos de una Convención de 1892 -aunque sin ratificar-, y los acontecimientos contemporáneos a la misma, demostraban que, en ese momento, Bélgica había reafirmado su soberanía sobre las dos parcelas, y que los Países Bajos sabían que lo hacía. Además, en una carta del 20 de agosto de 1890, el Ministro de Asuntos Exteriores belga había informado al Ministro neerlandés en Bruselas que un enclave, atravesado por el ferrocarril de Turnhout a Tilburgo, había sido omitido de la lista de territorios que Bélgica debía ceder a los Países Bajos; ese enclave comprendía las parcelas en disputa; pero estas habían sido incorporadas a la Convención de 1892, y los Países Bajos no repudiaron, ni en 1892 ni en ningún momento posterior -hasta que surgió la disputa entre ambos Estados en 1922-, la afirmación belga de soberanía.[285] Es decir, cuando hay reafirmación de los derechos territoriales, estos no se pierden tan fácilmente y, si concurren los demás requisitos, tampoco puede operar la prescripción adquisitiva.

En el caso de *Pedra Branca*, la Corte señaló que cuando está en discusión el abandono de la soberanía sobre parte de su territorio por uno de los litigantes, la conducta de las partes es de crucial importancia para determinar, con certeza, quién tiene la soberanía estatal sobre el territorio en disputa. Por ello, cualquier transferencia de soberanía de un territorio basada en la conducta de las partes debe

[283] Cfr. *Island of Palmas Case* (Netherlands / United States of America), Arbitral award of 4 April 1928 (Max Huber, arbitrator). Reports of International Arbitral Awards, vol. II, pp. 829-871, en pág. 839.

[284] Cfr. Ibid, p. 867.

[285] Cfr. International Court of Justice, *Case Concerning Sovereignty over certain Frontier Land* (Belgium / Netherlands), Judgment of 20 June 1959, pp. 22 a 24.

manifestarse de forma clara y sin lugar a duda, tanto en dicha conducta como en los hechos pertinentes.[286]

El mero transcurso del tiempo, por prolongado que sea, no es suficiente. En realidad, la prescripción reposa sobre la premisa de que la seguridad jurídica y la preservación del orden internacional requieren que las situaciones de hecho debidamente consolidadas no sean alteradas. En este sentido, en el asunto de la Isla de Palmas, el Tribunal señaló que, incluso asumiendo que el derecho preferente para ocupar -derivado del descubrimiento- todavía existía en 1898, al momento del Tratado de París entre España y Estados Unidos, y que tal derecho estaba incluido en la cesión de derechos del artículo III de dicho Tratado, un título incoado no puede prevalecer sobre el despliegue continuo y pacífico de autoridad por parte de otro Estado, y que tal despliegue de autoridad prevalece incluso sobre un título definitivo anterior de cualquier otro Estado.[287]

Asimismo, en el asunto de la disputa entre Noruega y Suecia por una parte de su frontera marítima (los arrecifes de Grisbadarna), el Tribunal tuvo por establecido, *inter alia*, el hecho de que Suecia había llevado a cabo en las cercanías de Grisbadarna, especialmente en los últimos tiempos, muchos actos -tales como el balizaje, la medición del mar, y la instalación de un buque faro-, en la convicción de que estas aguas eran suecas, y de que -con esos actos- no sólo ejercía un derecho, sino que también cumplía un deber, mientras Noruega, como ella misma admitió, se había preocupado mucho menos -o casi nada- por esos parajes. A partir de esas circunstancias, el Tribunal afirmó que, según un principio establecido del derecho internacional -en la medida de lo posible-, hay que abstenerse de modificar el estado de cosas existente desde hace largo tiempo.[288] Se trataba, por lo tanto, de una situación suficientemente consolidada, a la que se le reconocía efectos jurídicos. Pero una situación que ha sido objeto del reclamo persistente de una de las partes, que nunca ha sido resuelta, y que es objeto de controversia, no es una situación consolidada, y no puede dar paso a la prescripción.

En la disputa territorial y marítima entre Camerún y Nigeria, Camerún sostuvo que el argumento de Nigeria de una supuesta "consolidación histórica" no era otra cosa que la pretensión de fundar un título territorial en la posesión adversa, tradicionalmente conocida como 'prescripción adquisitiva'. Pero Camerún sostenía que, para establecer la prescripción, los actos del Estado que no ostenta el título debían llevarse a cabo a título de soberano, como la reivindicación de un derecho, de forma abierta y pacífica, sin protestas ni actividad competitiva por parte del soberano existente, y durante un tiempo suficientemente largo.[289] La conclusión del Tribunal se basó, en primer lugar, en la reivindicación de un título antiguo sobre la península de Bakassi derivado de los reyes y jefes del Viejo Calabar. Según la Corte, de ello se desprendía que, al momento en que Nigeria alcanzó su independencia, no existía ningún título nigeriano que pudiera ser confirmado posteriormente mediante una «larga ocupación». Por el contrario, según lo establecido en el Acuerdo anglo-alemán del 11 de marzo de 1913, en la fecha de su independencia, Camerún había heredado el título sobre Bakassi. Nigeria había reclamado la posesión pacífica en ausencia de protesta; pero -mostrando que, a veces, los medios de adquisición de territorios se cruzan y se confunden-, la Corte concluyó que la invocación de la consolidación histórica no podía, en ningún caso, conferir a Nigeria la titularidad de la península

---

[286] Cfr. International Court of Justice, *Sovereignty over Pedra Branca / Pulau Batu Puteh, Middle Rocks and South Ledge* (Malaysia / Singapore), Judgment of 23 May 2008, párrafo 122.

[287] Cfr. *Island of Palmas Case* (Netherlands / United States of America), *Arbitral award of 4 April 1928 (Max Huber, arbitrator).* Reports of International Arbitral Awards, vol. II, pp. 829-871, en p. 846.

[288] Cfr. Cour Permanente d'Arbitrage, *Affaire des Grisbadarna* (Norvège / Suède), sentence de 23 octobre 1909, en Reports of International Arbitral Awards, vol. XI, pp. 147 – 166, en pág. 161.

[289] Cfr. International Court of Justice, *Case Concerning the Land and Maritime Boundary between Cameroon and Nigeria* (Cameroon v. Nigeria: Equatorial Guinea intervening), Judgment of 10 October 2002, párrafo 219.

de Bakassi, puesto que su ocupación era adversa al título previo de Camerún -derivado de un Tratado- y, además, dicha posesión por parte de Nigeria había sido por un período limitado.[290]

Jonhson afirma que uno de los ejemplos más conocidos del reconocimiento de la prescripción adquisitiva por parte de los Estados ocurrió en 1897, cuando Gran Bretaña y Estados Unidos firmaron un tratado con miras a resolver mediante arbitraje la disputa fronteriza entre la Guayana Británica y Venezuela. A continuación, él cita el Artículo IV del compromiso arbitral y, siendo económico con la verdad, se lamenta de que el laudo de 1899 haya aportado poco a la jurisprudencia sobre prescripción;[291] en realidad, la contribución del laudo -ya sea en ésta o en cualquier otra materia jurídica-, es absolutamente nula, pues el laudo se limitó a adjudicar territorios, sin ninguna fundamentación. No hay, en dicho laudo, ninguna indicación de que esa disputa haya sido resuelta aplicando las reglas de la prescripción, o de otro medio de adquisición de territorios. Y no habiendo una posesión *prolongada y pacífica* por parte del Reino Unido, no había forma de sostener que, en su caso, había operado la prescripción adquisitiva.

c) Las condiciones operativas. Para que la prescripción pueda operar como medio de adquisición de territorios, deben cumplirse ciertas condiciones. No es la posesión pura y simple lo que permite operar a la regla de la prescripción, sino la posesión prolongada y pacífica, a título de soberano, mediante el ejercicio de actos de autoridad.

i. La posesión a título de soberano. Aunque un Estado administre un territorio, si admite que la soberanía pertenece a otro Estado,[292] no puede adquirirlo por prescripción. La razón es que la aquiescencia del soberano original es una condición *sine qua non* de la prescripción adquisitiva. En la hipótesis propuesta, el Estado administrador está, por su propia admisión, impedido de reclamar que haya adquirido el territorio por prescripción. Sin importar el tiempo que haya durado un protectorado, su territorio nunca podría pasar a la potencia protectora, porque, para que opere la prescripción, la posesión debe ejercerse a título de soberano, a partir de actos propios del Estado.

Puesto que solo el Estado tiene la capacidad de actuar como soberano, es únicamente la demostración continua y pacífica de su autoridad la que se considera para los efectos de la prescripción; la alegada posesión del territorio no se puede basar en actos de individuos, actuando a título particular, o de entidades territoriales subordinadas al Estado. Solo si el estado ha legislado para el territorio como tal, y esa legislación ha sido aceptada por el otro Estado o los otros Estados involucrados, se ha producido un ejercicio de poder soberano suficiente para fundar un título sobre dicho territorio, sobre la base de la prescripción.[293]

ii. El abandono de derechos por otro Estado. El abandono de derechos sobre el territorio, o la aquiescencia del Estado desposeído, ya sea expresa o implícita, es de la esencia de la prescripción; en cambio, en el caso de la ocupación, la aquiescencia es simplemente una evidencia que refuerza la existencia de una ocupación efectiva, pero que no constituye la esencia de la reclamación. [294] De modo

---

290 Cfr. Ibid, párrafo 220.

291 Cfr. D. H. N. Jonhson, *Acquisitive prescription in International Law*, The British Year Book of International Law, Oxford University Press, London, 1950, vol. 27, p.340.

292 En el período inmediatamente posterior a 1878, para Gran Bretaña fue imposible adquirir el título por prescripción sobre Chipre, porque, según los términos del tratado anglo-turco (suscrito en Constantinopla, el 4 de junio de 1878), Gran Bretaña reconoció la soberanía continua del Sultán de Turquía sobre la isla. Similarmente, durante el mismo período, fue imposible para Austria-Hungría adquirir el título por prescripción sobre Bosnia-Herzegovina, porque, en virtud del Tratado de Berlín (suscrito el 13 de julio de 1878), se reconoció la soberanía del Sultán turco sobre esos territorios.

293 Cfr. D. H. N. Johnson, op. cit., p. 345.

294 Cfr. Malcolm N. Shaw, op. cit., p. 292.

que, al aplicar la regla de la prescripción, en caso de la continua protesta por parte del Estado desposeído, el reconocimiento de terceros Estados tiene escasas consecuencias.[295]

La idea de que la clandestinidad impide la prescripción es común a todos los sistemas jurídicos. En los asuntos internacionales la posesión clandestina de un territorio determinado es difícilmente concebible; no obstante, la publicidad es una condición de la prescripción, porque la aquiescencia -expresa o implícita- es esencial para que ella pueda operar. Sin el conocimiento de la comunidad internacional -y particularmente de los Estados directamente interesados- de que un Estado reclama ser soberano en un espacio que también podría ser reclamado por otros, no puede haber aquiescencia.

Para Johnson hay, incluso, una presunción de aquiescencia. Subrayando la importancia de ésta, o del abandono de derechos por el Estado que originalmente estaba en posesión del territorio, Johnson ha hecho notar que, en el Derecho anterior a la Carta de las Naciones Unidas, la prescripción adquisitiva no operaba en casos en que la posesión se hubiera mantenido por la fuerza, pero sí en los casos en que el acto original de toma de posesión fue forzoso y la posesión posterior fue pacífica, pues en este último caso hubo la necesaria aquiescencia posterior, aun si el Estado vencido continuaba formulando protestas diplomáticas, porque las protestas de esa naturaleza no serían suficientes para imponerse sobre la presunción de aquiescencia.[296] Pero la reiterada invitación a someter el asunto a arbitraje, o al arreglo judicial, es una protesta apropiada por parte del Estado que ha sido desposeído del territorio, e impide que prospere la consolidación de un título por prescripción.

iii. La posesión duradera. Uno de los fundamentos de la prescripción -y del sistema internacional en su conjunto- es el mantenimiento de fronteras estables. Ese elemento ha jugado un papel clave en la determinación de los títulos territoriales. En este sentido, en el asunto de la frontera de Grisbadarna, el Tribunal señaló que es un principio bien establecido del derecho de las naciones que un estado de cosas que existe, y que ha existido por un largo tiempo, debería cambiarse tan poco como sea posible.[297]

Pero no hay consenso, en la doctrina o en la jurisprudencia internacional, en cuanto al tiempo necesario para que opere la prescripción como un medio para adquirir territorios. Mientras Grocio se refería a una posesión "centenaria", otros autores, incluyendo a Vattel, han hecho referencia a una posesión "inmemorial", esto es, a una posesión de la que no se tiene memoria. Vattel explica que además de la prescripción ordinaria, hay una prescripción llamada inmemorial, porque se basa en la posesión inmemorial, es decir, en una posesión cuyo origen se desconoce, o que está tan sumido en la oscuridad que no permite probar si el poseedor realmente ha derivado su derecho del propietario original, o si lo recibió de otro. Esta prescripción inmemorial garantiza el derecho del poseedor, pues otorga una presunción legal de que es el propietario, mientras la parte contraria no presente razones sustanciales para respaldar su reclamación. Dado que el origen de la posesión se pierde en la oscuridad del tiempo, Vattel se pregunta de dónde podrían derivarse estas razones. Vattel quisiera saber qué sucedería si se permitiera cuestionar un derecho reconocido desde tiempo inmemorial, cuando los medios para probarlo se han destruido con el tiempo. Por eso, en las condiciones antes referidas, la posesión inmemorial, que se funda en una presunción, es, pues, un título irrefutable.[298]

---

[295] Cfr. Ibid, p. 299.

[296] Cfr. D. H. N. Johnson, *Acquisitive prescription in International Law*, The British Yearbook of International Law, Oxford University Press, London, 1950, vol. 27, p. 346.

[297] Cfr. *Affaire des Grisbadarna* (Norvège, Suède), Sentence 23 octobre 1909, Reports of International Arbitral Awards, vol. XI, pp. 147-166, en p. 161.

[298] Cfr. Ibid, Libro II, párrafo 143, pp. 334 y s.

En la disputa fronteriza entre Austria y Hungría, el Tribunal arbitral observó que la posesión desde tiempos inmemoriales se entiende como aquella forma de posesión en la que no se puede aducir ninguna prueba de que, alguna vez, la situación haya sido diferente, y respecto de la cual ninguna persona viva ha oído hablar de un estado de cosas diferente. Dicha posesión también debe ser ininterrumpida e indiscutida, continuando así hasta el momento en el que se produjo la disputa que condujo a la celebración de un acuerdo de arbitraje.[299]

Si, para que opere la prescripción, la posesión del territorio tiene que ser prolongada y *pacífica*, para Oppenheim y Lauterpacht es evidente que no se pueden establecer reglas generales sobre el tiempo que debe haber transcurrido, ni sobre las demás circunstancias necesarias para que la prescripción constituya un título suficiente sobre el territorio. Todo dependerá de las peculiaridades del caso concreto pues, mientras los Estados formulen protestas y reclamaciones, no cabe afirmar que el ejercicio efectivo de la soberanía sea pacífico, ni podrá existir la convicción común de que el estado de cosas se halle de conformidad con el orden internacional; pero la posesión efectiva cesa de ser discutida y perturbada cuando las protestas y reclamaciones decaen y dejan de repetirse, y las circunstancias pueden evolucionar de tal forma que la situación se transforme, gradualmente, en un estado normal, en armonía con el orden internacional. La cuestión del momento en que se llega a esa situación no es de naturaleza jurídica, sino de hecho. Entre los Estados prevalecerá la convicción de que el estado de cosas se aviene con el orden internacional cuando, por ejemplo, el Estado que se apropió de una isla, por ocupación *mala fide*, a sabiendas de que había sido ocupada antes por otro Estado, logra conservar su posesión, de modo pacífico, por un período de tiempo tan vasto que el primer poseedor cesa de protestar por ello, y deja decaer tácitamente su reclamación.[300]

Al no existir una regla precisa, podremos convenir en que éste es un asunto que debe ser decidido caso por caso, teniendo en cuenta sus circunstancias particulares, tales como el tamaño del territorio en cuestión, su accesibilidad, la naturaleza de los actos de soberanía ejercidos por el Estado que tiene la posesión, la reacción de los otros Estados interesados, etc. Por eso, Shaw le resta importancia al transcurso del tiempo en sí mismo, y considera que éste es solamente un elemento de la prescripción, relacionado con la efectividad del control que se tiene del territorio.[301] Pero parece haber consenso en que debe tratarse de un lapso suficientemente largo, como para que, citando a Vattel, el origen de la propiedad se pierda en "la oscuridad del tiempo".[302] Si eso no ocurre, no hay prescripción.

Excepcionalmente, la jurisprudencia internacional registra un caso en el que se aceptó una prescripción de corto tiempo. Así, el 24 de diciembre de 1886, Costa Rica y Nicaragua firmaron un tratado para someter a arbitraje la cuestión de la validez del tratado de límites suscritos entre dichos países el 15 de abril de 1858. Sin referirse a la prescripción adquisitiva, en el informe del árbitro se expresa que no era necesario decidir la cuestión del título de una parte del territorio en disputa, porque era claro que, desde 1858, Costa Rica había estado continuamente en posesión del Distrito de Nicoya, durante más de treinta y dos años, bajo la reclamación de un título.[303] Pero, incluso durante ese breve

---

[299] Cfr., *Decision of the arbitral tribunal established to settle the dispute concerning the course of the boundary between Austria and Hungary near the lake called the "Meerauge"*, Decision of 13 September 1902. Reports of International Arbitral Awards, vol. XXVIII, pp. 379-396, en pág. 391.

[300] Cfr. Lassa Oppenheim, op. cit., Tomo I, vol. II, pp. 137 y s.

[301] Cfr. Malcolm N. Shaw, op. cit., p. 301.

[302] Cfr. Vattel, op. cit., Libro II, párrafo 143, pp. 334 y s.

[303] Cfr. *Award of the President of the United States in regard to the validity of the Treaty of Limits between Costa Rica and Nicaragua* of 15 July 1858, Decision of 22 March 1888. Reports of International Arbitral Awards, vol. XXVIII, pp. 189-236, en pág. 196.

tiempo, la posesión de Costa Rica no había sido cuestionada o desafiada, y su título se había consolidado.

iv. La posesión pacífica e ininterrumpida. Un elemento crucial de la prescripción adquisitiva es la posesión pacífica del territorio; esto es, una posesión que no es discutida o resistida por otros Estados. En sintonía con lo expresado por la doctrina, en la práctica internacional, los Estados han puesto de relieve la posesión prolongada y *pacífica* que han tenido de cualquier territorio en disputa, sin objeción por parte de Estados que, posteriormente, puedan alegar un título anterior.[304]

Si la prescripción es una forma de regularizar un título defectuoso, la posesión prolongada y pacífica del territorio adquiere un carácter decisivo. Por el contrario, en casos en que la posesión se ha mantenido por la fuerza frente a una oposición persistente y violenta, aceptar un título por prescripción sería contrario al propósito mismo de la doctrina.[305] Pero la cuestión es determinar cuál es el tipo de oposición que, sin llegar a la resistencia armada, impide la consolidación de un título por prescripción.

En el asunto del Chamizal, sin entrar a discutir lo que el laudo califica como "la controversial cuestión de si la prescripción es un principio aceptado por el derecho de las naciones", los miembros del Tribunal fueron unánimes en concluir que la posesión de los Estados Unidos en dicho caso no era de tal carácter como para servir de base a un título por prescripción. Según el Tribunal, sobre la base de las pruebas aportadas, era imposible sostener que la posesión de El Chamizal por los Estados Unidos fuera inalterada, ininterrumpida e indiscutida. Por el contrario, podía afirmarse que la posesión física por los ciudadanos de los Estados Unidos, así como el control político ejercido por los Gobiernos locales y Federal, habían sido constantemente desafiados y cuestionados por México, a través de sus agentes diplomáticos acreditados.[306] Según el Tribunal, la sola existencia de un Tratado -suscrito para resolver las diferencias entre los dos Estados como consecuencia de cambios producidos por la acción de las aguas del Río Grande, considerando que la acreción era la fuente de sus derechos- impedía a los Estados Unidos adquirir por prescripción.[307] Adicionalmente, el laudo menciona que otra característica de la posesión, para que sirva de fundamento para la prescripción, es que debe ser pacífica, en el sentido de indiscutida. El Tribunal hizo notar que, en derecho privado, la prescripción se interrumpe por medio de una demanda; pero, en el trato entre las naciones, esto es imposible mientras no exista un tribunal internacional establecido para ese efecto. Sin embargo, se recuerda que el Gobierno mexicano había hecho todo lo que razonablemente se le podía exigir para protestar contra la alegada invasión del territorio, por lo que el argumento de la prescripción debía ser igualmente desestimado, incluso si -para evitar escenas de violencia- México había recurrido a las formas más suaves de protesta, a través de su correspondencia diplomática, lo que se consideró suficiente para interrumpir la prescripción.[308] Como ha observado Shaw, el hecho de que México no hubiera ido a la guerra por este asunto no era suficiente para hacer que la posesión del territorio en disputa por los Estados Unidos fuera pacífica.[309]

Según la jurisprudencia internacional, si, durante más de siglo y medio, dos Estados realizaron actos de soberanía en la región en disputa, pero sin que nunca fueran reconocidos por el rival, y hubo

---

[304] Cfr., por ejemplo, International Court of Justice, *Case Concerning Sovereignty over Pulau Ligitan and Pulau Sipadan* (Indonesia / Malaysia), Judgment of 17 December 2002, párrafo 127.

[305] Cfr. D. H. N. Johnson, op. cit., p. 345.

[306] Cfr. *The Chamizal Case (Mexico / United States of America)*, Arbitral award of 15 June 1911. Reports of International Arbitral Awards, vol. XI, pp. 309–347, en pág. 328.

[307] Cfr. Ibid, p. 329.

[308] Cfr. Ibidem.

[309] Cfr. Malcolm N. Shaw, op. cit., p. 292.

frecuentes actos de hostilidad entre las partes, la posesión no puede considerarse pacífica e indiscutida.[310]

Actualmente, el valor de las protestas diplomática reside fundamentalmente en atraer la atención de la opinión pública internacional sobre la disputa, y sirve como advertencia al Estado que tiene la posesión del territorio de que sus pretensiones son objeto de controversia. Para Shaw, no está claro qué forma debe asumir la protesta, pero, en su opinión, someter el caso a las Naciones Unidas, o a la Corte Internacional de Justicia, será concluyente en cuanto a la existencia de una disputa y a la realidad de la protesta, aunque probablemente las protestas diplomáticas serán suficientes; pero, en disputas muy graves, será necesario tomar pasos adicionales, tales como la ruptura de relaciones diplomáticas, o propuestas para someter el asunto al arbitraje, o al arreglo judicial.[311]

Por otra parte, según Verykios, una protesta que no va seguida de otras acciones, con el tiempo se vuelve «académica» e «inútil».[312] La otra acción que antes se requería era algún tipo de oposición enérgica. Desde 1919, siempre que era posible, se remitía el asunto a la Sociedad de Naciones o a la Corte Permanente de Justicia Internacional. Desde 1945, siempre que ha sido posible, el asunto se remite a las Naciones Unidas o a la Corte Internacional de Justicia. La aparición de este nuevo mecanismo para resolver disputas internacionales ha alterado el papel de la protesta en materia de prescripción adquisitiva, y la protesta diplomática ha perdido importancia; desde luego, ya no es el principal método para interrumpir la prescripción. Se puede decir que, desde 1919, una protesta no ha sido más que una barrera temporal. Qué tan pacífica debe ser la posesión, y qué tan pronto es que las protestas dejan de tener valor y se vuelven académicas, son cuestiones de hecho que deben dejarse a la determinación del tribunal que conozca del caso.[313]

Por otra parte, a partir de la fecha crítica en que ha estallado la controversia, o a partir de un acuerdo mediante el cual las partes se han comprometido a respetar el *statu quo*, ya no se puede decir que la posesión sea pacífica y, a partir de ese momento, nada de lo que puedan hacer las partes es relevante para los efectos de determinar si ha operado la prescripción.

d) Una recapitulación. En resumen, la prescripción supone una relación entre dos partes con intereses contrapuestos: el Estado que está en posesión del territorio en disputa y el Estado que tiene un título original. El Estado que tiene la posesión la adquirió en forma ilícita, y el que tiene el título original lo perdió, como consecuencia de su descuido y del transcurso del tiempo, sin que lo hubiera hecho valer.

La doctrina y la jurisprudencia enseñan que la prescripción puede ser de dos tipos: una que surge de una posesión de largo tiempo y que es ininterrumpida, respecto de la cual no hay antecedentes de un soberano anterior, y otra que encuentra su origen en un acto ilícito, en donde el soberano original ha descuidado el ejercicio de sus derechos, o ha estado impedido de hacerlo. Pero, en el Derecho Romano, esta segunda forma de prescripción requería de la buena fe de parte de quien la alega. A menos que, aplicando el principio de la eficacia, un poseedor de mala fe pueda demostrar que su acto ilícito estaba tan firmemente establecido que fue reconocido por la comunidad internacional, la

---

[310] Cfr. *Decision of the Arbitral Tribunal established to settle the dispute concerning the course of the boundary between Austria and Hungary near the lake called the "Meerauge"*, Decision of 13 September 1902. Reports of International Arbitral Awards, vol. XXVIII, pp. 379-396, en p. 391. Para esta definición, el Tribunal cita a Heffter-Geffcken, Das europäische Völkerrecht, 8th ed., 1888, pp. 39 y 155.

[311] Cfr. Malcolm N. Shaw, op. cit., p. 292.

[312] Cfr. Verykios, *La Prescription en droit international public*, 1934, citado por D. H. N. Johnson, op. cit., p. 346.

[313] Cfr. D. H. N. Johnson, *Acquisitive prescription in International Law*, The British Yearbook of International Law, Oxford University Press, London, 1950, vol. 27, p. 346.

aplicación de la regla de la prescripción no puede operar; además, es dudoso que esa regla pueda invocarse respecto de territorios deshabitados.

En el caso de la controversia que nos ocupa, en ausencia de un título originario evidente por sí mismo, durante las negociaciones del compromiso arbitral celebrado en 1897, uno de los asuntos que obsesionó a las partes -aunque por razones diferentes- fue precisamente la regla de la prescripción, finalmente recogida en el artículo IV, letra a, del referido Tratado. Según dicha disposición, "*la posesión adversa o prescripción*" durante un período de cincuenta años constituiría un justo título. Pero "*posesión adversa*" es otra forma de admitir la rivalidad por un territorio determinado, lo cual difiere de lo que sería una "*posesión pacífica*" e indisputada del territorio. El Tratado equipara la "*posesión adversa*", esto es, la posesión resistida o discutida, con la prescripción; pero no es exactamente esa la forma como la prescripción adquisitiva ha sido incorporada en el acervo del derecho internacional. Un despliegue continuo y *pacífico* de la soberanía del Estado es muy distinto a la "*posesión adversa*", que el Tratado de Washington pretende equiparar a la prescripción. Además, el literal b) del Artículo IV hace mención de "cualquier otro fundamento válido conforme al derecho internacional", por lo que se requería de una interpretación de la regla de la prescripción que fuera compatible con el derecho internacional.

Brownlie rechaza que la prescripción sea una categoría propia, o un título separado de adquisición de territorio; pero, asumiendo que así sea, él sostiene que ésta requeriría, entre otras cosas, de una actividad estatal inequívoca por la otra parte, que se pueda alegar como aquiescencia, con efectos jurídicos en la disputa.[314] En el presente caso, tampoco había evidencia de una aquiescencia de esas características; en realidad, ésta era una disputa pública casi centenaria, y no un caso de aquiescencia.

Aunque los ingleses que sostenían haber estado en posesión de los territorios en disputa *por más de cien años*, la del artículo IV, literal a), era una cláusula vital para la defensa de sus intereses. Sin embargo, la regla de los *cincuenta años*, incorporada en el compromiso arbitral, fue una concesión que iba mucho más allá de cualquier estipulación del derecho internacional, en el que la prescripción requería de un tiempo *inmemorial*, o *centenario*. Aunque no se mencionara el Acuerdo de 1850, que congelaba las reclamaciones territoriales de ambas partes, ese plazo de prescripción más breve que el que era requerido por la doctrina favorecía los intereses ingleses. Sin embargo, esta concesión no exoneraba del cumplimiento de los otros requisitos de la prescripción, y particularmente de la posesión prolongada y *pacífica*, en el sentido de no controvertida.

En el caso de la disputa territorial entre Guyana y Venezuela, los hechos no parecen justificar la prescripción extintiva por parte de Venezuela, o la prescripción adquisitiva por parte de Inglaterra. En el caso de la controversia por el territorio situado en la ribera izquierda del río Esequibo, no se podía afirmar que éste estaba bajo la posesión indiscutida -y de larga data- de los ingleses o -antes que ellos- de los holandeses, y no había ninguna prueba de que alguna vez hubiera sido diferente. No hubo una supuesta posesión del territorio en disputa por parte de Holanda o por parte de Inglaterra, y no podía haber, por parte de Venezuela, silencio o asentimiento. Por el contrario, lo que había eran protestas reiteradas por las incursiones de ciudadanos británicos en el territorio en disputa, y una constante invitación a someter el asunto a arbitraje. Inglaterra tendría que haber probado que ese supuesto ejercicio efectivo e ininterrumpido de su soberanía correspondía a un territorio que estaba abandonado (*res derelicto*), o que era *res nullius*; ese tampoco era el caso.

---

[314] Cfr. Op. cit., p. 159.

6. LA ACCESIÓN, ACRECIÓN, O ALUVIÓN

Otro medio de adquisición de territorios, de escasa importancia práctica -y particularmente sin relevancia en la actual controversia entre Guyana y Venezuela-, es la accesión, o acreción. Éste consiste en la modificación de la frontera mediante un proceso natural, como el cambio del curso de un río, o el nacimiento de una nueva isla en el mar territorial, territorios que podrían considerarse subsumidos en los espacios que el Estado ya ocupa. Esas formas de acrecentamiento natural del territorio del Estado operan *ipso facto*, sin necesidad de que éste tenga que tomar ninguna medida.

Vattel explica que, si un territorio que termina en un río no tiene otro límite que dicho río, se trata de uno de esos territorios con límites naturales o indeterminados (*territoria arcifinia*), y goza del derecho de aluvión; es decir, todo incremento gradual de suelo, o toda adición que la corriente del río pueda hacer a su ribera en ese lado, constituye una adición a ese territorio, se encuentra en la misma situación que él, y pertenece al mismo propietario. Si se toma posesión de un terreno, declarando que tendré como límite el río que baña su ribera, se adquiere de antemano el derecho de aluvión, y solo el poseedor puede apropiarse de cualquier adición que la corriente del río pueda hacer insensiblemente a su tierra. Vattel dice "insensiblemente", porque en el caso, muy poco común, llamado avulsión, cuando la violencia de la corriente separa una parte considerable de un pedazo de tierra y la une a otra, pero de manera que todavía puede identificarse, la propiedad del suelo así removido naturalmente continúa perteneciendo a su antiguo dueño.[315] Una vez que se determina que un río constituye la línea divisoria entre dos territorios, ya sea común a los habitantes de cada una de sus orillas, o que cada uno comparta la mitad, o, finalmente, que pertenezca íntegramente a uno de ellos, sus derechos sobre el río no se ven alterados en absoluto por el aluvión. Por lo tanto, si ocurre que, por efecto natural de la corriente, uno de los dos territorios experimenta un incremento, mientras que el río invade gradualmente la orilla opuesta, el río sigue siendo el límite natural de los dos territorios y, a pesar de los cambios progresivos en su curso, cada uno conserva sobre él los mismos derechos que poseía anteriormente; de modo que, si, por ejemplo, el río se divide por la mitad entre los propietarios de las orillas opuestas, ese punto medio, aunque cambie de lugar, seguirá siendo la línea divisoria entre los dos vecinos. Uno pierde, es cierto, mientras que el otro gana; pero solo la naturaleza produce este cambio: destruye la tierra de uno, mientras que forma nueva tierra para el otro. El caso no puede resolverse de otra manera, ya que las partes han tomado solo el río como límite. Pero si, en lugar de un cambio gradual y progresivo de su lecho, por un accidente meramente natural, el río se desvía completamente de su curso y desemboca en uno de los Estados vecinos, a partir de ese momento, el lecho abandonado se convierte, en su límite y continúa siendo propiedad del antiguo propietario del río. El río mismo queda, por así decirlo, aniquilado en toda esa parte, mientras que se reproduce en su nuevo lecho, y allí pertenece únicamente al Estado en el que fluye. A juicio de Vattel, este caso es muy diferente al de un río que cambia de curso sin abandonar el mismo Estado. En su nuevo curso, el río continúa perteneciendo a su antiguo propietario, ya sea este el Estado o cualquier particular a quien el Estado lo haya cedido, ya que los ríos pertenecen al público, independientemente de la parte del país por la que fluyan. Del lecho abandonado, una parte corresponde a las tierras contiguas a cada lado, si son tierras con límites naturales con derecho de aluvión. [316]

---

315 Cfr. Emer de Vattel, *The Law of Nations, or, Principles of the Law Natura, Applied to the Conduct and Affairs of Nations and Sovereigns, with three early essays on the origin and nature of natural law and on luxury* (Título original: Le Droit des Gens ou Principes de la Loi Naturelle appliqués a la conduit at aux affaires des Nations et des Souverains, publicado en Londres, en 1758), con una introducción de Béla Kapossy y Richard Whatmore, traducción de Thomas Nugent, Liberty Fund, Inc., Indianapolis, 2008, Libro I, párrafo 268, pág. 244.

316 Cfr. Ibid, Libro I, párrafo 269, pp. 244 y s.

Según Vattel, lo dicho sobre el derecho de aluvión respecto de los ríos también debe entenderse aplicable a los lagos. Cuando un lago que limita con un Estado le pertenece por completo, todo aumento en su extensión cae bajo la misma condición que el lago mismo; pero es necesario que el aumento sea imperceptible, como el del terreno en aluvión, y además que sea real, constante y completo. Vattel habla del "aumento imperceptible" como lo contrario del aluvión: lo primero se refiere al aumento de un lago, y lo segundo al aumento de suelo. Si este aumento no es imperceptible, es decir, si el lago, al desbordarse, inunda una gran extensión de tierra, esta nueva porción del lago, o esta extensión así cubierta de agua, sigue perteneciendo a su antiguo propietario. Pero si el lago socava insensiblemente una parte del territorio opuesto, lo destruye y lo hace imposible de conocer, al fijarse allí y añadirlo a su lecho, esa parte del territorio se pierde para su antiguo propietario, pues ya no existe, y la totalidad del lago así aumentado sigue perteneciendo al mismo Estado que antes.[317]

Un ejemplo de esta naturaleza, que fue objeto de una agria disputa internacional, es el caso del Chamizal, en la frontera de México y los Estados Unidos, en donde "la parte media del río Grande, siguiendo su canal más profundo", servía de frontera común. La zona que era objeto de controversia se encuentra entre el antiguo lecho del Río Grande (o el Río Bravo), tal como fue medido en 1852, y el lecho del río al momento de surgir la disputa, tal como se describe en el artículo 1 del compromiso arbitral suscrito en 1910 entre ambos países. Aunque el Tratado de límites de 1848 (el Tratado de Guadalupe-Hidalgo) disponía que la frontera entre las dos Repúblicas sería "la línea media del Río Grande, siguiendo el cauce más profundo" donde tuviera más de uno, el diferendo limítrofe fue el resultado de cambios que tuvieron lugar por la acción del agua sobre las orillas del río, provocando que éste se desplazara hacia el sur, internándose en lo que hasta ese momento era indiscutiblemente territorio mexicano. Con el progresivo desplazamiento del río, la ciudad de El Paso -en el lado de los Estados Unidos- se fue extendiendo sobre los acrecimientos formados por la acción del río en su margen norte, mientras que, en el lado sur, la ciudad mexicana de Juárez sufrió una pérdida correspondiente de territorio. México alegaba que, mediante los tratados de 1848 y 1853, la frontera había sido fijada de una manera permanente e invariable, sin que los cambios ocurridos en el curso del río pudieran afectarla. Por su parte, Estados Unidos sostenía, *inter alia*, que, si el curso del río cambiaba por acreción gradual, la frontera seguía el canal, y que sólo en caso de un cambio repentino el lecho del río dejaba de ser el límite, que permanecía en el lecho abandonado del río. En opinión de los Estados Unidos, los cambios que habían determinado la formación del tramo del Chamizal eran cambios que resultaban de una erosión lenta y gradual, así como de depósitos de aluvión, que dejaban el canal del río como la frontera internacional.[318] Un informe del Fiscal General de los Estados Unidos -Caleb Cushing- tras considerar las disposiciones del tratado y consultar a numerosas autoridades en la materia, señaló que el Río Grande (o Río Bravo) conservaba su función de frontera internacional, a pesar de los cambios provocados por la acreción de una orilla y la degradación de la otra; pero si el río abandonaba su lecho original y forzaba un nuevo cauce en otra dirección, la nación por cuyo territorio el río se abría paso no perdía la tierra así separada, sino que la frontera internacional permanecía en medio del antiguo lecho del río, ahora desierto.[319] El Tribunal hizo referencia a la correspondencia intercambiada por ambos gobiernos, mostrando, de manera concluyente, que existían dudas considerables sobre el significado y efecto de los tratados de fronteras de 1848 y 1853. Según el Tribunal, por mucho que uno se pudiera sentir inclinado a pensar que el tratado de 1848, tomado por sí solo, o el tratado de 1853, tomado por sí solo, indicaba la intención de establecer una línea divisoria fija, sería difícil afirmar que la cuestión estaba libre de dudas; por lo tanto, el Tribunal se remitió a la

---

317 Cfr. Ibid, Libro I, párrafo 274, pp. 247 y s.

318 Cfr. *The Chamizal Case* (Mexico / United States of America), Arbitral award of 15 June 1911. Reports of International Arbitral Awards, vol. XI, pp. 309 – 347, en págs. 317 y s.

319 Cfr. Ibid, p. 322.

conducta posterior de las partes, concluyendo que el lenguaje de las convenciones posteriores y la conducta constante de las partes contratantes eran totalmente incompatibles con la existencia de una línea divisoria fija.[320] Más que a los cambios generados por la naturaleza, el Tribunal prestó atención al texto de los tratados, y le pareció imposible llegar a otra conclusión que la de que ambas naciones, mediante sus tratados subsiguientes y su conducta reiterada en relación con todos los casos derivados de ellos, habían dado una interpretación autorizada al lenguaje de los tratados de 1848 y 1853, impidiendo sostener que la porción fluvial de la frontera creada por dichos tratados era una línea divisoria fija.[321]

En el caso de la frontera entre Costa Rica y Nicaragua, el Tribunal observó que el río San Juan corre a través de un delta llano y arenoso en la parte inferior de su curso, siendo obviamente posible que sus orillas no sólo se expandan o contraigan gradualmente, sino que haya cambios a gran escala en sus cauces; según el árbitro, estos cambios pueden ocurrir con bastante rapidez y de improviso, y no siempre pueden ser el resultado de factores inusuales, como terremotos o tormentas importantes. El laudo recuerda que abundan los ejemplos de canales anteriores ahora abandonados, y de bancos de los ríos que ahora están cambiando como resultado de expansiones o contracciones graduales. Por eso, se advierte que la línea fronteriza actual entre los dos países necesariamente se verá afectada, en el futuro, por todos estos cambios graduales o repentinos; pero, en cada caso, el impacto de esos cambios sólo puede ser determinado por las circunstancias del caso mismo, caso por caso, de conformidad con los principios del derecho internacional que sean aplicables.[322] Pero son los cambios en el lecho del río los que afectan el curso de la frontera, y no las inundaciones temporales o las fluctuaciones en el nivel de sus aguas, que no acrecientan ni disminuyen el territorio del Estado.

Si bien estos cambios territoriales son esencialmente el producto de la naturaleza, a juicio de Cavaré, el incremento del territorio por esta vía también podría operar por la acción del hombre sobre el terreno, y cita como ejemplo el caso del Zuiderzee,[323] en donde los Países Bajos secó un antiguo lago, o golfo, arrebatándoselo al mar, e incorporándolo en su espacio terrestre.

7. LA CONTIGÜIDAD GEOGRÁFICA

Al referirnos a la ocupación, hemos visto que los espacios adyacentes al territorio efectivamente ocupado pueden servir para marcar los confines del mismo y, por ende, se refieren a los límites de un espacio que ya está bajo la soberanía y control del Estado. Ahora, siguiendo a Rousseau, corresponde examinar si la contigüidad geográfica es, en sí misma, un título territorial. Pero habrá que estar advertidos del sentido en que esta expresión es utilizada en la doctrina y en la jurisprudencia; a veces como un aspecto de la extensión de la ocupación, y a veces como un medio distinto de adquisición de territorios.

En el derecho internacional, la contigüidad parte de la premisa de que, una vez que se ha demostrado que se tiene la soberanía de una unidad geográfica en su conjunto, en ausencia de evidencia en contrario, se considera que la soberanía del Estado se extiende a todos los rincones de esa unidad geográfica. Pero lo cierto es que la doctrina y la jurisprudencia han visto con suspicacia la noción de

---

[320] Cfr. Ibid, págs. 322 y ss.

[321] Cfr. Ibid, pág. 328.

[322] Cfr. *Second award under the Convention between Costa Rica and Nicaragua of 8 April 1896 for the demarcation of the boundary between the two Republics*, Decision of 20 December 1897. Reports of International Arbitral Awards, vol. XXVIII, pp. 223 – 225, en pág. 224.

[323] Cfr. Louis Cavaré, *Le Droit International Public Positif*, Troisième Edition, mise à jour par Jean Pierre Quenedec, Editions A. Pedone, París, 1969, Tome II, p. 693.

contigüidad, manifestando sus reservas cada vez que el asunto vuelve a surgir. Más que un título territorial propiamente tal, la contigüidad geográfica está asociada a la ocupación, y se refiere a los límites del espacio bajo la soberanía y control del Estado.

La expresión "contiguo" se refiere a algo que está cerca, o adyacente a lo principal. Es aquello que está inmediato, o al lado, del objeto que le sirve de referencia. En una de sus acepciones, el Diccionario de la Real Academia Española de la Lengua lo define como algo que está tocando a otra cosa. La contigüidad se refiere a las relaciones de vecindad, o a la cercanía física entre dos elementos. En este sentido, en el caso relativo a la delimitación marítima entre Qatar y Bahréin, los jueces Bedjaoui, Ranjeva, y Koroma hicieron notar que, al observar un mapa de la región, lo primero que llamaba la atención del hombre de la calle era el hecho indiscutible de que, físicamente, las "islas" Hawar pertenecían a la misma masa continental que Qatar. Según dichos jueces, las "islas" Hawar no eran islas propiamente tales, sino una parte indivisible de la masa continental de Qatar, separada del mar cuando sube la marea, y unida a la tierra cuando baja la marea. Para ellos, sería incluso superfluo, por no decir inapropiado, invocar el principio basado en la fuerte presunción jurídica de que las islas situadas en el mar territorial de un Estado ribereño pertenecen a dicho Estado, ya que no se puede decir que las Hawars sean «islas» en el verdadero sentido de la palabra, sino una península firmemente unida al continente que emerge diariamente cuando baja la marea.[324]

Oppenheim y Lauterpacht ni siquiera se refieren por su nombre a la contigüidad, y señalan que, como la ocupación sólo es válida si es efectiva, parece obvio que sólo debería comprender aquella parte del territorio que efectivamente ha sido ocupado. Sin embargo, ellos admiten que, en la práctica, los Estados interesados no han actuado de acuerdo con dicha regla, y siempre han pretendido atribuir a sus zonas de ocupación una extensión mayor de la que realmente tenían. Los autores citados observan que se ha sostenido que, cuando una zona de la costa ha sido efectivamente ocupada, la extensión de la ocupación abarca las cuencas de los ríos que vierten sus aguas en dichas zonas; asimismo, ellos advierten que se ha afirmado que la ocupación efectiva de cierto territorio permite extender la soberanía a las tierras vecinas, en la medida en que sea necesario para la integridad, la seguridad y la defensa de la zona ocupada materialmente. Pero, en su opinión, éstos y otros criterios "exagerados" carecen de fundamento jurídico, porque, en principio, no cabe establecer una regla más general que la que determina que la ocupación se extiende sólo hasta donde sea efectiva.[325]

La incertidumbre sobre el alcance de la ocupación, y la tendencia de los Estados colonizadores a ampliarla constante y gradualmente hacia el interior o "*hinterland*" del territorio no ocupado habría sido lo que movió a varios Estados con colonias en África a procurarse -por medio de tratados- "esferas de influencia", que correspondían al territorio reservado exclusivamente a la ocupación de las Potencias que ya habían ocupado, de modo efectivo, los territorios contiguos; de esta suerte se evitaban conflictos futuros, y las Potencias interesadas podían extender gradualmente sus soberanías respectivas sobre dilatados territorios, sin entrar en litigio con otras Potencias.[326]

Como advierte Fitzmaurice, lo que se considera una "entidad" o "unidad natural" puede tener consecuencias de gran alcance; porque, si se demuestra que una zona en disputa -ya sea por contigüidad real o por proximidad- forma parte de una entidad o unidad sobre la cual, en su conjunto, el Estado demandante tiene soberanía, en ciertas condiciones -y dentro de ciertos límites- sería innecesario aportar pruebas específicas de la actividad estatal en relación con la zona en disputa, siempre que dicha

---

324 Cfr. Joint Dissenting Opinion of Judges Bedjaoui, Ranjeva and Koroma, en *Case Concerning Maritime Delimitation and Territorial Questions between Qatar and Bahrain* (Qatar v. Bahrain), Merits, Judgment of 16 March 2001, párrafos 87 y 88 de la Opinión Disidente.

325 Cfr. Lassa Oppenheim, op. cit., Tomo I, vol. II, pp. 119 y s.

326 Cfr. Ibid, p. 121.

actividad constituya ocupación y posesión efectiva, y siempre que se demuestre que la soberanía no puede ejercerse de hecho en todo momento sobre cualquier punto de un territorio.[327] Lo normal será que la contigüidad se alegue respecto de espacios inmediatos o relativamente cercanos; así ocurre, por ejemplo, en la Proclamación Truman sobre la plataforma continental,[328] donde se expresa que es razonable y justo que el Estado ejerza jurisdicción sobre los recursos naturales y el subsuelo del mar de la plataforma continental *contigua* a sus costas, puesto que puede ser considerada como una extensión de su masa continental, perteneciendo a ella. Sin embargo, a veces también se ha invocado respecto de territorios muy apartados; en este sentido, a pesar de que hay alrededor de mil kilómetros que separan a la península antártica del extremo sur de América del Sur, antes de la conclusión del Tratado Antártico,[329] las reclamaciones de Argentina[330] y de Chile,[331] sobre una proyección de sectores del territorio antártico hasta el Polo Sur, se basaban en la idea de contigüidad. Pero es evidente que tiene que haber una proporción razonable entre el territorio efectivamente ocupado y el territorio adyacente que se reclama.

Si bien Jennings nos dice que la noción de contigüidad -o continuidad-, como título para la reclamación de territorios, ha ganado considerable respetabilidad,[332] a continuación afirma que es evidente que ella no es un título independiente; porque, de hecho, una reclamación territorial basada en la contigüidad no puede ser más que una afirmación sobre la extensión de una soberanía cuya existencia es aceptada *ex hypothesi*. Según su opinión, la contigüidad es un aspecto de la posesión, y no puede ser la raíz de un título territorial independiente de ella. No constituye -como el mar territorial- una pertenencia inalienable, en el sentido de que legalmente no podría pertenecer a ningún otro Estado que no sea el que tiene soberanía sobre el territorio principal. La contigüidad no es más que la evidencia que hace surgir la presunción de ocupación efectiva; pero esa presunción, aunque razonable, puede ser refutada por una mejor evidencia de posesión por parte de un reclamante rival. De manera que, para Jennings, la contigüidad, como un factor jurídico en un título territorial, sólo es relevante respecto de ciertas presunciones relativas a la extensión de una ocupación ya existente, y su fortaleza dependerá de la presencia y de la fuerza relativa de cualquier ocupación rival.[333]

Para Waldock, "contigüidad" es el nombre que se da a la doctrina que a veces se invoca en apoyo de reclamaciones sobre islas que se encuentran cerca del territorio de un Estado, pero fuera de sus aguas territoriales; la mera proximidad de la isla al Estado reclamante se presenta como una conexión geográfica entre las dos tierras, y como fundamento para incluir la isla dentro de la soberanía del Estado cercano.[334] Sin embargo, Waldock sostiene que las doctrinas del *hinterland* (las tierras que dependen geográficamente de otras que ejercen su influencia sobre las primeras) y de la contigüidad estuvieron muy en boga en el siglo XIX, y habrían sido invocadas principalmente para marcar las áreas reclamadas para una futura ocupación; pero, a finales del siglo XIX, el derecho internacional había

327 Cfr. Gerald Fitzmaurice, *The Law and Procedure of the International Court of Justice, 1951-4: Points of substantive law. Part II*, en The British Yearbook of International Law, 1955-6, Oxford university Press, London, 1957, p. 73.

328 1945 US Presidential proclamation N° 2667, *Policy of the United States with respect to the natural resources of the subsoil and sea bed of the continental shelf*, adopted in Washington, USA on 28 September 1945.

329 Suscrito en Washington, el 1 de diciembre de 1959.

330 Decretos N° 8944 del 2 de septiembre de 1946, y Decreto N° 292191, del 28 de febrero de 1957.

331 Decreto Supremo N° 1747 del 6 de noviembre de 1940.

332 Cfr. Robert Y. Jennings, *The Acquisition of Territory in International Law*, Manchester University Pres, Manchester, 1963, p. 74.

333 Cfr. Robert Y. Jennings, *The Acquisition of Territory in International Law*, Manchester University Pres, Manchester, 1963, pp. 74 y s.

334 Cfr. Humphrey Waldock, *Disputed sovereignty in the Falkland Islands Dependencies*, en British Yearbook of International Law, vol. 25, 1948, p. 341.

rechazado decisivamente las doctrinas geográficas como fuentes independientes de un título territorial, y había hecho de la ocupación efectiva la única prueba del establecimiento de un título en nuevas tierras. A su juicio, la proximidad geográfica, junto con otras consideraciones geográficas, es relevante como un hecho que ayuda a la determinación de los límites de una ocupación efectiva, pero no como fuente independiente de un título. En opinión de Waldock, cualquier pretensión de la doctrina del "*hinterland*" para otorgar un título territorial habría sido desbaratada definitivamente por el artículo 35 del Acta General de la Conferencia de Berlín de 1885, que reconocía la obligación de un Estado ocupante de ejercer autoridad en las zonas ocupadas. Desde entonces, el artículo 35 habría sido aceptado como declaratorio de una norma de derecho internacional general; por consiguiente, las reivindicaciones del "*hinterland*", no reforzadas por una ocupación efectiva, serían actos políticos que solo pueden adquirir contenido legal al ser objeto de un tratado y, en tal caso, solo entre las partes contratantes en dicho tratado. La autoridad en contra de la doctrina de la contigüidad sería aún más concluyente, puesto que, en una serie de disputas sobre islas frente al continente americano, Estados Unidos mantuvo con éxito la postura de que sólo el ejercicio de la soberanía y la posesión efectiva de islas fuera de las aguas territoriales podían otorgar un título territorial.[335] Comentando el pronunciamiento de la Corte Permanente en el caso de Groenlandia Oriental, Waldock estima que el Tribunal consideró el asunto como una «ocupación», en la que la unidad geográfica de Groenlandia fue un factor importante para evaluar los límites de la actividad estatal de Dinamarca; pero, en su opinión, la decisión del Tribunal deja claro que la continuidad geográfica no habría sido de ninguna utilidad para Dinamarca si no se hubiera establecido alguna actividad estatal con respecto a toda la isla. En resumen, cualquier importancia que los tribunales internacionales hayan atribuido a la proximidad no ha sido como un principio jurídico independiente de la ocupación efectiva, sino como un hecho que permite medir la extensión de una ocupación efectiva, o hasta dónde es que la ocupación es efectiva.[336] Al presumir una intención y capacidad reales de controlar las zonas periféricas, la proximidad otorga al reclamante el beneficio de la regla de que una ocupación efectiva no necesariamente impacta en cada rincón del territorio; sin embargo, esta presunción puede ser refutada por pruebas en contrario, como, por ejemplo, las que muestren que otro Estado ha ejercido su soberanía de forma continua y pacífica en las zonas en disputa.[337]

Para Hall, un asentamiento tiene derecho no solo a las tierras realmente habitadas o puestas bajo su control inmediato, sino también a todas aquellas que sean necesarias para su seguridad, y al territorio que justamente pueda considerarse adyacente. En su opinión, cuando se trata de una isla de tamaño moderado, no es difícil ver que esta regla implica la atribución de la propiedad de la misma a un Estado que haya tomado posesión de cualquier parte de ella; sin embargo, su aplicación a continentes, o islas grandes, es menos evidente.[338] Generalmente se ha admitido que la ocupación de la costa trae consigo el derecho a todo el territorio drenado por los ríos que vierten sus aguas dentro de su línea; pero la admisión de este derecho va acompañada de la reserva tácita de que la extensión de la costa debe guardar cierta proporción razonable con el territorio que se reclama en virtud de su posesión. Hall no considera que la ocupación de una orilla de un río confiera necesariamente un derecho a la orilla opuesta, y menos aún a un extenso territorio más allá de ella; de modo que, si un Estado se apropia hasta un río y se detiene allí, su presencia no impedirá que otros Estados ocupen la porción de esa cuenca que se encuentra en el otro lado río.[339]

---

[335] Cfr. Ibid, p. 342.

[336] Cfr. Ibid, p. 344.

[337] Cfr. Ibid, p. 345.

[338] Cfr. William Edward Hall, *A Treatise on International Law*, Third Edition, Clarendon Press, Oxford, 1890, p. 108.

[339] Cfr. Ibid, p. 109.

Aunque Rousseau menciona la contigüidad entre los modos geográficos de adquisición de territorios, él advierte que, en el derecho internacional, determinar la función de la proximidad geográfica es una cuestión compleja. Porque, si bien, respecto de la zona contigua y de la zona económica exclusiva, la contigüidad constituye un título efectivo para el ejercicio de las competencias del Estado ribereño en materia marítima, al igual que en lo concerniente al espacio aéreo suprayacente, la cuestión se plantea en términos diferentes en cuanto se refiere al espacio territorial, comenzando porque el laudo arbitral de la Isla de Palmas afirma que ella no tiene ningún fundamento en el derecho internacional. No obstante, Rousseau le atribuye una triple función en cuanto al establecimiento de la competencia territorial; en primer lugar, él considera que la contigüidad puede constituir un obstáculo al ejercicio de la soberanía territorial por parte de terceros Estados; en segundo lugar, la contigüidad puede ser un título preferencial para el ejercicio de la soberanía territorial; y, por último, ella puede ser un título actual y efectivo para el ejercicio de dicha soberanía.[340]

Manifestando sus dudas, Visscher se pregunta si la contigüidad, considerada como una noción geográfica y como un aspecto de los confines del territorio del Estado, puede conferir o, por lo menos, contribuir a conferir un título en la adquisición de territorios. En su opinión, la contigüidad como tal no constituye un título autónomo a la soberanía territorial, y sólo es relevante cuando los vínculos naturales de dependencia física se ven reforzados por la proximidad inmediata de una soberanía generalmente reconocida o, al menos, de una ocupación efectivamente ejercida.[341] Pero contigüidad, proximidad, y dependencia son ideas diferentes. En principio, la contigüidad es la situación de dos espacios que están unidos entre sí, estando uno al lado del otro, lo que sugiere que, en el derecho internacional, el de menor tamaño siga la suerte del espacio principal. La proximidad corresponde a un espacio que está cerca de algo que tiene mayor relevancia. Según Visscher, el vínculo geográfico se presenta como una relación de unidad más que de simple proximidad.[342]

Fitzmaurice también era escéptico en cuanto al valor de la contigüidad. En su opinión, puesto que el derecho internacional postula el ejercicio efectivo de las funciones del Estado como requisito básico de un título territorial, sería totalmente incoherente con esta postura pretender que el mero hecho de la proximidad pudiera conferir un título territorial. En principio, la contigüidad o proximidad no constituye el fundamento de un título. A su juicio, el verdadero fundamento de las reclamaciones basadas en la proximidad es sentimental, económico o político, según sea el caso, pero no jurídico. No obstante, aunque la proximidad geográfica no puede, *per se*, constituir el fundamento de un título territorial, puede, en ciertas circunstancias, proporcionar la prueba de su existencia.[343] Pero la contigüidad y la proximidad no son lo mismo, ni tienen los mismos efectos en el derecho internacional.

La jurisprudencia internacional tampoco se ha mostrado dispuesta a reconocer a la contigüidad la condición de título territorial.

En el caso de la Isla de Palmas, Estados Unidos alegó que dicha isla formaba parte geográfica del archipiélago de las Filipinas y que, en virtud del principio de la contigüidad, aquella pertenecía a la potencia que tenía soberanía sobre las Filipinas.[344] Pero el Tribunal abordó este asunto con extrema precaución, y expresó que, aunque los Estados han sostenido que, en determinadas circunstancias, islas relativamente cercanas a sus costas les pertenecían en virtud de su situación geográfica, es imposible

---

340 Cfr. Charles Rousseau, *Droit International Public*, Sirey, París, 1977, Tome III, Les compétences, pp. 194 y s.

341 Cfr. Charles de Visscher, *Problèmes de Confins en Droit International Public*, Pedone, París, 1969, p. 35.

342 Cfr. Ibid, p. 36.

343 Cfr. Gerald Fitzmaurice, *The Law and Procedure of the International Court of Justice, 1951-4: Points of substantive law. Part II*, en The British Yearbook of International Law, 1955-6, Oxford university Press, London, 1957, p. 72.

344 Cfr. *Island of Palmas Case* (Netherlands / United States of America), Arbitral award of 4 April 1928 (Max Huber, arbitrator). Reports of International Arbitral Awards, vol. II, pp. 829-871, en p. 837.

demostrar la existencia de una norma de derecho internacional positivo, en el sentido de que las islas situadas fuera de las aguas territoriales deban pertenecer a un Estado por el mero hecho de que su territorio forma parte de la *terra firma* (por ser el continente más cercano, o una isla de tamaño considerable). A juicio del Árbitro, no solo parecería que no existían precedentes lo suficientemente frecuentes y precisos en su alcance para establecer tal regla, sino que el principio alegado era, por su propia naturaleza, tan incierto y discutido que, en diferentes ocasiones, incluso los gobiernos de un mismo Estado habían mantenido opiniones contradictorias sobre su validez. Como regla, estableciendo *ipso jure* una presunción de soberanía en favor de un Estado en particular, el Tribunal considera que este principio estaría en conflicto con lo que se ha dicho de la soberanía territorial. La contigüidad tampoco sería admisible como método para decidir cuestiones de soberanía territorial, porque carece por completo de precisión, y porque, en su aplicación práctica, conduciría a resultados arbitrarios. En este sentido, el Tribunal menciona que esto sería especialmente cierto en un caso como el de la isla en cuestión, que no está relativamente cerca de un solo continente, sino que forma parte de un gran archipiélago, en el que las delimitaciones estrictas entre las diferentes partes del mismo no son naturalmente evidentes.[345] Sin embargo, se admite que, en cuanto concierne a un grupo de islas, es posible que, bajo ciertas circunstancias, puedan ser consideradas como una unidad, y que la suerte de la parte principal pueda involucrar al resto.[346] Pero, a juicio de Huber, la contigüidad (en el sentido de proximidad a un espacio mayor), como título, o como justificación de la soberanía territorial, no tiene fundamento en el derecho internacional; se trata, simplemente, de una noción asociada a un título preexistente sobre un territorio con el que conforma una unidad, y es esa unidad la que hace que dicho título se extienda al territorio contiguo.[347]

En la controversia territorial entre El Salvador y Honduras, el Tribunal observó que ambas partes habían considerado que dos de las islas en disputa -Meanguera y Meanguerita- constituían una sola unidad insular, y que el pequeño tamaño de la segunda, su contigüidad a la isla de mayor tamaño, y el hecho de que estaba deshabitada, permitía caracterizarla como una dependencia de la primera, criterio que el Tribunal hizo suyo.[348]

Sin embargo, la determinación de los espacios contiguos, que pueden considerarse parte integrante de un espacio mayor, debe hacerse con precaución. En este sentido, en el laudo relativo a la delimitación de la frontera entre Brasil y la Colonia de Guayana Británica, se advierte que "La posesión efectiva de una parte de una región, si bien puede considerarse que confiere un derecho a la adquisición de la soberanía sobre el conjunto, no puede conferir un derecho a la adquisición de la totalidad de una región que, ya sea por su tamaño o por su configuración física, no puede considerarse *de facto* un todo orgánico único."[349] Asimismo, en el asunto del Alpe de Cravairola, el laudo admite que un gran valle incluye sus cuencas menores, pero advierte que, en el lenguaje ordinario, la palabra "valle", cuando se usa con referencia a un gran río, generalmente se restringe a la cuenca principal, y que los valles tributarios laterales suelen tener sus propios nombres; por lo tanto, esto debe interpretarse de acuerdo con quién tiene la posesión y otras circunstancias que puedan existir.[350] Lo notable es que, en este caso, al contrastar la continuidad del territorio y las fronteras naturales con la posesión o actos aislados de

---

[345] Cfr. Ibid, pp. 854 y s.

[346] Cfr. Ibid, pp. 854 y s.

[347] Cfr. Ibid, p. 869.

[348] Cfr. International Court of Justice, *Land, Island and Maritime Frontier Dispute* (El Salvador / Honduras: Nicaragua intervening), Judgment of 11 September 1992, párrafos 356 y 368.

[349] Cfr. *Award of His Majesty the King of Italy with regard to the boundary between the Colony of British Guiana and the United States of Brazil, given at Rome*, June 6, 1904. Reports of International Arbitral Awards, vol. XI, pp. 11–23, en págs. 21 y s.

[350] Cfr. *Decision of arbitration concerning the definite Fixing of the Italian-Swiss frontier at the place called Alpe de Cravairola*, Decision of 23 September 1874, en Reports of International Arbitral Awards, vol. XXVIII, pp. 141-156, p. 154.

autoridad, el Tribunal se inclinó decididamente por esta última, y así lo hizo notar Max Huber en su laudo sobre la Isla de Palmas, observando que la decisión arbitral en el caso del Alpe Craivarola parece atribuir mayor peso a los actos -incluso aislados- de exhibición de soberanía que a la continuidad del territorio, incluso si dicha continuidad se combina con la existencia de límites naturales.[351]

En la disputa por la frontera de Galicia, entre Austria y Hungría, el Tribunal observó que el territorio en disputa constituía un conjunto topográfico con los pueblos de Brzegi, Bukowina y Bialka; por lo tanto, era difícil imaginar que a Komorowski se le hubiera otorgado la propiedad de dichos pueblos solo hasta el arroyo Fischsee, y que la pequeña parte en disputa, que se encuentra en la margen derecha del arroyo Fischsee, hubiera permanecido en posesión de Hungría. Según el Tribunal, la parte que poseyó en su momento el territorio en disputa, como parte de un conjunto mayor, revirtió y perteneció a Galicia durante mucho tiempo, de forma indiscutible. A falta de prueba de que esa parte del territorio hubiera recibido un trato diferente del conjunto, el Tribunal decidió a favor de considerar el espacio en disputa como parte de una unidad más amplia.[352]

Respecto de la contigüidad, es de particular interés el argumento expuesto por Albert Gallatin en el asunto del territorio de Estados Unidos entre las Montañas Rocosas y el océano Pacífico, entre los grados 42° 54°40' de latitud norte. Según Gallatin, si unos pocos establecimientos comerciales en las costas de la Bahía de Hudson habían sido consideradas por Gran Bretaña como otorgantes de un derecho exclusivo de ocupación hasta las Montañas Rocosas, y si los asentamientos incipientes en las costas atlánticas más meridionales habían justificado una reclamación desde allí a los Mares del Sur -que en realidad se hizo efectiva hasta el Mississipi-, la reclamación de millones de estadounidenses que ya se encontraban al alcance de esos mares no podía ser rechazada. En su opinión, no podía negarse que la extensión del territorio contiguo a un asentamiento otorgaba un derecho prioritario, que dependía, en gran medida, de la magnitud y la población de ese asentamiento, y de la facilidad con que el terreno adyacente vacante podía, en poco tiempo, ser ocupado, colonizado y cultivado por dicha población, en comparación con la probabilidad de que fuera ocupado y colonizado desde cualquier otro lugar. Según Gallatin, esta doctrina había sido admitida en toda su extensión por Gran Bretaña, como constaba en todos sus mapas que se extendían del Atlántico al Pacífico, y que habían sido otorgados a colonias establecidas entonces solo en las fronteras del Atlántico; por consiguiente, la reclamación hecha por una nación cuya población se extendía a las partes centrales del continente, y cuyos dominios eran reconocidos por todos como extendiéndose hasta las Montañas Rocosas, era más natural y sólida.[353] Sin embargo, el argumento de Gallatin plantea dudas respecto de territorios inhóspitos y de difícil acceso.

En la disputa por algunas islas del Mar Rojo, el Tribunal arbitral sostuvo que la situación geográfica era un factor evidente, ya que la mayoría de las islas, islotes y rocas en cuestión, formaban un archipiélago que se extendía a través de un mar relativamente estrecho entre las dos costas opuestas, por lo que se podía presumir que cualquier isla frente a una de las costas pertenecía a ella, a menos que el Estado de la costa opuesta pudiera demostrar poseer un título claramente mejor.[354] Sin embargo, aunque se trataba de un grupo de islas, que constituían una unidad geográfica, el Tribunal hizo notar

351 Cfr. *Island of Palmas Case* (Netherlands / United States of America), Arbitral award of 4 April 1928 (Max Huber, arbitrator). Reports of International Arbitral Awards, vol. II, pp. 829-871, en p. 855.

352 Cfr. *Decision of the Arbitral Tribunal established to settle the dispute concerning the course of the boundary between Austria and Hungary near the lake called the "Meerauge"*, Decision of 13 September 1902. Reports of International Arbitral Awards, vol. XXVIII, pp. 379-396, en p. 386.

353 Albert Gallatin, citado por Henry Wheaton, op. cit, pág. 251, párrafo 172.4.

354 Cfr. *Award of the Arbitral Tribunal in the first stage of the proceedings between Eritrea and Yemen - Territorial Sovereignty and Scope of the Dispute (Eritrea and Yemen)*, Arbitral Award of 9 October 1998. Reports of International Arbitral Awards, vol. XXII, pp. 209-332, párrafo 458.

que, para decidir sobre su soberanía, debía considerar los diversos subgrupos de islas por separado, debido a que -como era de esperar entre islas situadas entre costas opuestas- en gran medida tenían historias jurídicas separadas.[355] El laudo indica que se habla de "entidad" o "unidad natural", asociada con proximidad, contigüidad, continuidad y nociones similares, bien conocidas en derecho internacional, como no creadoras de título en sí mismas, sino más bien como la posibilidad de hacer extensivo al área en cuestión un título existente y ya establecido en otra parte, pero próxima o contigua a la referida "unidad", o como una presunción de que esa "unidad" forma parte del territorio principal. Pero el Tribunal observó que este principio es un arma de doble filo, pues, de aplicarse, surgiría la cuestión de si la unidad debía considerarse originada en -o asociada a- una u otra costa.[356] Sin embargo, a falta de un mejor título por parte de Yemen, respecto de algunas de esas islas, que estaban dentro de las doce millas náuticas de la costa de Eritrea, el Tribunal decidió que debía considerarse que pertenecían a Eritrea. El laudo recuerda que el artículo 6 del Tratado de Lausana de 1923 ya consagraba el principio de que las islas dentro del mar territorial de un Estado pertenecían a dicho Estado; y, aunque, en aquel entonces, la anchura del mar territorial estaba limitada por el derecho internacional a tres millas náuticas, desde hacía tiempo ya se había extendido a doce, práctica acogida en un decreto etíope de 1953, que también lo amplió a doce millas. A partir de la teoría de la unidad, lo mismo se dispuso respecto de un islote escasamente más allá de las doce millas (12.72 millas náuticas).[357] La presunción es que, en cuanto a su soberanía, las islas situadas dentro del mar territorial de un Estado siguen la suerte del espacio continental adyacente a las mismas. Respecto de otras islas -fuera de las doce millas náuticas del mar territorial-, el Tribunal encontró persuasivo el argumento geográfico de proximidad a la costa, por concordar con la opinión general de que las islas costeras pertenecen al Estado ribereño, a menos que se pueda establecer otro título superior.[358]

En el asunto de las islas de Ligitan y Sipadan, La Corte observó que las relaciones entre los Países Bajos y el Sultanato de Bulungan se regían por una serie de contratos celebrados entre ellos, y que los contratos del 12 de noviembre de 1850 y del 2 de junio de 1878 habían fijado los límites del Sultanato; estos límites se extendían al norte de la frontera terrestre finalmente acordada en 1891 entre los Países Bajos y Gran Bretaña. Por esta razón, antes de celebrar, en 1891, una Convención con Gran Bretaña, los Países Bajos consultaron al Sultán y, además, en 1893, se vieron obligados a modificar el Contrato de 1878, para tener en cuenta la delimitación de 1891. El nuevo texto estipulaba que las islas de Tarakan y Nanukan, y la parte de la isla de Sebatik situada al sur de la línea fronteriza, pertenecían a Bulungan, junto con "las pequeñas islas pertenecientes a las islas mencionadas, en la medida en que estén situadas al sur de la línea fronteriza". Aunque el Tribunal observó que estas tres islas estaban rodeadas por muchas islas más pequeñas, que podrían considerarse geográficamente «pertenecientes», consideró que esto no podía aplicarse a Ligitan y Sipadan, puesto que se encuentran a más de 40 millas náuticas de las tres islas en cuestión.[359] Según la Corte, la documentación aportada no proporcionaba ninguna respuesta en cuanto a si las islas de Ligitan y Sipadan, "que estaban situadas a una considerable distancia de la isla principal de Sulu", eran parte de las dependencias del Sultanato de Sulu.[360]

---

[355] Cfr. Ibid, párrafo 459.

[356] Cfr. Ibid, párrafos 462 al 464.

[357] Cfr. Ibid, párrafos 472 y 475.

[358] Cfr. Ibid, párrafo 480.

[359] Cfr. International Court of Justice, *Case Concerning Sovereignty over Pulau Ligitan and Pulau Sipadan* (Indonesia / Malaysia), Judgment of 17 December 2002, párrafo 64. La Corte hizo notar que, en cualquier caso, este instrumento, cualquiera que haya sido su verdadero alcance, era *res inter alios acta* para Gran Bretaña y, por lo tanto, no podía ser invocado por los Países Bajos en sus relaciones convencionales con Gran Bretaña

[360] Cfr. Ibid, párrafo 109.

Por otra parte, en el caso de la Plataforma Continental del Mar del Norte, Dinamarca y Holanda argumentaron que el derecho del Estado ribereño a las áreas de su plataforma continental estaría basado en su soberanía sobre el dominio terrestre, del cual el área de la plataforma es una *prolongación natural* en y bajo el mar; de esta noción de pertenencia, que la Corte aceptó, deriva la idea de que los derechos del Estado ribereño existen *ipso facto* y *ab initio*, sin que sea necesario presentar una reivindicación válida sobre las zonas en cuestión.[361] Asimismo, en el caso de la Plataforma Continental del Mar Egeo, la Corte sostuvo que los derechos sobre la plataforma continental son jurídicamente tanto una emanación de la soberanía territorial del Estado ribereño como un complemento automático de la misma.[362] Pero la Corte fue más cautelosa respecto de lo que consideró el concepto bastante ambiguo de "*proximidad*" (o "*mayor proximidad*", como había sido alegado por Dinamarca y Holanda), o de otros conceptos igualmente imprecisos, y con una considerable fluidez en su significado. Según el Tribunal, es evidente que, por más que se esfuerce la imaginación, un punto de la plataforma continental situado, por ejemplo, a cien millas, o incluso a mucho menos, de una costa determinada no puede considerarse "adyacente" a ella, o a cualquier costa en general, en el sentido normal de adyacencia, incluso si el punto en cuestión está más cerca de una costa que de cualquier otra. Y eso sería aún más cierto en los lugares en que, físicamente, la plataforma continental comienza a fusionarse con las profundidades del océano. En consecuencia, a juicio de la Corte, no hay una identidad necesaria -y mucho menos completa- entre las nociones de adyacencia y proximidad; según el Tribunal, la cuestión de qué partes de la plataforma continental "adyacente a" una costa que bordea más de un Estado caen dentro de la pertenencia de cuál de ellos, no puede ser determinada exclusivamente sobre la base de la proximidad.[363] Para la Corte, más fundamental que la noción de proximidad parece ser el principio de la prolongación o continuación del dominio terrestre en alta mar y bajo ella, a través del lecho de su mar territorial que se encuentra bajo la plena soberanía de ese Estado. Hay diversas maneras de formular este principio, pero la idea subyacente, esto es, la de una extensión de algo ya poseído, es la misma, y es esta idea de extensión la que, en opinión de la Corte, es determinante. Las áreas submarinas no pertenecen realmente al Estado ribereño porque -o no sólo porque- están cerca de él; porque, aunque en efecto están cerca de él, esto no basta para conferir título, así como, según un principio de derecho bien establecido, la mera proximidad, *per se*, tampoco confiere título sobre un espacio terrestre. Lo que confiere el título *ipso iure*, que el derecho internacional atribuye al Estado ribereño respecto de su plataforma continental, es el hecho de que las áreas submarinas de que se trata pueden considerarse como parte efectiva del territorio sobre el cual el Estado ribereño ya tiene dominio, en el sentido de que, aunque cubiertas de agua, son una prolongación o continuación de ese territorio bajo el mar.[364]

En el caso de los islotes y rocas de Minquiers y Ecrehos, mientras Inglaterra alegaba, *inter alia*, la cercanía entre esos islotes y la isla de Jersey, Francia sostenía, *inter alia*, que estaban situados en frente de sus costas. Sin embargo, la Corte no consideró necesario referirse a estos argumentos, y tampoco se pronunció sobre la circunstancia de que esos grupos de islotes y rocas estuvieran dentro o fuera de

361 Cfr. International Court of Justice, *North Sea Continental Shelf* (Federal Republic of Germany/Denmark, y Federal Republic of Germany/Netherlands), Judgment of 20 February 1969, párrafo 39.

362 Cfr. International Court of Justice, *Aegean Sea Continental Shelf Case*, Greece v. Turkey, Jurisdiction of the Court, Judgment of 19 December 1978, párrafo 86.

363 Cfr. International Court of Justice, *North Sea Continental Shelf* (Federal Republic of Germany/Denmark, y Federal Republic of Germany/Netherlands), Judgment of 20 February 1969, párrafos 41 y 42.

364 Cfr. Ibid, párrafo 43.

una zona de pesca común, acordada entre Francia e Inglaterra en un tratado de 1839, prefiriendo decidir a partir de actos soberanos de los Estados litigantes.[365]

En la disputa entre Malasia y Singapur por la soberanía de Pedra Branca, Middle Rocks y South Ledge, la Corte observó que estas dos últimas eran accidentes marítimos ubicados, respectivamente, a 0,6 y 2,2 millas náuticas de Pedra Branca/Pulau Batu Puteh, y a 8,0 y 7,9 millas náuticas de Malasia continental. Las partes coincidieron en que Middle Rocks consistía en rocas que se mantienen permanentemente por encima del nivel del agua, alcanzando entre 0,6 y 1,2 m de altura, mientras que South Ledge es una elevación de marea baja. La posición de Singapur era que la soberanía sobre las rocas intermedias y la cornisa del sur iba con la soberanía sobre Pedra Branca, de la cual eran dependencias, formando un único grupo de accidentes marítimos. Adicionalmente, Singapur se basaba, *inter alia*, en la evidencia geomorfológica de que las tres formaciones constituían una sola unidad física, compuestas por el mismo tipo de roca, lo que demostraría que pertenecían al mismo cuerpo rocoso. Malasia, por su parte, argumentó que estos tres accidentes geográficos de Pedra Branca/Pulau Batu Puteh, Middle Rocks y South Ledge no constituían un grupo de islas identificable en términos históricos o geomorfológicos, y afirmó que el registro histórico demostraba que estos tres accidentes geográficos nunca se describieron formalmente como un grupo, ni como una isla y sus rocas anexas, ni se les otorgó un nombre colectivo. Según Malasia, Middle Rocks y South Ledge siempre se habían considerado formaciones geológicas bajo la jurisdicción de Johor/Malasia, se encontraban bajo la soberanía de Johor en el momento del Tratado Anglo-Holandés de 1824, y se encontraban dentro de la esfera de influencia británica en virtud de dicho Tratado. La Corte observó que la cuestión de la situación jurídica de Middle Rocks debía evaluarse en el contexto de los fundamentos jurídicos sobre los que el Tribunal decidió sobre la titularidad de Pedra Branca. En las circunstancias particulares del presente caso (teniendo en cuenta la conducta de las partes y lo mostrado en algunos mapas provenientes de Malasia), la Corte llegó a la conclusión de que la soberanía sobre Pedra Branca recaía en Singapur. Sin embargo, estas circunstancias claramente no se aplican a otras formaciones marítimas en las proximidades de Pedra Branca, es decir, a Middle Rocks y South Ledge. Según la Corte, ninguna de las conductas analizadas en su sentencia que llevaban a la conclusión de que la soberanía sobre Pedra Branca pasó a Singapur era aplicable a los casos de Middle Rocks y South Ledge. A juicio del Tribunal, dado que debía entenderse que Middle Rocks tenía el mismo estatus legal que Pedra Branca en lo que respecta al antiguo título original del Sultán de Johor, y dado que las circunstancias particulares que dieron lugar a la transmisión del título de propiedad de Pedra Branca a Singapur no se aplican a este elemento marítimo, el título original de propiedad de Middle Rocks debía permanecer en manos de Malasia como sucesora del Sultán de Johor, salvo que se hubiera presentado prueba en contrario, lo cual Singapur no hizo.[366]

Por otra parte, recordando la sentencia del Tribunal en el caso de Groenlandia Oriental -en la que se tuvo en cuenta la ausencia de otras reclamaciones, así como el carácter ártico e inaccesible de las tierras no colonizadas, para resolver que la autoridad de Dinamarca no se extendía sólo al área efectivamente colonizada-, la Corte señaló que, si esta conclusión era válida con referencia a un territorio escasamente habitado y no colonizado, también era aplicable a una isla pequeña, no habitable e inhabitable, respecto de la que -desde comienzos del siglo XVI hasta la mitad del siglo XIX- no se había hecho ninguna reclamación por parte de otra potencia, por lo que concluyó que el Sultanato de Johor había tenido un título original a Pedra Branca. A juicio del Tribunal, la naturaleza y el grado de la autoridad que el Sultán de Johor ejercía sobre los Orang Laut (la "gente del mar", dedicada, entre

---

365 Cfr. International Court of Justice, *The Minquiers and Ecrehos Case* (France / United Kingdom), Judgment of November 17th, 1953, pp. 14 y ss.

366 Cfr., en este sentido, International Court of Justice, *Case concerning Sovereignty over Pedra Branca / Pulau Batu Puteh, Middle Rocks and South Ledge* (Malaysia / Singapore), Judgment of 23 May 2008, párrafos 278 a 290.

otras cosas, a la pesca y la piratería) que habitaban las islas del Estrecho de Singapur, y que hicieron de esta zona marítima su hábitat, confirmaban el "antiguo título original" del Sultanato de Johor sobre dichas islas, incluida Pedra Branca/Pulau Batu Puteh.[367]

En este mismo caso, respecto de South Ledge, la Corte encontró que existían problemas especiales que debían considerarse, ya que South Ledge, a diferencia de Middle Rocks, presentaba una característica geográfica especial como elevación en bajamar. La Corte hizo notar que la cuestión de si una elevación de bajamar es susceptible o no de apropiación ya se había planteado en el caso de Qatar contra Bahréin, en donde señaló que un Estado ribereño tiene soberanía sobre las elevaciones de bajamar situadas dentro de su mar territorial, puesto que tiene soberanía sobre el propio mar territorial; pero la cuestión decisiva en ese caso era si un Estado podía adquirir soberanía mediante la apropiación sobre una elevación de bajamar situada dentro de la anchura de su mar territorial, cuando esa misma elevación de bajamar se encuentra también dentro de la anchura del mar territorial de otro Estado. El derecho internacional guarda silencio sobre la cuestión de si las elevaciones de bajamar pueden considerarse «territorio», y la Corte dijo no tener conocimiento de una práctica estatal uniforme y generalizada que pudiera haber dado lugar a una norma consuetudinaria que permitiera o excluyera inequívocamente la apropiación de elevaciones de bajamar. Según la Corte, las escasas normas existentes no justifican una suposición general de que las elevaciones de bajamar sean territorio, en el mismo sentido que las islas. Nunca se ha discutido que las islas constituyan tierra firme y estén sujetas a las normas y principios de adquisición territorial; pero la diferencia en los efectos que el derecho del mar atribuye a las islas y a las elevaciones de bajamar es considerable. Por lo tanto, no se ha establecido que, en ausencia de otras normas y principios jurídicos, las elevaciones de bajamar puedan, desde el punto de vista de la adquisición de soberanía, asimilarse plenamente a las islas u otros espacios terrestres. Teniendo en cuenta su jurisprudencia previa y los argumentos de las Partes, así como de las pruebas presentadas ante ella, la Corte procedió a considerar si South Ledge se encontraba dentro de las aguas territoriales generadas por Pedra Branca, pertenecientes a Singapur, o dentro de las generadas por Middle Rocks, pertenecientes a Malasia, y señaló que South Ledge se encuentra dentro de las aguas territoriales aparentemente superpuestas generadas por Malasia continental, Pedra Branca, y Middle Rocks. La Corte recordó que, en el Acuerdo Especial y en los alegatos finales de las partes, se le había solicitado específicamente que decidiera la cuestión de la soberanía por separado para cada una de las tres formaciones marítimas. Pero el Tribunal hizo notar que las partes no le habían encomendado trazar la línea de delimitación con respecto a las aguas territoriales de Malasia y Singapur en la zona en cuestión. En estas circunstancias, la Corte concluyó que la soberanía sobre South Ledge, como elevación de bajamar, correspondía al Estado en cuyas aguas territoriales se encontrara.[368]

Según la doctrina y la jurisprudencia, parece prudente afirmar que el derecho internacional sólo tiene en cuenta la contigüidad del territorio como un elemento a considerar en el contexto de la ocupación efectiva de una unidad geográfica, en la que los territorios más apartados siguen la suerte del núcleo principal. A partir de allí, en ciertas circunstancias, la proximidad puede hacer surgir la presunción de que la soberanía del Estado se proyecta en los espacios aledaños en que no hay una actividad significativa.

Respecto de la controversia por el territorio situado al oeste del río Esequibo, queda por saber qué espacio vacío -o qué espacio en donde no se encuentra suficientemente establecido el control de

---

367 Cfr. Ibid, párrafos 65 al 75.

368 Cfr., en este sentido, International Court of Justice, *Case concerning Sovereignty over Pedra Branca / Pulau Batu Puteh, Middle Rocks and South Ledge* (Malaysia / Singapore), Judgment of 23 May 2008, párrafos 291 a 299. La jurisprudencia citada es International Court of Justice, *Case Concerning Maritime Delimitation and Territorial Questions between Qatar and Bahrain* (Qatar v. Bahrain), Merits, Judgment of 16 March 2001, párrafos 204 a 206.

una de las partes en disputa-, es el que constituye una unidad, o un conjunto orgánico, con los territorios efectivamente ocupados por Inglaterra o Venezuela al momento del laudo de París, y respecto de los que, a partir de la noción de contigüidad, se pueda alegar estar en posesión de un título territorial.

8. LA CONQUISTA MILITAR

Aunque pueda estar en contradicción con la idea que hoy se tiene del derecho internacional, en la historia de las relaciones internacionales, por lo menos hasta la adopción de la Carta de las Naciones Unidas, la conquista, referida por la doctrina clásica como la *debellatio*, o como la subyugación por los autores anglosajones, era un medio corriente de adquirir territorios, aceptado por el derecho internacional, puesto que la guerra era un hecho lícito. Sin embargo, desde 1928, con la adopción del Pacto Briand-Kellog, mediante el cual las partes renunciaron a la guerra como instrumento de política nacional, los territorios conquistados podían ser el resultado del uso lícito o ilícito de la fuerza armada. Actualmente, teniendo en cuenta el artículo 2 (4) de la Carta de la ONU -que, *inter alia*, obliga a los Estados a abstenerse de recurrir a la amenaza o al uso de la fuerza en contra de la integridad territorial de los Estados-, la conquista tiene relevancia sólo por aplicación del derecho vigente al momento de hechos anteriores a la entrada en vigor de la Carta. De manera que, en la adquisición de territorios por medio de la fuerza, debe tenerse en cuenta el derecho intertemporal -entendido éste como las condiciones cambiantes del derecho-, y la determinación de las reglas aplicables al caso particular. El título territorial se rige por el derecho en vigor al momento relevante y, en el caso de la conquista militar, por el derecho existente al momento de esta.

En principio, la conquista supone que -generalmente en el curso de una guerra-, al término de las operaciones militares, un Estado que ha aniquilado completamente a su adversario, se anexa el territorio que ocupaba el vencido, y que quedó desprovisto de una organización política propia; al desaparecer el Estado vencido como entidad política independiente, el vencedor sustituía enteramente su autoridad en el territorio.[369] En todo caso, Rousseau advierte que la conquista es distinta de la cesión territorial, realizada al término de la guerra por el Estado victorioso, y para su propio beneficio, bajo la forma de anexión; él insiste en que, para que haya una adquisición de territorios por vía de la conquista, es necesario que el Estado vencido haya cesado de existir, y que la guerra haya concluido; pero las anexiones prematuras, contemporáneas a las hostilidades, son nulas.[370] Por más que uno de los beligerantes tenga el control de un territorio que pretende anexarse, mientras exista una posibilidad razonable de que dicho territorio pueda ser recuperado por el soberano original, no hay un cambio en el título territorial. Por consiguiente, según el derecho internacional, las anexiones que tienen lugar antes de que concluyan las hostilidades son inválidas.

Al igual que Rousseau, Oppenheim sostiene que, cuando el beligerante conquista una parte del territorio enemigo y obliga al Estado vencido a ceder el territorio conquistado, este modo de adquirir no corresponde a la sumisión, sino a una cesión.[371]

Según Kelsen, la incorporación del territorio que tiene lugar sin el consentimiento del legitimo soberano se denomina anexión; pero él observa que, en una manifestación más del principio de efectividad, el territorio así anexado se convierte legalmente en territorio del vencedor, "aun cuando la

---

369 Cfr. *Droit International Public*, Sirey, París, 1977, Tome III, Les compétences, p. 190.

370 Cfr. Ibid, pp. 190 y s.

371 Cfr. Lassa Oppenheim, *Tratado de Derecho Internacional Público* (título original: *International Law: A treatise*, séptima edición, editada por Hersch Lauterpacht, Longmans, Green and Co., Londres / Nueva York / Toronto, 1952), traducción por Antonio Marín López, Bosch, Casa Editorial, Barcelona, 1966, Tomo I, vol. II, p. 128.

guerra haya sido ilícita".[372] Porque, aunque los Estados están obligados a respetar la integridad territorial de los demás Estados, la violación de esta obligación no excluye el cambio de la situación jurídica, pues, como consecuencia del principio de la efectividad, el principio *ex injuria jus non oritur* (de un acto ilícito no puede derivarse un derecho), tiene importantes excepciones en el derecho internacional.[373]

Como ejemplo clásico de una conquista de este tipo -esto es, de sumisión, o de subyugación-, se puede citar la anexión -sin guerra- de Austria por la Alemania nazi, en marzo de 1938 (el *Anschluss*). También se puede mencionar la anexión de territorios alemanes por Prusia, en 1806, o la partición de Polonia, entre Alemania y la Unión Soviética, en 1939. Por el contrario, en el caso del territorio de Alemania al término de la Segunda Guerra Mundial, aunque las potencias aliadas asumieron todas las facultades del Gobierno alemán, incluidas las de las autoridades regionales o locales, no tenían la intención de anexarse dicho territorio, y renunciaron expresamente a ello.

Según la Corte Permanente de Justicia Internacional, la conquista sólo opera como causa de pérdida de soberanía cuando hay guerra entre dos Estados, y en razón de la derrota de uno de ellos, la soberanía sobre el territorio pasa del vencido al Estado victorioso;[374] pero la Corte no dice, o al menos no lo dice expresamente, que tenga que producirse la completa subyugación del Estado vencido. La ocupación de Holanda, o Francia, por parte de la Alemania nazi durante la Segunda Guerra Mundial no condujo a un cambio territorial, puesto que, al final de la guerra, la derrotada fue Alemania.

Si la conquista es la anexión de todo el territorio del Estado vencido, en términos menos drásticos, Oppenheim sostiene que la sumisión es, por regla general, un modo de adquirir la totalidad del territorio enemigo, pero que puede ocurrir que el Estado conquiste y se anexione sólo *una parte* del territorio enemigo, bien porque, al término de la guerra, sin ceder el territorio conquistado, el Estado vencido se someta tácitamente a la anexión, o bien por el simple cese de las hostilidades,[375] se entiende que sin que se restituya al vencido el territorio conquistado. De esta forma, la conquista consiste en la toma de posesión de todo o parte del territorio enemigo por las fuerzas militares de un Estado que, tras haberse consolidado en ese territorio, procede a anexionarlo formalmente.

Por otra parte, la jurisprudencia internacional indica que la mera invasión del territorio de un Estado, incluso la más exitosa, no puede, por sí sola, crear un título territorial. Las invasiones del pasado remoto pudieron haber sido -y lo fueron, en algunos lugares-, el punto de partida de una evolución que culminó en la soberanía sobre un territorio determinado por parte del Estado agresor; pero, entre ambas situaciones, debieron existir otros elementos. El simple hecho de que, en el pasado, un vecino fuera el más agresivo, no tiene ninguna consecuencia jurídica.[376]

Desde el punto de vista formal, Oppenheim explica que la conquista no convierte, *ipso facto*, al Estado conquistador, en soberano del territorio conquistado, aun cuando éste quede circunstancialmente, por el hecho de la conquista, bajo el dominio del conquistador. La conquista constituye un modo de adquirir sólo cuando el conquistador, tras haber consolidado de manera firme la conquista, anexiona formalmente el territorio. Es esta clase de anexión la que causa la extinción del Estado enemigo y pone fin a la guerra. Por consiguiente, es la conquista seguida de la sumisión, y no

---

[372] Cfr. Hans Kelsen, op. cit., p. 185.

[373] Cfr. Ibid, p. 186.

[374] Cfr. Permanent Court of International Justice, *Legal Status of Eastern Greenland*, Judgment of April 5th, 1933, p. 30.

[375] Cfr. Lassa Oppenheim, op. cit., Tomo I, vol. II, p. 131.

[376] Cfr. La Opinión disidente de Aleš Bebler, en el laudo dictado en *Case Concerning the Indo-Pakistan Western Boundary (Rann of Kutch)*, Award of 19 February, 1968. Reports of International Arbitral Awards, vol. XVII, pp. 1-576, en p. 436.

sólo la conquista, la que otorga el título y constituye un modo de adquirir territorio.[377] Pero, para que la conquista confiera un título sobre el territorio, ella debe hallarse firmemente consolidada; mientras la guerra continúa, la situación no está consolidada, y no hay conquista.[378]

Por otra parte, el territorio enemigo conquistado, aun cuando se halle de hecho en posesión y bajo el dominio del conquistador, permanece jurídicamente bajo la soberanía del primero hasta que, mediante la anexión, sea sometido a la soberanía del conquistador; es la anexión la que transforma la conquista en sumisión, y la que ocasiona la extinción del Estado vencido, sometiendo su territorio a la soberanía del conquistador. De esta forma, el territorio sometido no se ha encontrado en ningún momento en situación de *terra nullius*, y ha pasado del adversario al conquistador, no por cesión, sino por la anexión.[379]

En el laudo respecto de la disputa fronteriza entre Italia y Suiza por el Alpe de Cravairola, se señala que, en aquellos tiempos difíciles en que prevalecía generalmente la ley del más fuerte y pocos propietarios podían mostrar títulos de propiedad sobre sus tierras o su jurisdicción, salvo el título de posesión, es muy probable que la transferencia del suelo a los habitantes de un poblado pudiera implicar también, en sí misma, la soberanía.[380] Con mayor claridad, en el caso de la disputa por unas islas del Mar Rojo, el Tribunal arbitral recordó que el Armisticio de Mudros, del 30 de octubre de 1918, entre las principales potencias aliadas (el Imperio Británico, Francia, Italia y Japón) y Turquía, no solo fue un instrumento para poner fin a las hostilidades, sino que, de hecho, permitió la ocupación beligerante, lo cual era lícito según el derecho internacional vigente en ese momento.[381] En efecto, dicho Tratado, y el tratado de Paz de Sevres, del 10 de agosto de 1920 -aunque este último no fue ratificado por Turquía-, no eran tratados para transferir territorios, sino tratados por los que Turquía renunciaba a sus territorios fuera de Europa en favor de las principales potencias aliadas, que podían reclamarlos "*por cualquier motivo*".

Sin embargo, en el derecho internacional actual, en una norma que existe consenso en calificar como parte del *ius cogens* y que, por lo tanto, es de carácter imperativo y no admite acuerdo en contrario, el artículo 2, párrafo 4, de la Carta de las Naciones Unidas dispone, *inter alia*, que los Estados se abstendrán de recurrir a la amenaza o al uso de la fuerza en contra de la integridad territorial de cualquier Estado. Se trata de una disposición que no prejuzga sobre la legitimidad de las reivindicaciones del agresor, y que debe entenderse en sintonía con el párrafo anterior de la Carta, que obliga a los Estados miembros de la ONU a resolver sus controversias internacionales por medios pacíficos, de manera que no se pongan en peligro ni la paz y la seguridad internacionales, ni la justicia. En todo caso, debe tenerse presente que, de acuerdo con la Declaración relativa a los principios de derecho internacional referentes a las relaciones de amistad y cooperación entre los Estados,[382] la prohibición del uso de la fuerza en contra de la integridad territorial de un Estado no se interpretará en el sentido de que afecte cualquier acuerdo internacional anterior al régimen establecido por la Carta de la ONU -que sea válido de acuerdo al derecho internacional existente al momento de dicho acuerdo- ni afecta el ejercicio de las facultades del Consejo de Seguridad de conformidad con la Carta.

---

[377] Cfr. Oppenheim, op. cit., Tomo I, vol. II, p. 127.

[378] Cfr. Op. cit., Tomo I, vol. II, p. 131.

[379] Cfr. Ibid, p. 128.

[380] Cfr. *Decision of arbitration concerning the definite Fixing of the Italian-Swiss frontier at the place called Alpe de Cravairola*, Decision of 23 September 1874. Reports of International Arbitral Awards, vol. XXVIII, pp. 141-156, p. 152.

[381] Cfr. *Award of the Arbitral Tribunal in the first stage of the proceedings between Eritrea and Yemen - Territorial Sovereignty and Scope of the Dispute (Eritrea and Yemen)*, Arbitral Award of 9 October 1998, en Reports of International Arbitral Awards, vol. XXII, pp. 209-332, párrafos 441 al 447.

[382] Resolución 2625, aprobada por la Asamblea General el 24 de octubre de 1970, en su XXV período de sesiones.

Oppenheim explica que, antes de la adopción de la Carta, el reconocimiento de la conquista por parte de terceras potencias no era una condición para el surgimiento del título territorial del vencedor, pero que hoy la situación es diferente, pues la guerra, de la cual deriva la conquista, ya no es un medio legítimo para modificar el orden existente, y la prohibición del uso de la fuerza "probablemente" invalidaría la conquista en violación de la disposición antes citada.[383]

La Carta de la Organización de Estados Americanos -adoptada el 30 de abril de 1948- junto con condenar las guerras de agresión, establece, como uno de sus principios fundacionales, que "la victoria no da derechos", y dispone que no se reconocerán las adquisiciones territoriales obtenidas por la fuerza. Pero, en la práctica, la comunidad internacional parece haber aceptado, como un hecho consumado, y sin entrar a considerar si tales actos han sido lícitos o ilícitos, no ya la agresión armada en sí, sino los cambios territoriales ocurridos por la fuerza; ese es el caso, por ejemplo, de la anexión de Jerusalén, de Cisjordania, o de la franja de Gaza, por parte de Israel, o de la península de Crimea, por parte de Rusia, para no mencionar los motivos que llevaron a esta última a emprender la guerra en contra de Ucrania, y lo que pudiera resultar de esa aventura militar. Además, no puede ignorarse que el "plan de paz para Ucrania" -propuesto en noviembre de 2025 por Donald Trump- de ser aceptado, constituiría una derogación tácita de los artículos 2.4 y 103 de la Carta de las Naciones Unidas. Mientras tanto, la intención de Trump de anexionar Groenlandia a los Estados Unidos –"por las buenas o por las malas"- tampoco ha recibido la respuesta apropiada de parte de la OTAN, la Unión Europea, u otros actores internacionales; más bien, en un tono pesimista, en la Conferencia de Seguridad de Munich (que tuvo lugar entre el 13 y el 15 de febrero de 2026), el canciller de Alemania, Friedrich Merz, advirtió que el orden mundial basado en normas ya no existe.[384] Puede que la política de Trump sea sólo un paréntesis en la historia de las relaciones internacionales, y que -en el futuro cercano- los Estados Unidos vuelvan a respetar las reglas del juego; pero, cuando faltan escrúpulos y se tiene fuerza bruta en abundancia, no hay forma cómo el Derecho pueda resistir y prevalecer.

Aunque el uso de la fuerza no sea, en sí mismo, un medio de adquisición de territorios, puede ser el punto de partida de un proceso de consolidación histórica, o de un lapso que, cumpliendo rigurosamente con los requisitos de la prescripción, conduzca a un título legal. Lo cierto es que, en la sociedad internacional actual, el derecho internacional tiene que tomar en cuenta las exigencias de la realidad, porque, mientras los pequeños Estados -o los que no tienen el beneplácito de las grandes potencias- deben comportarse de acuerdo con las reglas del derecho internacional, las grandes potencias pueden hacer lo que les permite su poder de fuego.

Queda por saber cómo es que el uso de la fuerza pueda haber tenido algún impacto en la controversia territorial entre Guyana y Venezuela, que hoy está pendiente ante la Corte Internacional de Justicia. En este sentido, se recuerda que, como aliadas de Francia en las guerras napoleónicas, en 1796, España y la República Bátava (Holanda) habían entrado en guerra con Inglaterra. Aunque ésta última ocupó la colonia de Guayana holandesa, el Tratado de Amiens, del 25 de marzo de 1802, dispuso, en su artículo III, que Gran Bretaña restauraba a Francia y sus aliados todas las posesiones y colonias que, habiendo pertenecido a ellos, habían sido "ocupadas o conquistadas" por las fuerzas británicas durante la guerra, excepto la isla de Trinidad y las posesiones holandesas en la isla de Ceilán.

---

383 Cfr. Oppenheim, op. cit., Tomo I, vol. II, pp. 134 y s. Oppenheim no considera que la prohibición del uso de la fuerza sea una norma de Derecho Internacional general, por lo que, en su opinión, "el título de conquista continúa siendo válido en aquellos casos en que el Estado conquistador no esté vinculado por la Carta de las Naciones Unidas o por el Tratado general de renuncia a la guerra [El Pacto Briand/Kellog, de 1928], o si, hallándose obligado por ellos, no ha recurrido a la guerra en forma ilegal en el caso concreto." Ibid, p. 135.

384 Cfr. https://www.bbc.com/mundo/articles/c4gj3279289o

9. LA ADJUDICACIÓN

Algunos autores incluyen la adjudicación por una instancia judicial internacional como medio de adquirir territorios; pero debe observarse que, ordinariamente, la tarea de los tribunales es aplicar el derecho y *determinar* los derechos de las partes; *no adjudicarlos*.

En el caso de controversias territoriales, cuando un tribunal decide que el territorio en disputa pertenece al Estado A, y no al Estado B, lo hace a partir de los títulos exhibidos por las partes; la sentencia -o el laudo- sólo reconoce derechos prexistentes, y no puede crear nuevos derechos. El hecho de que, en las controversias fronterizas, un juicio suela terminar con una sentencia -o un laudo- en la que se delimita el territorio, no cambia el carácter meramente declarativo de esa sentencia, o laudo. En este sentido, en el caso de la disputa fronteriza entre El Salvador y Honduras, el Tribunal expresó que su sentencia no tendría el efecto de determinar que ciertas áreas llegaran a ser parte de uno de los Estados litigantes, pues su tarea era *declarar* qué áreas ya eran parte de uno u otro Estado.[385]

Sin embargo, Rousseau define la adjudicación como una atribución de competencias territoriales efectuada por vía arbitral o jurisdiccional, y explica que ella puede tener un carácter declarativo, limitándose a constatar un título preexistente, o puede ser un modo de adquisición de la soberanía territorial, estando, en este caso, revestida de un carácter atributivo.[386] Eso puede ocurrir en virtud del acuerdo de las partes para facultar al Tribunal decidir según su criterio (*ex aequo et bono*);[387] pero dotar a los tribunales internacionales de la facultad extraordinaria de decidir según lo que les parezca justo requiere una cláusula expresa en ese sentido, y no es frecuente.[388] Sin conocer el sentido de justicia que tenga el juzgador, es improbable que los Estados se sometan a una decisión totalmente impredecible, y preferirán afincarse en lo que consideran que es su derecho; lo contrario sería equivalente a dar un salto en el vacío -y de noche-, ignorando en donde podrían caer.

Un caso curioso es el del arbitraje entre Arabia Saudita y Yemen por la soberanía sobre el monte Aaroo, en el que Yemen se sometió al arbitraje del rey de Arabia Saudita (una de las partes en la disputa). Luego de haber examinado la evidencia presentada por las partes, insistiendo en que Aaroo estaba dentro de las fronteras de Arabia Saudita, en aras de la paz entre los musulmanes y la tranquilidad entre los dos reinos, el rey saudita decidió "concederle" el monte Aaroo a Yemen.[389]

---

[385] Cfr. International Court of Justice, *Land, Island and Maritime Frontier Dispute* (El Salvador / Honduras: Nicaragua intervening), Judgment of 11 September 1992, párrafo 97.

[386] Cfr. *Droit International Public*, Sirey, París, 1977, Tome III, Les compétences, p. 186.

[387] Cfr., por ejemplo, el artículo 38.2 del Estatuto de la Corte Internacional de Justicia.

[388] Entre esos pocos casos, puede citarse el compromiso arbitral suscrito entre Ecuador y Perú, para resolver la disputa por las reparaciones derivadas de una captura marítima que fue sometida al arbitraje del *Gobierno* de Chile, "*quedando ambas partes sujetas a lo que éste decidiere como árbitro*". Cfr. el artículo 5 del Tratado de Lima, suscrito el 16 de marzo de 1853. En 1858, Chile y Estados Unidos, en el caso relativo a la captura en tierra, por órdenes de Lord Cochrane -Almirante de la flota chilena-, de monedas y lingotes de plata que provenían de la venta de mercancía transportada en un barco de la marina de los Estados Unidos -el "*Macedonian*"-, las partes convinieron en someterlo al arbitraje de Leopoldo I, rey de Bélgica, para que decidiera "con plenos poderes y procediendo *ex aequo et bono*" sobre la referida reclamación. Cfr. la Convención de Santiago, del 10 de noviembre de 1858; el laudo, a favor de los Estados Unidos de América, se dictó el 15 de mayo de 1863. En 1888, en la disputa fronteriza entre Holanda y Francia por el territorio de sus respectivas colonias de la Guyana Francesa y Surinam, el Emperador de Rusia -que había sido escogido como árbitro- puso como condición poder fijar una línea limítrofe distinta a la reclamada por las partes, que él considerara más equitativa, lo cual -en una Declaración del 28 de agosto de 1890- fue aceptado expresamente por los Estados litigantes.

[389] Cfr. *The arbitration of the Aaroo Mountain between Saudi Arabia and Yemen*, Decision of 3 December 1931. Reports of International Arbitral Awards, vol. XXVIII, pp. 397-400, en pág. 400.

En la práctica, para la solución de sus controversias territoriales, los Estados optan por tribunales de derecho. Ese fue el caso en la controversia del Esequibo, en el que, en el compromiso arbitral, las partes tuvieron buen cuidado de indicar incluso las reglas de Derecho que debía aplicar el Tribunal para determinar los derechos de las partes.

Es a partir de los títulos territoriales que le presenten las partes que un tribunal de derecho toma una decisión meramente declarativa, y no constitutiva de derechos. La determinación judicial de quién es el soberano de un territorio determinado no es un título territorial o, por lo menos, no es el título original, pues, para llegar a su decisión, el Tribunal tendrá que haberse basado en los argumentos y en la evidencia presentada por las partes respecto de la ocupación efectiva del territorio, de la existencia de un tratado de cesión, de la demostración de que, en ese caso particular, operó la prescripción adquisitiva, o en otro título válido. Que un Tribunal adjudique territorios con prescindencia absoluta del Derecho aplicable es un exceso de poder que vicia de nulidad cualquier decisión que pueda adoptar al respecto.

Por otra parte, no puede perderse de vista que la decisión de un tribunal no es obligatoria sino para las partes en litigio, y sólo respecto del caso que ha sido decidido. En este sentido, el laudo del rey de Italia, relativo a la frontera entre Brasil y la Guayana británica, recordó que el laudo dictado el 3 de octubre de 1899, en el caso de la frontera entre la Colonia de la Guayana Británica y Venezuela, adjudicando a la primera el territorio objeto de esa disputa, no podía citarse en contra de Brasil, a quien dicha decisión no afectaba.[390]

10. LOS "TÍTULOS HISTÓRICOS"

A partir de la presunción surgida con el transcurso del tiempo, como una forma de mostrar la vinculación que existe entre un Estado y un territorio, en las controversias territoriales, las partes suelen invocar la existencia de títulos "originales", "tradicionales", "antiguos" ("*ancient title*"), o "históricos", y a veces se refieren a una "consolidación histórica". Aunque, con frecuencia, esta variada terminología se utiliza como sinónimo, a veces responde a realidades históricas diferentes, con connotaciones jurídicas igualmente diferentes; por ejemplo, en el derecho del mar, el concepto de "*ancient title*" está reservado para reclamaciones anteriores al momento en el que se determinó que el mar era *res communis*, mientras que la noción de título histórico es utilizado para referirse a los derechos adquiridos después de que el concepto de libertad de los mares fuera aceptado como parte del derecho internacional general.[391] En la disputa territorial entre Malasia y Singapur por Pedra Branca, aunque las partes utilizaron el concepto de "títulos históricos", la Corte se inclinó por la expresión "antiguo título original" ("*ancient original title*", en el texto en inglés de su sentencia, o "*titre originaire ancien*", en la versión en francés).[392]

Con la expresión "título histórico" se alude a un título basado en el ejercicio efectivo y continuo de la autoridad de un Estado sobre un territorio definido, durante un tiempo determinado,

---

[390] Cfr. *Award of His Majesty the King of Italy with regard to the boundary between the Colony of British Guiana and the United States of Brazil*, given at Rome, June 6, 1904. Reports of International Arbitral Awards, vol. XI, pp. 11 – 23, en pág. 22. Ver, también, el art. 59 del Estatuto de la Corte Internacional de Justicia.

[391] Cfr. Barry L. Ruderman, *The Doctrine of Ancient Tittle: Unknown origins, Uncertain future*, en San Diego Law Review, vol. 24, 1987, pp. 780 a 786. Y puesto que un título antiguo (*ancient title*) no es una afirmación de dominio sobre las aguas que son *res communis*, el Estado que reclama un título antiguo tiene una carga probatoria menor que uno que hace valer un título histórico. Ibid, p. 786.

[392] Cfr. International Court of Justice, *Sovereignty over Pedra Branca / Pulau Batu Puteh, Middle Rocks and South Ledge* (Malaysia / Singapore), Judgment of 23 May 2008, párrafo 42.

con la aquiescencia de los demás Estados. Aunque la doctrina no menciona los "*títulos históricos*" como medios de adquisición de territorios, a partir del caso de las pesquerías (Reino Unido c. Noruega), éstos son frecuentemente invocados como el fundamento de las reclamaciones de las partes en sus controversias territoriales. Así, en la disputa por unas islas del Mar Rojo, entre Eritrea y Yemen, en el artículo 2.2 del compromiso arbitral, las partes acordaron que el Tribunal debería decidir teniendo en cuenta, *inter alia*, los títulos históricos a las referidas islas. En la controversia territorial entre Guyana y Venezuela también se ha alegado la existencia de títulos históricos.

El título histórico surge a partir de dos condiciones fundamentales. En primer lugar, es indispensable que el Estado que lo invoca haya tenido el ejercicio efectivo y continuo del territorio durante un tiempo determinado; en segundo lugar, se requiere la aquiescencia o tolerancia de los demás Estados. Sólo es a partir de hechos históricos que tienen el aval de la sociedad internacional que un Estado puede invocar un título histórico. Dados esos supuestos, el título territorial se va consolidando, en un proceso lento, que contribuye a darle contenido sustantivo al derecho internacional.

Se ha sugerido que, cuando se trata de disputas territoriales, normalmente, el primer paso intelectual que se da es buscar un título jurídico histórico original, independientemente de si éste sigue vigente o no.[393] Por supuesto, los títulos históricos no deben entenderse como algo distinto de los títulos legales, sino como los títulos legales que son el producto de un proceso histórico ininterrumpido que, sin que haya mediado un tratado, ha sido aceptado por los demás Estados, y está debidamente consolidado. Se trata de un proceso en el que la historia converge con el derecho, y en el que la evaluación de la autoridad ejercida por un Estado sobre un territorio, en la medida en que es reconocida por los demás Estados, constituye una operación jurídica.

Pero no siempre se ha admitido que los títulos históricos sean un medio de adquisición de territorios. En la disputa territorial y marítima entre Camerún y Nigeria, Camerún negó la existencia de la consolidación histórica como base independiente de un título legal; en su opinión, lo que Nigeria incluía en sus alegatos bajo este concepto era, simplemente, el establecimiento de un título territorial por posesión adversa, que tradicionalmente se ha denominado 'prescripción adquisitiva'.[394]

Un *título histórico* es un título en sí mismo, como algo distinto de una *reclamación histórica* sobre un territorio que, teniendo en cuenta todas las circunstancias, eventualmente, pueda cristalizar en un título territorial por ocupación (que no requiere de la aceptación de terceros Estados), por prescripción (que supone un título anterior por otro Estado, y que está sujeta a condiciones muy estrictas), o en otra forma. Sin embargo, cuando el argumento de los "títulos históricos" no es lo suficientemente sólido como para bastarse a sí mismo, puede servir para reforzar un título anterior, como la ocupación, con la que tiene en común la posesión efectiva de un territorio que no es reclamado por nadie.

Tanto los títulos históricos como la prescripción requieren del transcurso del tiempo. Pero la principal diferencia de los títulos históricos con la prescripción es que los primeros no se refieren a un territorio reclamado por un tercero. Además, las condiciones para que cristalice un título histórico, así como la prueba de que eso ya ha ocurrido, son menos rigurosas que las requeridas por la prescripción. Los títulos históricos son algo muy distinto a la prescripción y, a diferencia de esta última, no están concebidos como un mecanismo para perfeccionar un título defectuoso. A diferencia de la prescripción, el título histórico se basta a sí mismo, en cuanto supone el reconocimiento de un derecho

---

[393] Cfr. Joint dissenting opinion of judges Bedjaoui, Ranjeva and Koroma, en International Court of Justice, *Case concerning Maritime Delimitation and Territorial questions between Qatar and Bahrain* (Qatar v. Bahrain), Merits, Judgment of 16 March 2001, párrafo 214 de la opinion disidente.

[394] Cfr. International Court of Justice, *Case Concerning the Land and Maritime Boundary between Cameroon and Nigeria* (Cameroon v. Nigeria: Equatorial Guinea intervening), Judgment of 10 October 2002, párrafo 219.

desde hace largo tiempo, aunque sin precisar cuál es el origen de ese derecho. Con la expresión "título histórico" se hace referencia a un derecho establecido, esto es a un derecho pleno y absoluto, y no a una reivindicación en desarrollo, que se está perfeccionando. Se trata de un título, o de una reclamación territorial validada por la historia, en la que, más que el mero transcurso del tiempo, lo que debe considerarse es la aquiescencia de los otros Estados, como prueba de que ese derecho se ha ejercido por largo tiempo, sin oposición de terceros.

Según O'Connell, toda la teoría detrás de la doctrina de los derechos históricos es que, como resultado de la evolución histórica, pueden cristalizar situaciones especiales.[395] En este sentido, se recuerda que, en el asunto de la Isla de Palmas, el laudo expresa que, si se ha insistido en la eficacia de la ocupación, es porque la cuestión rara vez se plantea en relación con territorios donde ya existe un orden establecido; así como, antes del surgimiento del derecho internacional, las fronteras territoriales se determinaban necesariamente por el ejercicio del poder estatal en ellas, bajo el imperio del derecho internacional, la exhibición pacífica y continua sigue siendo una de las consideraciones más importantes al establecer fronteras entre Estados.[396]

En la disputa por unas islas del Mar Rojo, el Tribunal arbitral señaló que la noción de un título histórico es bien conocida en el derecho internacional, particularmente en relación con "bahías históricas", que están gobernadas por reglas distintas a las reglas normalmente aplicables a las bahías. Según el Tribunal, las bahías históricas dependen de una especie de "título antiguo", esto es, un título que ha estado tan bien establecido por la reputación común, que hace que ese conocimiento común sea por sí mismo suficiente. Pero un título histórico también tiene otro significado en el derecho internacional, en cuanto título que ha sido creado o consolidado por un proceso de prescripción o aquiescencia, o por una posesión que ha persistido durante tanto tiempo que ha llegado a ser aceptada por la ley como un título. A juicio del Tribunal, estos títulos también son históricos, en el sentido de que la continuidad y el transcurso del tiempo son esenciales para su consolidación.[397] Pero el Tribunal advirtió que la exigencia (prevista en el compromiso) de considerar los títulos históricos difícilmente puede significar que se les deba otorgar una prioridad que de otro modo no tendrían; si existe un título establecido, el mejor derecho a la posesión es, por definición un derecho anterior. Otra cosa es que, en medio de una maraña de intereses, pueda existir una categoría separada de título que no depende del uso y la posesión, sino que constituye en sí misma un derecho a la posesión, independientemente de si se disfruta o no de ella.[398] En esa controversia, ninguna de las partes pudo persuadir al Tribunal de la existencia de un *título* histórico respecto de algunas islas del Mar Rojo;[399] pero eso no significa que, en dicho asunto, las consideraciones históricas estuvieran desprovistas de consecuencias jurídicas, o que no pudieran crear ciertos "*derechos* históricos" para las partes, aunque sin llegar a conferir soberanía sobre el territorio en disputa.[400] Además, respondiendo a una reclamación histórica de naturaleza distinta a un título territorial propiamente tal, el Tribunal admitió que la demostración del uso, la presencia, el despliegue de autoridad gubernamental, y otras formas de mostrar posesión del

---

395 Cfr. D. P. O'Connell, *The International Law of the Sea*, Clarendon Press, Oxford, vol. I., p. 425.

396 Cfr. *Island of Palmas Case* (Netherlands /USA), Max Huber, Arbitrator, Award 4 April 1928, en Reports of International Arbitral Awards, Vol. II, pp. 829-871, p. 839.

397 Cfr. *Award of the Arbitral Tribunal in the first stage of the proceedings between Eritrea and Yemen - Territorial Sovereignty and Scope of the Dispute (Eritrea and Yemen)*, Arbitral Award of 9 October 1998. Reports of International Arbitral Awards, vol. XXII, pp. 209-332, párrafo 106.

398 Cfr. Ibid, párrafo 107.

399 Cfr. Ibid, párrafos 125 y 449.

400 Cfr. Ibid, párrafo 126.

territorio, pueden consolidarse gradualmente en un título, como ilustrarían, entre otros, los casos de Groenlandia Oriental y la Isla de Palmas.[401]

En el caso de las pesquerías (Reino Unido c. Noruega), la Corte dijo que por "aguas históricas" se entiende generalmente las aguas que se consideran aguas interiores, pero que no tendrían ese carácter de no ser por la existencia de un título histórico.[402] La Corte hizo notar que el significado que dio Noruega a los "títulos históricos" invocados por ella no era afincarse en la historia para justificar derechos excepcionales, que el derecho internacional normalmente le negaría; a juicio del Tribunal, Noruega invocaba la historia, junto con otros factores, para justificar la forma en que ella aplicaba las reglas generales del Derecho.[403] Si, siguiendo el argumento de Noruega, los títulos históricos deben ser valorados junto con otros elementos, la geografía y la aquiescencia de los otros Estados sobresalen entre esos otros factores que deberá tenerse en cuenta en la consolidación de un título histórico; pero, al menos en el caso de las pesquerías, la historia no era la esencia de esa reclamación, y demostró que su papel no es independiente de otras consideraciones.

Los "derechos históricos" son derechos establecidos desde hace largo tiempo, respecto de territorios que tienen fronteras suficientemente bien reconocidas. En este sentido, la notoriedad y el concepto que los demás tienen sobre a quién corresponde la soberanía sobre determinado espacio es un ingrediente importante para la consolidación del título; el elemento geográfico es otro. En realidad, los requisitos para la formación de un título histórico constituyen un capítulo muy bien documentado tanto en la jurisprudencia internacional como en la doctrina, cuestión que está asociada a las cualidades requeridas para la manifestación de la autoridad estatal, y que son el corolario lógico de la aquiescencia. Dicha manifestación debe ser tal que excluya al máximo la posibilidad de que pase desapercibida para otros Estados, y en particular para el Estado o los Estados que podrían ser los rivales en la disputa por el mismo territorio. Lo que la jurisprudencia y la doctrina internacionales buscan, a este respecto, son las máximas garantías para que el rival menos activo no sea sorprendido, y no deba enfrentarse repentinamente a un título que alguien pueda haber adquirido subrepticiamente, a espaldas de la comunidad internacional y, en particular, a espaldas de otros Estados que crean tener un mejor título. Por lo tanto, la manifestación de la autoridad estatal debe ser tan notoria como sea necesario para que sea claramente percibida. Es esta cualidad la que confiere efectos jurídicos a la pasividad de la otra parte. La pasividad en tales circunstancias, y solo en tales circunstancias, es lo que puede llamarse aquiescencia.[404] Según Bebler, los requisitos para la formación de un título histórico que se pueden extraer de la jurisprudencia internacional son la manifestación efectiva de la autoridad estatal y la aquiescencia. De allí se deduce que, para constituir un título, la manifestación efectiva de la autoridad estatal debe ser real y no ficticia, y debe reunir las condiciones de continuidad, intención, manifestación de la soberanía estatal, y posesión "*à titre de souverain*".[405]

Sin embargo, Jennings advierte que, por muy importantes que sean todos esos factores de consolidación de un título territorial, la posesión sigue siendo la base y la condición *sine qua non* de este proceso; por lo tanto, el proceso de consolidación no puede comenzar a operar mientras no se disfrute primero de la posesión efectiva. Aunque sea obvio, Jennings nos previene de que, en asuntos tan imprecisos como la reputación, no siempre es fácil distinguir entre la evidencia de un título legal verdadero y la evidencia de un supuesto derecho político, o la reclamación de la transferencia del título.

---

401 Cfr. Ibid, párrafo 450.

402 Cfr. International Court of Justice, *Fisheries case* (United Kingdom v. Norway), Judgment of December 18th, 1951, p. 18.

403 Cfr. Ibid, p. 21

404 Cfr., en este sentido, la Opinión disidente de Aleš Bebler, en el laudo dictado en *Case Concerning the Indo-Pakistan Western Boundary (Rann of Kutch)*, Award of 19 February 1968. Reports of International Arbitral Awards, vol. XVII, p. 485.

405 Cfr. Ibid, p. 482.

En su opinión, existe el peligro de que una campaña de propaganda hábilmente dirigida parezca proporcionar una base aparentemente legal a una toma forzosa de territorio basada en un título embrionario, en proceso de consolidación. Por lo tanto, debe quedar claro que el proceso de consolidación no puede comenzar a menos que la posesión efectiva sea un hecho consumado, y que, aunque no se establezca un plazo, ese proceso no puede completarse hasta después de un período considerable de posesión como soberano.[406]

La jurisprudencia internacional ha sido cautelosa con el tratamiento de los títulos históricos. En el caso de las Pesquerías, la Corte se refirió a ciertos decretos de delimitación marítima promulgados por Noruega casi un siglo antes, los cuales habían sido adoptados y aplicados durante décadas sin oposición alguna. El Tribunal afirmó que estos decretos representaban un sistema bien definido y uniforme, que se beneficiaba de la tolerancia general, la cual era la base de una consolidación histórica que lo hacía oponible a todos los Estados.[407] Sin embargo, refiriéndose a este mismo pasaje, en su sentencia sobre la disputa territorial y marítima entre Camerún y Nigeria, respecto de la consolidación de títulos históricos, la Corte indicó que el concepto de consolidación histórica nunca se ha utilizado como base de un título en otras disputas territoriales, ni en su propia jurisprudencia ni en la de otros tribunales.[408] La Corte dijo que la teoría de la consolidación histórica es sumamente controvertida, y que no puede sustituir los métodos establecidos de adquisición de la titularidad territorial en el derecho internacional, los cuales tienen en cuenta muchas otras variables importantes de hecho y de derecho. Según el Tribunal, nada en su Sentencia en el caso de las Pesquerías sugiere que la "consolidación histórica" a la que se hace referencia, en relación con los límites externos del mar territorial, permita que la ocupación de tierras prevalezca sobre un título convencional establecido. Además, los hechos y circunstancias expuestos por Nigeria con respecto a las aldeas del lago Chad se referían a un período de unos 20 años, que en cualquier caso era demasiado corto, incluso según la teoría en la que ella se basaba.[409]

En cuanto a la noción de "bahías históricas", que se rigen por reglas distintas a las normas habituales sobre bahías, éstas se basan en una especie de "título antiguo" ("*ancient title*"), esto es, un título establecido por la aceptación o el reconocimiento común a lo largo del tiempo, que hace que este hecho conocido sea, en sí mismo, suficiente. Pero, en derecho internacional, un título histórico también tiene otro significado, en el sentido de un título creado o consolidado por un proceso de prescripción, aquiescencia o posesión prolongada, hasta el punto de ser aceptado legalmente como un título. Estos títulos también son *históricos* en el sentido de que, para su consolidación, la continuidad y el transcurso del tiempo han sido esenciales.[410] Se trata de los hechos históricos como generadores de un título que tradicionalmente ha sido reconocido como tal. Pero, según la Corte, ni la toponimia de los asentamientos ni las relaciones de éstos con una de las partes pueden, por sí solos, establecer un título sobre el territorio, o servir como elemento en una reclamación de consolidación histórica del título.[411] Respecto de las "bahías históricas", sin definirlas, el artículo 7, párrafo 6, de la Convención

---

406 Cfr. Robert Y. Jennings, *The Acquisition of Territory in International Law*, Manchester University Pres, Manchester, 1963, p. 26.

407 Cfr. International Court of Justice, *Fisheries case* (United Kingdom v. Norway), Judgment of December 18th, 1951, p. 26.

408 Cfr. International Court of Justice, *Case Concerning the Land and Maritime Boundary between Cameroon and Nigeria* (Cameroon v. Nigeria: Equatorial Guinea intervening), Judgment of 10 October 2002, párrafo 65.

409 Cfr. Ibidem.

410 Cfr. *Award of the Arbitral Tribunal in the first stage of the proceedings between Eritrea and Yemen - Territorial Sovereignty and Scope of the Dispute (Eritrea and Yemen)*, Arbitral Award of 9 October 1998. Reports of International Arbitral Awards, vol. XXII, pp. 209-332, párrafo 106.

411 Cfr. International Court of Justice, *Case Concerning the Land and Maritime Boundary between Cameroon and Nigeria* (Cameroon v. Nigeria: Equatorial Guinea intervening), Judgment of 10 October 2002, párrafo 221.

sobre Mar Territorial y Zona Contigua, de 1958, hace referencia a las bahías llamadas "históricas", que están excluidas de la regla general sobre el trazado de las líneas que marcan el límite del espacio marítimo del Estado costero;[412] esa disposición es reiterada por el artículo 10, párrafo 6, de la Convención de las Naciones Unidas sobre el Derecho del Mar, de 1982. Entre los juristas especializados en Derecho del Mar, O'Connell, en sintonía con la Comisión de Derecho Internacional, se refiere a las "aguas históricas", concepto que no sólo incluye bahías, sino también otras áreas marinas, que de otra manera serían parte de la alta mar.[413] Pero cuesta entender cómo es que los "títulos históricos" podrían tener cabida respecto de espacios terrestres que, o son *terra nullius* y sólo se pueden adquirir por ocupación, o ya pertenecen a un Estado determinado, y sólo podrían cambiar de soberano mediante la cesión, o la prescripción.

Los "títulos históricos" responden a reglas de derecho internacional consuetudinario que, teniendo en cuenta el largo tiempo transcurrido y respetando la doctrina de *quieta non movere*, se apartan de lo que pudiera considerarse las reglas generales en materia de adquisición de territorios. Shaw los califica como "posesión inmemorial" -cuyo origen puede ser dudoso, sin que se sepa si es lícito o ilícito-, y se asume que es lícito, teniendo en cuenta el consentimiento general de la comunidad internacional.[414]

Por su parte, Visscher se refiere a "la consolidación mediante títulos históricos", la cual no se halla sujeta a las condiciones requeridas para otros medios de adquisición territorial; el uso prolongado, que constituye su fundamento, no es sino la expresión de un conjunto de intereses y relaciones que tienden a vincular a un espacio terrestre o marítimo con un Estado determinado. En su opinión, son tales intereses y relaciones, y no el transcurso de un período de tiempo preestablecido, lo que el juez toma en consideración para apreciar, "*in concreto*", la existencia o inexistencia de una consolidación basada en títulos históricos.[415]

En su sentencia en el caso de las pesquerías, la Corte definió las "aguas históricas" como aquellas que generalmente se consideran aguas interiores, pero que -de acuerdo al derecho internacional-, de no existir un título histórico, no tendrían ese carácter.[416] En concordancia con lo anterior, Fitzmaurice afirma que, desde hace larga data, ha sido parte del derecho internacional que, sobre la base del uso y tratamiento continuado durante mucho tiempo como parte del dominio costero, las aguas que de otro modo no tendrían ese carácter pueden reclamarse como aguas territoriales o como aguas interiores; en la práctica, esta doctrina se ha aplicado principalmente a las "bahías históricas", permitiendo que se trace una línea de cierre, independientemente de su longitud, a través de la entrada de ciertas bahías respecto de las cuales se podría fundamentar una reclamación histórica, convirtiendo así todas las aguas de la bahía en aguas interiores. Pero Fitzmaurice sugiere que, en principio, no parece haber fundamento para limitar el concepto de aguas históricas únicamente a las

412 El artículo 10 de la Convención de las Naciones Unidas sobre el Derecho del Mar dispone que "4. Si la distancia entre las líneas de bajamar de los puntos naturales de entrada de una bahía no excede de 24 millas marinas, se podrá trazar una línea de demarcación entre las dos líneas de bajamar y las aguas que queden así encerradas serán consideradas aguas interiores. 5. Cuando la distancia entre las líneas de bajamar de los puntos naturales de entrada de una bahía exceda de 24 millas marinas, se trazará dentro de la bahía una línea de base recta de 24 millas marinas de manera que encierre la mayor superficie de agua que sea posible con una línea de esa longitud."

413 Cfr. Daniel Patrick O'Connell, *The International Law of the Sea*, Clarendon Press, Oxford, vol. I., p. 417.

414 Cfr. Malcolm N. Shaw, op. cit., p. 299.

415 Cfr. Charles de Visscher, *Teorías y realidades en Derecho Internacional Público* (Título original, *Théoriés et Réalités en Droit International Public*, Éditions A. Pedone, París, 1953), traducción al castellano de Pablo Sancho Riera, Editorial Bosch, Barcelona, 1962, p. 220.

416 Cfr. International Court of Justice, *Fisheries Case* (United Kingdom v. Norway), Judgment of December 18th,1951, p. 18.

aguas de una bahía reclamadas como aguas interiores; de manera que, incluso si en la práctica los casos son menos, se puede, igualmente, reclamar con base histórica, otras aguas como territoriales o interiores que, de no ser por el elemento histórico, formarían parte de la alta mar.[417] Así, el concepto de "aguas históricas" ha sido alegado respecto de las aguas de un archipiélago, de las aguas situadas entre un archipiélago y la tierra firme, y de los estrechos.

El origen del concepto de "bahías históricas" -o de "aguas históricas"- tiene que ver con el punto a partir del cual, históricamente, se medía la anchura del mar territorial. En este sentido, en un estudio preparado en 1962 por el secretariado de la Comisión de Derecho Internacional,[418] se señala que, en la doctrina y en la práctica del derecho internacional, se reconoce universalmente que los Estados pueden, en determinadas circunstancias y por motivos históricos, hacer reivindicaciones válidas sobre determinadas aguas adyacentes a sus costas. Según este estudio, el concepto de "aguas históricas" tiene su raíz en el hecho histórico de que los Estados, a lo largo de los siglos, han reclamado y mantenido la soberanía sobre zonas marítimas que consideraban vitales para ellos, sin prestar mucha atención a las opiniones divergentes y cambiantes sobre lo que el derecho internacional general podría prescribir con respecto a la delimitación del mar territorial.[419] Pero, para explicar el régimen jurídico de las "aguas históricas", hay dos teorías. De acuerdo con la primera de ellas, en la codificación del derecho del mar, como cuestión práctica, se tuvo en cuenta que ésta no podía anular la existencia de derechos históricos sobre ciertas áreas del mar, que quedaron sometidas a un régimen excepcional; pero ese régimen excepcional tiene que estar basado en condiciones excepcionales que tienen que ser rigurosamente probadas. Sin embargo, la pretensión de un Estado de que determinadas áreas marinas que de otra forma serían parte de la alta mar son sus "aguas históricas", para que sean tales, el ejercicio de autoridad del Estado -junto con el uso largo y continuado de ellas como si fueran parte de su dominio costero- debe tener el reconocimiento de los otros Estados.[420] No es que, si no se tratara de "aguas históricas", necesariamente ellas serían parte de la alta mar y, por lo tanto, *res communis*; lo que ocurre es que, al mover el punto a partir del cual se mide el mar territorial -ya sea con esta tesis o con la que comentamos en el párrafo siguiente-, la doctrina de las "aguas históricas" tiene el efecto de desplazar el límite exterior de ese mar territorial, incursionando en aguas que, de otra forma, serían parte de la alta mar.

En el mismo documento que comentamos, el Secretariado de la Comisión de Derecho Internacional examina, también, la tesis de quienes niegan el carácter excepcional del régimen jurídico de las "aguas históricas". Los sostenedores de esta teoría parten por afirmar que -antes de que las reglas de la Convención sobre el mar territorial y la zona contigua, de 1958, se convirtieran en derecho consuetudinario- no existían reglas generales de derecho internacional concernientes a la delimitación de las bahías y otras áreas marinas, de las cuales el régimen de las "aguas históricas" pudiera ser una excepción. Según esta tesis, los "títulos históricos" no tendrían la función de hacer legítima una situación que, de otra manera, sería ilegal, ni son un medio por el que el Estado costero incluye parte de la alta mar en sus dominios. Para los sostenedores de esta tesis, cuando un Estado invoca el uso prolongado -es decir, la costumbre-, éste constituye un fundamento adicional a los demás en que se basa su reclamación. Para justificarla, podrá alegar no solo la configuración de la bahía, su importancia económica para él, su necesidad de controlarla para proteger su territorio, etc., sino también el hecho

---

[417] Cfr. Gerald Fitzmaurice, *The law and procedure of the International Court of Justice*, 1951-54: Points of substantive law, The British Year Book of International Law, vol. 1954, p. 381.

[418] Antes de la entrada en vigor de la Convención sobre el mar territorial y la zona contigua, de 1958, y antes de la entrada en vigor de la Convención de Derecho del Mar, de 1982.

[419] Cfr. *Juridical Regime of Historic Waters, including Historic Bays, Study prepared by the Secretariat*, Document A/CN.4/143, en Yearbook of the International Law Commission, 1962, vol. II, pp. 6 y s., párrafos 33 y 38.

[420] Cfr. Ibid, pp. 8 y s., párrafos 42 a 48.

de que sus actos con respecto a la bahía siempre han sido los de un soberano y que, por lo tanto, sus derechos están confirmados por la tradición histórica. De manera que el "título histórico" no se consolidaría por la aquiescencia de los otros Estados, sino por el ejercicio continuo y pacífico de la soberanía que se consolida jurídicamente por efecto del tiempo. Pero, por supuesto, si la reacción de los otros Estados interfiere con el ejercicio continuo y pacífico de la soberanía, no se puede formar ningún título histórico. Lo que hace el "título histórico" es confirmar la validez jurídica de una situación. El fundamento del "título histórico" sería la costumbre continua y pacífica, por lo que la reacción de terceros Estados sólo constituiría un elemento que debe tomarse en cuenta en la apreciación de dicho título; mientras la ausencia de reacción de otros Estados dota a la costumbre del carácter continuo y pacífico que se requiere para que surja el "título histórico", una oposición aislada es incapaz de evitar su creación. Según esta tesis, no se invoca la historia para justificar derechos excepcionales sobre áreas del mar que el derecho internacional le niega al Estado, sino que se invoca la historia para explicar la forma en que -respecto de ese espacio- se aplica el derecho internacional general.[421]

El Secretariado de la Comisión de Derecho Internacional no comparte la tesis de que las "aguas históricas" sean la excepción a una regla de derecho internacional general, por lo que considera que dicho título debería estar basado en alguna forma de aquiescencia de los demás Estados. Si tales reglas existían, y cualquiera que fuera su contenido, ellas debieron ser reglas de derecho consuetudinario. En el momento actual, las reglas generales de derecho internacional en esta materia - de las cuales el régimen de las "aguas históricas" serían una excepción- sólo podrían ser reglas de derecho consuetudinario, por lo que las reglas generales sobre estas últimas estarían basadas en la costumbre. De manera que tanto las reglas generales como el título a las "aguas históricas" estarían basados en la costumbre, sin que se pueda apreciar por qué estas últimas tendrían un carácter excepcional y de naturaleza inferior a las primeras, requiriendo, para su validez, de la aquiescencia de los otros Estados. Según el Secretariado de la Comisión de Derecho Internacional, los hechos en que se basa el título a las "aguas históricas" corresponden a la costumbre, igual que los hechos en que se basa la costumbre general, y la *opinio juris* existe tanto en el caso de las "aguas históricas" como en el caso de la regla general. Por ende, si existen normas generales en este ámbito, lo más que podría afirmarse es que, en el marco del derecho internacional consuetudinario, ciertos límites máximos para el mar territorial y la anchura de la apertura de las bahías son de aplicación general, y que, en ciertos casos, existe un título histórico sobre aguas que no se encuentran dentro de estos límites. Las denominadas normas generales serían «generales» únicamente en el sentido de que serían de aplicación más general que el título «excepcional» sobre las «aguas históricas»; pero no serían «generales» en el sentido de tener una validez superior a la del título histórico supuestamente «excepcional». Tanto las normas generales como el título histórico formarían parte del derecho internacional consuetudinario, y no habría fundamento para afirmar, *a priori*, que el título histórico solo es válido si se basa en la aquiescencia de los demás Estados.[422] De acuerdo con este informe, es dudoso que el régimen de las "aguas históricas" sea uno excepcional, que se aparta de reglas precisas del derecho internacional consuetudinario, por lo que lo más realista sería examinar el título de las "aguas históricas" según sus propios méritos, y no en relación con una supuesta regla general de la que sería o no una excepción.[423]

Para el Secretariado de la Comisión de Derecho Internacional, al examinarse una reclamación basada en títulos históricos sobre un área marítima deben considerarse tres elementos: primero, el ejercicio de autoridad sobre el área en la que el Estado alega tener derechos históricos; segundo, la continuidad en el ejercicio de esa autoridad; y tercero, la actitud de los demás Estados. De modo que,

[421] Cfr. Ibid, pp. 9 y s., párrafos 49 a 53.

[422] Cfr. Ibid, p. 10, párrafos 54 y 55.

[423] Cfr. Ibid, p. 10, párrafos 58 y 59.

para adquirir un título histórico sobre el área en cuestión, en primer lugar, el Estado debe ejercer su autoridad sobre ella; en segundo lugar, dicho ejercicio de autoridad debe haberse manifestado durante un tiempo considerable, convirtiéndose en costumbre; y, en tercer lugar -aunque sea más controvertido- debe considerarse la postura que los otros Estados puedan haber adoptado respecto al ejercicio de autoridad por un Estado determinado en ese espacio. Mientras algunos autores afirman que, para el surgimiento de un título histórico, se requiere la aquiescencia de otros Estados, otros consideran que es suficiente la ausencia de oposición por parte de esos Estados.[424] Sobre este particular, hablando por boca de una Sala, la Corte ha dicho que la aquiescencia es equivalente a un reconocimiento tácito, manifestado a través de una conducta unilateral que la otra parte puede interpretar como consentimiento.[425]

En términos generales, puede decirse que para que surja un título histórico deben darse tres condiciones: a) que el ejercicio de autoridad sea suficientemente ostentoso y efectivo, así como repetido en el tiempo, b) que ese ejercicio de autoridad sea apreciado por los otros Estados; y c) que no sea objetado o resistido por los otros Estados. Estos tres elementos están conectados entre sí. La autoridad ejercida sobre el área reclamada debe ser a título de soberano, reivindicándola como parte del dominio del Estado, debe ser pública, y debe ser efectiva, manifestándose en hechos, y no en meras proclamaciones. El uso tiene que ser continuo y bien establecido, implicando una conducta generalizada y repetida por el mismo Estado. Es respecto de esa conducta que se requiere la inacción de los otros Estados, manifestada en una tolerancia general. Pero la oposición de un sólo Estado difícilmente puede impedir la consolidación de un título histórico. Una vez que el título ya se ha consolidado, la actitud de los otros Estados no tiene ningún efecto, pues su oposición debió haberse manifestado antes de que el título histórico llegara a cristalizar como tal.

En el caso de las Pesquerías, examinando los argumentos del Reino Unido, la Corte dio por sentado que la notoriedad del ejercicio público de la soberanía es esencial para servir de base a un título histórico que se pueda hacer valer respecto de terceros. A partir de allí, la Corte observó que la práctica noruega de líneas de base recta para medir su mar territorial (desplazando su límite exterior a aguas que, de otra manera, serían parte de la alta mar), se había beneficiado de una tolerancia general, que servía de fundamento a una "consolidación histórica" ejecutable en contra de todos los Estados. Para la Corte, la tolerancia general de los Estados extranjeros era un hecho indiscutible, y el derecho histórico así generado no se veía afectado por una supuesta oposición del Reino Unido. Según el Tribunal, la notoriedad de los hechos, la tolerancia general de la comunidad internacional, la posición de Gran Bretaña en el Mar del Norte, sus propios intereses en este asunto, y su prolongada abstención respecto de los actos de Noruega, justificaban, en todo caso, que esta última aplicara ese sistema de medición en contra del Reino Unido.[426]

Ni la doctrina ni la jurisprudencia indican un tiempo preciso, o un tiempo mínimo, para la consolidación de un derecho histórico; pero, puesto que el ejercicio de la soberanía debe convertirse en una costumbre, el tiempo transcurrido necesariamente deberá ser suficientemente largo para crearla, y su duración precisa dependerá de las características del espacio en cuestión, de la repetición de los actos de soberanía, y de la actitud de los otros Estados. Un espacio deshabitado, o de difícil acceso,

---

[424] Cfr. Ibid, p. 13, párrafo 80.

[425] Cfr. International Court of Justice, *Case concerning Delimitation of the Maritime Boundary in the Gulf of Maine Area* (Canada / United States of America), Judgment of 12 October 1984, given by the Chamber constitüted by the order made by the Court on 20 January 1982, párrafo 130.

[426] Cfr. International Court of Justice, *Fisheries case* (United Kingdom v. Norway), Judgment of December 18th, 1951, pp. 26 y s.

exigirá menos actividad estatal que uno densamente poblado, y podrá requerir menos tiempo para la consolidación de un título histórico.

En el caso de las "bahías históricas", o de las "aguas históricas", la idea de que, respecto de ellas, hay un "título histórico" está firmemente establecida en el derecho internacional. En caso de disputa, no se trata del espacio reclamado por dos o más Estados sobre la base de una larga posesión, sino del espacio marítimo reclamado por un Estado, teniendo en cuenta su historia, mientras los demás alegan que ese espacio incursiona en parte de la alta mar.

Pero las alegaciones de "títulos históricos" siempre han sido consideradas con la debida cautela por la jurisprudencia internacional. Si bien, en la disputa territorial y marítima entre Qatar y Bahréin (ambos antiguos protectorados de Gran Bretaña), Qatar alegó "la primacía de su título original" sobre las *effectivités* alegadas por Bahréin, y este último invocó un "título histórico" que se remontaba dos siglos atrás, al haber llegado a su sentencia sobre la base de una decisión británica de 1939, la Corte consideró que era innecesario pronunciarse sobre la existencia de posibles "títulos históricos".[427]

En la disputa territorial entre Malasia y Singapur por Pedra Branca, la Corte observó que el canal de Pedra Branca siempre se había considerado un peligro para la navegación en el Estrecho de Singapur, y que era importante para la navegación internacional en el comercio este-oeste, que conecta el Océano Índico con el Mar de China Meridional; por lo tanto, era imposible que la isla permaneciera desconocida o sin ser descubierta por la comunidad local. Evidentemente, Pedra Branca/Pulau Batu Puteh no era una *terra incognita*; por lo tanto, era razonable inferir que ésta se consideraba una de las islas que se encontraban dentro del ámbito geográfico del Sultanato de Johor. Además, al evaluar la cuestión del título original, la Corte consideró importante tener en cuenta que, a lo largo de toda la historia del antiguo Sultanato de Johor, no existía evidencia de que se hubiera presentado alguna reclamación concurrente sobre las islas en la zona del Estrecho de Singapur.[428]

Sin hacer referencia a títulos históricos, en el laudo dictado en el asunto del Alpe de Cravairola -en el que las partes habían invocado, *inter alia*, una sentencia de 1367, una escritura de compraventa de 1406, una cesión de 1454, y una conquista ocurrida en 1513-, el árbitro expresó que, para decidir, debía remitirse a los derechos de las partes, tal como eran en el momento de la Convención de 1650. Según el argumento de Italia -acogido por el árbitro- la prueba de su título consistía, entre otras cosas, en la adquisición del suelo antes de 1500, por comunas que, a septiembre de 1874 -la fecha del laudo- pertenecían a Italia, en la posesión incontestable del territorio por esas mismas comunas, en los procedimientos de delimitación territorial de 1554, 1555, y 1556, que fueron aceptados sin protesta de las partes durante casi un siglo, y en la ausencia de cualquier reclamo de dominio o jurisdicción antes de 1641, "cuando los Alpes habían sido poseídos por comunas italianas durante siglos enteros".[429]

Pero no todas las situaciones son iguales, y los acontecimientos pasados no tienen siempre las mismas consecuencias jurídicas. No puede perderse de vista que la noción de soberanía ha cambiado, y que, con frecuencia, las situaciones territoriales alegadas encuentran su origen en acciones bélicas que, aunque se rijan por el derecho intertemporal, en el derecho internacional actual no se les habría reconocido valor como medio para adquirir territorios. En realidad, el mismo derecho

427 Cfr. International Court of Justice, *Case concerning Maritime Delimitation and Territorial questions between Qatar and Bahrain* (Qatar v. Bahrain), Merits, Judgment of 16 March 2001, párrafos 99, 100, 101, 107, 110 y 148.

428 Cfr. International Court of Justice, *Sovereignty over Pedra Branca / Pulau Batu Puteh, Middle Rocks and South Ledge* (Malaysia / Singapore), Judgment of 23 May 2008, párrafos 61 y 62.

429 Cfr. *Decision of arbitration concerning the definite Fixing of the Italian-Swiss frontier at the place called Alpe de Cravairola*, Decision of 23 September 1874. Reports of International Arbitral Awards, vol. XXVIII, pp. 141-156, en pp. 152 y s.

internacional está en constante evolución, por lo que esos cambios le confieren a los títulos históricos un carácter relativo, que tendrá que ser apreciado caso por caso, teniendo en cuenta su contexto.

Si los títulos históricos están respaldados por una convicción general, mantenida incontestablemente, sin mostrar una solución de continuidad, y por largo tiempo, también se requiere que esa convicción esté acompañada de actos soberanos en o sobre el territorio. En tal sentido, en el caso de la isla Clipperton, el árbitro decidió que no existía prueba de un derecho histórico de México, respaldada por cualquier manifestación de su soberanía sobre la isla -soberanía que nunca se ejerció, hasta la expedición de 1897-, y que no se podía mantener la simple convicción, incluso general y de larga data, de que éste fuera un territorio que pertenecía a esa República.[430]

Según la Corte Permanente de Justicia Internacional, las reclamaciones del rey de Noruega a comienzos del siglo XVII, (en ese momento, Noruega y Dinamarca unidas), respecto de Groenlandia, marcadas por dos expediciones enviadas en 1605 y 1606, más los esfuerzos por asegurar el respeto de los derechos del rey por parte de las potencias extranjeras, y la reivindicación de excluir a los extranjeros del comercio con Groenlandia, demostraban que el rey consideraba que, en sus relaciones con Groenlandia, trataba con un país respecto del cual tenía una posición especial, superior a la de cualquier otra potencia. A juicio de la Corte, era evidente que las reivindicaciones del rey eran meras pretensiones, pues no tenía contacto permanente con el país, ni ejercía autoridad alguna allí. Sin embargo, en la medida en que esas reivindicaciones no fueron discutidas, que ninguna otra potencia pretendía tener soberanía territorial sobre Groenlandia, y en ausencia de cualquier otra reclamación, la Corte consideró que las pretensiones del rey de ser el soberano de Groenlandia subsistían.[431]

En el caso de la soberanía sobre los dos grupos de islotes de Minquiers y Ecrehos, tanto Gran Bretaña como Francia alegaban tener un título antiguo ("ancient") y original, que siempre se había mantenido, y que nunca se había perdido, por lo que ésta no era una disputa concerniente a la adquisición de soberanía sobre *terra nullius*. El Reino Unido alegaba que su título antiguo -su título original- derivaba de la conquista de Inglaterra, en 1066, por Guillermo, Duque de Normandía. Mediante esta conquista, Inglaterra llegó a conformar una unidad con el Ducado de Normandía, incluyendo las islas del Canal de la Mancha; esa unión duró hasta 1204, cuando Felipe Augusto de Francia expulsó de Normandía a las fuerzas anglonormandas. A partir de lo anterior, el Reino Unido sostenía que las islas del Canal, incluyendo los islotes Minquiers y Ecrehos, permanecieron siendo parte de Inglaterra, situación que habría sido reconocida por tratados posteriores celebrados entre los reyes de Francia e Inglaterra. Invocando los mismos tratados medievales que el Reino Unido, Francia sostenía que, después del desmembramiento del Ducado de Normandía, esos dos grupos de islas e islotes habrían pasado a posesión del rey de Francia. Sin embargo, la Corte observó que ni el Tratado de Lambeth, de 1217, ni el Tratado de París, de 1259, ni el Tratado de Calais, de 1360, ni el Tratado de Troyes, de 1420, se referían expresamente a los islotes en disputa. Por lo tanto, respecto de la soberanía sobre los referidos islotes, el Tribunal no podía extraer o deducir ninguna conclusión de esos Tratados, y expresó que, en última instancia, esa cuestión dependía de la evidencia relacionada directamente con la *posesión* de esos dos grupos de islotes. Según la Corte, para decidir esta controversia no era necesario resolver disputas históricas, porque, incluso si el rey de Francia tenía un título feudal original respecto de las islas del Canal, dicho título debería haber caducado como consecuencia de los acontecimientos ocurridos en 1204 y en los años siguientes; el alegado título feudal original del rey de Francia no podía producir ningún efecto en la actualidad, a menos que hubiese sido reemplazado por

---

[430] Cfr. *Affaire de l'Ile de Clipperton* (Mexique contre France), Sentence, Rome, 28 janvier 1931. Reports of International Arbitral Awards, vol. II, pp. 1.105–1.111, en pág. 1.109 y s.

[431] Cfr. Permanent Court of International Justice, *Legal Status of Eastern Greenland*, Judgment of April 5th, 1933, pp. 29 y 30.

otro título válido, de acuerdo con el Derecho vigente al momento de su reemplazo. Según la Corte, ese alegado título original tendría que haber sido reemplazado por la posesión efectiva de los islotes en disputa. En relación con una sentencia de 1202 invocada por Francia, el Tribunal fue de opinión que -independientemente de lo que se pensara sobre su existencia, validez, ámbito de aplicación, y consecuencias- éste no fue ejecutado respecto de las islas del Canal, puesto que el rey de Francia no había logrado obtener la posesión de estas, excepto por breves períodos. Pero incluso asumiendo que esta sentencia feudal en realidad se pronunció, y se quiso que produjera efectos jurídicos en ese momento, permaneció inoperativa respecto de las islas del Canal; a juicio de la Corte, revivir su fuerza legal hoy, atribuyéndole efectos jurídicos después de un intervalo de más de siete siglos, parecía conducir más allá de cualquier aplicación razonable de las consideraciones jurídicas. En opinión del Tribunal, lo que era de importancia decisiva no eran las presunciones indirectas deducidas de eventos ocurridos en la Edad Media, sino la evidencia relacionada directamente con la posesión de los islotes en disputa.[432] En este sentido, la Corte encontró que, por la mayor parte del siglo XIX y en lo que iba del siglo XX, las autoridades británicas habían ejercido las funciones propias del Estado respecto del grupo de islotes de Ecrehos, y que la evidencia presentada también permitía establecer que, a comienzos del siglo XVII, los islotes de Minquiers habían sido tratados como parte del feudo de Noirmont, en Jersey, y que, durante una considerable parte del siglo XIX y en el siglo XX, las autoridades británicas habían ejercido funciones de Estado respecto de este grupo de islotes.[433]

Demás está decir que para considerar la existencia de títulos históricos hay que considerar el contexto en el que, supuestamente, habría surgido ese título. En el caso de la disputa por unas islas en el Mar Rojo, Yemen alegó títulos históricos, que emanaban de un Yemen medieval -cuando éste era una entidad enclavada en la montaña, con poca influencia sobre las áreas costeras-, que se remontaban a un período anterior a la hegemonía del Imperio Otomano en la región. Según Yemen, después del Tratado de Lausana, de 1923, mediante el cual el Imperio Otomano renunció a su reconocida soberanía sobre las islas en favor de las "partes interesadas", esos derechos históricos habrían "revertido" a Yemen. Al no tener ningún fundamento en el derecho internacional, y al ser incompatible con la posesión y la plena soberanía que -en 1923- el Imperio Otomano tenía sobre dichas islas, pudiendo disponer de las mismas, el Tribunal rechazó la doctrina de la "reversión". El laudo sostiene que, incluso si esa doctrina fuera válida, ella no era aplicable en este caso, porque se habría roto la continuidad en el mantenimiento del título. Pero, a juicio del Tribunal, había una dificultad adicional para reconocer un "título histórico" de Yemen porque, si bien éste existía antes de caer bajo el dominio Otomano, era difícil imaginar que el Imán, que en ese período habitaba y gobernaba desde una fortaleza en la montaña, tuviera alguna influencia sobre las islas. Además, según el Tribunal, era un absoluto anacronismo atribuir a una sociedad medieval tribal, montañosa y musulmana, el concepto occidental moderno de la soberanía, particularmente respecto de unas islas deshabitadas y estériles, utilizadas ocasionalmente -como lugar de parada- por pescadores tradicionales.[434] Respecto de Eritrea, aunque ésta no podía basar su argumento en un título "antiguo", sostenía poseer un "título histórico" derivado de Italia, a la que había sucedido Etiopía -y luego Eritrea- en esos espacios; sin embargo, el Tribunal observó que, a pesar de las serias ambiciones territoriales de Italia respecto de las islas del Mar Rojo en el período entre las dos guerras mundiales, después de 1923, de manera constante y persistente, Italia había dado garantías al Gobierno británico de que aceptaba y reconocía la indeterminación de la

---

432 Cfr. International Court of Justice, *The Minquiers and Ecrehos Case* (France / United Kingdom), Judgment of November 17th, 1953, pp. 10 a 14.

433 Cfr. Ibid, pp. 24 y 27.

434 Cfr. *Award of the Arbitral Tribunal in the first stage of the proceedings between Eritrea and Yemen - Territorial Sovereignty and Scope of the Dispute (Eritrea and Yemen)*, Arbitral Award of 9 October 1998. Reports of International Arbitral Awards, vol. XXII, pp. 209-332, párrafos 143 y 441 al 446.

situación jurídica de esas islas después de la firma del Tratado de Lausana.[435] Si Italia no había reclamado esas islas para sí misma, mal podían Etiopía -y luego Eritrea- sucederla en derechos que Italia obviamente no tenía. A pesar de que, en su reclamación, ambas partes habían puesto especial énfasis en los "títulos históricos" como fundamento de su soberanía territorial sobre las islas en disputa, ni Eritrea ni Yemen lograron persuadir al tribunal de la existencia de tales títulos en el caso objeto de litigio. Y si bien una ocupación colonial podía interrumpir la cadena de un título histórico, la Corte tampoco aceptó que el término de ese régimen colonial se tradujera en la reversión al *status quo ante*. Al igual que en el caso de los islotes Minquiers y Ecrehos, lo que sirvió de base para la decisión del Tribunal fue la historia relativamente reciente del uso y la posesión de las islas.

En lo que respecta a la controversia por el territorio situado en la ribera izquierda del río Esequibo -y con plena consciencia de la importancia de los ríos en la vida de las naciones-, los mapas de los españoles, Cruz Cano (1750) y Surville (1778), de algunos británicos, como Faden, Aaron Arrowsmith, Pinkerton (1818), De la Rochette (presentado como inglés, por alguno de sus biógrafos), del colombiano Restrepo (1827), del italo-venezolano Codazzi, y de terceros independientes, como Jacobs Cummings (circa 1821), Bouchon (1825), y Hall (1829), parecen dar por sentado que la frontera era el río Esequibo, excepto por el triángulo que va de la desembocadura del Pomerón -o del Moruca- hacia la confluencia del Cuyuní y el Mazaruni con el Esequibo. Es posible que hasta allí puede llegar el argumento de los títulos históricos de las partes. Pero, teniendo en cuenta las condiciones requeridas para que se consolide un título histórico, si se llega a un punto en el que Corte deba determinar la frontera entre los dos países, lo más probable es que el Tribunal decida a partir de otras consideraciones.

V. LAS *"EFFECTIVITÉS"* COMO PRUEBA DE LA SOBERANÍA

Desarrollado por la jurisprudencia internacional, sin ser un modo de adquisición de territorios, las "*effectivités*" son un concepto de especial relevancia, como prueba de la soberanía.

La noción francesa de "*effectivités*", ya incorporada al lenguaje del derecho internacional, en lo que concierne a las "*effectivités* coloniales", han sido definidas como la conducta de las autoridades administrativas, como prueba del ejercicio efectivo de la jurisdicción territorial en la región durante el período colonial.[436] Similarmente, en la disputa entre Eritrea y Etiopía, el Tribunal arbitral las calificó como "la actividad sobre el terreno, que tiende a demostrar el ejercicio de la autoridad soberana por parte de la Parte que realiza esa actividad".[437] Dichas acciones pueden comprender reivindicaciones legislativas, administrativas o judiciales de autoridad sobre la zona en disputa. No existe un estándar fijo de la duración e intensidad requerida de dichas actividades; su efecto depende de la naturaleza del terreno, de la extensión de su población, del período durante el cual se ha llevado a cabo, y del alcance de cualquier conducta contraria, incluidas las protestas, del Estado oponente. Pero también es importante tener presente que la conducta no genera por sí sola un título absoluto e inatacable, sino solo un título relativo al del Estado contendiente. La conducta de una Parte debe compararse con la de la otra. Eventualmente, aunque no necesariamente, el resultado jurídico puede ser la modificación de una frontera establecida por un tratado.[438] En cualquier caso, la realización de actividades a título

---

[435] Cfr. Ibid, párrafo 448.

[436] Cfr. International Court of Justice, *Frontier Dispute* (Burkina Faso / Republic of Mali), Judgment of 22 December 1986, párrafo 63.

[437] Cfr. *Decision regarding delimitation of the border between Eritrea and Ethiopia*, Decision of 13 April 2002, párrafo 3.16. Reports of International Arbitral Awards, vol. XXV, pp. 83-196, en p. 113.

[438] Cfr. Ibid, párrafo 3.29, en pp. 116 y s.

de soberano, sin especificar precisamente dónde es que se realizaron, o dónde es que surtieron efectos, no tienen ningún valor probatorio.[439]

De lo anterior se desprende que, en principio, las "*effectivités*" no constituyen, exactamente, un título territorial, pero sí una prueba muy sólida de que ese título se ha ido construyendo a través de actos del Estado que no han sido controvertidos por otras naciones, y que han derivado en la existencia de un título, que las "*effectivités*" no hacen sino confirmar. Por ejemplo, en la disputa entre Indonesia y Malasia por dos islas minúsculas en el Mar de Célebes, ambas partes alegaban que las *effectivités* en las que se basaban sus reclamaciones simplemente confirmaban un título basado en un tratado.[440] Asimismo, en la disputa territorial y marítima entre Camerún y Nigeria -para confirmar que Camerún no había renunciado a sus títulos territoriales en favor de Nigeria-, la Corte hizo notar que la evidencia mostraba alguna actividad administrativa en partes de la región en disputa, que había habido visitas administrativas en un cierto período, que algunas aldeas habían participado en elecciones para la presidencia de la República, que había medidas de mantenimiento del orden público, que el censo de 1984 había incluido a 18 aldeas de la zona en disputa, que los nombramientos de los jefes de aldea habían sido referidos al prefecto de Camerún, y que había una modesta evidencia del cobro de impuestos en algunas aldeas; y, a pesar de la presencia de tropas nigerianas a partir de 1987, había pruebas de que, esporádicamente, Camerún trató de ejercer algún control administrativo en las áreas en disputa, aunque con poco éxito en el último período.[441] Además, cuando las *effectivités* no coexisten con ningún título jurídico, la Corte ha señalado que, invariablemente, deben tomarse en consideración.[442] Pero, cuando el acto no se ajuste a la ley -manifestada, por ejemplo, en un Tratado entre las partes-, y cuando el territorio objeto de la controversia esté efectivamente administrado por un Estado distinto del que posee el título legal, se deberá dar preferencia a este último.[443] En este sentido, en la disputa territorial entre Camerún y Nigeria, respecto de la jurisprudencia invocada por Nigeria, la Corte observó que en ninguno de esos casos se hizo referencia a actos *contra legem*, por lo que dichos precedentes no eran relevantes; el Tribunal ha advertido que la cuestión jurídica de si las *effectivités* sugieren que la titularidad recae en un país y no en otro no es la misma que la de si dichas *effectivités* pueden servir para desplazar un título territorial establecido en un tratado.[444] A juicio de la Corte, lo relevante es si la conducta del Estado que posee un título derivado de un tratado -y que no protestó apropiadamente frente a los actos a título de soberano de otro Estado- puede ser vista como aquiescencia en la pérdida de dicho título, o de uno heredado al momento de su independencia.[445]

Un Estado que tiene un título territorial bien establecido, que ha sido reconocido por la contraparte, no necesita recurrir a *effectivités*, y -según la Corte- tampoco necesita protestar ante las *effectivités* de su contraparte. Además, ninguna *effectivités contra legem* de un Estado que previamente ha

---

439 Cfr. Ibid, párrafo 6.27, en p. 170.

440 Cfr. International Court of Justice, *Case Concerning Sovereignty over Pulau Ligitan and Pulau Sipadan* (Indonesia / Malaysia), Judgment of 17 December 2002, párrafo 127.

441 Cfr. International Court of Justice, *Case Concerning the Land and Maritime Boundary between Cameroon and Nigeria* (Cameroon v. Nigeria: Equatorial Guinea intervening), Judgment of 10 October 2002, párrafos 68 y 69.

442 Cfr. International Court of Justice, *Frontier Dispute* (Burkina Faso / Republic of Mali), Judgment of 22 December 1986, párrafo 63. También, *Case Concerning the Land and Maritime Boundary between Cameroon and Nigeria* (Cameroon v. Nigeria: Equatorial Guinea intervening). Judgment of 10 October 2002, párrafo 68, y *Case Concerning Sovereignty over Pulau Ligitan and Pulau Sipadan* (Indonesia / Malaysia), Judgment of 17 December 2002, párrafo 126.

443 Cfr. International Court of Justice, *Frontier Dispute* (Burkina Faso / Republic of Mali), Judgment of 22 December 1986, párrafo 63.

444 Cfr. International Court of Justice, *Case Concerning the Land and Maritime Boundary between Cameroon and Nigeria* (Cameroon v. Nigeria: Equatorial Guinea intervening), Judgment of 10 October 2002, párrafo 223.

445 Cfr. Ibidem.

reconocido el título territorial de otro Estado puede tener alguna significación jurídica.[446] En ausencia del abandono de los derechos de quien tiene el título sobre el territorio, un Estado que ha reconocido el referido título, y que, por lo tanto, ha admitido no tener soberanía en dicho territorio, no puede pretender que actúa a título de soberano en ese mismo espacio.[447]

Sin hacer uso de la nomenclatura francesa que se impondría posteriormente, en el asunto de Groenlandia Oriental, la Corte Permanente de Justicia Internacional expresó que una reivindicación de soberanía que no esté basada en un acto o título particular, como un tratado de cesión, sino simplemente en la manifestación continua de autoridad, implica dos elementos cuya existencia debe demostrarse: la intención y la voluntad de actuar como soberano, y *algún ejercicio o manifestación real de dicha autoridad*. Seguidamente, la Corte mencionó que era imposible leer los registros de sus decisiones en casos relativos a la soberanía territorial sin observar que, en muchos casos, el tribunal se había conformado con muy poco en lo que respecta al *ejercicio real de los derechos soberanos*, siempre que el otro Estado no pudiera presentar una reclamación superior.[448]

La distinción entre "títulos jurídicos" y "*effectivités*" -que, según la Corte, deriva de la distinción entre disputas fronterizas y disputas sobre la atribución de territorio- también surgió en la disputa fronteriza entre Burkina Faso y Mali. En esa ocasión, el Tribunal señaló que la expresión "*título legal*" parece denotar únicamente pruebas documentales, aunque recordó que éste no es el único significado aceptado de la palabra "*título*". De hecho, el concepto de título puede abarcar también, y de manera más general, cualquier prueba que pueda establecer la existencia de un derecho, como la fuente real de ese derecho.[449] Por contraste, las "*effectivités*" corresponden a la conducta de las autoridades del Estado, como prueba del ejercicio efectivo de la jurisdicción territorial en la región en disputa, o como manifestación del control del territorio, en calidad de soberano, mediante actos legislativos, administrativos, o judiciales. Sin embargo, cuando hay una frontera descrita en un instrumento convencional, el papel de las *effectivités* puede ser complejo, y habrá que pesar cuidadosamente la fuerza jurídica de cada uno; si los actos del Estado corresponden exactamente al Derecho, el único papel de la *effectivité* es confirmar el ejercicio de un derecho derivado de un título jurídico. Pero si los actos no corresponden al Derecho, donde el territorio objeto de controversia está efectivamente administrado por un Estado distinto del que posee un título jurídico, debe darse preferencia al poseedor de este último. En el caso de que la *effectivité* no coexista con ningún título legal, invariablemente deberá tenerse en cuenta este último. Pero hay casos en los que el título legal no es capaz de mostrar exactamente la extensión territorial a la que se refiere; en tales situaciones, la *effectivité* puede desempeñar un papel esencial, mostrando cómo es que se ha interpretado el título en la práctica.[450]

De nuevo, la fecha crítica en que surgió la controversia es la que determina las *effectivités* a considerar. En este sentido, la Corte ha observado que ella no puede tomar en consideración actos ocurridos después de la fecha en que cristalizó la controversia entre las Partes, a menos que dichos

---

446 Cfr. International Court of Justice, *Case Concerning the Land and Maritime Boundary between Cameroon and Nigeria* (Cameroon v. Nigeria: Equatorial Guinea intervening), Judgment of 10 October 2002, párrafo 223.

447 Cfr. International Court of Justice, *Case Concerning the Land and Maritime Boundary between Cameroon and Nigeria* (Cameroon v. Nigeria: Equatorial Guinea intervening), Judgment of 10 October 2002, párrafos 223 y 224.

448 Cfr. Permanent Court of International Justice, *Legal Status of Eastern Greenland*, Judgment of April 5th, 1933, pp. 45 y s.

449 Cfr. International Court of Justice, *Frontier Dispute* (Burkina Faso / Republic of Mali), Judgment of 22 December 1986, párrafo 18.

450 Cfr. Ibid., párrafo 63.

actos sean una continuación normal de actos anteriores y no se realicen con el propósito de mejorar la posición jurídica de la Parte que se basa en ellos.[451]

Por supuesto, el efecto de la conducta del Estado respecto de la condición jurídica del territorio en disputa tiene que ser examinada con cautela. En el asunto del Templo de Preah Vihear, Tailandia alegó actos administrativos que se presentaron como prueba de su conducta como soberana, suficientes para refutar cualquier sugerencia de que, en virtud del Tratado de 1904, Tailandia habría aceptado una delimitación que tuviera el efecto de atribuir la soberanía sobre Preah Vihear a Camboya. Desde esta perspectiva, la Corte entendió que debía considerar y evaluar si esos actos fueron suficientes para borrar o anular la clara impresión de aceptación de la línea fronteriza que se derivaba del resto de la evidencia. Según la Corte, salvo una o dos excepciones, los actos en cuestión fueron exclusivamente actos de autoridades locales y provinciales; además, en la medida en que esas actividades tuvieron lugar, no estaba claro que se refirieran a la cima del Monte Preah Vihear y a la propia zona del Templo, en lugar de a sus inmediaciones. Pero, como quiera que fuera, al Tribunal le resultaba difícil considerar que tales actos locales invalidaran y negaran la actitud constante e inquebrantable de las autoridades centrales siamesas respecto a la línea fronteriza tal como estaba trazada en los mapas.[452]

La consistencia y la precisión de los actos alegados como generadores, o como elementos que corroboran, un título territorial, también han sido objeto de atención por la jurisprudencia internacional. En el caso de la disputa entre Argentina y Chile por la frontera en un sector de la cordillera de Los Andes (Laguna del Desierto), ante el argumento de que las autoridades chilenas habían otorgado diversas concesiones de tierras en esa área, y que sus autoridades habían ejercido funciones públicas allí, el Tribunal arbitral señaló que las pruebas aportadas demostraban que esos actos de jurisdicción no se ejercieron con la consistencia, la falta de ambigüedad y, en algunos casos, la eficacia necesaria para que se les atribuyera consecuencias jurídicas relevantes en el caso objeto de litigio; además, el Tribunal observó que ninguno de esos actos incluyó la publicación de mapas o planos que indicaran que afectaban la cuenca del río Gatica o de las Vueltas. En vista de lo anterior, el Tribunal consideró que no era razonable extraer consecuencias decisivas de la falta de protesta del Gobierno argentino respecto de tales actos, especialmente a la luz de la confianza de Argentina en la cartografía chilena de la época, que ubicaba la cuenca en Argentina.[453]

En el caso de la disputa territorial por las islas de Ligitan y Sipadan, la Corte fue de opinión que las medidas tomadas para regular y controlar la recolección de huevos de tortuga, al igual que el establecimiento de una reserva de pájaros, eran actos que debían ser vistos como afirmaciones regulatorias y administrativas de autoridad sobre un territorio que se especificaba por su nombre.[454] Por el contrario, en el caso de las Pesquerías, a pesar de que las actividades pesqueras habían ocupado un lugar destacado en los alegatos de las partes, la Corte ni siquiera se refirió a ellas y el juez McNair, en su voto disidente -aunque refiriéndose a los títulos históricos-, manifestó que una regla de derecho que le parecía pertinente era que, generalmente, se requería alguna prueba del ejercicio de la jurisdicción estatal, y que la actividad independiente de los particulares tenía poco valor, a menos que pudiera demostrarse que habían actuado en cumplimiento de una licencia o alguna otra autorización recibida de sus gobiernos, o que, de alguna manera, sus gobiernos habían hecho valer su jurisdicción a través

---

451 Cfr. International Court of Justice, *Case Concerning Sovereignty over Pulau Ligitan and Pulau Sipadan* (Indonesia / Malaysia), Judgment of 17 December 2002, párrafo 135.

452 Cfr. International Court of Justice, *Case Concerning the Temple of Preah Vihear (Cambodia v. Thailand)*, Merits, Judgment of 15 June 1962, p. 28.

453 Cfr. *Boundary dispute between Argentina and Chile concerning the frontier line between boundary post 62 and Mount Fitzroy*, Laudo del 21 de octubre de 1994, párrafos 168 y 169, en Reports of International Arbitral Awards, vol. XXII, p. 52.

454 Cfr., por ejemplo, International Court of Justice, *Case Concerning Sovereignty over Pulau Ligitan and Pulau Sipadan* (Indonesia / Malaysia), Judgment of 17 December 2002, párrafo 145.

de ellos.[455] Asimismo, en esa misma ocasión, y también refiriéndose a títulos históricos, en su opinión separada, el juez Hsu Mo señaló que los individuos, al emprender empresas por iniciativa propia, para su propio beneficio y sin delegación alguna de autoridad por parte de su Gobierno, no pueden conferir soberanía al Estado, incluso a pesar del transcurso del tiempo y de la ausencia de obstáculos por parte de la gente de otros países.[456] Para ser relevantes, los actos de los individuos deben servir como un instrumento del Estado para ejercer su jurisdicción, con la intención de adquirir el territorio de que se trata.

Por consiguiente, debe tenerse presente que se entiende por *effectivités* los actos de autoridad del Estado, que reflejen la intención y la voluntad de actuar como soberano, y no los actos de particulares. Este es un punto en el que ha insistido mucho la jurisprudencia internacional, a menos que las actividades de particulares se lleven a cabo con base en regulaciones oficiales, o bajo la autoridad gubernamental.[457] En cuanto a la intención del Estado, en el caso de la disputa territorial entre Indonesia y Malasia, la Corte observó, *inter alia*, que las actividades que tuvieron lugar antes de la celebración de la Convención de 1930 (celebrada entre Estados Unidos y Gran Bretaña delimitando la frontera del archipiélago de las Filipinas y el Estado de Borneo del Norte) no podían considerarse actos de soberanía ("*à titre de souverain*"), ya que Gran Bretaña no reclamó en ese momento la soberanía en nombre del Estado de Borneo del Norte sobre las islas más allá del límite de las tres leguas marinas, extendiéndose a las islas en disputa.[458]

En su opinión disidente en el caso del Rann de Kutch, Aleš Bebler hizo notar que lo que la doctrina enfatiza menos, pero que no puede ponerse en duda, es la cuestión de la capacidad de las personas que no son simples particulares, y que realizan actos de administración o de otro tipo en una zona en disputa. En su opinión, es indudable que la jurisprudencia internacional no admite como actos a título de soberano aquellos actos de funcionarios locales, de los cuales el Estado -es decir, el Gobierno, a cuyo servicio están-, no está en conocimiento de que hayan excedido su competencia; la expresión a título de soberano en sí misma es suficientemente clara como para excluir tales actos. Como expresó la Corte Permanente de Justicia Internacional en el caso del Estatuto Jurídico de Groenlandia Oriental, los funcionarios locales no pueden realizar actos de soberanía por sí mismos, ni pueden tener la «intención y voluntad de actuar como soberanos».[459]

A lo que los tribunales internacionales atribuyen valor probatorio es a los actos relacionados con el ejercicio de la jurisdicción, así como a actos administrativos y legislativos.[460] Como indica la jurisprudencia internacional, la legislación es una de las formas más obvias de ejercicio de la soberanía.[461] Pero una serie de tratados en los que el Estado alega tener soberanía sobre un determinado espacio, sin que tales reclamaciones hayan sido resistidas por los otros Estados, también pueden ser considerados como una demostración de la voluntad e intención del Estado de ejercer soberanía sobre

---

455 Cfr. Dissenting Opinion of judge Arnold McNair, en International Court of Justice, *Fisheries Case* (United Kingdom v. Norway), Judgment of December 18th, 1951, p. 72.

456 Cfr. Separate Opinion of judge Hsu Mo, en International Court of Justice, *Fisheries Case* (United Kingdom v. Norway), Judgment of December 18th, 1951, p. 45.

457 Cfr., por ejemplo, International Court of Justice, *Case Concerning Sovereignty over Pulau Ligitan and Pulau Sipadan* (Indonesia / Malaysia), Judgment of 17 December 2002, párrafo 140.

458 Cfr. Ibid, párrafo 142.

459 Cfr. Dissenting Opinion of judge Aleš Bebler, *Case Concerning the Indo-Pakistan Western Boundary (Rann of Kutch)*, Award of 19 February 1968. Reports of International Arbitral Awards, vol. XVII, p

460 Cfr. International Court of Justice, *The Minquiers and Ecrehos Case* (France / United Kingdom), Judgment of November 17th, 1953, p. 22.

461 Cfr. Permanent Court of International Justice, *Legal Status of Eastern Greenland*, Judgment of April 5th, 1933, p. 30.

dicho territorio.[462] Los actos de jurisdicción realizados por un Estado en determinado territorio, repetidos en el tiempo, con el conocimiento y sin la protesta de otros Estados, son una manifestación de soberanía que, con la exclusión de la de otros Estados, no constituyen un título territorial en sí mismos, pero son la confirmación, o la corroboración, de que ese Estado es el soberano legítimo de ese Estado.[463]

Por supuesto, los actos que constituyen una manifestación relevante de autoridad son aquellos que no dejan lugar a dudas sobre su referencia específica al territorio en disputa. Por consiguiente, las leyes, reglamentos o actos administrativos de carácter general, solo pueden considerarse que tienen el carácter de *effectivité* si, de sus términos o efectos, se desprende claramente que se referían al territorio en disputa.[464] En el caso de las islas de Ligitan y Sipadan, la Corte observó que las actividades invocadas por Malasia, tanto en su propio nombre como en su calidad de Estado sucesor de Gran Bretaña, eran modestas en número, pero de carácter diverso, e incluían actos legislativos, administrativos y cuasi judiciales, abarcando un período considerable de tiempo, y mostrando un patrón que revelaba la intención de ejercer funciones estatales respecto de las dos islas en disputa, en el contexto de la administración de un conjunto más amplio de islas. Además, la Corte no podía ignorar que, en el momento en que se llevaron a cabo estas actividades, ni Indonesia ni su predecesor, los Países Bajos, expresaron jamás su desacuerdo o protesta. A este respecto, la Corte observa que en 1962 y 1963 las autoridades indonesias ni siquiera recordaron a las autoridades de la colonia de Borneo del Norte, o a Malasia, tras su independencia, que la construcción de los faros en ese momento se había llevado a cabo en territorio que consideraban indonesio. Incluso si consideraban que esos faros estaban destinados únicamente a la navegación segura en una zona de particular importancia para la navegación en las aguas de Borneo del Norte, tal comportamiento era inusual.[465] A partir de las consideraciones anteriores, y sobre la base de las *effectivités* referidas, la Corte consideró que Malasia tenía título a las islas en disputa.[466]

En el caso de la disputa territorial entre Benín y Niger, con base en las pruebas presentadas por las partes, el Tribunal concluyó que, entre 1914 y 1954, los términos del *modus vivendi* establecido en la carta Sadoux de 1914 se respetaron en general y que, durante este período, ambas partes consideraban como la frontera el principal canal navegable del río Níger. En consecuencia, Níger ejercía la autoridad administrativa en las islas situadas a la izquierda y Dahomey (Benín) en las situadas a la derecha de dicha línea. Según el Tribunal, el derecho de Níger a administrar la isla de Lété había sido cuestionado esporádicamente por razones prácticas, pero no fue controvertido ni de hecho ni de derecho. Respecto de tres islas en el lado opuesto de la aldea de Gaya, la Sala señaló que no había recibido información que indicara que estas islas fueran administradas en ese momento desde otro lugar que no fuera el círculo de Kandi (Dahomey), y, por lo tanto, concluyó que, en este sector del río, se consideraba que el límite pasaba por la izquierda de estas tres islas. La situación era menos clara en el período comprendido entre 1954 y 1960, siendo evidente que ambas partes habían reclamado periódicamente derechos sobre las islas -Lété, en particular-, y ocasionalmente realizaron actos administrativos como muestra de su autoridad; sin embargo, basándose en las pruebas presentadas, la Sala no podía concluir que la administración de Lété, que antes de 1954 sin duda ejercía Níger, fuera efectivamente transferida o asumida por Dahomey (Benín). A este respecto, el Tribunal señaló que un

[462] Cfr. Permanent Court of International Justice, *Legal Status of Eastern Greenland*, Judgment of April 5th, 1933, p. 34.

[463] Cfr., en este sentido, *Beagle Channel arbitration between the Republic of Argentina and the Republic of Chile*, Report and decision of the Court of Arbitration, 18 February 1977, párrafos 164 y 165.

[464] Cfr., por ejemplo, International Court of Justice, *Case Concerning Sovereignty over Pulau Ligitan and Pulau Sipadan* (Indonesia / Malaysia), Judgment of 17 December 2002, párrafo 136.

[465] Cfr. Ibid, párrafo 148.

[466] Cfr. Ibid, párrafo 149.

informe de la gendarmería de Malanville del 1 de julio de 1960 indicaba que Lété estaba «actualmente administrada por la subdivisión de Gaya».[467] Por otra parte, la sentencia también menciona -como *effectivités*- la creación de parques nacionales y reservas naturales.[468] Teniendo en cuenta las circunstancias del caso, la Corte determinó que no era necesario buscar *effectivités* para aplicar el principio de *uti possidetis*, ya que estas solo pueden ser de interés en un caso para completar o subsanar títulos jurídicos dudosos o inexistentes, pero nunca pueden prevalecer sobre títulos con los que discrepan. En todo caso, *ex abundanti*, la Sala observó que las *effectivités* invocadas por las partes en uno de los sectores en cuestión eran relativamente débiles.[469]

Por otra parte, en la delimitación marítima y cuestiones territoriales entre Bahréin y Qatar, la Corte señaló que sería controversial considerar la perforación de pozos artesanales como actos realizados a título de soberano; sin embargo, la construcción de ayudas a la navegación podía ser jurídicamente relevante en el caso de islas muy pequeñas; y, en el caso en cuestión, teniendo en cuenta el tamaño de Qit'at Jaradah, las actividades realizadas por Bahréin en dicha isla debían considerarse suficientes para respaldar la afirmación de Bahréin de que tenía soberanía sobre ella.[470]

Según la jurisprudencia internacional, aunque una medición pueda considerarse como un acto de ejercicio de la soberanía territorial, sí es un acto unilateral -realizado, además, por una agencia que no tiene competencia para definir las fronteras nacionales-, no puede reconocerse como un acto que determine jurídicamente la frontera de un Estado. En el caso de la frontera entre Austria y Hungría, el Tribunal arbitral determinó que ese poder había pertenecido al monarca, que fue quien había incorporado Galicia a Austria, y que fue quien reconoció a Hungría los pueblos de Zips; por consiguiente, la medición Josephine no era una prueba decisiva en dicha disputa.[471]

En cuanto a la interrelación entre los títulos y las "*effectivités*", en el caso de la disputa fronteriza entre El Salvador y Honduras, la Corte -a través de una sala- hizo notar que los títulos de propiedad formales de los bienes comunes podían compararse con las «*colonial effectivités*», en la medida en que constituyeran actos de administración efectiva por parte de las autoridades coloniales, y no actos de particulares. Y puesto que, respecto a la frontera terrestre, el Tribunal debía llegar a una conclusión sobre la posición del límite de *uti possidetis juris* de 1821, debía tener en cuenta las "*colonial effectivités*" reflejadas en la prueba documental del período colonial presentada por las Partes y, en ciertos casos, la prueba documental de las *effectivités* posteriores a la independencia, cuando ellas ofrecieran indicaciones respecto del límite del *uti possidetis juris de 1821*, siempre que existiera una relación entre las efectividades en cuestión y la determinación de ese límite.[472] Pero, si bien una *effectivité* puede permitir la interpretación de un título jurídico oscuro o ambiguo, no puede contradecir el título correspondiente.[473]

---

467 Cfr. International Court of Justice, *Case Concerning the Frontier Dispute* (Benin / Niger), Judgment of 12 july 2005, párrafos 98 a 100.

468 Cfr. Ibid, párrafo 137.

469 Cfr. Ibid, párrafo 141.

470 Cfr. International Court of Justice, *Case Concerning Maritime Delimitation and Territorial Questions between Qatar and Bahrain* (Qatar v. Bahrain), Merits, Judgment of 16 March 2001, párrafo 197.

471 Cfr., *Decision of the arbitral tribunal established to settle the dispute concerning the course of the boundary between Austria and Hungary near the lake called the "Meerauge"*, Decision of 13 September 1902. Reports of International Arbitral Awards, vol. XXVIII, pp. 379-396, en pág. 388.

472 Cfr. International Court of Justice, *Land, Island and Maritime Frontier Dispute* (El Salvador / Honduras: Nicaragua intervening), Judgment of 11 September 1992, párrafo 62.

473 Cfr. International Court of Justice, *Différend Frontalier (Burkina Faso / Niger)*, Arrêt 16 avril 2013, párrafo 78.

Si hay un título preexistente, la única forma de que las *effectivités* puedan prevalecer es mediante la aquiescencia del Estado que tiene un título territorial. Así, en el caso de la disputa territorial y marítima entre Camerún y Nigeria, aunque la Corte aceptó algunas de las actividades alegadas por Nigeria como actos "*à titre de souverain*" -particularmente las relacionadas con la salud pública, la educación, la policía, y la administración de justicia-, teniendo en cuenta que había un título preexistente de Camerún, lo que había que demostrar es si hubo aquiescencia por parte de este último en la transferencia del título a Nigeria.[474] El Tribunal consideró que los hechos mencionados demostraban que no hubo aquiescencia por parte de Camerún en el abandono de su título territorial en la zona en disputa a favor de Nigeria, por lo que concluyó que las *effectivités* aducidas por Nigeria no se ajustaban a derecho, y que, en consecuencia, debía darse preferencia al poseedor del título territorial.[475]

En el caso del Rann de Kutch, en lo que finalmente se convirtió en el laudo, el presidente del Tribunal observó que las declaraciones del lado británico, en el sentido de que el Rann era territorio de Kutch, tenían mucho peso, y podían equivaler a una renuncia voluntaria a posibles derechos territoriales británicos, porque las declaraciones de que uno no posee un derecho son, sin duda, más significativas que las declaraciones en sentido contrario. Sin embargo, la forma en que se realizaron estos reconocimientos fue en gran medida la misma en que se expresaron las afirmaciones del Rao. Los Informes de la Administración de Bombay y los Diccionarios Geográficos de la Presidencia de Bombay contenían abundante información sobre diversos temas relevantes para la administración en los años a los que se referían, así como sobre temas de interés general. No eran actos administrativos, sino libros enciclopédicos de referencia. Los pasajes en los que se basaron estos procedimientos se encontraban en declaraciones incluidas en dichos libros. En los Resúmenes Estadísticos, más relevantes, la reserva de que el Rann era territorio de Kutch aparecía en forma de notas a pie de página que hacían referencia al área de Kutch en una lista de las áreas de un gran número de Estados. Para el Tribunal, era difícil imaginar una forma más insignificante de acción gubernamental que una nota a pie de página como ésta.[476]

Pero los actos de soberanía ejercidos por un Estado en el territorio de otro deben ser examinados con cuidado, porque no siempre pueden desplazar un título anterior. En la disputa fronteriza por unos enclaves belgas en territorio de Holanda, y holandeses en territorio belga, ante el alegato de actos de soberanía ejercidos por Holanda desde 1843 en los enclaves belgas, la Corte señaló que se trataba de una reclamación de soberanía en derogación del título establecido por tratado, porque, según una Convención de Límites celebrada entre ambos países en 1842, la soberanía residía en Bélgica. Según el Tribunal, la cuestión que se planteaba ante él era si Bélgica había perdido su soberanía, ya sea por no ejercer sus derechos, o por su aquiescencia en actos de soberanía presuntamente ejercidos por los Países Bajos en diferentes momentos desde 1843. Holanda sostenía que, desde antes de 1906, las transferencias de tierras de ese enclave se habían registrado en Baarle-Nassau (Holanda), y que, desde esa fecha, los nacimientos, fallecimientos, y matrimonios de los habitantes de dicho enclave habían sido inscritos en el Registro Comunal de Baarle-Nassau; se recolectaron impuestos y, además, una concesión de ferrocarril holandés pasaba por un pequeño sector de dicho enclave. A juicio de la Corte, el peso que debía atribuirse a los actos invocados por los Países Bajos debía determinarse en el contexto del complejo sistema de enclaves interrelacionados existente; para la Corte, las dificultades que enfrentaba Bélgica para detectar invasiones y ejercer su soberanía sobre dos parcelas rodeadas por territorio holandés eran evidentes, mientras los actos invocados por Holanda eran, en gran medida, de

---

474 Cfr. International Court of Justice, *Case Concerning the Land and Maritime Boundary between Cameroon and Nigeria* (Cameroon v. Nigeria: Equatorial Guinea intervening), Judgment of 10 October 2002, párrafo 67.

475 Cfr. Ibid, párrafo 70.

476 Cfr. Opinión del Presidente del Tribunal, *The Indo-Pakistan Western Boundary (Rann of Kutch) between India and Pakistan* (India v. Pakistan), 19 February 1968. Reports of International Arbitral Awards, vol. XVII, pp. 447 y 448, en p. 565.

carácter rutinario y administrativo, realizados por funcionarios locales, a consecuencia de la inclusión por los Países Bajos de las parcelas en disputa en su catastro, en contravención de la Convención de Límites. Por ende, tales actos no eran suficientes para anular la soberanía belga establecida por dicha Convención.[477]

Parece natural que la autoridad del Estado no se manifieste siempre, particularmente en los rincones más apartados de su territorio, que normalmente serán los que están en discusión. En ese sentido, en la disputa entre Indonesia y Malasia por las islas de Ligitan y Sipadan, la Corte hizo notar que, en el caso de islas muy pequeñas -deshabitadas, o no habitadas permanentemente-, que habían tenido poca importancia económica, las *effectivités* serían, de hecho, generalmente escasas.[478]

El ejercicio de la autoridad efectiva del Estado sobre el territorio es de importancia crucial. Pero, como quiera que sea, las *effectivités* no pueden prevalecer sobre un título territorial, particularmente si las *effectivités* invocadas pueden caracterizarse como actos contrarios a derecho. En este sentido, en el caso de la controversia territorial terrestre y marítima entre Camerún y Nigeria, la Corte observó, en primer lugar, que la labor de la Comisión de Fronteras del Lago Chad había tenido por objeto conducir a una demarcación general de una frontera ya delimitada y, si bien el resultado del proceso de demarcación no era vinculante para Nigeria, este hecho no tenía implicaciones jurídicas para la delimitación fronteriza preexistente. Por lo tanto, la reclamación de Nigeria -basada en la teoría de la consolidación histórica del título y en la aquiescencia de Camerún-, necesariamente debía evaluarse en relación con esa determinación inicial de la Corte. Y, aunque, durante los alegatos orales, Nigeria había desestimado la afirmación de Camerún de que las *effectivités* nigerianas eran *contra legem*, la Corte señaló, sin embargo, que, habiendo llegado a la conclusión de que la frontera en el lago Chad fue delimitada mucho antes de que comenzara el trabajo de la Comisión de Fronteras del Lago Chad, necesariamente se deduce que cualquier *effectivités* nigeriana debía evaluarse, por sus consecuencias jurídicas, como actos *contra legem*.[479]

En el caso de la controversia territorial entre Guyana y Venezuela, queda a los historiadores mostrar cómo es que se manifestó el ejercicio de la soberanía por parte de Holanda, primero, o Inglaterra después, y por parte de España primero, o Venezuela después, en el territorio en disputa.

---

477 Cfr. International Court of Justice, *Case Concerning Sovereignty over certain Frontier Land* (Belgium / Netherlands), Judgment of 20 June 1959, pp. 22 a 24.

478 Cfr. International Court of Justice, *Case Concerning Sovereignty over Pulau Ligitan and Pulau Sipadan* (Indonesia / Malaysia), Judgment of 17 December 2002, párrafo 134.

479 Cfr. International Court of Justice, *Case Concerning the Land and Maritime Boundary between Cameroon and Nigeria* (Cameroon v. Nigeria: Equatorial Guinea intervening), Judgment of 10 October 2002, párrafo 64.

SEGUNDA PARTE

LA FRONTERA

En un sistema político internacional basado en estrictas delimitaciones territoriales, la determinación de las fronteras de cada Estado es un asunto de la mayor importancia. Según Andrés Bello, "nada importa más a las naciones, para precaver disputas y guerras, que fijar con la mayor exactitud los linderos o términos de sus territorios respectivos."[480] Por eso, el artículo 1 de la Convención sobre derechos y deberes de los Estados, suscrita en Montevideo el 26 de diciembre de 1933, indica que uno de los requisitos del Estado es que tenga "un territorio *determinado*". Como tempranamente expresara la Corte Internacional de Justicia, entre Estados independientes, el respeto de la soberanía territorial es una base esencial de las relaciones internacionales.[481] Tal es la importancia de la intangibilidad de las fronteras que, si éstas han sido establecidas por tratados, la Corte ha entendido que tales fronteras son

> "un hecho que, desde el principio, ha tenido vida jurídica propia, independientemente del destino del Tratado. Una vez acordada, la frontera se mantiene, pues cualquier otro enfoque viciaría el principio fundamental de la estabilidad de las fronteras, cuya importancia ha sido reiteradamente enfatizada por la Corte... Así, una frontera establecida mediante tratado alcanza una permanencia que el tratado mismo necesariamente no tiene. El tratado puede cesar de estar en vigor, sin que eso afecte la continuación de la frontera."[482]

En el mismo sentido, según el artículo 62, N° 2, literal a), de la Convención de Viena sobre el Derecho de los Tratados, la doctrina del cambio fundamental de circunstancias (*rebus sic stantibus*), que permite dar por terminado un tratado o retirarse de él, no se puede invocar respecto de tratados que establezcan fronteras. Mientras no haya un acuerdo expreso para modificarla, el hecho de que la frontera haya sido convenida mediante un tratado que ya no está en vigor no afecta la estabilidad de esa frontera.

Jennings sostiene que la ordenación del espacio y de los cambios territoriales yacen en el corazón del orden jurídico internacional.[483] Por eso, la estabilidad de las fronteras es un principio del derecho internacional que hace que, aunque puedan producirse modificaciones territoriales, éstas deban producirse de acuerdo con reglas preestablecidas. Si las fronteras de los Estados no están bien definidas, la consecuencia lógica es una controversia internacional que, por la vía civilizada, puede llegar a instancias judiciales. Y, cuando un Estado sucede a otro Estado en el mismo territorio, tratándose de una controversia heredada, no se hereda más que lo que el antiguo ocupante estaba en capacidad de transmitir. En este sentido, en la disputa fronteriza entre Burkina Faso y Mali, la Corte -

---

[480] Andrés Bello, *Principios de Derecho Internacional*, Tercera Edición, Librería de Garnier Hermanos, París, 1873, p. 72.

[481] Cfr. International Court of Justice, *The Corfu Channel Case (Merits)*, Judgment of April 9th, 1949, p. 35.

[482] Cfr. International Court of Justice, *Case concerning the Territorial Dispute* (Libyan Arab Jamahiriya / Chad), Judgment of 3 February 1994, párrafos 72 y 73.

[483] Cfr. Robert Y. Jennings, *The Acquisition of Territory in International Law*, Manchester University Press, Manchester, 1963, p. 87.

a través de una Sala- expresó que, al volverse independiente, un nuevo Estado adquiere soberanía, con la base territorial y las fronteras que le dejó la potencia colonial.[484]

Duroselle nos recuerda que la mayor parte de los animales marca sus dominios y trata de defenderlos; del mismo modo, una frontera política es la separación entre dos entidades soberanas, que obviamente defenderán sus respectivos espacios. Pero la historia humana se ha hecho de la toma del poder, de conquistas, de desplazamientos de los límites, de desagregaciones, y de fusiones.[485] Según Duroselle, el propio concepto de frontera (como confín, o como límite) es ambiguo, por lo que, en el lenguaje angloamericano, se le entiende como la zona que separa a la civilización de la "*wilderness*", no en el sentido de lo salvaje, sino del desierto. El *Cassel's English Dictionary* la define como "la parte de un país que colinda o limita con otro". Y en latín, la palabra equivalente es *finis*, que también significa región. Por ello, Duroselle advierte que la palabra frontera deriva de orígenes y de preocupaciones diversas.[486]

Históricamente, mientras la frontera fue ignorada en la Grecia Antigua, con la fundación de Roma adquirió un carácter místico y religioso, llegando casi a lo sagrado. Para los romanos, los *limes* (límites) designaban la zona fronteriza que separaba a Roma del mundo de los bárbaros; pero, durante el Imperio Romano, no había una idea de la frontera como una línea acordada con los vecinos. La frontera era, a la vez, una línea de vigilancia y un dispositivo de alerta -a veces con muros fortificados-, que cumplía un objetivo militar y aduanero. Pero, en la forma como hoy la conocemos, la noción de frontera es relativamente reciente, remontándose, en Francia, a la época de los carolingios, con los tratados de Verdún (843) y de Meersen (870). Y habría sido en 1315, con Luis X, que la expresión *frontera* reemplazó a la de *marca*. Para La Pradelle la delimitación también es una institución Carolingia, que nació en el período de transición entre la unidad Latina y la distribución feudal, con la introducción del principio germánico de partición en lo que sobrevivió del mundo romano.[487] Según Rousseau, a partir de fines del siglo XVII, la palabra frontera se utilizó para designar "la parte más amenazada del Reino."[488] Sin embargo, él advierte que todo orden jurídico tiene la función elemental de delimitar la esfera de actividad de los sujetos del Derecho, y esta verdad es aún más evidente en la sociedad internacional, fundada sobre la base de comunidades independientes, en que la delimitación de sus fronteras se traduce en un hecho esencial de la vida inter estatal.[489]

Inicialmente, el príncipe solía prestar más atención al vasallo que al territorio,[490] por lo que no se prestó tanta atención al límite de este último. La frontera, como esa línea que separa las jurisdicciones de los países vecinos y que circunscribe la autoridad del Estado -representada en los mapas por una raya-, es un concepto reciente, producto del derecho internacional moderno. En este sentido, en el asunto de Groenlandia Oriental, la Corte Permanente de Justicia Internacional hizo notar que, en el siglo X, cuando las primeras colonias nórdicas fueron fundadas en Groenlandia, aún no había surgido la noción de soberanía territorial, y era improbable que los colonos o los jefes de esos

---

484 Cfr. International Court of Justice, *Frontier Dispute* (Burkina Faso / Republic of Mali), Judgment of 22 December 1986, párrafo 30.

485 Cfr. Jean-Baptiste Duroselle, *Todo imperio perecerá: Teoría sobre las relaciones internacionales* (Título original: *Tout Empire Périra. Théorie des Relations Internationales*, Armand Collin Éditeur, París, 1992), traducción de Abdiel Macías Arvizu, Fondo de Cultura Económica, México, 1998, p. 56.

486 Cfr. Ibid., pp. 56 y sig.

487 Cfr., Paul Geouffre de La Pradelle, *La frontière : Étude de droit international*, Les Editions internationales, París, 1928, pp. 25 y s.

488 Cfr. Charles Rousseau, *Droit International Public*, Tome III (*Les compétences*), SIREY, París, 1977, p. 233.

489 Cfr. Ibid, p. 231.

490 Cfr. Rafael Valladares, *Limitando la paz. La guerra y la frontera en la España del siglo XVII*, Salamanca, Revista de Estudios N° 40, 1997, págs. 47-60, en p. 48.

asentamientos, pudieran hacer una clara distinción entre el territorio que estaba sujeto a ellos y el que no lo estaba.[491]

Vattel decía que, puesto que la más mínima invasión del territorio ajeno es un acto de injusticia, para evitar que se cometa, y para prevenir todo motivo de discordia y toda ocasión de disputa, los límites de los territorios deben estar marcados con claridad y precisión.[492] Manifestando su inclinación por las fronteras naturales, Vattel sostenía que, en caso de duda, se presume que todo territorio que termina en un río no tiene otro límite que el río mismo, porque nada es más natural que tomar un río como límite cuando se hace un asentamiento; y siempre que haya duda, se debe presumir lo que es más natural y más probable.[493]

Durante la segunda mitad del siglo XVII, fue la política de Luis XIV la que hizo de las fronteras naturales un dogma de Estado,[494] que rápidamente fue asumido por las demás naciones. Las fronteras del Estado, ya sean naturales o de otro tipo, son las que garantizan su seguridad y las de sus ciudadanos, determinando, respecto de estos últimos, a qué país deben lealtad, a qué leyes están sujetos, dónde deben pagar sus impuestos, dónde deben registrar sus propiedades, y de qué autoridades pueden esperar protección en el ejercicio de sus derechos. Aunque no siempre ha sido así, y aunque la existencia de Estados multinacionales todavía es muy reciente, a partir de la Revolución Francesa, las fronteras de los Estados se confunden con las fronteras nacionales.

Fue en el siglo XVIII que las fronteras comenzaron a tener la connotación de un límite de la soberanía territorial de los Estados. Sin embargo, dónde es que se situaba esa línea de frontera era algo más impreciso, que con frecuencia se resolvía mediante un pacto tácito, basado en el respeto a la tradición.[495] Si la frontera es acordada en un tratado, ella puede estar descrita con precisión, o puede ser una frontera por definir, de acuerdo con métodos previstos en el mismo tratado.

En el derecho internacional actual, la frontera marca los límites dentro de los que cada Estado está facultado para ejercer su poder coactivo. Según Kelsen, esos límites están determinados por el principio de efectividad, que indica que la validez exclusiva del orden jurídico nacional se extiende hasta donde este orden esté firmemente establecido; es decir, hasta donde sea efectivamente obedecido y aplicado permanentemente.[496]

En el caso de la frontera entre Turquía e Irak, la Corte Permanente de Justicia Internacional expresó que la naturaleza misma de una frontera, y de cualquier tratado diseñado para establecer fronteras entre dos países, implica que una frontera debe constituir una frontera limítrofe definida en toda su extensión.[497] Sin embargo, en el caso de la Plataforma Continental del Mar del Norte, la Corte Internacional de Justicia observó que no hay una regla que indique que las fronteras terrestres de un Estado deban estar completamente delimitadas y definidas, y recordó que, con frecuencia, en varios lugares, y por largos períodos, no lo han estado.[498]

---

[491] Cfr. Permanent Court of International Justice, *Legal Status of Eastern Greenland*, Judgment of April 5th, 1933, p. 28.

[492] Cfr. Emer de Vattel, op. cit., Libro II, párrafo 92, p. 308.

[493] Cfr. Emer de Vattel, op. cit., Libro I, párrafo 268, p. 244.

[494] Cfr. Rafael Valladares, op. cit., p. 49.

[495] Cfr. Rafael Valladares, op. cit., p. 49.

[496] Cfr. Hans Kelsen, op. cit., p. 184.

[497] Cfr. Cour Permanente de Justice Internationale, *Article 3, paragraphe 2, du Traité de Lausanne* (Frontière entre la Turquie et l'Irak), Avis Consultatif, 21 novembre 1925, p. 20.

[498] Cfr. International Court of Justice, *North Sea Continental Shelf* (Federal Republic of Germany/Denmark, y Federal Republic of Germany/Netherlands), Judgment of 20 February 1969, párrafo 46. Como caso ilustrativo, mencionó el asunto del Monasterio de Saint Naoum, que, en 1924, fue objeto de una Opinión Consultiva por parte de la Corte

Según Bebler, es creencia común que las fronteras internacionales se determinan únicamente mediante tratados internacionales, que contienen su descripción y representación. Esta creencia se basa en el hecho evidente de que, al ser los límites de los territorios de Estados soberanos, son el resultado de un acuerdo entre dichos Estados, y ese acuerdo generalmente adopta la forma de un tratado. Sin duda, una frontera internacional ocupa un lugar destacado entre los asuntos que no pueden resolverse de otro modo que no sea mediante acuerdo entre los Estados vecinos interesados. En su opinión, lógicamente, incluso se podría sugerir el axioma de que una frontera existe donde los Estados vecinos la han acordado. Si se ignora el carácter legal de las fronteras en el pasado remoto, como los límites unilateralmente dictados del Imperio Romano, los *limes*, o las amplias zonas fronterizas vagamente definidas, o las marcas de la Edad Media, también impuestas principalmente por gobernantes poderosos a sus vecinos, hay que reconocer que las fronteras limítrofes modernas entre Estados soberanos surgieron de la oscuridad del pasado, como producto principalmente de la costumbre. Pero, independientemente de si dichas fronteras tienen una antigüedad venerable o no, no fue hasta la segunda mitad del siglo XIX que alguien tuvo la idea de incluir la descripción de una frontera centímetro a centímetro en un tratado, y de adjuntarle un mapa detallado. Hasta entonces no existían mapas detallados. No se encontraba en ninguna parte la descripción de una frontera antigua y estable. La descripción de una nueva frontera -como las fronteras de las entidades napoleónicas de Europa- se definía en los tratados mediante una enumeración de entidades tradicionales más pequeñas: provincias, ducados, condados, baronías, etc., rara vez acompañadas de bocetos. Los límites de estas entidades se consideraban bien conocidos, por ser límites consuetudinarios. Es posteriormente que esos límites se representaron en mapas con fines prácticos, pero sin ninguna sanción legal.[499]

La existencia de fronteras reconocidas y aceptadas por los países vecinos es un elemento indispensable para la cooperación y las relaciones pacíficas entre los Estados. Las discrepancias en cuanto a la frontera común son una de las raíces de conflictos que pueden escalar hasta la guerra. De la existencia de una frontera reconocida por los Estados se puede extraer, como su consecuencia jurídica, la obligación de respetarla y de no controvertirla en el futuro.

En el entendido de que la frontera es generalmente aceptada -particularmente por los Estados colindantes-, en el lenguaje del derecho internacional, el concepto de frontera es lo que marca hasta dónde llega la autoridad política de un Estado, y dónde comienza la del vecino, o la de un espacio común. En este sentido, la frontera cumple la función de señalar el límite de la competencia territorial de los Estados. Pero no siempre ha sido así. Rousseau advierte que algunos juristas distinguen entre la frontera como una *línea* o un límite (*boundary*, en inglés) y la frontera como noción espacial correspondiente a la *zona* que se extiende a ambos lados de ese límite. Sin embargo, él se inclina por admitir que la frontera, como límite territorial, no es la que designa los espacios que se extienden a ambos lados de la línea de separación política, sino la línea que determina dónde comienzan y dónde terminan los territorios de dos Estados vecinos.[500] En eso, los mapas disponibles -si son precisos- desempeñan un papel fundamental. De manera que no siempre se utiliza el concepto de frontera en el sentido de frontera política, o de límite divisorio, pudiendo ser una zona de encuentro, o de comercio, cuyos protagonistas son quienes la habitan. De allí que algunos juristas hagan una distinción terminológica entre *el límite* propiamente tal y *la frontera*, entendida ésta como el espacio que se extiende a ambos lados de la línea limítrofe, y que puede ser una zona de cooperación -como señala La Pradelle- o de conflicto; en este sentido, James Fawcett se ha referido a las "fronteras internacionales" como esa

---

Permanente de Justicia Internacional. Sin embargo, la lista completa de situaciones en que la frontera está sin definir podría ser demasiado larga.

499 Cfr. Aleš *Bebler*, Dissenting Opinion, *The Indo-Pakistan Western Boundary (Rann of Kutch) between India and Pakistan* (India v. Pakistan), 19 February 1968. Reports of International Arbitral Awards, vol. XVII, pp. 446 y s.

500 Cfr. Charles Rousseau, *Droit International Public*, Tome III (*Les compétences*), SIREY, París, 1977, pp. 231 y s.

zona donde los intereses de las grandes potencias están en conflicto, y que no coincide necesariamente con las fronteras nacionales.[501] Por eso, los tratados de límites suelen ser, a la vez, tratados de paz. Pero, para que el límite acordado en un tratado -y mostrado en un mapa- tenga consecuencias prácticas, tiene que ser trasladado al terreno, mediante un proceso de demarcación; esa demarcación no siempre es fácil, pues puede haber diferencias de interpretación respecto al límite acordado, o puede que -al momento de demarcar- el límite mostrado en un mapa genere divergencias entre los Estados fronterizos. Rushworth recuerda que, apartándose de la práctica Corriente, en el caso Palena -en la disputa fronteriza entre Argentina y Chile-, el Tribunal arbitral, a solicitud de las partes, supervisó la demarcación de la frontera, y el límite así demarcado se trazó en el mapa que había sido preparado para el arbitraje; este mapa y un informe sobre la demarcación fueron aprobados por el Tribunal y entregados a las partes como documentos judiciales. Según Rushworth, se puede presumir que, jurídicamente, los documentos de demarcación ahora sustituyen la delimitación como la declaración definitiva de esa frontera.[502]

La Pradelle recuerda que, durante el Imperio Romano, los *limes* no eran el resultado de un acuerdo -ni siquiera de un acuerdo impuesto a un vecino-, sino *un simple lugar de parada voluntaria* y, por ende, *temporal*. El concepto de frontera, así introducido en el Derecho Público del Imperio, era un régimen de organización territorial unilateral, distinto del que iba a adquirir posteriormente en el derecho internacional público. La concepción moderna de la frontera, que supone jurisdicciones iguales, sólo podía aplicarse en el interior del Imperio, pero no en su periferia.[503]

En el derecho internacional, el uso de las fronteras es la forma como los Estados reparten sus competencias territoriales; las fronteras del Estado marcan los límites dentro de los que éste puede ejercer su autoridad como poder soberano para legislar, gobernar y castigar. Es en la frontera donde adquieren toda su relevancia los controles de inmigración, las tarifas aduaneras, el contrabando, y la censura. Es también en la frontera en donde se exacerban las pasiones, y en donde se producen las fricciones que pueden hacer estallar un conflicto. Por eso, al hacer la elección del sitio de una frontera, es necesario que se tenga una clara percepción de los aspectos geográficos y políticos, así como de los principios jurídicos involucrados en ella. En ese sentido, Adler observa que la creación de fronteras internacionales es un proceso de interacción entre la política, el Derecho, la geografía, y la vida de las poblaciones, en el que el objetivo más importante es la paz y la aceptación general de la frontera; para lograr ese objetivo, la frontera tiene que ser negociada y acordada por los países vecinos. La historia muestra que las fronteras impuestas nunca logran aceptación general.[504]

Según Oppenheim y Lauterpacht, las fronteras del territorio del Estado son líneas imaginarias de la superficie terrestre, que separan el territorio de un Estado del de otro, o del territorio no apropiado, o del alta mar. Esas fronteras pueden ser naturales o artificiales; las fronteras naturales pueden consistir en corrientes de agua, lagos, cadenas montañosas, rocas, desiertos, bosques, o signos materiales análogos, que pueden ser barreras formidables, separando a dos entidades políticas; las fronteras artificiales están constituidas por señales colocadas a propósito, para indicar la dirección de la línea imaginaria, y suelen consistir en postes, mojones, columnas, murallas, zanjas, caminos, canales,

---

[501] Cfr. James Fawcett, *Intervention in International Law*, en Recueil des Cours de la Academia de Derecho Internacional, Martinus Nijhoff Publishers, Dordrecht / Boston / London, 1961, Vol. II., p. 348.

[502] Cfr. Dennis Rushworth, *Mapping in Support of Frontier Arbitration*, International Boundaries Research Unit (Durham University,Centre for Borders Research,), Boundary and Security Bulletin, Autumn 1996, p. 60.

[503] Cfr., Paul Geouffre de La Pradelle, *La frontière : Étude de droit international*, Les Editions internationales, París, 1928, pp. 25 y s.

[504] Cfr. Ron Adler, *Positioning and mapping in international land boundaries*, en Boundary and Territory Briefing (International Boundaries Research Unit, Durham University), Vol. 2, N° 1, 1995, p. 1.

boyas en el agua, y otros signos semejantes.[505] Además de las fronteras naturales o artificiales, respecto a los sitios que carecen de accidentes geográficos de consideración, Valladares menciona las fronteras históricas, como la existente, en algunos puntos, entre España y Portugal, en la que no hay ni siquiera un límite cultural.[506] Aunque los Estados puedan haber ocupado una bahía, la desembocadura de un río, o una colina, por la importancia estratégica o geopolítica de ese sitio, la Corte Internacional de Justicia ha advertido que, en Derecho, no se pueden reclamar rectificaciones fronterizas por el motivo de que una zona fronteriza haya resultado tener una importancia no conocida o sospechada cuando se estableció la frontera.[507] En su sentido jurídico, una frontera internacional ha sido definida como "la línea formada por la sucesión de puntos extremos del dominio espacial de validez de las normas del ordenamiento jurídico de un Estado".[508] Pero, si bien la teoría distingue entre fronteras naturales y artificiales, Kelsen advierte que las fronteras de un Estado -ya sea que coincidan o no con las fronteras naturales- siempre tienen un carácter jurídico.[509]

A falta de un compromiso en contrario, parece haber una inclinación por las fronteras naturales; pero no hay nada que impida a las partes considerar como frontera, por ejemplo, una línea imaginaria, ya sea un meridiano, un paralelo, u otra. En el caso del Templo de Preah Vihear, se invocó un mapa en el que se había trazado una línea que pretendía representar la frontera determinada por una comisión de delimitación en virtud de un tratado que disponía que la frontera debía seguir una línea divisoria de aguas; sin embargo, aunque la línea trazada no seguía la divisoria de aguas. el Tribunal tuvo en cuenta la "línea del mapa", teniendo en cuenta que, mediante su conducta, las partes reconocieron dicha línea y acordaron considerarla como la línea fronteriza.[510]

Respecto de fronteras naturales, en su sentencia sobre una disputa fronteriza entre El Salvador y Honduras, una Sala de la Corte Internacional de Justicia observó que ninguna de las partes había presentado argumento alguno sobre la compatibilidad de la frontera reclamada y la ya acordada en el Tratado General de Paz suscrito entre ambos Estados el 30 de octubre de 1980, y que tampoco habían aportado información sobre las razones particulares que determinaron las partes de la frontera común acordadas en dicho Tratado, y que debían continuar con la frontera reclamada. En esas circunstancias, la Sala asumió que la frontera acordada se obtuvo aplicando principios y procesos similares a los que las Partes le instaron a aplicar para los sectores no acordados. A este respecto, el Tribunal observó el predominio de las características locales, en particular los ríos, en la definición de los sectores acordados, y consideró que, en su tarea de delimitación, tenía el derecho y el deber de considerar la topografía de cada sector terrestre; por lo tanto, cuando los instrumentos invocados no ofrecían una indicación clara e inequívoca, la Sala consideró apropiado tener en cuenta la idoneidad de ciertas características topográficas para establecer un límite identificable y conveniente. En esta ocasión, el Tribunal apeló no tanto al concepto de «fronteras naturales», sino a una presunción subyacente a los límites sobre los que opera el *uti possidetis juris*. Según la Sala, consideraciones de este tipo han sido un factor en la delimitación de límites en todas partes y, por consiguiente, es probable

---

[505] Cfr. Lassa Francis Lawrence Oppenheim y Hersch Lauterpacht, *Tratado de Derecho Internacional Público* (título original: *International Law – A treatise*, Longmans, Green and Co., London / New York / Toronto, 1905), octava edición inglesa (1955), traducción de J. López Oliván y J. M. Castro Rial, Bosch, Barcelona, 1961, tomo I, vol. II, pp. 89 y ss.

[506] Cfr. Rafael Valladares, op. cit, pp. 53 y s.

[507] Cfr. International Court of Justice, *Case Concerning the Temple of Preah Vihear (Cambodia v. Thailand)*, Merits, Judgment of 15 June 1962, p. 23.

[508] Cfr. *Affaire de la délimitation de la frontière maritime entre la Guinée-Bissau et le Sénégal*, Sentence du 31 juillet 1989, párrafo 63. Reports of International Arbitral Awards, vol. XX, pp. 119.213, en p. 144.

[509] Cfr. Hans Kelsen, op. cit., p. 184.

[510] Cfr. International Court of Justice, *Case Concerning the Temple of Preah Vihear (Cambodia v. Thailand)*, Merits, Judgment of 15 June 1962, pp. 30 y s.

que, en casos por lo demás dudosos, también lo hayan sido entre quienes establecieron los límites provinciales antes de 1821.[511] Pero, incluso si se acepta que entre dos Estados vecinos hay una frontera natural, a menos que ésta sea una frontera mutuamente convenida por ellos, queda por saber si lo que separa a esos Estados es una montaña o un río, y por qué se ha escogido esa montaña, o ese río.

En todo caso, cualquiera que sea el tipo de frontera escogida, la jurisprudencia internacional indica que la naturaleza misma de una frontera -y de cualquier convención diseñada para establecer fronteras entre dos países- implica que la frontera debe constituir una línea fronteriza definitiva en toda su extensión, y que, en la medida de lo posible, cualquier disposición destinada a fijar una frontera debería interpretarse de manera que el resultado de su aplicación sea el establecimiento de una frontera precisa, completa y definitiva.[512] Así lo ha entendido la jurisprudencia reiterada de los tribunales internacionales, sin perjuicio de que, mediante un acuerdo entre las partes, esa frontera pueda ser modificada.[513]

Duroselle apunta que las fronteras, como líneas bien trazadas, marcadas al menos por postes o mojones fronterizos, y a veces -tristemente- por alambradas de púas o por muros, son relativamente recientes. Técnicamente, él distingue entre la frontera ancha[514] -como la frontera sugerida por Pakistán en la disputa por el Rann de Kutch-,[515] la frontera avanzada,[516] la frontera de los imperios,[517] la frontera

---

511 Cfr. International Court of Justice, *Land, Island and Maritime Frontier Dispute* (El Salvador / Honduras: Nicaragua intervening), Judgment of 11 September 1992, párrafo 46.

512 Cfr. Cour Permanente de Justice Internationale, *Article 3, paragraphe 2, du Traité de Lausanne* (Frontière entre la Turquie et l'Irak), Avis Consultatif, 21 novembre 1925, p. 20.

513 Cfr. International Court of Justice, *Case concerning the Territorial Dispute* (Libyan Arab Jamahiriya / Chad), Judgment of 3 February 1994, p. 35.

514 Duroselle observa que, cuando se estableció la frontera del efímero Territorio Libre de Trieste, al dibujar la línea fronteriza, el lápiz del diplomático Jean Wolfrom (ayudado por los geógrafos Jean Weulersse y Maurice Le Lannou) marcó un límite que, en la escala del terreno, representaba 500 metros de ancho, lo que fue fuente de innumerables pequeños incidentes posteriores. Duroselle cita también el caso de la frontera entre Argelia y Marruecos, establecida por el tratado de Lalla Marnia, del 18 de marzo de 1845, que, desde el sur de Figuit hasta el Ued Guir, se limitó a crear dos líneas en donde podrían establecerse puestos de aduana y vigilancia. En el territorio comprendido entre estas dos líneas, las tribus dependientes de los dos gobiernos podrían acudir ahí libremente y comerciar. Según Duroselle, esta idea de la frontera ancha no hace más que seguir la vieja tradición de los romanos y, al parecer, de los chinos. Cfr. Jean-Baptiste Duroselle, *Todo imperio perecerá: Teoría sobre las relaciones internacionales* (Título original: *Tout Empire Périra. Théorie des Relations Internationales*, Armand Collin Éditeur, París, 1992), traducción de Abdiel Macías Arvizu, Fondo de Cultura Económica, México, 1998, pp. 58 y sig.

515 Cfr. *Case Concerning the Indo-Pakistan Western Boundary (Rann of Kutch)*, Award of 19 February 1968. Reports of International Arbitral Awards, vol. XVII, pp. 1-576, en p. 533.

516 Duroselle cuenta que, durante largos períodos de la historia, y principalmente en los momentos en que las fortificaciones tenían un papel determinante, la idea de poseer *plazas fuertes avanzadas*, que permitían pasar, un día, a una ofensiva de conquista, tuvo preeminencia sobre ciertas conquistas territoriales compactas. Antes que las fronteras naturales, Richelieu, Mazarino y Luis XIV, preferían por mucho las cabezas de puente y las cabezas de paso. Cfr. Ibid., p. 60.

517 A partir del momento en que un Estado se apodera de territorios que no son los suyos y les impone su soberanía, la noción de frontera se complica, y comienzan a aparecer *subfronteras* interiores. Además, el imperialismo (noción que data de fines del siglo XIX) estaba limitado en Francia por las reglas del equilibrio europeo, y Hitler no une al Reich más que territorios que, según él, estaban habitados por alemanes. Después de la rebelión de los cipayos de 1857, cuando Inglaterra se apoderó de las posesiones de la Compañía de Indias, se encontró con una red inextricable de territorios que se habían vuelto coloniales (colonias de la Corona), de principados ("estados de los príncipes"), y de diversos territorios "tribales". Duroselle menciona el importante papel de las *subfronteras*, incluso en estados federados muy unidos, y recuerda que en Indiana está prohibida la venta de alcohol durante los domingos, pero que en Illinois no, por lo que las carreteras que unen ambos estados hay numerosos bares instalados en el lado de Illinois. Ibid., pp. 61 y ss.

lineal,[518] y la utopía de la "no frontera".[519] A esa lista hay que agregar los "vecindarios mixtos", entre España (Castilla) y Portugal -en la segunda mitad del siglo XVI y primera del siglo XVII-, la "frontera colonial", considerada por Morgenthau como el símbolo y la sustancia del poder nacional,[520] las "fronteras tribales" (sin límites claramente definidos, correspondientes a tribus que se desplazaban según las estaciones lluviosas o secas del año, en oposición a fronteras territoriales fijas),[521] y las "esferas de influencia" acordadas en la Conferencia de Berlín, en 1885, y contempladas en el Acuerdo anglo-germano (del 29 de octubre y 1 de noviembre de 1886), con líneas de demarcación y perímetros precisos, limitando su aplicación a los territorios comprendidos entre Rowuma y Tana. A lo largo de la historia, la frontera no sólo ha sido un punto de separación y de conflicto, sino un lugar de encuentro, en el que los habitantes de uno y otro lado no son capaces de reconocerse como distintos. La noción de frontera significa muchas cosas, y suele ser permeable. Pero habrá que tener presente que puede que no esté trazada en los mapas, o que no esté demarcada en el terreno. Además, como las fronteras son fenómenos que el ser humano impone a la naturaleza, ellas nunca permanecen inertes, aun cuando los hombres no las modifiquen. Esta vida de las fronteras asume un aspecto pasivo, desempeñando el papel que se les dio en el momento de crearlas, y una vida activa, que incrementa las diferencias entre los territorios que separan.[522] Adicionalmente, como observó la Corte Internacional de Justicia en el asunto del Sahara Occidental, hay lazos que no reconocen fronteras entre los territorios, y que son vitales para el mantenimiento de la vida en una región.[523]

En sintonía con esas distintas visiones de la frontera, en el asunto del lago Lanoux, España alegó que la línea de demarcación en la frontera pirenaica constituía, más que un límite a los derechos soberanos de los Estados fronterizos, una zona organizada de acuerdo con un derecho consuetudinario especial, incorporado al derecho internacional por los tratados de delimitación que la habían reconocido.[524] Pero, si bien el Tribunal no desestimó esta noción, hizo notar que es imposible extender un régimen de propiedad compartida ("compascuités", en el texto del laudo) más allá de los límites que le asignan los tratados, ni derivar de allí una noción de "comunidad" generalizada, que tenga

---

518 Según Duroselle, la frontera lineal es la que se generalizó por todas partes en los siglos XIX y XX, con la excepción de las zonas en las que reinaba la guerra. Con toda claridad, es la más simple, y la que plantea menos problemas. Quizá el ejemplo más antiguo sea el de la frontera entre España y Portugal que, con una longitud de 987 kilómetros, raramente sigue límites naturales. Hay fronteras lineales en entre Egipto y Sudán, en Libia (con Egipto y con Chad), en Siria con la Transjordania, en Alaska con Canadá, y sobre todo en una frontera de 1.500 kilómetros, entre Estados Unidos y Canadá, la cual no está fortificada. Cfr. Ibid., pp. 64 y ss.

519 Duroselle se refiere, con ello, a ciertos imperios que -utilizando la expresión de Víctor Hugo, "del mundo los límites habían alcanzado". Tal parece haber sido el caso del antiguo imperio egipcio (aun cuando el término imperio no existió en aquella época). También Octavio Augusto, al menos antes del desastre de sus legiones en Germania, llegó a creer que había alcanzado los límites del mundo. Un ejemplo más reciente es el de la China imperial, un imperio inmóvil, cerrado sobre sí mismo, que se creía amo de todos y que consideraba a los europeos como bárbaros desobedientes. También Hitler escribió -en su *Mein Kampf*- sobre la conquista del mundo. Y Stalin creyó que el proletariado, conducido por el partido comunista, marchaba en el sentido de la historia y, tarde o temprano, su régimen se extendería al mundo entero. Cfr. Ibid., pp. 66 y s.

520 Cfr. Hans J. Morgenthau, *Politics among nations: The struggle for power and peace* (1948), fifth edition, revised, Alfred A. Knopf, New York, 1978, pp. 355 y ss.

521 Cfr. *Award in the Arbitration regarding the delimitation of the Abyei Area between the Government of Sudan and the Sudan People's Liberation Movement / Army*, Award of 22 July 2009, párrafos 95, 113, 114, 168, 232, 264.2, 266, 269, 274, 342, 548, 549, 556, 580, 596, 648, 656, 665, 710, 746, y 755. Reports of International Arbitral Awards, vol. XXX, pp. 145-416.

522 Cfr. Duroselle, op. cit., pp. 68 y ss.

523 Cfr. International Court of Justice, *Western Sahara*, Advisory Opinion of 16 October 1975, párrafo 152.

524 Cfr. *Sentence du Tribunal Arbitral constitué en vertu du compromis d'arbitrage entre les gouvernements français et espagnol sur l'interprétation du Traité de Bayonne en date du 26 mai 1866 et de l'Acte Additionnel de la même date concernant l'utilisation des eaux du Lac Lanoux*, 16 novembre 1957. Reports of International Arbitral Awards, vol. XII, pp. 281-317, en p. 307.

contenido jurídico, y que el uso doctrinal de la noción de "zona fronteriza" no puede añadir una obligación a las ya consagradas en el Derecho positivo.[525]

Lo cierto es que no hay una idea única de frontera. Frente a las fronteras naturales -marcadas principalmente por los ríos y las cadenas montañosas- están las ideas de "conjunto económico" (Trieste), de fronteras estratégicas, de fronteras históricas, y el concepto más moderno del derecho de los pueblos a disponer de sí mismos, que hace que la frontera esté determinada por las comunidades que las habitan.[526] Como algo distinto a las fronteras naturales, según el Acta de Independencia de la India, de 1947, la antigua provincia de Bengala se dividió en Bengala oriental y Bengala occidental, y se determinó que la frontera de Bengala oriental sería determinada teniendo en cuenta fundamentalmente las áreas de población musulmana y no musulmana; simultáneamente, otra Comisión asumió idéntica tarea en la región de Punjab. En 1965, en el caso del estado de Punjab, situado en el noroeste de la India, se hicieron ajustes fronterizos para tener en cuenta consideraciones lingüísticas, satisfaciendo las aspiraciones de la población de habla punjabi y de habla hindi. A todo lo anterior se suman las fronteras convencionales, que son las fronteras acordadas por dos -o más- Estados vecinos, y plasmadas en un tratado.

Citando a Jean Gottman, Duroselle indica que lo que hace la unión de los individuos o de las comunidades que forman una nación es la vida en común en un espacio determinado, en el que la gente del exterior es extranjera; la vida en común crea intereses nacionales, hábitos y creencias comunes. Se usan casi los mismos productos -porque son los que produce la economía nacional-, se cree en las mismas glorias nacionales, y se adoptan los mismos prejuicios, sobre todo en lo que respecta a personas de otros países. Todo este patrimonio común viene, en su mayor parte, de rasgos culturales o espirituales.[527] Querámoslo o no, nuestras fronteras están ligadas al idioma que hablamos, a los dioses en que creemos, y también al tipo de sangre que corre por nuestras venas. Eso es lo que pretenden separar las fronteras -visibles o invisibles- que hemos construido a lo largo de siglos.

La elección de los límites no es arbitraria, y puede que ellos obedezcan a los accidentes del medio geográfico, o que estén determinados por exigencias históricas. Para los franceses su frontera natural es el río Rhin, del mismo modo que los Alpes lo son para los italianos. Rousseau recuerda que el factor histórico ha jugado un papel particular en América Latina, con la adopción del principio del *uti possidetis*, que ha tenido por resultado perpetuar, en escala internacional, las divisiones administrativas de la era colonial española. En cambio, en la América del Norte, Estados Unidos y Canadá han preferido -en gran parte de su frontera- una línea artificial, y en África y Asia -donde las delimitaciones coloniales eran esencialmente arbitrarias y empíricas-, para evitar controversias, los nuevos Estados han preferido conservarlas. Sin embargo, en Asia, particularmente entre China y la India, así como entre la India y sus Estados vecinos, son las fronteras naturales las que han ocupado un lugar destacado.[528] En todo caso, parece haber una preferencia por fronteras que no sólo sean naturales, sino que sean visibles, e inconfundibles en donde ellas existan.[529] Respecto de argumentos de carácter físico, histórico, religioso, y arqueológico que se habían invocado para la determinación de la frontera, en el caso del Templo de Preah Vihear, la Corte Internacional de Justicia estimó que no podía considerarlos como jurídicamente decisivos.[530] Similarmente, en el arbitraje entre el Reino Unido

---

[525] Cfr. Ibid., p. 307.

[526] Cfr. Duroselle, op. cit., pp. 69 y s.

[527] Cfr. Ibid., p. 71

[528] Cfr. Ibid., pp. 233 y s.

[529] Cfr. International Court of Justice, *Case Concerning the Temple of Preah Vihear (Cambodia v. Thailand)*, Merits, Judgment of 15 June 1962, p. 15.

[530] Cfr. Ibidem.

y Alemania concerniente a la isla de Lamu, el Tribunal arbitral recordó que ni la dependencia geográfica o comercial, ni los intereses políticos o administrativos constituyen un modo de adquisición de territorios reconocido por el derecho internacional.[531] Dicho de otra manera, en las controversias limítrofes, la geopolítica no es un elemento que pueda ser tomado en cuenta por un Tribunal de Derecho.

Cualquier obstáculo natural califica como una frontera natural; puede que, en algunas situaciones, el curso de un río sea más significativo que una sierra, mientras que, en otros casos, en presencia de una cadena de altas montañas, un riachuelo, o incluso un río, pierda protagonismo. Por otra parte, si la frontera es una frontera natural, los topónimos de los ríos y de las cadenas de montañas pueden tener algo que decir; "la tradición dicta los nombres de los ríos, y la evidencia sólida de la nomenclatura tradicional (nombres indígenas o nombres dados por los primeros descubridores) sería decisiva."[532] Pero también debe tenerse presente que, con frecuencia, las partes dan nombres diferentes a un mismo sitio, y que, a veces, los mapas sitúan el nombre de un caserío, un río, o una montaña, en sitios distintos a los que corresponden.

Según Boggs, los mapas de Asia y de las Américas en los atlas del siglo XVII, y los mapas de África hasta una fecha tan reciente como mediados del siglo XIX, rara vez intentaban representar algo más que fronteras rudimentarias ocasionales. En realidad, el deseo de los cartógrafos de hacer sus mapas tan artísticamente completos es parcialmente responsable de indicar fronteras hipotéticas donde todavía no había ninguna que hubiera sido definida.[533]

A juicio de Lechner, durante los primeros decenios del siglo XVI, para los europeos, hasta la forma del continente americano, el curso de sus ríos, la localización y formas de sus sierras y cordilleras era materia de especulación. Aunque ya en 1500, Juan de la Cosa había confeccionado un mapa en el que quedaba consignado todo lo que entonces se sabía de ciertas partes de América -particularmente de las islas y de ciertos sectores de la costa-, ese mapa no fue editado, por lo que la información que contenía quedó inaccesible a quienes podían interesarse por tales asuntos.[534]

I. LA DELIMITACIÓN DE LAS FRONTERAS

Para fijar las fronteras de los Estados, la práctica corriente es que se proceda en dos etapas, en las que primero se delimita y luego se demarca esa frontera. La delimitación es un proceso estrictamente político, o jurídico, mediante el que se determina literal o gráficamente por donde pasa esa frontera. Según la Corte Internacional de Justicia, la delimitación de una frontera consiste en su "definición", mientras que la demarcación supone una delimitación previa, y consiste en operaciones de deslinde en el terreno.[535] En la fase de delimitación, ya sea mediante un tratado o una decisión judicial, esa frontera se describe en palabras, y a veces es fijada en abstracto, en un mapa; pero lo que

---

531 Cfr. *Arbitration between Germany and the United Kingdom relating to Lamu Island*, Decision of 17 August 1889. Reports of International Arbitral Awards, vol. XXVIII, pp. 237-248, en pág. 242.

532 Cfr. *Argentine-Chile Frontier Case*, 9 December 1966. Reports of International Arbitral Awards, vol. XVI, p. 177.

533 Cfr. Samuel Whittemore Boggs, *International Boundaries: A study of boundary functions and problems,* Columbia University Press, New York, 1940, p. 7.

534 Cfr. Jan Lechner, *América en los Atlas de Humanistas Holandeses*, en Nueva Revista de Filología Hispánica, Editada por El Colegio de México, México, 1992, vol. XL, pp. 85 y ss.

535 Cfr. International Court of Justice, *Case Concerning the Land and Maritime Boundary between Cameroon and Nigeria (Cameroon v. Nigeria: Equatorial Guinea intervening)*, Judgment of 10 October 2002, párrafo 84.

caracteriza a la delimitación es la representación verbal de la frontera. Los mapas anexos a un acuerdo de delimitación pueden servir para interpretar la intención de sus autores.[536]

Sin embargo, incluso si existe una delimitación convenida por las partes, eso no evitará que surjan las disputas territoriales.

Como un criterio de delimitación, la Corte Internacional de Justicia -a través de una Sala- ha considerado que una frontera que sigue, en su mayor parte, las cuencas hidrográficas, proporciona un límite claro e inequívoco; en opinión del Tribunal, si el material documental disponible no apunta inequívocamente a otra frontera, un aspecto material que debe considerarse es la idoneidad de las características topográficas para proporcionar una frontera fácilmente identificable.[537]

Una delimitación bien hecha es una garantía de paz y de estabilidad de las fronteras que separan a dos Estados vecinos; por el contrario, la historia de las relaciones internacionales se ha encargado de ilustrar en abundancia que una descripción deficiente de la frontera puede ser la causa de interpretaciones divergentes que conduzcan a disputas territoriales de mayor o menor intensidad. Mientras exista una controversia pendiente sobre determinado territorio, la frontera que separa a los Estados en disputa es sólo una frontera *de facto*. Sin embargo, para ciertos propósitos -tales como el ejercicio de la jurisdicción penal, o la adquisición de la nacionalidad-, esa frontera puede ser aceptada como el límite de la soberanía de los Estados.[538]

En cuanto a la delimitación de los espacios marinos (a la que, en algún momento, habrá que llegar en la controversia que nos ocupa), puesto que Venezuela no es parte en la Convención sobre el Derecho del Mar,[539] para dicha delimitación habrá que tener en cuenta la Convención sobre el Mar Territorial y la zona contigua, la Convención sobre la Plataforma Continental, ambas suscritas el 29 de abril de 1958, y la misma Convención sobre el Derecho del Mar, en cuanto codifican el derecho internacional sobre la materia; la primera de ellas, en su artículo 12.1, dispone que "Cuando las costas de dos Estados se hallen situadas frente a frente o sean adyacentes, ninguno de dichos Estados tendrá derecho, salvo mutuo acuerdo en contrario, a extender su mar territorial más allá de una línea media determinada de forma tal que todos sus puntos sean equidistantes de los puntos más próximos de las líneas de base a partir de las cuales se mide la achura del mar territorial de cada uno de esos Estados. No obstante, la disposición de este párrafo no será aplicable cuando, por la existencia de derechos históricos o por otras circunstancias especiales, sea necesario delimitar el mar territorial de ambos Estados en otra forma." Esta disposición, que se considera parte del Derecho consuetudinario, ha sido recogida por el artículo 15 de la Convención sobre el Derecho del Mar. Respecto de la Convención sobre Plataforma Continental, su artículo 6 -que también corresponde a la codificación del Derecho consuetudinario- desarrolla los mismos criterios de delimitación acordados en la Convención sobre el Mar Territorial y la zona contigua, y en la Convención sobre la Plataforma Continental, ambas de 1958.

Aunque el mar territorial, la plataforma continental, y la zona económica exclusiva son categorías jurídicas diferentes, e incluso materialmente distintas, en el caso de la plataforma continental y el mar territorial, o la zona económica exclusiva, comenzando con el caso del Golfo de Maine,[540] la

536 Cfr. Ibid, párrafo 144.

537 Cfr. International Court of Justice, *Land, Island and Maritime Frontier Dispute* (El Salvador / Honduras: Nicaragua intervening), Judgment of 11 September 1992, párrafos 46, 101, y 131.

538 Cfr., por ejemplo, Ian Brownlie, op. cit., pp. 127 y s.

539 Suscrita en Montego Bay, Jamaica, el 10 de diciembre de 1982. Guyana ratificó la Convención el 16 de noviembre de 1993.

540 Cfr. International Court of Justice, *Case Concerning Delimitation of the Maritime Boundary in the Gulf of Maine Area* (Canada / United States of America), Judgment of 12 October 1984, párrafo 194.

práctica internacional ha sido fijar una misma frontera para todos estos espacios, evitando así que un Estado tenga derechos sobre la columna de agua y el otro sobre el lecho marino de la plataforma continental y su subsuelo.[541] En el caso de la Plataforma Continental de Libia y Malta, el Tribunal hizo notar que, si bien dicho asunto se refería únicamente a la delimitación de la plataforma continental y no a la de la zona económica exclusiva, los principios y normas que subyacen a este último concepto no podían obviarse; porque, como demuestra la Convención de 1982, ambas instituciones -plataforma continental y zona económica exclusiva- están vinculadas en el derecho moderno. Dado que los derechos de que goza un Estado sobre su plataforma continental también los poseería sobre el lecho marino y el subsuelo de cualquier zona económica exclusiva que pudiera proclamar, una de las circunstancias relevantes que debía tenerse en cuenta para la delimitación de la plataforma continental de un Estado era la extensión legalmente admisible de la zona económica exclusiva perteneciente a ese mismo Estado. Esto no significa que el concepto de plataforma continental haya sido absorbido por el de zona económica exclusiva; pero sí significa que debe atribuirse mayor importancia a elementos, como la distancia de la costa, que son comunes a ambos conceptos.[542] La Corte ha observado que el concepto de una frontera marítima única no es el producto de tratados multilaterales, sino de la práctica de los Estados, y que ella encuentra su explicación en el deseo de los Estados de establecer una línea de frontera ininterrumpida, delimitando las varias zonas de jurisdicción marítima parcialmente coincidentes que pertenecen a ellos.[543]

En el caso de Barbados y Trinidad y Tobago, la Corte observó que la determinación de la frontera marítima se realiza en dos etapas, planteándose, en primer lugar, como hipótesis y punto de partida práctico, una línea provisional de equidistancia. Pero, aunque éste sea un punto de partida conveniente, en muchas circunstancias, a la luz de las peculiaridades de cada caso específico, la equidistancia, por sí sola, no garantiza un resultado equitativo; por eso, el segundo paso requiere el examen de esa línea provisional a la luz de las circunstancias relevantes, que son específicas de cada caso, para determinar si es necesario hacer ajustes en la línea de equidistancia provisional, a fin de lograr un resultado equitativo.[544] Este mismo criterio se siguió en el caso de la frontera marítima entre Guyana y Surinam.[545]

La Corte entiende que la línea de equidistancia es aquella en que cada uno de sus puntos es equidistante del punto más cercano de las líneas de base a partir de las cuales se mide el mar territorial de ambos Estados.[546] Pero el método de la equidistancia no es el único método aplicable en la delimitación de fronteras marítimas, y -según la Corte- ni siquiera tiene el beneficio de una presunción en su favor, por lo que, para que sea aplicable, en cada caso, debe demostrarse que conduce a un

---

541 Cfr. International Court of Justice, *Case Concerning Maritime Delimitation and Territorial Questions between Qatar and Bahrain* (Qatar v. Bahrain), Merits, Judgment of 16 March 2001, párrafo 173; y Case Concerning the Land and Maritime Boundary between Cameroon and Nigeria (Cameroon v. Nigeria: Equatorial Guinea intervening), Judgment of 10 October 2002, párrafo 286.

542 Cfr. International Court of Justice, *Case Concerning the Continental Shelf* (Liyan Arab Jamahiriya / Malta), Judgment of 3 June 1985, párrafo 33.

543 Cfr. *International Court of Justice, Case Concerning Maritime Delimitation and Territorial Questions between Qatar and Bahrain (Qatar v. Bahrain)*, Merits, Judgment of 16 March 2001, párrafo 173.

544 Cfr. *Arbitration between Barbados and the Republic of Trinidad and Tobago, relating to the delimitation of the exclusive economic zone and the continental shelf between them*, Decision of 11 April 2006, párrafo 242. Reports of International Arbitral Awards, vol. XXVII, pp. 147-251. En apoyo de este enfoque, el laudo cita a Prosper Weil, Perspectives du droit de la délimitation maritime, 1988, p. 223.

545 Cfr. *Award in the arbitration regarding the delimitation of the maritime boundary between Guyana and Suriname*, Award of 17 September 2007, párrafo 342. Reports of International Arbitral Awards, vol. XXX, pp. 1-144, en p. 95.

546 Cfr. International Court of Justice, *Case Concerning Maritime Delimitation and Territorial Questions between Qatar and Bahrain* (Qatar v. Bahrain), Merits, Judgment of 16 March 2001, párrafo 177.

resultado equitativo.[547] Pero se advierte que delimitar con el fin de lograr un resultado equitativo, como lo exige el derecho internacional vigente, no es lo mismo que delimitar de acuerdo a la equidad, porque la jurisprudencia de la Corte demuestra que, en las controversias relacionadas con la delimitación marítima, la equidad no es un método de delimitación, sino únicamente un objetivo que debe tenerse presente al efectuar la delimitación.[548]

Respecto del concepto de "circunstancias especiales", que pueden hacer necesario apartarse del principio de la equidistancia, la Corte recordó que éste se debatió extensamente en la Primera Conferencia de las Naciones Unidas sobre el Derecho del Mar, celebrada en 1958. Dicho principio se incluyó tanto en la Convención de Ginebra del 29 de abril de 1958 sobre el Mar Territorial y la Zona Contigua (artículo 12) como en la Convención de Ginebra del 29 de abril de 1958 sobre la Plataforma Continental (artículo 6, párrafos 1 y 2). Según el Tribunal, este principio estuvo y sigue estando vinculado al método de equidistancia allí contemplado, hasta el punto de que, en 1977, en el caso relativo a la delimitación de la plataforma continental del Reino Unido y Francia, el Tribunal de Arbitraje pudo referirse a la existencia de una regla que combinaba "equidistancia-circunstancias especiales". Por lo tanto, resulta evidente que las circunstancias especiales son aquellas que pueden modificar el resultado de una aplicación sin reservas del principio de equidistancia. El derecho internacional general, tal como se ha desarrollado a través de la jurisprudencia de la Corte y la jurisprudencia arbitral, así como a través de la labor de la Tercera Conferencia de las Naciones Unidas sobre el Derecho del Mar, ha descrito el concepto de "circunstancias pertinentes" como un hecho que debe tenerse en cuenta en el proceso de delimitación.[549]

La línea media es una cuyos puntos sean equidistantes de los puntos más próximos de las líneas de base a partir de las cuales se mide la anchura del mar territorial de cada uno de los Estados con costas adyacentes u opuestas. Si, en la delimitación de fronteras marítimas, el principio de la equidistancia es la regla, las circunstancias especiales, que puedan justificar apartarse de esa regla, son la excepción. Pero, como la Corte ya ha hecho notar, no hay una lista cerrada de circunstancias especiales; no existen límites legales a las consideraciones que los Estados pueden tener en cuenta para garantizar la aplicación de procedimientos equitativos; de manera que, la mayoría de las veces, es la ponderación de todas estas consideraciones lo que producirá este resultado, en lugar de basarse en una de ellas, con exclusión de todas las demás. El problema del peso relativo que debe otorgarse a las diferentes consideraciones varía, naturalmente, según las circunstancias del caso.[550] En consecuencia, aunque esas circunstancias deban evaluarse caso por caso, a partir de una línea media, en su determinación hay que prestar atención a cada factor particular que pueda sugerir ajustes en esa línea provisional, incluyendo no sólo las circunstancias particulares del caso, sino casos ya decididos y la práctica de los Estados, teniendo en cuenta la necesidad de lograr coherencia, y un cierto grado de previsibilidad. [551] Sin embargo, la Corte ha advertido que:

---

547 Cfr. International Court of Justice, *Case Concerning the Continental Shelf* (Liyan Arab Jamahiriya / Malta), Judgment of 3 June 1985, párrafo 63.

548 Cfr. International Court of Justice, *Case Concerning the Land and Maritime Boundary between Cameroon and Nigeria* (Cameroon v. Nigeria: Equatorial Guinea intervening), Judgment of 10 October 2002, párrafo 294.

549 Cfr. International Court of Justice, *Case Concerning Maritime Delimitation in the Area Between Greenland and Jan Mayen* (Denmark v. Norway), Judgment of 14 June 1993, párrafo 55.

550 Cfr. International Court of Justice, *North Sea Continental Shelf Cases* (Federal Republic of Germany / Denmark; Federal Republic of Germany / Netherlands), Judgment of 20 February 1969, párrafo 93, y *Case Concerning the Continental Shelf* (Libyan Arab Jamahiriya / Malta), Judgment of 3 June 1985, párrafo 48.

551 Cfr. International Court of Justice, *Case Concerning Maritime Delimitation in the area between Greenland and Jan Mayen* (Denmark v. Norway), Judgment of 14 June 1993, párrafo 58.

"La configuración geográfica de los espacios marítimos que la Corte está llamada a delimitar es un hecho. No es un elemento susceptible de modificación por la Corte, sino un hecho sobre cuya base ésta debe efectuar la delimitación. Como el Tribunal tuvo ocasión de afirmar en los casos de la Plataforma Continental del Mar del Norte, "[e]quidad no implica necesariamente igualdad", y en un ejercicio de delimitación "nunca puede tratarse de remodelar completamente la naturaleza". Si bien la Corte puede tener en cuenta ciertas peculiaridades geográficas de las áreas marítimas a delimitar, esto es únicamente como circunstancias relevantes, con el fin, de ser necesario, de ajustar o desplazar la línea de delimitación provisional. Una vez más, como decidió la Corte en los casos de la Plataforma Continental del Mar del Norte, la Corte no está obligada a tener en cuenta todas esas peculiaridades geográficas para ajustar o cambiar la línea de delimitación provisional: "[n]o se trata, por tanto, de remodelar totalmente la geografía cualesquiera que sean los hechos de la situación sino, dada una situación geográfica de cuasi igualdad entre varios Estados, de mitigar los efectos de una característica incidental especial, de la que podría resultar una diferencia de trato injustificable"."[552]

De manera que, si bien la geografía puede ser una circunstancia especial a tener en cuenta en los procesos de delimitación, a los tribunales internacionales no les corresponde remodelar la naturaleza.

II. EL *UTI POSSIDETIS* COMO PRINCIPIO DE DELIMITACIÓN

Veamos ahora cuál es el papel que le corresponde al *uti possidetis* en el trazado de las fronteras de los Estados.

A lo largo de toda la controversia por el territorio situado al oeste del río Esequibo, en Venezuela, desde algunos círculos -ya sea en forma simplemente descuidada, mostrando escases de lecturas, lecturas mal digeridas, o haciendo un exquisito despliegue de ignorancia de lo que dice el derecho internacional al respecto- se ha insistido en el argumento del *uti possidetis*, como el fundamento de la soberanía de Venezuela sobre el territorio en disputa. Como regla general, por su falta de seriedad y de fundamento, esas afirmaciones se deberían ignorar de plano; pero, cuando provienen de quienes tienen alguna responsabilidad política, merecen un comentario y una aclaración. Entre los expositores de esa tesis hay un ex embajador de Venezuela, conductor de un programa de televisión, y que incursionó en la política como candidato a gobernador del recién creado estado de Guayana Esequiba; la razón para mencionarlo es que se trata de uno de los miembros del equipo que representa a Venezuela en su disputa con Guyana ante la Corte Internacional de Justicia, por lo que, para bien o para mal, su opinión puede tener alguna relevancia. En un artículo de prensa carente de rigor periodístico -que en realidad es una invitación a participar en un proceso electoral en el que él era candidato-, después de dedicar muchos pasajes al *uti possidetis*, con audacia y ligereza, su autor afirma que este principio tiene aplicación en la disputa entre Guyana y Venezuela, hoy pendiente ante la Corte Internacional de Justicia. Aunque su comentario está plagado de inexactitudes -porque, entre otras cosas, ni Robert Schomburgk era austríaco, ni tampoco publicó un mapa en 1887, doce años después de su fallecimiento-,[553] el autor señala, -esta vez correctamente- que "Desde 1811 y hasta la

---

552 Cfr. International Court of Justice, *Case Concerning the Land and Maritime Boundary between Cameroon and Nigeria* (Cameroon v. Nigeria: Equatorial Guinea intervening), Judgment of 10 October 2002, párrafo 295, citando su sentencia en North Sea Continental Shelf Cases (Federal Republic of Germany / Denmark; Federal Republic of Germany / Netherlands), Judgment of 20 February 1969, párrafo 91.

553 Además de errores históricos como los ya referidos, el autor distorsiona -o no comprende- el contenido del Acuerdo de Ginebra (suscrito el 17 de febrero de 1966 entre Venezuela, el Reino Unido, y la entonces Colonia de Guayana Británica), afirmando, *inter alia*, que éste descarta el arreglo judicial como medio de solución de la controversia, y que

Constitución de 1999, para Venezuela ha sido un principio constitucional el *Uti Possidetis Juris* con el espacio geográfico de lo que fue la Capitanía General" (de Venezuela).[554] Pero, junto con ignorar que las disposiciones del Derecho interno de los Estados no prevalecen sobre el derecho internacional, y que los tribunales internacionales están llamados a aplicar el derecho internacional, y no el derecho interno de los Estados, esa afirmación omite explicar qué es *el uti possidetis*, y cuál es su ámbito de aplicación. Aquí no se trata de cuestiones en las que pueda haber dos opiniones igualmente respetables, sino de afirmaciones manifiestamente erróneas, hechas desde una tribuna de prensa por quien -por formar parte del equipo encargado de la defensa de los derechos e intereses de Venezuela en la Corte Internacional de Justicia-, tiene capacidad para influir en la mente de una persona desprevenida, presentándole una visión distorsionada de los hechos y el derecho, que no corresponde con los sólidos fundamentos de la legítima reclamación venezolana. En la controversia del Esequibo, Venezuela no necesita recurrir a afirmaciones irresponsables o a teorías exóticas. Argumentos de esa naturaleza - expuestos en un panfleto electoral- desacreditan la posición de Venezuela. Desde luego, en el equipo de personas que representan a Venezuela en esta controversia también hay más de un abogado meritorio, con formación y experiencia en derecho internacional, y, con toda certeza, ellos deben tener una visión más informada y profesional.

Sin duda, el *uti possidetis* es un elemento que debe ser tenido en cuenta en la solución de la controversia pendiente entre Guyana y Venezuela. Por ende, habrá que examinar su naturaleza y sus características, así como su pertinencia en este asunto. En primer lugar, hay que establecer si se trata de un título territorial (como sostienen algunos), de un principio de delimitación de fronteras, o de una combinación de ambos; en segundo lugar, habrá que determinar cuál es su ámbito de aplicación, estableciendo qué Estados son los que están sujetos a esa regla. A partir de allí, habrá que decir alguna palabra sobre el efecto que el *uti possidetis* puede tener en la controversia del Esequibo.

En su primer informe a la Comisión de Derecho Internacional de Naciones Unidas sobre sucesión de Estados, Waldock sostenía que es una regla de derecho internacional general que, por el mero hecho de una sucesión, las fronteras de los Estados permanecen intactas.[555] Se trata de una opinión que difícilmente podría ser objeto de controversia, y que tampoco lo ha sido; además, ella se encuentra confirmada por el artículo 11, literal a), de la Convención de Viena sobre la sucesión de Estados en materia de tratados, que dispone que la sucesión de Estados no afectará de por sí a una frontera establecida por un tratado. En consecuencia, independientemente de los cambios que puedan ocurrir respecto de la soberanía sobre un territorio a uno u otro lado de una frontera *internacional*, esa

---

obliga a las partes a una negociación bilateral. Basta con leer el artículo IV del Acuerdo de Ginebra para comprobar que eso es falso, pues allí se insiste, reiteradamente, en la forma como se va a "*escoger*" el medio de solución de esta controversia entre aquellos que menciona el artículo 33 de la Carta de las Naciones Unidas, el cual incluye el arreglo judicial. No es correcto afirmar -como hace el autor del artículo que comentamos- que, si el laudo arbitral del 3 de octubre de 1899 es nulo, automáticamente el territorio en disputa es de Venezuela; esa es una cuestión distinta, que depende de los títulos territoriales que presenten las partes. Tampoco es cierto que Hans Kelsen señale que el arreglo judicial está descartado en caso de controversias territoriales; en realidad, para cualquier jurista -y mucho más para uno de la talla de Kelsen-, siempre que hay una controversia en la que las partes no logren ponerse de acuerdo, la solución que ofrece el derecho es precisamente el arreglo judicial. En fin, sugerir, porque "alguien" le dijo, que el laudo es nulo porque fue el fruto de una transacción territorial entre Rusia e Inglaterra -aunque sin aportar ninguna evidencia o indicación del territorio que Rusia recibió a cambio-, es absolutamente irresponsable, y le resta credibilidad a la reclamación venezolana. Demasiados errores para un alumno de segundo año de Derecho. Eso es trivializar los sólidos argumentos de Venezuela en esta controversia.

554 Cfr. Julio César Pineda, *Argentina y Venezuela: Reclamos territoriales frente al Imperialismo inglés y sus nuevas expresiones*, en El Universal de Caracas, 6 de abril de 2025, https://www.eluniversal.com/el-universal/205117/argentina-y-venezuela-reclamos-territoriales-frente-al-imperialismo-ingles-y-sus-nuevas-expresiones

555 Cfr. Humphrey Waldock, Special Rapporteur, *First report on succession of States and Governments in respect of treaties*, Yearbook of the International Law Commission, 1968, vol. II, pp. 92 y s.

frontera continuará siendo la misma. Pero debe advertirse que esta disposición se refiere a la sucesión de Estados respecto de los límites *externos* de un Estado, fijados por tratado; y, si bien las fronteras internacionales de un Estado están amparadas por el derecho internacional, los límites administrativos internos no lo están. En este sentido, en el caso de la disputa fronteriza entre Dubai y Sharjav, el Tribunal arbitral señaló que no se puede atribuir el mismo valor a una frontera que ha sido fijada en virtud de un tratado, o que es el resultado de un procedimiento arbitral o judicial -en el que Partes han tenido plena oportunidad de presentar sus argumentos-, que a una frontera establecida mediante una decisión administrativa (interna), emanada de una autoridad que podría no haber tenido en cuenta las opiniones de las Partes, y que surge en una situación de desigualdad inherente.[556]

La cuestión es determinar qué ocurre en ausencia de un tratado que haya fijado una frontera, o en el caso de fronteras que corresponden a una situación de hecho anterior, sin que, necesariamente, hayan sido aceptadas por todos los Estados involucrados; pero, sobre todo, queda por saber qué ocurre con lo que antes eran los límites administrativos *internos* -fijados por el Derecho interno- en lo que antes era el territorio de un Estado que ha dado paso a varios Estados. Porque, si el Estado anterior desaparece como un todo, pasando su territorio a ser parte de un nuevo Estado, sus fronteras con los Estados vecinos -definidas o indefinidas- seguirán en el estado en que se encontraban; y si el territorio anterior se ha desintegrado, dando paso a varios nuevos Estados, una cosa son las fronteras entre esos nuevos Estados entre sí, y otra cosa distinta son las fronteras de esos nuevos Estados con países vecinos, ajenos a la entidad política que les dio origen. Pero el mero hecho de la sucesión de Estados no puede alterar una frontera internacional preexistente, del mismo modo que tampoco puede crear una frontera internacional en donde antes no la había. En estricta lógica, el *uti possidetis* no puede interpretarse en el sentido de que, donde antes había una frontera por definir, ésta pueda llegar a delimitarse por el mero hecho de la sucesión; porque, como consecuencia del principio de continuidad de los Estados, las disputas territoriales preexistentes subsisten, y son heredadas por el nuevo Estado.

Lo cierto es que el *uti possidetis* no es una panacea, a la que pueda recurrirse en toda circunstancia. De hecho, en el caso del Sahara Occidental, a pesar de la existencia previa de un régimen colonial, la Corte ni siquiera mencionó el *uti possidetis*, que ciertamente no tenía cabida en las circunstancias del caso.[557]

Entendido como la regla que reconoce las fronteras internas de un imperio colonial ya desaparecido como las fronteras internacionales de los nuevos Estados, en la delimitación de las fronteras, particularmente en hispano América -cuando no ha habido conquistas militares de por medio-, al principio del *uti possidetis* le ha correspondido un lugar destacado. No es por casualidad que, en las disputas territoriales entre las repúblicas hispanoamericanas -excepto en los casos de cambios territoriales derivados del uso de la fuerza-, se haya recurrido rutinariamente a su aplicación, sin perjuicio de que su interpretación pueda haber sido objeto de polémica por parte de los mismos Estados que lo invocaban, y que su aplicación práctica correspondiera a fronteras mal definidas, y ciertamente sin demarcar. Por eso, Waldock -y, antes que él, La Pradelle- afirmaban que el *uti possidetis* habría probado ser tan impreciso y ambiguo, estando desacreditado incluso como criterio para resolver disputas fronterizas entre países latinoamericanos.[558] Por consiguiente, habrá que examinar si la doctrina del *uti possidetis* es apropiada para definir las fronteras de un Estado, o si su alcance ha sido sobre estimado.

---

[556] Cfr. Arbitral Award, *Dubai/Sharjah Boundary Arbitration*, October 19, 1981.

[557] Cfr. International Court of Justice, *Western Sahara*, Advisory Opinion of 16 October 1975.

[558] Cfr. Humphrey Waldock, op. cit, p. 86.

La expresión latina *uti possidetis* es un principio que ha llegado a ser parte de la tradición hispanoamericana. Su enunciado completo es "*uti possidetis, ita possideatis*", que significa como poseyeres seguiréis poseyendo. Su origen se remonta al Derecho Romano, en el que, en caso de disputas por la propiedad inmueble, a partir de los interdictos posesorios, el pretor tenía la misión de proteger a quien tenía la posesión. El origen de esta medida estaría en el procedimiento al que se recurrió para proteger a los ocupantes de tierras públicas, quienes, si bien no podían exhibir un título original de propiedad, recibieron el reconocimiento del Estado, concediéndole al poseedor, en virtud de su posesión, el derecho a estar libre de perturbaciones por parte de su adversario; pero no había, en esta etapa del procedimiento, un pronunciamiento sobre la propiedad. En los tiempos de Justiniano, el interdicto *uti possidetis* era empleado cuando dos partes reclamaban una propiedad, debiendo determinarse cuál era el demandante y cuál el demandado. Quien estuviera en posesión al momento del interdicto retenía la posesión.[559] El derecho del poseedor no se veía afectado si su posesión se había iniciado mediante la violencia, clandestinamente, o con permiso respecto de cualquier otra persona que no fuera el adversario; en cuanto a este último, simplemente había una prohibición de perturbar el *statu quo*, quedando abierta incluso la cuestión de cuál de las partes estaba en posesión, y a cuál se le prohibía interferir, porque, al pedir el interdicto se pedía, al mismo tiempo, una declaración reconociendo la posesión.

En el Derecho Romano, el objetivo del *uti possidetis* era garantizar el *statu quo* mientras se resolvía la controversia sobre la propiedad, sin que se otorgara o reconociera un título definitivo. En cambio, en el derecho internacional, esta doctrina apareció, inicialmente, como un principio de consolidación de la situación *de facto* tras las hostilidades, de modo que la simple conclusión de la paz otorgaba a los beligerantes el territorio que en ese momento estaba efectivamente bajo su control.[560] Así, de una medida provisional, habría pasado a ser un título permanente. En su forma actual, el *uti possidetis* está lejos de corresponder a su formulación inicial en el Derecho Romano porque, mientras este último se refería a la garantía temporal de la propiedad, el derecho internacional tiene que ver con la soberanía territorial, sobre una base permanente. Es así como el *uti possidetis* fue adoptado como un principio del derecho internacional americano. Siendo un factor que da estabilidad a las fronteras, desde la segunda mitad del siglo XX, como consecuencia del proceso de descolonización en África y Asia, así como de la secesión o de la desintegración de algunos Estados en Europa y Eurasia, con las necesarias adaptaciones, su aplicación se ha extendido a otras regiones.

El *uti possidetis* no ha evitado que surjan disputas territoriales; no obstante, el mero enunciado de este principio ha hecho que, por lo menos, esas disputas sean más fáciles de resolver que si no hubiera existido una regla generalmente aceptada en materia de soberanía territorial.[561] Con menos optimismo, Prescott afirma que, aunque el fundamento jurídico de las reclamaciones territoriales en Sudamérica es usualmente el principio del *uti possidetis*, probablemente éste ha empeorado los conflictos territoriales porque, habiendo por lo menos dos interpretaciones del mismo, los Estados tienden a invocar la que les resulta más conveniente; porque, mientras algunos Estados consideran que sus límites son aquellos que estaban en vigor al momento de obtener la independencia de la Corona española (el *uti possidetis juris)*, otros estiman que sus límites son aquellos que las autoridades coloniales observaban por razones administrativas de orden práctico (el *uti possidetis factum)*. Y, a juicio de Prescott,

559 Cfr. John Bassett Moore, *Costa Rica-Panamá Arbitration: Memorandum on uti possidetis*, The Commonwealth Co., Printers, Rosslyn, Va., 1913, pp. 5 a 7.

560 Cfr. William Edward Hall, *A Treatise on International Law*, Third Edition, Clarendon Press, Oxford, 1890, p. 558.

561 Cfr. Peter Lyon, *Regional Organization and Frontier Disputes*, en The International Regulation of Frontier Disputes, Edited by Evan Luard, Thames and Hudson, London, 1970, p. 123.

en diferentes momentos, Venezuela -como heredera de la Capitanía General-, habría empleado ambas interpretaciones.[562]

En relación con lo anterior, es oportuno hacer notar que Moore estima que la expresión "*uti possidetis juris*" carece de sentido y es contradictoria, porque la palabra "*juris*" excluye por completo la consideración de la posesión *de facto*, lo que implica convertirla en autodestructiva. A su juicio, la expresión "*uti possidetis*" no puede basarse en una situación que excluya enteramente la idea de posesión física continua, haciendo de los términos un uso puramente fantasioso.[563]

En cuanto principio aceptado por las nacientes repúblicas hispanoamericanas, el *uti possidetis* encontró su consagración constitucional, *inter alia*, en la Ley Fundamental de Colombia,[564] adoptada el 17 de diciembre de 1819 -cuatro meses después del Congreso de Angostura-, y cuyo artículo 2 disponía que "Su territorio será el que comprendían la antigua Capitanía General de Venezuela y el Virreinato del Nuevo Reino de Granada, abrazando una extensión de 115.000 leguas cuadradas, *cuyos términos precisos se fijarán en mejores circunstancias*." Esta fórmula se repite en el artículo 5 de la Ley Fundamental de la Unión de los Pueblos de Colombia, del 12 de julio de 1821, en el artículo 6 de la Constitución de la República de Colombia, del 30 de agosto de 1821, y, una vez que se produjo la desintegración de la Gran Colombia, Venezuela consagró este mismo principio en el artículo 5 de su Constitución de 1830, que se repite -en lo fundamental- en las Constituciones posteriores, señalando que el territorio de Venezuela comprendía todo lo que se conocía bajo el nombre de Capitanía General de Venezuela. De esta forma, a partir de la constatación de un hecho político y social, que se remonta a 1810, Venezuela se declaró sucesora de las fronteras de España en lo que fue la antigua Capitanía General de Venezuela. Pero debe observarse que ninguno de esos textos constitucionales definía las fronteras, cuestión que se posponía para el momento en que hubiera "mejores circunstancias". Es así como, mediante la aplicación del *uti possidetis*, después de la independencia de las repúblicas hispanoamericanas, las fronteras internas de la época colonial española se transformaron en fronteras internacionales.[565]

---

562 Cfr. J. R. V. Prescott, *The Geography of Frontiers and Boundaries*, London, 1965, pp. 116 y s., citado por Peter Lyon, op. cit., pp. 138 y s.

563 Cfr. John Bassett Moore, op. cit., p. 41. Moore rechazó -como una construcción tan novedosa como fantástica- la tesis según la cual las fronteras, entre las divisiones políticas que conforman los Estados de Hispanoamérica, solo podían determinarse mediante "leyes" imperiales promulgadas antes de 1810, y que por "leyes" solo podían entenderse los actos que efectivamente se incluyeron en la *Recopilación de las Leyes de Indias*, o que, siendo posteriores a su publicación, debían incluirse en ella; según esa tesis -que él rechazaba-, todas las capitulaciones, comisiones oficiales, informes y despachos, así como todas las ocupaciones, prescripciones y demás pruebas habituales de la evolución histórica de los derechos y títulos territoriales, debían rechazarse por incompetentes e inútiles. Además, esa tesis habría sido repudiada por dos laudos del mismo gobierno de España, el primero sobre la frontera entre Colombia y Venezuela, de 1891, en el que, según un Protocolo suscrito por las partes, el árbitro estaba autorizado para fijar la frontera "como sea más conforme a los documentos existentes, siempre que surja algún punto acerca del cual no exista toda la claridad que sería deseable"; el segundo, sobre la frontera entre Honduras y Nicaragua, de 1906, dispuso, *inter alia*, que la frontera entre ambos países fue el producto de la "evolución histórica". Ibid., pp. 41 y ss.

564 La Gran Colombia, que resultó de la unión de las repúblicas de Venezuela y la Nueva Granada, abarcando lo que hoy son Colombia, Ecuador, y Venezuela.

565 Cfr., por ejemplo, Lassa Oppenheim, *Tratado de Derecho Internacional Público* (título original: *International Law: A treatise*, séptima edición editada por Hersch Lauterpacht, Longmans, Green and Co., Londres / Nueva York / Toronto, 1952), traducción por Antonio Marín López, Bosch, Casa Editorial, Barcelona, 1966, Tomo I, vol. II, pp. 92 y sig., en nota a pie de página; Charles Rousseau, *Droit International Public*, Sirey, París, 1983, Tome III, p. 233; y A. O. Cukwurah, *The Settlement of Boundary Disputes in International Law*, Manchester University Press / Oceana Publications Inc., Manchester / Dobbs Ferry, 1967, pp. 112 a 116, y Alejandro Álvarez, *El Nuevo Derecho Internacional en sus relaciones con la vida actual de los pueblos*, Editorial Jurídica de Chile, Santiago, 1962, p. 74.

1. SU EVOLUCIÓN EN EL DERECHO INTERNACIONAL

Moore ha observado que, del Derecho Romano, la expresión *uti possidetis* fue trasladada al derecho internacional, aunque sin ninguno de los significados técnicos y las limitaciones inherentes al interdicto romano, pero transmitiendo literal y apropiadamente el significado preciso que se le pretende dar. En el derecho internacional, la frase ya no se refiere a un procedimiento judicial o cuasi judicial que resulta del interdicto de una autoridad jurídica suprema; su objetivo fundamental, en derecho privado, de prevenir e invalidar el uso de la fuerza, ya no existe, pues, según el derecho internacional (en tiempos de Moore), el uso de la fuerza llegó a ser lícito, y se reconocía el derecho de conquista. Su significado en derecho internacional se resumía y expresaba acertadamente en las palabras *uti possidetis, ita possideatis*: «Como posees, puedes seguir poseyendo». Pero, por la misma razón que en el derecho internacional, que carecía de una autoridad política suprema y de una jurisdicción judicial suprema, era lícito el uso de la fuerza y se reconocía el derecho de conquista, el principio del *uti possidetis*, en el sentido indicado, era una regla de paz, pues proporcionaba una fecha a partir de la cual debían computarse los derechos de las partes, sin recurrir a controversias anteriores ni arriesgar las consecuencias de su renovación. En un sentido más firme que en el Derecho privado, en el derecho internacional, quien posee, por el mero hecho de la posesión, tiene más derecho que el que no posee.[566] Y para Moore, en América latina, el *uti possidetis* proporcionaba "una base práctica para la delimitación"[567] de sus fronteras.

En el siglo XIX, diversos autores veían el *uti possidetis* como el principio según el cual se ajustaban las fronteras territoriales al término de una guerra. Así, según Wheaton, la restauración de la paz ponía fin al uso de la fuerza, y se aplicaba el principio general según el cual las cosas adquiridas en el curso de la guerra permanecían, en cuanto a su título y a su posesión, exactamente como estaban al momento de concluirse la paz; en su opinión, salvo estipulación en contrario, el *uti possidetis* es la base de todo tratado de paz. Si nada se decía acerca del territorio conquistado, éste permanecía bajo el dominio del conquistador, y su título no podía ponerse en duda.[568] Asimismo, Bluntschli asociaba el *uti possidetis* con el estado de las posesiones territoriales al término de una guerra, en el que cada parte conserva la soberanía sobre el territorio que ocupa. A su juicio, éste sería el principio que se denomina *uti possidetis*.[569] Por su parte, Hall también entendía el *uti possidetis* como un principio según el cual, a falta de estipulación en contrario, al término de las hostilidades, los beligerantes conservaban el territorio que ya estaba en su posesión; en su opinión, un tratado de paz, por el cual se permite que opere el principio del *uti possidetis*, proporciona la mejor prueba de la conquista, al igual que el reconocimiento de la independencia de una provincia rebelde por la madre patria es la mejor prueba del nacimiento de un nuevo Estado.[570] Pero, en lo esencial, Hall concebía el *uti possidetis* como una regla diseñada originalmente para preservar el *statu quo*. Se trataba de un principio que legalizaba el estado de las posesiones territoriales entre los beligerantes al momento del cese de las hostilidades y de la conclusión de un tratado de paz.

---

566 Cfr. John Bassett Moore, op. cit., pp. 8 y s.

567 Cfr. op. cit., p. 14.

568 Cfr. Henry Wheaton, *Elements of International Law*, (Primera edición, 1836), Eight edition, edited with notes by Richard Henry Dana, Jr, Little, Brown, and Company, Boston, 1866, p. 719, párrafo 548.

569 Cfr. Johan Kaspar Bluntschli, *Le Droit International Codifie*, (Título original: *Das Moderne Völkerrecht Der Civilisirten Staten Als Rechtsbuch Dargestellt*, Druck und Verlag der C. H. Beck'schen Buchhandlung, Nördlingen, 1872), Traducción del alemán al francés por M. C. Lardy, Cinquième édition revue et augmentée, Librairie Guillaumin et Cie., Éditeurs, París, 1895, pág. 401 y s., párrafo 715.

570 Cfr. William Edward Hall, *A Treatise on International Law*, Third Edition, Clarendon Press, Oxford, 1890, pp. 558 y 566.

Sólo fue en una etapa posterior que la doctrina se desplazó de la ocupación efectiva del territorio a "la santificación" de los límites administrativos coloniales. Pero, de hecho, el verdadero impulso de la doctrina, tal como se desarrolló en América Latina, habría sido más externo que interno. Su propósito era impedir cualquier renovación de la colonización europea, basándose en que partes del continente aún constituían *terrae nullius* y que, por lo tanto, estaban abiertas a la adquisición de soberanía mediante la ocupación efectiva por cualquier Estado. Se trataba, por lo tanto, de una afirmación de posesión u ocupación, constructiva o ficticia, dado que existían muchas regiones inexploradas y deshabitadas en América Latina.[571]

2. SU RELACIÓN CON LOS TÍTULOS TERRITORIALES

Lo que hace que un Estado tenga la soberanía sobre un territorio determinado es la existencia de un título que lo acredite como tal. Los títulos son los actos, o los hechos, que tienen la capacidad de conferirle al Estado la condición de soberano en un determinado espacio territorial. Puede que esos actos -particularmente si consisten en transacciones entre Estados- estén recogidos en un documento legal que dé fe de la misma, y que constituya una prueba del título. Pero hay distintos medios, o modos, a través de los cuales el Estado puede adquirir esa soberanía territorial, y a veces -en la literatura jurídica- esos medios se confunden con los títulos. Pero ni la doctrina ni la jurisprudencia mencionan el *uti possidetis* entre los "títulos territoriales"; por lo tanto, habrá que examinar cuál es el papel que le corresponde en el derecho internacional. Si existe un título territorial reconocido, pero las fronteras están indeterminadas, habrá que probar la extensión de la posesión efectiva, y aquí es donde el *uti possidetis* puede donde entrar a operar.

El *uti possidetis* no es el equivalente de un título territorial, sino un elemento que permite apreciar mejor la extensión de las reclamaciones territoriales fundadas en un título propiamente tal, pero sin llegar nunca a sustituirlo. No obstante, a veces, la doctrina ha sido menos categórica, atribuyéndole el carácter de un medio de prueba del título, pero sin descartar del todo que pueda llegar a adquirir el carácter de un título subsidiario,[572] o de algo que cumpla la función de tal, para mantener el *statu quo* cuando no existan títulos específicos.[573]

Como quiera que sea, la soberanía de los Estados sobre un territorio determinado suele ser el producto de una lenta evolución, en la que los títulos se confunden unos con otros, y en el que se atribuye al título significados diferentes. En este sentido, la Corte Internacional de Justicia ha dicho que, en los procedimientos ante ella, en ocasiones, el término "título" se ha utilizado de tal manera que no ha quedado claro cuál de los varios significados posibles debe atribuírsele. Intentando establecer algunas distinciones básicas, en el caso de la disputa fronteriza entre Burkina Faso y Mali, el Tribunal señaló que, aunque la expresión "*título legal*" parece denotar únicamente pruebas documentales, recordó que éste no es el único significado aceptado de la palabra "*título*", y que, de manera más general, dicho concepto también puede abarcar cualquier prueba que pueda establecer la existencia de un derecho, siendo la fuente real del mismo.[574] Distinguiendo claramente entre estos dos conceptos, en el asunto de la disputa fronteriza entre Benín y Níger, la Corte expresó que el principio del *uti possidetis juris* no

---

571 Cfr. Malcolm N. Shaw, *The heritage of States: The principle of uti possidetis juris today*, British Yearbook of International Law, Vol. 67, Issue 1, 1996, p. 98.

572 Cfr., por ejemplo, Jean-Marc Sorel et Rostane Mehdi, *L'uti possidetis entre la consécration juridique et la practique: Essai de réactualisation*, Annuaire Français de Droit International, Année 1994, N° 40, p. 12.

573 Cfr. Georges Abi-Saab, *La pérennité des frontières en droit international*, Relations Internationales, N° 64, Hiver 1990, p. 348.

574 Cfr. International Court of Justice, *Frontier Dispute* (Burkina Faso / Republic of Mali), Judgment of 22 December 1986, párrafo 18.

solo exige que se confíe en los títulos jurídicos existentes, sino también que se tenga en cuenta la manera en que esos títulos fueron interpretados y aplicados por las autoridades públicas competentes de la Potencia colonial.[575]

En la controversia entre El Salvador y Honduras, la Corte expresó que el *uti possidetis juris* se ocupa tanto del título territorial -que le confiere al Estado soberanía sobre el territorio- como de la ubicación de las fronteras.[576] A reglón seguido, la Corte subrayó que el "título" sobre las áreas en disputa, en el sentido de la fuente de sus derechos a nivel internacional, era -como reconocían ambas Partes-, la sucesión de los dos Estados en los derechos de la Corona Española, en relación con sus territorios coloniales, y que el *uti possidetis juris* de 1821 sólo sirvió para determinar la extensión del territorio que cada Estado heredó.[577] Desde luego, una cosa es haber adquirido un territorio, por los medios que el derecho internacional reconoce para el establecimiento de la competencia territorial del Estado, y otra cosa distinta es trazar en el papel las fronteras de ese territorio. Si el *uti possidetis* fuera un medio de adquisición de territorios sería uno anclado en un momento histórico preciso (1810 respecto de Sudamérica, y 1821 respecto de América Central), y sería el único que no requeriría de manifestaciones de autoridad soberana. En tal sentido, en la disputa entre Benín y Níger, el Tribunal identificó el *uti possidetis* con el principio de la intangibilidad de las fronteras, y señaló que esas fronteras territoriales no eran más que delimitaciones entre diferentes divisiones administrativas o colonias sujetas a la misma autoridad colonial, que, al momento de la independencia, se convertían en fronteras internacionales.[578] Pero eso está muy lejos de conferirle al *uti possidetis* el carácter de un título territorial.

En el laudo arbitral del Canal de Beagle también quedó sentado que éste es un principio de delimitación entre las nuevas repúblicas hispanoamericanas, y no un título territorial. En esta ocasión, el Tribunal recordó que "El *uti possidetis* fue un método conveniente para establecer los límites de los jóvenes Estados hispanoamericanos sobre la misma base que los de las antiguas divisiones administrativas españolas, excepto por que estos últimos eran a menudo inciertos o mal definidos o porque, en las regiones menos accesibles, no estaban establecidos en absoluto, o bien sufrieron diversos cambios." [579]

3. SU FORMULACIÓN DOCTRINAL

En el sentido que hoy se le atribuye en el derecho internacional, el *uti possidetis* comenzó a formularse a comienzos del siglo XIX, junto con la desintegración del imperio español en América. Pero la idea que se tenía de él, así como la función que se le atribuía, evolucionó con el tiempo, y su aplicación se extendió a otros continentes, adquiriendo dimensiones universales. Por eso, en la doctrina y en la jurisprudencia, a veces, puede dársele una connotación distinta de la que inicialmente tenía. Se trata de un concepto que no significa exactamente lo mismo para cada autor, y que no tiene las mismas características en Hispanoamérica, en África (con fronteras que son el producto del acuerdo de múltiples potencias colonizadoras europeas), en los Balcanes (con grupos étnicos y religiosos diferentes, luchando por lo que consideraban su territorio), o entre los países que formaron parte de

---

575 Cfr. International Court of Justice, *Case Concerning the Frontier Dispute* (Benin / Niger), Judgment of 12 july 2005, párrafo 140. Cfr., también, *Différend Frontalier (Burkina Faso / Niger)*, Arrêt 16 avril 2013, párrafo 66.

576 Cfr. International Court of Justice, *Land, Island and Maritime Frontier Dispute* (El Salvador / Honduras: Nicaragua intervening), Judgment of 11 September 1992, párrafo 42.

577 Cfr. Ibid, párrafo 45.

578 Cfr. International Court of Justice, *Case Concerning the Frontier Dispute* (Benin / Niger), Judgment of 12 july 2005, párrafos 45 y 46.

579 Cfr. *Beagle Channel arbitration between the Republic of Argentina and the Republic of Chile*, Report and decision of the Court of Arbitration, 18 February 1977, párrafo 10.

la antigua Unión Soviética (en donde el *uti possidetis* fue impuesto como una condición para el reconocimiento de los nuevos Estados por la entonces Comunidad Europea y sus países miembros),[580] aunque demostró ser de escaso valor en las controversias territoriales surgidas entre esos nuevos Estados después de la disolución de la URSS, como muestran las disputas territoriales respecto de Nagorno-Karabaj, Abjasia, Osetia del Sur, Transnitria, y Crimea. En Asia, con fronteras ancestrales que fueron respetadas por los colonizadores europeos, el *uti possidetis* no ha sido el principio utilizado para resolver controversias limítrofes.

En su afán por seguir estirando este concepto, algunos autores han sugerido que podría aplicarse en sintonía con el derecho de autodeterminación de los pueblos, lo cual sería desnaturalizarlo por completo, pues la función del *uti possidetis*, más cercana a la estabilidad de las fronteras, es muy distinta a la autodeterminación, que conduce a cambios territoriales basados en grupos humanos que reivindican el derecho a autogobernarse, más que en territorios con fronteras definidas. Sin embargo, cualquiera que sea el contexto en el que se invoque, los elementos comunes que caracterizan el *uti possidetis* indican que éste no es un título territorial.

Entre los juristas hispanoamericanos, Alejandro Álvarez sostiene que la primera preocupación de los Estados de origen hispano fue la delimitación de sus fronteras, para lo que convinieron -implícitamente- que éstas serían las de las antiguas divisiones administrativas establecidas por España, todavía en vigor en 1810, a lo que se llamó el *uti possidetis* de 1810. Sin embargo, Álvarez advierte que la delimitación de las divisiones administrativas españolas era muy imprecisa, y que comprendían territorios de los cuales algunas partes no habían sido exploradas.[581]

Según Hyde, en la América hispana, cuando el soberano común se retiró, fue necesario convenir en un principio de delimitación (*demarcación*, en el original) que evitara recurrir a la fuerza. Ese principio fue el *uti possidetis*, que implicaba la preservación de las fronteras existentes bajo el régimen colonial, correspondientes a las entidades que constituían ese Estado.[582] Pero, según Hyde, hay que estar prevenidos del *uti possidetis*, que en sí mismo no es indicativo de una regla de derecho.[583] En el mismo sentido, Lincoln P. Bloomfield observa que la comunidad internacional no ha reconocido, en ningún caso, el *uti possidetis* como norma de derecho internacional.[584]

Abi-Saab explica que, en el momento en que estaban obteniendo su independencia, los países latinoamericanos formularon el principio del *uti possidetis* con un doble propósito: primero, como un medio de defensa ante el resto del mundo, negando que, incluso en las regiones inexploradas de los territorios descolonizados, hubiera espacios sin un soberano (*terra nullius*); en segundo lugar, el *uti possidetis* tenía un propósito preventivo, diseñado para evitar (o minimizar) los conflictos que surgieran en las relaciones entre los sucesores de la corona española, dejando las cosas como estaban al momento de la independencia. Según Abi-Saab, estos dos objetivos, que postulaban la existencia de una frontera al momento de la independencia, sólo pueden ser alcanzados si por frontera se quiere significar una

---

580 Cfr. *Guidelines on the Recognition of New States in Eastern Europe and in the Soviet Union*, Declaración del 16 de diciembre de 1991. El mismo día, la entonces Comunidad Europea y sus doce Estados Miembros adoptaron una Declaración sobre Yugoslavia, respecto al reconocimiento de las Repúblicas Yugoslavas, que se remite a la Declaración anterior.

581 Cfr., Alejandro Álvarez, *El Nuevo Derecho Internacional en sus relaciones con la vida actual de los pueblos*, Editorial Jurídica de Chile, Santiago, 1962, p. 74. La misma advertencia es hecha por Jackson Ralston, en International arbitration from Athens to Locarno, Stanford University Press, California, 1929, p. 147.

582 Cfr. Charles C. Hyde, *International Law, Chiefly as Interpreted by de United States*, segunda edición, Little Brown, Boston, 1947, vol. I, p. 499, en nota a pie de página.

583 Cfr. Ibid., p. 509.

584 Cfr. Lincoln P. Bloomfield, *Egypt, Israel and the Gulf of Aqaba in International Law*, The Carswell Company, Toronto, 1957, pp. 107-108, citado por Surya P. Sharma, Territorial Adquisition, Disputes and International Law, Martinus Nijhoff Publishers, The Hague / Boston / London, 1997, p. 123.

"línea", en el sentido geográfico de la palabra; de lo contrario, el destino inevitable del *uti possidetis* sería operar como una mera ficción que colide con la realidad. En su opinión, al proceder del concepto geográfico de una línea, que es el único que es capaz de reconciliar el principio del *uti possidetis* con los hechos, se puede afirmar que siempre hay una línea que define el límite exterior de la posesión legal; pero, al tratar de identificar esa línea, el papel de la Corte Internacional de Justicia varía inversamente, en la medida en que esa línea toma forma concreta.[585]

Para Cukwurah, el *uti possidetis* es cercano a -o una prolongación de- el concepto de sucesión de Estados, y tiene mucho en común con esta doctrina. Al igual que Hyde, Cukwurah advierte que su aplicación está restringida a las fronteras de las repúblicas americanas -léase *hispanoamericanas*-, "desde el Río Grande hasta el Cabo de Hornos".[586] Sin embargo, aunque se esperaba que esta doctrina permitiera superar las controversias fronterizas entre ellas, la experiencia mostró que los hechos superaron las expectativas, y surgieron muchas disputas en cuanto a los límites exactos de las que antes eran entidades coloniales. Se encontró que, en el momento de la independencia, las autoridades administrativas coloniales de una unidad política determinada habían estado ejerciendo su jurisdicción civil más allá de la línea asignada -aunque fuera aproximadamente- como el límite de su jurisdicción territorial; por la imprecisión de esos límites, su transgresión podía ocurrir de buena fe, y sin intención de usurpar territorio. Así las cosas, el Estado que había sucedido en esa unidad colonial cuya superficie se había extendido, a expensas de una unidad colonial adyacente, se inclinaba a insistir en que *uti possidetis* significaba la posesión administrativa tal como existía en el momento de la independencia, mientras que la otra parte en la disputa afirmaba invariablemente que el principio de *uti possidetis* requería la restricción de la integridad territorial de las naciones hispanoamericanas a las áreas legítimamente ocupadas por los administradores de la unidad colonial anterior. Los protagonistas de la primera teoría sostenían que el principio requería el establecimiento de una línea jurídica, a la que llamaron *uti possidetis juris*, mientras que quienes sostuvieron la tesis contraria afirmaron que la verdadera teoría estaba expresada por el término *uti possidetis de facto*,[587] basado en los territorios que las partes efectivamente ocupaban en la fecha crítica correspondiente.

A juicio de Brownlie, el *uti possidetis* es un principio político para la "demarcación" (*sic*, citando a Hyde en este punto) de las fronteras, que en América Latina evolucionó hasta convertirse en un principio jurídico, y que implica un acuerdo para basar las atribuciones territoriales en una regla de posesión presunta por unidades administrativas españolas anteriores a 1810, en Sudamérica, y anteriores a 1821, en América Central. Tanto en su origen como en su función, este principio es parte del derecho internacional latinoamericano, y así ha sido visto en la literatura jurídica. Se trata, esencialmente, de un principio según el cual el cambio de soberanía no cambia el estado de una frontera.[588]

4. EL RAZONAMIENTO DEL CONSEJO FEDERAL SUIZO

Es en el laudo arbitral del Consejo Federal Suizo -dictado en 1922, en el asunto sobre cuestiones fronterizas pendientes entre Colombia y Venezuela- en el que, con mayor precisión, se

---

585 Cfr. Judge ad hoc Georges Abi-Saab, Separate opinion, párrafos 13 a 15, en International Court of Justice, *Case Concerning the Frontier Dispute* (Burkina Faso / Republic of Mali), Judgment of 22 December 1986.

586 Cfr. A. O. Cukwurah, *The Settlement of Boundary Disputes in International Law*, Manchester University Press / Oceana Publications Inc., Manchester / Dobbs Ferry, 1967, p. 112.

587 Cfr. Ibid., pp. 114 y s.

588 Cfr. Ian Brownlie, *The Rule of Law in International Affairs*, Martinus Nijhoff Publishers, The Hague / London / Boston, pp. 55, 56, y 58.

enuncia lo que -en ese momento y en ese contexto-, se entendía como la naturaleza y la función del *uti possidetis*. En el referido laudo se expresa que:

> "Cuando las colonias españolas de Centro y Sudamérica se proclamaron independientes en la segunda década del siglo XIX, adoptaron un principio de derecho constitucional e internacional al que dieron el nombre de *uti possidetis juris de 1810*, con el efecto de establecer la regla según la cual los límites de las Repúblicas recién creadas debían ser las fronteras de las Provincias Españolas a las que ellas sustituían. Este principio general ofrecía la ventaja de establecer una regla absoluta de que no había en derecho, en la antigua América española, territorio alguno sin dueño; si bien podían existir muchas regiones que nunca habían sido ocupadas por los españoles y muchas inexploradas o habitadas por aborígenes no-civilizados, estas regiones eran tenidas de pertenecer, por derecho, a cualquiera de las Repúblicas que sucedieran a las Provincias españolas a las que estos territorios estaban unidos por virtud de las antiguas Reales Ordenanzas de la Madre Patria Española. Estos territorios, aunque no ocupados de hecho, fueron considerados de común acuerdo como ocupados en derecho, desde la primera hora, por la nueva República. Las invasiones inoportunas y los intentos de colonización a través de la frontera, así como las ocupaciones *de facto*, perdieron sentido o dejaron de tener consecuencias legales. Este principio también tenía la ventaja de eliminar, según se esperaba, las disputas fronterizas entre los nuevos Estados. Finalmente, este principio excluía los intentos de los Estados colonizadores europeos de ejercer control sobre territorios que podrían haber pretendido declarar *res nullius*. La situación internacional de Hispanoamérica fue, desde el principio, completamente diferente a la de África, por ejemplo.
>
> ...
>
> El *uti possidetis juris* de 1810, es decir, los límites de las antiguas provincias españolas de Nueva Granada y Venezuela, son, por lo tanto, ley para ambos Estados, no solo en virtud de una teoría general sudamericana, sino también en virtud de disposiciones constitucionales explícitas y especiales. Cada uno de los dos Estados se consideraba soberano y poseedor del territorio dentro de los límites trazados por el anterior soberano español, y esto desde 1810, es decir, desde el inicio de la existencia de Colombia y Venezuela."[589]

De allí se pueden colegir las ideas centrales que -según el laudo- caracterizan el *uti possidetis*. En primer lugar, éste es un acuerdo tácito entre las potencias herederas de un soberano común, que en este caso era la Corona española, para garantizar las fronteras heredadas de la era colonial. En segundo lugar, éste es un acuerdo referido fundamentalmente a la frontera interna de las antiguas Provincias españolas, que -por aplicación del principio del *uti possidetis*-, se convirtieron en fronteras internacionales entre las antiguas dependencias coloniales españolas. En tercer lugar, se trata de un acuerdo entre las nuevas repúblicas hispanoamericanas, sin que sean parte en él países que estuvieron integrados en imperios coloniales distintos del español. En cuarto lugar, éste es un principio de delimitación de fronteras, que gira en torno a una fecha crítica común, que -en este caso- corresponde al momento de la desintegración del imperio español, cuando las naciones hispanoamericanas accedieron a la independencia, reemplazando a la Corona española en sus posesiones en América; se ha entendido que esa fecha crítica es 1810, en el caso de Sudamérica, y 1821 en el caso de Centroamérica. Y, por último, este principio transmite la idea -aunque no una regla- de que, en la región, ya no habría territorios que pudieran considerarse *terra nullius*.

---

[589] Cfr. *Affaire des Frontières Colombo-Vénézuélien* (Colombie contre Vénézuéla), Sentence, Berne, 24 mars 1922. Reports of International Arbitral Awards, vol. I, pp. 223-298, en págs. 228 y s.

a) Un acuerdo entre nuevos Estados. Según el Consejo Federal Suizo, las nacientes repúblicas "adoptaron un principio de derecho constitucional e internacional al que dieron el nombre de *uti possidetis juris de 1810*, con el efecto de establecer la regla según la cual los límites de las Repúblicas recién creadas debían ser las fronteras de las Provincias Españolas a las que ellas sustituían". Se trataría de un acuerdo en principio tácito, sin perjuicio de que, a veces, pueda estar recogido en las Constituciones de los Estados, o en tratados suscritos por ellos; es decir, se trata de un compromiso asumido por ciertos Estados, herederos de un mismo imperio colonial, y cuyo propósito es garantizar la estabilidad de las fronteras preexistentes en la época colonial. A partir de ese principio, las fronteras internacionales entre estos países han sido reconocidas tácitamente por ellos; así, cada vez que ha surgido una controversia limítrofe, cuando ésta ha sido sometida a arbitraje o a arreglo judicial, en el compromiso arbitral se ha hecho expresa mención del derecho aplicable y, como regla general, allí se ha incluido el principio del *uti possidetis*.

Entre los tratados que hacen mención expresa o implícita del principio del *uti possidetis* se puede citar el Tratado de Confederación, suscrito en Lima el 8 de febrero de 1848, entre Perú, Bolivia, Chile, Ecuador y Nueva Granada (ratificado sólo por esta última), el Tratado de Amistad, Comercio y Navegación, suscrito el 30 de agosto de 1855 entre Argentina y Chile, el compromiso arbitral entre Colombia y Venezuela, del 14 de septiembre de 1881, el Tratado Gámez-Bonilla, del 7 de octubre de 1884, para demarcar la frontera entre Honduras y Nicaragua, el Tratado de límites entre Honduras y Guatemala del 1 de marzo de 1895, el Tratado de Arbitraje entre Bolivia y Perú, del 30 de diciembre de 1902, y el Tratado de Arbitraje entre Guatemala y Honduras, del 16 de julio de 1930. Un Tratado suscrito el 12 de agosto de 1882, entre México y Guatemala, expresa, en su artículo V, que la "posesión actual" servirá de base en el trazado de la frontera entre ambos países, y que, mientras se delimita la frontera, cada parte contratante respetará "la posesión actual" de la otra.

Siendo éste un principio de delimitación consentido y acordado por las partes, no hay ninguna razón para que -en los casos que consideren apropiado- ellas no puedan adoptar un método de delimitación diferente. Huelga decir que este método de delimitación tampoco se podría aplicar a Estados que no han consentido en él, que no son herederos de un mismo imperio colonial, o que persistentemente han objetado a su aplicación, como es el caso, por ejemplo, de Marruecos y Somalia, en el continente africano.

b) Un principio de delimitación. Más que una verdadera regla de derecho, éste es un principio político[590] para la delimitación de las fronteras, adoptado como guía esencial en las relaciones entre los Estados que alguna vez estuvieron sometidos a un soberano común. Es un método práctico de delimitación, entre otros posibles. A veces se confunde con conceptos tales como integridad territorial, inviolabilidad territorial, e incluso estabilidad de las fronteras, que -aunque respondan a un mismo propósito- tienen una naturaleza diferente.

Son los límites de las antiguas provincias españolas, y no los límites territoriales que pudieran haber existido con anterioridad a la época colonial, los que se transforman en fronteras internacionales; en este sentido, en el caso de la disputa fronteriza entre Burkina Faso y Mali, la Corte internacional de Justicia, a través de una Sala, señaló que la esencia de este principio era garantizar el respeto de las fronteras territoriales existentes en el momento de la independencia, y que dichas fronteras territoriales serían meras delimitaciones entre diferentes divisiones administrativas o coloniales, todas sujetas al mismo soberano, que -por aplicación del principio de *uti possidetis*- se transformaron en fronteras

---

590 Cfr. *Beagle Channel arbitration between the Republic of Argentina and the Republic of Chile*, Report and decision of the Court of Arbitration, 18 February 1977, párrafo 9.

internacionales, en el pleno sentido del término.[591] Asimismo, en el caso de la disputa fronteriza entre El Salvador y Honduras, la Sala de la Corte dijo que "fueron los límites administrativos entre las unidades administrativas coloniales españolas, no los límites entre los asentamientos indígenas como tales, los que se transformaron, por operación del *uti possidetis juris*, en límites internacionales en 1821."[592]

c) La naturaleza de este principio. Literalmente, este principio se refiere al reconocimiento de la soberanía sobre los espacios territoriales que se tienen en posesión. Pero no existe consenso en cuanto a la naturaleza, jurídica o política, de este principio. Puede decirse que el *uti possidetis* es una doctrina asociada a la sucesión de Estados, que se ha definido como una norma de conveniencia práctica para preservar el *statu quo*, pero que evolucionó y se transformó en una regla de delimitación territorial. En principio, es un acuerdo tácito entre las potencias herederas de un soberano común, para preservar las fronteras heredadas de la era colonial y, como tal, está referido a fronteras internas que se convierten en fronteras internacionales.

El *uti possidetis* se ha definido como "un método conveniente para establecer los límites de los jóvenes Estados hispanoamericanos",[593] y se ha dicho que, más que una verdadera regla de derecho, es un principio político.[594] Según Hyde, el *uti possidetis* no es, en sí mismo, indicativo de una regla de derecho.[595] Asimismo, Bloomfield sostiene que la comunidad internacional no ha reconocido el *uti possidetis* como una norma de derecho internacional.[596] Se trata, fundamentalmente, de una regla práctica.

Para Moore, el principio del *uti possidetis* era una regla de paz, pues proporcionaba una fecha a partir de la cual debían computarse los derechos de las partes, sin recurrir a controversias anteriores ni arriesgar las consecuencias de su renovación.[597] Por su parte, Hyde entiende que se trata de un principio de delimitación acordado para evitar recurrir a la fuerza.[598] Según Brownlie, se trata de un principio político para la delimitación de las fronteras, pero que en América Latina evolucionó hasta convertirse en un principio jurídico.[599] A juicio del Consejo Federal Suizo, éste es *un principio de derecho constitucional e internacional*, con el efecto de establecer *la regla* según la cual los límites de las Repúblicas recién creadas debían ser las fronteras de las Provincias del soberano común al que ellas sustituían.[600]

---

591 Cfr. International Court of Justice, *Case Concerning the Frontier Dispute* (Burkina Faso / Republic of Mali), Judgment of 22 December 1986, párrafo 23.

592 Cfr. International Court of Justice, *Land, Island and Maritime Frontier Dispute* (El Salvador / Honduras: Nicaragua intervening), Judgment of 11 September 1992, párrafo 50.

593 Cfr. *Beagle Channel arbitration between the Republic of Argentina and the Republic of Chile*, Report and decision of the Court of Arbitration, 18 February 1977, párrafo 10.

594 Cfr. Ibid, párrafo 9.

595 Cfr. Charles C. Hyde, *International Law, Chiefly as Interpreted by de United States*, segunda edición, Little Brown, Boston, 1947, vol. I, p. 509.

596 Cfr. Lincoln P. Bloomfield, *Egypt, Israel and the Gulf of Aqaba in International Law*, The Carswell Company, Toronto, 1957, pp. 107-108, citado por Surya P. Sharma, *Territorial Adquisition, Disputes and International Law*, Martinus Nijhoff Publishers, The Hague / Boston / London, 1997, p. 123.

597 Cfr. John Bassett Moore, op. cit., pp. 8 y s.

598 Cfr. Charles C. Hyde, op. cit., vol. I, p. 499, en nota a pie de página.

599 Cfr. Ian Brownlie, *The Rule of Law in International Affairs*, Martinus Nijhoff Publishers, The Hague / London / Boston, pp. 55, 56, y 58.

600 Cfr. *Affaire des Frontières Colombo-Vénézuélien* (Colombie contre Vénézuéla), Sentence, Berne, 24 mars 1922. Reports of International Arbitral Awards, vol. I, pp. 223-298, en pág. 228.

En algún momento, en una apreciación controversial, la Corte Internacional de Justicia -a través de una Sala- lo ha identificado con el principio de la intangibilidad de las fronteras.[601]

Éste es un concepto que explica cómo unos límites administrativos internos se transmitieron a Estados en formación, transformándose en fronteras internacionales. De acuerdo con él, en caso de sucesión de Estados herederos de un soberano común, las fronteras territoriales *entre los sucesores* serán las mismas que existían entre ellos al tiempo de la sucesión. En este proceso, en todo lo que no haya sido parte de una frontera internacional anterior sin definir, no se requiere el consentimiento del resto de la comunidad internacional, porque se trata de la continuidad del territorio de un Estado preexistente.

Así entendido, la función del *uti possidetis* es congelar la situación territorial de los nuevos Estados en la condición en que se encontraba en el momento de su nacimiento, disponiendo que accederán a su independencia con las mismas fronteras que tenían cuando eran simples unidades administrativas de una potencia colonial. En virtud de este principio, los nuevos Estados están legitimados para ejercer su autoridad soberana sobre dicho territorio.

Inicialmente, el *uti possidetis* era sólo una norma de conveniencia práctica, para preservar el *statu quo*, que evolucionó y se transformó en una regla de delimitación aplicable *entre* los países hispanoamericanos, y sólo con vigencia entre ellos. Cambiando lo que se tiene que cambiar, en la segunda mitad del siglo XX, su aplicación se ha extendido a África, Asia, e incluso -fuera del contexto de la descolonización- a Europa (en la región de los Balcanes), y a la antigua Unión Soviética, en Eurasia; pero, en principio, su aplicación no se puede extender automáticamente a naciones que nunca formaron parte del mismo imperio colonial, o que no estaban sometidas a un soberano común. En ocasiones, incluso habiéndolo estado, las circunstancias particulares en que surgían los nuevos países hicieron necesario recurrir a fórmulas distintas para delimitar sus territorios. De hecho, Ruanda y Burundi nacieron a la vida independiente con fronteras distintas a las que tenían en la época colonial; lo mismo ocurrió con Togo, Camerún, y Somalia, en cuyo caso una porción de sus territorios actuales formaron parte de imperios coloniales diferentes.

d) Algo distinto de los títulos territoriales. El referido laudo del Consejo Federal Suizo señala que el *uti possidetis* es una regla para establecer las fronteras de las nuevas repúblicas nacidas del antiguo imperio español, a partir de los límites de las antiguas provincias españolas; por lo tanto, el título territorial es el mismo que tenía España, y que, como consecuencia de la independencia, se trasladó, por sucesión, a los nuevos Estados.

No se puede confundir el título, que confiere a cada Estado soberanía sobre su territorio, con lo que es un principio acordado para la *delimitación* de los territorios heredados de España. Se podría haber escogido un principio de delimitación diferente como, por ejemplo, los que tuvieran en cuenta consideraciones étnicas o afinidades históricas, pero se optó por el reconocimiento de los límites administrativos coloniales. Según el laudo del Consejo Federal Suizo, esa es la función que le corresponde al *uti possidetis*: servir de método de delimitación, y no conferir títulos territoriales.

e) La elección entre límites jurídicos y límites de hecho. El laudo del Consejo Federal Suizo se refiere a "las fronteras de las Provincias Españolas" a las que sustituían las nuevas repúblicas. En la determinación de esas fronteras, para los partidarios del *uti possidetis juris*, lo que cuenta son los límites que correspondían a la voluntad de la Corona española, y que estaban plasmados en las leyes de Indias al momento de obtener la independencia; por el contrario, los partidarios del *uti possidetis*

601 Cfr. International Court of Justice, *Case Concerning the Frontier Dispute* (Benin / Niger), Judgment of 12 july 2005, párrafo 45.

factum defienden la tesis de que los límites son aquellos que las autoridades coloniales observaban por razones administrativas de orden práctico. Esta disputa parece haber sido zanjada indirectamente -en favor del *uti possidetis juris*-, por una Sala de la Corte Internacional de Justicia, decidiendo que, cuando está involucrado el principio del *uti possidetis juris*, el *jus* al que se hace referencia no es el derecho internacional, sino el derecho constitucional o administrativo del soberano anterior a la independencia; y si el derecho no proporciona una respuesta clara y definitiva, es apropiado examinar la conducta de los nuevos Estados durante el período inmediatamente posterior a la independencia, pues ella puede arrojar luz sobre la apreciación contemporánea de lo que habría sido la situación en 1821.[602] En su Opinión Separada en este mismo asunto, el juez *ad hoc* Torres Bernárdez agregó que, al momento de la independencia, la posesión no estaba definida en términos de posesión u ocupación efectiva, sino por referencia a la legislación española anterior, y sólo indirectamente a los actos de ejercicio de jurisdicción (*effectivités*) de las autoridades coloniales. Así, el concepto de "posesión" encarnado en el principio *uti possidetis juris* de las Repúblicas hispanoamericanas es el concepto del derecho a poseer según la legislación española (lo que él refiere como "título"), y no el reflejo de situaciones efectivas de usurpación por parte de las antiguas autoridades coloniales españolas, tales como pudieran haber existido, o del hecho de la ocupación o el control por esta o aquella República hispanoamericana después de la independencia, dando lugar a situaciones de hecho.[603] En conclusión, la línea marcada por el *uti possidetis* no corresponde a una línea de posesión efectiva, sino a un límite legal marcado por el soberano anterior. Siendo así, sería un exabrupto pretender aplicar la legislación española de la época colonial en la delimitación de fronteras con un país que nunca fue parte de ese imperio; de hecho, las controversias fronterizas -o incluso las disputas territoriales- entre países hispanoamericanos y otros que no lo son se han resuelto mediante la aplicación de principios y reglas diferentes. Pero conviene advertir que el derecho de la era colonial no se aplica en sí mismo -como un enlace jurídico entre ese derecho y el derecho internacional-, sino como un simple hecho, entre varios otros.[604]

***f) La imprecisión de las fronteras coloniales*.** En 1810, las fronteras internas de la América hispana estaban escasamente definidas, y una división territorial para fines administrativos podía contradecirse consigo misma, con una división territorial para fines militares, o incluso con las delimitaciones para fines eclesiásticos, pues no siempre coincidían las unas con las otras. Se trataba, fundamentalmente, de puntos de referencia aproximados, que fácilmente podían ser corregidos o modificados según la conveniencia administrativa, pero no de límites precisos que pudieran ser tenidos como una frontera en sentido estricto. Tratándose de divisiones administrativas internas, de territorios sometidos a un mismo soberano, no era crucial que dichos límites -que no tenían consecuencias internacionales- se trazaran con tanta precisión.

A pesar de esa carencia de límites precisos, luego de la independencia, se esperaba que, con la aplicación del *uti possidetis*, se eliminarían las disputas fronterizas entre los nuevos Estados, y que las ocupaciones *de facto* no tendrían consecuencias jurídicas. No obstante, en el caso de la disputa fronteriza

---

[602] Cfr. International Court of Justice, *Land, Island and Maritime Frontier Dispute* (El Salvador / Honduras: Nicaragua intervening), Judgment of 11 September 1992, párrafo 333. También, la sentencia de la Corte en l disputa fronteriza entre Burkina Faso y Mali, en la que, de acuerdo con el principio en cuestión, como fundamento de la soberanía territorial, debe darse preeminencia al título jurídico sobre la posesión efectiva del territorio. Cfr. International Court of Justice, *Case Concerning the Frontier Dispute* (Burkina Faso / Republic of Mali), Judgment of 22 December 1986, párrafo 23.

[603] Cfr. Santiago Torres Bernárdez, Separate Opinion, International Court of Justice, *Land, Island and Maritime Frontier Dispute* (El Salvador / Honduras: Nicaragua intervening), Judgment of 11 September 1992, párrafo 11 de su Opinión Separada.

[604] Cfr. International Court of Justice, *Frontier Dispute* (Burkina Faso / Republic of Mali), Judgment of 22 December 1986, párrafo 30.

entre El Salvador y Honduras, el Tribunal señaló que ninguna de las partes había podido fundamentar su reclamación de una línea fronteriza específica en ningún título aplicable a la frontera terrestre.[605]

Dando por sentada la diferencia fundamental que existe entre fronteras internacionales y límites administrativos internos -diseñados para fines distintos-, en el caso de la frontera entre El Salvador y Honduras, el Tribunal observó que a los servidores de la Corona española, que establecieron fronteras administrativas, jamás se les pudo haber ocurrido la cuestión de las fronteras internacionales;[606] obviamente, al trazar esos límites internos, esos funcionarios no estaban pensando en que -en algún momento- las provincias españolas pudieran acceder a la independencia. Cuando dichas divisiones administrativas se convirtieron en Estados independientes no había fronteras acordadas, ni mucho menos demarcadas, y la falta de información geográfica hacía que las leyes de Indias fueran insuficientes para definir con precisión lo que habían sido sus límites administrativos internos. En lo que concierne a las fronteras de Colombia y Venezuela, en 1819, cuando Nueva Granada y Venezuela decidieron unirse en la República de Colombia (la Gran Colombia), declararon que su territorio comprendía los límites de la antigua Capitanía General de Venezuela y el virreinato de Nueva Granada, pero que la determinación de sus fronteras precisas se dejaría para una ocasión más propicia. En 1830, luego de la separación de Venezuela de la Gran Colombia, su Constitución se limitó a indicar que su territorio era el mismo que, antes de los cambios políticos de 1810, comprendía la denominada Capitanía General de Venezuela.

Lo cierto es que, durante la colonia, la definición de los límites internos no parece haber sido una preocupación fundamental; después de todo, se trataba de territorios sobre los que un mismo soberano tenía un control absoluto, y en el que las autoridades provinciales actuaban en su nombre, por lo que no podía haber conflictos de intereses. Además, con regiones escasamente pobladas, a veces surcadas por una tupida vegetación, y con puntos de difícil acceso, durante la colonia tampoco se había proporcionado una indicación precisa de las fronteras externas de los dominios de España. Ese es el talón de Aquiles del *uti possidetis* que, en su afán por evitar controversias fronterizas futuras, tiene como punto de referencia fronteras mal definidas. Fue con la independencia de las nuevas repúblicas que la delimitación de las fronteras asumió la importancia que merecía.

En la disputa fronteriza entre Eritrea y Yemen por la soberanía de unas islas en el Mar Rojo -en que, sin citarlo expresamente, Yemen alegó que, en el caso del desmembramiento de un imperio como el Imperio Otomano, existía una presunción, tanto jurídica como política, de que las fronteras de los Estados independientes que lo reemplazaran corresponderían a las fronteras de las unidades administrativas que constituían el Imperio desmembrado-, el Tribunal observó que, para que el *uti possidetis* pueda operar, es necesario saber cuáles eran efectivamente los límites de las unidades administrativas del Imperio desmembrado. Según el Tribunal, presumiblemente, la jurisdicción del Imperio Otomano sobre la costa africana podría haberse extendido naturalmente a las islas cercanas a la costa que, al menos geográficamente, parecían pertenecer a ella; pero hasta qué punto dicha jurisdicción se extendía sobre el archipiélago, que constituía el objeto principal de la controversia era, hasta cierto punto, materia de conjetura.[607] A estas dificultades se sumaba -según el laudo- la cuestión del derecho inter temporal, y la de si la doctrina del *uti possidetis*, entonces considerada esencialmente

605 Cfr. International Court of Justice, *Land, Island and Maritime Frontier Dispute* (El Salvador / Honduras: Nicaragua intervening), Judgment of 11 September 1992, párrafo 45.

606 Cfr. Ibid, párrafo 43.

607 Cfr. *Award of the Arbitral Tribunal in the first stage of the proceedings between Eritrea and Yemen - Territorial Sovereignty and Scope of the Dispute (Eritrea and Yemen)*, Arbitral Award of 9 October 1998. Reports of International Arbitral Awards, vol. XXII, pp. 209-332, párrafos 96 y 97.

aplicable a América Latina, podía ser aplicada adecuadamente para interpretar una cuestión jurídica que surgió en Medio Oriente, poco después del final de la Primera Guerra Mundial.[608]

La función del *uti possidetis* como postulado de una frontera impermeable al momento de la independencia, sólo puede verificarse fácticamente, en cada caso, si se toma por frontera una "*línea*", en el sentido geométrico de la palabra; de lo contrario, será inevitable que el destino de este principio sea operar como una mera ficción, que choca con la realidad.[609]

g) La fecha crítica. Puesto que se trata de un principio que se remite al momento en que los nuevos Estados adquirieron su independencia de la antigua metrópoli, el *uti possidetis* lleva implícita una fecha crítica común, entendida como el momento en el que cristalizan -o se congelan- los derechos de las partes en la controversia, sin que ellos puedan verse afectados por actos posteriores; se trata de un paquete jurídico específico, anclado en el espacio y en el tiempo, con funciones legitimadoras cruciales.[610] En principio,[611] ese es el momento en el que los límites administrativos internos se transforman en fronteras internacionales. La Corte ha dicho que el principio del *uti possidetis* detiene el reloj, pero sin hacerlo retroceder en el tiempo, tomando "una fotografía" de la situación territorial entonces existente.[612]

La fecha crítica es una fecha "común" a los Estados vecinos que se partes en la controversia. Esa fecha sólo puede ser "común" a dos Estados que se independizaron al mismo tiempo de un soberano común: esa fecha crítica es 1810 para los países sudamericanos, y 1821 para los países centro americanos. En el caso de Estados que, antes de su independencia, fueron parte de distintos imperios coloniales, no puede haber una fecha crítica común.

En lo fundamental, el *uti possidetis juris* es un principio que, retrospectivamente, confiere el carácter de fronteras internacionales a limites administrativos que originalmente estaban concebidos para otro propósito.[613] Sin embargo, eso no significa que, en su determinación, se puedan considerar hechos ocurridos, o documentos producidos, con posterioridad. En el caso de la disputa fronteriza entre Benín y Níger, el Tribunal advirtió que -en aplicación de este principio- no podía excluir a *priori* la posibilidad de que mapas, investigaciones u otros documentos posteriores a la fecha de la independencia, fueran pertinentes para establecer la situación existente en ese momento. Pero, en cualquier caso, dado que el efecto del principio del *uti possidetis* es congelar el título territorial, el examen de documentos posteriores a la independencia no puede dar lugar a ninguna modificación de la «fotografía del territorio» (más bien, de la "fotografía de la frontera") en la fecha crítica, a menos que dichos documentos expresen claramente el acuerdo de las partes con respecto a dicho cambio.[614]

---

[608] Cfr. ibid., párrafo 99.

[609] Cfr. Georges Abi Saab, Separate Opinion, en International Court of Justice, *Frontier Dispute* (Burkina Faso / Republic of Mali), Judgment of 22 December 1986, párrafo 14.

[610] Cfr. Malcolm N. Shaw, *The Heritage of States: The principle of uti possidetis juris Today*, British Year Book of International Law, 1996, vol. 67, p. 76.

[611] Esa fecha crítica puede verse alterada, por ejemplo, por un tratado celebrado entre las partes acordando una fecha distinta, por una práctica posterior de las partes que asume una fecha diferente, o por la circunstancia de que los Estados hayan accedido a su independencia en fechas diferentes.

[612] Cfr. International Court of Justice, *Frontier Dispute* (Burkina Faso / Republic of Mali), Judgment of 22 December 1986, párrafo 30.

[613] Cfr. International Court of Justice, *Land, Island and Maritime Frontier Dispute* (El Salvador / Honduras: Nicaragua intervening), Judgment of 11 September 1992, párrafo 43.

[614] Cfr. International Court of Justice, *Case Concerning the Frontier Dispute* (Benin / Niger), Judgment of 12 july 2005, párrafo 26.

h) La extinción de terra nullius en la región. Respecto a la implicación de que no habría territorios sin dueño, ésta debe entenderse referida a los territorios que comprendía la antigua metrópoli. Puesto que el *uti possidetis* es una doctrin

a asociada a la sucesión de Estados, y a la continuidad de la situación territorial existente antes de la independencia de los nuevos Estados, el territorio en el cual los nuevos Estados suceden a la potencia colonial no puede ser ni más ni menos que el que, al momento de la independencia, estaba en posesión de esta última. Pero, según el laudo del Consejo Federal Suizo, con el *uti possidetis*, las invasiones inoportunas y los intentos de colonización al otro lado de la frontera, así como las ocupaciones *de facto*, quedaron sin alcance ni consecuencias jurídicas, pues este principio tenía la ventaja de excluir los intentos de las potencias colonizadoras europeos sobre territorios que, de otra manera, podrían haber procurado proclamar como *res nullius*.[615]

Concordando con la interpretación del laudo del Consejo Federal Suizo, en el caso de una disputa territorial entre El Salvador y Honduras, una Sala de la Corte expresó que un aspecto central del *uti possidetis* es la negación de la posibilidad de *terra nullius*.[616] Asimismo, Shaw considera que el verdadero propósito de la doctrina del *uti possidetis* fue impedir cualquier retorno de la colonización europea, sobre la base de que alguna parte del continente constituyera *terrae nullius* y, por lo tanto, estuviera abiertas a la adquisición de soberanía mediante la ocupación efectiva por cualquier Estado.[617] Así, la doctrina del *uti possidetis* habría evolucionado, desde su función original de preservar el *statu quo*, con su consiguiente énfasis en la posesión efectiva, a un enfoque diferente, que prohibía la adquisición de un título respecto de territorios considerados *terra nullius*. Sin embargo, las cosas son lo que son, y no lo que alguien puede desear que sean. En ausencia de fronteras internacionales reconocidas, de la idea de que -en Derecho-, en la América hispana no había territorios sin dueño, inferir que, automáticamente, esos territorios serían de quien se indique en los papeles preparados por una de las partes, es dejarse llevar demasiado lejos por la imaginación y la fantasía. Un territorio no dejará de ser *terra nullius*, o territorio sometido a la soberanía de un Estado, porque lo diga una doctrina, sino porque de hecho es lo uno o lo otro.

5. LA EXPANSIÓN DE SU APLICACIÓN

En un primer momento, la doctrina y la jurisprudencia internacional consideraban el *uti possidetis* como un principio de *delimitación* aplicable sólo entre las repúblicas hispanoamericanas. Que, originalmente, se trataba de un principio enunciado por los países hispanoamericanos, para ser aplicado en sus relaciones recíprocas y no vinculante en otros contextos, se hizo manifiesto en el laudo arbitral del río San Lorenzo (en una disputa entre Estados Unidos y el Reino Unido), en el que se resolvió que la antigua delimitación de las provincias británicas no implicaba una entera coincidencia entre las fronteras de los dos países, y que, en todo caso, eso no constituía una base para decidir.[618] Asimismo, Cohen ha observado que, en la controversia por la soberanía de las Isla Malvinas, entre Argentina y

[615] Cfr. Ibid, pág. 228.

[616] Cfr. International Court of Justice, *Land, Island and Maritime Frontier Dispute* (El Salvador / Honduras: Nicaragua intervening), Judgment of 11 September 1992, párrafo 42.

[617] Cfr. Malcolm N. Shaw, *The heritage of States: The principle of uti possidetis juris today*, British Yearbook of International Law, vol. 67, Issue 1, 1996, p. 98.

[618] Cfr. *Sentence arbitrale du Roi des Pays-Bas en vertu de l'Article V du Traité de Gand du 24 décembre 1814, au sujet des limites des possessions britanniques et américaines du nord-est*, décision du 10 janvier 1831. Reports of International Arbitral Awards, vol. XXVIII, pp. 34-44, en pág. 38.

Gran Bretaña, la regla del *uti possidetis* no es de gran utilidad, pues ella no es oponible a terceros Estados que no la han reconocido.[619]

Si originalmente la aplicación del *uti possidetis* se reducía a las relaciones entre los países hispanoamericanos, un primer problema que hay que abordar es su aplicación en las relaciones de éstos con Brasil, con el que tienen fronteras internacionales todos los países sudamericanos, excepto Chile. Sobre este particular, hay que recordar que, en la época colonial había asentamientos españoles al este de la línea del Tratado de Tordesillas y asentamientos portugueses al oeste de la misma; por eso, en 1750, en el Tratado de Madrid -suscrito entre España y Portugal el 13 de enero de 1750- se acordó anular tanto la bula de 1493, del papa Alejandro VI, como el Tratado de Tordesillas. Teniendo en cuenta hasta donde se extendía el dominio de una y otra monarquía, el Tratado de 1750 hizo los ajustes territoriales pertinentes, siendo el más notable el de la colonia de Sacramento, que es parte del actual Uruguay. Cuando, en 1822, Brasil proclamó su independencia de Portugal, esas eran sus fronteras internacionales. En el Tratado de límites entre Brasil y Venezuela -suscrito en Caracas, el 25 de noviembre de 1852-, las partes declararon, en su artículo II, que reconocían el *uti possidetis* como base para la determinación de la frontera entre sus respectivos territorios. El mismo principio fue reconocido, *inter alia*, en el Tratado entre Brasil y Paraguay, suscrito el 6 de abril de 1856, en el Tratado entre Brasil y Argentina, suscrito el 14 de diciembre de 1857, y en el Tratado entre Brasil y Bolivia, suscrito el 27 de marzo de 1867. Pero aquí se trataba de fronteras fijadas por un tratado anterior, separando las posesiones españolas y portuguesas, y no de límites administrativos internos. Si hubiera un *uti possidetis juris* respecto de las fronteras internacionales de Brasil, éstas serían las fronteras trazadas por el Tratado de 1750; sin embargo, Brasil siempre ha entendido que el *uti possidetis* se refiere a los territorios efectivamente ocupados por unos y otros (*uti possidetis factum*), y no a una posesión basada en el derecho.

A mediados del siglo XX, la aplicación del *uti possidetis* comenzó a expandirse a otras regiones. En 1968, en el asunto de la controversia fronteriza por lo que entonces era la frontera occidental entre India y Pakistán -que, antes de su independencia, habían formado parte de la India Británica-, el laudo menciona, al pasar, que, al afirmar que lo correcto era decir que la frontera era la que era reconocida por la madre patria al momento de la partición de la India en India y Pakistán, y que lo correcto era que se continuara reconociendo esa frontera, la India estuvo cerca de la noción del *uti possidetis*.[620]

Entre los países africanos, en 1986, en una controversia fronteriza entre dos antiguas colonias francesas (Burkina Faso y Malí), puesto que las partes habían solicitado a la Sala de la Corte Internacional de Justicia resolver su disputa sobre la base del "principio de la intangibilidad de las fronteras heredadas de la colonización", el Tribunal determinó que no podía ignorar el principio del *uti possidetis juris*, cuya aplicación es la que hace surgir el respeto por la intangibilidad de las fronteras, y que éste es un principio de derecho Internacional firmemente establecido toda vez que está involucrada la descolonización. La Sala indicó que éste es un principio general, que está lógicamente conectado con los procesos de independencia, sin importar el lugar donde ellos ocurran.[621] En esta ocasión, el Tribunal expresó que se suponía que las partes se habían inspirado en la Resolución 16 (1) -adoptada por la Conferencia de Jefes de Estado y de Gobierno Africanos en su reunión de El Cairo, en 1964-, en la que se declaró solemnemente el compromiso de "respetar las fronteras existentes al momento de

619 Cfr. Gérard Cohen Jonathan, *Les Iles Falkland (Malouines)*, Annuaire Français de Droit International, Année 1972, N° 18, p. 239.

620 Cfr. *Case Concerning the Indo-Pakistan Western Boundary (Rann of Kutch)*, Award of 19 February 1968. Reports of International Arbitral Awards, vol. XVII, pp. 1-576, en p. 20.

621 Cfr. International Court of Justice, *Case Concerning the Frontier Dispute* (Burkina Faso / Republic of Mali), Judgment of 22 December 1986, párrafo 20.

alcanzar la independencia nacional".[622] Según la Corte, se trata de un principio que inicialmente fue aplicado en la América española, puesto que fue ese continente el primero en experimentar el proceso de descolonización; pero, en opinión de la Corte, éste es un principio general, que está lógicamente conectado con el fenómeno de la independencia, sin perjuicio del lugar en el que ella pueda ocurrir.[623] A juicio del Tribunal, independientemente de lo insatisfactorias que puedan ser las fronteras políticas de los países africanos, ellas poseen la autoridad del *uti possidetis*, y están en plena conformidad con el derecho internacional contemporáneo.[624] Pero debe observarse que, aunque se trate de un principio de aplicación general, en África tiene un propósito distinto al que le corresponde en la América española; mientras en esta última su función fue convertir los límites de las dependencias administrativas *internas* de una misma potencia colonial en fronteras internacionales, en el caso de África su tarea ha sido garantizar la intangibilidad de las fronteras *internacionales* trazadas *entre* las antiguas potencias coloniales.

En la disputa fronteriza entre Eritrea y Yemen por la soberanía de unas islas en el Mar Rojo, sin citarlo expresamente, Yemen alegó que, en el caso del desmembramiento de un imperio como el Imperio Otomano, existía una presunción, tanto jurídica como política, de que las fronteras de los Estados independientes que lo reemplazaran corresponderían a las fronteras de las unidades administrativas que constituían el Imperio desmembrado. El Tribunal arbitral entendió que, presumiblemente, esta presunción invocada por Yemen se basaba en el principio de *uti possidetis*, que es el que le proporcionaría un sustento jurídico.[625]

El asunto volvió a surgir en la disputa territorial entre Qatar y Bahréin (anteriormente dos protectorados británicos). Si bien las partes presentaron extensos argumentos sobre la aplicabilidad del *uti possidetis* en el caso en cuestión, al llegar a su conclusión sobre la base de una decisión británica de 1939 -atribuyendo las islas en disputa a Bahréin-, la Corte encontró que era innecesario pronunciarse sobre tales argumentos.[626] Para algunos jueces, no cabía la posibilidad de aplicar el principio de *uti possidetis juris*, puesto que (al tratarse de dos antiguos protectorados, ahora Estados independientes) no se había creado ningún nuevo sujeto de derecho internacional y, por lo tanto, no había sucesión de Estados en el presente caso.[627]

En la disputa entre Benín y Níger (ambos parte de la antigua África Occidental Francesa), las partes se sometieron a la jurisdicción de una Sala de la Corte Internacional de Justicia, indicando que el Derecho aplicable por ésta era el principio de la sucesión de Estados a las fronteras heredadas de la colonización, que garantizaría la intangibilidad de esas fronteras (artículo 6 del compromiso); de allí, el Tribunal dedujo que las partes estaban de acuerdo en la relevancia del *uti possidetis juris* para los efectos de determinar su frontera común.[628]

Asimismo, en 2013, en el diferendo fronterizo entre Burkina Faso y Níger -ambas ex colonias francesas, y partes de lo que fue el África Occidental Francesa-, las partes se sometieron a la jurisdicción de la Corte Internacional de Justicia, para que esta decidiera aplicando, *inter alia*, el principio de la

[622] Cfr. Ibid, párrafo 19.

[623] Cfr. Ibid, párrafo 20.

[624] Cfr. Ibid, párrafo 149.

[625] Cfr. Award of the Arbitral Tribunal in the first stage of the proceedings between Eritrea and Yemen - *Territorial Sovereignty and Scope of the Dispute* (Eritrea and Yemen), Arbitral Award of 9 October 1998. Reports of International Arbitral Awards, vol. XXII, pp. 209-332, párrafo 96.

[626] Cfr. International Court of Justice, *Case Concerning Maritime Delimitation and Territorial Questions between Qatar and Bahrain* (Qatar v. Bahrain), Merits, Judgment of 16 March 2001, párrafos 110 y 148.

[627] Cfr. Ibid, Joint dissenting opinion of judges Bedjaoui, Ranjeva and Koroma, párrafo 214.

[628] Cfr. International Court of Justice, *Case Concerning the Frontier Dispute* (Benin / Niger), Judgment of 12 july 2005, párrafo 23.

intangibilidad de las fronteras heredadas de la colonización, por lo que la Corte entendió que no podía ignorar el principio del *uti possidetis*, cuya aplicación es la que da lugar a la intangibilidad de las fronteras;[629] en el entendido de que las fronteras están bien definidas, la sentencia de la Corte recuerda que el artículo 4 (b) del Acta Constitutiva de la Unión Africana[630] consagra el principio del respeto a las fronteras existentes al momento de alcanzar la independencia.

En la disputa fronteriza entre Libia y Chad, a pesar de que las partes habían debatido extensamente sobre la aplicación del *uti possidetis* -y que, teniendo en cuenta que las fronteras heredadas de la época colonial eran una realidad tangible, por lo que los países africanos habían adoptado una Resolución reconociendo el principio de intangibilidad de las fronteras-,[631] la Corte consideró que no era necesario pronunciarse sobre el particular, pues la frontera en litigio había sido determinada mediante un Tratado.[632] Pero, en este punto, es oportuno recordar que el artículo 4 del Acta Constitutiva de la Unión Africana proclama, como principio, "el respeto de las fronteras existentes al momento de alcanzar la independencia"; es decir -a diferencia del concepto americano del *uti possidetis*, que convirtió los límites administrativos internos en fronteras internacionales-, los países africanos han reconocido las fronteras *internacionales* adoptadas por las potencias coloniales -que con frecuencia eran fronteras lineales (sin consideración de características geográficas, o de lazos étnicos, lingüísticos, históricos o de otro tipo)-, y es eso lo que creyeron conveniente preservar, en aras de la estabilidad de las fronteras. Además, en la disputa fronteriza entre Libia y Chad, en el artículo 2 de un Tratado celebrado el 12 de agosto de 1974, las partes habían sostenido que "las fronteras entre los dos países [eran] una concepción colonial en la que los dos pueblos y naciones no tuvieron ninguna influencia", mostrando claramente su desacuerdo con esas fronteras.

También en la disputa territorial entre Camerún y Nigeria, Camerún invocó el respeto de las fronteras heredadas de la colonización y el principio del *uti possidetis*, a partir de dos tratados de límites, suscritos el 11 de marzo de 1913 y el 12 de abril de 1913, entre Alemania y el Reino Unido. Desde la partida, se observa que no se trataba de una frontera que las partes se habían comprometido a respetar mediante un acuerdo tácito, sino de una frontera fijada por tratados suscritos por las antiguas potencias coloniales. En segundo lugar, esta vez tampoco se trataba de una controversia entre dos antiguas colonias de un soberano común, sino de una excolonia británica y otra que, inicialmente, había estado sometida a Alemania, y luego a Francia. En este sentido, la Corte hizo notar que, al término de la Primera Guerra Mundial, mediante el Tratado de Versalles, los territorios en la región pertenecientes a Alemania fueron repartidos entre Francia y Gran Bretaña; luego, puesto que esos territorios fueron colocados bajo mandato de esas mismas potencias, mediante un acuerdo con la Liga de Naciones, fue necesario definir los límites de los territorios bajo mandato. Con ese propósito, Francia e Inglaterra suscribieron dos acuerdos para describir los territorios cuya administración se les había confiado.[633]

---

629 Cfr. International Court of Justice, *Différend Frontalier (Burkina Faso / Niger)*, Arrêt 16 avril 2013, párrafos 61 al 63.

630 Constitutive Act of the African Union, adoptada el 11 de julio de 2000, por la trigésimo sexta sesión ordinaria de la Asamblea de Jefes de Estado y de Gobierno, celebrada en Lome, Togo

631 Resolución 16 (I) sobre disputas fronterizas entre Estados africanos, adoptada en el Cairo, por la Organización de Unidad Africana, en su reunión del 17 al 21 de julio de 1964.

632 Cfr. International Court of Justice, *Case concerning the Territorial Dispute* (Libyan Arab Jamahiriya / Chad), Judgment of 3 February 1994, párrafo 75.

633 Cfr. International Court of Justice, *Case Concerning the Land and Maritime Boundary between Cameroon and Nigeria* (Cameroon v. Nigeria: Equatorial Guinea intervening), Judgment of 10 October 2002, párrafos 34 y 35. La sentencia explica que, en 1946, respecto de la administración del protectorado de Nigeria y Camerún, el Gobierno británico dispuso que, para propósitos administrativos, las regiones que le habían sido entregadas en fideicomiso se dividieran en dos: Camerún del Norte y Camerún del Sur. El 1 de enero de 1960, el Camerún francés accedió a la independencia, con las fronteras heredadas del período anterior. Nigeria hizo lo mismo el 1 de octubre de 1960. De acuerdo con una decisión de Naciones Unidas, el Gobierno británico organizó dos plebiscitos separados en Camerún del Norte y del Sur, a fin de

Comprensiblemente, en esta ocasión, la sentencia no consideró necesario pronunciarse sobre los argumentos de *uti possidetis* presentados por las partes en relación con la península de Bakassi,[634] ni sobre su pertinencia en ningún otro sector de la frontera en disputa.

Pero la regla que comentamos no ha sido invocada sólo en procesos de descolonización, sino también en contextos muy diferentes. Por ejemplo, el argumento del *uti possidetis* también surgió como consecuencia del colapso de la antigua Unión Soviética y de la división de Checoslovaquia, y se ha planteado en el debate sobre una eventual independencia de Quebec, o de la separación de Escocia del Reino Unido, e incluso en el caso de Crimea, aunque en esta ocasión fuera planteado en forma ciertamente abusiva, por parte de Rusia.

En diciembre de 1991, en el conflicto de la antigua Yugoslavia, la entonces Comunidad Europea adoptó una Declaración demandando que, previo al reconocimiento de los nuevos Estados surgidos de la antigua Yugoslavia, éstos se comprometieran a adoptar garantías, políticas y constitucionales, para asegurar que no tenían reclamaciones territoriales respecto de cualquier Estado vecino miembro de la Comunidad. La referida demanda se formuló atendiendo al temor de Grecia de que la proclamada República de Macedonia -con el uso de Macedonia en su nombre- pudiera estar haciendo alguna reclamación territorial en la frontera norte de Grecia. La entonces Comunidad Europea y sus Estados miembros no tenían inconveniente en reconocer a esos nuevos Estados dentro de las fronteras *internacionales* reconocidas a la antigua Yugoslavia, y con un nombre que fuera aceptable para todos ellos.

Para la determinación de las fronteras entre los nuevos Estados surgidos de la antigua Yugoslavia -en un proceso donde se confunden las nociones de secesión, disolución, o desintegración de un Estado, con independencia política, e incluso autodeterminación-, la Comunidad Europea designó una Comisión de Arbitraje de la Conferencia de la Comunidad Europea para la Paz en Yugoslavia,[635] conocida como la Comisión Badinter. La Comisión estaba integrada por cinco eminentes expertos en Derecho Constitucional,[636] aunque sin formación en derecho internacional, y sus decisiones fueron duramente criticadas.[637] En sus Opiniones N° 2 y 3, del 20 de noviembre de 1991, dicha Comisión extendió la aplicación del *uti possidetis* al conflicto de los Balcanes, en condiciones muy distintas de las previstas por el derecho internacional. En la Opinión N° 2, la Comisión señaló que se encuentra bien establecido que, cualesquiera que sean las circunstancias, el derecho a la autodeterminación no debe implicar cambios en las fronteras existentes en el momento de la

establecer los deseos de sus habitantes en cuanto a su futuro, En dichos plebiscitos -celebrados el 11 y 12 de febrero de 1961-, Camerún del Norte decidió unirse a Nigeria, mientras que la población de Camerún del Sur optó por unirse a la República de Camerún independiente. Camerún alegaba que, tras los plebiscitos del 11 y 12 de febrero de 1961, la línea interna entre los Camerunes del Norte y del Sur, descrita en la Orden del Consejo del Reino Unido, cuando se puso fin al régimen de administración fiduciaria, se convirtió *ipso facto* en la frontera internacional entre Nigeria y Camerún. Según la Corte, fue la Orden en Consejo de 1946, y solo ella, la que -al transformarse en un instrumento de delimitación internacional cuando los Carnerunes del Sur, bajo mandato británico, se incorporaron al Camerún recién independizado-, les aseguró el reconocimiento internacional. Cfr. ibid., párrafo 175. Pero, en esta ocasión, la Corte no hizo ninguna referencia al *uti possidetis*.

634 Cfr. Ibid, párrafo 218.

635 Creada, el 27 de agosto de 1991, por el Consejo de Ministros de la entonces Comunidad Económica Europea.

636 Robert Badinter, presidente del Consejo Constitucional de Francia, Roman Herzog, presidente de la Corte Constitucional de Alemania, Aldo Corasaniti, presidente de la Corte Constitucional de Italia, Francisco Tomás y Valiente, presidente del Tribunal Constitucional de España, e Irène Pétry, presidente de la Corte Constitucional de Bélgica.

637 Cfr., por ejemplo, Michla Pomerance, The Badinter Commission: The Use and Misuse of the International Court of Justice's Jurisprudence International Court of Justice, en Michigan Journal of International Law, Vol. 20, Issue 1, 1998, pp. 31-58.

independencia (*uti possidetis juris*) excepto en los casos en que los Estados involucrados acuerden lo contrario. Según la Opinión N° 3 de la Comisión, las antiguas fronteras (internas) se convierten en fronteras protegidas por el derecho internacional, según se deriva del principio de respeto al *statu quo* territorial y, en particular, del principio de *uti possidetis.* A juicio de la Comisión, dicho principio no es una norma especial, aplicable únicamente a un sistema específico del derecho internacional, sino que es un principio general, lógicamente vinculado con el fenómeno de la obtención de la independencia, dondequiera que esta ocurra. Dichas decisiones (particularmente la N° 3) fueron criticadas por su falta de rigor, por recurrir a precedentes que no eran análogos, por imponerla como una obligación (sin consultar la voluntad de las partes), y por sus cuestionables interpretaciones de la jurisprudencia de la Corte Internacional de Justicia respecto de sentencias pensadas para contextos muy diferentes.[638] Debe observarse que los nuevos Estados que surgieron del conflicto de los Balcanes no son el producto de la independencia política, sino de la desintegración, del colapso, o del desmembramiento de la antigua Yugoslavia, como consecuencia de una lucha fratricida y de una "limpieza étnica" que, sin duda, tuvo consecuencias en el territorio controlado por unos y otros; en segundo lugar, debe observarse que -a diferencia de lo que ocurrió en la América hispana, cuyos países no se enfrentaron entre ellos sino con la metrópoli- los países balcánicos son el producto de un conflicto armado entre ellos, en el que unos querían aniquilar a los otros; no había, por lo tanto, un acuerdo tácito respecto a conservar y respetar las fronteras anteriores. Además, las fronteras internas de la antigua Yugoslavia habían sido trazadas por el régimen de Tito, sin ningún tipo de consultas a las distintas comunidades nacionales, religiosas, o lingüísticas, y sin que dichas fronteras internas respondieran a principios geográficos, étnicos, religiosos, o de otro tipo. En fin, tampoco es irrelevante el que esta decisión fuera adoptada por una instancia que, a pesar de su nombre (Comisión de Arbitraje), no era un tribunal arbitral, y que fue creada por el Consejo de Ministros de la entonces Comunidad Europea, de la que no formaba parte ninguna de las seis repúblicas que surgieron de la desintegración de Yugoslavia.

También en 1991, en el caso de la desintegración de la antigua Unión Soviética, todos los nuevos Estados que surgieron de ese proceso, excepto Estonia, Letonia, y Lituania, suscribieron un acuerdo -firmado en Minsk, el 8 de diciembre de 1991- en el que reconocían y se comprometían a respetar "la inviolabilidad de las fronteras existentes dentro de" esa Comunidad de Estados Independientes. Aunque dicho Acuerdo no menciona expresamente el *uti possidetis*, ese parece ser el principio subyacente en la referida Declaración. Lo mismo puede deducirse de la Resolución 876 (1993) del Consejo de Seguridad, reafirmando la integridad territorial de Georgia, con motivo del intento de secesión de Abjasia, y de la Resolución 822 (1993), con motivo del conflicto entre Azerbaiyán y Armenia por la región de Nagorno-Karabaj, en la cual reafirmó el principio de la integridad territorial y de la inviolabilidad de las fronteras internacionales, señalando la inadmisibilidad del uso de la fuerza para la adquisición de territorio.

El 29 de octubre de 1992, luego de la disolución de Checoslovaquia, los nuevos Estados -la República Checa y Eslovaquia-, firmaron un tratado de delimitación de la frontera común, en el que no se hace mención del *uti possidetis*, pero se tiene en cuenta las divisiones administrativas que había dentro de la antigua Checoslovaquia.

---

[638] En lo político, se señaló que, en los Balcanes, la aplicación del *uti possidetis* -a situaciones muy distintas a las de la América española a principios del siglo XIX- había pavimentado el camino para un conflicto más intenso, en el que la estabilidad a largo plazo había sido la primera víctima. David Owen -el ex Ministro de Relaciones Exteriores del Reino Unido y presidente de la Conferencia Internacional sobre la antigua Yugoslavia- señaló que, en ese conflicto, el aferrarse tercamente a las fronteras internas, negándose a negociarlas, había puesto a la Comunidad Europea una camisa de fuerza que le impedía lograr compromisos entre las partes; en su opinión, una prohibición general de cualquier cambio de fronteras, y en particular de las fronteras internas, era tan insostenible como la creencia de que las fronteras pueden estar en un estado de cambio permanente. Cfr. David Owen, *Balkan Odyssey*, Harcourt Brace, Oxford, 1995, pp. 33 y s.

En diciembre de 2000, luego de un conflicto armado entre Eritrea y Etiopía, ambas partes suscribieron un Acuerdo que encomendó la delimitación y los arreglos expeditos para la demarcación de sus fronteras a un Tribunal (la Comisión neutral de Fronteras) establecido por ellas. En el párrafo 1 del artículo 4 de dicho Acuerdo, las partes reafirmaron el principio del respeto de las fronteras existentes al momento de la independencia,[639] en la forma establecida en la Resolución 16 (1), adoptada en la Cumbre de Jefes de Estado y de Gobierno de la entonces Organización de Unidad Africana, adoptada en su reunión de El Cairo de 1964; seguidamente, en el párrafo 2 del artículo 4 del Acuerdo, las partes indicaron que el Tribunal se debería basar en "los tratados coloniales pertinentes", de 1900, 1902, y 1908 (todos concluidos por Etiopía e Italia, aunque, en el caso del tratado de 1902, Gran Bretaña también fue parte, porque se relacionaba con el Sudán bajo administración británica), y en el derecho internacional aplicable; cada uno de los tratados mencionados se ocupaba de un sector de la frontera entre Etiopía y la entonces colonia de Eritrea; en el tratado de 1908, en su artículo VI, las partes se comprometieron "a no tomar ninguna medida, ni permitir que sus tribus dependientes tomen ninguna medida, que pueda dar lugar a problemas o incidentes, o perturbar la tranquilidad de *las tribus fronterizas*." Hasta el Acuerdo de 2000, ambos países habían tenido una agitada vida internacional.[640] Ni en el Acuerdo de 1998 ni en el laudo hay ninguna referencia al *uti possidetis*,[641] y parece razonable que así sea, pues, para la delimitación de sus fronteras, las partes se habían remitido a los Tratados de límites de 1900, 1902, y 1908.

6. LA JURISPRUDENCIA INTERNACIONAL

Desde el laudo arbitral del Consejo Federal Suizo, las dificultades de trazar una línea de frontera a partir del principio del *uti possidetis* no han pasado desapercibidas para los tribunales internacionales. A pesar de ello, la jurisprudencia internacional ha sido muy coherente en la determinación del sentido y alcance de este principio. En opinión de quien escribe estas líneas, en general, puede decirse que -salvo algunos matices o contrastes- ha habido una perfecta sintonía, en la que, a partir de los hechos de cada caso, una sentencia reafirma o complementa a la anterior. Así se podrá apreciar en los casos que se reseñan a continuación.

a) La frontera del Rann de Kutch. En el caso de la frontera occidental de la India y Pakistán -dos naciones herederas de un mismo imperio colonial-, el laudo no prestó atención al principio del *uti possidetis* que, en todo caso, no era mencionado en el compromiso arbitral; además, la fecha crítica en la que habría comenzado esta controversia, sin ser precisa, era muy anterior a la fecha en que las partes en litigio obtuvieron su independencia del Reino Unido. A pesar de ello, las consecuencias jurídicas y políticas del *uti possidetis* fueron examinadas por el juez Aleš *Bebler*, en una opinión disidente que no

[639] Principio que se, en la jurisprudencia de la Corte Internacional de Justicia, se había interpretado como una referencia al *uti possidetis*. Cfr. International Court of Justice, *Case Concerning the Frontier Dispute* (Burkina Faso / Republic of Mali), Judgment of 22 December 1986, párrafo 148.

[640] En 1890, Italia había establecido la colonia de Eritrea, y que, en 1935, Italia se había anexado Etiopía, pero que, en 1941, el Reino Unido expulsó a las fuerzas italianas de Etiopía y Eritrea. Mediante el artículo 23 del Tratado de Paz con las potencias Aliadas, Italia renunció a "todos sus derechos y títulos sobre las posesiones territoriales italianas en África". En Etiopía, la administración militar británica concluyó en 1942, traspasando el poder al emperador Haile Selassie. La anterior colonia italiana de Eritrea permaneció bajo control británico, mientras las potencias aliadas decidían su destino; al no ponerse de acuerdo, en 1950 la Asamblea General de la ONU adoptó una resolución en la que recomendó que Eritrea constituyera una unidad federada autónoma con Etiopía, bajo la soberanía de Etiopía. Por lo que, en 1952, se puso término a la ocupación británica y se estableció una Federación de Eritrea con Etiopía; poco después, comenzó un conflicto armado entre las poblaciones de ambos territorios. En 1993, Eritrea se convirtió en un Estado independiente. En 1998, estallaron las hostilidades entre Eritrea y Etiopía.

[641] Cfr. *Decision regarding delimitation of the border between Eritrea and Ethiopia*, Decision of 13 April 2002, párrafos 3.31 a 3.36. Reports of International Arbitral Awards, vol. XXV, pp. 83-196, en pp. 117 y s.

siempre se ajusta a la historia o a los conceptos jurídicos, pero que tiene elementos dignos de destacar. Según Bebler, en América Latina, Estados soberanos contemporáneos coincidieron en el principio del *uti possidetis*, aceptando como el origen de sus fronteras las existentes entre partes del otrora Imperio colonial español, entre este Imperio y el Imperio portugués, y entre el Imperio español y otras posesiones extranjeras. A juicio de Bebler, el hecho de que ésta o aquella república latinoamericana heredara el territorio de tal o cual virreinato, audiencia u otra unidad española, no tenía consecuencias jurídicas. La república fue el resultado de una guerra de liberación nacional y pudo haber labrado su territorio a partir de las posesiones de los antiguos opresores, según cualquier principio imaginable, ya sea geográfico, económico, cultural o lingüístico, o sin invocar ningún principio, mediante el uso de la fuerza contra su nuevo vecino. Aunque el nuevo límite habría tenido que ser pactado por los nuevos vecinos, por razones prácticas, las nuevas repúblicas acordaron aceptar los límites de las divisiones administrativas coloniales anteriores. Así, en la mayoría de los casos, ellos aceptaron fronteras que no eran el resultado de tratados internacionales, y que no tenían un significado internacional. Estos límites estaban mal definidos, y eran parte de la tradición. En este sentido, Bebler cita al geógrafo estadounidense, Samuel W. Boggs, quien escribió que, aunque la mayor parte de los límites de las Repúblicas Americanas tienen sus raíces en la historia colonial del continente, cuando se inició el proceso de emancipación, ninguno de los límites provinciales españoles había sido demarcado, y ninguno de ellos había sido definido con tanta exactitud como para que pudieran ser adoptados sin dificultades de interpretación por las repúblicas recién formadas.[642]

En el caso de África, refiriéndose a la Carta de la Organización de Unidad Africana -cuyo artículo III proclama el principio del respeto a la soberanía e integridad territorial de los Estados y a su derecho a una existencia independiente-, Bebler dice que, dado que todos ellos nacieron dentro de los límites de las unidades administrativas de la época colonial, el principio de respeto a su integridad expresa la disposición de los Estados africanos a aceptar los límites de las fronteras administrativas coloniales como sus fronteras nacionales. A su juicio, esto es una repetición del *uti possidetis* latinoamericano. De nuevo, los antiguos límites administrativos internos se adoptaron como fronteras de hecho, y se convirtieron en fronteras de los Estados. Antes del período colonial, dichas fronteras pueden haber sido fronteras de Estados autóctonos, cuyo sucesor, tras una larga interrupción, podría ser este o aquel nuevo Estado. Pero, según advierte Bebler, el pasado lejano de esos Estados no se menciona en la Carta de la Organización de Unidad Africana, del mismo modo que tampoco se mencionan viejos límites precoloniales. Las nuevas fronteras aceptadas por ellos son simplemente la continuación de la situación colonial inmediatamente anterior. En su opinión, ésta fue una decisión sabia, porque, si se hubiera tomado la actitud opuesta, eso podría haber tenido trágicas consecuencias. Basta con imaginar una decisión que hubiera suprimido las fronteras coloniales, como si eso no tuviera consecuencias, y que los nuevos Estados hubieran decidido determinar sus respectivas fronteras nuevamente, mediante negociaciones bilaterales. Inevitablemente, eso habría abierto una caja de Pandora de intereses contrapuestos y aspiraciones territoriales, y habría conducido directamente a una serie de disputas enconadas, y posiblemente a conflictos armados. Sin embargo, estas fronteras, descritas o no, tienen existencia jurídica internacional en todos los casos, ya sea que estén o no descritas en tratados, y se consideran universalmente vinculantes para los países vecinos. Por lo tanto, el axioma sugerido anteriormente, de que una frontera existe donde los Estados vecinos la acordaron, debe completarse diciendo que los vecinos podrían haber celebrado dicho acuerdo de diversas maneras, y no solo mediante tratados. Los africanos celebraron dicho acuerdo con una especie de manifiesto de todos los Estados africanos, los latinoamericanos mediante la adopción generalizada de un principio

---

[642] Cfr. Aleš *Bebler*, Dissenting Opinion, *The Indo-Pakistan Western Boundary (Rann of Kutch) between India and Pakistan* (India v. Pakistan), 19 February 1968. Reports of International Arbitral Awards, vol. XVII, pp. 447 y 448. La cita de Bebler es a Samuel W. Boggs, *International Boundaries: A study of boundary functions and problems*, Columbia University Press, New York, 1940, p. 74.

rector, y la mayoría de los demás Estados simplemente considerando un trazado tradicional de las fronteras.[643]

La explicación sugerida por Bebler es la más audaz que se haya propuesto, y conduce a objetivos bastante alejados de los que el *uti possidetis* tuvo inicialmente en mente. Desde luego, hay una diferencia notable entre lo que caracteriza al *uti possidetis* en América, que es el acuerdo entre las antiguas colonias *españolas* respecto de las fronteras *internas* preexistentes, y la forma como éste se consagró en la Carta de la Organización de Unidad Africana, que deriva de un reconocimiento de las fronteras *internacionales* existentes entre las *antiguas potencias coloniales*, que los nuevos Estados creyeron conveniente preservar. A diferencia de lo que ocurrió en la América hispana, las fronteras africanas, como regla general, habían sido trazadas por las potencias europeas. Además, debe advertirse que integridad territorial y *uti possidetis* no son conceptos equivalentes; porque, mientras el primero está ligado a la intangibilidad de las fronteras y a la prohibición del uso de la fuerza para conquistar territorios de otros Estados, en el contexto apropiado, el segundo sólo sirve de fundamento para determinar los límites del Estado.

Respecto del Rann de Kutch, pretender aplicar este principio a fronteras ancestrales, que no correspondían a fronteras trazadas por la potencia colonial común, tampoco se relaciona con la idea que se tenía del *uti possidetis* en la América hispana. Pero este asunto muestra cómo un concepto surgido en Hispanoamérica se fue transformando, para aplicarse en otros contextos.

b) La frontera entre Honduras y Guatemala. Las dificultades de trazar una línea de frontera a partir del principio del *uti possidetis* quedaron de manifiesto en el artículo V del Tratado de Arbitraje entre Guatemala y Honduras, suscrito el 16 de julio de 1930, que hacía referencia a la línea del *uti possidetis* de 1821. El laudo observó que, junto con la falta de información fidedigna durante la época colonial con respecto a una gran parte del territorio en disputa, se trataba de un territorio en su mayoría inexplorado, con zonas que habían sido visitadas sólo ocasionalmente, o que eran vagamente conocidas. El Tribunal observó que la Corona española no sólo no había fijado con precisión los límites de su jurisdicción, sino que había grandes zonas en las que no se había hecho ningún esfuerzo por afirmar alguna apariencia de autoridad administrativa.[644]

En cuanto al contenido de este principio, el árbitro -Charles Evans Hugues, entonces presidente de la Corte Suprema de los Estados Unidos-, constató que, si bien ambas Partes estaban de acuerdo en que el principio adoptado se refería a las delimitaciones que existían bajo el régimen colonial -esto es, a los límites administrativos de las entidades coloniales de Guatemala y Honduras que luego se convirtieron en Estados independientes-, diferían en cuanto a la prueba indispensable para determinar esos límites. Guatemala sostenía que, con la referencia al "*uti possidetis* de 1821", las Partes pretendían que la línea se trazara "de conformidad con un hecho, y no con una teoría, siendo el hecho lo que el propio monarca español había establecido, permitido, consentido, o tolerado entre una y otra provincia, en 1821", y que la prueba de esa línea debía ser "la pura situación de hecho", tal como era en ese momento. Por su parte, Honduras insistía en que la expresión "*uti possidetis*" -utilizada en el

643 Cfr. Ibid, p. 448. En la Carta de la Organización para la Unidad Africana, adoptada en la primera Conferencia de la Unidad Africana, celebrada en Addis Abeba en 1965, el Artículo III, referido a sus *Principios*, expresa que "Los Estados Miembros... afirman y declaran solemnemente su adhesión a los siguientes principios: ... 3. el respeto a la soberanía e integridad territorial de cada Estado y al derecho inalienable a su existencia independiente; ..."

644 Cfr. *Honduras Borders* (Guatemala / Honduras), Arbitral Award of 23 January 1933. Reports of International Arbitral Awards, Vol. II, pág. 1325.

artículo V del Tratado de 1930- significaba "*uti possidetis juris*", y que no podía considerarse una línea que estuviera "basada jurídicamente en un *uti possidetis de facto*".[645]

El tribunal Arbitral encontró que un examen de la utilización histórica de la expresión *uti possidetis* en los arreglos de controversias en América Latina, así como el estudio de la opinión de eminentes juristas sobre la materia, no revelaba un consenso que permitiera establecer un criterio definitivo respecto de su interpretación.[646] Pero el laudo deja constancia de que, en el procedimiento de mediación previo entre las partes, el representante de Guatemala se había referido a "la fórmula impropia del *uti possidetis*", como un principio que, en la práctica, había dividido las opiniones de los publicistas, en la medida en que algunos sostenían que, al resolver las cuestiones fronterizas, se debía considerar solo el hecho de la posesión, sin entrar en la cuestión del título de la propiedad; por el contrario, otros eran de opinión que la aplicación de esa fórmula obligaría al estudio de los títulos de ambas jurisdicciones, y de la concesión a las naciones no precisamente de lo que habían poseído, sino de lo que, según los decretos del soberano común, tenían derecho a poseer. Estas opiniones habrían sido expresadas -según el representante de Guatemala- en las fórmulas aún más impropias de *uti possidetis juris* y *uti possidetis facto*. En esa misma ocasión, el representante de Guatemala señaló que, entre Guatemala y Honduras, "felizmente no había lugar ni siquiera para discutir cuál de las dos opiniones debía prevalecer", ya que el Tratado de 1914 había establecido, "con toda la claridad posible", que "el llamado principio de *uti possidetis juris* adquirió fuerza vinculante para las Partes". Honduras, a través de su representante, aceptó definitivamente este principio, en los términos enunciados por Guatemala.[647]

Sin embargo, el Tribunal no aceptó que lo manifestado por las partes en ese procedimiento tuviera un efecto vinculante respecto de lo que dicha instancia estaba llamada a decidir, porque, si bien las partes estaban de acuerdo en que los Tratados de 1895 y 1914, celebrados entre ellas, incorporaban el *uti possidetis juris*, no podía restarse importancia al hecho de que, cuando ellas negociaron el Tratado de 1930, el adjetivo *juris* no fue utilizado. Según el Tribunal, el Tratado de 1930 era un nuevo acuerdo que no hacía mención a los anteriores e infructuosos esfuerzos de solución, y debía explicarse por sí solo. El laudo observa que, en dicho Tratado, la expresión "*uti possidetis*" se refiere indudablemente a la posesión y, para determinar el sentido de esta expresión, debía tenerse en cuenta su situación en el momento en que se puso fin al régimen colonial. Las partes no estaban en la posición de Estados beligerantes que ponían fin a las hostilidades aceptando el estatuto territorial sobre la base de la conquista, ni tampoco habían derivado derechos territoriales de diferentes soberanos. El territorio de cada una de las Partes había pertenecido a la Corona de España, y la soberanía del monarca español había sido absoluta; de hecho y de derecho, el monarca español había estado en posesión de todo el territorio de ambos litigantes. Antes de la independencia, cada entidad colonial era, simplemente, una unidad administrativa, sujeta en todos los aspectos al rey español, y la única posesión de cualquiera de las dos entidades coloniales antes de la independencia era la que se le podía atribuir en virtud de la autoridad administrativa de que gozaba. Según el laudo, el concepto de "*uti possidetis* de 1821" se refiere, necesariamente, a un control administrativo que correspondía a la Corona española, por lo que era a ese control administrativo al que había que prestar atención para trazar los límites del *uti possidetis*. En consecuencia, la fecha critica es el año en que las partes declararon su independencia, por lo que es en las distintas manifestaciones de voluntad del rey de España -incluyendo su aquiescencia a las afirmaciones coloniales de autoridad administrativa-, donde se encontraría la prueba del control administrativo en ese momento. Según el Tribunal, también debían tenerse en cuenta las declaraciones de historiadores y otras personas de renombre, así como los mapas autentificados, aunque este material descriptivo sería de escaso valor en lo concerniente a un territorio del que se sabía poco o nada, y en

---

645 Cfr. Ibid., p. 1.322.

646 Cfr. Ibid., p. 1323.

647 Cfr. Ibidem.

el que no parece que se ejerciera realmente ningún control administrativo.[648] En cuanto a ese territorio, el laudo sugiere que lo que contaba era el título territorial, y no el *uti possidetis*. En todo caso, respecto a la controversia entre el *uti possidetis juris* y el *uti possidetis factum*, el Tribunal arbitral parece haberse inclinado en favor de este último.

Respecto de parte de la región en disputa situada al este y al sur del río Motagua, donde había resultado imposible establecer la línea de *uti possidetis* de 1821, el Tribunal Arbitral determinó que, mientras el territorio ya ocupado no se hubiera invadido, no se podía considerar que alguna de las Partes hubiera infringido los derechos de la otra Parte para desarrollarse de acuerdo con las exigencias del progreso económico. Y, habida cuenta de la naturaleza del territorio -deshabitado y desconocido desde hacía mucho tiempo-, y de la falta de una delimitación autorizada, el Tribunal estimó que era natural que hubiera concepciones contradictorias sobre el alcance de la jurisdicción de cada Parte, y que ellas creyeran que, según sus intereses, tenían derecho a avanzar hacia la zona no ocupada. Tales avances de buena fe, seguidos de la ocupación y el desarrollo, incuestionablemente crearon situaciones que las labores emprendidas posteriormente estarían obligadas a considerar. Pero, cuando parece que las dos Partes, tratando de ampliar su área de posesión, han entrado en conflicto, se plantea necesariamente la cuestión de la prioridad de la ocupación. La prelación en el establecimiento de buena fe, por una u otra de las partes, indicaría quién tendría la prelación del derecho.[649]

Por otra parte, al plantear "el derecho a avanzar hacia la zona no ocupada", o el problema de "la prioridad de la ocupación", el Tribunal abrió la puerta a la existencia de espacios que se podían considerar *terra nullius*, apartándose de la interpretación del laudo del Consejo Federal Suizo, que había descartado la existencia de territorios sin dueño en Sudamérica.

c) La frontera entre El Salvador y Honduras. La aplicación del *uti possidetis* surgió nuevamente en el caso de la frontera terrestre, insular y marítima de El Salvador y Honduras, cuestión que fue decidida por la Corte Internacional de Justicia, a través de una Sala. En esta ocasión, la Corte observó que las dos Partes (y Nicaragua como Estado interviniente) eran Estados que surgieron tras la desintegración del Imperio español en Centroamérica, y que sus respectivos territorios correspondían a subdivisiones administrativas de dicho imperio. Pero, si bien se aceptó que las nuevas fronteras internacionales debían determinarse mediante la aplicación del principio generalmente aceptado en Hispanoamérica del *uti possidetis juris*, según el cual las fronteras debían seguir los límites administrativos coloniales, al igual que en el caso de muchas otras fronteras en la región, el problema residía en determinar la ubicación real de esos límites.[650]

Según la Sala del Tribunal, no cabe duda de la importancia del principio *uti possidetis juris* -que, en general, ha dado lugar a fronteras seguras y estables en la mayor parte de Centroamérica y Sudamérica- ni de su aplicabilidad a la frontera terrestre entre las Partes en litigio. Sin embargo, la Sala observó, con perspicacia, que esas fronteras -seguras y estables- no eran las que se sometían a los tribunales internacionales para su decisión. La Corte hizo notar que, casi invariablemente, las controversias fronterizas que llegan a los tribunales son aquellas respecto de las cuales el *uti possidetis juris* se pronuncia con voz incierta. De hecho, casi puede asumirse que las fronteras que -como las del caso en cuestión en ese momento- han permanecido sin definir desde la independencia, son aquellas

---

648 Cfr. Ibid., pp. 1323 y ss.

649 Cfr. Ibid., p. 1359.

650 Cfr. International Court of Justice, *Land, Island and Maritime Frontier Dispute* (El Salvador / Honduras: Nicaragua intervening), Judgment of 11 September 1992, párrafo 28.

respecto de las cuales los argumentos del *uti possidetis juris* son, en sí mismos, objeto de controversia. Por lo tanto, no le sorprendió a la Sala que no hubiera sido sencillo determinar las fronteras terrestres.[651]

No era fácil aplicar este principio cuando, en la Centroamérica española, existían límites administrativos de diferentes tipos y grados; por ejemplo, además de las provincias (término cuyo significado variaba según la época), existían las Alcaldías Mayores, los Corregimientos, y posteriormente, en el siglo XVIII, las Intendencias, así como las jurisdicciones territoriales de un tribunal superior (Audiencias), las Capitanías Generales, y los Virreinatos. Adicionalmente, las jurisdicciones de los organismos administrativos generales no coincidían, necesariamente, en su ámbito territorial, con las de los organismos con jurisdicciones particulares o especiales, tales como las comandancias militares. Además de las diversas jurisdicciones territoriales civiles, generales o especiales, existían las jurisdicciones eclesiásticas, que se suponía que debían corresponder con la jurisdicción territorial de las principales unidades administrativas civiles de Hispanoamérica. Incluso si las partes indicaban precisamente las divisiones administrativas a que se referían -como ocurría en el caso de la frontera entre El Salvador y Honduras- quedaba por identificar las áreas y los límites correspondientes a dichas divisiones.[652]

En esta disputa, respecto de fronteras que no habían sido concebidas como fronteras internacionales, el Tribunal advirtió que ninguna de las Partes había presentado material legislativo o similar que indicara específicamente, con la autoridad de la Corona Española, la extensión de los territorios, y la ubicación de los límites de las provincias pertinentes en cada zona de la frontera terrestre. En cambio, ambas Partes habían presentado ante la Sala numerosos documentos, algunos de los cuales se referían a concesiones de tierras por parte de la Corona en la zona en disputa, afirmando que de ellas podían deducirse los límites provinciales. De hecho, algunas de estas concesiones de tierras registraban que un hito o accidente natural particular marcaba el límite de las provincias en el momento de la concesión; pero en la mayoría de los casos esto no era así, y se esperaba que, a falta de otra prueba, el Tribunal concluyera cuál era la ubicación de un límite provincial, en el entendido de que, cuando se pudiera identificar un límite entre las tierras concedidas por las autoridades de una provincia y las concedidas por las autoridades de la provincia vecina, éste pudiera considerarse el límite provincial y, por lo tanto, la línea del *uti possidetis juris*. Según la Corte, era como si los límites en disputa debieran construirse como un rompecabezas, a partir de ciertas piezas ya cortadas, de modo que la extensión y la ubicación del límite resultante dependiera del tamaño y de la forma de la pieza que encajaba.[653]

Por otra parte, debe observarse que la Sala hizo extensiva la aplicación de este principio a la frontera marítima. La opinión adoptada por la Sala fue que, al igual que sus espacios terrestres, los derechos de los actuales Estados costeros en el Golfo de Fonseca fueron adquiridos por sucesión de España; en consecuencia, era necesario investigar la situación jurídica de las aguas del Golfo en 1821, momento en el que se produjo dicha sucesión, porque el principio del *uti possidetis juris* debía aplicarse tanto a las aguas del Golfo como al espacio terrestre. La Sala confirmó que el Golfo de Fonseca constituía una bahía histórica, y que las aguas del Golfo fuera de la franja marítima de tres millas (como la extensión del mar territorial aceptada en ese momento) eran «aguas históricas», y concluyó que, en las circunstancias del caso, estas aguas estaban «sujetas a la soberanía conjunta de los tres Estados ribereños». Lo que resulta particularmente interesante es que la Sala, si bien señaló que estas aguas no se habían dividido en el pasado entre los tres Estados según el principio de *uti possidetis*, concluyó enfatizando el papel de dicho principio, ya que consideró que «una sucesión conjunta de los tres Estados en las áreas marítimas parecía, en estas circunstancias, ser la consecuencia lógica del propio

---

651 Cfr. Ibid, párrafo 41.

652 Cfr. Ibid, párrafo 43.

653 Cfr. Ibid, párrafo 44.

principio de *uti possidetis juris*». En otras palabras, la doctrina del *uti possidetis* se aplicó a lo que en realidad eran límites marítimos, aunque, en las circunstancias especiales de esa bahía, no lo hizo en forma de una división de aguas, sino más bien mediante la adjudicación de la soberanía conjunta sobre ellas por parte de los tres Estados ribereños.[654]

d) La frontera entre Burkina Faso y Mali. En el caso de la disputa fronteriza entre Burkina Faso y Mali, a través de una Sala especial, la Corte internacional de Justicia, tuvo oportunidad de referirse al *uti possidetis*, en una situación en que la determinación de la frontera derivaba del proceso de descolonización de dos antiguas colonias francesas. En su sentencia, la Corte señaló que, en este caso, su tarea era indicar "la frontera heredada por ambos Estados de sus colonizadores al momento de acceder a su independencia".[655] Según el Tribunal, de acuerdo con el principio en cuestión, como fundamento de la soberanía territorial, debe darse preeminencia al título jurídico sobre la posesión efectiva del territorio;[656] es decir, el concepto que se tuvo como marco de referencia fue el *uti possidetis juris*, y no el *uti possidetis factum.*

En el compromiso especial mediante el cual las partes sometieron el caso a la Corte, éstas se habían comprometido a "respetar las fronteras existentes al momento de alcanzar su independencia nacional", y expresaron que el arreglo de la disputa por parte de la Sala de la Corte debía basarse en "el principio de la intangibilidad de las fronteras heredadas de la colonización". De allí, la Sala dedujo que no podía ignorar el principio del *uti possidetis juris*, cuya aplicación daba lugar a la intangibilidad de las fronteras. La Sala de la Corte entendió que no había necesidad de mostrar que éste es un principio firmemente establecido por el derecho internacional en los asuntos relacionados con la descolonización, aunque sí enfatizó su excepcional importancia para el continente africano y para las partes en el caso. Según la Sala, el principio del *uti possidetis* parece haber sido invocado y aplicado por primera vez en la América española, puesto que éste fue el continente que primero experimentó el fenómeno de la descolonización, involucrando la formación de varios Estados soberanos en el territorio que antes pertenecía a una misma potencia metropolitana. Sin embargo, la Sala advirtió que ésta no es una regla que pertenezca a un sistema específico de derecho internacional, puesto que es un principio general, lógicamente conectado con el fenómeno de la independencia política, donde quiera que ella ocurra. Según la sentencia, el propósito del *uti possidetis* es evitar que la independencia o la estabilidad política de los nuevos Estados se vea amenazada por luchas fratricidas, provocadas por el rechazo de esas fronteras después del retiro de la antigua potencia colonial. Por esta razón, tan pronto como el fenómeno de la descolonización -característico de la América en el siglo XIX- apareció en África, en el siglo XX, el principio del *uti possidetis* resultó igualmente aplicable. El hecho de que los nuevos Estados africanos hubieran respetado las fronteras administrativas establecidas por la potencia colonial no debía ser visto como una mera práctica que contribuía a la gradual aparición de una costumbre internacional, limitada al continente africano, como antes lo había sido a la América española, sino a su aplicación en África como una regla de carácter general. Según el Tribunal, los elementos del *uti possidetis* estaban latentes en muchas declaraciones de los líderes de la independencia africana. Estas declaraciones confirmaban el mantenimiento del *statu quo* territorial al tiempo de la independencia, y establecían el principio del respeto de las fronteras que derivaban tanto de acuerdos internacionales como de aquellas que eran el resultado de divisiones administrativas. Pero había varios aspectos diferentes en la aplicación de este principio en África y en la América española. Un primer aspecto, enfatizado por el genitivo latino *juris*, se encuentra en la preeminencia conferida a un título legal sobre la mera posesión efectiva como base de la soberanía; su propósito, al momento de alcanzar

---

[654] Cfr. Ibid, párrafos 385 y 386.

[655] Cfr. International Court of Justice, *Case Concerning the Frontier Dispute* (Burkina Faso / Republic of Mali), Judgment of 22 December 1986, párrafo 148.

[656] Cfr. Ibid., párrafo 23.

la independencia en las antiguas colonias españolas en América, fue frustrar los planes de cualquiera potencia colonizadora no americana en una región que ya había sido atribuida por la antigua metrópoli a una división u otra, aunque todavía permanecía deshabitada o inexplorada. Pero la esencia del *uti possidetis* radicaría en su objetivo de asegurar el respeto de las fronteras territoriales al momento de lograr la independencia, y dichas fronteras no podían ser más que la delimitación entre diferentes divisiones administrativas o colonias sujetas al mismo soberano. En tal caso, la aplicación del *uti possidetis* resultaba en la transformación de esas fronteras administrativas en fronteras internacionales en toda la extensión de la palabra. Para la Sala de la Corte, esto era así tanto respecto de los Estados que tomaron forma en las regiones de América que dependían de la corona española, como de los Estados que, en la controversia entonces examinada por la Corte, nacieron de los vastos territorios del África occidental francesa. En opinión de la Sala, el *uti possidetis* es un principio que habría elevado de categoría las antiguas delimitaciones administrativas, establecidas durante el período colonial, transformándolas en fronteras internacionales; éste es, por lo tanto, un principio de carácter general, que está lógicamente conectado a cualquier proceso de descolonización, independientemente de donde ocurra.[657]

Hasta aquí la concepción clásica del *uti possidetis*, como principio aplicable únicamente entre Estados que previamente formaban parte de un mismo imperio colonial, o que son herederos de un soberano común. Sin embargo, la Sala dio un paso más allá, para extender su aplicación a fronteras que dividían previamente a colonias de diferentes potencias coloniales, o a una que había permanecido bajo protectorado, pero reteniendo su personalidad jurídica internacional. Según la Sala, en caso de sucesión de Estados, la obligación de respetar las fronteras preexistentes deriva de una regla general de derecho internacional, ya sea que se exprese bajo la fórmula de *uti possidetis* u otra; de ahí que las declaraciones solemnes de intangibilidad de las fronteras existentes al momento de la independencia de los Estados africanos tienen un carácter declaratorio y no constitutivo; ellas, simplemente, reconocen y confirman un principio existente, y no buscan consagrar un nuevo principio, o hacer extensiva a África una regla previamente aplicada en otro continente. La Sala se ha preguntado si este sacrosanto principio habrá podido resistir los nuevos enfoques del derecho internacional en los Estados de África recientemente independizados, más preocupados por el principio de autodeterminación de los pueblos, con el que parecería colidir. Sin embargo, el requisito esencial de la estabilidad, para poder sobrevivir, desarrollarse y consolidar su independencia en todos los campos, ha inducido a los Estados africanos a consentir en el respeto de las fronteras coloniales, teniéndolas en cuenta en la interpretación del principio de autodeterminación de los pueblos. Por consiguiente, a pesar de su aparente contradicción con nuevas normas de derecho internacional con las que ha coexistido, el *uti possidetis* ha mantenido su lugar entre los más importantes principios jurídicos.[658] Según la Corte, en el contexto africano, por insatisfactorias que sean las fronteras heredadas del proceso de descolonización, ellas poseen la autoridad del *uti possidetis* y, por lo tanto, están plenamente en conformidad con el derecho internacional contemporáneo.[659] Pero, como quiera que sea, debe recordarse que el *uti possidetis* surgió en el contexto de la sucesión de los derechos territoriales de un Estado en los derechos de otro.

El Tribunal observó que el principio de *uti possidetis* congela el título territorial, deteniendo el reloj, aunque sin hacer retroceder el tiempo. Esto plantea inmediatamente dos cuestiones particulares, relativas al derecho aplicable para determinar la línea limítrofe pertinente, y el marco temporal apropiado. El Derecho aplicable es el Derecho Constitucional de la potencia colonial, ya que es con respecto a los títulos establecidos bajo ese sistema que se puede identificar la línea administrativa

---

[657] Cfr. Ibid., párrafos 19 a 23.

[658] Cfr. Ibid., párrafos 24 a 26.

[659] Cfr. Ibid., párrafo 149.

relevante; pero, una vez que se identifica esa línea, el derecho colonial pasa a ser simplemente un hecho probatorio, entre otros; esa ley no se aplica en sí misma -como un *continuum juris* que constituye el enlace legal entre ese derecho y el derecho internacional-, sino como un simple hecho. En esta ocasión, la Corte señaló que la determinación de la línea fronteriza relevante tenía que ser evaluada a la luz de la ley colonial francesa, ya que la línea en cuestión había sido una frontera administrativa completamente interna dentro del África Occidental Francesa, y esa línea se convirtió en frontera internacional sólo al momento de la independencia. El derecho internacional, junto con el principio del *uti possidetis*, no se aplica al nuevo Estado con efecto retroactivo, sino a partir del momento de la independencia. Desde luego, esa línea administrativa no fue determinada por el derecho internacional, sino por la legislación francesa aplicable a tales territorios. Sin embargo, la esencia de *uti possidetis* es la transmisión de un marco territorial particular al nuevo Estado, en el que la identificación precisa de esa línea -como el límite administrativo existente- es simplemente un hecho que indica cuál es "la herencia colonial". El Tribunal subrayó que el principio de *uti possidetis* es una regla de derecho internacional, y no de derecho internacional más derecho interno; de modo que las razones que sustentan la ubicación geográfica de la línea fronteriza también implican consideraciones de hecho.[660] En el proceso de determinación de la frontera, el derecho colonial constituye simplemente un hecho entre otros, al igual que las prácticas administrativas y el ejercicio efectivo de la autoridad.

e) La frontera "marítima" entre Guinea-Bissau y Senegal. En el caso relativo a la frontera marítima entre Guinea-Bissau y Senegal, la primera argumentó que la sucesión de Estados en materia de fronteras (y, por consiguiente, el *uti possidetis*) no se aplicaba a las fronteras marítimas. El Tribunal arbitral no estuvo de acuerdo, y señaló que, desde el punto de vista jurídico, no hay razón para establecer regímenes diferentes, según el elemento material donde se fije el límite. Uno de los argumentos esgrimidos por Guinea-Bissau era la ausencia de casos en los que se hubiera planteado la cuestión de la sucesión de límites marítimos. Pero el Tribunal observó que un análisis de las controversias surgidas -hasta ese momento- en esta parte del mundo en materia de límites, demostraba que los límites marítimos solo habían sido objeto de controversia en dos casos: el Canal de Beagle y el Golfo de Fonseca. En el primero, la cuestión era la interpretación del Tratado de Límites argentino-chileno de 1881 y, en consecuencia, la regla del *uti possidetis* no tenía aplicación. Con respecto al Golfo de Fonseca, la Corte de Justicia Centroamericana había dictaminado que los límites con la alta mar que la Corona de Castilla había establecido en esa bahía fueron transferidos, en 1821, a la República Federal de Centroamérica y, posteriormente, a El Salvador, Honduras y Nicaragua. Otro precedente que puede citarse era la Convención anglo-danesa de 24 de junio de 1901 sobre Límites de Pesca, que, por sucesión de Dinamarca, siguió siendo aplicable a Islandia hasta 1951. Finalmente, cabía mencionar varios casos de sucesión en materia de límites marítimos relativos a Asia, consecuencia de la descolonización tras la Segunda Guerra Mundial. Los mapas de Malasia, Filipinas y Brunéi, por ejemplo, mostraban, como límites marítimos, líneas cuyos orígenes se remontaban al período colonial. Si bien el Tribunal admitió que los casos de sucesión de Estados en las fronteras marítimas no eran numerosos, se puso de relieve que Guinea-Bissau no había citado ningún precedente en el que se hubiera aplicado el principio de borrón y cuenta nueva ("*table rase*") a una frontera marítima establecida durante la época colonial.[661]

En todo caso, el Tribunal también consideró otros argumentos. Según el laudo, la propia conducta de Guinea-Bissau había demostrado su creencia en que la sucesión de Estados también operaba con respecto a sus fronteras marítimas. En este sentido, en una nota del 4 de noviembre de 1977, dirigida por el *Comisariado de Estado dos Negocios Estrangeiros* a la Embajada de Senegal, se afirmaba

---

660 Cfr. Ibid., párrafos 29 y 30.

661 Cfr. *Affaire de la délimitation de la frontière maritime entre la Guinée-Bissau et le Sénégal*, Sentence du 31 juillet 1989, Reports of International Arbitral Awards, vol. XX, pp. 119-213, párrafos 63 y 64, en pp. 144 y s.

que la frontera marítima entre ambos Estados estaba fijada por la Convención Franco-Portuguesa de 1886; ese mismo criterio se mantuvo en una nota de 3 de abril de 1979, dirigida por el representante de Guinea-Bissau al Representante Especial del Secretario General de las Naciones Unidas en la Tercera Conferencia sobre el Derecho del Mar. A juicio del Tribunal, estas notas demostraban que Guinea-Bissau había aceptado la sucesión de Estados en materia de fronteras marítimas. Adicionalmente, el Acuerdo Arbitral del 18 de febrero de 1983, firmado por Guinea-Bissau y Guinea, invocaba «la declaración solemne de la reunión de Jefes de Estado y de Gobierno de la Organización de la Unidad Africana celebrada en El Cairo del 17 al 21 de julio de 1964, durante la cual los Estados miembros juraron respetar *las fronteras existentes al obtener su independencia*». Dado que el Acuerdo Arbitral se refería únicamente a la delimitación de una frontera marítima, esta mención significaba que ambas partes reconocían que este principio era aplicable a esta categoría de fronteras. Además, el Tribunal observó que, en los alegatos presentados por las partes durante dicho arbitraje, Guinea-Bissau también reconoció que la sucesión de Estados operaba en materia de tratados sobre fronteras marítimas.[662]

En una opinión disidente, Bedjaoui observó que ambas partes estaban, si no de acuerdo, al menos no muy distanciadas en el hecho de que las normas de derecho internacional aplicables a la frontera terrestre no eran todas extrapolables a la frontera marítima, aunque solo fuera por la diferencia física entre ambas zonas, y por la distinta naturaleza de ambos entornos. A partir de allí, el problema era saber si el principio de *uti possidetis* se encontraba entre estas normas que no podían extrapolarse de una categoría de frontera a la otra. Guinea-Bissau insistía en la diferente naturaleza de las zonas en cuestión, en los vínculos radicalmente distintos que cada una de ellas mantiene con las poblaciones afectadas, y en la naturaleza distinta de los derechos que el Estado ejerce en cada caso. Senegal, por su parte, no discutía las diferencias de status jurídico entre ambas instituciones, ya que cada una de ellas obedece claramente a ciertas normas propias, pero no admitía que el *uti possidetis* fuera una de esas normas que deben seguir siendo específicas de las fronteras terrestres, y consideraba que su aplicación se extiende a las fronteras marítimas, principalmente porque en ambos casos hay una similitud de objetivos, cuyo fin es evitar conflictos y establecer la paz entre las poblaciones. A juicio de Bedjaoui, las diferencias en el entorno eran obvias e irreductibles, y le parecía imprudente equipararlas, sin una razón convincente, aplicando a ambas indistintamente una norma como el *uti possidetis*. En el estado actual de desarrollo del derecho del mar, no le parecía que se pudiera afirmar que un acuerdo que establece delimitaciones marítimas sea comparable a un tratado de límites terrestres. En su opinión, los límites marítimos son límites, pero de diferente naturaleza o categoría, que no permiten "necesariamente" la aplicación del principio de *uti possidetis*. Según Bedjaoui, suponiendo que -en un caso anterior- Guinea-Bissau hubiera argumentado la aplicación del principio de *uti possidetis* a las fronteras marítimas, un error sigue siendo un error, incluso si quien lo denuncia hoy lo cometió ayer.

A juicio de Bedjaoui, la extensión del *uti possidetis* a las fronteras marítimas no puede darse por sentada, a pesar de su reciente aparición en el moderno derecho del mar; sería por ello que el Tribunal solo había podido identificar dos casos en los que se habían discutido fronteras marítimas en Latinoamérica, el continente por excelencia del *uti possidetis*. El primer caso, el del Canal de Beagle, carece de relevancia, pues -como el propio Tribunal indicó- en él no se aplicó la regla del *uti possidetis*; quedaba, por lo tanto, solo un caso aislado y atípico, el del Golfo de Fonseca, que planteaba un problema de mar territorial y bahía histórica, para el cual la Corte Centroamericana de Justicia decidió que los límites con la alta mar que la Corona de Castilla había establecido fueron transferidos en 1821 a la República Federal de Centroamérica y, posteriormente, a El Salvador, Honduras y Nicaragua.

Según Bedjaoui, en el caso del Golfo de Fonseca se trataba de una "bahía histórica", que fue descubierta en el siglo XVI por los españoles y, tras la emancipación de Centroamérica, se transfirió,

662 Cfr. Ibid, párrafo 66, en pp. 145 y s.

indivisa, al "patrimonio" de la República Federal Centroamericana, compuesta por cinco Estados. De manera que el Golfo de Fonseca constituía un mar territorial indiviso. Si el *uti possidetis* se hubiera aplicado realmente al límite marítimo entre esta bahía y la alta mar del Pacífico, los cinco países federados, y no solo los tres ribereños (Honduras, El Salvador y Nicaragua), habrían tenido derecho (Bedjaoui dice desconocer cómo) a una parte de esta bahía indivisa. Posteriormente, tras la disolución de la República Federal, no fueron los tres Estados costeros, sino solo dos de ellos -Honduras y Nicaragua- quienes firmaron un tratado -en 1960- para dividir la bahía. Este tratado -y no el *uti possidetis*- es el que determinó sus respectivos derechos. La Convención para la Delimitación de Límites entre Nicaragua y Honduras, de 1900, estableció los límites terrestres entre ambos países, así como una línea divisoria en las aguas del Golfo de Fonseca, consideradas aguas territoriales y aguas de una bahía histórica. Bedjaoui no veía nada en la sentencia de la Corte Centroamericana, dictada en el caso del Golfo de Fonseca, cuyas aguas estaban tradicional y enteramente asimiladas a espacios terrestres, que pudiera indicar que ese Tribunal hubiera querido aplicar y consagrar el principio del *uti possidetis* a los límites marítimos propiamente dichos.

Respecto del supuesto precedente creado por la Convención Anglo-Danesa, del 24 de junio de 1901 sobre los límites de la pesca, que, por sucesión de Dinamarca, siguió siendo aplicable a Islandia hasta 1951, Bedjaoui considera que sólo se habría aplicado el principio de *uti possidetis* para las fronteras marítimas si la Convención Anglo-Danesa de 1901 se hubiera impuesto automáticamente a Islandia; sin embargo, no habría sido así, pues Islandia, tras obtener su independencia, negoció un nuevo tratado directamente con el Reino Unido, mediante un intercambio de notas, fechado el 11 de marzo de 1961. De manera que el Reino Unido conservó, durante un breve periodo, su actividad pesquera tradicional en las aguas cercanas a Islandia, no en virtud del principio de *uti possidetis*, sino por acuerdo entre ambas partes. En cuanto a la referencia a las fronteras marítimas relativas a Asia (Malasia, Filipinas y Brunéi), a la que se refiere el laudo objeto de este voto disidente, Bedjaoui estima que es absolutamente irrelevante, pues no basta con afirmar que «los mapas geográficos de Malasia, Filipinas y Brunéi, por ejemplo, muestran como fronteras marítimas las líneas cuyos orígenes se remontan al período colonial». Sobre todo, debe probarse que dichas líneas se impusieron a estos nuevos Estados independientes mediante la aplicación de una supuesta regla con la obligación de suceder a los tratados coloniales de delimitación marítima. En su opinión, la respuesta es un no rotundo, pues fue por medios convencionales que estos límites fueron aceptados por los Estados en cuestión.[663]

A pesar de los argumentos de Bedjaoui, la conclusión del Tribunal fue que no hay una diferencia esencial entre fronteras terrestres y marítimas, pues ambas conciernen a las fronteras de los Estados involucrados. Y, cuando se produce una sucesión de Estados, quien sucede al Estado original lo hace con todas sus fronteras.

f) La frontera entre Benín y Niger. En este caso se trataba de una disputa territorial entre Benín (anteriormente Dahomey) y Niger, ambas ex colonias de la antigua África Occidental Francesa. De conformidad con el Artículo 6 del Convenio Especial suscrito entre las partes, las normas y principios de derecho internacional aplicables a esta controversia incluían "el principio de sucesión de Estados en las fronteras heredadas de la colonización; es decir, la intangibilidad de dichas fronteras". Como en otras ocasiones, de la redacción de esta disposición y de los argumentos de las Partes, la Corte entendió que, para los efectos de la determinación de su frontera común, ellas estaban de acuerdo en la pertinencia del principio *de uti possidetis juris*,[664] y observó que "estas fronteras territoriales no eran

---

[663] Cfr. Ibid, Mohammed Bedjaoui, Opinión disidente, párrafos 33 a 35, 45, y 48 a 52 de la Opinión disidente, en pp. 167, 168, y 171 a 175.

[664] Cfr. International Court of Justice, *Case Concerning the Frontier Dispute* (Benin / Niger), Judgment of 12 july 2005, párrafo 23.

más que la delimitación de divisiones administrativas o colonias sometidas a la misma autoridad colonial," las cuales, al momento de la independencia, se convirtieron en fronteras internacionales; hasta ese momento, el asunto había estado regido por el derecho colonial francés.[665]

Una vez más, la Sala de la Corte identificó la intangibilidad de las fronteras con el principio del *uti possidetis juris*, como si éste fuera el otro nombre por el que se conoce el primero.[666]

Las partes no discutían el derecho de la potencia colonial de crear o establecer entidades territoriales, con la facultad de determinar la extensión de sus límites, aunque -durante la colonia- esto nunca se hubiera hecho explícito. De nuevo, el Tribunal reiteró su criterio de que el derecho de la antigua potencia colonial, por sí mismo, no desempeña un papel en la aplicación del *uti possidetis*, excepto como un elemento de hecho -entre otros-, o como prueba de lo que ha sido "la herencia colonial" en la fecha crítica de la independencia. Como ya lo había hecho en ocasiones anteriores, la sentencia advierte que el título legal tiene preeminencia sobre la posesión efectiva como fundamento de la soberanía.[667]

El Tribunal hizo notar que el principio *uti possidetis juris* exige no solo basarse en los títulos jurídicos existentes, sino también tener en cuenta la manera en que dichos títulos fueron interpretados y aplicados por las autoridades competentes de la Potencia colonial, en particular en el ejercicio de su poder legislativo.[668]

g) La frontera entre Burkina Faso y Niger. En la controversia fronteriza entre Burkina Faso y Níger -recordando su jurisprudencia en la disputa fronteriza entre Benín y Níger-, la Corte comenzó por poner de relieve la diferencia entre el *uti possidetis juris* y los títulos jurídicos[669] que las partes podían exhibir respecto del territorio en litigio. No obstante, la Corte agrega que, a los efectos del principio de *uti possidetis*, como regla general, las *effectivités* establecidas en la fecha crítica pueden servir para compensar la ausencia de un título legal, o para completar un título defectuoso; pero, notablemente, la Corte agregó que, en el caso objeto de examen, las *effectivités* no podían desempeñar ningún papel.[670]

Por otra parte, a partir de la documentación aportada correspondiente a 1927, la Corte hizo notar la falta de certeza que existía respecto de la frontera colonial entre estos Estados africanos, la cual habría persistido, como quedaba demostrado por la práctica colonial subsiguiente.[671] De manera que las imprecisiones de los límites precoloniales no son sólo una dificultad para aplicar el *uti possidetis* en la América hispana.

7. LA TRANSFORMACIÓN DEL *UTI POSSIDETIS*

Probablemente es Malcolm Shaw quien ha explicado de manera más completa la evolución - y la transformación- del *uti possidetis*. Él recuerda que este principio encuentra sus orígenes en el Derecho Romano, donde operaba como un interdicto del pretor, mediante el cual se prohibía la perturbación del estado de posesión existente sobre bienes inmuebles entre dos individuos, sirviendo

665 Cfr. Ibid, párrafo 46.

666 Cfr. Ibid, párrafo 45.

667 Cfr. Ibid, párrafos 46 y 47.

668 Cfr. Ibid, párrafo 140.

669 Cfr. International Court of Justice, *Différend Frontalier (Burkina Faso / Niger)*, Arrêt 16 avril 2013, párrafo 66.

670 Cfr. Ibid, párrafo 98.

671 Cfr. Ibid, párrafo 92.

para preservar el *statu quo*, incluso si éste se había establecido como consecuencia del uso de la fuerza. En una segunda etapa, ya en el derecho internacional, el *uti possidetis* se transformó en un principio de consolidación de la situación *de facto* tras las hostilidades, de modo que la simple conclusión de la paz otorgaría a los beligerantes el territorio que estuviera efectivamente bajo su control en ese momento. Posteriormente -ya en el siglo XIX- este principio se convirtió en un intento de obviar las disputas territoriales, fijando el patrimonio territorial de los nuevos Estados en el momento de la independencia, convirtiendo las líneas administrativas previas en fronteras reconocidas internacionalmente; con este nuevo enfoque, el *uti possidetis* se desplazó de la ocupación efectiva de áreas territoriales a la santificación de las líneas administrativas coloniales. Finalmente, Shaw agrega que, en Latinoamérica, esta doctrina surgió como un principio para establecer o consagrar el control de las autoridades locales frente a posibles (nuevos) demandantes, impidiendo cualquier intento de renovar la colonización europea sobre la base de que partes del continente americano constituyeran *terrae nullius* y que, por lo tanto, aún estuvieran abiertas a su adquisición mediante la ocupación efectiva por cualquier Estado.[672]

En opinión de Shaw, el verdadero impulso de la doctrina del *uti possidetis*, tal como se desarrolló en América Latina, era más externo que interno. Sería esta doctrina la que proporcionaría legitimidad al marco territorial de los nuevos Estados, señalando que ellos nacen a la independencia con las mismas fronteras que tenían cuando eran unidades administrativas dentro del territorio de una potencia colonial, y que su objetivo primordial es poner de relieve el principio de la estabilidad de las fronteras. La doctrina evolucionó de su función original de preservar el estado de cosas real, con su consiguiente énfasis en la posesión efectiva, independientemente de cómo se hubiera producido, a un enfoque que prohibía la adquisición de territorios considerados *terra nullius* mediante la ocupación, o incluso mediante la conquista, en un momento en que ésta era un mecanismo legítimo para producir cambios territoriales. Inicialmente, solo de pasada pareció atribuirse a este principio alguna preocupación por evitar las disputas fronterizas como tales, aunque, con el tiempo, lo que era un propósito subsidiario se convirtió en su objetivo principal, y en el centro de la norma. A juicio de Shaw, la doctrina del *uti possidetis* habría surgido originalmente como un mecanismo para defender la posesión efectiva, independientemente de cuál fuera su origen, que con el tiempo se transformó en una posesión ficticia, basada en principios administrativos; pero, por razones de política internacional, en el derecho internacional existe una firme presunción en favor de una línea de *uti possidetis*. En el caso de Estados surgidos de la secesión, o de la disolución del Estado anterior, la fuerza de esa presunción dependerá, *inter alia*, de la estructura del Estado anterior; en el caso de los Estados federales, la presunción será que el nuevo Estado surge a la vida internacional con las fronteras que anteriormente poseía la unidad federal; en cambio, en el caso de los Estados unitarios, la presunción será menos sólida, porque el *uti possidetis* requiere de una línea administrativa previa.[673]

Estando establecido que el *uti possidetis* no es un sustituto del título territorial, se presume que el nuevo Estado ha heredado las fronteras administrativas internas que tenía en el Estado del cual procede, aunque esa presunción se puede refutar, y aunque dicha presunción no puede, en ningún caso, prevalecer sobre la voluntad de las partes. De modo que su función es variable, y no se reduce a la delimitación de fronteras respecto de antiguas posesiones coloniales.

---

672 Cfr. Malcolm N. Shaw, *The Heritage of States: The principle of uti possidetis juris Today*, British Year Book of International Law, 1996, vol. 67, pp. 76, 97-99, 133, 152, y 153.

673 Cfr. Ibidem.

8. UNA RECAPITULACIÓN

Técnicamente, el *uti possidetis* es un principio basado en un acuerdo tácito entre las potencias surgidas de un mismo imperio colonial -herederas de un soberano común-, mediante el que las antiguas fronteras administrativas del imperio colonial que se ha desmembrado pasan a ser fronteras internacionales. La fecha crítica de ese acuerdo tácito es la fecha de la independencia de las nuevas repúblicas, congelando cualquier modificación de la frontera. En el derecho internacional actual, a pesar de las muchas funciones que, históricamente, se le ha atribuido, el *uti possidetis* es fundamentalmente un principio de delimitación de fronteras, que gira en torno a una fecha crítica común, que -en el caso de Hispanoamérica- corresponde al momento de la desintegración del imperio español, cuando las naciones hispanoamericanas accedieron a la independencia, sustituyendo a la Corona española en el continente americano. Así entendido, el *uti possidetis* es un método, o una fórmula, para determinar las fronteras de los Estados, y no un título territorial.

Sin perjuicio de haber nacido en Hispanoamérica, cambiando lo que se tiene que cambiar, la aplicación del *uti possidetis* se ha extendido a otras latitudes, y ha sido invocado -aunque no siempre con el mismo sentido- en controversias territoriales en África, en Asía, en el Mar Rojo, en los Balcanes, y en Eurasia.

Respecto de la controversia territorial entre el Reino Unido y Venezuela, planteada en 1899 ante el Tribunal de París, la doctrina y la jurisprudencia muestran que, a pesar del reclamo de muchos venezolanos, el principio del *uti possidetis,* que transformó las fronteras coloniales en fronteras internacionales, no tenía aplicación en este caso. Aquí no se trataba -ni se trata- de un conflicto entre naciones herederas de un soberano común, alegando el respeto de las borrosas fronteras administrativas existentes antes de la desintegración de un mismo imperio colonial, sino de territorios que formaron parte de imperios coloniales diferentes, con fronteras sin determinar. Si lo que se quiere es aplicar el *uti possidetis* en el sentido del *statu quo* existente en un momento particular (por ejemplo, en 1850, al momento del canje de notas entre Venezuela y el Reino Unido para congelar las reclamaciones territoriales en el estado en el que se encontraban), tampoco es necesario recordar que las fronteras internacionales entre España y Holanda, o posteriormente entre Venezuela y la Colonia de Guayana Británica, no estaban suficientemente definidas.

En el compromiso arbitral de 1897 las partes no hicieron referencia al *uti possidetis* o a una regla análoga al mismo, que tuviera en cuenta las fronteras administrativas o de otro tipo existentes en una fecha determinada.[674] Lo cierto es que el laudo tampoco hace referencia a este principio, ni para darle aplicación en el presente caso, como se sostenía por Venezuela, ni para rechazar su aplicación en este caso -como parece sugerir el derecho internacional general-, o en otra forma. En 1899, tratándose de una controversia entre un imperio colonial y un pequeño país surgido del desmembramiento de otro imperio colonial, no podía el *uti possidetis* jugar un papel determinante en la solución de esta controversia; pero, sin duda, era un medio de prueba de los territorios que eran reclamados por el imperio español. Ya sea que ésta fuera una controversia limítrofe o territorial, aunque sólo fuera para rechazarlos, el tribunal debió examinar todos los argumentos y alegatos presentados por las partes, y decidir sobre ellos en forma razonada. Eso no ocurrió.

En el Estado actual en el que se encuentra esta controversia, si se decide que el laudo es nulo, la Corte tendrá que pronunciarse al respecto, y considerar si, en el caso de Venezuela, la invocación sistemática del *uti possidetis*, con una frontera oriental en el río Esequibo, tiene el carácter de una *effectivité*,

---

[674] Cfr. *The Indo-Pakistan Western Boundary (Rann of Kutch) between India and Pakistan* (India v. Pakistan), 19 February 1968. Reports of International Arbitral Awards, vol. XVII, p. 527 y s.

en el sentido que la jurisprudencia internacional le ha dado a esta expresión, como un acto de autoridad del Estado respecto del territorio en disputa, y que pueda llevar a concluir que Venezuela tiene un título territorial sobre el mismo.

III. LA DEMARCACIÓN DE LA FRONTERA

Luego de la delimitación de las fronteras de los Estados, el siguiente paso es su demarcación. Mientras la delimitación es una operación de naturaleza eminentemente política -o jurídica- que se realiza en el papel, describiendo la frontera en palabras -que pueden ser acompañadas de imágenes en un mapa-, la demarcación es una operación de carácter técnico, que consiste en marcar la frontera físicamente en el terreno. En este sentido, Oppenheim y Lauterpacht se refieren a la práctica de la Conferencia de Paz de 1919, en la que las fronteras se especificaban por escrito, y la demarcación efectiva se confiaba a las Comisiones de fronteras, que debían hacerla sobre el terreno, conforme a las disposiciones de los tratados respectivos.[675]

Según la Corte Internacional de Justicia, la demarcación supone su delimitación previa, y consiste en operaciones de deslinde en el terreno.[676] Puede que la demarcación no sea una tarea indispensable si, en la forma como ha sido delimitada, la frontera sigue características topográficas fácilmente reconocibles e inconfundibles, como las más altas cumbres de una cadena de montañas o el curso de un río; pero sí lo es en áreas abiertas, o en espacios en los que es difícil determinar el curso que sigue la frontera ya delimitada.

En principio, la demarcación no es que se pueda realizar unilateralmente, sino que requiere el concurso de los Estados vecinos. En esta etapa, a cargo de comisiones especiales, normalmente paritarias, llamadas Comisiones de Demarcación, se procede a la colocación de marcas o señales físicas, suficientemente visibles (idealmente visibles de una a otra marca), que permitan que la frontera sea fácilmente reconocible, y que correspondan a la delimitación de manera tan exacta como sea posible.

Una vez que una frontera ha sido demarcada conjuntamente por las partes, dicha demarcación se considera una interpretación auténtica de la frontera acordada por ellas -o determinada por una autoridad judicial-, incluso si se han producido desviaciones o inconsistencias con los mapas. Esto es así particularmente si ha transcurrido un largo tiempo desde la demarcación; por ejemplo, si, durante más de cincuenta años, las partes han identificado un pilar como una marca fronteriza, ya no está abierta a ellas la posibilidad de cuestionar, sobre la base de un supuesto error, esa suposición mantenida desde hace mucho tiempo.[677] En este sentido, en el caso del Templo de Preah Vihear, la Corte Internacional de Justicia sostuvo que, como regla general, cuando dos países establecen una frontera entre ellos, uno de los objetivos principales es lograr estabilidad y finalidad; pero esto es imposible si la línea así establecida puede cuestionarse en cualquier momento, y reclamarse su rectificación sobre la base de un proceso que está continuamente disponible, siempre que se descubra cualquier inexactitud

---

675 Cfr. Lassa Oppenheim, *Tratado de Derecho Internacional Público* (título original: *International Law: A treatise*, séptima edición, editada por Hersch Lauterpacht, Longmans, Green and Co., Londres / Nueva York / Toronto, 1952), traducción por Antonio Marín López, Bosch, Casa Editorial, Barcelona, 1966, Tomo I, vol. II, p. 199, en nota a pie de página.

676 Cfr. International Court of Justice, *Case Concerning the Land and Maritime Boundary between Cameroon and Nigeria* (Cameroon v. Nigeria: Equatorial Guinea intervening), Judgment of 10 October 2002, párrafo 84.

677 Cfr. *Case concerning the location of boundary markers in Taba between Egypt and Israel*, Arbitral Award of 29 September 1988, párrafos 210 y 235. Reports of International Arbitral Awards, vol. XX, pp. 1-118. El laudo cita a Ress, sosteniendo que, si durante un largo tiempo las partes han considerado que la frontera demarcada es válida, esa es una interpretación auténtica del título internacional relevante. *The Delimitation and Demarcation of Frontiers in International Treaties and Maps*, Institute of International Public Law and International Relations in Thessaloniki, 1985, pp. 435-37.

con referencia a una cláusula del tratado principal. Ese proceso podría continuar indefinidamente, por lo que nunca se alcanzaría su finalidad, mientras aún quedaran posibles errores por descubrir. Una frontera así, lejos de ser estable, sería completamente precaria.[678] Pero es el acto de delimitación el que da legitimidad para proceder a la demarcación. En consecuencia, en el entendido de que con la demarcación se ha procedido a ejecutar un acto de delimitación válido, si mucho tiempo después de que -de común acuerdo- las partes hayan procedido a demarcar la frontera se descubre alguna contradicción con la frontera inicialmente delimitada, se entiende que debe prevalecer la frontera demarcada.

Si existe una delimitación previa, cabe preguntarse qué hace que surjan dificultades en la demarcación y disputas territoriales. A veces, son las características del terreno las que hacen difícil ejecutar la delicada tarea de demarcar; por ejemplo, el Tratado de límites de 1881 suscrito entre Chile y Argentina dispone, en su artículo I, que la línea fronteriza correrá "por las cumbres más elevadas de dichas Cordilleras que dividan las aguas y pasará por entre las vertientes que se desprenden a un lado y otro"; por su parte, el artículo Primero del Protocolo Adicional suscrito el 1° de mayo de 1893 estipula que "Se tendrá, en consecuencia, a perpetuidad, como de propiedad y dominio absoluto de la República Argentina, todas las tierras, y todas las aguas, a saber: lagos, lagunas, ríos y partes de ríos, arroyos, vertientes que se hallen al oriente de la línea de las más elevadas cumbres de la Cordillera de los Andes, que dividan las aguas, y como de propiedad y dominio absoluto de Chile todas las tierras y todas las aguas, a saber: lagos, lagunas, ríos y partes de ríos, arroyos, vertientes, que se hallen al occidente de las más elevadas cumbres de la Cordillera de los Andes que dividan las aguas." Según el artículo Segundo del Protocolo, "Chile no puede pretender punto alguno hacia el Atlántico, como la República Argentina no puede pretenderlo hacia el Pacífico." Pero, en 1902, el Tribunal Arbitral constituido para resolver la controversia fronteriza entre ambos países en la Cordillera de los Andes (Palena), encontró que los términos del Tratado de límites (de 1881) y del Protocolo Adicional de 1893 eran inaplicables a las condiciones geográficas del territorio al que se referían, por lo que la redacción de dicho Acuerdo fue considerada ambigua, y susceptible de interpretaciones antagónicas por los representantes de las partes. Mientras el Gobierno Argentino sostenía que la línea que debía tenerse en vista tenía que ser esencialmente una frontera orográfica, determinada por las más altas cumbres de la Cordillera de los Andes, el Gobierno Chileno sostenía que la definición contenida en el tratado y protocolos, sólo podía hacerse efectiva por una línea hidrográfica, que formara la división de las aguas entre los Océanos Atlántico y Pacífico, dejando para la Argentina las cuencas de todos los ríos que se derraman en el primero, dentro de la línea de costa, argentina y para Chile, las cuencas de todos los ríos que se derraman en el Pacífico, dentro de la línea de costa chilena. A juicio del Tribunal, existía una diferencia cardinal entre estas dos teorías, y ninguna de ellas se ajustaba plenamente al espíritu del Tratado que dicho Tribunal debía interpretar; el laudo observó que el Tratado era inaplicable a las condiciones geográficas del territorio al que se refería. En cuanto a las líneas alternativas alegadas por las partes, el Tribunal hizo notar que un límite orográfico podía ser indeterminado, si las cumbres individuales a través de las cuales pasa no estaban plenamente especificadas, mientras que una línea hidrográfica, desde el momento en que se indican las cuencas, admitía delimitación en el terreno.[679] Como acertadamente observó el Tribunal arbitral, esa estipulación, que asume que las más altas cumbres coinciden con la línea de división de aguas, se convirtió en un obstáculo insuperable en la

---

678 Cfr. International Court of Justice, *Case Concerning the Temple of Preah Vihear (Cambodia v. Thailand)*, Merits, Judgment of 15 June 1962, p. 32.

679 Cfr. *Award by His Majesty King Edward VII in the Argentine-Chile Boundary Case* (The Cordillera of the Andes Boundary Case), 20 November 1902, párrafos 10 a 15. Reports of International Arbitral Awards, vol. IX, pp. 37-49.

demarcación de la frontera argentino-chilena.[680] A veces, la delimitación está expresada en términos que no corresponden exactamente con la geografía.

Por otra parte, en el caso de la frontera entre Camerún y Nigeria, la Corte observó que la interpretación de una Declaración vinculante para las partes planteaba problemas, porque el río que allí se mencionaba tenía más de un nacimiento, mientras que la Declaración simplemente establecía que la frontera pasaba por "el nacimiento" de dicho río, sin indicar cuál de esos nacimientos debía elegirse. La Corte aclaró que, desde el punto de vista de la teoría geográfica, no existe una definición que permita identificar con plena certeza el nacimiento principal de un río cuando este tiene varios. Sin embargo, la tarea de la Corte no era identificar el nacimiento "geográfico" de ese río, sino identificar el nacimiento por el que los redactores de la Declaración, o del compromiso en cuestión, pretendían que pasara la frontera. Además, considerando que la Declaración en cuestión había delimitado la frontera, en general, mediante una descripción física del terreno, podía asumirse razonablemente que los redactores de la misma, al referirse a la fuente del río, pretendían designar un punto que pudiera identificarse fácilmente, tanto en los mapas como sobre el terreno.[681]

Lo cierto es que, entre lo acordado por las partes, o lo dispuesto por una instancia judicial, y la demarcación realizada en ejecución de lo anterior, pueden resultar discrepancias notables. Por ejemplo, en el caso de la disputa fronteriza entre Chile y Argentina en la Cordillera de los Andes (Laguna del Desierto), se observó que, en el informe de la Comisión Británica de Demarcación, el mapa sometido por el Capitán Crosthwait indicaba el lugar donde se había erigido un poste fronterizo en el sitio incorrecto, mostrando una demarcación de la frontera que difería del mapa del Tribunal Arbitral.[682] Aquí se dio primacía a la frontera delimitada. Sin embargo, en el caso de la disputa por la ubicación de algunos pilares fronterizos en Taba, entre Egipto e Israel, el Tribunal Arbitral dispuso que, si una línea fronteriza es una línea demarcada conjuntamente por las partes interesadas, la demarcación se considera una interpretación auténtica del acuerdo fronterizo, incluso si se han producido desviaciones, o si hay algunas incoherencias con los mapas.[683]

Tratándose de un territorio en disputa, en el asunto de la frontera entre Guyana y Venezuela, no hay mucho que decir en materia de demarcación. Fuera de los hitos fronterizos colocados por Schomburgk en 1841 e inmediatamente retirados, la única demarcación que ha habido en el territorio en discordia es la ocurrida entre 1900 y 1905, después de dictado el laudo arbitral de París. Si se determina que el laudo de París es nulo, esa demarcación habría perdido su sustento legal y carecería de legitimidad.

Las circunstancias en que se procedió a la demarcación de la frontera de Venezuela con la antigua colonia de la Guayana Británica tampoco pueden ser ignoradas. Una vez que se pronunció el Tribunal arbitral, procedía demarcar la frontera común dispuesta en laudo. Pero, según una nota del 5 de diciembre de 1899, enviada a su gobierno por el Ministro británico en Caracas, Venezuela quería demorar la demarcación de la frontera; ante eso, en julio de 1900, el representante británico acreditado en Caracas le notificó al gobierno de Venezuela que, si éste no despachaba una comisión de demarcación antes del 3 de octubre, el gobierno británico procedería a hacerlo solo; posteriormente,

---

680 Cfr. *Argentine-Chile Frontier Case* - (Argentina / Chile), Arbitral Award of 9 December 1966. Reports of International Arbitral Awards, vol. XVI, pp. 109-182, en págs. 140 y s.

681 Cfr. International Court of Justice, *Case Concerning the Land and Maritime Boundary between Cameroon and Nigeria* (Cameroon v. Nigeria: Equatorial Guinea intervening), Judgment of 10 October 2002, párrafo 128.

682 Cfr. *Boundary dispute between Argentina and Chile concerning the frontier line between boundary post 62 and Mount Fitzroy*, Laudo del 21 de octubre de 1994, párrafo 49. Reports of International Arbitral Awards, vol. XXII, pp. 3-149.

683 Cfr. *Case concerning the location of boundary markers in Taba between Egypt and Israel*, Arbitral Award of 29 September 1988, párrafo 210. Reports of International Arbitral Awards, vol. XX.

el 8 de octubre de ese mismo año, se le notificó a la cancillería venezolana que se había instruido al Gobernador de la Guyana Británica para que procediera a la demarcación. El 19 de octubre, los comisionados británicos ya habían instalado hitos fronterizos en Punta Playa, lo que forzó a Venezuela a enviar a sus propios comisionados para proceder a la demarcación.[684] Venezuela no podía resistir mucho más y, a partir de ese momento, la comisión de fronteras, conformada por representantes de Venezuela y Gran Bretaña, procedió a demarcar el límite establecido en el referido laudo. Al finalizar su trabajo, el 10 de enero de 1905, la Comisión procedió a firmar -en Georgetown- un Acta de Demarcación, e hizo entrega de dos mapas idénticos, debidamente firmados por los comisionados de ambos países, que reflejaban lo decidido por el tribunal arbitral.[685]

No haber participado en la demarcación hubiera expuesto a Venezuela al riesgo de que los hitos fronterizos se colocaran todavía más al occidente de lo dispuesto por el laudo. Pero aceptar demarcar la frontera indicada por el laudo no era aceptar el laudo como bueno. En este sentido, en su sentencia sobre jurisdicción, la Corte observa que, después de que la frontera había sido demarcada, los comisionados británicos y venezolanos proporcionaron un mapa y firmaron un acuerdo "aceptando, *inter alia*, que las coordenadas de los puntos señalados eran correctas",[686] en el sentido de que correspondía a lo dispuesto por el laudo. Pero el Acta firmada en 1905 por la Comisión Anglo-Venezolana de Demarcación no fue una señal de aceptación del laudo, como resultado de una decisión válidamente emitida. Se recuerda que, el 22 de octubre de 1900, en unas "*Instrucciones confidenciales*" entregadas por la Cancillería venezolana a Felipe Aguerrevere, designado por Venezuela como su comisionado en la Comisión de demarcación, se expresaba que el laudo era más el resultado de un compromiso que de un examen esencialmente jurídico; y, con respecto a la línea de demarcación impuesta por los árbitros, se decía que ésta era una línea *de facto*, determinada sin ningún respaldo o razón, ni histórica, ni geográfica, ni política.[687] Venezuela se resistió a participar en esa Comisión de Demarcación; pero, ante el ultimátum planteado por el Gobierno Británico, que amenazó con proceder a hacer la demarcación unilateralmente si los venezolanos no se incorporaban a ella antes del 3 de octubre de 1900, Venezuela no tuvo otra opción que participar.[688] Adicionalmente, debe recordarse que los trabajos de la Comisión de demarcación se iniciaron cuando ya se estaban haciendo los preparativos del bloqueo naval de los puertos venezolanos por parte de Inglaterra, Alemania e Italia -que tuvo lugar en 1902- para cobrar, de manera preferente, una deuda contraída con sus ciudadanos.

Fue el 14 de febrero de 1962 que, mediante una nota del representante de Venezuela ante el Comité de Descolonización, se alegó la existencia de una controversia entre Venezuela y el Reino Unido, relativa a la "*demarcación*" de la frontera entre Venezuela y la Guyana Británica. En el anexo de

---

684 Cfr. Hermann González-Oropeza y Pablo Ojer-Celigueta, *Informe que los expertos venezolanos para la Cuestión de Limites con Guayana Británica presentan al Gobierno Nacional* (Ministerio de Relaciones Exteriores, párrafo 27. No se indica fecha del informe. El informe es reproducido parcialmente por Gillis Wetter, en su op. cit., vol. III, pp. 140 y ss. La cita corresponde a la p. 142. Inicialmente, los comisionados venezolanos fueron el ingeniero Felipe Aguerrevere y el abogado Trino Celis Ríos, asistidos por los ingenieros Santiago Aguerrevere y Abraham Tirado, Elías Toro (médico), Lorenzo M. Osio (dibujante), y Gustavo Michelena (intérprete). Los comisionados británicos fueron Michael McTurk, Arthur Wybrow Baker, John Charles Ponsonby Widdup, y Harry Innis Perkins.

685 Cfr, *Acta de la Comisión Mixta de Fronteras*, Ministerio de Relaciones Exteriores de Venezuela, Colección de Tratados Públicos y Acuerdos Internacionales de Venezuela, vol. 3, 1920-1925, Anexo 3, p. 604. Citado por la demanda de Guyana, nota 3, a pie de página.

686 Cfr. International Court of Justice, *Arbitral Award of 3 October 1899* (Guyana v. Venezuela), Jurisdiction of the Court, Judgment of 18 December 2020, párrafo 34,

687 Cfr., Hermann González-Oropeza y Pablo Ojer-Celigueta, en *Informe que los expertos venezolanos para la Cuestión de Limites con Guayana Británica presentan al Gobierno Nacional* (Ministerio de Relaciones Exteriores, párrafo 28. El informe es reproducido parcialmente por Gilles Wetter, en su op. cit., vol. III, pp. 140 y ss. La cita corresponde a la p. 142.

688 Cfr. ibidem.

esa nota, se expresaba que el Laudo había sido el resultado de una transacción política, llevada a cabo a espaldas de Venezuela, sacrificando sus legítimos derechos, y que la frontera había sido demarcada arbitrariamente, sin tener en cuenta las reglas del acuerdo arbitral o los principios relevantes del derecho internacional, por lo que Venezuela no podía reconocerlo.[689]

En su demanda, Guayana pide a la Corte determinar, *inter alia*, que la frontera establecida por el Laudo *y el Acta* de 1905 es válida y vinculante para Guyana y Venezuela, y que Guyana tiene plena soberanía sobre su territorio entre el río Esequibo y la frontera establecida por el Laudo de 1899 *y por el Acta de demarcación* de 1905.[690] Lo que Guyana refiere como el "*Acuerdo*" de 1905 es un acta firmada por las partes, indicando que la demarcación de la frontera realizada por una comisión binacional correspondía a la delimitación indicada en Laudo de París; pero dicha Acta no es un "*Acuerdo*", en el sentido de un *tratado* libremente consentido y aceptado por las partes. La sentencia de la Corte sobre su jurisdicción reseña que, el 10 de enero de 1905, después de que la frontera fuera demarcada, los comisionados británicos y venezolanos presentaron un mapa oficial de la frontera "y firmaron un acuerdo aceptando, *inter alia*, que las coordenadas de los puntos referidos eran correctas", en el sentido de que correspondían a lo indicado por el laudo.[691] Pero dicha Acta no se puede interpretar como una aceptación de la validez del instrumento que señaló que esa era la frontera a demarcar.

El Acta de Demarcación fue firmada bajo coacción, y fue suscrita por comisionados autorizados únicamente para eso (demarcar), por lo que no sería un tratado que haya sido ratificado como tal, ni fue suscrita por quienes representan al Estado en sus relaciones internacionales y tienen la capacidad para negociar y suscribir tratados; aun así, hay que hacer notar que dicha Acta está publicada en la Colección de Tratados Públicos y Acuerdos Internacionales de Venezuela.[692] Pero, como quiera que sea, esa Acta no hace otra cosa que expresar que los hitos colocados en el terreno corresponden a la línea fronteriza indicada por un laudo cuya validez es objeto de controversia. Dicha Acta no tiene una existencia jurídica independiente, sino que corresponde a la ejecución de un laudo que tiene una presunción de validez; si ese laudo es mulo, la referida Acta perdería su propósito y carecería de efectos jurídicos.

En todo caso, en su sentencia sobre jurisdicción, la Corte determinó que ella tiene competencia para determinar, *inter alia*, la cuestión relacionada con la determinación de la frontera terrestre definitiva entre Guyana y Venezuela.[693] Por lo tanto, la cuestión de la delimitación y de la demarcación de esa frontera es un asunto que está pendiente de resolución. En esa tarea, los mapas disponibles pueden ser un instrumento útil.

---

689 Carta del Representante Permanente de Venezuela en Naciones Unidas al Comité de Descolonización, del 14 de febrero de 1962. Citada en la demanda de Guyana, párrafo 40.

690 Cfr. el párrafo 55 de la demanda de Guyana.

691 Cfr. International Court of Justice, *Arbitral Award of 3 October 1899 (Guyana v. Venezuela)*, Jurisdiction of the Court, Judgment of 18 December 2020, párrafo 34.

692 Cfr. *Colección de Tratados Públicos y Acuerdos Internacionales de Venezuela*, vol. III, citado en el Memorial de Guyana. Case Concerning Arbitral Award of 3 October 1899, Co-operative Republic of Guyana v. Bolivarian Republic of Venezuela, Memorial of Guyana, Volume II, 19 November 2018, Annex 8, p. 57.

693 Cfr. International Court of Justice, *Arbitral Award of 3 October 1899 (Guyana v. Venezuela), Jurisdiction of the Court*, Judgment of 18 December 2020, párrafo 138 (1).

TERCERA PARTE

EL PAPEL DE LOS MAPAS EN LAS DISPUTAS TERRITORIALES

A diferencia de la explicación verbal de una región, mediante el simple uso de la palabra escrita o hablada, la descripción gráfica de un espacio territorial es de más fácil comprensión. Cualquiera que sea el valor que se atribuya a los mapas, ellos tienen la gracia de presentar un espacio geográfico con la ubicación de sus pueblos, ciudades, fortificaciones, montañas, ríos y valles, de una manera que la mente puede captar más fácilmente la posición de cada uno de esos sitios entre sí mismos, y en relación con aquellos otros que nos resultan más familiares. Con su visión del mundo, los mapas conectan el pasado con el presente, y muestran información que no sólo tiene relevancia geográfica, sino también económica, política, y social. Pero, además de la descripción física de una región, los mapas sirven para delimitar políticamente los territorios que se encuentran bajo el dominio de unos y de otros.

Habiendo examinado la función del territorio en el derecho internacional, cómo es que éste se adquiere por los Estados, la importancia de la frontera en las relaciones internacionales, y cómo es que éstas se determinan, en las páginas que siguen, nuestra intención es examinar cómo es que los tribunales internacionales han apreciado la importancia de un mapa, y cuál es el valor que le han atribuido como prueba de un título territorial o de una frontera.

Además de ser el medio para describir un espacio geográfico y la forma del mundo conocido, en las relaciones internacionales, los mapas suelen ser el testimonio de una situación política determinada. Entre otras cosas, los mapas pueden ser un medio de prueba de las fronteras de los Estados. Si bien la delimitación de las fronteras no depende necesariamente de los mapas, éstos son una herramienta útil en la demarcación, cuando ella no está señalada por fronteras naturales claramente reconocibles, y suelen ser los actores principales en las controversias fronterizas. Si el mapa tiene algún valor en sí mismo, cuando señala la frontera en un punto geográfico determinado, como, por ejemplo, en el curso de un río, puede que la ubicación de la fuente de ese río esté en el centro de la disputa.[694]

En caso de conflictos territoriales, los compromisos arbitrales pueden remitir directamente a los mapas, como prueba del derecho de las partes;[695] si ese no es el caso, las reclamaciones de las partes suelen estar indicadas mediante líneas trazadas en un mapa y, en el curso de un procedimiento judicial, con frecuencia, encuentran su fundamento en otros mapas. Asimismo, puede que, en el curso del procedimiento judicial o arbitral, el Tribunal haya pedido a una de las partes presentar mapas y registros cartográficos que estuvieran en su posesión o control,[696] o -a la inversa- puede que haya

---

[694] Cfr., por ejemplo, *Decision of the arbitral tribunal established to settle the dispute concerning the course of the boundary between Austria and Hungary near the lake called the "Meerauge"*, Decision of 13 September 1902. Reports of International Arbitral Awards, vol. XXVIII, pp. 379-396, en pág. 387.

[695] Cfr., por ejemplo, el Artículo II, numeral 5, del Tratado Bonilla–Gámez, suscrito entre Honduras y Nicaragua el 7 de octubre de 1894.

[696] Cfr., por ejemplo, *Award in the Arbitration regarding the delimitation of the Abyei Area between the Government of Sudan and the Sudan People's Liberation Movement/Army*, Award of 22 July 2009, párrafo 53. En Reports of International Arbitral Awards, vol. XXX, pp. 145-416.

lamentado la ausencia de mapas de una determinada región en una época precisa.[697] Igualmente, incluso si se advierte que éstos sólo tienen propósitos ilustrativos, los informes de las comisiones técnicas, designadas ocasionalmente por un tribunal para definir una frontera, suelen ir acompañados de mapas. En fin, así como las guerras terminan con un nuevo mapa político, la decisión final del Tribunal suele estar plasmada en un mapa y, en una de las pocas ocasiones en que no lo ha estado, parece que fue porque el árbitro sólo podía fijar la frontera por indicaciones generales, que obviamente no eran idóneas para reproducirse en un mapa.[698] Por lo menos en un caso, la prueba decisiva respecto de la soberanía de los Estados ejercida sobre la región en disputa ha girado en torno a un mapa.[699]

Aunque se ha mencionado la importancia creciente de la fotografía aérea y de las imágenes satelitales *para la delimitación* de las fronteras entre los Estados, éstas no pueden sustituir el valor histórico -e incluso jurídico- que tienen los mapas en las controversias territoriales. Como ha observado Rushworth, una fotografía aérea no se proyecta ortogonalmente como en un mapa, por lo que existe una distorsión posicional debido a la inclinación de la cámara y a la variación de la altura del terreno. Una línea recta en el suelo no será una línea recta en una fotografía aérea, por lo que éstas no pueden utilizarse para representar la línea de un límite. Si bien la ortofotografía elimina estas distorsiones, produciendo una imagen fotográfica con propiedades cartográficas que proporcionan un medio ideal para definir un límite, uniendo a la integridad posicional de un mapa la riqueza de detalles de una fotografía, esta técnica aún no se ha utilizado en un arbitraje, aunque se utilizó, en 1994, en la delimitación entre Israel y Jordania.[700] Que estas técnicas sean de utilidad, para los topógrafos y agrimensores, en la delimitación -y en la demarcación- de fronteras, no significa que tengan la misma relevancia en la solución de controversias territoriales. Para el jurista, en caso de disputa, la fotografía aérea y las imágenes satelitales pueden aportar información complementaria, que no ha sido registrada gráficamente en los mapas, pero no los sustituyen.

En la disputa territorial entre Guyana y Venezuela, tanto durante el proceso arbitral llevado adelante en 1899 (entre Inglaterra y Venezuela) como ahora, en la disputa entre Guyana y Venezuela ante la Corte Internacional de Justicia, los mapas -ya sean oficiales o no oficiales, de un autor de reconocido prestigio en su campo o de otro anónimo- han ocupado un lugar central en esta controversia. Fue la publicación del mapa de Schomburgk, de 1840, en los papeles del Parlamento Británico, lo que marcó el inicio de esta controversia. Es también el uso de otros dos mapas, ambos de 1886, por parte del Reino Unido, lo que hizo que Venezuela alegara que estos eran fraudulentos. Durante el proceso arbitral en París, las partes acompañaron al tribunal presidido por Martens sendos

---

697 Cfr. *Award in the Arbitration regarding the delimitation of the Abyei Area between the Government of Sudan and the Sudan People's Liberation Movement/Army*, Award of 22 July 2009, párrafo 713 En Reports of International Arbitral Awards, vol. XXX, pp. 145-416.

698 Eso fue lo que hizo el primer árbitro (Emile Loubet, presidente de Francia), en su laudo del 11 de septiembre de 1900, en el caso de la disputa fronteriza entre Costa Rica y Panamá, indicando que la línea de frontera iba "a un punto más allá de Cerro Pando… cerca del grado nueve de latitud norte". Días después de anunciado el laudo, el Ministro de Costa Rica en Francia -que también había sido el agente de Costa Rica en ese asunto- se dirigió al Ministro de Relaciones Exteriores de Francia pidiendo una interpretación del laudo indicando una línea fronteriza. En su respuesta, el Ministro Delcassé le informó que, "Debido a la falta de datos geográficos exactos, el árbitro no pudo fijar el límite, excepto por medio de indicaciones generales; por lo tanto, pienso que será difícil fijarlas en un mapa." Cfr. Opinion and Decision of Edward Douglass White, Chief Justice of the United States, acting in the capacity of arbitrator as provided in the Convention between Costa Rica and Panama of 17 march 1910, Washington, 12 September 1914, en Reports of International Arbitral Awards, vol. XI, pp. 519 -547, en pág. 538.

699 Cfr. International Court of Justice, *Case Concerning the Temple of Preah Vihear (Cambodia v. Thailand)*, Merits, Judgment of 15 June 1962.

700 Cfr. Dennis Rushworth, *Mapping in Support of Frontier Arbitration, International Boundaries Research Unit* (Durham University, Centre for Borders Research), Boundary and Security Bulletin, Autumn 1996, p. 60.

atlas, con numerosos mapas, y sin duda también lo harán en este proceso ante la Corte Internacional de Justicia. De acuerdo con las reglas establecidas en su jurisprudencia, será el Tribunal el que tendrá que determinar el valor probatorio de esos mapas.

I. LA NATURALEZA DE LOS MAPAS

Adler define los mapas como el modelo a escala de una representación en dos dimensiones de una superficie tridimensional de la tierra, mostrando una selección de características materiales o abstractas. Citando a Hyde, él agrega que los mapas son un retrato de hechos geográficos, pero también de hechos políticos asociados con ellos.[701] En ese sentido, los mapas son útiles no sólo para comprender los aspectos físicos y geográficos del territorio que separa a dos Estados, sino también para comprender los orígenes de las disputas que puedan surgir entre ellos, porque, independientemente de su calidad, pueden haber tenido un papel protagónico en el desarrollo de estas. Por eso, en la determinación de las fronteras de los Estados, así como en las controversias territoriales, los mapas ocupan un lugar central, y a veces se les incorpora como parte de los tratados, o como parte de la sentencia de un Tribunal internacional, adquiriendo una importancia política y jurídica que antes no tenían, como muestran muchas de las sentencias de la Corte Internacional de Justicia. Pero el lenguaje gráfico de los mapas debe leerse e interpretarse teniendo en cuenta el lenguaje verbal, expresado en las explicaciones de sus autores, en los tratados o en las sentencias a los que se les anexa, y en el contexto de lo que se dijo contemporáneamente a la preparación de estos.

Un mapa puede ser la prueba de un hecho, o puede ser la manifestación del acuerdo de voluntades entre Estados y, en esa medida -si forma parte de los anexos a un Tratado-, es la fuente documental de la frontera acordada por las partes. En este último caso, el mapa tiene fuerza legal, no como mapa, sino en cuanto parte de un Tratado, siendo la prueba de una obligación, y del contenido de esa obligación. Por el contrario, si el mapa no es parte del Tratado, pero representa la frontera delimitada en dicho instrumento, es una guía visual para interpretar el Tratado, y constituye la imagen de la frontera legal.

Según su naturaleza y características, los mapas sirven a fines distintos, y tienen que ser valorados teniendo en cuenta su procedencia, su propósito, y las circunstancias que rodearon su elaboración. Cada mapa sirve para lo que está hecho, y su valor no es mayor del que deriva del propósito al que sirve. Por muy certera que sea como descripción de la geografía, es muy probable que una carta de navegación -o un mapa de caminos, o un mapa geológico- ni siquiera muestren una frontera, porque su finalidad no es esa; pero, incluso si la muestran, cuando esa frontera no ha sido oficialmente reconocida por ambas partes en una controversia, ese mapa tiene escaso valor probatorio. Por muy detallado y bien elaborado que esté un mapa, no es lo mismo un mapa físico, que simplemente describe el espacio, sin ninguna intención de atribuir soberanía a unos u otros, que un mapa político, cuya función es, precisamente, marcar las fronteras de los Estados.

No es lo mismo, ni prueba lo mismo, un mapa elaborado a petición de parte interesada, o un mapa de autor anónimo, cuyos propósitos se desconocen, que un mapa preparado por un tercero imparcial, movido sólo por el interés científico de describir la geografía de un espacio determinado, o lo que se consideran las fronteras de los Estados. Tampoco tiene el mismo valor un mapa elaborado a miles de kilómetros de distancia, en la comodidad de un escritorio, por alguien que nunca estuvo en el terreno que describe, a partir de informaciones y datos proporcionados por terceros que carecían de

---

[701] Cfr. Ron Adler, *Positioning and mapping in international land boundaries*, en Boundary and Territory Briefing (International Boundaries Research Unit, Durham University), Vol. 2, N° 1, 1995, p. 21.

conocimientos cartográficos, que un mapa elaborado sobre la base de las observaciones personales de quien conoció y recorrió el territorio que representa en el mapa, teniendo en cuenta métodos geográficos y topográficos. Pero puede que, en algunos casos, sea más confiable un mapa elaborado por quien nunca visitó el terreno que describe, a partir de datos e informaciones fidedignas, con mediciones astronómicas realizadas por terceros, que un simple boceto hecho por una persona que estuvo allí, pero que carece de la formación y preparación técnica para describir el espacio. Y, por más imperfecto que sea, un mapa que emana de fuentes oficiales tiene más valor que un mapa estrictamente científico, pero que no traza fronteras, o que, si lo hace, nunca ha sido reconocido o aceptado por ambas partes, o al menos por una de ellas. En este sentido, también habrá que considerar si el mapa se tuvo como antecedente en un proceso de delimitación o demarcación anterior, o si se le incorporó como un documento anexo en un proceso de delimitación o demarcación previo. No es lo mismo un mapa que forma parte de un compromiso entre los Estados litigantes que un mapa que sólo es fuente de información geográfica.

Es posible que un mapa preparado con técnicas modernas -con la ayuda de fotografías aéreas e imágenes satelitales- sea más preciso que el elaborado o aprobado por una autoridad política o judicial; pero, si el primero no tiene un reconocimiento oficial, para los efectos de una frontera política, el que cuenta es el segundo.

Puede que la topografía esté correctamente representada, pero que los topónimos sean equivocados, o a la inversa; y puede que los mapas muestren una frontera política donde no existe ninguna, o que muestren una frontera en el lugar equivocado. Incluso en el caso de fronteras fijadas por coordenadas de latitud y longitud, eso no significa que ellas estén perfectamente representadas en el mapa, y que correspondan a los puntos topográficos escogidos; en este sentido, en el caso de la disputa fronteriza entre Burkina Faso y Mali, la Corte encontró que, paradójicamente, esas coordenadas eran las menos confiables, y que -según una nota del Instituto Geográfico Nacional de Francia, fechada el 27 de enero de 1975- "la posición de ciertos detalles podía estar fuera de lugar *por varios kilómetros*".[702] Por su parte, en el caso de la frontera entre El Salvador y Honduras, la Sala de la Corte encontró que, en un mismo mapa, las partes ubicaban el Cerro Caracol en lugares completamente diferentes;[703] adicionalmente, la Sala observó que, si en las mediciones se había hecho referencia a un tipo de árboles ("talpetates"), era altamente improbable que éstos pudieran ser identificados con certeza en los mapas modernos.[704]

En una controversia territorial, asumiendo que -en el caso particular- los mapas sirven para probar quién tiene un justo título, o -si ninguna de las partes está en capacidad de exhibir un justo título- quién tiene un *mejor* título, o *un título más sólido*[705] a todo o parte del territorio en disputa, no sirve

---

[702] Cfr. International Court of Justice, *Frontier Dispute* (Burkina Faso / Republic of Mali), Judgment of 22 December 1986, párrafo 110. Adler observa que las coordenadas geográficas no especifican el datum geodésico al que se refieren, y que si el mapa está a escala 1:200.000, donde 0,2 mm (el límite de precisión gráfica) equivale a 40 m en el suelo y 0,8 mm (una precisión gráfica menos optimista) se convierte en 160 m, siendo las dos fuentes de error combinadas capaces de producir discrepancias que varían de decenas de metros a cientos de metros en el suelo. Cfr. Ron Adler, en *Positioning and mapping in international land boundaries*, en Boundary and Territory Briefing (International Boundaries Research Unit, Durham University), Vol. 2, N° 1, 1995, p. 31.

[703] Cfr. International Court of Justice, *Land, Island and Maritime Frontier Dispute* (El Salvador / Honduras: Nicaragua intervening), Judgment of 11 September 1992, párrafo 152.

[704] Cfr. Ibid, párrafo 156.

[705] En el caso de la Isla de Palmas, el Árbitro señaló que, si las partes no podían mostrar un justo título al territorio en disputa, entonces habría que buscar quien tenía un mejor título, o si, en presencia del título alegado por una de las partes, la otra estaba en capacidad de presentar un título equivalente, o más sólido. Cfr. *Island of Palmas Case* (Netherlands / USA), Max Huber, Arbitrator, Award 4 April 1928, en Reports of International Arbitral Awards, Vol. II, pp. 829-

cualquier mapa, y aquellos que sirven no tienen exactamente el mismo valor probatorio, ni prueban necesariamente lo mismo. Por eso, en cualquier controversia fronteriza, la relevancia de un mapa dependerá de su propósito, de su calidad, de su precisión, y también de su procedencia.

En la controversia entre Eritrea y Etiopía por unas islas del Mar Rojo, el laudo señaló que el efecto de un mapa que no forma parte de un tratado variará según su procedencia, su coherencia con otros mapas, el uso que de él hagan las partes, el grado de publicidad que se le haya concedido, y la medida en que, si es el caso, fue adoptado o aceptado por las partes perjudicadas por él. Un mapa que se sabe que se ha utilizado en negociaciones diplomáticas puede tener una importancia especial. Dependiendo de las circunstancias, un mapa que emana de terceros es poco probable que tenga gran valor jurídico o probatorio.[706]

1. LOS MAPAS Y LOS TÍTULOS TERRITORIALES

Los mapas son algo distinto de los títulos territoriales. Ellos pueden ser la prueba de que la posesión de un territorio por parte de un Estado era, al momento de publicarse esos mapas, un hecho bien conocido. Pero, en sí mismos, los mapas no son el título que confiere la soberanía sobre el territorio.

Abordando indirectamente la cuestión de los mapas como títulos territoriales, en su laudo sobre la Isla de Palmas, Max Huber observó que Estados Unidos había recurrido a los mapas no como prueba indirecta del ejercicio de la soberanía, sino como evidencia de su existencia en Derecho; sin embargo, el árbitro rechazó este argumento, señalando que, suponiendo que los mapas fueran exactos -y, aun así, con la mayor cautela-, sólo se les podía tener en cuenta como evidencia de la distribución política de los territorios.[707]

En la disputa fronteriza entre Burkina Faso y Mali, el Tribunal arbitral rechazó el argumento de Burkina Faso en el sentido de que los mapas compilados por la oficina del Servicio Geográfico del Gobernador-General del África Occidental Francesa fueran, en cierta medida, actos administrativos que, en el Derecho colonial francés, constituyeran la fuente de un título jurídico.[708]

2. LO QUE MUESTRAN LOS MAPAS

En lo fundamental, a partir de una selección de las características del terreno, los mapas sirven para mostrar hechos geográficos y políticos asociados con ellos. Pero la historia, así como el valor político -e incluso geográfico- de esos mapas, es otra cosa.

Al examinar los mapas producidos en el caso de la disputa fronteriza entre Burkina Faso y Mali, la Sala de la Corte hizo notar que no podía decirse, con seguridad, que ni uno solo de los mapas de que ella dispuso reflejara las intenciones de la administración colonial expresadas en los textos pertinentes sobre la frontera en disputa. La ley francesa del 4 de septiembre de 1947 "para el

---

871, p. 868. Cfr., también, Permanent Court of International Justice, *Legal Status of Eastern Greenland*, Judgment of April 5th, 1933, p. 28.

[706] Cfr. *Decision regarding delimitation of the border between Eritrea and Ethiopia*, Decision of 13 April 2002, párrafo 3.21. Reports of International Arbitral Awards, vol. XXV, pp. 83-196, en p. 114.

[707] Cfr. *Island of Palmas Case* (Netherlands / USA), Max Huber, Arbitrator, Award 4 April 1928, en Reports of International Arbitral Awards, Vol. II, pp. 829-871, p. 852.

[708] Cfr. International Court of Justice, *Frontier Dispute (Burkina Faso / Republic of Mali)*, Judgment of the Chamber of the International Court of Justice, of 22 December 1986, párrafo 93.

"restablecimiento del territorio del Alto Volta" no hacía referencia a ningún mapa; lo único que contenía era una referencia, en términos generales, a los límites "de la antigua colonia... el 5 de septiembre de 1932". Para obtener una imagen más clara de aquellos límites, ninguna de las dos partes pudo identificar el mapa utilizado por los legisladores franceses en 1947, si es que lo hubo. En lo que respecta a la Orden 2336 de 1927 y su fe de erratas, Malí produjo un mapa que llevaba la inscripción "Nueva frontera del Alto Volta y Níger"; pero ese documento no ofrecía información sobre qué organismo oficial lo compiló, o qué autoridad administrativa aprobó la línea que se muestra en él.[709]

3. EL VALOR INTRÍNSECO DE LOS MAPAS

Como ya se ha indicado, en cualquier controversia fronteriza -además de su valor en sí mismo-, la relevancia de un mapa depende de su propósito, su calidad, su precisión, y también de su procedencia; la reputación de quien lo preparó cuenta tanto como la Nación a la que sirve, o su independencia profesional. Por eso, los tribunales internacionales han prestado especial atención a los mapas de una de las partes en la controversia cuando éstos operan en contra de sus propios intereses, atribuyendo el territorio en disputa a la otra parte.[710]

En el caso de la Isla de Palmas, el laudo advierte que un mapa sólo ofrece una indicación muy indirecta de algo que, salvo cuando se anexa a un instrumento jurídico, no tiene el valor de este último, implicando el reconocimiento o el abandono de derechos. Según el Tribunal, la importancia del mapa sólo puede ser juzgada a partir de hechos que prueben el ejercicio -por una de las partes en la controversia- de soberanía en el territorio en disputa.[711]

Los mapas pueden servir para probar el conocimiento que -al momento de su elaboración- se tenía del terreno. Por ejemplo, en el asunto de Groenlandia Oriental, ante el argumento de Noruega de que, a mediados del siglo XVIII, la costa oriental de Groenlandia era desconocida, el Tribunal señaló que un examen de los mapas de los siglos XVII y XVIII mostraba que las característica generales de la costa este, al igual que su configuración, eran bien conocidas por los cartógrafos.[712] Adicionalmente, la jurisprudencia indica que el significado natural de un topónimo es su significado geográfico, como éste se muestra en el mapa.[713] Pero puede que el cartógrafo carezca de la experticia necesaria, o que la información que éste tuvo a su disposición haya sido incorrecta, y que el mapa en cuestión no refleje lo que dice representar. En este sentido, en 1890, el Primer Ministro inglés, marqués de Salisbury, decía que ellos habían estado ocupados dibujando líneas en los mapas de sitios donde nunca había pisado el pie de un hombre blanco, y que habían estado repartiendo montañas, ríos, y lagos, sin que nunca hubieran sabido exactamente dónde es que estaban situadas esas montañas, ríos y lagos.[714]

---

709 Cfr. International Court of Justice, *Frontier Dispute* (Burkina Faso / Republic of Mali), Judgment of 22 December 1986, párrafo 57.

710 Cfr., en este sentido, *Award of the Arbitral Tribunal in the first stage of the proceedings between Eritrea and Yemen - Territorial Sovereignty and Scope of the Dispute (Eritrea and Yemen)*, Arbitral Award of 9 October 1998. Reports of International Arbitral Awards, vol. XXII, pp. 209-332, párrafos 384 al 388.

711 Cfr. *Island of Palmas Case* (Netherlands / USA), Max Huber, Arbitrator, Award 4 April 1928, en Reports of International Arbitral Awards, Vol. II, pp. 829-871, pp. 853 y s.

712 Cfr. Permanent Court of International Justice, *Legal Status of Eastern Greenland*, Judgment of April 5th, 1933, p. 32.

713 Cfr. Ibid, p. 34.

714 Cfr. *The Times*, 7 August 1890, citado por el juez Bola Ajibola, en su opinion individual en International Court of Justice, *Case Concerning the Territorial Dispute* (Libyan Arab Jamahiriya / Chad), Judgment of 3 February 1994, p. 53, tomado del Memorial de Libia, vol. I, p. 25, párrafo 3.01.

Por otra parte, al contrastar distintos mapas, suele ocurrir que se utilicen topónimos diferentes. Por eso, en el caso de la Isla de Palmas (o *Miangas*, para los holandeses), teniendo en cuenta que los nombres geográficos se deletreaban de manera distinta en diferentes documentos y en diferentes mapas, el árbitro se remitió a los nombres geográficos como se muestran en la Carta 2575 del Almirantazgo Británico, por ser la más moderna de los mapas en gran escala que se le habían presentado.[715]

II. LOS MAPAS EN EL DERECHO INTERNACIONAL

En un texto de esta naturaleza, no podría faltar una referencia al papel que los mapas desempeñan en el derecho internacional, y a la forma como estos son valorados por los tribunales internacionales. Es a partir de eso que se puede atribuir mayor o menor relevancia a los mapas que se han invocado por las partes en esta controversia.

1. LA IMPORTANCIA Y LA UTILIDAD DE LOS MAPAS

A pesar de que -como regla general- los mapas sólo son evidencia secundaria de las fronteras de los Estados, a veces, los tribunales han echado de menos la presentación de mapas que ilustren una línea de frontera.[716] Si bien los tribunales internacionales no atribuyen a los mapas una importancia decisiva, y los miran con cautela, ocasionalmente, se ha puesto de relieve la necesidad de disponer de información cartográfica. En este sentido, en casos en que se ha invocado la realización de actos de administración (*effectivités*) en determinadas localidades, la Corte ha hecho presente que, sin la ayuda de los mapas, ella estaba impedida de determinar en qué lado de la frontera se encontraban esas localidades.[717]

En el caso de la controversia fronteriza entre Guatemala y Honduras, en vista de la insuficiencia de los datos topográficos presentados con respecto a ciertas partes del territorio en disputa, el Tribunal Arbitral pidió que se le presentaran fotografías y un mapa de un reconocimiento aéreo, que abarcara el territorio descrito en la orden del Tribunal.[718] Pero, al mismo tiempo, el Tribunal tuvo muy en cuenta la actitud de Guatemala al autorizar y publicar, en 1832, el mapa de Miguel Rivera Maestre. Según el Tribunal, por muy errónea que haya sido la línea del alto río Tinto, como se indica en el mapa de Rivera, en vista de la evidente falta de un conocimiento exacto de la región entre las montañas y el mar en ese momento, no se podía dudar de que el río descrito era bien conocido en su desembocadura; esta descripción deliberada y formal de la frontera de Chiquimula, por parte de Guatemala, indicaba claramente la aquiescencia de Guatemala en la posesión de Omoa por parte de Honduras.[719]

Si lo que importa es qué es lo que los mapas son capaces de probar, en el caso de la disputa fronteriza entre Burkina Faso y Mali, la Sala de la Corte Internacional de Justicia encontró que la

---

[715] Cfr. *Island of Palmas Case* (Netherlands / United States of America), Arbitral award of 4 April 1928 (Max Huber, arbitrator). Reports of International Arbitral Awards, vol. II, pp. 829-871, en p. 835.

[716] Cfr., por ejemplo, International Court of Justice, *Case Concerning the Frontier Dispute* (Benin / Niger), Judgment of 12 july 2005, párrafo 38.

[717] Cfr. International Court of Justice, *Land, Island and Maritime Frontier Dispute* (El Salvador / Honduras: Nicaragua intervening), Judgment of 11 September 1992, párrafos 102 y 135.

[718] Cfr. *Honduras Borders (Guatemala / Honduras)*, Arbitral Award of 23 January 1933, en Reports of International Arbitral Awards, Vol. II, pág. 1353.

[719] Cfr. Ibid, pp. 1360 y sig.

documentación cartográfica había asumido proporciones inusuales, hasta el punto de crear una doble paradoja. Por un lado, la Sala se enfrentó a un considerable número de mapas, croquis y dibujos de una región que, sin embargo, se describía como parcialmente desconocida; y, por otra parte, en esa abundancia de materiales cartográficos no se podía distinguir una línea fronteriza indiscutible. A esto había que añadir el hecho curioso de que, siempre que surgía alguna cuestión respecto de la interpretación de un mapa anexo a un reglamento o a un documento administrativo, se encontró que ese mapa estaba extraviado. Esas circunstancias exigían una vigilancia especial, por parte del Tribunal, al examinar el archivo de mapas aportados por las partes.[720]

2. EL VALOR PROBATORIO DE LOS MAPAS

Barandiarán sostiene que la cartografía sólo puede susurrar discretamente al oído de la historia, y hacerle fijar sus ojos en una imagen simbolizada en una carta o un mapa, pero que, en una controversia fronteriza, nunca puede crear un reflejo de derechos territoriales.[721] En efecto, en el derecho internacional, por más oficiales que sean, los mapas no constituyen- un título de dominio, o de adquisición de territorio; lógicamente, si proceden de parte interesada, tampoco constituyen un medio de prueba de la extensión de los territorios bajo el dominio soberano de cada Estado. Pero no basta con observar el trazado de un mapa, sin tener en cuenta la reputación de su autor, su propósito, las fuentes de la información que dice reproducir, su escala, su calidad técnica, su precisión, y las observaciones del autor.

Los mapas, en sí mismos, no tienen efectos jurídicos, ni son los que los producen.[722] En una controversia fronteriza, por sí solo, un mapa puede tener escaso valor probatorio, o incluso ninguno. Lo que hace que estos adquieran una importancia significativa es el conjunto de circunstancias que los rodean, incluyendo la neutralidad de su fuente, la calidad técnica, el contexto en el que se ordenó su elaboración, y, sobre todo, la actitud de las partes respecto de un mapa concreto.

Oppenheim y Lauterpacht dan a los mapas un valor meramente subsidiario. Ambos autores se refieren a la práctica de la Conferencia de la Paz de 1919, en la que las fronteras se especificaron por escrito, y la demarcación efectiva se confió a las Comisiones de fronteras, que debían hacerla sobre el terreno, conforme a las disposiciones de los tratados respectivos. Pero, aunque se utilizaran mapas para señalar los límites, se advirtió que, en caso de divergencia entre el texto del tratado y el mapa, debía prevalecer el texto del tratado.[723]

Según Brownlie, los tribunales internacionales han restringido el papel probatorio de los mapas a corroborar una conclusión a la que ya se ha llegado por otro tipo de evidencia.[724] Los mapas pueden servir de prueba en la interpretación de un tratado, si ellos han sido parte de los trabajos preparatorios del mismo, o si pueden ser prueba de la práctica subsecuente de los Estados, o si pueden

---

720 Cfr. International Court of Justice, *Frontier Dispute* (Burkina Faso / Republic of Mali), Judgment of 22 December 1986, párrafo 58.

721 Cfr. Daniel de Barandiarán, *El Orinoco Amazónico de las Misiones Jesuíticas*, UCAT, San Cristóbal, 1992, 137.

722 Cfr. International Court of Justice, *Frontier Dispute* (Burkina Faso / Republic of Mali), Judgment of 22 December 1986, párrafos 55 y 56. También, *Decision regarding delimitation of the border between Eritrea and Ethiopia*, Decision of 13 April 2002, párrafo 3.22. Reports of International Arbitral Awards, vol. XXV, pp. 83-196, en pp. 114 y s.

723 Cfr. Lassa Oppenheim, *Tratado de Derecho Internacional Público* (título original: *International Law: A treatise*, séptima edición editada por Hersch Lauterpacht, Longmans, Green and Co., Londres / Nueva York / Toronto, 1952), traducción por Antonio Marín López, Bosch, Casa Editorial, Barcelona, 1966, Tomo I, vol. II, p. 199, en nota a pie de página.

724 Cfr. Ian Brownlie, *The Rule of Law in International Affairs*, Martinus Nijhoff Publishers, The Hague / London / Boston, 1998, p. 156.

ser prueba de la interpretación contemporánea de las partes en un tratado, o si pueden ser prueba de la realización de actos de soberanía -o del ejercicio notorio de soberanía-, o si pueden ser prueba de la aquiescencia, o de la opinión de autoridades oficiales de un Estado, o de la opinión profesional de quienes no representan al Estado.[725]

Si son la expresión del acuerdo de voluntad entre las partes, los mapas tienen carácter vinculante y pueden mostrar la frontera acordada por los Estados vecinos; un mapa de esas características es el Derecho acordado por las partes. Pero, incluso si no son parte del Derecho, los mapas pueden servir para probar dónde se creía que se situaba una frontera, las características físicas de un espacio geográfico, la condición de unidad geográfica de ciertos espacios, la posición relativa de las características geográficas del terreno, el tamaño del espacio en disputa, o la distancia relativa entre distintos puntos.

Según el Tribunal que decidió el caso del Canal de Beagle, sin perjuicio de otras observaciones de carácter general, el hecho es que, cuando se trata de evaluar y hacer uso de la cartografía en el proceso de decisión de una disputa, las generalizaciones sólo tienen un valor secundario. Porque, en relación con cada mapa o carta, ya sea oficial, cuasi oficial, o no oficial, hay que plantearse algunas preguntas concretas. En primer lugar, en cuanto a su origen, claramente, un mapa que emana de la Parte X, que muestra cierto territorio como perteneciente a la Parte Y, es de mayor valor probatorio en apoyo de la reclamación de Y sobre ese territorio que un mapa que emana de la propia Y, aunque muestre lo mismo. Sin embargo, sujeto al aspecto cronológico, una emisión consistente -o muy general- de mapas de Y que favorezcan su reclamación, mostrará, al menos, una creencia establecida en la validez de esa alegación; a la inversa, un bajo nivel de tales alegaciones, aunque no sea de ninguna manera concluyente *per se*, tenderá a mostrar, si no necesariamente incredulidad o desinterés, al menos duda, o ausencia de preocupación o convicción seria, por parte del Estado que ahora reclama ese territorio.[726]

Las indicaciones relativas al origen del mapa, más allá de su valor en sí mismas, deben tenerse en cuenta en estrecha relación con el contexto temporal o cronológico en el que surgió el mapa de que se trate. Este elemento, que puede ser pertinente con respecto a los mapas procedentes de las partes y a los mapas procedentes de terceros, constituye un ingrediente esencial en la evaluación de los mapas aportados por las Partes en una controversia. Porque la importancia de un mapa que ilustra un asentamiento territorial, o una frontera en disputa, puede variar mucho según la fecha o el periodo en el que se emitió o se publicó. En caso de controversia, las implicaciones de un mapa dado sólo pueden evaluarse correctamente si se tiene en cuenta la fecha de su publicación, así como las circunstancias del momento. De manera que, en igualdad de condiciones, los mapas que aparezcan simultáneamente con un asentamiento territorial -o dentro de un período relativamente corto después de él-, tendrán, un valor probatorio mayor que los producidos más tarde, cuando las brumas del tiempo hayan oscurecido el paisaje, y los participantes originales en ese asentamiento lo hayan abandonado. Y cuando se trata de un arreglo territorial por tratado, es evidente que, dado que el objeto del estudio de la cartografía de una controversia es ayudar a comprender cuál fue el acuerdo, cuanto más se acerque el mapa al período de la celebración del tratado, mayor será su valor probatorio. Del mismo modo, como proposición general, los mapas producidos antes de que haya surgido cualquier controversia sobre el asentamiento tenderán a ser más fiables que los que vengan después.[727]

---

[725] Cfr. Ibid, pp. 156-160.

[726] Cfr. Cfr. *Beagle Channel arbitration between the Republic of Argentina and the Republic of Chile*, Report and decision of the Court of Arbitration, 18 February 1977, párrafo 142, y 142.1.

[727] Cfr. Ibid, párrafo 142.3.

En cualquier caso, los mapas son un valioso medio de prueba de la contraparte, que muestra hasta dónde llegaban las pretensiones territoriales de quien, alguna vez, exhibió esos mapas como oficiales. Por eso, en el caso de la controversia del Esequibo, al momento del laudo de París, era importante haber comparado los mapas de unos y otros, particularmente si databan de una época en que la parte que los emitió no tenía motivos para distorsionar la verdad (*ante litem motam*).

3. LOS MAPAS QUE SE CONSIDERAN RELEVANTES

Como es natural, los Tribunales internacionales no prestan mucha atención a todos los mapas que le son presentados por las partes. Después de una primera evaluación, lo que cuenta son los mapas que -a juicio del Tribunal- se consideran relevantes.

Ya se ha hecho mención a esa doble paradoja a que se suele enfrentar un órgano judicial en relación con los mapas. Puede que el Tribunal tenga ante sí un número considerable de mapas, bocetos y dibujos de una región que, sin embargo, se describe como parcialmente desconocida, y es posible que, a pesar de esa abundancia de material cartográfico, no se distinga, en esos mapas, ninguna línea fronteriza indiscutible.[728] De manera que, para decidir una controversia fronteriza, el valor de esos mapas tendrá una importancia relativa, y quizás nula.

En el caso del Templo de Preah Vihear, en el que se sometieron varios mapas a consideración de la Corte, ésta dijo que los tendría en consideración sólo en la medida en que pudiera encontrar en ellos razones para decidir la controversia que se le había sometido.[729] Pero, ocasionalmente, los tribunales se han detenido a explicar por qué uno o varios mapas carecen de relevancia.

Si le son útiles para identificar una frontera, la Corte Internacional de Justicia ha hecho uso sin reservas de los mapas. Así, en el caso de la frontera entre Camerún y Nigeria, después de haber estudiado cuidadosamente los mapas, aunque ella notó que la topografía del área no correspondía exactamente con la Orden en Consejo adoptada por el Gobierno Británico en 1946, la Corte pudo ubicar -en los mapas proporcionados por las partes- un número suficiente de elementos contenidos en esa descripción, que le permitían determinar el curso de la frontera.[730]

En 1902, en la disputa sobre el curso de la frontera entre Austria y Hungría cerca del lago "Meerauge", el Tribunal decidió que los llamados mapas "Seeger-Török", elaborados por ambas partes, no tenían gran relevancia en esta controversia, ya que databan de un período anterior a la adquisición de Galicia por Austria, y eran anteriores al Tratado de Varsovia del 18 de septiembre de 1773, que es el que estableció la validez de la adquisición del territorio en disputa según el derecho internacional. Además, en aquel momento, anterior al Tratado de Varsovia, Polonia era un Estado independiente, por lo que la delimitación unilateral de fronteras realizada por Seeger y Török no era vinculante para ella, y un examen detallado de las diversas interpretaciones de esos mapas, así como una crítica de los mismos, no era digna de análisis.[731] Respecto de los mapas militares austrohúngaros posteriores, el laudo observa que éstos se basaron claramente en los primeros estudios de Seeger, que

---

[728] Cfr. International Court of Justice, *Frontier Dispute* (Burkina Faso / Republic of Mali), Judgment of 22 December 1986, párrafo 58.

[729] Cfr. International Court of Justice, *Case Concerning the Temple of Preah Vihear* (Cambodia v. Thailand), Merits, Judgment of 15 June 1962, p. 12.

[730] Cfr. International Court of Justice, *Case Concerning the Land and Maritime Boundary between Cameroon and Nigeria* (Cameroon v. Nigeria: Equatorial Guinea intervening), Judgment of 10 October 2002, párrafo 177.

[731] Cfr. *Decision of the arbitral tribunal established to settle the dispute concerning the course of the boundary between Austria and Hungary near the lake called the "Meerauge"*, Decision of 13 September 1902. Reports of International Arbitral Awards, vol. XXVIII, pp. 379-396, en pág. 386.

concedían a Hungría una superficie incluso más extensa que la reclamada por ella en el momento de las comisiones mixtas de fronteras de 1837, 1858 y 1883 o, en todo caso, que la reclamada por Hungría en el caso que era objeto de su examen.[732]

En el caso de la disputa marítima entre Perú y Chile, la fecha -o la época- en que se elaboró el mapa, también fue determinante. En esta ocasión, dada su fecha, la Corte no consideró relevante un mapa esquemático que, supuestamente, formaba parte de las Reglas de Combate de la Armada de Chile a principios de la década de 1990, y que representaba una Zona Fronteriza Marítima Especial -que se extendía hasta el límite de las 200 millas náuticas-, respecto de los informes presentados a las autoridades peruanas por buques comerciales extranjeros entre 2005 y 2010, y a las autoridades chilenas por buques pesqueros peruanos a través del paralelo que separaba la frontera marítima de ambos países.[733]

En la disputa entre Botswana y Namibia, en lo que respecta a la isla de Kasikili -o Sedudu-, la Corte observó que, si bien las partes diferían en su opinión sobre el origen preciso de un mapa británico, preparado en 1899, aparentemente coincidían en que éste no contenía información relevante sobre los canales alrededor de la isla de Kasikili Sedudu, ni sobre la ubicación de la frontera.[734]

Respecto de varios mapas presentados por Indonesia y Malasia, en el caso de las islas de Ligitan y Sipadan, la Corte consideró que cada uno de esos mapas fue elaborado para fines específicos, y que, por lo tanto, no podía extraer de ellos ninguna conclusión clara y definitiva sobre si la línea definida en el Artículo IV de la Convención de 1891 se extendía o no al este de la isla Sebatik.[735]

En la disputa por unas islas del Mar Rojo, después de afirmar haber visto más mapas -de todos los períodos y procedencias imaginables- que probablemente nunca antes, y que constituían una colección mucho mayor que la que jamás habría visto ninguno de los principales actores en la escena del Mar Rojo, el Tribunal recalcó que la dificultad no radicaba tanto en la interpretación de una plétora de mapas de todo tipo y procedencia, sino en la ausencia de cualquier tipo de prueba de que los propios actores les hubieran prestado mucha atención, o que les hubieran dado mucha importancia.[736]

En esa misma controversia territorial por unas islas del Mar Rojo (Eritrea y Yemen), dado que el Tribunal llegó a sus conclusiones jurídicas sobre el estatus de las Islas basándose en otras pruebas (como el expediente diplomático, y los acuerdos celebrados entre 1923 y 1939), la evidencia cartográfica, si bien respaldaba y concordaba con las conclusiones alcanzadas por el Tribunal, se consideró que no era, en sí misma, determinante. Pero, de no haber existido otras pruebas en el expediente, sobre la actitud o las intenciones de Italia, los mapas hubieran sido de mayor importancia.[737]

---

[732] Cfr. Ibidem.

[733] Cfr. International Court of Justice, *Case Concerning Maritime Dispute (Peru v. Chile)*, Judgment of 27 of January 2014, párrafo 148.

[734] Cfr. International Court of Justice, *Case Concerning Kasikili / Sedudu Island (Botswana / Namibia)*, Judgment of 13 December 1999, párrafo 84.

[735] Cfr. International Court of Justice, *Case Concerning Sovereignty over Pulau Ligitan and Pulau Sipadan (Indonesia / Malaysia)*, Judgment of 17 December 2002, párrafos 90 y 91.

[736] Cfr. Ibid, párrafo 490.

[737] Cfr. *Award of the Arbitral Tribunal in the first stage of the proceedings between Eritrea and Yemen - Territorial Sovereignty and Scope of the Dispute (Eritrea and Yemen)*, Arbitral Award of 9 October 1998. Reports of International Arbitral Awards, vol. XXII, pp. 209-332, párrafo 375.

4. LA CAUTELA CON QUE LOS TRIBUNALES VEN LOS MAPAS

Como cuestión de principio, la Corte Internacional de Justicia ha sostenido que, ya sea en casos de delimitación de fronteras o en conflictos territoriales internacionales, los mapas solo constituyen una fuente de información que varía en precisión de un caso a otro; pero, en sí mismos, y en virtud de su sola existencia, no constituyen un título territorial; es decir, los mapas no son documentos dotados por el derecho internacional con fuerza legal para establecer derechos territoriales. La Corte admite que, en algunos casos, los mapas pueden adquirir esa fuerza legal, pero, de ser así, no lo es por los méritos intrínsecos del mapa, sino porque éste es la expresión física de la voluntad del Estado que lo emite, o de los Estados involucrados, como ocurre, por ejemplo, cuando el mapa constituye el anexo de un texto oficial, del cual forma parte integrante. Excepto en esos casos, los mapas son sólo evidencia extrínseca, de fiabilidad o falta de fiabilidad variable, que pueden ser utilizados, junto con otras pruebas de carácter circunstancial, para establecer o reconstruir los hechos.[738] Pero, a pesar, de lo anterior, a veces, los tribunales internacionales han echado de menos la presentación de mapas que ilustren una línea de frontera.[739]

La Corte Internacional de Justicia ha manifestado especial cautela con el valor probatorio de los mapas.[740] Según el Tribunal, las consideraciones que determinan el peso de los mapas como evidencia probatoria se relacionan con la neutralidad de sus fuentes, ya sea con respecto a la disputa en cuestión como a las partes en esa disputa. Según la Corte, desde tiempos relativamente lejanos, las decisiones judiciales han tratado a los mapas con un grado considerable de cautela; esa desconfianza es menor en decisiones más recientes, al menos en lo que se refiere a la mayor fiabilidad técnica de los mapas, gracias a las fotografías aéreas y a las imágenes satelitales. Sin embargo, incluso cuando se dan las garantías antes descritas, los mapas no pueden tener mayor valor jurídico que el de las pruebas corroborativas que respaldan la conclusión a que ha llegado un tribunal por medios distintos e independientes de los mapas. Por consiguiente, salvo en el caso de que los mapas pertenezcan a la categoría de expresión física de la voluntad del Estado, no pueden considerarse, por sí solos, como prueba de una frontera, ya que en tal caso constituirían una presunción *iuris tantum*, de hecho, de título jurídico. El único valor que poseen los mapas es el de prueba auxiliar o confirmatoria, y esto también significa que no se les puede dar el carácter de presunción refutable (*iuris tantum*), que pueda invertir la carga de la prueba.[741] En este sentido, en el asunto de la frontera de Burkina Faso y Mali, la Sala observó que ni uno solo de los mapas presentados por las partes podía decirse, con confianza, que reflejara la intención de la administración colonial expresada en los textos relativos a la disputa fronteriza entre lo que ahora eran dos Estados independientes; si hubo alguno, ninguna de las partes había sido capaz de identificar el mapa mencionado en una ley francesa de 1947, que hacía referencia a las fronteras. Si bien Mali había presentado un mapa titulado "*Nouvelle frontière de la Haute-Volta et du Niger*", dicho documento no ofrecía información sobre el órgano oficial que lo habría elaborado, o sobre la autoridad que habría aprobado la línea mostrada en él.[742] Según su sentencia, el Tribunal tenía que considerar hasta qué punto la evidencia ofrecida por cualquier mapa corroboraba las demás pruebas presentadas; pero el Tribunal no podía confirmar la información proporcionada por un mapa que se contradecía con otra información fidedigna sobre las intenciones de la potencia colonial. No obstante, teniendo en

---

738 Cfr. International Court of Justice, *Frontier Dispute* (Burkina Faso / Republic of Mali), Judgment of 22 December 1986, párrafo 54.

739 Cfr., por ejemplo, International Court of Justice, *Case Concerning the Frontier Dispute* (Benin / Niger), Judgment of 12 july 2005, párrafo 38.

740 Cfr. International Court of Justice, *Frontier Dispute* (Burkina Faso / Republic of Mali), Judgment of 22 December 1986, párrafo 54.

741 Cfr. Ibid, párrafo 56.

742 Cfr. Ibid, párrafo 57.

cuenta la fecha en que se realizaron las investigaciones para la realización del mapa, así como la neutralidad de la fuente, la Sala consideró que, en ausencia de otras pruebas, o cuando éstas no eran suficientes para mostrar una línea exacta, el valor de un mapa podía volverse decisivo.[743]

Luego de reiterar su jurisprudencia anterior en el sentido de que «los mapas simplemente constituyen información cuya precisión varía según el caso», el Tribunal se refirió a la disputa fronteriza entre Burkina Faso y Niger, en cuya sentencia -en relación con un mapa del Instituto Geográfico Nacional de Francia-, la Sala consideró que, «teniendo en cuenta la fecha en que se realizaron los levantamientos topográficos y la neutralidad de la fuente», y en una situación en la que faltaban otras pruebas, o éstas no eran suficientes para mostrar una línea de frontera exacta, la Corte entendió que, en virtud del Artículo 2 del Acuerdo de 1987, la línea que figuraba en el mapa del Instituto Geográfico Nacional tenía un valor decisivo. La función que se le atribuye al mapa puede explicarse por el hecho de que, como lo demuestra una Nota compilada por el Instituto Geográfico Nacional del 27 de enero de 1975, la frontera se había trazado en el mapa "a la luz de la información proporcionada por los jefes de los distritos fronterizos, y según la información recabada *in situ* de los jefes de aldea y la población local". Además, se suponía que dicho mapa reflejaba las *effectivités* coloniales en la fecha crítica. Por lo tanto, en virtud del Acuerdo de 1987, la línea fronteriza trazada en el mapa debía mencionarse subsidiariamente, incluso si no correspondía a dichas *effectivités*.[744]

Si los mapas tienen que ser valorados caso por caso, habrá algunos que, por su naturaleza y características, tendrán más valor que otros. En este sentido, en el asunto de la Isla de Palmas, el laudo sostiene que un mapa especial -dedicado específicamente a la región en disputa- debe prevalecer sobre un mapa general, que abarca una región mayor.[745]

Respecto de mapas producidos por una de las partes, sin que haya constancia de que han sido objetados por la otra, se ha considerado que ese silencio constituye una conducta o práctica posterior de las partes, que demuestra su aceptación mutua de una frontera común.[746]

En la valoración que se hace de los mapas, los tribunales han tenido en cuenta varios factores, entre los cabe destacar los siguientes:

a) La procedencia de los mapas. Definitivamente, algunos mapas son más fiables que otros; esto es así porque tanto su valoración como lo que ellos prueban depende de la neutralidad de la fuente, de su origen, de la nacionalidad de sus autores, de quién encargó su confección, de la leyenda que los acompaña, y de su carácter oficial o no oficial.

Por supuesto, cuando están en discusión las fronteras de los Estados, la formación y la reputación del autor del mapa es un elemento que no se puede pasar por alto. No tienen el mismo valor, ni sirven el mismo propósito, un mapa preparado por un maestro de escuela, un ingeniero de caminos, o un simple viajero, que el que es el producto de un cartógrafo reconocido, que muestra la geografía física y los asentamientos humanos de un espacio determinado. Un mapa de un cartógrafo desconocido tiene que ser tomado con precaución. Y, al igual que los hacedores de mapas que forman parte de familias de cartógrafos, a veces, los mapas tienen su propio linaje, emparentándose con mapas anteriores que están en las raíces de una línea de frontera.

---

[743] Cfr. Ibid, párrafo 62.

[744] Cfr. International Court of Justice, *Différend Frontalier (Burkina Faso / Niger)*, Arrêt 16 avril 2013, párrafo 68.

[745] Cfr. *Island of Palmas Case* (Netherlands / USA), Max Huber, Arbitrator, Award 4 April 1928, en Reports of International Arbitral Awards, Vol. II, pp. 829-871, p. 854.

[746] Cfr. *Decision regarding delimitation of the border between Eritrea and Ethiopia*, Decision of 13 April 2002, párrafo 5.88. Reports of International Arbitral Awards, vol. XXV, pp. 83-196, en p. 162.

La reputación del autor del mapa -o del mapa mismo- hace posible que éste se pueda utilizar con mayor o menor confianza. En este sentido, por su calidad y precisión, a veces, para fines de delimitación marítima, la Corte ha tenido en cuenta la Carta N° 3433 del Almirantazgo Británico.[747]

Algunos mapas dependen de una o ambas partes en la controversia, de una agencia gubernamental o intergubernamental, o de terceros, que pueden o no tener algún interés en la controversia. Cada uno de ellos tiene su propio valor, y sirve para probar cosas diferentes.

i. Los mapas oficiales. Un mapa rigurosamente preparado por un cartógrafo de reputación, de acuerdo a criterios técnicos y científicos, pero que no refleja una frontera acordada por dos Estados vecinos, tiene escaso valor en una controversia limítrofe.

Por mapas oficiales entendemos aquellos que reflejan el punto de vista particular de una autoridad política, que muestran el acuerdo entre Estados sobre sus fronteras respectivas, o que emanan de una autoridad judicial internacional. Pero, dado su mayor o menor valor jurídico, a veces no es evidente que un mapa tenga carácter oficial para una de las partes en una controversia, e incluso si se establece que lo tiene, queda por determinar qué es lo que él prueba.

Según Burr, lo que da a los mapas oficiales un valor diferente del de los geógrafos o editores privados es su conexión con las autoridades políticas con capacidad para definir fronteras, o para hacer reclamaciones territoriales. De manera que reviste particular interés saber en qué medida las autoridades de un Estado son responsables por la producción de un mapa, o en qué medida han aprobado sus resultados.[748]

Cuando los mapas tienen algún valor, son incorporados como parte de un tratado de límites, o incluso como parte de la sentencia de un Tribunal internacional, adquiriendo un carácter oficial, y una importancia política y jurídica que antes no tenían, como muestran muchas de las sentencias de la Corte Internacional de Justicia, sin perjuicio de que, a veces, ésta pueda ordenar la confección de sus propios mapas.[749] En todo caso, los límites trazados en un mapa -con el acuerdo de las partes- tienen el propósito de darle a la frontera un carácter definitivo y estable.[750]

Cuando un mapa forma parte de un tratado debe examinarse con el mayor cuidado, ya que los detalles que contiene pueden ayudar en gran medida a dar un significado específico a una descripción verbal que de otro modo no sería lo suficientemente detallada.[751] Incluso, cabe esperar que un mapa elaborado por un organismo oficial, o por una agencia de una de las partes, que esté disponible para su compra o examen, ya sea en el país de origen o en otro lugar -ya sea que el Estado afectado haya tomado o no una decisión al respecto-, tenga consecuencias jurídicas significativas.[752]

---

[747] Cfr., por ejemplo, International Court of Justice, *Case Concerning the Land and Maritime Boundary between Cameroon and Nigeria* (Cameroon v. Nigeria: Equatorial Guinea intervening), Judgment of 10 October 2002, párrafo 292.

[748] Cfr. George Lincoln Burr, *Report on maps from official sources*, en Report and Accompanying Papers of the Commission Appointed by the President of the United States "To investigate and report upon the true divisional line between the Republic of Venezuela and British Guiana", Washington Government Printing Office, Washington, 1897, vol. 3, p. 121.

[749] Cfr., por ejemplo, *Decision of the arbitral tribunal established to settle the dispute concerning the course of the boundary between Austria and Hungary near the lake called the "Meerauge"*, Decision of 13 September 1902. Reports of International Arbitral Awards, vol. XXVIII, pp. 379-396, en pág. 387.

[750] Cfr., por ejemplo, International Court of Justice, *Case Concerning the Temple of Preah Vihear (Cambodia v. Thailand)*, Merits, Judgment of 15 June 1962, p. 32.

[751] Cfr. *Decision regarding delimitation of the border between Eritrea and Ethiopia*, Decision of 13 April 2002, párrafo 3.20. Reports of International Arbitral Awards, vol. XXV, pp. 83-196, en p. 114.

[752] Cfr. Ibid, párrafo 3.21.

En el caso de la Isla de Palmas, el laudo señaló que los mapas oficiales, o semioficiales, son de especial interés en los casos en que no afirman la soberanía del país cuyo Gobierno ha hecho que se emitan.[753] Pero se advierte que un mapa tiene especial valor cuando se anexa a un instrumento jurídico, implicando el reconocimiento o el abandono de derechos; en caso contrario, sólo ofrece una indicación muy indirecta de la situación jurídica.[754]

Como no podía ser de otra manera, la Corte ha prestado especial atención a los mapas que forman parte de un tratado entre los Estados litigantes. En el asunto de los enclaves belgas en los Países Bajos, el Tribunal se refirió a un mapa detallado de la zona en disputa, elaborado por la Comisión Mixta de Límites, que debía formar parte de la Convención de Límites, y en el que se mostraba claramente, de una manera que no podía haber pasado desapercibida, que las parcelas en disputa pertenecían a Bélgica. Según observó la Corte, este mapa había sido firmado por los comisionados de las partes y, por su propia naturaleza, debió haber sido objeto de revisión por ambas Comisiones, contrastándolos con los documentos originales y las mediciones topográficas.[755]

En ocasiones, es la conducta de las partes la que permite asumir que un mapa tiene carácter oficial. En el caso del Templo de Preah Vihear, respecto de un mapa crucial, la Corte observó, en primer lugar, que éste nunca fue aprobado formalmente por la Comisión Mixta como tal, ya que dicha Comisión había cesado sus funciones unos meses antes de la elaboración del mapa. Y, aunque el expediente no mostraba si el mapa y la línea limítrofe se habían basado en decisiones o en instrucciones dadas a los topógrafos mientras la Comisión aún estaba en funciones, el Tribunal consideró que el mapa debió tener algún tipo de fundamento, por lo que señaló que no cabía duda razonable de que se hubiera basado en el trabajo de los topógrafos del sector de Dangrek. Al ser uno de una serie de mapas de las zonas fronterizas elaborados por expertos topógrafos del Gobierno francés, en respuesta a una solicitud de las autoridades siamesas, impreso y publicado por una prestigiosa firma parisina -como se desprendía claramente del propio mapa-, la Corte consideró que se le confirió carácter oficial, que tenía su propia autoridad técnica inherente, y que su procedencia era manifiesta y obvia. Sin embargo, el Tribunal distinguió entre un mapa oficial y uno que fuera vinculante para las partes; en este sentido, la Corte observó que, en su inicio y al momento de su producción, dicho mapa no había tenido carácter vinculante.[756] A juicio de la Corte, la verdadera cuestión, que era esencial en este caso, era si las partes habían adoptado el mapa del Anexo 1 -y la línea limítrofe indicada en él-, como resultado de la labor de delimitación de la frontera en la región de Preah Vihear, otorgándole carácter vinculante.[757] Según el Tribunal, habría sido el comportamiento del Gobierno de Siam (antes de que cambiara su nombre por el de Tailandia) el que le confirió carácter oficial a ese mapa.

Para la Corte, el valor de este mapa dependía de la conducta observada por las partes en relación con el mismo. En tal sentido, el Tribunal observó que del expediente se desprendía claramente que la publicación y comunicación de once mapas, incluido el mapa del anexo I, fue algo así como un acontecimiento. Aunque esto no fue un mero intercambio de mapas entre los gobiernos francés y siamés, la Corte hizo notar que, incluso si lo hubiera sido, eso podría haber sido legalmente suficiente. Pero, por el contrario, los mapas recibieron amplia publicidad en todos los sectores técnicamente

---

753 Cfr. *Island of Palmas Case (Netherlands / USA)*, Max Huber, Arbitrator, Award 4 April 1928, en Reports of International Arbitral Awards, Vol. II, pp. 829-871, p. 852.

754 Cfr. Ibid, pp. 853 y s.

755 Cfr. International Court of Justice, *Case Concerning Sovereignty over certain Frontier Land* (Belgium / Netherlands), Judgment of 20 June 1959, pp. 20 y s.

756 Cfr. International Court of Justice, *Case Concerning the Temple of Preah Vihear* (Cambodia v. Thailand), Merits, Judgment of 15 June 1962, p. 19.

757 Cfr. International Court of Justice, *Case Concerning the Temple of Preah Vihear* (Cambodia v. Thailand), Merits, Judgment of 15 June 1962, p. 20.

interesados, al ser comunicados también a las principales sociedades geográficas de países importantes, y a otros círculos interesados. La distribución original completa constaba de unos ciento sesenta juegos de once mapas cada uno, cincuenta de los cuales se asignaron al gobierno siamés. A juicio del Tribunal, que el mapa del anexo I se comunicó pretendiendo representar el resultado del trabajo de delimitación se desprendía claramente de la carta del ministro siamés en París al ministro de Asuntos Exteriores en Bangkok, fechada el 20 de agosto de 1908, en la que le informaba que, "respecto a la Comisión Mixta de Delimitación de las fronteras y a la petición de los Comisionados siameses para que los Comisionados franceses prepararan los mapas de varias partes de la frontera, los Comisionados franceses ya han terminado su trabajo". En dicha misiva, el Ministro añadió que se le habían entregado una serie de mapas para que los enviara al Ministro de Asuntos Exteriores siamés; la carta continúa haciendo una relación de los once mapas, incluyendo el mapa de la región de Dangrek (la región en disputa, donde se encuentra situado el Templo), y concluyó diciendo que conservaba dos hojas de cada mapa para su Legación, y que enviaba una hoja de cada mapa a las Legaciones en Londres, Berlín, Rusia, y los Estados Unidos de América. La Corte observó que, en nombre de Tailandia, se había sostenido que esta comunicación de los mapas por parte de las autoridades francesas fue, por así decirlo, *ex parte*, y que Tailandia no solicitó ni hizo ningún reconocimiento formal de la misma. Pero la Corte hizo notar que, mediante la conducta de Tailandia, sin duda se hizo un reconocimiento de manera muy precisa de ese mapa. Incluso si fuera de otro modo, el Tribunal entendió que era claro que las circunstancias eran tales que exigían alguna reacción, dentro de un plazo razonable, por parte de las autoridades siameses, si éstas deseaban mostrar su desacuerdo con el mapa, o si tenían alguna objeción seria que plantear con respecto al mismo. Como no lo hicieron entonces ni durante muchos años, la Corte consideró que dieron su aquiescencia al mismo. El Tribunal recuerda que, en lo que se refiere al mapa del anexo I, no fueron simplemente las circunstancias de la comunicación de éste y los otros mapas lo que exigió alguna reacción del lado siamés, si es que la hubo; también había indicaciones en el anverso de la hoja del mapa que requerían una reacción de las autoridades siamesas, si éstas tenían algún motivo para afirmar que el mapa no representaba el resultado del trabajo de delimitación. Este mapa -junto con los otros- fue comunicado a los miembros siameses de la Comisión Mixta, y éstos necesariamente debían haber sabido (al igual que el gobierno siamés) que este mapa no podía haber representado nada acordado formalmente por la Comisión Mixta, por lo que no podrían haber sido engañados por el título del mapa, a saber, "*Dangrek Commission of Delimitation between Indo-China and Siam*" (Comisión Dangrek de delimitación entre Indochina y Siam), dando a entender que se trataba de una producción de la Comisión Mixta como tal. Alternativamente, si los miembros siameses de la Comisión supusieron lo contrario, ello sólo pudo ser porque, en efecto, la Comisión Mixta había tomado algunas decisiones en las que se basaba el mapa, aunque sin dejar registro de las mismas. Por supuesto, de tales decisiones los miembros siameses de la Comisión habrían tenido conocimiento.[758] En el debido momento, las autoridades siamesas recibieron el mapa en cuestión, y lo aceptaron,[759] no obstante que hubo muchas ocasiones para haberlo objetado.[760] A juicio de la Corte, habría sido ese comportamiento por parte de Siam -o de Tailandia- lo que le confería al mapa un carácter oficial.

La Corte ha sido muy cuidadosa en cuanto a qué mapas puede atribuirse el carácter de oficiales y a cuáles no. Así, un mapa del Instituto Geográfico Nacional de Francia, aunque había sido elaborado bajo los auspicios de la administración del África Occidental Francesa, no se consideró que fuera un documento oficial. [761] Eso equivalía a decir que el mapa del ING no había sido elaborado por

[758] Cfr. Ibid., pp. 20 a 22.

[759] Cfr. Ibid., p. 24.

[760] Cfr. Ibid., pp. 25 y s.

[761] Cfr. International Court of Justice, *Différend Frontalier* (Burkina Faso / Niger), Arrêt 16 avril 2013, párrafo 68.

un departamento gubernamental en su condición de tal, sino simplemente por un grupo de cartógrafos al servicio del Gobierno francés.

Similarmente, refiriéndose a qué mapas tienen algún valor jurídico y cuáles no, en el caso de Ligitan y Sipadan, la Corte encontró que no podía aceptar el argumento de Indonesia sobre el valor jurídico del mapa adjunto a la Exposición de Motivos del Gobierno neerlandés, porque dicho mapa nunca fue transmitido por el Gobierno neerlandés al Gobierno británico, sino que simplemente fue remitido a este último por su agente diplomático en La Haya. Dicho agente había especificado que el mapa había sido publicado en el Diario Oficial de los Países Bajos, que formaba parte de un informe presentado a la Segunda Cámara de los Estados Generales, y añadió que el mapa parecía ser el único aspecto interesante de un documento que no requería comentarios especiales. Sin embargo, la Corte hizo notar que el agente diplomático inglés no llamó la atención de sus autoridades sobre la línea roja trazada en el mapa (como la frontera finalmente acordada), y que el Gobierno británico no reaccionó a esta transmisión interna. A juicio del Tribunal, en estas circunstancias, tal falta de reacción a esa línea del borrador adjunto al Memorándum no podía considerarse como una aceptación de dicha línea. Por lo tanto, el mapa no podía considerarse ni un acuerdo que se refiriera a un tratado, y que había sido concertado entre todas las partes con motivo de la celebración del tratado, en el sentido del artículo 31, párrafo 2 a), de la Convención de Viena sobre el Derecho de los Tratados, ni un instrumento formulado por una o más partes con motivo de la celebración del tratado y aceptado por las demás partes como un instrumento referente al tratado, en el sentido del artículo 31, párrafo 2 b), de la Convención de Viena. Por las mismas razones, el Tribunal consideró que este mapa no podía ser visto como un acuerdo posterior, o una práctica posterior, en el sentido del artículo 31.3 (a) y (b) de la Convención de Viena.[762] En el caso objeto de su examen, la sentencia hace constar que no se adjuntó a la Convención de 1891 ningún mapa que reflejara las opiniones acordadas por las partes, que es lo que habría expresado oficialmente la voluntad de Gran Bretaña y los Países Bajos en cuanto a la prolongación de la línea fronteriza, como línea de asignación mar adentro, al este de la isla Sebatik.[763] La Corte consideró que el mapa anexo a un Acuerdo celebrado entre las partes en 1915 y el mapa anexo al Acuerdo de 1928 eran los únicos mapas acordados entre las partes de la Convención de 1891.[764]

En el asunto sobre la soberanía de Pedra Branca, respecto de unos mapas publicados por el Agrimensor General y Director de Cartografía de Malasia, presentados por Singapur, aunque la Corte tuvo en cuenta el argumento de Malasia según el cual dichos mapas llevaban una nota señalando que no debían considerarse una autoridad en la delimitación de las fronteras internaciones, hizo notar que, en este caso, el Tribunal no se ocupaba de una frontera, sino de una isla bien definida, y citó, además, la decisión de un Tribunal arbitral, sosteniendo que un mapa sigue siendo una exposición de hechos geográficos, especialmente cuando es el mismo Estado afectado quien lo ha producido y difundido, incluso en contra de sus propios intereses. La Corte recordó que Singapur no publicó, hasta 1995, ningún mapa que incluyera Pedra Branca/Pulau Batu Puteh dentro de su territorio; sin embargo, en opinión del Tribunal, dicha omisión tenía mucha menor relevancia que la que correspondía otorgar a los mapas publicados por Malasia entre 1962 y 1975, y concluyó que dichos mapas tendían a confirmar que Malasia consideraba que Pedra Branca/Pulau Batu Puteh estaba bajo la soberanía de Singapur.

---

762 Cfr. International Court of Justice, *Case Concerning Sovereignty over Pulau Ligitan and Pulau Sipadan* (Indonesia / Malaysia), Judgment of 17 December 2002, párrafos 48 y 61.

763 Cfr. Ibid, párrafo 88.

764 Cfr. Ibid, párrafo 72.

Para el Tribunal, lo notable es que los mapas oficiales de Malasia, de las décadas de 1960 y 1970, indicaban que ésta reconocía la soberanía de Singapur.[765]

En el asunto de la isla Clipperton, el árbitro no dio mucha credibilidad a un mapa presentado por México en apoyo de su tesis, al no estar probado que se tratara de un mapa oficial. Éste era un mapa impreso en los Archivos de la Sociedad Mexicana de Geografía y Estadística, en el que la isla aparece incluida en los "Gobiernos Políticos y Militares de España en América del Norte"; pero, según el árbitro, no podía afirmarse que dicho mapa fuera oficial, ya sea porque no se tenía la certeza de que hubiera sido elaborado por orden del Estado, o porque la nota manuscrita que contiene -indicando que fue utilizado por el real tribunal del Consulado de México-, no le confiere este carácter.[766]

En el caso de un mapa, de 1950, presentado por Yemen para demostrar que las Naciones Unidas consideraban que las islas en disputa no formaban parte de la provincia de Eritrea (en ese momento parte de Etiopía), el Tribunal subrayó que era bien sabido que, en la práctica de las Naciones Unidas, la publicación de un mapa no constituye un reconocimiento de la soberanía territorial por parte de las Naciones Unidas; por consiguiente, resultaba irrelevante si el mapa se adjuntó al informe de la Comisión de las Naciones Unidas para Eritrea como un mapa oficial de la Comisión, como una solución de compromiso, o incluso como un mapa meramente ilustrativo. Pero lo que sí atestiguaba ese mapa es que se utilizó y distribuyó sin ninguna objeción, y que no se registró ninguna protesta, ni en 1950 ni en algún momento posterior, y que la propia Etiopía votó a favor del informe, con pleno conocimiento de dicho mapa. En todo caso, el referido mapa no podía probar que las islas en disputa fueran yemeníes, incluso si tenían el mismo color que Yemen, porque, en este caso, las Naciones Unidas no se estaban ocupando de Yemen, y el mapa no se refería a Yemen como tal; para el Tribunal, lo que el mapa demuestra es que, al referirse al futuro de Etiopía y Eritrea, las Naciones Unidas no consideraron que las islas fueran etíopes ni eritreas. Además, como se menciona en relación con las pruebas cartográficas italianas de las décadas de 1920 y 1930, dado que el Tribunal llegó a la conclusión de que, para 1940, Italia no había adquirido la soberanía sobre las islas, no se podía concluir que Etiopía (y, por ende, Eritrea por derivación) pudiera haber adquirido el título, diez años después, por herencia de Italia.[767]

En el caso de la disputa fronteriza entre Benín y Niger, la Sala de la Corte tomó nota de que las partes habían presentado varios mapas en respaldo de sus respectivas reclamaciones, pero observó que respecto de ninguno de ellos se alegaba que tuvieran una "fuerza legal intrínseca", en el sentido de que fueran "expresión física de la voluntad de los Estados" involucrados, y que tampoco habían sido anexados a un texto oficial.[768] A pesar de lo anterior, el Tribunal determinó que la evidencia cartográfica sólo confirmaba y reforzaba las conclusiones a que ya había llegado por el examen de otros documentos.[769]

---

765 Cfr. International Court of Justice, *Case concerning Sovereignty over Pedra Branca / Pulau Batu Puteh, Middle Rocks and South Ledge* (Malaysia / Singapore), Judgment of 23 May 2008, párrafos 271, 272, y 275. La referencia de la Corte es a *Decision regarding Delimitation of the Border between the State of Eritrea and the Federal Democratic Republic of Ethiopia*, 13 April 2002, párrafo 3.28.

766 Cfr. *Affaire de l'Ile de Clipperton* (Mexique contre France), Sentence, Rome, 28 janvier 1931. Reports of International Arbitral Awards, vol. II, pp. 1105 – 1111, en pág. 1109.

767 Cfr. *Award of the Arbitral Tribunal in the first stage of the proceedings between Eritrea and Yemen - Territorial Sovereignty and Scope of the Dispute (Eritrea and Yemen)*, Arbitral Award of 9 October 1998. Reports of International Arbitral Awards, vol. XXII, pp. 209-332, párrafos 376 al 379.

768 Cfr. International Court of Justice, *Case Concerning the Frontier Dispute (Benin / Niger)*, Judgment of 12 july 2005, párrafo 81.

769 Cfr. Ibid, párrafo 138.

En el caso de la frontera colombo venezolana, el Árbitro se refirió a los mapas de un sector de la frontera en disputa elaborados -alrededor de 1911- por las Comisiones Geográficas de cada una de las partes, pero los desestimó porque no tenían "carácter oficial internacional" y, además, carecían de precisión.[770]

Según la jurisprudencia, incluso si en algún aspecto el mapa es incorrecto, si las partes han adherido a él mediante un instrumento vinculante, las líneas limítrofes trazadas en dichos mapas deben ser tenidas por buenas. Así, en el caso de la frontera terrestre y marítima entre Camerún y Nigeria, la Corte observó que el texto del párrafo 25 de la Declaración Thomson-Marchand establece expresamente que la frontera debe seguir "la línea incorrecta de la divisoria de aguas indicada por Moisel en su mapa; y dado que los autores de la Declaración prescribieron un trazado claro para la frontera, la Corte no podía desviarse de dicho trazado. Después de estudiar cuidadosamente el mapa de Moisel y de compararlo con los datos disponibles en los mejores mapas modernos -en particular dos mapas proporcionados por Nigeria-, la Corte hizo notar que, si bien el mapa de Moisel contenía algunos errores, proporcionaba ciertos criterios objetivos que permitían que el curso de la "línea incorrecta de la cuenca hidrográfica" se pudiera transponer fácilmente a los mapas modernos.[771]

Por otra parte, es interesante observar que el Tribunal que conoció de la disputa por las islas del Canal de Beagle restó importancia al valor de la distinción entre mapas oficiales (o semi oficiales) y mapas que no tenían este carácter. En su opinión, en las circunstancias de dicho caso sólo tenía una importancia relativa si un mapa es, técnicamente, "oficial", o si no lo es. Porque, en una época en que muchos gobiernos no poseían servicios propios de impresión o publicación, y tenían que depender de recursos externos, gran parte de lo que aparecía con indicaciones tales como "bajo los auspicios del gobierno", "con la aprobación del gobierno", o "a petición del gobierno", debía tener al menos algún estatus cuasi oficial. Sin embargo, se advierte que un mapa que indudablemente es oficial, y que ha sido producido y publicado por el gobierno como tal, por ese hecho no se vuelve infalible u objetivamente correcto. Pero, en principio, se acepta que esa circunstancia será una buena prueba del punto de vista que adoptó -o que quiso que se considerara que adoptó- el gobierno en la fecha de su publicación. Por esa razón, según sea el caso, un mapa oficial puede ayudar o no ayudar a las alegaciones que dicho gobierno presente en un litigio posterior, o en una fecha posterior.[772] Pero, según el Tribunal, no puede darse el caso de que los mapas no acordados por las partes, elaborados, aplicados, o adoptados unilateralmente por una de ellas, aunque no tengan peso o efecto concluyente por sí mismos, por el mero hecho de su procedencia unilateral, deban considerarse carentes de todo valor.[773]

ii. Los mapas formalmente carentes de un aval oficial. En el caso del mapa de América meridional, de Cruz Cano, de 1775, a pesar de haber nacido como un proyecto oficial -bajo la responsabilidad del Marqués de Grimaldi, Primer secretario de Carlos III-, y no obstante haber sido totalmente pagado por el Gobierno español,[774] después de su impresión, durante un cuarto de siglo, este mapa estuvo retirado de la circulación pública, por considerarse que era lesivo para los intereses españoles. Donís explica que, en 1777, el mapa fue recogido porque perjudicaba los intereses españoles en América del

---

770 Cfr. *Affaire des Frontières Colombo-Vénézuélien* (Colombie contre Vénézuéla), Sentence, Berne, 24 mars 1922. Reports of International Arbitral Awards, vol. I, pp. 223-298, en pág. 286.

771 Cfr. *International Court of Justice, Case Concerning the Land and Maritime Boundary between Cameroon and Nigeria (Cameroon v. Nigeria: Equatorial Guinea intervening)*, Judgment of 10 October 2002, párrafo 118.

772 Cfr. Ibid, párrafo 138.

773 Cfr. Ibid, párrafo 141.

774 Cfr. Thomas R. Smith, op. cit., p. 49. Smith hace un pormenorizado relato del grado de involucramiento del Marqués de Grimaldi, como Primer Secretario de Carlos III, en la obtención de los materiales necesarios para preparar el mapa, en los pagos realizados a Cruz y a Hipólito Ricarte -el encargado de grabar las letras-, y como destinatario de los informes del progreso del mapa que se le enviaron. Cfr. pp. 53-57. Éste era, por lo tanto, un proyecto oficial.

sur frente a la corona portuguesa, especialmente por el conflicto respecto de la Colonia de Sacramento -hoy Uruguay-, "y quizás con respecto a Holanda en Guayana."[775] Smith cita un discurso de Tomás López -otro reconocido cartógrafo español, en algún momento socio de Cruz Cano-, en el que relata que, inicialmente, el mapa había tenido una buena acogida, pero que se produjo un cambio de opinión debido a que se consideró que sería perjudicial en las negociaciones limítrofes con Portugal.[776]

El mapa de Cruz Cano también plantea interrogantes respecto del valor que tenía para Inglaterra. En efecto, en una reproducción de este mapa hecha por Faden, en 1799, aunque se le hicieron algunos cambios, este geógrafo del rey Jorge III de Inglaterra respetó las fronteras marcadas por Cruz Cano entre España y las colonias holandesas. Estamos lejos de sugerir que, por esta circunstancia, la línea de frontera marcada por Cruz Cano entre España y la colonia de los holandeses haya adquirido carácter oficial para Inglaterra; pero es un elemento que tiene que ser debidamente apreciado. Con su reproducción, dejando intacta la frontera entre las posesiones españolas y la Guayana holandesa, Faden le dio credibilidad a este mapa, no en su condición de un cartógrafo más, sino en su condición de geógrafo del rey de Inglaterra.

iii. Las cláusulas de exención de responsabilidad oficial. A veces, los mapas publicados por el Estado incorporan una advertencia mediante la cual se indica que quien lo publica no le confiere su respaldo o aprobación al contenido del mismo y, si lo hace una agencia gubernamental o intergubernamental, ésta niega que tenga carácter oficial. En tal sentido, los mapas preparados por Naciones Unidas suelen indicar que su publicación no implica el respaldo oficial, o la aprobación de Naciones Unidas. Asimismo, algunos mapas británicos indican que ellos no deben considerarse expresión de una opinión autorizada en materia de delimitación de fronteras, o que la indicación de la frontera no es necesariamente autorizada. Pero eso no significa que el mapa carezca de efectos jurídicos.

A veces, la propia Corte Internacional de Justicia ha indicado que algún mapa que se anexa a sus sentencias sólo tiene propósitos ilustrativos, sin perjuicio del papel que les corresponde a los expertos en la determinación de una línea más exacta.[777]

En la disputa fronteriza entre Eritrea y Etiopía, el Tribunal hizo notar que este tipo de advertencias no privan a los mapas de todo valor probatorio. El mapa sigue siendo una indicación de que, en el momento y lugar en que se elaboró, un cartógrafo adoptó una perspectiva particular de las características que aparecen en él; la exención de responsabilidad es, simplemente, una indicación de que no se debe considerar que el organismo que lo elaboró -o su Gobierno- haya otorgado reconocimiento legal a los límites marcados en él, ni a la titularidad territorial de los Estados en cuestión, según lo indicado por la frontera marcada. Pero, en lo que respecta al Estado perjudicado por el mapa, no se puede asumir que una exclusión de responsabilidad de este tipo lo exima de la necesidad que, de otro modo, podría existir de protestar contra la representación de una característica particular en dicho mapa. Independientemente de su efecto jurídico sobre el contenido del mapa, tal exclusión de responsabilidad tampoco neutraliza el hecho de que sea el propio Estado quien haya publicado el mapa en cuestión. Si no es un mapa suyo, la necesidad de reaccionar dependerá del carácter del mapa, y de la importancia de la característica allí representada. A juicio del Tribunal, el mapa sigue siendo una declaración de hechos geográficos, especialmente cuando el propio Estado perjudicado lo ha elaborado y difundido, incluso en contra de sus propios intereses. Las exclusiones de

---

775 Cfr. Manuel Donís, op. cit., pp. 6 y s.

776 Cfr. Thomas R. Smith, *Cruz Cano's Map of South America, Madrid, 1775: Its creation, adversities and rehabilitation*, en Imago Mundi, The International Journal for the Study of Cartography, vol. 20 (1966), p. 68.

777 Cfr. International Court of Justice, *Case Concerning the Continental Shelf* (Tunisia / Libyan Arab Jamahiriya), Judgment of 24 February 1982, párrafo 129.

responsabilidad pueden influir en la decisión sobre la importancia que se le debe atribuir al mapa, pero no excluyen su admisibilidad.[778]

iv. Los mapas procedentes de fuente interesada. No cabe duda de que, si los mapas proceden de fuente interesada, sus autores pueden distorsionar el paisaje, o caracterizarlos de manera que se ajusten a sus intereses o a los de quien desean favorecer. Así, mientras los mapas argentinos presentan a las islas Malvinas como argentinas, los mapas británicos le cambian el nombre, las llaman Falkland, y se las atribuyen al Reino Unido. Sin embargo, incluso el mapa elaborado por un tercero puede mostrar parcialidad en una disputa territorial. Tal vez uno de los ejemplos más notables de este tipo sea el mapamundi de Giacomo Gastaldi, de 1546,[779] trazando el río Amazonas con una línea ondulada que, apartándose de la realidad, va ostensiblemente de sur a norte. Es difícil saber si se trata de un error, producto del conocimiento imperfecto que, en ese momento, se tenía de la geografía de la región, de la influencia de alguna potencia europea, o de un acto deliberado para favorecer a Portugal en su delimitación territorial con España; pero lo cierto es que esa proyección hace que todo el curso del río Amazonas parezca estar dentro de los territorios que, según el Tratado de Tordesillas, correspondían a Portugal.

En la disputa entre Eritrea y Etiopía, por las islas del Mar Rojo, el Tribunal observó que, cuando se superponen elementos artificiales, como lugares de habitación o límites territoriales, es posible que influyan factores políticos y que, en el caso de mapas que representan una frontera que beneficia a la parte responsable de la elaboración del mapa, exista la posibilidad de que sean interesados o egoístas.[780] Según dicho laudo, el efecto de un mapa que no forma parte de un tratado variará según el uso que las partes hagan de él, el grado de publicidad que se le haya concedido, y la medida en que, si es el caso, haya sido adoptado o aceptado por las partes perjudicadas por él, o la medida en que sea contrario a los intereses de la parte que lo elaboró.[781]

Cuando, como en el caso de la frontera de Honduras y El Salvador, las partes han presentado versiones distintas de un mismo mapa, que puedan ser parcializadas en algunos aspectos, ellas han sido descartadas, dando preferencia a versiones que sean aceptadas por ambas partes.

v. Los mapas procedentes de fuentes independientes. Los mapas elaborados por terceros tienen un valor relativo. Un Estado no puede verse afectado ni siquiera por mapas elaborados por organismos oficiales de un tercer Estado, a menos que el mapa afecte tan claramente a sus intereses que, en la medida en que pudiera ser erróneo, cabría razonablemente esperar que el Estado afectado hubiera informado del error al Estado que lo elaboró, y hubiera solicitado su rectificación.[782]

En la controversia por la delimitación de una parte de sus posesiones en la isla de Timor, entre los Países Bajos y Portugal, el Árbitro determinó que un mapa privado, publicado en Batavia, no podía prevalecer sobre dos mapas oficiales, firmados por los comisionados o delegados de los dos Estados, en 1899 y 1904; además, según el laudo, un mapa portugués -que no ha sido reconocido por

---

[778] Cfr. *Decision regarding delimitation of the border between Eritrea and Ethiopia*, Decision of 13 April 2002, párrafos 3.26 a 3.28. Reports of International Arbitral Awards, vol. XXV, pp. 83-196, en pp. 115 y s.

[779] Cfr. https://objects.library.uu.nl/reader/viewer.php?obj=1874-12849&pagenum=1&lan=en

[780] Cfr. *Decision regarding delimitation of the border between Eritrea and Ethiopia*, Decision of 13 April 2002, párrafo 3.19. Reports of International Arbitral Awards, vol. XXV, pp. 83-196, en p. 114.

[781] Cfr. *Decision regarding delimitation of the border between Eritrea and Ethiopia*, Decision of 13 April 2002, párrafo 3.21. Reports of International Arbitral Awards, vol. XXV, pp. 83-196, en p. 114.

[782] Cfr. *Decision regarding delimitation of the border between Eritrea and Ethiopia*, Decision of 13 April 2002, párrafo 3.21. Reports of International Arbitral Awards, vol. XXV, pp. 83-196, en p. 114.

la otra parte- no puede oponerse a los dos mapas oficiales ya referidos, firmados por los representantes de ambos Estados.[783]

En el caso de mapas privados, elaborados bajo la exclusiva responsabilidad de sus autores, puede ocurrir que alguna de las partes los asuma como propios, cuestión que les confiere una mayor relevancia y un mayor peso jurídico. En este sentido, en una de las varias disputas fronterizas entre Argentina y Chile, el Tribunal hizo notar que, respecto de dos mapas elaborados por dos expertos chilenos (Riso Patrón, de 1905, y Donoso Grillé, de 1906), supuestamente a título privado, Chile no se desvinculó de ellos, sino que los asumió como propios.[784]

Por otra parte, aunque los mapas procedentes de fuentes distintas de las de las Partes no deben considerarse necesariamente más correctos u objetivos que los preparados por una de las partes, tienen, *prima facie*, un carácter independiente que puede conferirles un gran valor, a menos que sean meras reproducciones de mapas elaborados por una de las Partes, o que se basen en originales derivados de ellos, o que se publiquen en el país de que se trate por una de las partes, o en su nombre, o a petición de ella, o tengan una motivación política evidente. Pero cuando su condición independiente no es dudosa, esos mapas son significativos en relación con un arreglo territorial determinado, ya sea porque revelan la existencia de un entendimiento general en cuanto a lo que es ese acuerdo, o porque revelan la falta de un entendimiento general.[785]

Puede que, a veces, una de las partes acepte que los mapas en que se basa la otra parte puedan tener un carácter objetivo, o que puedan provenir de fuente independiente. En este sentido, en la disputa fronteriza entre Chile y Argentina por la zona de Palena, el laudo se refirió, en su artículo V, a "los mapas proporcionados por los peritos de las Repúblicas de Argentina y Chile, en los cuales el límite que hemos decidido ha sido delineado por los miembros de nuestro Tribunal y aprobado por nosotros." Sin embargo, se observó que, en el laudo de 1902, el Tribunal no había tenido más alternativa que confiar en los mapas argentinos, pues los topógrafos chilenos prácticamente no tenían cartografía que ofrecer. Según pudo apreciar el Tribunal constituido en 1966, uno de esos mapas mostraba un error, debido a que, en 1902 y 1903, hubo una confusión entre dos sistemas fluviales completamente diferentes; esta confusión hizo que, tanto en el Informe de la Comisión técnica como en el laudo, se indicara, incorrectamente, que el río Encuentro tenía su fuente en las faldas del Cerro de la Virgen. No obstante, el Tribunal consideró que esta dificultad no tenía ningún efecto sobre el límite en disputa.[786] Asimismo, en el caso del Templo de Preah Vihear, en 1905, en la etapa final del proceso de delimitación mediante la preparación y publicación de mapas, el Gobierno siamés, que en ese momento no disponía de los medios adecuados para el trabajo cartográfico de la región fronteriza, solicitó oficialmente que fueran los topógrafos franceses quienes se hicieran cargo de esa tarea.[787]

b) El carácter meramente ilustrativo de los mapas. En 1923, en relación con la delimitación de la frontera checoeslovaca-polaca, en la cuestión de Jaworzina, la Corte Permanente de

---

[783] Cfr. *Sentence arbitrale rendue en exécution du compromis signé a La Haye le 3 avril 1913 entre les Pays-Bas et le Portugal au sujet de la délimitation d'une partie de leurs possessions dans l'île de Timor*, 25 juin 1914. Reports of International Arbitral Awards, vol. XI, pp. 481 - 517, en págs. 503 a 505, y 507.

[784] Cfr. *Boundary dispute between Argentina and Chile concerning the frontier line between boundary post 62 and Mount Fitzroy* (Laguna del Desierto), Award of 21 October 1994. Reports of International Arbitral Awards, vol. XXII, pp. 3-149, en pág. 120.

[785] Cfr. *Sentence arbitrale rendue en exécution du compromis signé a La Haye le 3 avril 1913 entre les Pays-Bas et le Portugal au sujet de la délimitation d'une partie de leurs possessions dans l'île de Timor*, 25 juin 1914. Reports of International Arbitral Awards, vol. XI, párrafo 142.2

[786] Cfr. *Argentine-Chile Frontier Case* - (Argentina / Chile), Arbitral Award of 9 December 1966. Reports of International Arbitral Awards, vol. XVI, pp. 109-182, en pp. 151 a 154.

[787] Cfr. International Court of Justice, *Case Concerning the Temple Preah Vihear* (Cambodia v. Thailand), Merits, Judgment of 15 June 1962, página 18.

Justicia Internacional expresó que, independientemente del texto de los tratados y de las decisiones (arbitrales o judiciales), ni los mapas ni sus tablas explicativas de signos podían ser consideradas como prueba concluyente.[788] Asimismo, en el laudo arbitral sobre la Isla de Aves, Isabel II de España sostuvo que, para dar importancia a la autoridad de los geógrafos, es necesario que todos -o una gran parte de ellos- estén de acuerdo en determinar que un determinado territorio pertenece a tal o cual nación, y que, faltando esa circunstancia, se requieren otros títulos, de más fuerza y valor que la mera opinión de los geógrafos.[789] Por eso, incluso cuando una decisión arbitral está acompañada de mapas, se suele hacer la advertencia de que éstos sólo tienen un propósito ilustrativo y que, en caso de divergencia entre la frontera descrita y la frontera representada en el mapa, prevalecerá la frontera descrita,[790] con la salvedad de que, si la descripción es incompleta, puede hacerse uso del mapa, no sólo como una ilustración de la descripción, sino que como el complemento necesario de la descripción.[791]

La actitud de los tribunales internacionales respecto de los mapas fue resumida por el Tribunal Arbitral llamado a decidir en el caso de la disputa entre Argentina y Chile por unas islas en el Canal de Beagle.[792] Según el citado tribunal, históricamente -y hasta una fecha relativamente reciente-, los tribunales internacionales originalmente admitían la evidencia cartográfica sólo con una buena dosis de escepticismo o desconfianza. A juicio del Tribunal Arbitral, la evidencia de un mapa ciertamente nunca podría, *per se*, anular una decisión judicial, o una línea fronteriza definida por un tratado; incluso si la decisión judicial sobre la frontera, o su definición por tratado, es ambigua o incierta, la evidencia cartográfica de lo que podría ser dicha frontera sólo se aceptaría con cautela. El laudo recuerda que, últimamente, ciertas decisiones de la Corte Internacional de Justicia[793] han manifestado una mayor disposición a tratar las pruebas cartográficas en función de sus méritos; pero, a juicio del Tribunal Arbitral, es posible que la importancia de un mapa no radique en el mapa en sí mismo, que en teoría podría incluso ser inexacto, sino en la actitud que se haya manifestado hacia él por la Parte interesada, o por sus representantes oficiales. En tal sentido, los mapas o cartas existentes antes de la celebración

---

788 Cfr. *Permanent Court of International Justice, Delimitation of the Czechoslovak-Polish Frontier (Question of Jaworzina)*, Advisory opinion N° 8, December 6, 1923, en Manley O. Hudson, *World Court Reports, A Collection of the Judgments, orders and opinions of the Permanent Court of International Justice*, Oceana publications, Inc., Dobbs Ferry, New York, 1969, vol. I, pp. 253-292. La cita corresponde a la p. 270.

789 Cfr. el laudo arbitral de la reina Isabel II, en el caso de la Isla de Aves, entre Holanda y Venezuela, del 30 de junio de 1865, párrafo e) de la parte considerativa.

790 Cfr., por ejemplo, *Boundary disputes between India and Pakistan relating to the interpretation of the report of the Bengal Boundary Commission*, Arbitral award of 26 January 1950. Reports of International Arbitral Awards, vol. XXI, pp. 1-51, en pp. 25, 36 a 37, y 46.

791 Cfr. Ibid, párrafo 46.

792 Invocando el Tratado General de Arbitraje, suscrito entre Chile y Argentina el 28 de mayo de 1902 instituyendo al Gobierno británico como árbitro, el 11 de diciembre de 1967, Chile se dirigió a dicho Gobierno, refiriendo una disputa relativa a la soberanía de ciertas islas situadas en el Canal de Beagle. El 22 de julio de 1971, las partes firmaron un compromiso para someter el caso al árbitro. Para cumplir sus funciones, el Gobierno británico designó una Corte Arbitral integrada por Hardy C, Dillard (Estados Unidos de América), Gerald Fitzmaurice (Reino Unido), André Gros (Francia), Charles D. Onyeama (Nigeria), y Sture Petrén (Suecia). La Corte Arbitral eligió a Gerald Fitzmaurice como su presidente. El Tribunal entregó su decisión el 18 de febrero de 1977, la cual fue ratificada por el Gobierno británico el 18 de abril del mismo año, convirtiéndose en sentencia. El 25 de enero de 1978, el Gobierno argentino emitió una nota mediante la cual declaró que el laudo era insubsanablemente nulo, y se negó a cumplir con el mismo. Ante la inminencia de un conflicto armado, el Papa ofreció su mediación, la que, el 8 de enero de 1979, fue formalmente solicitada por las partes. El 12 de diciembre de 1980, el mediador entregó una propuesta para la solución de la disputa. Tomando en cuenta la propuesta del mediador, el 29 de noviembre de 1984, Argentina y Chile firmaron un Tratado de Paz y Amistad que corresponde con la decisión arbitral, y que definió la frontera de los dos países en la región en disputa.

793 Cfr. International Court of Justice, *Minquiers and Ecrehos, The Minquiers and Ecrehos Case* (France / United Kingdom), Judgment of November 17th, 1953, y *Temple of Préah Vihéar (Cambodia v. Thailand)*, Merits, Judgment of 15 June 1962.

del Tratado de límites de 1881 -entre Argentina y Chile- podrían ser pertinentes si, dadas las circunstancias, pudieran, por ejemplo, arrojar luz sobre las intenciones de las Partes, o dar expresión gráfica a una situación de hecho, generalmente conocida en ese momento, o que era del conocimiento real o presunto de los negociadores. Del mismo modo, el Tribunal observó que los mapas publicados después de la celebración del Tratado podían arrojar luz sobre las intenciones de las Partes con respecto al mismo y, en general, sobre cómo debía interpretarse. Pero el valor particular de tales mapas reside más bien en la evidencia que puedan proporcionar en cuanto a la opinión que una u otra Parte adoptó en ese momento, o posteriormente, acerca de la solución resultante del Tratado, y el grado en que la opinión que ahora afirma esa Parte como la correcta es consistente con la que parece haber tenido anteriormente.[794] En este asunto, aunque se admitió que el caso era notable por la cantidad de mapas, cartas, planos, y bocetos presentados por ambas partes (más de cuatrocientos), así como por la calidad, y el interés de los mismos, el Tribunal llegó a su decisión sobre fundamentos independientes de la cartografía como tal (la interpretación del tratado de límites de 1881), teniendo en cuenta los mapas sólo para confirmar o corroborar sus conclusiones.[795]

En el caso de la Isla de Palmas, entre los métodos de prueba indirecta, no del ejercicio de la soberanía, sino de su existencia en derecho, Estados Unidos también recurrió a la evidencia de los mapas. Según el laudo, la comparación de la información suministrada por las dos Partes demostraba que, para decidir sobre una cuestión de soberanía, los mapas se podían tener en cuenta sólo con la mayor cautela. A juicio del Árbitro, los mapas que no indiquen con precisión la distribución política de los territorios deben ser rechazados de plano, a menos que contribuyan a la ubicación de los nombres geográficos, suponiendo que éstos sean exactos. Indicaciones de tal naturaleza sólo tendrían valor cuando haya razones para pensar que el cartógrafo no se ha limitado a referirse a mapas ya existentes -como sucede muy a menudo-, sino que ha basado su decisión en información cuidadosamente recogida para tal fin. Sobre todo, los mapas oficiales, o semioficiales, parecen capaces de cumplir estas condiciones, y serían de especial interés en los casos en que no afirman la soberanía del Estado cuyo Gobierno ha hecho que se emitan.[796] Si el Árbitro está convencido de la existencia de hechos jurídicamente relevantes que contradicen lo afirmado por cartógrafos cuyas fuentes de información no se conocen, él puede negarse a atribuir cualquier peso a esos mapas, por muy numerosos y generalmente apreciados que sean. Según el Tribunal, la primera condición requerida de los mapas que han de servir como evidencia en puntos de derecho es su exactitud geográfica; pero el laudo refiere que no sólo los mapas más antiguos, sino también los mapas modernos, incluso oficiales o semioficiales, parecen carecer de precisión.[797] Un mapa sólo ofrece una indicación muy indirecta, que, salvo cuando se anexa a un instrumento jurídico, no tiene el valor de este último, implicando el reconocimiento o el abandono de derechos; la importancia del mapa sólo puede ser juzgada a partir de hechos que prueben el ejercicio de soberanía por una de las partes en el territorio en disputa.[798]

c) La escala utilizada. Para que tenga la capacidad de mostrar y de probar algo, la escala utilizada en un mapa reviste particular importancia. Un mapa en pequeña escala, por ejemplo 1:70.000.000, que es la que utiliza John Arrowsmith en su *Mapa del Mundo en la proyección de Mercator*, no tiene la capacidad de mostrar los detalles de la geografía o de las divisiones políticas, porque, en él, setenta kilómetros de distancia están representados apenas en un milímetro de ese mapa. En cambio,

---

794 Cfr. *Beagle Channel arbitration between the Republic of Argentina and the Republic of Chile*, Report and decision of the Court of Arbitration, 18 February 1977, párrafo 137.

795 Cfr. Ibid, párrafos 136 y 163.

796 Cfr. *Island of Palmas Case* (Netherlands / USA), Max Huber, Arbitrator, Award 4 April 1928, en Reports of International Arbitral Awards, Vol. II, pp. 829-871, p. 852.

797 Cfr. Ibid, p. 853.

798 Cfr. Ibid, pp. 853 y s.

mapas de mayor escala -como el mapa de Venezuela de 1840, de Codazzi (en escala 1:5.350.000, en el que un milímetro representa cinco kilómetros con trescientos cincuenta metros)- muestran un espacio más pequeño, pero más ampliado y con mayor detalle que en un mapa en pequeña escala. Mientras mayor es la escala, hay mayor precisión en los detalles. Por eso, como parte de la cautela con que se aprecia el valor de los mapas, la escala de estos es un asunto que no ha escapado a la atención de los tribunales internacionales, aunque sólo haya sido para dejar constancia de que el mapa en cuestión estaba en "*la muy pequeña escala* de 1:2.000.000".[799]

En el caso de espacios pequeños, con mapas que no tienen la escala adecuada, este es un punto que reviste especial importancia. El valor de un mapa que no forma parte de un tratado variará, entre otras cosas, según su escala y calidad cartográfica. Según el laudo dictado en la controversia entre Eritrea y Etiopía, un mapa que es de una escala tan pequeña, cuya importancia se convierte en materia de especulación en lugar de observación precisa, es poco probable que tenga gran valor jurídico o probatorio. A la inversa, cabe esperar que un mapa elaborado a una escala suficiente para que su representación de la zona fronteriza en disputa sea fácilmente identificable, tenga consecuencias jurídicas significativas.[800] Si los mapas están en una escala tan pequeña, estarán desprovistos de detalles, y necesariamente su valor probatorio será ambiguo.[801]

En el asunto de los enclaves de Bélgica en Holanda (y de Holanda en Bélgica), la sentencia deja constancia de que se había elaborado un mapa especial, en cuatro hojas, que comprendía el levantamiento completo, parcela por parcela, de las dos comunas en cuestión, a una escala de 1/10.000, y que a este mapa se adjuntaban dos hojas separadas que mostraban, a escala de 1/2.500, las partes de esas dos comunas que una escala menor no podría mostrar claramente.[802]

Asimismo, en el caso de un pilar fronterizo ausente en Taba, en la frontera entre Egipto e Israel, a falta de supuestos restos u otros marcadores físicos, Egipto basó sus alegaciones en pruebas cartográficas relativas a las coordenadas, elevación y distancias, con respecto a las ubicaciones de sus pilares en disputa según su mapa del Sinaí de 1935-38. Sin embargo, el Tribunal no consideró que esas indicaciones basadas en mapas fueran concluyentes, ya que la escala del mapa (1:100.000) era demasiado pequeña para demostrar una ubicación en el terreno con la exactitud requerida en estos casos, donde las distancias entre las ubicaciones de los pilares en disputa son a veces sólo de unos pocos metros. A modo de ilustración, el Tribunal hizo notar que, en un mapa a escala 1:100.000, 1 milímetro en el mapa representa 100 metros sobre el terreno. A pesar de lo anterior, el Tribunal admitió que los mapas pueden ser de alguna ayuda, por ejemplo, cuando muestran líneas rectas a través de varios pilares fronterizos.[803] En el mismo caso, el Tribunal señaló que los mapas invocados por Israel, tomados por sí solos, difícilmente proporcionaban evidencia suficiente en contra de la exactitud de la ubicación de los hitos fronterizos existentes; esto parecía ser tanto más cierto puesto que los mapas invocados por Israel mostraban diferencias entre sí. Y, aunque no había una explicación obvia para las desviaciones en algunos mapas, había que tener en cuenta que todos ellos tenían una escala muy pequeña, y no mostraban una precisión particular. Además, ambas Partes observaron repetidamente, en sus escritos, que los mapas en cuestión diferían en muchos detalles, y en uno de ellos -que constituía

---

799 Cfr. International Court of Justice, *Case Concerning the Continental Shelf* (Tunisia / Libyan Arab Jamahiriya), Judgment of 24 February 1982, párrafo 91.

800 Cfr. *Decision regarding delimitation of the border between Eritrea and Ethiopia*, Decision of 13 April 2002, párrafo 3.21. Reports of International Arbitral Awards, vol. XXV, pp. 83-196, en p. 113.

801 Cfr. Ibid, párrafo 4.67, en p. 134.

802 Cfr. International Court of Justice, *Case Concerning Sovereignty over certain Frontier Land* (Belgium / Netherlands), Judgment of 20 June 1959, pp. 9 y s.

803 Cfr. *Case concerning the location of boundary markers in Taba between Egypt and Israel*, Arbitral Award of 29 September 1988. Reports of International Arbitral Awards, vol. XX, pp. 1-118, párrafo 184.

la principal evidencia de Israel- las palabras "Ras Taba" estaban impresas en un lugar que ninguna de las partes consideraba que era el correcto.[804] Sin embargo, a pesar de diferencias en los mapas, que no los hacían demasiado confiables en cuanto a los detalles, el Tribunal estimó que el hecho de que, por alguna razón, en algunos mapas, las palabras "Jebel Fathi Pasha" no estuvieran impresas exactamente donde las partes sostenían que debían estarlo, difícilmente podía ser tomado como evidencia convincente para refutar la exactitud de una línea fronteriza, tal como ella estaba indicada en la mayoría de los mapas y demarcada sobre el terreno.[805]

En el caso de Ligitan y Sipadan, dos pequeñas islas en el Mar de Célebes -la más grande con una superficie de apenas 0.13 kilómetros cuadrados-, respeto de un mapa que se alegaba que formaba parte de una Convención de 1891, el Tribunal observó que dicho mapa muestra solo algunas islas situadas al norte del paralelo 4° 10' y que, salvo algunos arrecifes, no se muestra ninguna isla al sur de dicha línea; por lo tanto, el Tribunal concluyó que los miembros del Parlamento neerlandés, casi con certeza, desconocían que dos pequeñas islas se encontraban al sur del citado paralelo.[806] Un mapa que, por su escala, era incapaz de mostrar los territorios en disputa, no podía ser relevante.

d) La fiabilidad técnica. Según la Sala de la Corte Internacional de Justicia que conoció de la disputa fronteriza entre Burkina Faso y Mali, el valor probatorio que debe atribuirse a los mapas depende de una serie de consideraciones, algunas de las cuales se relacionan con la fiabilidad técnica de los mapas. Esta estimación ha aumentado considerablemente, debido en particular a los progresos realizados por la fotografía aérea y por satélite, desde el decenio de 1950. La consecuencia de esos avances tecnológicos ha sido una representación cada vez más fiel de la naturaleza en el mapa, y una coincidencia cada vez más precisa entre ambos, pero sin que de allí derive mayor certeza sobre las líneas de frontera. No por ello se ha vuelto más fiable la información derivada de la intervención humana, como los nombres de los lugares y de los accidentes geográficos (la toponimia), o la representación de las fronteras y otros límites políticos. Y, aunque la fiabilidad de la información toponímica ha aumentado, debido a la verificación sobre el terreno, en opinión de los cartógrafos, los errores siguen siendo comunes en la representación de las fronteras, especialmente cuando éstas se muestran en zonas fronterizas a las que el acceso es difícil.[807]

En 1914, en el caso de la frontera entre El Salvador y Honduras, presumiblemente siguiendo en un punto el levantamiento topográfico de Cole, de 1890, los agrimensores hondureños consideraron que el hito fronterizo al que en 1818 se hacía referencia como "cerro Tepangüisir", era el que estaba marcado como punto C en el croquis de un mapa sometido a la consideración del Tribunal. Sin embargo, aunque al momento de las negociaciones tripartitas de 1935 esto fue reconocido por ambas partes, la Sala de la Corte dijo no estar persuadida de que la identificación del "cerro Tepangüisir" -en 1890- fuera correcta.[808]

En el caso de la frontera entre Guatemala y Honduras, el Tribunal observó que, mientras no se dispuso de fotografías aéreas, se sabía muy poco sobre la topografía de las montañas que reciben el nombre de cordillera de Merendón; el Tribunal consideró que las indicaciones en los mapas, incluso las publicadas con aparente aprobación oficial durante el siglo XIX, con sus evidentes inexactitudes a

---

804 Cfr. Ibid, párrafo 204.

805 Cfr. Ibid, párrafo 205.

806 Cfr. International Court of Justice, *Case Concerning Sovereignty over Pulau Ligitan and Pulau Sipadan* (Indonesia / Malaysia), Judgment of 17 December 2002, párrafo 47.

807 Cfr. International Court of Justice, *Frontier Dispute* (Burkina Faso / Republic of Mali), Judgment of 22 December 1986, párrafo 55.

808 Cfr. International Court of Justice, *Land, Island and Maritime Frontier Dispute* (El Salvador / Honduras: (Nicaragua intervening)), Judgment of 11 September 1992, párrafo 90.

la luz de los conocimientos actuales, eran de poco o ningún valor para marcar los justos límites de la jurisdicción territorial, tal como lo mostraban los desarrollos recientes.[809]

e) Los errores en los mapas. En el caso del Rann de Kutch, el presidente del Tribunal observó que a los mapas anteriores a las mediciones topográficas no se les podía atribuir demasiado peso, debido a su demostrada inexactitud, vaguedad, e inconsistencias.[810] Pero, por otra parte, el laudo entiende que un mapa que muestra correctamente los límites jurisdiccionales de los vecinos puede contener algún error, en un sector específico.[811] El laudo indicó que la incertidumbre y vaguedad en cuanto a que el Rann era territorio de Kutch se eliminaban en los mapas que representaban una frontera contigua entre Sind y Kutch, o Sind y los Estados de la India Occidental, con una alineación que se ajustaba en gran medida a la línea de reclamación de la India. Se observó que estos mapas habrían sido publicados por el Servicio Geológico de la India desde 1907 en adelante, con una frecuencia cada vez mayor, y que -con el tiempo- dicha frontera contigua se convirtió en una característica constante en todos los mapas producidos por dicho Departamento, los cuales se distribuyeron ampliamente entre las más altas autoridades británicas. Según el Tribunal, debido a la naturaleza de la representación contenida en esos mapas, quienes los examinaban difícilmente podían dudar de que implicaban y reconocían expresamente que el territorio británico terminaba en el lado norte del Gran Rann, y que este formaba parte de Kutch, o de otros estados indios colindantes con el Rann.[812]

La falta de claridad de los mapas -tal vez debida a la dificultad para acceder al terreno en la época de lluvias-, también les ha restado credibilidad, y los tribunales internacionales se han mostrado reacios a considerar los límites trazados en un boceto a lápiz de un área de pastoreo, especialmente cuando había disponible evidencia más completa y específica.[813] Como ya se ha observado, la Corte Internacional de Justicia ha tomado nota que, a pesar de los avances logrados gracias a la fotografía aérea y satelital, en opinión de los cartógrafos, todavía son comunes los errores en la representación de fronteras situadas en zonas de difícil acceso.[814]

En la disputa territorial entre Burkina Faso y Mali, de todos los mapas presentados al Tribunal, había dos que parecían tener una especial importancia, pues las partes les habían dedicado mucha atención. El primero de ellos era el mapa descrito como "Blondel La Rougery", que hasta 1960 fue el mapa en mayor escala publicado por el Servicio Geográfico de la Gobernación General del África Occidental Francesa, al que, según Burkina Faso, se tenían que referir las autoridades territoriales para fijar o modificar las fronteras administrativas, y que los funcionarios coloniales se sentían obligados a respetar. El segundo era el mapa de África Occidental, publicado por el Instituto Geográfico Nacional de Francia entre 1958 y 1960. Pero la Sala concluyó que, incluso para Burkina Faso, las fronteras administrativas compiladas en el mapa de Blondel la Rougery no poseían, en sí mismas, una autoridad particular. En cuanto al segundo mapa, la Sala observó que éste representaba una línea fronteriza con un segmento marcado con una serie de cruces, que en ediciones posteriores aparece como una serie rota de cruces, y que, en lo que concierne a la descripción de la topografía,

---

[809] Cfr. *Honduras Borders* (Guatemala / Honduras), Arbitral Award of 23 January 1933, en Reports of International Arbitral Awards, Vol. II, pág. 1357.

[810] Cfr. *Case Concerning the Indo-Pakistan Western Boundary (Rann of Kutch)*, Award of 19 February 1968. Reports of International Arbitral Awards, vol. XVII, pp. 1-576, en p. 535.

[811] Cfr. Ibid, p. 487.

[812] Cfr. Ibid, p. 566.

[813] Cfr. *Award in the Arbitration regarding the delimitation of the Abyei Area between the Government of Sudan and the Sudan People's Liberation Movement/Army*, Award of 22 July 2009, párrafos 715 y 741. Reports of International Arbitral Awards, vol. XXX, pp. 145-416.

[814] Cfr. International Court of Justice, *Frontier Dispute* (Burkina Faso / Republic of Mali), Judgment of 22 December 1986, párrafo 55.

habría gozado de la aprobación de ambas partes. La Corte hizo notar que, en una nota del 27 de enero de 1975, preparada por el Instituto Geográfico Nacional de Francia, se explica que la inexactitud de los textos hizo imposible trazar una frontera suficientemente fiable en ciertas áreas, pues algunos nombres citados en el texto no pudieron ser encontrados, otros se referían a aldeas que habían desaparecido o que se habían desplazado, o la naturaleza del terreno -en cuanto al curso de los ríos o la posición de las montañas- era distinta de la descrita en estudios previos; por lo tanto, la frontera se trazó a partir de información proporcionada por los jefes de los distritos fronterizos, y de acuerdo a información recopilada sobre el terreno por los jefes de aldea y gente del lugar. A partir de esta nota, la Sala concluyó que el mapa de 1958-1960, compilado por un organismo neutral en relación con las partes en la controversia, si bien no poseía la condición de un título jurídico, era una representación visual tanto de los textos disponibles como de la información obtenida en el terreno; pero esto, por sí solo, no era suficiente para permitir inferir que la línea fronteriza, representada en forma de pequeñas cruces, ya sea en forma continua o discontinua, correspondiera íntegramente con el límite heredado de la administración colonial. Además, había que considerar hasta qué punto la evidencia aportada por éste o por cualquier otro mapa corroboraba las demás pruebas aportadas. El Tribunal señaló que no podía avalar información proporcionada por un mapa que se contradecía con otra información fiable sobre las intenciones de la potencia colonial. Sin embargo, teniendo en cuenta la fecha en que se realizaron las mediciones en el lugar y la neutralidad de la fuente, en ausencia de toda otra evidencia, o de una que fuera suficiente para mostrar una frontera exacta, el valor probatorio del mapa del Instituto Geográfico Nacional de Francia se consideró decisivo.[815]

La Corte ha expresado que los mapas pueden ser de considerable valor probatorio, en la medida en que ellos reflejen hechos físicos -como la existencia, o la posición, de una aldea-, pero que tienen un valor limitado si muestran una línea puramente abstracta, que no coincide con el resto de la evidencia.[816] En este sentido, la Corte advierte que hay que tener en cuenta que -según el Instituto Geográfico Nacional francés- los mapas disponibles en 1935, fueron dibujados de manera muy inexacta, de modo que "la posición de ciertos detalles podía estar equivocada en varios kilómetros" (Nota del 27 de enero de 1975 sobre la posición de las fronteras); de manera que, si la definición de un límite se refiere tanto a detalles como estos y a un punto calculado con coordenadas derivadas de dicho mapa, donde la topografía y las coordenadas no coinciden, debe darse prioridad a la topografía. Además, si se demostrara que las coordenadas geográficas indicadas en 1935 por una instancia oficial eran imprecisas o inexactas, sobre la base de los puntos de referencia mostrados en los mapas y en otras fuentes y procedimientos técnicos más fiables disponibles al momento de dictar sentencia, para dar una interpretación correcta de esa nota oficial, el Tribunal tendría que corregirlas, o incluso desestimarlas.[817] Respecto de las aldeas mostradas en un mapa de 1905 -a las que se hace referencia en una circular de 1935, definiendo lo que inicialmente era una frontera administrativa que devino en internacional-, el Tribunal señaló que era irrelevante si esas aldeas existían actualmente, y que el hecho de que ellas hubieran desaparecido no suponía una modificación de la frontera así definida.[818] A la luz de todos los mapas y documentos presentados por las partes, el Tribunal entendió que tenía que decidir el curso exacto de la línea descrita en una carta de 1935, y de la cual el mapa Blondel la Rougery, de 1925, debido a sus deficiencias técnicas, no podía dar más que una indicación aproximada.[819]

[815] Cfr. International Court of Justice, *Frontier Dispute (Burkina Faso / Republic of Mali)*, Judgment of the Chamber of the International Court of Justice, of 22 December 1986, párrafos 57 al 62.

[816] Cfr. Ibid, párrafo 98.

[817] Cfr. Ibid, párrafo 110.

[818] Cfr. Ibid, párrafo 122.

[819] Cfr. Ibid, párrafo 164.

Sin duda, la fiabilidad técnica de un mapa no sólo depende del mapa en sí mismo, sino también de la reputación de su autor, y de la técnica con la que fue confeccionado. En el caso de la frontera entre Austria y Hungría, el Tribunal hizo notar que, según un experto, un mapa determinado no era un mapa independiente, elaborado a partir de un estudio sobre el terreno, sino simplemente un esbozo elaborado a partir de varios mapas diferentes, sin ninguna representación de las montañas; además, dicho mapa claramente no había sido elaborado por la persona que se decía, sino por otra.[820] Asimismo, en la controversia entre Eritrea y Etiopía, el laudo señaló que el efecto de un mapa que no forma parte de un tratado variará, *inter alia*, según su procedencia, su calidad cartográfica, y su coherencia con otros mapas.[821]

Con ocasión del asunto del Templo de Preah Vihear, uno de los mapas presentados por Camboya, mostrando el promontorio de Preah Vihear y el área del templo, fue objetado por Tailandia, alegando, *inter alia*, que contenía un error material, consistente en que la línea de la frontera mostrada en el mapa no correspondía con la línea de la división de aguas (como requería el tratado de 1904), lo cual hubiera situado el Templo en territorio de Tailandia. Además, Tailandia alegaba que ella nunca había aceptado ese mapa o la línea de frontera indicada en él, y que, si lo hubiera aceptado, lo habría hecho bajo la creencia errónea de que la línea del mapa había sido correctamente trazada, para corresponder con la línea de división de aguas.[822] Pero la Corte hizo notar que, mediante su conducta, Tailandia había reconocido ese mapa, y entendió que -de haber alguna objeción- las circunstancias eran tales que exigían alguna reacción, dentro de un plazo razonable, por parte de las autoridades de Siam. Como no lo hicieron durante muchos años, la Corte consideró que habían dado su aquiescencia al mismo.[823] Para tenerlo como prueba concluyente, la Corte señaló que, en su debido momento, las autoridades siamesas recibieron el mapa en cuestión, y lo aceptaron; además, el prestigio y las calificaciones de las personas que vieron el mapa en el lado siamés -incluyendo a los miembros de la Comisión de Delimitación- hacía difícil admitir un alegado error de Derecho.[824] La Corte observó que el mapa en sí atraía tanta atención a la región de Preah Vihear que ninguna persona interesada, ni nadie encargado de examinarlo, podría haber dejado de ver lo que el mapa pretendía mostrar con respecto a esa región. Si, como había argumentado Tailandia, la configuración geográfica del lugar era tal que hacía obvio para cualquiera que hubiera estado allí que la cuenca debía estar a lo largo de la línea de los acantilados (un hecho que, de ser cierto, no debe haber sido menos evidente en 1908), entonces el mapa dejaba bastante claro que la línea del mapa marcado como Anexo 1 no seguía los acantilados en esta región, ya que estaba claramente trazada apreciablemente al norte de todo el promontorio de Preah Vihear. Nadie que mirara el mapa podía incurrir en ningún malentendido al respecto. La Corte observó que el mapa marcaba con bastante claridad que Preah Vihear se encontraba en el lado camboyano de la línea, utilizando para el Templo un símbolo que parecía indicar un plano aproximado del edificio y de sus escaleras. Ese mapa se presentó a las autoridades siamesas, y éstas lo aceptaron.[825]

La Corte también se ha referido a los efectos de un error en un mapa. En el ya citado caso del Templo de Preah Vihear, Tailandia afirmaba que, en lo que respecta a la zona de Preah Vihear, se

---

820 Cfr. *Decision of the arbitral tribunal established to settle the dispute concerning the course of the boundary between Austria and Hungary near the lake called the "Meerauge"*, Decision of 13 September 1902. Reports of International Arbitral Awards, vol. XXVIII, pp. 379-396, en pág. 390.

821 Cfr. *Decision regarding delimitation of the border between Eritrea and Ethiopia*, Decision of 13 April 2002, párrafo 3.21. Reports of International Arbitral Awards, vol. XXV, pp. 83-196, en p. 114.

822 Cfr. International Court of Justice, *Case Concerning the Temple Preah Vihear (Cambodia v. Thailand)*, Merits, Judgment of 15 June 1962, p. 19.

823 Cfr. Ibid., pp. 20 a 22.

824 Cfr. Ibid., p. 24

825 Cfr. Ibidem.

cometió un error por parte de las autoridades siamesas, del cual no eran conscientes cuando se aceptó el mapa marcado como anexo 1. Sin embargo, la Corte recordó que es una norma jurídica bien establecida que la excepción del error no puede admitirse como elemento que vicie el consentimiento cuando la parte que lo alega contribuyó con su propia conducta al error, o cuando pudo haberlo evitado, o cuando las circunstancias eran tales que esa parte debió estar advertida de un posible error.[826]

El uso que se haga de los mapas también puede tener consecuencias jurídicas. En el caso del Templo de Preah Vihear, respecto del uso que se había hecho por Tailandia de un mapa que mostraba a Preah Vihear como parte de Camboya, Tailandia alegó que lo hizo porque no se disponía de otros mapas, o porque no había ninguno que fuera tan conveniente, o en la escala apropiada para la ocasión; sin embargo, la Corte encontró que ésta no era una explicación convincente, pues Tailandia podía haber utilizado el mapa con la reserva de su inexactitud y, sin embargo, no lo hizo.[827] Al haberlo utilizado sin reservas, a pesar de adolecer de supuestos errores, Tailandia aceptó como bueno lo que se mostraba en ese mapa.

En el laudo de 1966, sobre una de las disputas fronterizas entre Argentina y Chile, el Tribunal encontró que existía una dificultad considerable para identificar el curso del río Encuentro más allá de la confluencia, y la causa de esa dificultad era que, en 1902 y 1903, hubo una confusión entre dos sistemas fluviales completamente diferentes. Esa confusión se reflejó en el Informe y en el Mapa de Adjudicación de 1902, donde se indicó que el Encuentro tenía su fuente en las faldas del Cerro de la Virgen, que en realidad no tiene. La referencia en el Informe de 1902 a una "rama occidental" del río Encuentro aumentó esa confusión. Sin embargo, el Laudo de 1902 no hizo ninguna referencia a un "rama occidental" del Encuentro, o a la "fuente" de ese río. Por consiguiente, a juicio del Tribunal, esta circunstancia no tenía absolutamente ningún efecto sobre el límite entre los puntos en disputa.[828] No obstante, en 1913, Chile se refirió al Poste Fronterizo N° 16, que estaría colocado en un sitio distinto al indicado por el laudo arbitral, y envió a Argentina un mapa que contenía un error en esa frontera. La explicación que dio Chile de esta cartografía errónea es que, durante mucho tiempo permaneció en desconocimiento del error que hay en el Mapa del laudo y, por lo tanto, continuó siendo influenciada por ese Mapa; según Chile, Argentina fue responsable de ese error, y debería haberle avisado del mismo, cosa que no hizo. A pesar de lo anterior, el Tribunal no consideró que Argentina tuviera alguna responsabilidad por el error en el Mapa del laudo, o que hubiera tenido algún deber legal de informar a Chile -o al Árbitro- cuando tuvo conocimiento de ello. En cualquier caso, en 1913 se advirtió a las autoridades chilenas que había algunas dificultades para aplicar el Laudo de 1902 en el sector comprendido entre los Postes Fronterizos 16 y 17; pero, dadas las circunstancias, era comprensible que permanecieran ignorantes de la geografía del área en disputa hasta mucho más tarde. La Corte se mostró dispuesta a aceptar las explicaciones de Chile sobre su cartografía errónea entre 1913 y 1952, pero señaló que sus explicaciones restaban considerable valor a la afirmación de Chile de haber estado administrando efectivamente el área en disputa durante este período, y de haber sido la única autoridad en hacerlo.[829] El Tribunal arbitral aceptó que, en 1902 o 1903, se cometió algún error en la frontera, y aceptó, igualmente, que en el área comprendida entre los postes fronterizos 16 y 17 era imposible aplicar el laudo en el terreno; pero, mientras Argentina sostenía que se trataba de un error en la

---

[826] Cfr. International Court of Justice, *Case Concerning the Temple Preah Vihear (Cambodia v. Thailand)*, Merits, Judgment of 15 June 1962, páginas 24 y s.

[827] Cfr. International Court of Justice, *Case Concerning the Temple Preah Vihear (Cambodia v. Thailand)*, Merits, Judgment of 15 June 1962, página 27.

[828] Cfr. *Argentine-Chile Frontier Case* - (Argentina / Chile), Arbitral Award of 9 December 1966. Reports of International Arbitral Awards, vol. XVI, pp. 109-182, en págs. 151 a 154.

[829] Cfr. Ibid., p. 165.

ubicación del Poste Fronterizo 16, Chile afirmaba que el poste estaba bien colocado, y que el error se había cometido en el mapa del laudo, en forma contraria a la intención real del Tribunal arbitral.[830]

En la controversia entre El Salvador y Honduras, a pesar de las discrepancias que había entre las partes en cuanto a la ubicación de una quebrada, la Corte estimó que, de las indicaciones de contorno en los mapas producidos, se podía deducir que cualquiera de las dos interpretaciones podría ajustarse a la descripción que se hace de la quebrada en el registro topográfico, indicando que pasa a través de "un barranco profundo, formado por precipicios".[831] Respecto de la ubicación de otra quebrada, la Corte entendió que la forma del terreno, según el croquis con la versión salvadoreña, se apartaba más radicalmente que el croquis con la versión hondureña.[832] Asimismo, en lo que concierne a la cartografía hondureña de un sitio llamado Las Nubes, la Sala no consideró que fuera correcta.[833] Sin embargo, en esa evaluación, tampoco debe perderse de vista que el uso de mapas, elaborados en un período en que la convención de situar el norte en la parte superior del mapa no era habitual, puede tener consecuencias en su correcta interpretación.[834]

Sin embargo, puede que un mapa no sea fiable en una parte de la frontera trazada por éste, pero que sí lo sea en el resto de ésta, o en una parte de ella. En este sentido, en la disputa entre Eritrea y Etiopía, el Tribunal observó que, si bien una serie de mapas puede mostrar un tratamiento consistente, o posiblemente inconsistente, de una sección de la frontera, esto podría no ser así en relación con otra parte; de manera que la evidencia cartográfica debe considerarse por separado, en relación con cada parte de la frontera.[835]

Sin embargo, los tribunales internacionales no siempre han sido tan celosos con la calidad de los mapas, y a veces han prestado más atención a otras consideraciones. Por ejemplo, en el caso del Templo de Preah Vihear, la Corte Internacional de Justicia tuvo en cuenta un mapa de calidad técnica dudosa, pero al que la parte que ahora lo objetaba le había dado su aquiescencia.[836] De igual manera, en el caso del Rann de Kutch, aunque el presidente del tribunal arbitral consideró que la evidencia cartográfica era persuasiva -teniendo en cuenta quién era la autoridad para trazar fronteras limítrofes- era insuficiente para probar la reclamación de la India; además, en el contexto del sistema político que existía en los tiempos anteriores a la partición de la India, los mapas publicados por el Servicio Cartográfico de la India no eran considerados como instrumentos vinculantes para el Gobierno británico, o para los estados indios, o que, *per se*, pudieran ser vistos como actos de autoridad que determinasen derechos soberanos.[837]

En la controversia entre Eritrea y Etiopía, el Tribunal dijo ser consciente de que los mapas, por muy informativos que parezcan, no son necesariamente representaciones precisas ni objetivas de la realidad sobre el terreno. La topografía depende del estado del conocimiento en el momento de su

---

830 Cfr. Ibid., p. 167.

831 Cfr. International Court of Justice, *Land, Island and Maritime Frontier Dispute* (El Salvador / Honduras: Nicaragua intervening), Judgment of 11 September 1992, párrafo 92.

832 Cfr. Ibid, párrafos 93 y 94.

833 Cfr. Ibid, párrafo 122.

834 Cfr. Ibid, párrafos 109 y 137. La Sala se refiere a la expresión "arriba" -o "arriba del río Jupula"-, utilizada por algunos intérpretes de dichos mapas.

835 Cfr. *Decision regarding delimitation of the border between Eritrea and Ethiopia*, Decision of 13 April 2002, párrafo 3.25. Reports of International Arbitral Awards, vol. XXV, pp. 83-196, en p. 115.

836 Cfr. International Court of Justice, *Case Concerning the Temple Preah Vihear (Cambodia v. Thailand)*, Merits, Judgment of 15 June 1962, pp. 20 a 22.

837 Cfr. *Case Concerning the Indo-Pakistan Western Boundary (Rann of Kutch)*, Award of 19 February 1968. Reports of International Arbitral Awards, vol. XVII, pp. 1-576, en pp. 541 y 567.

elaboración, y, particularmente en el caso de los mapas más antiguos, este podría haber sido inadecuado.[838]

f) La relevancia jurídica de los colores y las líneas de puntos. En algunos mapas, para distinguir el territorio de unos y otros, la jurisprudencia internacional ha observado que no es posible evaluar el color de los mapas producidos durante los períodos en que la coloración manual debía aplicarse en una segunda etapa, por lo que esos factores no son determinantes con respecto a la apreciación de alegados títulos históricos.[839] Respecto de un mapa presentado por Eritrea, junto con observar que no tenía fecha, el Tribunal advirtió que era difícil de discernir lo que mostraba, y que parecía estar hecho a mano; además, comparado con la evidencia cartográfica presentada por Yemen de mapas oficiales italianos de la época, no era tan claro como los mapas del Ministerio de Colonias de 1933 y 1935. A juicio del Tribunal, la mejor interpretación que se podía hacer de esta evidencia parecía ser que, en el período de entreguerras, la cartografía oficial italiana no quiso representar formalmente las islas en disputa como si -en ese momento- hubieran estado bajo la soberanía italiana, e incluso llegó al punto de asignar las islas a Yemen.[840]

Como quiera que sea, la jurisprudencia internacional ha sido reacia a aceptar la caracterización hecha en un mapa elaborado por la parte que lo presenta, indicando los territorios de unos y otros; en particular, sin una indicación específica del propio mapa, el Tribunal no está dispuesto a atribuir significado a las líneas de puntos, en lugar de a la coloración o el etiquetado.[841]

g) Las omisiones en los mapas. La jurisprudencia internacional no ha sido indiferente a la circunstancia de que un punto geográfico, mencionado en un tratado de límites, o en un laudo arbitral anterior, no aparezca en los mapas presentados por las partes. En este sentido, en el caso del laudo de 1897 sobre la frontera entre Costa Rica y Nicaragua, se observa que el nombre propio que recibe el punto de partida de la frontera marcada por el laudo del presidente Cleveland -"el extremo de Punta de Castillo"- no aparece en ninguno de los mapas originales de la bahía de San Juan que fueron presentados por las partes, que al parecer incluían a todos los mapas que se habían publicado tanto antes del tratado de límites como después. Para el árbitro, el significado obvio de este hecho es que Punta de Castillo debe haber sido un punto sin importancia política o comercial, pues, de lo contrario, no podría haber escapado tan completamente de las notas o menciones en los mapas. El Tribunal observa que esta conclusión coincide con las características del continente, y del promontorio a la derecha de la bahía; pero, aunque -hasta la fecha del laudo- el lugar permanecía oscuro y desocupado, excepto por la cabaña de un pescador, por la mención incidental de Punta de Castillo en una disposición del propio tratado suscrito entre las partes, se podía deducir que la identificación de dicha localidad estaba fuera de toda duda. Sin embargo, según el laudo, un estudio cuidadoso de todos los mapas disponibles, así como de las comparaciones entre los mapas anteriores al tratado y los de fecha

---

838 Cfr. *Decision regarding delimitation of the border between Eritrea and Ethiopia*, Decision of 13 April 2002, párrafo 3.19. Reports of International Arbitral Awards, vol. XXV, pp. 83-196, en p. 114.

839 Cfr. *Award of the Arbitral Tribunal in the first stage of the proceedings between Eritrea and Yemen - Territorial Sovereignty and Scope of the Dispute (Eritrea and Yemen)*, Arbitral Award of 9 October 1998, en Reports of International Arbitral Awards, vol. XXII, pp. 209-332, párrafo 370.

840 Cfr. Ibid, párrafos 373 y 374.

841 Cfr. *Award of the Arbitral Tribunal in the first stage of the proceedings between Eritrea and Yemen - Territorial Sovereignty and Scope of the Dispute (Eritrea and Yemen)*, Arbitral Award of 9 October 1998, en Reports of International Arbitral Awards, vol. XXII, pp. 209-332, párrafo 382.

reciente, dejaba claro que el lugar exacto en que se encontraba el extremo del promontorio de Punta de Castillo el 15 de abril de 1858 fue barrido, durante mucho tiempo, por el Mar Caribe.[842]

h) Las inconsistencias entre los mapas. Que haya muchos mapas que difieren entre sí es una buena razón para que los Tribunales los desestimen. En este sentido, en el caso de la frontera entre Botsuana y Namibia, la Corte determinó que la persistente incertidumbre sobre el trazado de la frontera en la región -que condujo a la decisión de realizar un Estudio Conjunto en 1985- y las inconsistencias entre los mapas, impedían considerar que hubiera existido algún tipo de acuerdo, ya sea por vía de interpretación del Tratado de 1890 o por cualquier otra razón, sobre la validez de cualquier frontera representada en los mapas. En esas circunstancias, la evidencia cartográfica no podía respaldar una conclusión a la que el Tribunal hubiera llegado por otros medios.[843]

Asimismo, en la disputa territorial entre Burkina Faso y Mali, el Tribunal se quejó de que los mapas y bosquejos de mapas disponibles a veces eran de dudosa precisión, y se contradecían unos con otros.[844]

i) Los mapas extraviados o de dudosa existencia. En ocasiones, las partes han hecho mención a mapas que no se encontraron, y que incluso había razones para dudar de que hubieran existido. A título ilustrativo, en la disputa territorial entre Burkina Faso y Mali, el Tribunal lamentó no tener disponible ningún mapa que pudiera proporcionarle una ilustración oficial directa de las palabras contenidas en las leyes y documentos citados por las partes, lo cual consideraba esencial para cumplir su tarea. A ello se sumaba el hecho curioso de que, cada vez que el Tribunal debía examinar un mapa, éste estaba extraviado, por lo que debía tener especial cuidado al examinar el archivo de mapas que se le había presentado.[845]

5. EL EFECTO ACUMULATIVO DE LOS MAPAS PREDOMINANTES

A veces, la jurisprudencia internacional ha atribuido cierto peso a la cantidad de mapas que respaldan las posiciones de una u otra de las partes. Así, en 1906, en el caso de la frontera entre Honduras y Nicaragua, sin examinarlos detenidamente, según sus propios méritos, el laudo hizo notar que *en ningún mapa* se mencionaba que Nicaragua se extendiera hasta el Cabo Camarón. Pareciendo dar credibilidad a la preponderancia, o a la mayor cantidad de mapas que avalaban una u otra tesis, el Árbitro menciona, en primer lugar, *varios* mapas anteriores a la independencia de ambos países, que muestran el límite entre ellos en el Cabo Gracias a Dios, y a continuación se refiere a cinco mapas que fijan el límite en el Atlántico, al norte del Cabo Gracias a Dios, pero haciendo notar que ellos son posteriores a la fecha de la independencia, y que tres de ellos son de Nicaragua, y fijan el límite "muy cerca" del referido Cabo.[846]

---

842 Cfr. *First Award of the engineer-umpire, under the Convention between Costa Rica and Nicaragua of 8 April 1896 for the demarcation of the boundary between the two Republics*, Decision of 30 September 1897, en Reports of International Arbitral Awards, vol. XXVIII, pp. 215-222, en págs. 217 a 220.

843 Cfr. International Court of Justice, *Case Concerning Kasikili / Sedudu Island* (Botswana / Namibia), Judgment of 13 December 1999, párrafo 86.

844 Cfr. International Court of Justice, *Frontier Dispute (Burkina Faso / Republic of Mali)*, Judgment of the Chamber of the International Court of Justice, of 22 December 1986, párrafo 64.

845 Cfr. International Court of Justice, *Frontier Dispute* (Burkina Faso / Republic of Mali), Judgment of 22 December 1986, párrafos 57 y 58.

846 Cfr. *Arbitral Award made on 23 December 1906 by H. M. Alfonso XIII, King of Spain, in the border dispute between the Republics of Honduras and Nicaragua*, en Reports of International Arbitral Awards, vol. XI, pp. 101 – 117, en págs. 114 y s.

El elemento cuantitativo surgió nuevamente en el caso de los pilares fronterizos de Taba, en el que el Tribunal hizo referencia a un área triangular, que podía ser vista "en la mayoría de los mapas", al curso de una línea de frontera que es mostrada "en todos los mapas", o a la circunstancia de que, *en casi todos los mapas*, la designación de "Wadi Taba" estaba impresa en la parte inferior de Wadi.[847]

De modo semejante, en el caso del Rann de Kutch, el laudo señaló que los mapas referidos mostraban, *con sorprendente uniformidad*, una frontera limítrofe determinada, y que algunos de ellos habían sido aprobados por las más altas autoridades británicas.[848]

En la disputa entre Eritrea y Etiopía, el laudo sostiene que, si la forma general de una frontera es suficientemente clara y específica, es distintiva en sí misma, y así está representada con claridad en *una serie de mapas, de una manera consistente o casi consistente*, en particular en mapas publicados o utilizados por ambas partes en una disputa, la Comisión debe atribuir a esa forma general de la frontera las consecuencias jurídicas apropiadas.[849]

A partir de estas decisiones, queda la impresión de que cada mapa, en sí mismo, no tuviera una importancia decisiva, pero que la coherencia y uniformidad de todos ellos, o de la mayoría de ellos, tuvieran el efecto acumulativo de conferirles consecuencias jurídicas. Sin embargo, la jurisprudencia de los tribunales internacionales ha observado que suele ocurrir que muchos mapas son, en realidad, copias de otros mapas anteriores; y si bien estos aumentan la cantidad de mapas aparentemente diferentes, en esencia no lo hacen, salvo como posible muestra de una conducta consistente de una de las partes.[850] Pero el número de mapas originales es siempre limitado, y el hecho de que estos se reproduzcan muchas veces -aunque puede ser un indicio de su calidad o reputación-, no hace que, por ese sólo hecho, un mapa se convierta en muchos mapas.

Respecto de los mapas de carácter privado, la noción de concordancia entre ellos debe significar una concordancia general, y no necesariamente absoluta. Pero la concordancia como tal es una prueba poco realista para una controversia en la que hay mucho que decir por ambas partes. Lo que cuenta no es la concordancia (que no es de esperar), sino la preponderancia de una idea de la frontera, siempre que sea suficientemente marcada, y que sus componentes sean significativos, teniendo en cuenta el punto que se pretende demostrar. Puede que el peso de la prueba aportada por cada parte, cualitativa o cuantitativamente, supere o anule el de la otra; pero, cuando un tribunal se enfrenta a un conflicto de pruebas, no puede descartarlo todo simplemente por ese motivo.

Aunque cada mapa tiene que ser valorado según sus méritos, cuando hay una marcada preponderancia en favor de una de las partes, el impacto acumulativo de un gran número de mapas relevantes en el caso particular, que cuentan la misma historia, especialmente cuando algunos de ellos emanan de la contraparte o de terceros independientes, no puede dejar de ser considerado como indicio de una creencia general, o como la confirmación de una conclusión a la que pueda haberse llegado independientemente de los mapas.[851]

---

[847] Cfr. *Case concerning the location of boundary markers in Taba between Egypt and Israel*, Arbitral Award of 29 September 1988, en Reports of International Arbitral Awards, vol. XX, pp. 1-118, párrafos 198, 202, y 207.

[848] Cfr. Opinión del Presidente del Tribunal, *The Indo-Pakistan Western Boundary (Rann of Kutch) between India and Pakistan* (India v. Pakistan), 19 February 1968. Reports of International Arbitral Awards, vol. XVII, pp. 447 y 448, en p. 553.

[849] Cfr. *Decision regarding delimitation of the border between Eritrea and Ethiopia*, Decision of 13 April 2002, párrafo 3.24. Reports of International Arbitral Awards, vol. XXV, pp. 83-196, en p. 115.

[850] Cfr. *Decision regarding delimitation of the border between Eritrea and Ethiopia*, Decision of 13 April 2002, párrafo 3.17. Reports of International Arbitral Awards, vol. XXV, pp. 83-196, en p. 113.

[851] Cfr. Ibid, párrafo 139.

CUARTA PARTE

LOS MAPAS DEL ESEQUIBO

En la disputa entre Guyana y Venezuela por el territorio situado al oeste del río Esequibo, lo que sobra son mapas, ya sea de cartógrafos que estuvieron en el terreno que describen, o de otros, calificados como cartógrafos de gabinete, que trabajaron a partir de mapas anteriores, y de la información recibida de exploradores o viajeros. En algunos casos sus creadores son cartógrafos reconocidos, y en otros son autores anónimos, de quienes se ignora su formación, cuáles fueron sus fuentes, y cuál fue el propósito que los movió a elaborar dichos mapas. Pero, incluso en el caso de mapas de cartógrafos reconocidos, puede que la línea limítrofe no haya sido marcada por ellos, y que ésta no represente su opinión, como ocurre, por ejemplo, con la versión de 1640 del mapa de Blaew, y como los tribunales internacionales ya han tenido oportunidad de constatar en otros casos.[852]

El Tribunal arbitral que dictó el Laudo de París tuvo a su disposición suficientes mapas para determinar la frontera entre las partes litigantes. El atlas que presentó Venezuela a dicho Tribunal contenía 76 mapas, y el del Reino Unido 55. Allí había mapas de los cartógrafos más notables -de tiempos lejanos y contemporáneos-, incluyendo a Mercator, Ortelius, Orontius Finaeus, Speed, Güssefeldt, Hartsinck, Siraut-Destouches, Cruz Cano, Surville, Bellin, Sanson, De Vaugondy, Popple, Delisle, D'Anville, Jefferys, y Arrowsmith. Esos mapas reflejan la visión que se tenía de la región en disputa, y muestran los territorios efectivamente ocupados, la presencia de las potencias europeas en la región en disputa al momento de la confección de esos mapas, o las pretensiones que tenían las partes litigantes respecto de ese inmenso territorio.

En ocasiones, esos mapas son el producto de la compilación de mapas de varios autores, o son la reedición de un mapa anterior, con el aporte y la visión particular de quien lo reedita. En el caso que nos ocupa, mientras algunos mapas provienen de cartógrafos franceses, holandeses, españoles, o ingleses, otros son meros bocetos o dibujos de observadores más o menos imparciales. Algunos de estos mapas provienen de quienes, en algún momento, ocuparon posiciones de responsabilidad en la administración de todo o parte del territorio en disputa, reflejando la visión interesada de una de las partes en esta controversia; en cambio, otros son el producto de observadores imparciales, que muestran la idea que, en un momento particular, se tenía del espacio y de la frontera que separaba a Venezuela de la Colonia de la Guyana Británica.

El valor que se atribuya a unos mapas o a otros es relativo. No se puede atribuir la misma certidumbre a un mapa confeccionado a expensas de parte interesada, para complacer al autor de ese encargo,[853] o al mapa de un autor anónimo. Mientras unos mapas sirven para describir la geografía de

---

852 A título ilustrativo, se recuerda que, en el asunto del canal de Beagle, respecto de los mapas de 1901 y 1903 que llevan el nombre del Dr. Francisco P. Moreno, éste declaró que la línea de frontera marcada allí, incluyendo las islas Picton y Nueva en territorio argentino, habría sido hecha por la Legación Argentina en Londres, en contra de la que era su opinión. Cfr. *Beagle Channel arbitration between the Republic of Argentina and the Republic of Chile*, Report and decision of the Court of Arbitration, 18 February 1977, párrafo 158.

853 Cfr. Enrique Bernardo Núñez, *Tres momentos en la controversia de límites de Guayana*, tercera edición, a cargo de Ediciones del Ministerio de Educación, Caracas, 1967, p. 24. Publicado originalmente por Editorial Élite, Caracas, 1945. Segunda edición, Publicaciones del Ministerio de Relaciones Exteriores, Caracas, 1962. Según Núñez, a Aberdeen no le merecía

una región -sin necesariamente indicar límites políticos-, otros tienen precisamente la función de demarcar esos linderos, valiéndose o no de los accidentes naturales.

Si se comparan unos con otros (teniendo en cuenta las diferencias de escala y su mayor o menor grado de precisión), además de identificar el espacio en disputa, estos mapas permiten apreciar los cambios que se produjeron en el proceso de ocupación europea, o en la extensión de las reclamaciones territoriales de las partes en esta controversia.

Un hombre versátil y talentoso, como Severo Mallet-Prevost -que participó en el proceso arbitral como uno de los abogados de Venezuela-, trató de explicar las muchas contradicciones que podía haber en los mapas disponibles en esta controversia. Mallet-Prevost observó que algunos mapas tienen un especial significado porque tienen relación con un tratado, o porque han sido objeto de comentario por los Gobiernos, ya sea en su correspondencia diplomática o en la documentación oficial, o porque, en alguna medida, han obtenido la sanción oficial de las autoridades pertinentes.[854] En cambio, otros mapas sólo recogen pictóricamente -a veces en forma tosca y cargada de fantasía- la expresión personal de los geógrafos que los trazaron.[855]

Por otra parte, Mallet-Prevost advierte que no se puede perder de vista que los mapas cumplen la función de expresar pictóricamente las opiniones de un geógrafo o de un hacedor de mapas en particular, y que esas opiniones pueden haber sido fundamentales para lograr su publicación. Los mapas son el punto de vista de una clase particular de expertos, y el valor de su testimonio dependerá de las circunstancias especiales de cada caso.[856] Además, debe tenerse presente que la mayoría de los hacedores de mapas son simples copistas, que reproducen fielmente tanto las precisiones como las imprecisiones de sus respectivos prototipos, y que el número de los hacedores de mapas que muestran poseer una mente original e independiente es pequeño.[857]

Puesto que han sido invocados por Venezuela, en esta controversia, debe prestarse atención a los mapas de fuentes eclesiásticas. Se trata de mapas provenientes de algunas órdenes religiosas, como los Jesuitas, o los Capuchinos catalanes, que participaron en la ocupación del territorio en disputa. En este sentido, Burr recuerda que la conversión de los indios era uno de los objetivos de la política española, y que los misioneros cumplían funciones tanto civiles como religiosas; por consiguiente, él les atribuye a los mapas eclesiásticos españoles un carácter cuasi oficial,[858] porque dichas misiones actuaban en nombre del Estado español. Sobre este particular, François Depons dice que, después de la bula de Alejandro VI -repartiendo el Nuevo Mundo entre España y Portugal-, la conquista de América fue considerada "más como cruzada que como expediciones militares".[859] Pero no se puede

ninguna fe "un miserable mapa holandés en oposición a otro que no fue trazado a expensas y para complacencia de la Compañía de Ámsterdam." Cfr. ibidem.

[854] Cfr. Severo Mallet-Prevost, *Report upon the Cartographical Testimony of Geographers*, en Report and Accompanying Papers of the Commission Appointed by the President of the United States *"To investigate and report upon the true divisional line between the Republic of Venezuela and British Guiana"*, Washington Government Printing Office, Washington, 1897, vol. 3, p. 4.

[855] Cfr. Ibid., p. 15.

[856] Cfr. Ibidem.

[857] Cfr. Ibid, p. 7.

[858] Cfr. Ibid, pp. 178 y s.

[859] Cfr. *Viaje a la parte Oriental de Tierra Firme* (Título original: Voyage à la partie orientale de la Terre-Ferme, dans l'Amérique Méridionale, fait pendant les années 1801, 1802, 1803 et 1804: contenant la description de la capitainerie générale de Caracas, composée des provinces de Venezuéla, Maracaibo, Varinas, la Guiane Espagnole, Cumana, et de l'ile de la Marguerite; et renfermant tout ce qui a rapport à la découverte, à la conquête, à la topographie, à la législation, au commerce, aux finances, aux habitans et aux productions de ces provinces; avec un aperçu des moeurs et usages des

conceder el mismo carácter a los mapas que muestran la presencia de misiones religiosas holandesas en la región, porque, mientras unos misioneros actuaban en el nombre y con la autoridad del Estado, los otros lo hacían a título particular. Mientras el avance de unos expandía la soberanía del Estado, la incursión de los otros no tenía ninguna consecuencia jurídica para la adquisición de territorios en nombre del Estado. En un mapa de América del sur, de 1759[860] -de autor anónimo-, con la línea divisoria de las colonias pertenecientes a España y Portugal, se puede apreciar la presencia de las misiones jesuitas, y de los sitios en los que ellos se establecieron a mediados del siglo XVIII; asimismo, los mapas de los capuchinos catalanes -en particular uno de autor anónimo, de alrededor de 1789-,[861] y especialmente en los mapas históricos de la ocupación europea en Guayana, de George L. Burr -que son objeto de un comentario posterior-, en los que se muestra dónde se habían establecido sus misiones (básicamente en la cuenca del Caroní, según el mapa de 1789), cuándo, con qué grado de permanencia, o por cuánto tiempo, pueden servir para probar los límites de la ocupación española, y la idea que esos misioneros tenían de la frontera. Pero también habrá que considerar los efectos jurídicos -si los tienen- de las misiones que ya estaban abandonadas. Respecto de la controversia que nos ocupa, la influencia de las misiones -especialmente Capuchinos, Observantes, y Jesuitas, es examinada extensamente por Donís en sus publicaciones;[862] también, en un texto de próxima aparición, que he tenido el privilegio de conocer en su versión preliminar, Josmar Fernández ofrece un interesante estudio sobre las misiones capuchinas y los mapas de la región de Guayana en que ellos estuvieron asentados, particularmente en los siglos XVII y XVIII, labor que se suspendió en 1817, con la expulsión de los misioneros por el ejército patriota que luchaba por la independencia de España.[863] Lo que ha quedado de esas misiones son, fundamentalmente, bocetos, planos, o dibujos, que pueden mostrar hasta dónde llegaron los misioneros, pero que -por su proyección en el territorio en disputa- no parecen ser de mucha relevancia jurídica en esta controversia.

Por contraste con el papel de las misiones religiosas españolas, en el caso de Holanda, la conquista era una empresa eminentemente comercial, encomendada a la Compañía Holandesa de las Indias Occidentales, creada en 1621. Dicha Compañía actuaba en nombre del Estado holandés, y así se desprende del artículo V del Tratado de Münster, suscrito el 30 de enero de 1648. Asimismo, se recuerda que, una vez disuelta la primera Compañía de Indias Occidentales -por voluntad de sus socios-, el 20 de septiembre de 1674, los Estados Generales de las provincias Unidas de los Países Bajos dictaron una Carta creando una nueva Compañía de Indias Occidentales, cuyo artículo II le permitía actuar "en su nombre y con su autoridad", estando investida de autoridad para administrar las colonias, pudiendo construir fortalezas y ciudadelas, y nombrar Gobernadores y oficiales de justicia. De manera que sus actos deben asimilarse a los del Estado holandés, por lo que los mapas de la Compañía de las Indias Occidentales -o los de quienes estaban a su servicio- tienen que ser valorados desde esa perspectiva, como actos que comprometían la voluntad del Estado.

Espagnols, et des Indiens sauvages et civilisés, Colnet, F. Buisson, París, 1806.) Tipografía Americana, Caracas, 1960. p. 4.

860 Cfr. https://www.europeana.eu/es/item/2022713/oai_rebae_mcu_es_176694

861 Cfr. *Sketch map of the missions of the Catalonian Capuchins in the Spanish* province of Guayana, about 1789. https://ia601300.us.archive.org/11/items/dr_anonymous-1789-s-doc-91-55-2-75-sketch-map-of-the-capuchin-missions-i-1122080/1122080.jpg

862 Cfr. Manuel Alberto Donís Ríos, *Evolución histórica de la cartografía en Guayana y su significación en los derechos venezolanos sobre el Esequibo*, Biblioteca de la Academia Nacional de la Historia, Caracas, 1987, pp. 201 y ss., y específicamente en *Guayana Historia de su territorialidad*, Universidad Católica Andrés Bello, Caracas, 2002.

863 Josmar Fernández, *La Guayana profunda: Una interpretación de los testimonios y representaciones cartográficas, así como de su impacto en la controversia por el territorio Esequibo.* En prensa. También, Manuel Donís, Guayana Historia de su territorialidad, UCAB, Caracas, 2002.

Un dibujo, un croquis, o incluso un mapa que muestra la ruta de una excursión, puede que sirva para ilustrar la capacidad de observación de su autor, o el conocimiento que éste tenía de la región, pero no es prueba de una frontera. Suponiendo que tuviera alguna relevancia, la idea de una frontera política difícilmente pudo haber estado en la mente de los primeros exploradores de la región. Además del hecho de haberse realizado esa excursión y de haber tomado nota de sus accidentes geográficos, si muestra los poblados, o las instalaciones militares que hay en el camino, ese dibujo podrá servir para probar el grado de ocupación de ese espacio, y por quién. Pero de dicha excursión, y de la representación gráfica de la misma, no se pueden inferir consecuencias políticas distintas de las ya referidas.

Los detalles que contenga el mapa, mostrando instalaciones físicas de una u otra de las partes, tienen un valor jurídico variable, dependiendo del tipo de instalación de que se trate. En este sentido, no prueba lo mismo la ubicación en el mapa de un fuerte, una casa fuerte, una posta, una estación de policía, o la mera existencia de viviendas de nacionales de una u otra de las partes; cada una de esas instalaciones es relevante, en cuanto pueda reflejar la presencia del Estado en el territorio en disputa. Pero no es lo mismo un fuerte, que muestra la disposición de una de las partes a defender el territorio a partir de ese punto, y que, por lo tanto, marca una frontera, que una posta, carente de propósitos políticos, o una estación de policía, llamada a ejercer sus funciones en un perímetro más o menos extenso alrededor de la misma, pero que no representa un hito fronterizo. A la inversa, si un fuerte marca la frontera que se está dispuesto a defender, mostrar en el mapa la existencia de un fuerte abandonado sólo sirve como una referencia histórica, y puede tener consecuencias negativas para la parte que lo abandonó. En cuanto a las viviendas de los nacionales de una de las partes, si estos no actuaban en nombre del Estado y no eran parte de una política de poblamiento, eso no prueba nada.

En los mapas más antiguos, particularmente en los del siglo XVI y parcialmente en los del siglo XVII, cuando la presencia europea en Sudamérica se reducía a las de España y Portugal, cuando Holanda todavía no existía como nación independiente, y cuando Inglaterra aún no había mostrado interés en estas tierras, no encontramos información que tenga especial valor en el presente caso. Los mapas que aportan datos más relevantes en esta controversia son los de los siglos XVIII y XIX.

Como quiera que sea, los mapas deben ser examinados con la distancia epistemológica que existe entre las diversas disciplinas, teniendo en cuenta el objeto de cada una de ellas. Mientras el geógrafo examinará los mapas prestando atención al curso de los ríos y de las cadenas montañosas, o a su fidelidad con la realidad geográfica que pretende representar, el cartógrafo se fijará en si el mapa tiene coordenadas (puesto que, de no tenerlas, es un mero boceto), en su orientación, en la información que se indica en la cartela, en la escala, o en la proyección utilizada. Mientras el geógrafo y el cartógrafo estudian los mapas desde una perspectiva estrictamente científica, otros estudiosos lo hacen desde una perspectiva política. En este sentido, el historiador deseará saber qué es lo que cuentan esos mapas, y le interesará conocer si, al momento en que éste fue confeccionado, ya existía el pueblo tal o cual, si ese pueblo fue abandonado, o si sólo era un proyecto. El politólogo verá en el mapa la representación espacial del Estado, prestará atención al tamaño de los imperios -tal vez como expresión del chauvinismo y de la superioridad de unos sobre otros-, a la importancia geopolítica de la desembocadura de un río o de una costa, a los objetivos ideológicos de quien lo diseñó, o al valor del mismo para dar legitimidad a una colonia, o a un territorio en reclamación. Por su parte, el lingüista prestará atención al origen y a la elección de los topónimos, sin descuidar su significado. Mientras el economista se fijará en la riqueza de los recursos naturales que hay en un territorio determinado, en las infraestructuras necesarias para aprovecharlos, o en las rutas comerciales, el etnólogo examinará las fronteras que marcan la identidad de una nación. En la diplomacia y las relaciones internacionales, los mapas han servido para negociar esferas de influencia, o para repartir territorios. Cada uno de esos aspectos es relevante y, sin duda, todos ellos han tenido un impacto en la disputa por el territorio situado al oeste del río Esequibo. Pero no puede perderse de vista que, aunque cada uno de los profesionales a que hemos hecho mención tengan ante sus ojos el mismo mapa, en presencia de un juez, cada uno de ellos verá cosas diferentes.

Para el jurista, lo que importa no es la belleza del mapa, o la circunstancia de que esté decorado con gracia y esmero; tampoco importan los recursos que haya en el territorio, o la percibida o imaginada importancia estratégica de un río, o de una costa. Para un tribunal, incluso la calidad técnica, o la precisión del mapa, podría ser poco relevante. Además de lo que muestra, lo que importa es qué es lo que el mapa es capaz de probar. En este sentido, en el caso del Canal de Beagle, el Tribunal señaló que la utilidad de la cartografía de un caso descansa en la evidencia que proporciona respecto a quienes lo produjeron, lo autorizaron, lo patrocinaron, lo publicaron o lo difundieron, considerando que refleja una representación correcta del arreglo territorial de que se trata.[864] Para determinar lo que prueban, debe recordarse que los mapas tienen un origen y un contenido, y que -además de los datos geográficos- suelen ir acompañados de una explicación, aunque sea breve, del propósito al que sirven. Adicionalmente, desde el punto de vista jurídico, también habrá que examinar el valor que debe atribuirse al hecho de que un mapa haya sido censurado u ocultado por una de las partes en una controversia, a la circunstancia de que éste haya sido invocado tardíamente por una de las partes, o al hecho de que haya sido adulterado por una de las partes.

Para el jurista, la información que los mapas omiten ya sea deliberadamente, por mera ignorancia, o como consecuencia de un sesgo ideológico o cultural, también cuenta; por eso, en esta controversia, la interpretación que se ha hecho de los espacios vacíos en los mapas, como si se tratara de *terra nullius* -ignorando el derecho incoado de una de las partes a ocuparlos-, y que se presentan como si estuvieran abiertos a la ocupación europea, reviste particular importancia. Harley sostiene que no hay espacios vacíos en un mapa.[865] En este sentido, en 1922, en el laudo arbitral sobre la disputa fronteriza entre Colombia y Venezuela, el Consejo Federal Suizo recordó que el *uti possidetis* -como principio general- ofrecía la ventaja de establecer la regla absoluta de que no existía legalmente, en la antigua América española, ninguna *terra nullius*; si bien podían existir muchas regiones que nunca habían sido ocupadas por los españoles, y muchas otras inexploradas, o habitadas por indígenas no civilizados, se consideraba que estas regiones pertenecían legalmente a cualquiera de las Repúblicas que sucedieran a la provincia española a la que esos territorios estuvieran unidos en virtud de las antiguas ordenanzas reales de la metrópoli española. Estos territorios, aunque no ocupados de hecho, se consideraron, por consentimiento común, ocupados legalmente desde el primer momento por la nueva República.[866] Ciertamente, el *uti possidetis* es un principio de delimitación que encuentra aplicación entre las repúblicas que sucedieron al imperio español en América, por lo que no se puede invocar en contra de Inglaterra, o ahora en contra de Guyana, como sucesora de los derechos de Inglaterra en el territorio en disputa; pero el *uti possidetis* sirve para demostrar que ese era un territorio reclamado originalmente por España, y ahora por Venezuela.

La soberanía sobre espacios escasamente poblados -y por población nativa- tiene que ser evaluada a partir de considerar dicho territorio como una unidad geográfica, y teniendo en cuenta que la accesibilidad al mismo puede verse obstaculizada por una selva tropical, por la naturaleza del terreno, por condiciones climáticas, o por otro tipo de circunstancias.

---

864 Cfr. *Beagle Channel arbitration between the Republic of Argentina and the Republic of Chile*, Report and decision of the Court of Arbitration, 18 February 1977, párrafo 147.

865 Cfr. John Brian Harley, *The New Nature of Maps: Essays in the History of Cartography*, John Hopkins University Press, Baltimore, 2001, p. 106.

866 Cfr. *Affaire des Frontières Colombo-Vénézuélien* (Colombie contre Vénézuéla), Sentence, Berne, 24 mars 1922, en Reports of International Arbitral Awards, vol. I, pp. 223-298, en pág. 228.

En todo caso, los mapas tienen deficiencias y limitaciones inherentes en cuanto a su precisión. No puede perderse de vista que todos los mapas que se presentaron ante el Tribunal arbitral reunido en París -que son esencialmente los mismos que se manejan en la actualidad en relación con la controversia que nos ocupa- fueron elaborados sin las técnicas de la fotografía aérea, o de las imágenes satelitales ahora disponibles; hoy día, sin llegar a sustituirlos del todo, esas técnicas modernas son de utilidad en la preparación de mapas más precisos, o le sirven de complemento, para ilustrar mejor alguna de sus secciones. De modo que es natural que mapas elaborados incluso hace siglos, y a veces en forma muy tosca, puedan mostrar el terreno en forma distorsionada, y puedan contener errores.

Las líneas de los mapas no son el epítome de la verdad, ni son el equivalente a una sentencia con el valor de cosa juzgada. Simplemente, ellos son un medio de prueba más del que pueden valerse las partes en una controversia territorial. En este sentido, se recuerda que, en el *caso del Canal de Beagle*, el Tribunal Arbitral -designado por el Gobierno de Su Majestad Británica que había sido escogido como árbitro- señaló que es posible que la importancia de un mapa no radique en el mapa en sí, que en teoría podría incluso ser inexacto, sino en la actitud que se haya manifestado hacia él por la Parte interesada, o por sus representantes oficiales.[867]

Los mapas no son necesariamente neutrales, ni son políticamente inocentes. A fin de cuentas, si los hacedores de mapas no actúan con el mandato común de los Estados involucrados, su trabajo tendrá escaso valor, o ninguno. Según Adler, los "*ingenieros en fronteras*" son los que le proporcionan a los diplomáticos y negociadores (que son quienes hacen de "arquitectos")[868] su propia idea de ésta, o información relevante para el trazado de la misma, y para su traslado al terreno.

En la controversia por el territorio situado al oeste del río Esequibo hay una larga serie de mapas, con algunos que cubren toda América, o Sudamérica, y otros más específicos, que abarcan toda la región conocida como Guayana, o solamente la región en disputa. Aunque esos mapas son el producto de la historia, no es la intención del autor de estas líneas inmiscuirse en el campo de los historiadores,[869] o relatar las guerras y las escaramuzas políticas o militares que fueron cambiando la fisonomía de esos mapas; tampoco voy a cometer el atrevimiento de entrometerme en la tarea de los geógrafos o de los cartógrafos. Con mucha prudencia, un viejo adagio español aconseja que el zapatero se dedique a sus zapatos, y no se entremeta en los oficios que desconoce; de manera que dejemos que cada profesional diga lo que considere apropiado, según la ciencia o el arte para el que se ha preparado. Las interpretaciones de la historia hechas por los juristas valen tan poco como el juicio de los historiadores -o de los geógrafos- sobre las reglas relativas a la adquisición de territorios, la interpretación de los tratados, las condiciones de validez de un instrumento jurídico, o el derecho aplicable en una situación determinada. En nuestro caso, como jurista, a partir de una controversia judicial que debe resolverse aplicando reglas de derecho, nuestro propósito es examinar qué es lo que cuentan esos mapas, cuánto ayudan a entender esta controversia, y qué valor tienen desde el punto de vista jurídico.

---

867 Cfr. *Beagle Channel arbitration between the Republic of Argentina and the Republic of Chile*, Report and decision of the Court of Arbitration, 18 February 1977, párrafo 137.

868 Las expresiones "*boundary engineers*" y "*boundary architects*" son utilizadas por Ron Adler, en *Positioning and mapping in international land boundaries*, en Boundary and Territory Briefing (International Boundaries Research Unit, Durham University), Vol. 2, N° 1, 1995, p. 1. Mientras la primera se refiere a los expertos en geografía, geodesia, cartografía, y computación, la segunda se refiere a los negociadores de un acuerdo que delimita fronteras. La expresión "*boundary engineers*" le habría sido sugerida por W. D. Rushworth, en una comunicación privada del 13 de mayo de 1993.

869 Para una relación histórica de estos mapas me remito a los trabajos de Hermann González Oropeza, *Atlas de la Historia Cartográfica de Venezuela*, Editorial Papi S. R. L., Caracas, 1983, y Manuel Alberto Donís Ríos, *Evolución histórica de la cartografía en Guayana y su significación en los derechos venezolanos sobre el Esequibo*, Biblioteca de la Academia Nacional de la Historia, Caracas, 1987.

Ninguno de los mapas que se presentaron ante el Tribunal arbitral reunido en París muestra fronteras internacionalmente reconocidas. El valor de esos mapas es diverso, ya sea por el momento histórico en el que fueron diseñados, por limitarse a mostrar la geografía del terreno, por no mostrar fronteras de ningún tipo, por tener su origen en una de las partes, por mostrar fronteras "probables", o por mostrar las fronteras "reclamadas" por una u otra parte. Pero ninguno de ellos es la expresión de la voluntad común de los Estados litigantes; por lo tanto, su valor probatorio es relativo.

A la luz de esas múltiples visiones, en un intento por comprender el sentido de los mapas más notables en esta controversia, invitamos al lector a mirarlos sin apasionamiento, con los ojos del jurista, y con la vista puesta en lo que está pendiente ante la Corte Internacional de Justicia. Para ello ofrecemos una selección de mapas escogidos por su pertinencia en esta disputa territorial, ya sea por revelar algo de interés, por mostrar la visión que se tenía de la zona en conflicto en un momento determinado, por haber sido invocados y aceptados por una de las partes, por ser el germen de esta disputa, por reflejar un pensamiento independiente, o por provenir de cartógrafos de renombre. No ha sido sencillo escoger entre mapas generales, de toda América o de América del Sur, y mapas especiales de la región de Guayana, o de una parte de ella; a veces, los mapas generales muestran detalles particularmente relevantes en esta controversia (incluyendo una línea de frontera), mientras que algunos mapas regionales carecen de interés. Los mapas seleccionados los hemos agrupado por categorías, teniendo en cuenta su origen nacional y el momento en el que se produjeron. Con toda seguridad, el lector echará de menos algunos mapas que gozan de popularidad en la literatura sobre el tema; pero nos ha parecido que no había que recargar innecesariamente este trabajo, con piezas documentales que -ya sea por lo que muestran o por provenir de quien provienen- no aportan nada en la solución de esta controversia.

I. LOS PRIMEROS MAPAS

Refiriéndose a los primeros viajes al Nuevo Mundo, en una carta fechada el 4 de diciembre de 1514, Pedro Mártir de Anglería decía que no hubo castellano que, creyéndose capacitado para medir tierras y litorales, no hubiera confeccionado su propio mapa. Tal vez por eso, en un juicio quizás excesivamente severo, en su informe a la Comisión Cleveland, designada para investigar e informar sobre la verdadera frontera entre Venezuela y la Colonia de Guayana Británica, Mallet-Prevost afirma que todos los mapas de la región en disputa que examinó dicha Comisión se habían hecho con un conocimiento muy imperfecto y deficiente del territorio, estando repletos de errores.[870] Por supuesto, hay que distinguir entre los primeros mapas, que obviamente muestran un conocimiento muy imperfecto de la región, y los mapas posteriores, elaborados por cartógrafos reconocidos, a partir de técnicas astronómicas y cartográficas más modernas, y basados en las exploraciones de esa zona. Pero, como quiera que sea, lo cierto es que los primeros mapas marcaban el territorio en disputa como una tierra desconocida e inexplorada, carente de fronteras políticas.[871] Cuidadosamente, sus autores se abstuvieron incluso de sugerir una frontera. En realidad, lo más que hicieron los mapas del siglo XVI fue trazar el meridiano del Tratado de Tordesillas, que debía separar las posesiones españolas de las portuguesas; pero hubo que esperar hasta la segunda mitad del siglo XVIII para que, en los mapas más notables, comenzaran a aparecer fronteras políticas.

Según Boggs, los mapas de Asia y las Américas en los atlas del siglo XVII, y los mapas de África hasta una fecha tan reciente como mediados del siglo XIX, rara vez intentaban representar algo más que fronteras rudimentarias ocasionales. En realidad, el deseo de los cartógrafos de hacer sus

[870] Cfr. Severo Mallet-Prevost, op. cit., p. 6.

[871] Cfr. Ibid., p. 14.

mapas tan artísticamente completos es, parcialmente, responsable de indicar fronteras hipotéticas donde todavía no había ninguna que hubiera sido definida.[872]

A juicio de Lechner, durante los primeros decenios del siglo XVI, para los europeos, hasta la forma del continente americano, el curso de sus ríos, o la localización y formas de sus sierras y cordilleras, era materia de especulación. Aunque, ya en 1500, Juan de la Cosa había confeccionado un mapa en el que quedaba consignado todo lo que entonces se sabía de ciertas partes de América - particularmente de las islas y de ciertos sectores de la costa-, ese mapa no fue editado, por lo que la información que contenía quedó inaccesible a quienes podían interesarse por tales asuntos.[873]

Mallet-Prevost hace notar que -en los primeros mapas- los nombres usados para designar esos espacios se referían a las tribus nativas que se suponía habitaban las regiones así designadas, pero sin que esa mención tuviera significación política de ninguna clase. Los caribes eran los más aguerridos de todos los salvajes, siendo la tribu dominante, por lo que era natural que, inicialmente, se diera a todo ese territorio el nombre de "*Caribana*". Pero, con el correr del tiempo, al descubrir que los caribes eran tan solo una de tantas tribus, la región designada con dicho nombre se hizo más pequeña. A veces, esos nombres indicaban la supremacía política de España o la de Portugal, o carecían enteramente de significación política. "*Castilla del Oro*" sería un ejemplo de lo primero; "*Terra Sancte Crucis*", "*Terra Incognita*", "*Terra Firma*", "*Paria*", y "*Caribana*" -en su opinión-, son ejemplos de lo segundo. En uno de los mapas de Ptolomeo, de 1540, Mallet-Prevost observa que toda la costa de Sudamérica está cubierta por la leyenda "*Parias abundat auro et margaritis*"; se observa que *margaritis* era la forma arcaica como se hacía referencia a la flor, pero también a las perlas; era, por lo tanto, una tierra abundante en oro y perlas. Pero, en los tiempos del cronista de Indias Pedro Mártir de Angleria[874] y del cartógrafo flamenco Abraham Ortelius (1527-1598), nadie ponía en duda la supremacía de España en la llamada "*Terra Firma*". De los ingleses o de los holandeses no se había tenido noticias en esas costas, y, para esa época, los últimos ni siquiera existían como nación. Por consiguiente, los nombres se usaban como descriptivos, y no como expresión de la soberanía ejercida o reclamada por unos u otros.[875]

El primer mapa en el que se muestra América (o una parte de ella), y la zona que un siglo después sería conocida como Guayana, es el mapa de Juan de la Cosa, que habría sido elaborado en 1500, en el puerto de Santa María, y que se conserva y exhibe en el Museo Naval de Madrid. Juan de la Cosa -un marino de Cantabria- habría viajado siete veces al Nuevo Mundo, por lo menos dos de ellas acompañando a Cristóbal Colón, y es posible que su mapa esté basado en un mapamundi, o "*carta de marear*", preparada por Colón en su tercer viaje; a ese mapamundi Colón iba añadiendo las tierras que iba descubriendo, y a él se alude en una carta dirigida a los reyes católicos, de octubre de 1498. Al parecer, esa "carta de marear" le habría sido mostrada a Juan de la Cosa por un camarero de Colón,[876] y queda para la especulación si ésta sirvió de base para el famoso mapa de su autoría. En términos geográficos, el mapa de Juan de la Cosa es la representación más completa del mundo conocido en

[872] Cfr. Samuel Whittemore Boggs, *International Boundaries: A study of boundary functions and problems*, Columbia University Press, New York, 1940, p. 7.

[873] Cfr. Jan Lechner, *América en los Atlas de Humanistas Holandeses*, en Nueva Revista de Filología Hispánica, Editada por El Colegio de México, México, 1992, vol. XL, pp. 85 y ss.

[874] Pietro Martire d'Anghiera, 1457-1526, autor de *De Orbe Novo*. Cubre ocho décadas, la primera parte (1493-1510) publicada en Sevilla, en 1511. La obra completa se publicó en 1550, después de su fallecimiento). En algunas ediciones de su primera parte se incluye un mapa del Caribe insular y continental, probablemente suyo, fechado en 1511, aunque parece incluir descubrimientos posteriores a esa fecha. En dicho mapa, en la costa norte de Sudamérica, se pueden apreciar los topónimos de "*c. d' la vela*" (Cabo de la Vela), "*equibacoa*" (Coquibacoa), "*g. de paria*" (Golfo de Paria), y "*r° grande*" (por el río Amazonas).

[875] Cfr. op. cit., pp. 8 y ss.

[876] Cfr. Pablo Ojer, *La formación del Oriente Venezolano*, Universidad Católica Andrés Bello, Caracas, 1966, Tomo I, p. 13, y Hermann González Oropeza, *Atlas de la Historia Cartográfica de Venezuela*, Editorial Papi S. R. L., Caracas, 1983, p. 26.

aquella época, en la que Cuba ya se representa como una isla, a pesar de que Colón pensaba que se trataba de una península asiática. Es importante recordar que, además de incorporar una representación gráfica del Nuevo Mundo, éste es un mapa que debió tener en cuenta la división territorial acordada entre España y Portugal en el Tratado de Tordesillas, suscrito en 1494. Se trata de un mapa pintado a mano, sobre piel de ternera, y que tiene una dimensión de 93 centímetros de alto por un metro y ochenta y tres centímetros de ancho. La parte izquierda del mapa corresponde al cuello del animal, por lo que es irregular, haciendo una especie de semi circunferencia. El mapa está recargado de imágenes religiosas y personajes legendarios, incluyendo a los reyes magos. En el extremo izquierdo del mismo, frente a lo que correspondería al mar Caribe, hay una imagen de San Cristóbal (probablemente aludiendo a Cristóbal Colón), como si estuviera caminando sobre el agua. Hay que subrayar que este mapa, que ha sido caracterizado por algunos como un mapamundi, o un planisferio, no es un mapa de la región en disputa, sino una representación tanto del viejo mundo como de *parte* del continente recién descubierto. Además de una porción de América, se muestra Europa, África, y parte de Asia, con parte de la India, pero omitiendo la costa occidental del Nuevo Mundo, China, el sudeste de Asia, y el Océano Pacífico, aún desconocido. Se trata de una compilación de información geográfica recogida de diferentes fuentes, y producida en distintas épocas. Aunque no es, exactamente, un mapamundi, al enseñar todo el mundo conocido, es probable que se haya diseñado con la intención de mostrar el tamaño del naciente imperio español. A la izquierda de este mapa, pintado en verde oscuro, se muestra parte del Nuevo Mundo, sin mayor decoración y sin mucho detalle, excepto por la figura de San Cristóbal ya referida. Europa y el resto del mundo están pintados en tonos claros, con Europa y África ocupando el centro del mapa, mostrando banderas, escudos de armas, figuras mitológicas, y algunas construcciones. La parte de la costa al norte de Sudamérica, dibujada de forma muy tosca e imprecisa, está adornada con banderas castellanas, y acompañada de una leyenda que dice que "*Este cavo se descubrió en año mily IIIIXCIX por Castilla syendo descubridor vicentians*".[877] (sic). Frente a la costa de lo que sería Guayana -aunque no se aprecia una representación de la desembocadura del río Esequibo-, aparece la mención "*Mar Duce*".

Se muestran dos líneas horizontales, y una línea vertical; la línea horizontal de la parte superior está marcada como "circulo cancro" (sic), mostrando el Trópico de Cáncer, y la inferior está marcada como "circulo equinoccial", correspondiendo a la línea del Ecuador. Esa representación de la línea del Ecuador y de uno de los trópicos sería una notable innovación en la cartografía de la época.[878] Una línea vertical, que pasa a través de las islas azores, es de significado más dudoso; a pesar de su ubicación, algunos la han identificado como la línea fijada por el Papa Alejandro VI en la bula *Inter Caetera*, y otros la interpretan como la línea marcada por el Tratado de Tordesillas, que modificó la delimitación papal, y que -a diferencia de la línea marcada en el mapa- se situaba 370 leguas al oeste de las islas del Cabo Verde; para un tercer grupo, ésta representa una línea de declinación magnética nula, según las observaciones hechas por Colón al atravesar el Atlántico en su primer viaje al Nuevo Mundo. También se muestran tierras descubiertas por los españoles o los portugueses. Debe recordarse que -en cuanto descubridores- el derecho internacional de la época le reconocía a los españoles el derecho preferente de ocupar -y adquirir, por este medio- los territorios descubiertos por ellos; pero todavía no hay, en el mapa de Juan de la Cosa, ninguna evidencia de ocupación europea; para esa época, los holandeses aún no se habían establecido en dicho territorio, por lo que no hay fronteras en la zona hoy en disputa.

---

877 Este cabo [referido al extremo oriental de Sudamérica, al que originalmente se llamó cabo de Santa María de la Consolación] se descubrió en 1499 por Castilla, siendo el descubridor Vicente [Yáñez Pinzón].

878 Según Joaquim Alves Gaspar, este mapa introdujo innovaciones con la representación de la línea del Ecuador y del trópico de Cáncer -colocados aproximadamente en la ubicación correcta-, y con los módulos de 17 y media leguas por grado de latitud, que se convirtió en la medida estándar en la cartografía náutica ibérica, y que podría ser una indicación de que incorporó la representación de latitudes astronómicamente observadas. *The planisphere of Juan de la Cosa (1500): The first* Padrón Real *or the last of its kind?*, published in Terrae Incognitae 49:1 (2017), pp. 48 a 68. https://www.tandfonline.com/doi/full/10.1080/00822884.2017.1295600 , p. 1.

https://www.ign.es/web/catalogo-cartoteca/resources/webmaps/delacosa.html#map=3/-632972.09/4922267.39/0

Pintado con vivos colores, cuando recién se comenzaba a conocer el Nuevo Mundo, el mapa de Juan de la Cosa es una soberbia obra de arte, y una pieza de incalculable valor histórico; pero, aparte de eso, este mapa no aporta nada que ayude a esclarecer los derechos de las partes en la solución de la controversia territorial entre Guyana y Venezuela.

El primer mapa, o boceto, que se conoce de la región como tal es un mapa anónimo, de alrededor de 1560, "de los ríos Amazonas, Esequibo o Dulce y Orinoco y de las comarcas adyacentes",[879] rescatado y reproducido en 1877 por el Instituto Geográfico y Estadístico, de Madrid. En dicho mapa, la costa está marcada como "Aruacas", y más al interior con la indicación de "Caribes", por referencia a las tribus indígenas establecidas en ese espacio. El río Esequibo está marcado como "Dulce". En el interior del mapa hay varias anotaciones manuscritas; en una de ellas se dice que *"Esta sierra viene del reyno y del Perú, es allá en el Perú rica de plata en el reyno de oro, y por aquí está lo que dicen El Dorado"*. Más abajo -entre dos sierras, cerca de donde se muestra el Orinoco- dice "*Guayana, ay oro guayní*". Esta parece ser la primera vez que se utiliza el nombre de Guayana en la cartografía, aunque -en este mapa- no es claro qué es lo que ella abarca.

Más conocida es una Carta de Guayana, de 1595 o 1596, atribuida a Walter Raleigh, pero que probablemente fue copiada de un mapa del explorador español Antonio de Berrío, quien fue prisionero de Raleigh. Como bien explica González, Raleigh concibió su empresa guayanesa, con todo su embrujo de leyenda y mito, de fuentes españolas; la primera fuente de ese conocimiento fue un paquete de papeles que obtuvo para él un Capitán de nombre George Popham, que a la vez los obtuvo de un barco español, en ruta a España. Según González, cuando Raleigh arribó a Trinidad, en abril de 1595, para enfrentar a Antonio de Berrío, se encontró con el autor de esos informes, encandilado como él con las supuestas riquezas del Imperio Indígena de *El Dorado*. En 1594, estando en Trinidad, Raleigh prendió fuego a la ciudad de San José de Oruña, fundada por Berrío en 1592, y asesinó a decenas de españoles, pero conservó tanto los papeles de Berrío como a su autor, a quien se llevó consigo. Esos documentos, y las largas horas de interrogatorio a Berrío, habrían sido el origen de todo lo que Raleigh escribió; a juicio de González, Raleigh apenas escribió algo más que lo ya sabido por los españoles. Lo cierto es que, en la cabina de su nave, Raleigh tuvo consigo al hombre que mejor conocía la geografía del Orinoco, y lo tenía con todas sus cartas y relatos. Citando el libro de Raleigh,[880] González recuerda lo dicho por aquel, en el sentido de que, teniendo a Berrío como su prisionero, recogió de él todo lo que sabía de Guayana.[881] González cita un pasaje del historiador Vincent Todd Harlow -tomado de su introducción a una reedición del libro de Raleigh-, en el que señala que una comparación entre la narración de Raleigh con los despachos de Berrío demuestran que una gran parte de los detalles geográficos del primero se derivan de las conversaciones con Berrío.[882]

---

879 https://dn721804.ca.archive.org/0/items/dr_anonymous-15--s-doc-91-55-2-76-mapa-de-los-rios-amazonas-esequiyo-o-d-1122081/1122081.jpg

880 Cfr. Walter Raleigh, The Discovery of the Large, Rich, and Beatiful Empire of Guiana, with a relation of the Great and Golden City of Manoa (which the Spaniards call El Dorado) and the provinces of Emeria, Arromaia, Amapaia and other Countries, with their rivers, adjoining, Imprinted at London by Robert Robinson, 1596. Hay una reimpresión de 1848, publicada por la Hakluyt Society, de Londres, con un prefacio, notas y explicaciones de Robert H. Schomburgk, que es la que hemos consultado. Esta edición agrega dos textos de Raleigh, "Of the voyage for Guiana", probablemente escrito en 1596, y su diario autobiográfico de ese viaje. Es interesante observar que, en el prefacio de esta edición, Schomburgk atribuye a Raleigh el mérito de haber sido el fundador del imperio colonial británico. Cfr. op. cit., p. x. El texto está ilustrado con un mapa del viaje de Raleigh por el Orinoco, el cual fue preparado por Schomburgk, pero cuya parte norte está tomada del Atlas de Venezuela de Codazzi.

881 Cfr. Hermann González Oropeza, *Atlas de la Historia Cartográfica de Venezuela*, Editorial Papi S. R. L., Caracas, 1983, pp. 63 a 66.

882 Cfr. Ibidem., p. 64. La cita de Harlow es a la página LXXXVIII de su introducción a la reedición del libro de Raleigh, The Discovery of the Large, Rich, and Beatiful Empire of Guiana, with a relation of the Great and Golden City of

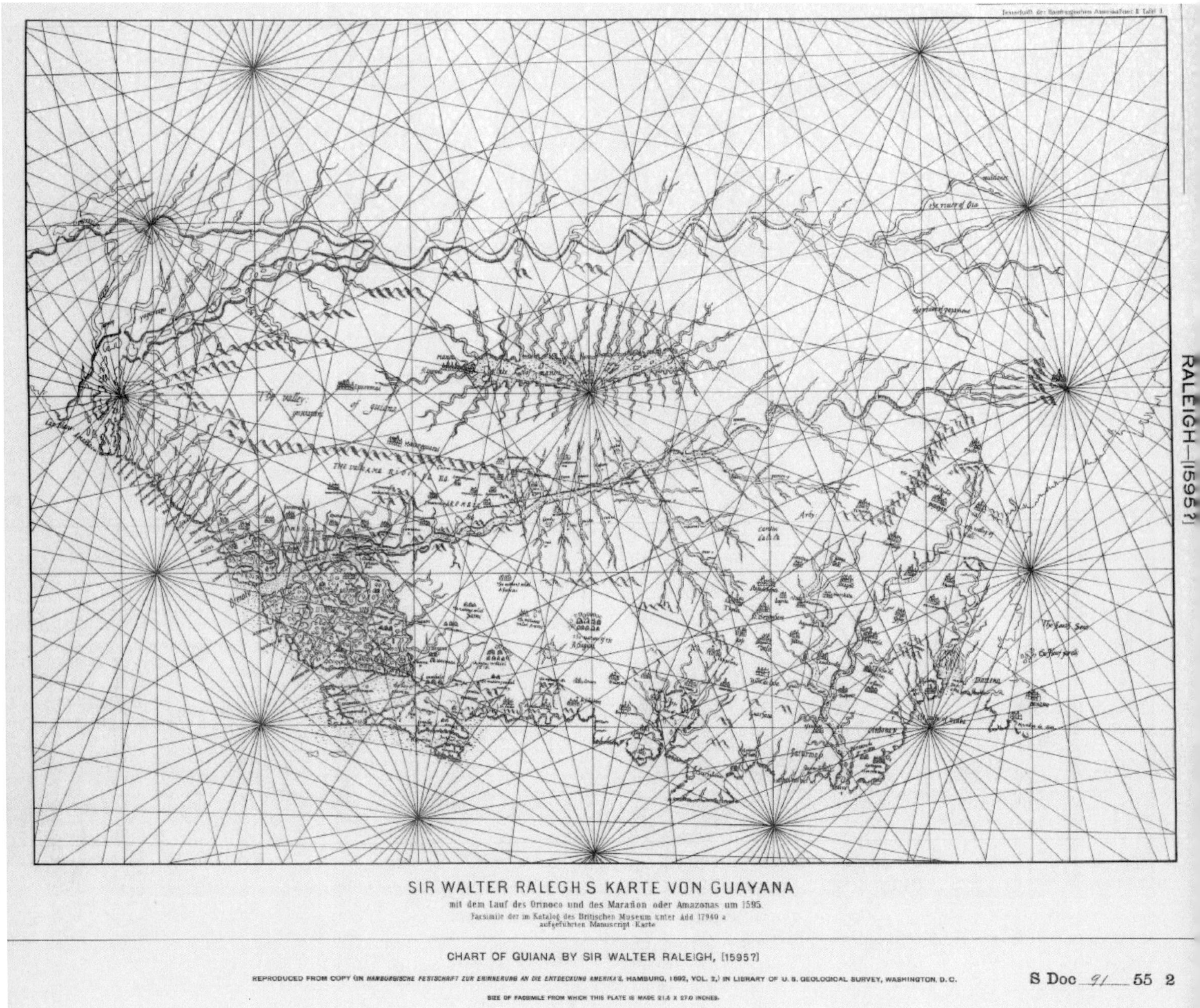

Facsimile: Chart of Guiana by Raleigh. - David Rumsey Historical Map Collection

Manoa (which the Spaniards call El Dorado) and the provinces of Emeria, Arromaia, Amapaia and other Countries, with their rivers, adjoining, en su edición de 1897, p. 94.

En el mismo sentido, Donís sostiene que Berrío se transformó en el hombre que mejor conocía Guayana y, citando a Harlow, agrega que el correcto conocimiento geográfico del alto Orinoco y de sus tributarios, que Raleigh exhibió, debió derivarse de Berrío, quien fue uno de los pocos europeos que había visitado esas regiones.[883] El hecho es que, teniendo en cuenta el corto tiempo que estuvo Raleigh en Guayana en su primera visita, parece poco creíble que -como producto de sus observaciones en el terreno- él pudiera haber adquirido tanta información como la consignada en el mapa. Pero, como es de suponer, quienquiera que sea el autor de este mapa, elaborado mucho antes de la llegada de los holandeses a esas tierras, ni muestra fronteras, ni da por sentado que el territorio estuviera efectivamente ocupado por los españoles, por lo que carece de relevancia jurídica en esta controversia. El mapa de Raleigh, así como su libro sobre el descubrimiento de esa "grande, rica y hermosa" región, retomó el nombre de Guayana -ya utilizado en el mapa anónimo de 1560, previamente referido- y lo popularizó.

Hay otro par de bocetos de la región, que supuestamente datan de 1598, y que han sido atribuidos a un tal van Petten, de cuya identidad y trayectoria no se tiene información; pero se cree que esos bocetos fueron dibujados por la misma mano, y que, probablemente, son el producto de la expedición holandesa de fines del siglo XVI, de la cual se conserva el diario escrito por un miembro de la tripulación, de nombre Cabeliau. Comentando esa primera expedición holandesa a la región, realizada en los años 1597-1599, Burr afirma que no hubo ocupación -o intento de ocupación- de la costa así referida, y nada que implicara una reclamación territorial de cualquier tipo.[884] Estos dibujos o bocetos, producto de esa expedición, se encuentran en los archivos de los Estados Generales de las Provincias Unidas de los Países Bajos. En el primero de ellos, sin firma, se muestra la isla de Cayena y parte de la costa oriental de Guayana, bastante alejada del territorio actualmente en disputa, por lo que carece de relevancia para los fines de este texto; el otro boceto, firmado por "Pietter Cornelis z van Petten", muestra el Golfo de Paria, con parte de la costa de Trinidad y del delta del Orinoco. Se trata de dos dibujos desprovistos de detalles, sin mostrar ningún asentamiento (europeo o indígena), y que, obviamente, no indican fronteras. Lo que se ha dado en llamar el mapa de van Petten es apenas un boceto -incluso menos elaborado que el dibujo de Walter Raleigh-, desprovisto de interés en esta controversia.

Un orfebre natural de Lieja -en el sur de la Holanda de esa época-, Johan Theodor de Bry, quien escribió libros ocultistas y de historia de América, es el autor de un mapa de Guayana fechado en 1599, un año después de la muerte de su autor. En sus libros sobre grandes y pequeños viajes hay relatos de las expediciones a la América española, con información tomada de viajeros y, al parecer, también de piratas. Dejándose llevar por la imaginación, el mapa de Johan de Bry está cargado de fantasía, con dibujos de amazonas, hombres sin cabeza, indígenas, y animales, con referencias a caníbales, y con una representación del mítico Lago Parima. Tal vez conviene observar que, como calvinista, de Bry sentía una profunda animadversión en contra de los españoles, y era partidario de los holandeses en su lucha contra España. Aunque eso podría haber influido en el diseño de su mapa, aparte de una mención de Castilla del Oro, en él no hay fronteras de ningún tipo, y obviamente tampoco hay ninguna referencia a los holandeses, que aún no tenían ninguna presencia en esas tierras.

Deslumbrado por la fuerza del mito y la leyenda, el mapa de Jodocus Hondius, de 1598 o 1599,[885] no es muy distinto del mapa de De Bry, mostrando la laguna Parima (o Parime), y las mismas

---

883 Cfr. Manuel Alberto Donís Ríos, *El Esequibo: Una reclamación histórica*, Universidad Católica Andrés Bello, Caracas, 2016, pp. 66 y 68. La cita de Harlow es al prólogo del libro de Raleigh,

884 Cfr. George Lincoln Burr, *Report on maps from official sources*, loc. cit, pp. 122 y s.

885 La imagen se puede consultar en https://www.bing.com/images/search?view=detailV2&ccid=4h%2flqoWH&id=428F05FA899FDF490B43984227E0685EF2195047&thid=OIP.4h_lqoWH2q80--

figuras de amazonas y hombres monstruosos. Lo que no hay en ese mapa es una línea de frontera, o una referencia a la presencia de los holandeses.

Burr recuerda que la Compañía de las Indias Orientales tenía sus propios hacedores de mapas; pero, por el contrario, la Compañía de las Indias Occidentales, que desde 1621 controlaba el comercio holandés con América, nunca había tenido una relación de ese tipo. Sin embargo, en los primeros años de esta Compañía, uno de sus miembros principales, Jan de Laet, se había encargado de la compilación de textos y mapas que describían el Nuevo Mundo. Un mapa suyo, de Guayana,[886] esto es, de toda la región conocida como Guayana (según la cartela, situada entre el río de las Amazonas y los ríos Yuruari y Orinoco), fechado en 1630, no marca fronteras políticas, ni muestra reclamaciones territoriales de ninguna potencia europea.[887] En dicho mapa no hay una sola mención de los españoles o de los holandeses, como tampoco la hay en un segundo mapa de Jodocus Hondius ("Guiana sive Amazonum Regio"),[888] publicado en 1633.

Aunque en la literatura sobre esta controversia, estos primeros mapas a veces han sido invocados como prueba de algo, consideramos que, aparte de su valor histórico, o incluso anecdótico, carecen de relevancia política o jurídica en la disputa entre Guyana y Venezuela que hoy está pendiente en la Corte Internacional de Justicia. Si hemos creído necesario mencionarlos ha sido sólo para hacer explícita esta circunstancia. Por las consideraciones anteriores, salvo excepciones, no hemos considerado necesario mostrarlos en este texto; no obstante, para que un investigador más acucioso pueda examinarlos por sí mismo, hemos incluido el enlace que permite acceder a ellos.

HvmxKkrAHaFt&mediaurl=https%3a%2f%2fi.pinimg.com%2foriginals%2ff1%2fea%2f89%2ff1ea89ccec1242f3a3d0fa4e30a5e5c0.jpg&cdnurl=https%3a%2f%2fth.bing.com%2fth%2fid%2fR.e21fe5aa8587daaf34fbe1ef9b12a4ac%3frik%3dR1AZ8l5o4CdCmA%26pid%3dImgRaw%26r%3d0&exph=617&expw=800&q=map+hondius+1598&simid=608006244343747402&FORM=IRPRST&ck=502729B9A5F7892B6BDE8FDA2F09C4A4&selectedIndex=0&itb=0&idpp=overlayview&ajaxhist=0&ajaxserp=0

886 Cfr. https://www.davidrumsey.com/luna/servlet/detail/RUMSEY~8~1~203962~3001743:-Facsimile--Guiana-by-de-Laet-?sort=Pub_List_No_InitialSort&qvq=q:De%20Laet%201630;sort:Pub_List_No_InitialSort;lc:RUMSEY~8~1&mi=2&trs=4

887 Cfr. George Lincoln Burr, *Report on maps from official sources*, loc. cit., p. 125 y s.

888 Cfr. https://www.davidrumsey.com/luna/servlet/detail/RUMSEY~8~1~345049~90107488:Guiana-sive-Amazonum-Regio-Arnstelo

DE LAET—1630.

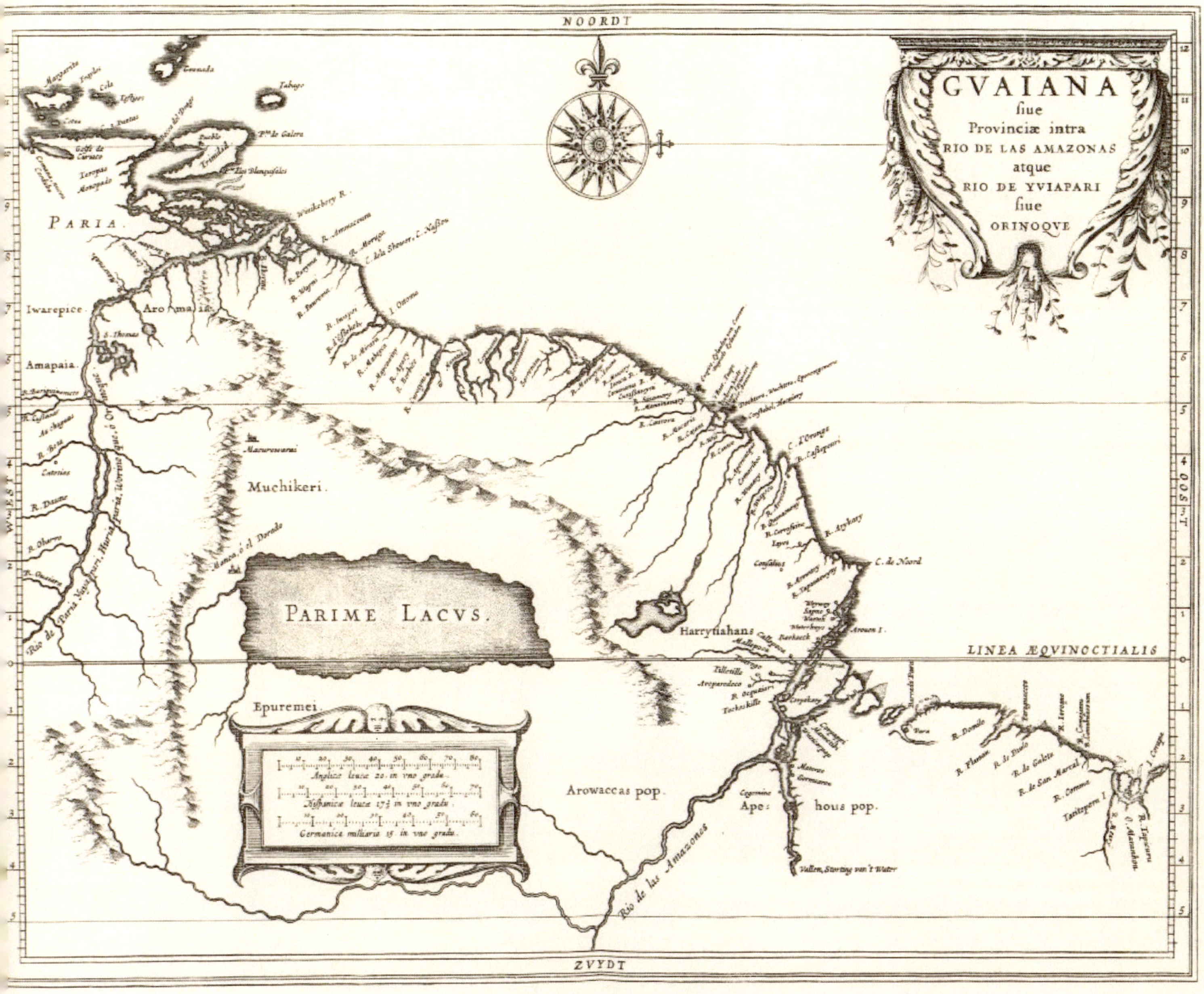

MAP OF GUIANA BY JAN DE LAET, LEYDEN, 1630.

REPRODUCED FROM ORIGINAL (IN HIS *BESCHRYVINGHE VAN WEST-INDIEN*, LEYDEN, 1630, P. 552.) IN LIBRARY OF CONGRESS, WASHINGTON, D. C.

S Doc 91 55 2

SIZE OF ORIGINAL 11.0 X 14.0 INCHES.

https://www.davidrumsey.com/luna/servlet/detail/RUMSEY~8~1~203962~3001743:-Facsimile--Guiana-by-de-Laet-

II. LOS MAPAS DE CARTÓGRAFOS HOLANDESES

Con el descubrimiento del Nuevo Mundo, y con los grandes viajes europeos, se hizo necesario contar con más y mejores mapas. Además, debido a la prohibición impuesta por Felipe II de comerciar con los holandeses -que en 1576 se habían declarado independientes-, éstos tuvieron que ir a buscar directamente los productos que antes obtenían de los españoles y portugueses. En esa tarea, el crecimiento de la flota naval holandesa, y la creación -en 1621- de la Compañía Holandesa de las Indias Occidentales, hicieron que, desde el siglo XVI y hasta mediados del siglo XVII -cuando Holanda se había convertido en una potencia financiera y comercial-, florecieran los cartógrafos flamencos, y Holanda pasó a ser el centro de la cartografía moderna.

González explica que, con la gradual transferencia de las rutas comerciales del mediterráneo hacia el borde costero atlántico, y con la consecuente eliminación de Italia como centro de distribución, se fue erosionando su fuente de riqueza y conocimiento. Así, el año 1570 -cuando Ortelius publicó el primer atlas moderno, conocido como el "Theatrum Orbis Terrarum"- señalaría un momento crucial con respecto a la producción cartográfica. Por ese tiempo ya descollaba la figura de Mercator, de quien el mismo Ortelius decía que era "el geógrafo más notable en la cartografía, después de Ptolomeo". Durante un siglo, en lo que hoy son Holanda y Bélgica, vivieron los más notable productores de mapas del mundo.[889]

En sintonía con lo anterior, como parte de una nueva empresa colonial, la Compañía de las Indias Occidentales jugó un papel importante en la elaboración de un nuevo tipo de mapas -las "Paskaert"-, que se ajustaban a sus objetivos comerciales y marítimos, y que fueron las primeras cartas diseñadas para ayudar a la navegación.

Durante este período, la ciencia y el arte de hacer mapas experimentó una verdadera revolución, introduciendo la línea meridiana a partir de la cual se distribuían los grados al este y al oeste, la grabación en planchas de cobre, técnicas avanzadas de proyección cartográfica, e instrumentos de medición más precisos. Esas técnicas novedosas hicieron posible la producción de mapas más exactos, que reflejaban con mayor precisión y detalle los territorios recién descubiertos. Mercator, Ortelius, Visscher, Hondius, y Blaeuw, entre otros, son parte de esa tradición que es la fuente de la cartografía moderna.

Suele decirse que los primeros mapas de la Guayana, como región, habrían sido hechos por holandeses, o que habrían estado basados en el conocimiento o la información de los navegantes holandeses.[890] El mapa más antiguo de la colonia de Esequibo sería uno de 1701, de Abraham Maas. Una Carta del río Demerara, de 1759, de Laurens Lodewyk van Bercheyck, muestra plantaciones en la ribera oriental del Esequibo. De los mapas -y cartas de navegación- de Gerard van Keulen, hay uno de 1785, describiendo las costas entre el Orinoco y el Esequibo. Lo cierto es que, en la cartografía del territorio en disputa en esta controversia, los mapas holandeses son un punto de referencia obligada, no sólo por su valor cartográfico, sino porque los holandeses estuvieron allí, y porque Gran Bretaña sucedió a los holandeses en los derechos territoriales que estos últimos tenían en dicha región.

---

[889] Cfr. Hermann González Oropeza, *Atlas de la Historia Cartográfica de Venezuela*, Editorial Papi S. R. L., Caracas, 1983, pp. 15 y ss.

[890] Esta afirmación no está desmentida por el mapa de Juan de la Cosa, de 1500, que, como explicamos previamente, no es un mapa de la región, sino una especie de mapamundi. La Carta de Guayana, de Raleigh, sí es de la región.

1. EL MAPA DE BLAEUW, DE 1635

Willem Janszoon Blaeuw (con más frecuencia escrito Blaeu), fue el fundador de una familia de cartógrafos holandeses. En su juventud, había adquirido alguna experiencia en cosmografía y cartografía, y es el autor de la primera representación conocida del firmamento que se aparta de la concepción del universo que tenía Ptolomeo. Él escribió algunas guías prácticas para ayudar a la navegación, y publico alrededor de 200 mapas, entre los que figura su *Americae nova Tabula*, sin fecha (aunque probablemente de 1614). Combinando sus dotes científicas y de empresario, Blaeuw se empeñó en producir mapas de calidad, que superaran a los de los otros hacedores de mapa que, en su época, se disputaban el mismo mercado.

Un mapa de Willem Blaeuw, de 1635, titulado "*Guiana Sive Amazonum Regio*" (Guyana o Región Amazónica), no muestra fronteras políticas y, por lo tanto, carece de mayor significación. Sin embargo, en una edición de 1640 de ese mismo mapa, se muestran fronteras pintadas en amarillo, que no siguen accidentes naturales, y que no parecen responder a ningún principio reconocido.[891]

En el margen de la versión de 1640 de este mapa, los compiladores del mismo indicaron que "*Se entiende que el color amarillo es para indicar la frontera holandesa*". Pero éste no es un mapa político. Por sí solo, el nombre del mapa -"*Guiana Sive Amazonum Regio*" (Guyana o Región Amazónica)- sugiere que éste no fue concebido como un mapa de las fronteras del territorio ocupado por los holandeses, sino como un mapa de toda la cuenca hidrográfica conocida como Guayana, que se extiende desde el Orinoco, en el noroeste, hasta el Amazonas, por el sur, siguiendo hasta su desembocadura en el Océano Atlántico, en el este.

Respecto de esta edición de 1640, Mallet-Prevost advierte que, dentro de ese supuesto territorio holandés, está situado Santo Tomé, que siempre fue indiscutiblemente español; además, se observa que, en toda esa extensión, el mapa no menciona un solo pueblo, instalación, o fortaleza holandesa. Exceptuando un caserío indígena y la ciudad fabulosa de Manoa o *El Dorado*, habría cuatrocientas cincuenta millas entre Santo Tomé y el primer asentamiento en el este, junto al río Corentín. Si para 1640 ya había instalaciones holandesas en el lado oeste del Esequibo, y quizás en el Pomerón, Mallet-Prevost se pregunta por qué un cartógrafo holandés habría dado los nombres y la ubicación de las poblaciones españolas de las orillas, y hubiera omitido por completo la posición o el nombre de una sola instalación holandesa dentro de ese supuesto territorio holandés. Según Mallet-Prevost, esas fronteras coloreadas parecen ser el producto de una adición posterior a la confección del mapa, correspondiendo al trabajo de otros individuos, sin que Blaeuw pueda ser tenido como responsable del mismo. Para Mallet-Prevost, las meras fronteras coloreadas, donde las planchas no muestran ningún grabado que corresponda con ellas, merecen poca consideración y, en todo caso, deben tomarse con gran precaución, pues cualquiera pudo añadir dichos límites, en cualquier momento; la amplia divergencia que muestran esas líneas de frontera con la versión original del mapa sería evidencia de su falta de confiabilidad, o de su carácter fantasioso.[892]

Hay otro mapa de Blaeuw, sin fecha, pero probablemente publicado entre 1656 y 1667, que no aporta elementos nuevos y dignos de consideración.

---

[891] Cfr. Mallet-Prevost, op. cit., p. 16.

[892] Cfr. Mallet-Prevost, op. cit., pp. 17 y ss.

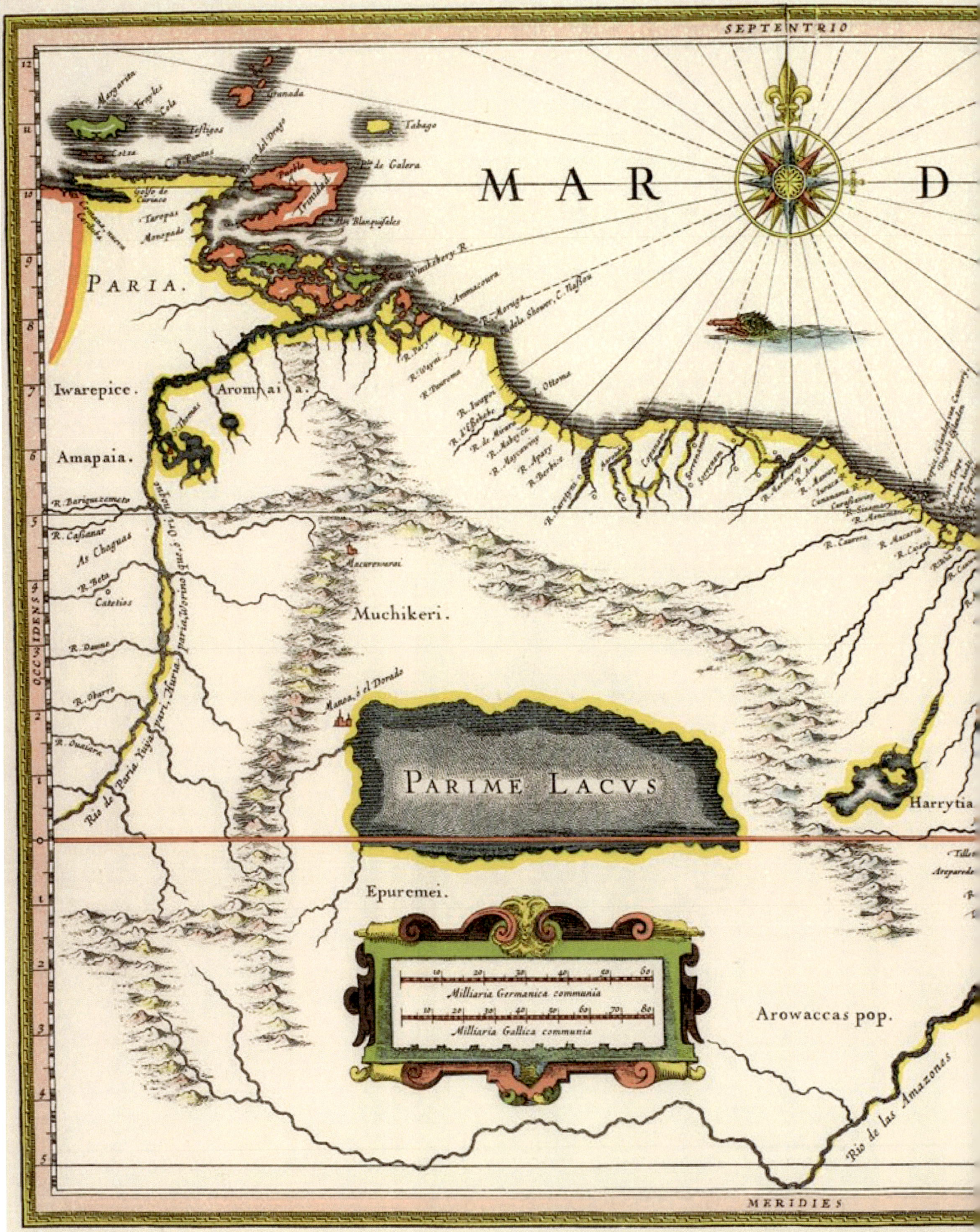

MAP OF GUIANA BY WILLIAM BLAEUW, AMSTERDAM

REPRODUCED FROM ORIGINAL (IN *NIEVWE ATLAS, BY WM. AND JOHN BLAEUW, AMSTERDAM, 1635, VOL. 2, FOL. N,*) IN LIBR

SIZE OF ORIGINAL 14.6 X 19.3 INCHES.

Mapa de Guayana, de William Blaeuw, de 1635

https://www.davidrumsey.com/luna/servlet/detail/RUMSEY~8~1~203965~3001744:Facsimile--Guiana-by-Blaeuw-?sort=date%2Clist_no

REPRODUCED BY PHOTO-LITHOGRAPHY FROM THE ORIGINAL,

British Museum, 4 Table 9, plate 120.

The yellow colour is understood to indicate the Dutch Boundary

MAP OF GUIANA BY WILLIAM BLAEUW, AMSTERDAM, 164

REPRODUCED FROM COPY IN BRITISH BLUE BOOK. *VENEZUELA No. 1,* [1896] APPENDIX. No. III, M

Mapa de Guayana, de William Blaeuw, de 1635, en su versión de 1640

https://www.davidrumsey.com/luna/servlet/detail/RUMSEY~8~1~203970~3001746:Facsimile--Guiana-by-Blaeuw-?sort=date%2Clist_no&mi=14&trs=167&qvq=w4s:/where%2FGuyana%2F;sort:date%2Clist_no;lc:RUMSEY~8~1

2. EL MAPA DE HENEMAN, ca. 1776

Johann Christoph von Heneman, un cartógrafo alemán que se trasladó a vivir a Holanda, que cambió su nombre a *van* Heneman -para hacerlo más holandés-, y que se involucró con la administración holandesa en esta controversia, es el autor de un mapa sin fecha, probablemente de 1776, que le fue encargado por la Compañía Holandesa de las Indias Occidentales. En la cartela, ubicada en la parte inferior del mapa, se lee: "Boceto de la frontera entre el Reino de España y la Guayana Holandesa en el continente Sudamericano, como parte del Informe al que acompaña, concebido y cartografiado por v. Heneman, ingeniero juramentado."[893]

La frontera marcada por Heneman son dos líneas rectas, que no siguen accidentes naturales. En opinión de González, el mapa de Heneman es "una adaptación" del mapa de D'Anville,[894] se supone que de su mapa de 1748. Asimismo, Donís considera que la línea trazada por Heneman no es otra cosa que una copia mecánica de la línea de D'Ánville.[895] En vez de correr en dirección sur-suroeste, como en el mapa de D'Anville, el de Heneman se desvía dos puntos de la brújula y corre directo al suroeste, sin cortar el Cuyuní y el Mazaruni, como hace el mapa de D'Anville, sino que cruzando las cabeceras de los grandes afluentes del Orinoco (el Aguire, el Caroní, el Caura, y el Paruma, o "Pararuma", según D'Anville). Precisamente más allá de su intersección con el último río mencionado, esta frontera oeste de la Guyana holandesa gira en ángulo agudo, y se convierte en la frontera sur, corriendo desde allí hacia el sureste, hasta el borde del mapa.

Una frontera conformada por líneas rectas, que no siguen accidentes naturales, como la indicada por Heneman, sugiere que ésta era una frontera pendiente de delimitar.

---

893 Cfr. G. L. Burr, *Report on maps from official sources,* loc. cit., pp. 148 y s.

894 Cfr. Hermann González Oropeza, *Atlas de la Historia Cartográfica de Venezuela*, Editorial Papi S. R. L., Caracas, 1983, p. 85.

895 Cfr. Manuel Alberto Donís Ríos, *Evolución histórica de la cartografía en Guayana y su significación en los derechos venezolanos sobre el Esequibo*, Biblioteca de la Academia Nacional de la Historia, Caracas, 1987, p. 373.

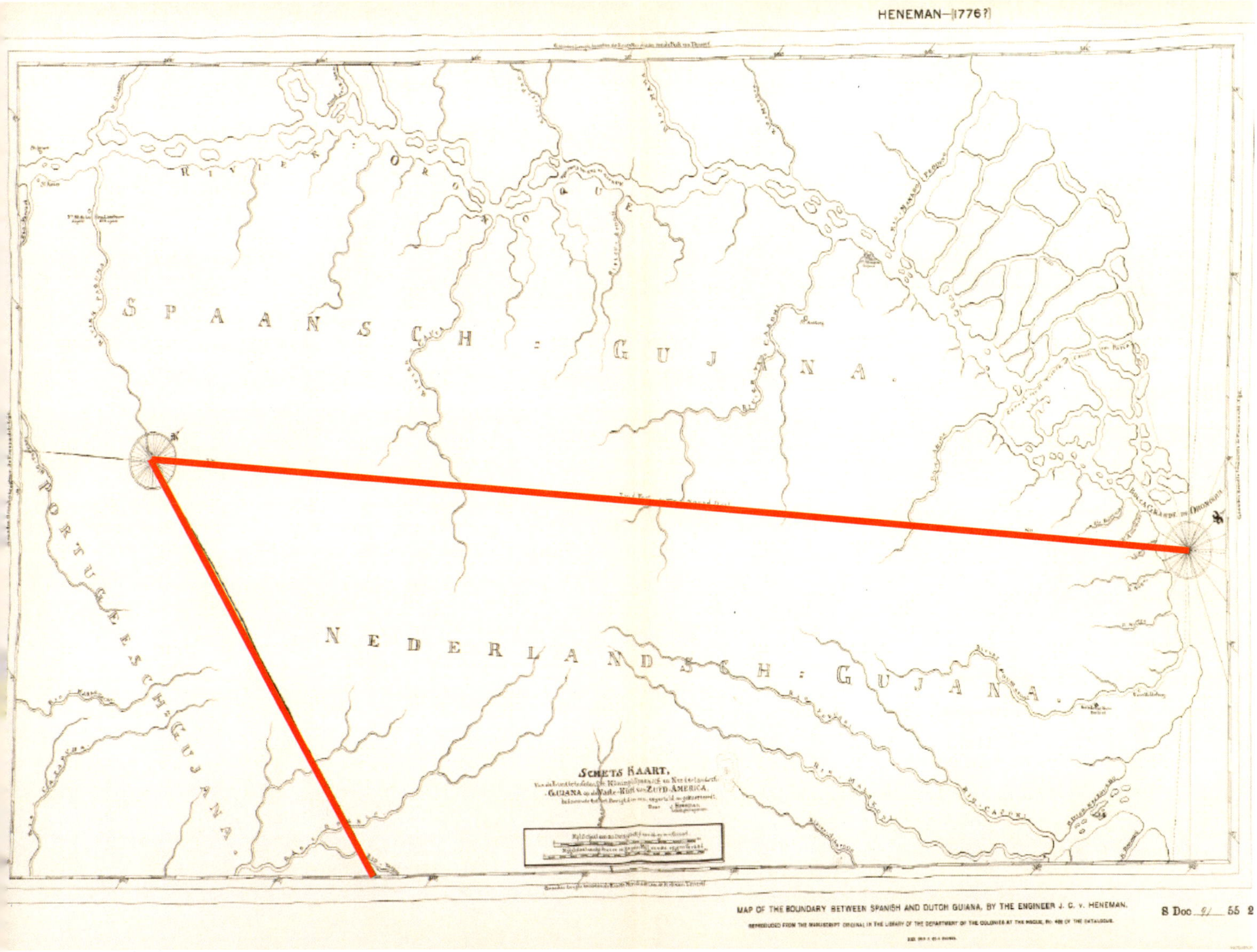

Mapa de Heneman, circa 1776, con la frontera marcada por él, resaltada en rojo.
https://www.davidrumsey.com/luna/servlet/detail/RUMSEY~8~1~204065~3001784:Boundary-line-of-Spanish-and-Dutch-?sort=date%2Clist_no&mi=2&trs=3&qvq=q:heneman;sort:date%2Clist_no;lc:RUMSEY~8~1

3. EL MAPA DE BOUCHENROEDER, DE 1798

En la biblioteca del Harvard College reposa un mapa de Friedrich von Bouchenroeder, un oficial del ejército holandés, que no conocía la zona, y que era un copista que -según Mallet-Prevost- se basó en trabajos previos de Jefferys, Thompson, y D'Anville, y en la información que le transmitieron personas que estuvieron en el lugar.

Tal era el desconocimiento de Bouchenroeder sobre estas tierras que, en una carta suya del 28 de diciembre de 1795, en la que pedía un puesto en la administración de las colonias de las Indias Occidentales, señalaba que "las posesiones del Estado en la costa de *Guinea* eran las menos conocidas", por lo que pedía una oportunidad de ser útil al Estado. Esa confusión suya -de *Guinea* con Guayana (o Guiana)- la repitió en un informe adjunto a esa carta, con el que pretendía mostrar su conocimiento de la región.[896] En 1798, una vez ya publicado el mapa que será objeto de este comentario, Bouchenroeder volvió a mostrar su desconocimiento de Guayana, en una carta en la que proponía ampliar su mapa de Esequibo y Demerara, en la misma escala que los mapas que ya existían de Berbice y Surinam, para hacer un mapa general de toda la Guayana, desde el Orinoco hasta el río Amazonas. Pero, para realizar esta tarea, él proponía hacer una sociedad con el ingeniero Heneman, quien ya había hecho reconocimientos en la región, y quien podría suministrarle dicha información, para hacer un mapa lo más exacto posible. Aunque, según Bouchenroeder, Heneman ya había manifestado su disposición a participar en dicho proyecto, el Comité difirió cualquier decisión sobre esta propuesta, en espera de una comunicación semejante de Heneman, la que nunca llegó, por lo que el proyecto no se llevó a cabo.[897]

Lo que sí llegó a concretarse es el mapa objeto de este comentario, elaborado por Bouchenroeder. Se trata de un mapa de parte de la Colonia de Guayana a fines del siglo XVIII, publicado en Amsterdam en 1798, con un recuadro en la parte superior izquierda mostrando la colonia de Esequibo y Demerara. En el interior del mapa principal, en grandes caracteres, lleva la leyenda «Carte Generale & Particuliere de la Colonie d'Essequebe & Demeraie située dans la Guiane en Amerique - Redigée & dediée au Comité des Colonies & Possessions de la Republique Batava en Amerique & a la Cote de *Guinée* (sic) par le Major F. von Bouchenroeder 1798» (Mapa general y particular de la Colonia de Esequibo y Demerara ubicada en Guayana en América - Diseñado y dedicado al Comité de Colonias y Posesiones de la República Bátava en América y la Costa de *Guinea* por el Mayor F. von Bouchenroeder 1798).

El mapa está orientado en forma invertida -es decir, con el norte hacia la parte inferior del mapa y con el oeste a su derecha-, y muestra la línea de la costa y las plantaciones holandesas, indicando, según su color, el tipo de cultivo a que se dedicaban (café, algodón, azúcar, y cacao), seguidas, hacia el interior, por una inmensa sabana. En la porción de territorio que cubre el mapa, se ven parcelas a ambos lados de los ríos Esequibo y Demerara. La existencia de esas plantaciones muestra los límites de la ocupación holandesa en la fecha del mapa. Según este mapa, había algunas plantaciones en el costado occidental de la desembocadura del Esequibo (la llamada "*Costa Árabe*"); pero, más allá de eso, no se observan otros signos de presencia europea.

---

[896] Cfr. G. L. Burr, *Report on maps from official sources*, loc. cit, pp. 163 y s. Burr le describe como un mercenario ("*a soldier of fortune*"), en busca de un empleo en Holanda. Cfr. ibidem.

[897] Cfr. ibid.., pp. 170 a 173.

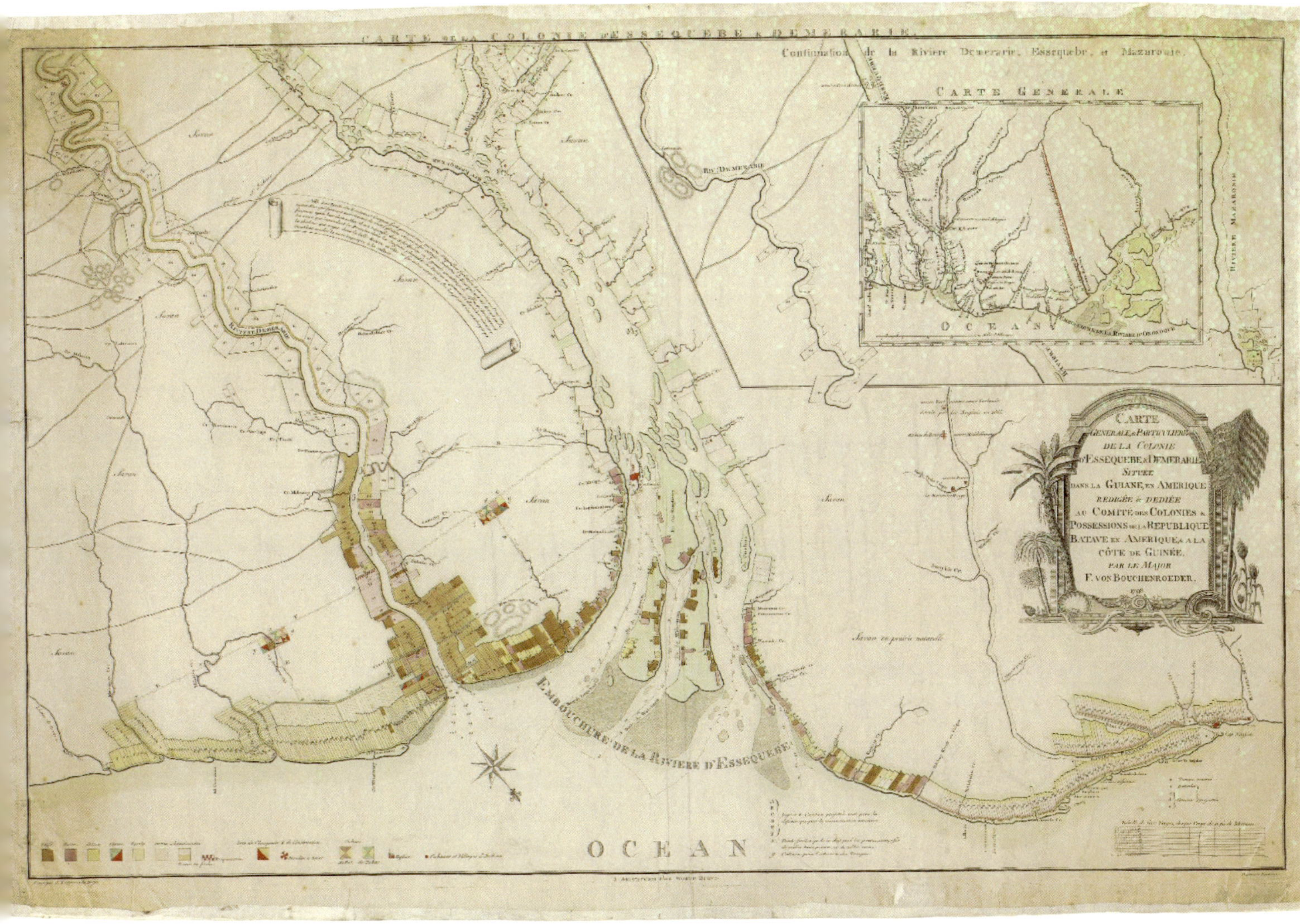

https://curiosity.lib.harvard.edu/scanned-maps/catalog/44-990130783480203941_FHCL:11042188

BOUCHENROEDER—1798.

GENERAL MAP OF A PART OF GUIANA BY F. VON BOUCHENROEDER, AMSTERD

A LARGE MAP OF THE COLONY OF ESSEQUIBO AND DEM

REPRODUCED FROM ORIGINAL (MARKED $\frac{4620}{22}$) IN LIBRARY OF HARVARD COLLEGE, CAMB

SIZE OF ORIGINAL INSET 7.2 X 10.5 INCHES.

Recuadro del mapa de parte de la Colonia de Guayana, que forma parte de un mapa de la Colonia de Esequibo y Demerara, de Bouchenroeder, de 1798.

https://www.davidrumsey.com/luna/servlet/detail/RUMSEY~8~1~204014~3001765:Facsimile--Part-of-Guiana-by-Bouche?sort=date%2Clist_no&mi=1&trs=2&qvq=q:bouchenroeder%201798;sort:date%2Clist_no;lc:RUMSEY~8~1

El mapa sitúa incorrectamente el rio "Baryma" (Barima) al oeste del "Amachara" (Amacuro). En el recuadro, ubicado en la parte superior del mapa, en la rivera oriental del río -al que él llama Baryma- sitúa un antiguo puesto holandés, que marcaría "*el límite con las posesiones españolas*", y traza una línea recta, desde la desembocadura de ese río -que confunde con el Amacuro-, hasta el río "Cajonie" (Cuyuní). Sin seguir ningún accidente natural, esa línea recta, marcada en rosado, indicaría la frontera entre España y las posesiones de Holanda.

En este mapa se puede apreciar que todos los asentamientos y puestos holandeses están situados en la costa, o muy cercanos a ella.[898] El antiguo Fuerte de Kikoveral -en la conjunción de los ríos "Mazaronie" (Mazaruni), "Cajonie" (Cuyuní), y "Essequebe" (Esequibo)- y la "Poste Arinda", situada un poco más al sur, en la ribera del río Esequibo, son las únicas señales de presencia europea. En la ribera oriental del río Pomerón -muy cerca de la costa-, Bouchenroeder sitúa al fuerte Nueva Zelanda que, en el mapa principal, aclara que ya había sido destruido por los ingleses en 1666. Respecto del Fuerte Kikoveral, al parecer construido por los españoles en 1613, y luego ocupado por los holandeses, se observa que -para la época de confección de este mapa- ya estaba abandonado.

En el mapa principal se puede ver, en la costa, el parcelamiento del terreno, mostrando que los holandeses habrían ocupado solamente la costa, incluyendo un sector que va desde la desembocadura del río Esequibo hasta lo que, en el noroeste, Bouchenroeder denomina el río Barima.

III. LOS MAPAS DE CARTÓGRAFOS FRANCESES

A fines del siglo XVII, con la cartografía holandesa en declive, con la fundación de la Real Academia de Ciencias de París, fundada en 1666 por Luis XIV, y con la creación -al año siguiente- del Observatorio de París, la cartografía francesa asumió el relevo. Bajo el influjo del Cardenal Richelieu, y con la proyección de Francia hacia el exterior, los reyes de Francia, Luis XIII y Luis XIV, dieron a la cartografía un apoyo y un impulso desconocido hasta entonces en Europa. Con ese respaldo político y económico, la cartografía francesa adquirió un desarrollo que la colocó a la cabeza de Europa. Además, gracias a la triangulación, que comenzó a utilizarse en 1744, los mapas adquirieron una mayor precisión matemática. Sin embargo, el que, en la descripción del espacio físico, los mapas franceses fueran los más precisos de su tiempo, no significa que reflejaran correctamente las fronteras políticas reclamadas por los Estados.

---

[898] Lo mismo se puede apreciar en el mapa de la Colonia del Esequibo, preparado toscamente, con notas manuscritas, para la Compañía de las Indias Occidentales por el agrimensor Abraham Mass, en 1706 -ver en https://www.davidrumsey.com/luna/servlet/detail/RUMSEY~8~1~204052~3001778?qvq=q%3Abritish%2Bguiana%3Bsort%3APub_List_No_InitialSort%2CPub_Date%2CPub_List_No%2CSeries_No%3Blc%3ARUMSEY~8~1&mi=69&trs=120 . También, otro mapa de la Colonia de Esequibo, hecho para la Compañía de las Indias Occidentales por el Gobernador Storm van's Gravesande, en 1748. Ver en https://www.davidrumsey.com/luna/servlet/detail/RUMSEY~8~1~204055~3001779?qvq=q%3Abritish%2Bguiana%3Bsort%3APub_List_No_InitialSort%2CPub_Date%2CPub_List_No%2CSeries_No%3Blc%3ARUMSEY~8~1&mi=70&trs=120 , y por el mapa de Chollet, de la región costera de Pomerón, de 1794. Ver en https://www.davidrumsey.com/luna/servlet/detail/RUMSEY~8~1~204075~3001788?qvq=q%3Abritish%2Bguiana%3Bsort%3APub_List_No_InitialSort%2CPub_Date%2CPub_List_No%2CSeries_No%3Blc%3ARUMSEY~8~1&mi=79&trs=120 . El mapa de Bouchenroeder probablemente está basado en un mapa sin firma, pero que se cree corresponde a J. C. van Heneman, elaborado entre los años 1772 y 1778, mostrando la desembocadura del río Esequibo, con las plantaciones entonces existentes y las tierras todavía por adjudicar en su ribera occidental: Cfr. https://www.atlasofmutualheritage.nl/en/page/1872/map-of-the-mouth-of-the-essequibo-river-with-the-existing-plantations

1. LOS MAPAS DE SANSON

Nicolas Sanson d'Abbeville fue un cartógrafo notable, muy influyente en el siglo XVII, y fundador de una dinastía de cartógrafos, que figura entre quienes inauguraron la cartografía francesa moderna. A pesar de que sus mapas puedan contener errores, debido a que no siempre estaban basados en información actualizada, Sanson atrajo la atención del cardenal Richelieu, por un mapa de las Galias, y fue llamado a servir como geógrafo del rey, bajo los reinados de Luis XIII y Luis XIV. De sus centenares de mapas, en esta controversia son relevantes su mapa de "*Amerique Meridional*", de 1650, y un mapa de la región de Guayana, titulado "*Partie de Terre Ferme oú sont Guiane et Caribane*", de 1656. Ambos mapas fueron extensamente comentados por Severo Mallet-Prevost.[899]

En el mapa de 1650, Sanson marca la frontera física de dos regiones –"*Guiane*" y "*Caribane*"-, o lo conocido (la región del Orinoco) y lo no conocido (*El Dorado*); pero este mapa no marca fronteras políticas, como tampoco lo hace el de 1656, sobre parte de la "*Terre Ferme*", en que se encuentran Guyana y Caribana. Del río Esequibo sólo se muestra su desembocadura.

Mallet-Prevost observa que las líneas de Sanson indican la frontera de la civilización, al sur del Orinoco conocido, separándolo de *El Dorado* desconocido. El nombre "*Nueva Andalusia*" -que atraviesa el Orinoco- subrayaría su carácter español, mientras que más allá de esa zona se aprecia la ausencia de colonias europeas, haciendo de esa una región inexplorada. En el mapa de 1650, toda la costa donde primero aparece esa línea limítrofe está dedicada a los "*Caribes*" y otras tribus indígenas. Aunque se muestra la desembocadura del Esequibo, en sus cercanías, nada aparece como de los holandeses. Ambos mapas indican que se trata de "*Guiane*" y "*Caribane*", que forman parte de "*Terre Ferme*", pero sin que se haga ninguna referencia a los holandeses.[900] Esa misma idea de Guayana como una región -la región de los Caribes- que va del Orinoco al Amazonas, se repite en el mapa del curso del rio Amazonas, de Vincenzo Coronelli (de una fecha no precisada, entre 1689 y 1693), que muestra *Caribane* como una región natural, desprovista de fronteras políticas.[901]

En su libro sobre América en varios mapas,[902] Sanson explica que, en sus mapas geográficos, él ha dividido Sudamérica en peruana y brasileña, subdividiendo la peruana en "*Terre Ferme*" y Perú, y la brasileña en Brasil y Paraguay; la primera división la ha hecho trazando una línea que corre desde las bocas del Amazonas hasta el extremo sur de Chile. Según Sanson, esta línea divide a la América Meridional en dos partes iguales: una que pertenece exclusivamente a los españoles, y la otra que es, en su mayor parte, de los portugueses. Luego agrega que uno puede dividir la "*Terre Ferme*" -definida como la parte de Sudamérica más avanzada hacia el norte, y que toca a Norteamérica por el Istmo de Panamá- en "*Terre Ferme*" y Guayana.[903] Pero no hay ninguna mención de territorios holandeses.

---

[899] Cfr. Severo Mallet-Prevost, *Report upon the Cartographical Testimony of Geographers, en Report and Accompanying Papers of the Commission Appointed by the President of the United States "To investigate and report upon the true divisional line between the Republic of Venezuela and British Guiana"*, Washington Government Printing Office, Washington, 1897, vol. 3, pp. 20 a 30.

[900] Cfr. Ibid, pp. 22 y s.

[901] Cfr. https://www.davidrumsey.com/luna/servlet/detail/RUMSEY~8~1~303236~90060798:Corso-del-Fiume-dell-Amazon-?sort=Pub_Date%2CPub_List_No%2CSeries_No

[902] L'Amerique en plusieurs cartes nouvelles, et exactes, &c. en divers traitez de geographie et d'histoire, par Nicolas Sanson d'Abbeville, Geographe ordinaire du Roy, Chez L'Autheur, París, 1657.

[903] Cfr. Ibid, p. 70.

Septentrion
Americque Septentrio
Mer de Sud
Mer de
L'Aequateur ou Ligne Aequinoctiale.
Mer du Sud
Mer de Perou
Mer de Chili
Le Tropicque du Capricorne.
Ameriqve Merid.
Perou
Terre Magellaniqve
Mer Magellaniqve
Mer Magellanique
Mer Magel Lanique
Chili
Tucuman
Charcas
Paraguay
Lac de Parime
Guiane
Pata: gons
Quito
Paçamoros
Trapalanda
Isola de Cocos
I. de los Galapagos
Midy
Occident

Mapa de América Meridional,
de Nicolas Sanson, de 1650.
https://artlogic-res.cloudinary.com/w_1600,h_1600,c_limit,f_auto,fl_lossy,q_auto/artlogicstorage/themaphouse/images/view/52f6fce4b0824f3d5a98f64dc4519114j/themaphouse-nicolas-guillaume-sanson-amerique-meridionale-1650.jpg

Septem trion
la Trinidad I.
Tabago
Paria
GOLFE DE PARIA & DE GUANIPA
NUE VA AN DA LOV SIA.
M A R
D
Caribes.
C A R I B A
Aro maia.
Canuria.
Cassipagotæ.
CAS SIPA LACVS.
Epara goti.
Arawagotæ.
Orenoque
Caribes.
G U I A
Muckikeri.
Calibes
Caribes
Aruwacæ.
Wacecewayi.
Carupa tates.
LAC OU MER que les Caribes appellent PARIME, les Iaovi ROPONOWINI.
LIGNE ÆQUINOCTIALE OU ÆQUATEUR
CAMSUA
Iamnes RA
manes. CARIBANA
Comaruri PROV.
Epuremei.
APANTA
Apantes PROV.
CORO

Mapa de Sanson de 1656, de la parte de "Terre Ferme" donde están situadas "Guiane et Caribane".

https://bpldcassets.blob.core.windows.net/derivatives/images/commonwealth:xg94j113d/image_access_800.jpg

Refiriéndose a Guayana en general -como una inmensa cuenca hidrográfica-, Sanson explica que ella incluye lo que se encuentra entre los ríos Orinoco y Amazonas, desde las montañas que se encuentran sobre el lago Parime hasta el Mar del Norte. El Orinoco la separa de la "*Terre Ferme*", o de la Nueva Andalucía, al occidente, y el Amazonas la separa del Brasil, al este. Si se quiere dividir la Guayana en "*Guiane*" y "*Caribane*", esta última ocuparía la costa, mientras la "Guiane" sería el territorio situado más al interior. Según Sanson, la Costa fue reconocida en varias ocasiones por los españoles, ingleses, holandeses y franceses, que intentaron establecer allí algunas colonias para tener comunicación con el interior, donde esperaban encontrar un nuevo Perú; esto es, el Reino de Manoa, o *El Dorado*, que consideraban muy rico en oro.[904] Pero, de nuevo, Sanson tampoco señala que los holandeses estuvieran asentados allí, ni indica una frontera con las colonias españolas.

Mallet-Prevost explica que, en lo que concierne a fronteras y a la designación general de las regiones, Sanson había sido un seguidor de Hondius, Speed y Gottfried, que habían situado a "*Guiana*" en el interior, y que él había hecho lo mismo, aunque extendiendo hasta el Amazonas -e incluso más allá-, la línea que en los mapas de Hondius y Speed había constituido la frontera sur de "*Guiana*". Para Mallet-Prevost, la línea que en los primeros mapas había servido para separar "*Guiana*" de la región del Orinoco fue prolongada por Sanson hacia el norte -más allá de lo que antes había sido la "*Guiana*" de Hondius y de Speed-, convirtiéndola en la frontera occidental de "*Caribana*", empujando ésta más hacia el este, y separándola parcialmente del Orinoco. Al hacer esto, Sanson simplemente habría subrayado la división que Hondius, Speed, y Gotfried ya habían sugerido cuando separaron "*Guiana*" de la región situada inmediatamente en el Orinoco. Lo que esos geógrafos probablemente tuvieron en mente fue que "*Guiana*" estaba algo más lejos del Orinoco -o más lejos de la región que los europeos ya habían conquistado-, y la habían separado de las regiones que eran mejor conocidas. A juicio de Mallet-Prevost, Sanson habría hecho lo mismo, separando regiones ya conocidas, y bajo dominio español, de otras que hasta entonces no habían sido efectivamente exploradas.[905] Pero allí no hay una indicación de fronteras políticas.

Según Mallet-Prevost, el mapa de Sanson de 1656, titulado "*Partie de Terre Ferme ou sont Guiane et Caribane*", en lo concerniente a sus detalles geográficos, habría estado basado en el mapa de De Laet y, en consecuencia, la cadena de montañas que en su anterior mapa había terminado en el Orinoco, debajo de la cabeza del delta, ahora terminaba encima de dicha cabeza. Sin embargo, este cambio en la posición de la montaña no se tradujo en un cambio en la línea limítrofe -de "*Guiane*"- que continuaba estando debajo de la cabeza del delta. Mallet-Prevost explica que, en el mapa de 1650, la región que está situada entre la línea divisoria y el Orinoco está encerrada, por una parte, entre un río bien definido y, por la otra, por una cadena montañosa igualmente bien definida. Esa cadena montañosa marca la división entre la hoya del desagüe del Orinoco -con excepción de la región del delta- y las regiones situadas en el lado este. Por consiguiente, prescindiendo de cualquier otra significación que pueda tener esa línea, puede concluirse que ella pretendía separar esa porción de la cuenca del Orinoco de la región ubicada al este de la misma. Según Mallet-Prevost, si esto es cierto de la línea que se observa en el mapa de 1650, también lo sería respecto de la línea observada en el mapa de 1656, excepto por el hecho de que en este último se cambió el curso de la cadena montañosa, por lo que, para que la línea divisoria mantuviera su terminación debajo de la cabeza del delta, se la trazó más allá de ellas, hasta su término debajo de la corriente. Ese parecería ser el significado de la línea de Sanson en sus dos extremos. Al norte indicaba la frontera de la civilización, mientras que al sur separaba el Orinoco conocido de *El Dorado* desconocido.

[904] Cfr. Ibid, p. 77.

[905] Cfr. Severo Mallet-Prevost, op. cit., pp. 21 y s.

Entre ambos había una cadena montañosa cuyo significado resultaba obvio, pues separaba el valle de Santo Tomé de las inexploradas regiones que había más allá. El nombre "*Nueva Andalusia*", traído cruzando el Orinoco, subrayaría su carácter español, mientras que los topónimos utilizados más allá de las montañas, así como la ausencia en el mapa de indicación alguna de colonias europeas, demostraría que, en la mente de Sanson, esa región todavía estaba inexplorada. En el mapa de 1650, en toda la costa, donde primero aparece la línea limítrofe, no hay huellas de influencia española u holandesa; el Esequibo está marcado solamente por su desembocadura, y en sus orillas no aparece nada atribuido a los holandeses.

Por consiguiente, cuando Sanson trazó su línea, intentó demarcar el territorio que habían ocupado los españoles, pero no fue su intención fijar el límite de las colonias holandesas; de lo contrario, habría una indicación en tal sentido en el título del mapa de 1656, que no hace ninguna referencia a los holandeses, sino a "*Guiana y Caribana*".[906]

En una interpretación de los mapas de Sanson en los mapas de Robert de Vaugondy -de 1749 y 1750-, se sugiere que la línea de norte a sur, trazada por Sanson, marcaría la frontera política de Venezuela con las colonias holandesas. Lo mismo ocurriría con el mapa de Delamarche, de 1767.[907] Pero esa interpretación es manifiestamente contraria a lo que se puede apreciar en los mapas de Sanson y, a simple vista, está desprovista de todo fundamento.

2. LOS MAPAS DE DELISLE

Guillaume Delisle (a veces escrito "*De L'Isle*") fue otro cartógrafo francés que, gracias al uso que hizo de los datos aportados por las observaciones astronómicas y los métodos de medida a escala, se ganó una reputación por la precisión de sus mapas. Delisle fue una figura central en el desarrollo de la cartografía francesa y, en 1718, recibió el título de "*Premier Géographe du Roi*". Como muchos otros, Delisle era un cartógrafo de escritorio, que confeccionaba sus mapas a partir de otros mapas, de documentos, y de la información que le proporcionaban los viajeros; pero él no se dejaba llevar por la fantasía. Sus mapas se caracterizan por la riqueza de su topografía, y por la precisión científica de sus medidas; en ellos están las huellas de su honestidad intelectual, al advertir de datos no confirmados, debido a la falta de conocimiento que se tenía de una determinada región. En este sentido, en su mapa de la América Meridional, de 1703, en una región en la que no se muestran detalles topográficos, ubicada *al oriente del río Esequibo* y al norte de la línea del Ecuador, él señala que es en esa zona donde la mayor parte de los autores situaban el Lago Parima y la villa de Manoa de *El Dorado.*[908] Pero no afirma que esa información sea correcta.

Delisle ejerció una influencia notable en la cartografía de su época, y particularmente en la de Guayana, sobre la que publicó tres mapas de la región, en 1700, 1703, y 1722. El mapa de 1700 es de Sudamérica ("*L'Amerique Meridionale*"),[909] y el de 1722 es de toda América ("*Carte d'Amerique*").[910] El

---

906 Cfr. Severo Mallet-Prevost, op. cit., pp, 22 a 26.

907 Cfr. Ibid, pp. 30 y s.

908 "C'est dans ces quartiers que la plupart des Autheurs placent le Lac de Parime et la Ville de Manoa del Dorado."

909 https://www.davidrumsey.com/luna/servlet/detail/RUMSEY~8~1~2922~300058:L-Amerique-Meridionale-?sort=pub_list_no_initialsort%2Cpub_date%2Cpub_list_no%2Cseries_no

910 https://www.davidrumsey.com/luna/servlet/detail/RUMSEY~8~1~2920~300056:Carte-d-Amerique-?sort=pub_list_no_initialsort%2Cpub_date%2Cpub_list_no%2Cseries_no

mapa de 1703 es de una región menor ("*Carte de la Terre Ferme du Perou, du Bresil et du Pays des Amazones*")[911] y, siendo el de mayor escala, es el que mejor permite apreciar la región hoy en disputa.

Aludiendo al mapa de 1703, González comenta que, en la primera mitad del siglo XVIII, ningún otro mapa habría tenido un más amplio reconocimiento que ese.[912] También refiriéndose al mapa de 1703, Francisco Guerrero hace notar el contraste que muestra este mapa -al igual que la mayoría de los mapas más tempranos- entre las muy detalladas regiones de la costa y una descripción meramente especulativa del interior,[913] que no da muestras de ocupación europea. Esa circunstancia reviste particular interés en el caso de la controversia que nos ocupa.

Mallet-Prevost observa que, las líneas trazadas por Delisle muestran un cambio significativo entre 1700 y 1703. En el primer mapa, la región que él llama "*Guiane ou Nle. Andalusie*" -que comprendía toda la región situada al este del Orinoco y una porción considerable al oeste- es presentada como española, sin que haya ningún signo de que alguna parte de ella estuviera abierta a la ocupación por otras naciones europeas; allí aparecen dos pueblos españoles (Cumaná y Santo Tomé), y tres pueblos indígenas. En su segundo mapa, de tres años más tarde, la geografía y los límites se han modificado, y ya no se confunden "*Guiane*" y "*Nle. Andalusie*". Según esos nuevos límites, "*Guiane*" comprendía todo el territorio situado al este del río Orinoco y una porción no precisada en la ribera oeste de dicho río.

En "*Guiane*" no aparece un solo pueblo, dando la impresión de que -si no fuera por la mención de dos tribus indígenas- sería una región deshabitada; en cambio, en "*Nle. Andalusie*" y "*Grenade*" se muestran pueblos. A juicio de Mallet-Prevost, es como si, al dividir esta región, Delisle hubiera querido separar lo civilizado, o semi-civilizado, de lo salvaje. Pero no hay nada que permita suponer que estos son los límites de un territorio holandés. Después de cruzar el Orinoco y pasar la ciudad española de Santo Tomé, al igual que los poblados indígenas de Carapana y Morequito, a lo largo de trescientas millas, el mapa no muestra signos de civilización hasta que se llega al río Surinam, en donde aparece un fuerte holandés; la Cayena francesa está 250 millas más al este, lo que, en opinión de Mallet-Prevost, hace poco creíble que un geógrafo francés pudiera atribuir a los holandeses esas regiones desconocidas e inexploradas. Sencillamente, no le parecía que el simple descubrimiento, sin un título de posesión efectiva, fuera suficiente para excluir a otras naciones que, aunque precariamente, ya habían logrado establecerse en ese territorio.[914]

En lo que concierne al mapa de 1722, Mallet-Prevost observa que éste está grabado en una escala más reducida que los anteriores, y muestra pocos detalles, por lo que es más difícil interpretarlo. En este último mapa, Delisle dio el nombre de "*Terre Ferme*" a la extremidad norte de la América Meridional, que la hace delimitar al sur con una línea grabada y coloreada. La palabra "*Paria*", antes no usada por Delisle, esta vez la aplicó a la región situada al oeste del Orinoco, que en el mapa de 1703 había considerado parte de "*Guiane*". La porción oriental de "*Terre Ferme*" recibió el nombre de "*Goyane*", con su límite oeste en la desembocadura oriental del Orinoco. Desde ese punto, Delisle trazó una nueva línea en dirección suroeste, manteniéndola casi paralela con el Orinoco, a una distancia de setenta y cinco millas de éste, torciéndola levemente a la derecha, mientras se aproximaba al sur, y llevándola a encontrar la rama de la parte oriental de una cadena montañosa. Pero no hay evidencia de

---

911 https://www.davidrumsey.com/luna/servlet/detail/RUMSEY~8~1~2928~310080:Terre-Ferme,-Perou,-Bresil,-Amazone?sort=pub_list_no_initialsort%2Cpub_date%2Cpub_list_no%2Cseries_no

912 Cfr. Hermann González Oropeza, *Atlas de la Historia Cartográfica de Venezuela*, Editorial Papi S. R. L., Caracas, 1983, p. 190.

913 Cfr. Francisco Manuel Guerrero Narváez, *Analysis and comparison of maps made in the 18th century of the Amazon River*, en Revista Cartográfica, N° 195, julio-diciembre 2022, p. 50. Consultado en chrome-extension://efaidnbmnnnibpcajpcglclefindmkaj/https://www.scielo.org.mx/pdf/rca/n105/2663-3981-rca-105-47.pdf

914 Cfr. Severo Mallet-Prevost, op. cit., pp. 36 a 41.

que esta línea se trazara con la intención de servir de frontera occidental de la colonia holandesa del Esequibo. Según Mallet-Prevost, esta línea revela, simplemente, el límite de la "*Goyane*" –la Costa Salvaje, o "*the Wilde Coast*", según el nombre dado por la Compañía Holandesa de las Indias Occidentales- y estaba desprovista de significado político. Esta idea estaría confirmada por sus dos mapas anteriores, que sólo pretendían separar territorios civilizados de otros que no lo estaban; en el mapa de 1722, la región al oeste del Orinoco -que todavía no estaba civilizada- la designaba con el nombre de "*Paria*", una palabra indígena usada originalmente por Colón. La diferencia entre "*Paria*" y "*Guiane*", y la razón por la que ahora estaban separadas, radicaba en que, mientras "*Paria*" estaba rodeada por asentamientos españoles, no estando abierta a otras naciones, "*Guiane*", excepto por los asentamientos europeos ya existentes, continuaba siendo accesible a lo largo de la costa. Por lo tanto, a juicio de Mallet-Prevost, el significado que se puede atribuir a la línea de Delisle es que ésta marca una división entre los territorios ocupados por los españoles, al oeste, y un territorio salvaje e inexplorado, al este; pero esa línea no era la frontera occidental de la colonia holandesa de Esequibo, cuyos asentamientos ni siquiera se registran en el mapa. En este sentido, Mallet-Prevost llama la atención sobre lo absurdo que sería pretender señalar límites para lugares cuya existencia ni siquiera se había imaginado. Además, si Delisle hubiera creído en la existencia de un puesto holandés cerca de la desembocadura del Orinoco, él se hubiera cuidado de indicar la ubicación de ese puesto en el mapa, tal como lo hizo Bouchenroeder, en su mapa de 1798.[915]

Esta misma interpretación del mapa de Delisle, en el que Guayana está representada como una región que va del Orinoco a la desembocadura del Amazonas, se encuentra en un mapa de las regiones de Perú, Brasil y la Amazonia, reproducida por Jean Covens y Corneille Mortier, en 1742, sin marcar fronteras políticas, y sin siquiera mencionar a los holandeses.[916] Pero es interesante observar que, en una revisión del mapa de 1722 realizada por Jean-Claude Dézauche,[917] de 1790, en el que sí hay fronteras políticas, la frontera occidental de la Guayana holandesa está marcada en el río Esequibo.

La conclusión es que la línea de Delisle no corresponde -en ninguno de sus mapas- a una frontera holandesa. En los mapas de Delisle, "*Goyane*" se muestra como un todo continuo e indiviso, que limita al norte y al este con el océano Atlántico y con el río Amazonas, al sur con una cadena de montañas y una línea punteada que la separa de la región amazónica, y al oeste por la línea en cuestión. De manera que esa línea era el límite de "*Goyane*" -el nombre que tenía la región- y no el límite del Esequibo, un nombre que la región no tenía. Dentro de esa región estaban los pueblos de Surinam y Cayena, uno holandés y el otro francés. Ningún límite separaba estos pueblos o asentamientos, y ninguna frontera fijaba los límites de los holandeses en el oeste, ni de los franceses en el este.[918]

Mallet-Prevost afirma que, después de pasar por las manos de D'Anville, Arrowsmith, y otros, los mapas de Delisle dieron expresión a lo que se ha llamado "la línea de Schomburgk".[919] Esa opinión es compartida por Donís, quien sostiene que las líneas que aparecen en los mapas de Delisle pasaron a los mapas de D'Anville y Arrowsmith, y finalmente al mapa de Schomburgk de 1840, donde éste la habría interpretado como la verdadera "*frontera*" entre Venezuela y la Colonia de Guayana Británica.[920]

---

915 Cfr. Ibid., pp. 41 a 45.

916 Cfr. https://www.davidrumsey.com/luna/servlet/detail/RUMSEY~8~1~31259~1150288:Terre-Ferme,-Perou,-Bresil,-et-du-p?sort=pub_list_no_initialsort%2Cpub_date%2Cpub_list_no%2Cseries_no

917 Cfr. https://images.fineartamerica.com/images/artworkimages/mediumlarge/3/carte-d-amerique----inset-map-pf-alaska-paris---jean-claude-dezauche.jpg

918 Cfr. Severo Mallet-Prevost, op. cit., pp. 45 y s.

919 Cfr. Severo Mallet-Prevost, op. cit., p. 36.

920 Cfr. Manuel Alberto Donís Ríos, *Evolución histórica de la cartografía en Guayana y su significación en los derechos venezolanos sobre el Esequibo*, Biblioteca de la Academia Nacional de la Historia, Caracas, 1987, p. 179.

DELISLE—1703.

PART OF A MAP OF THE NORTHERN PORTION OF SOUTH AMERICA BY WILLIAM DELISLE, PARIS, 1703.

REPRODUCED FROM ORIGINAL SUBMITTED TO THE COMMISSION BY THE REPUBLIC OF VENEZUELA.

ORIGINAL SIZE OF PART HERE SHOWN 13.0 X 13.0 INCHES.

S Doc 91 55 2

Carte de la Terre Ferme du Perou, du Bresil et du Pays des Amazones, de Delisle, de 1703

https://www.davidrumsey.com/luna/servlet/detail/RUMSEY~8~1~2928~310080:Terre-Ferme,-Perou,-Bresil,-Amazone?sort=pub_list_no_initialsort%2Cpub_date%2Cpub_list_no%2Cseries_no

Detalle de Carte de la Terre Ferme du Perou, du Bresil et du Pays des Amazones, de Delisle, de 1703.

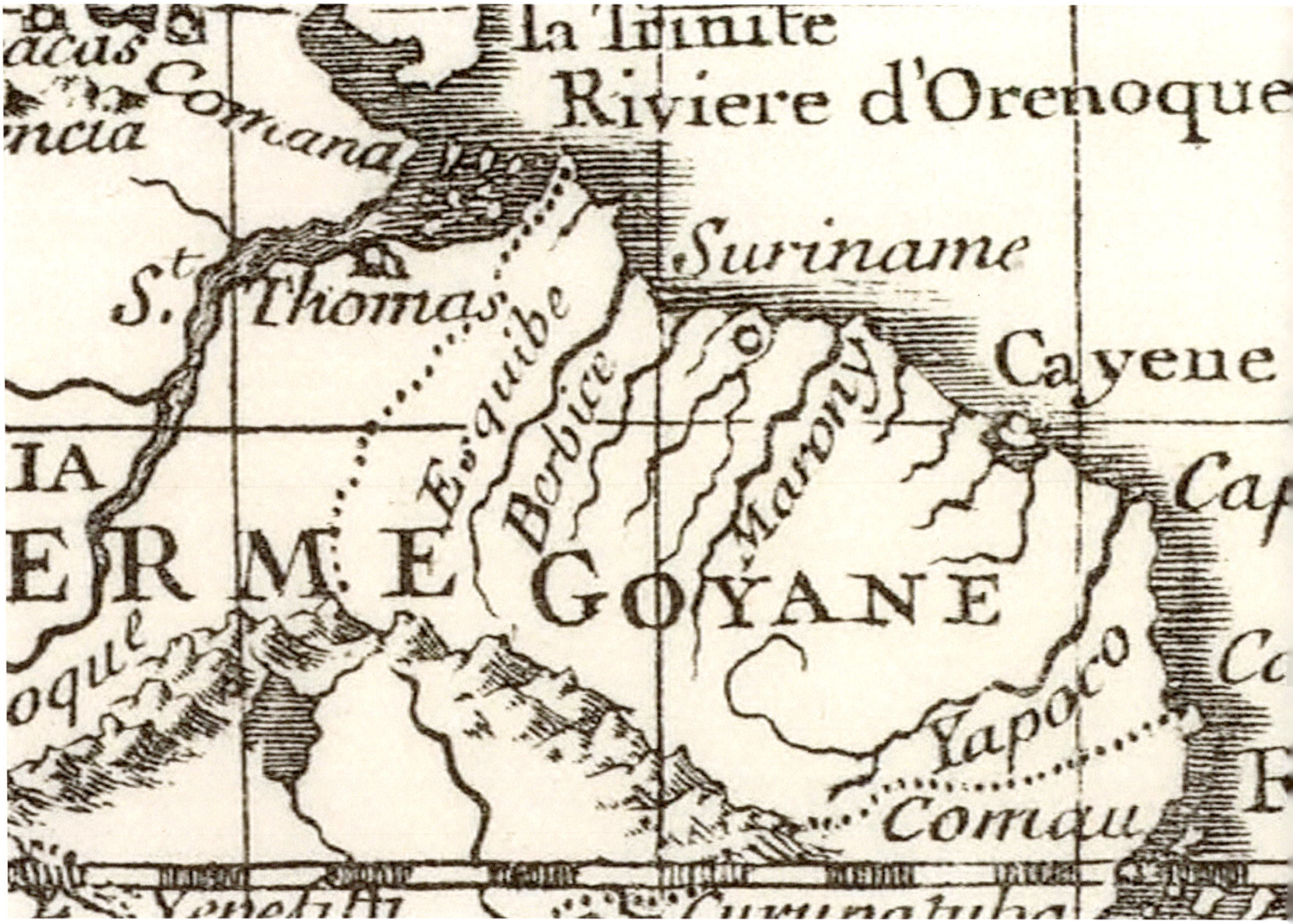

Detalle del mapa de América, de Delisle, de 1722, mostrando la región hoy en disputa y la línea de Delisle.

https://www.davidrumsey.com/luna/servlet/detail/RUMSEY~8~1~203994~3001757:Facsimile-Part-of-America-by-Delisl?sort=Pub_List_No_InitialSort%2CPub_Date%2CPub_List_No%2CSeries_No

3. EL MAPA DE D'ANVILLE, DE 1748

Otro destacado geógrafo y cartógrafo francés, que siguió los pasos de Delisle, y que también fue llamado a servir como geógrafo del rey de Francia, fue Jean-Baptiste Bourguignon D'Anville. Sus mapas se nutrieron fundamentalmente de la información que le proporcionaban quienes participaron en las expediciones francesas de la primera mitad del siglo XVIII, pero también de las matemáticas, de los idiomas locales, de la historia, e incluso de la literatura.[921] D'Anville tenía fama por la precisión geográfica de sus mapas, y por su honestidad intelectual al dejar en blanco las regiones sobre las que no tenía información fidedigna, indicándolo así. Sin embargo, las fronteras políticas que él indica respecto de España y de la colonia de la Guayana holandesa no están exentas de reparos.

Un mapa de D'Anville, fechado en 1748, titulado *Carte de l'Amérique Méridionale*, reviste particular importancia en esta controversia, porque parece trazar fronteras políticas que los holandeses aceptaron como suyas. Por ende, conviene examinarlo con atención, teniendo en cuenta su origen y su propósito.

En la preparación de este mapa, D'Anville habría trabajado estrechamente con el embajador de Portugal en Francia, Luis da Cunha. Según Pimentel y Ferreira, en la década de 1720, mientras Dom Luís da Cunha servía como embajador de Portugal en París, se acercó al joven geógrafo francés, contratándolo para servir a la Corona portuguesa. Dos décadas más tarde, ambos unieron fuerzas en la producción de una carta general de América del Sur, titulada *Carte de l'Amérique Méridionale*, en la que se presentaba el esbozo de una nueva línea de fronteras que se establecería entre las Coronas de Portugal y España en América. Para esa tarea, el embajador da Cunha le proporcionó a D'Anville documentos que fueron fundamentales para que el geógrafo francés pudiera establecer la morfología del interior de Brasil. Dom Luís da Cunha esperaba que la *Carte de l'Amérique Méridionale* se pudiera utilizar en las negociaciones diplomáticas fronterizas que, en ese momento, se estaban llevando a cabo entre Portugal y España, y que concluyeron con el Tratado de 1750. El Tratado de Madrid dejó de lado el Tratado de Tordesillas, de 1494, y constituyó una innovación sin precedentes en materia de delimitación fronteriza; por esta razón, el mapa de D'Anville presenta, con colores diferentes, las fronteras de las diversas naciones con territorios en el continente.[922] Pero se puede apreciar inmensas regiones -incluyendo la zona en disputa- sin mayor detalle, como si se tratara de una *terra incognita.*

Una primera versión de este mapa, en tamaño reducido, manuscrita y muy sencilla, fechada en 1737, está dedicada al Duque de Orleans. La versión de 1748, que tampoco es muy grande (68 centímetros de alto por 41 de ancho), está publicada bajo los auspicios del Duque de Orleans.[923]

En lo que se refiere a la controversia hoy pendiente entre Guyana y Venezuela, la parte occidental de la zona en disputa está identificada como el Nuevo Reino de Granada ("NOUV. Rme. DE GRENADE"); pero la parte oriental, encerrada entre líneas punteadas y coloreadas de rosado, que parece corresponder a lo que sería la colonia holandesa de Guayana -y en cuya costa se observan topónimos como *C. Nassau, Niew Middleburg, Nova Zeelandia* y, al este de Paramaribo, *Niew Amsterdam-*

---

921 Cfr. *Oeuvres de D'Anville*, publiées par M. de Manne, imprimé a L'Imprimerie Royale, París. 1834.

922 Cfr. Jorge Pimentel Cintra y Junia Ferreira Furtado, *A Carte de l'Amérique Méridionale de Bourguignon D'Anville: eixo perspectivo de uma cartografia amazônica comparada,* en Revista Brasileira de História (62), 2011, consultado en https://www.scielo.br/j/rbh/a/vKJkPL3LGp7gcfRCjmJDv6Q/ . Los autores explican que Dom Luís da Cunha y D'Anville compartían la visión ilustrada de que los mapas debían ser espejos perfectos del territorio presentado, por lo que intentaron crear el mapa más preciso de América del Sur producido hasta entonces. En este caso, lo que se pretendía era lograr una perfecta correspondencia matemática entre el mapa y el espacio real, ya que la geometría debía reflejar la relación entre el territorio y su representación cartográfica.

923 « Publiée sous les auspices de Monseigneur le Duc d'Orleans Premier Prince du Sang ».

no se identifica como Colonia Holandesa. Entre estos dos espacios, a partir de un punto en su extremo norte -que parece corresponder a punta Mocomoco-, se traza una línea recta punteada, en dirección sur -levemente inclinada hacia el suroeste-, hasta encontrarse con la frontera portuguesa. Esa línea recta punteada -que no corresponde a ningún accidente natural- sugiere que ésta es una frontera sin definir. En este sentido, debe recordarse que el propósito de este mapa era determinar la frontera entre las posesiones españolas y portuguesas, y no entre las posesiones españolas y holandesas. Pero también debe aclararse que los asentamientos de Nueva Middleburg y Nueva Zelandia tuvieron una vida muy corta -de 1658 a 1665- porque fueron destruidos por los franceses, en 1665, y terminados de destruir por los ingleses, en 1666, sin que nunca fueran restablecidos; de manera que, para la fecha de confección de este mapa, esos asentamientos sólo eran parte de la historia.

Mallet-Prevost sugiere que D'Anville habría copiado la línea de Delisle, mostrada en su mapa de 1722. Mallet-Prevost subraya que el mapa de 1748 no es un mapa especial de Guayana, sino un mapa general de Sudamérica, y que la correspondencia que tuvo lugar en esa época entre la Cámara de Zelanda y el gobernador holandés Gravesande muestra cuán confusas e indefinidas eran las nociones de frontera, incluso en las mentes de las partes directamente interesadas en el asunto. No era extraño, por lo tanto, que un geógrafo, dedicado a hacer un mapa general de todo el continente, prestara poca atención a una característica pequeña y comparativamente poco importante de ese mapa. La cuestión de la frontera no era entonces el tema candente que llegó a ser en el momento del arbitraje. Los asentamientos reales de los holandeses y españoles estaban separados por 150 o 200 millas de un territorio salvaje, deshabitado, salvo por los feroces caribes; sus ríos y vías fluviales eran difíciles de navegar, y algunos de ellos, en ciertas épocas del año, eran completamente intransitables. Los extensos pantanos, los bosques impenetrables y las cordilleras, hacían que un par de puestos fueran suficientes para controlar la fuga de esclavos del Esequibo al Orinoco. Bajo esas circunstancias ¿qué podía ser más natural que D'Anville dejara la cuestión de la frontera en paz? Él encontró una línea ya trazada por un eminente geógrafo real de su propio país; pero una edición del mapa de Delisle de 1722, publicada después de su muerte por Covens y Mortier, había sido alterada, con la adición de las palabras "*Aux Holland*" después del nombre "*Surinam*", y "*Aux Roi de France*" después del nombre "*Cayena*". Ciertamente, esto no alteró de ninguna manera el significado de la línea de Delisle; pero la adición de estas palabras pudo haber confundido a D'Anville en su interpretación de esa línea.

Ver su mapa de 1748 en la página siguiente

https://www.davidrumsey.com/luna/servlet/detail/RUMSEY~8~1~203996~3001758:Facsimile--South-America-by-D-Anvil?sort=Pub_List_No_InitialSort%2CPub_Date%2CPub_List_No%2CSeries_No

A juicio de Mallet-Prevost, para alguien que no busca especialmente una distinción entre líneas de límites políticos y lo que se puede llamar límites regionales, era natural que el mapa de Delisle, particularmente con esas palabras añadidas, diera a primera vista la impresión errónea de que mostraba una frontera política entre las posesiones holandesas y las colonias españolas en Sudamérica. Incluso un geógrafo experimentado como D'Anville, o como aquellos que hoy suponen que la línea marcada por Delisle es una frontera política, bien podrían malinterpretar tal límite, a menos que se les llame la atención sobre lo contrario. En estas circunstancias, sin menoscabo para la reputación de D'Anville como geógrafo, era natural que él hubiera caído en el error ya señalado, y que hubiera copiado la línea de Delisle en su propio mapa, dándole, por primera vez, un significado político.

D'ANVILLE—1748.

MAP OF SOUTH AMERICA BY J. B. D'ANVILLE, PARIS, 1748.

REPRODUCED FROM ORIGINAL MARKED [illegible] IN LIBRARY OF HARVARD COLLEGE, CAMBRIDGE, MASS.

D'Anville no la habría presentado como una línea que expresara su propio juicio respecto a la frontera entre los españoles y los holandeses, a menos que, al mismo tiempo, hubiera mostrado en su mapa algo que lo justificara; pero, como aparece en el mapa es -a simple vista- una línea arbitraria, que no indica ninguna razón para comenzar donde lo hace, o para correr en línea recta hacia el suroeste, sin tener en cuenta las barreras naturales.A pesar de que su punto norte está en la costa, justo fuera de la boca del Orinoco, el mapa no muestra allí ningún puesto holandés, ni ninguna huella de ocupación holandesa. No sucede lo mismo con la línea que apareció en el mapa de Delisle de 1722. Según la diferente geografía de ese mapa, la línea de Delisle habría indicado claramente una división igual de la región Orinoco-Esequibo, o bien habría marcado la divisoria de aguas entre los valles drenados por esos ríos; esa división era comprensible, y estaba basada en principios bien reconocidos. Pero la misma línea, transferida al mapa de D'Anville, con una geografía modificada, está despojada de su carácter original. A juicio de Mallet-Prevost, la única explicación compatible con la reputación de D'Anville como geógrafo es la que se ha sugerido; si él no hubiera copiado la línea de Delisle, la consecuencia sería disminuir la estimación que se tenía de D'Anville como geógrafo cuidadoso y esmerado. Además, la correspondencia entre Storm van Gravesande -gobernador de la Colonia holandesa- y la Compañía Holandesa de las Indias Occidentales muestra que, en esa época, ellos no sabían dónde estaba la referida frontera, ni sabían cómo determinarla; por eso, en cuanto ellos tuvieron conocimiento del mapa de D'Anville, aceptaron su línea de frontera; pero, incluso entonces, seguían sin conocer los hechos históricos en los que se sustentaba. Para Mallet-Prevost, estaba claro que D'Anville no se basó en una investigación histórica, o en el testimonio de quienes podían estar mejor informados acerca de esos hechos.[924]

González observa que el mapa de D'Anville fue recibido con particular interés por los holandeses, pues no conocían cuál era la frontera entre España y Holanda. En este sentido, él cita la correspondencia entre el gobernador Storm van Gravesande con las autoridades de la Cámara de Zelandia, que era a quien estaba encomendada la Colonia de Esequibo. González recuerda que, en julio 1746, Gravesande informó de las misiones hispanas, que se aproximaban por el Cuyuní, cuyo avance él no se atrevía a detener, porque desconocía "la verdadera línea de frontera"; en diciembre del mismo año Gravesande explicaba que su inacción se debía a que las fronteras al oeste del Esequibo le eran desconocidas, y en marzo de 1747 decía no estar consciente de hasta dónde se extendían los límites de su territorio. El asunto habría pasado a consideración del *Estatúder* (el Gobernador de las Provincias Unidas de los Países Bajos). En 1750, estando Gravesande de regreso en Holanda, el *Estatúder* (Guillermo IV de Orange) le habría mostrado el mapa de D'Anville y, al parecer, ambos habrían acordado que las fronteras marcadas en ese mapa serían la base de las pretensiones holandesas en Guayana. Pero, más allá de la importancia práctica de ese mapa para los holandeses, González sugiere que éste habría sido confeccionado bajo el influjo del gobierno holandés.

Para sustentar esa hipótesis -que González da como un hecho "innegable y cierto"-, él cita los alegatos brasileños en el arbitraje con Inglaterra, en el que los primeros habrían afirmado que D'Anville trazó la frontera de la Guayana holandesa valiéndose de informes oficiales obtenidos en Holanda; González menciona también la circunstancia de que -según Harris y Villiers- la Compañía Holandesa de las Indias Occidentales estaba en contacto con D'Anville.[925]

---

[924] Cfr. Severo Mallet-Prevost, *Report upon the Cartographical Testimony of Geographers,* en *Report and Accompanying Papers of the Commission Appointed by the President of the United States "To investigate and report upon the true divisional line between the Republic of Venezuela and British Guiana"*, Washington Government Printing Office, Washington, 1897, vol. 3, pp. 48 a 54.

[925] Hermann González Oropeza, *Atlas de la Historia Cartográfica de Venezuela*, Editorial Papi S. R. L., Caracas, 1983, pp. 81 y ss. La cita de González es a la biografía de Gravesande, preparada por dos historiadores ingleses. Cfr. C. A. Harris y J. A. J. de Villiers, *Storm van's Gravesande, The rise of British Guiana (Compiled from his despacthes)*, Printed for the Hakluyt Society, London, 1911.

Pero se recuerda que este mapa fue confeccionado a instancias del Embajador de Portugal en Francia, para determinar la frontera entre las posesiones españolas y portuguesas en América.

En 1758, el gobernador de la colonia holandesa, Storm van Gravesande, citó este mapa en respaldo de su protesta por lo que él llamaba "las agresiones españolas", y de la reclamación de la región del Cuyuní, para lo cual habría transmitido dos copias de este a las autoridades españolas.[926] Según Burr, éste es el único mapa que, en 1769, fue citado por ambas partes en esta controversia.[927]

Por el prestigio de su autor, el mapa de D'Anville influyó en otros cartógrafos, atribuyendo consecuencias políticas a la línea marcada por él, como representativa de la frontera de la colonia holandesa en Guayana, respecto de lo que era una frontera por definir. La línea del mapa de Sudamérica de Thomas Jefferys, de 1775,[928] coincide con la línea de D'Anville. En el tramo norte, que llega hasta la sierra de Imataca, la línea de D'Anville coincide, igualmente, con la línea de máxima pretensión británica, formulada en 1880.[929] Pero una línea que no corresponde a una frontera acordada por las partes, en una línea recta carente de sustento histórico o documental, que atraviesa múltiples accidentes naturales, no puede ser otra cosa que una frontera arbitraria, o la indicación de una frontera que está pendiente de delimitar.

En la página siguiente, el mapa de Sudamérica, de D'Anville, de 1748, y en la página 275 imagen recortada del mismo mapa, mostrando la zona en disputa y la línea de frontera trazada por D'Anville

https://archive.org/details/dr_facsimile-danville-1748-40-s-doc-9a-55-2-part-of-a-map-of-south-ameri-1122045

926 Cfr. George Lincoln Burr, *Report on maps from official sources*, loc. cit, p. 135.

927 Cfr. Ibid., p. 139.

928 https://www.davidrumsey.com/luna/servlet/detail/RUMSEY~8~1~1925~120031:South-America---Northern-Section-?sort=pub_list_no_initialsort%2Cpub_date%2Cpub_list_no%2Cseries_no

929 https://www.davidrumsey.com/luna/servlet/detail/RUMSEY~8~1~203924~3001803:Boundaries-Claimed-or-Proposed-?sort=pub_list_no_initialsort%2Cpub_date%2Cpub_list_no%2Cseries_no&qvq=q:Schomburgk;sort:pub_list_no_initialsort%2Cpub_date%2Cpub_list_no%2Cseries_no;lc:RUMSEY~8~1&mi=7&trs=86

D'ANVILLE—1748.

PART OF A MAP OF SOUTH AMERICA BY J. B. D'ANVILLE, PARIS, 1748.

S Doc 91 55 2

REPRODUCED FROM ORIGINAL (MARKED $\frac{4576}{3}$) IN LIBRARY OF HARVARD COLLEGE, CAMBRIDGE, MASS.

ORIGINAL SIZE OF PART HERE SHOWN 14.0 X 12.9 INCHES.

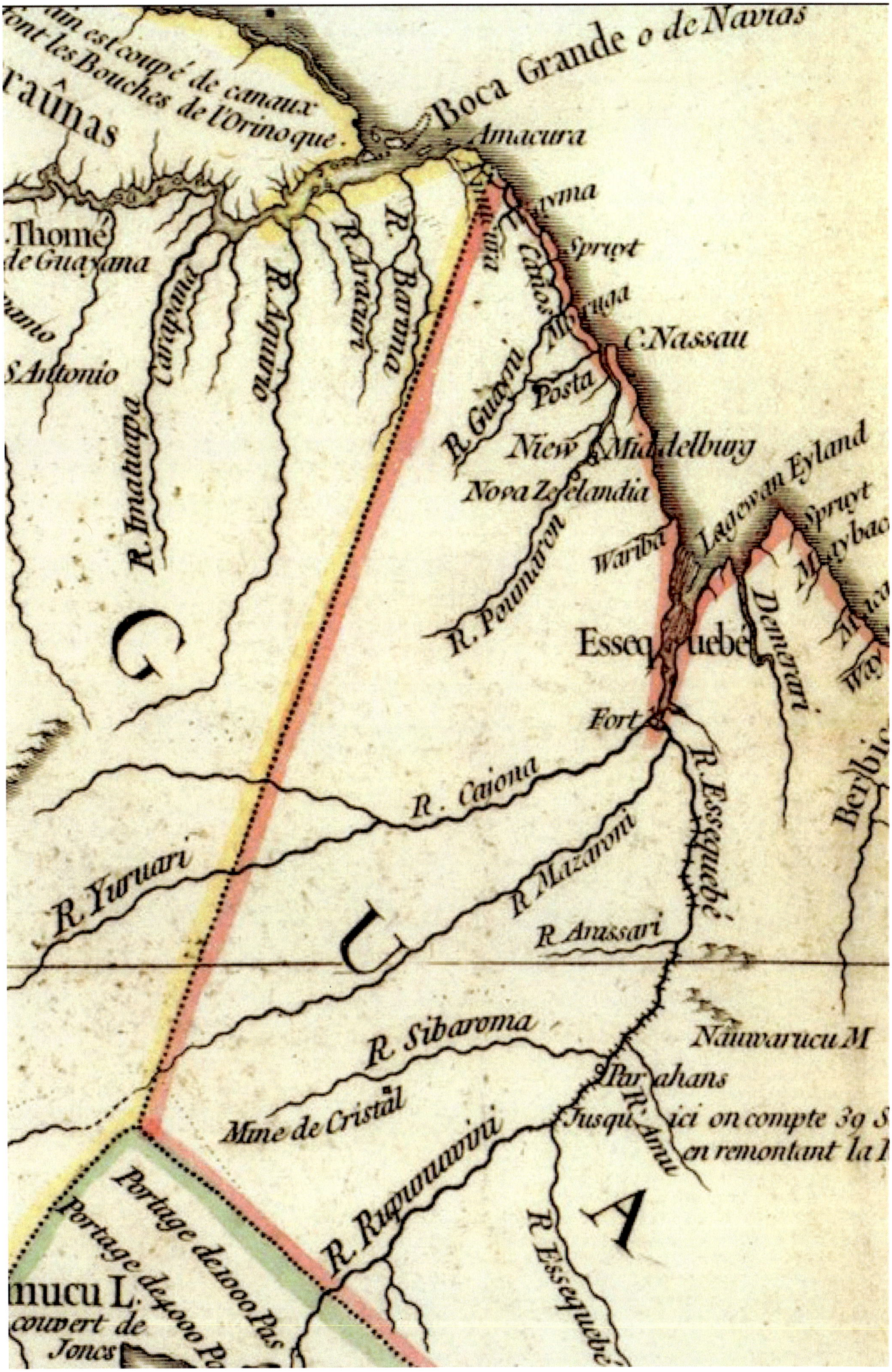
Boca Grande o de Navias
est coupé de canaux
les Bouches de l'Orinoque
Amacura
C. Nassau
Posta
New Middelburg
Nova Zelandia
R. Guaoni
R. Poumaron
Wariba
Lagewan Eyland
Esseq uebé
Fort
Demerari
R. Esséquebé
R. Caiona
R. Yuruari
R. Mazaroni
R. Arassari
R. Sibaroma
Nauwarucu M
Parahans
Mine de Cristal
R. Rupunuwini
R. Anu
Jusqu' ici on compte 39
en remontant la
R. Esséquebé
Portage de 1000 Pas
Portage de 4000
couvert de
Jones
R. Barima
R. Aracuri
R. Aquirio
R. Imataupa
Thomé
de Guayana
S. Antonio
G
U
A

4. EL MAPA DE VAUGONDY, DE 1750

En la historia de la cartografía francesa, los Vaugondy son parte de una familia de hacedores de mapas, emparentados con Nicolas Sanson a través de uno de sus nietos, y herederos de gran parte del material cartográfico de Sanson. Hay dos Robert de Vaugondy: el padre, Gilles Robert, conocido como Monsieur Robert, y su hijo, Didier Robert, ambos notables en su campo. En 1760, el segundo de ellos -Didier- fue nombrado geógrafo del rey Luis XV. En principio, padre e hijo produjeron sus mapas trabajando juntos. En los casos en que no fue así, a veces es difícil determinar quién es el autor de un mapa determinado.

En 1756, ambos publicaron un Atlas Universal,[930] tenido como uno de los atlas más importantes del siglo XVIII.

El mapa de América meridional, de 1750,[931] que, aunque en la Colección de Mapas de David Rumsey es atribuido al padre e hijo, en la cartela se indica que fue elaborado por Robert de Vaugondy, hijo del Señor Robert, geógrafo ordinario del rey. Es decir, su autor es Didier Robert de Vaugondy.

En el referido mapa, se separa *Paria* de *Guayana*, y se marca con verde la frontera de las Guayanas holandesa, francesa y portuguesa, o de lo que se suponía que eran las posesiones de los imperios de la época. En el interior de Guayana -en un espacio que pareciera estar despoblado-, no se observan fronteras precisas entre las Guayanas holandesa, francesa y portuguesa; pero la frontera occidental de esa Guayana -y, por lo tanto, la frontera de la Guayana holandesa con España- comienza en la desembocadura del río Orinoco, sigue hacia el sur por una cadena de montañas -que podría ser la sierra de Imataca, o la sierra Parima-, y termina en la confluencia del río Negro con el Amazonas.

Ver el mapa de Vagoundy en la página siguiente, y detalle del mismo en la página 278.

https://www.davidrumsey.com/luna/servlet/detail/RUMSEY~8~1~3991~500008:Amerique-Meridionale-?sort=Pub_List_No_InitialSort&qvq=q:Vaugondy%20amerique%20meridionale;sort:Pub_List_No_InitialSort;lc:RUMSEY~8~1&mi=4&trs=6

[930] Atlas Universel, complet en cent cartes géographiques, publicado por los autores, París, 1756.

[931] Cfr. https://www.davidrumsey.com/luna/servlet/detail/RUMSEY~8~1~3991~500008:Amerique-Meridionale-?sort=Pub_List_No_InitialSort&qvq=q:Vaugondy%20amerique%20meridionale;sort:Pub_List_No_InitialSort;lc:RUMSEY~8~1&mi=4&trs=6

AMERIQUE
MÉRIDIONALE,
Dressée, sur les Mémoires les plus récents
et assujétie aux observations astronomiques.
PAR LE S.r ROBERT DE VAUGONDY
fils de M.r ROBERT Géographe ordin. du Roy.
Avec Privilège.
MER DU SUD ou PACIFIQUE
MER DU NORD
MER MAGELLANNIQUE
PAYS DE L'AMAZONE
Equateur
Tropique du Capricorne
Septentrion
ECHELLES

Trinidad
Bouches de l'Orinoque
Palenques
Demeure de Carapana
Acamacar
Arromaya
Cassipagota
Caroli
Macureguara
Cassipagotes
Caopui
Rupununi R.
Essequebe
Tauipuramune
Parima
Irawakeri
Tacutu

5. LOS MAPAS DE BELLIN (1757, 1763, Y 1764)

Jacques-Nicolas Bellin fue uno de los intelectuales más notables de la segunda mitad del siglo XVIII, que participó en la edición de la *Enciclopedia* que prepararon Diderot y D'Alembert. Hay una tesis de maestría sobre su vida y su obra.[932] Como geógrafo y cartógrafo, Bellin fue el cartógrafo jefe del Depósito de Mapas y Planos del Ministerio de la Marina francés y, como tal, tuvo acceso a los mapas y cartas recibidos en esa dependencia de los exploradores e ingenieros militares.

Entre su muy extensa producción cartográfica, caracterizada por su rigor intelectual, hay una Carta de Guayana, de 1757, mostrando la ribera oriental del río Orinoco, Suriname y la Guayana francesa, basada en el mapa de América meridional de D'Anville. Esta Carta utiliza la expresión "*Guyane*" para referirse a toda esa región geográfica. Según indica la cartela, ella fue elaborada "Pour servir a l'Histoire Generale des Voyages" y, al no marcar fronteras políticas, no aporta información relevante sobre esta controversia.

En 1763, Bellin publicó su *Carte de la Guiane*, en la que distingue entre la Guayana española, la Guayana portuguesa, la Guayana francesa, y la Guyana holandesa. Respecto de esta última, una frontera, marcada por una línea de puntos, y que no siempre sigue los accidentes naturales, da la impresión de que es una frontera por definir. En su costado occidental, esa frontera comienza en el río Pomarón, y siguiendo el curso del mismo conecta con una cadena de montañas situada al oeste del lago Amacu, desde donde se prolonga hacía el suroeste, hasta el río Negro; a partir de allí, es posible que, en la concepción de Bellin, el límite oeste sea la confluencia de esa línea de puntos con el río Negro.

El mismo año en que Bellin dio a conocer este mapa, publicó un libro con la descripción geográfica de la Guayana, con referencia a las posesiones de los franceses, los españoles, los portugueses y los holandeses, en ese vasto territorio.[933] Este texto es el complemento indispensable del mapa de 1763, pues contiene información útil para interpretarlo. En el prefacio de su obra -"*Avertissement*"-, Bellin manifiesta que estaba sorprendido de que una costa tan frecuentada, como las costas de Guayana, fuera tan poco conocida. Él explica que, en la preparación de ese mapa, consultó, entre otras fuentes, a los diferentes autores que habían escrito sobre Guyana, aunque advierte que no siempre les siguió servilmente. Bellin afirma que, en su época, Guayana estaba en posesión de los españoles, los holandeses, los franceses y los portugueses, por lo que él la había dividido en cuatro partes, teniendo en cuenta lo que entendía que eran las posesiones de cada nación.

El Mapa de Guayana, de Bellin, de 1763, en la página doble 280 y 281 está el mapa completo, y se puede apreciar una imagen recortada del mismo, mostrando la línea de frontera, en la página 282.

https://www.raremaps.com/gallery/detail/107363/carte-de-guiane-bellin

[932] Jean Marc Garant, Jacques-Nicolas Bellin (1703-1772), cartographe, hydrographe, ingénieur du Ministère de la Marine: Sa vie, son ouvre, sa valeur historique, Thèse (M. A., Histoire), Montréal, 1973.

[933] *Déscription Géographique de la Guyane, Contenant les Possessions et les Etablissemens des François, des Espagnols, des Portugais, des Hollandois dans ces vastes Pays, Le Climat les Productions de la Terre et les Animaux, Leurs Habitans, leurs Mores, leurs Coutumes, et le Commerce qu'on y peut faire*, (sic), Didot, París, 1763.

CARTE DE
LA GUIANE
Echelle de Cent Lieues Communes
10 20 30 40 50 100
NOUVEAU
ROYAUME
DE GRENADE
Menpox
Lac Maracaybo
Merida
Warines
Guanari
Ocana
Sogamari
Pamplona
R. Apure
Foret
Riviere Apure
R. Guarico
Plaines
Inhabitees
Riviere
Mana
Torre
de Camusella
Lac
St. Antoine
Sta Fe d'Antioquia
Caramata
Muja
Velez
Mariquita
Tunis
Anzerma
Cuello
Sta Fe de Bogota
St. Jean des Plaines
St. Ignace
R. Cosanari
Ravanal
Bouche de l'Apure
St. Borja
R. Arauco
R. d'Orenoque
Cali
Neyva
Popayan
la Plata
Caguer
R. d'Ariany
R. de Meta
St. Joachim
St. Ignace
Sta Therese
N. Dame des Anges
Xavier
R. Paruma
les Atures Cataractes
R. Bichada
R. Guabiari
R. Cagnan
Moco
St. Joseph
R. Parima
GUIANE
ESPA
R. Caura
R. Parma
R. Caqueta
Abanos
Quirrupas
Equateur ou Ligne
St. Antonio de Amagnas
Acanejos
Mamos
St. Gonzaga
Oaguisia
Yebmeto
R. Putumayo
Bras de Caqueta
R. Cabuya
R. Yupura
R. Yaru Besmi ou Muria
Rio Negro ou Riviere Noire
Lac Marahi
R. Fiquara
R. Nuissa
Avarida
St. Joze de Dera
R. Parima ou Rio Branco
GUI
R. Soloya
Rio Ica
R. Quaripan
Rio Yupura
Tarapan
Curatuta
R. Yumi
Uruparari
Baraiva
Aldeas de Coraj
Araganatuba
Batraltu
Omaru
Tefe
Coari
St. Paulo de Omaguas
Rio Yahuari
R. Inale
des
80 79 78 77 76 75 74 73 72 71 70 69 68 67 66 65
10 9 8 7 6 5 4 3 2 1
1 2 3 4 5 6 7

64 63 62 61 60 59 58 57 56 55 54 53 52 51 50
Longitude Occidentale du Meridien de Paris
Bocca Grande
ou Grande Bouche de l'Orenoque
Cap Nassau
R. d'Essequebé
R. de Berbiche
R. de Corentin
Copenama
R. de Surinam
R. de Maroni
R. Amaribo
R. de Sinamari
R. de Courou
Paramaribo
Cayenne
R. d'Aprouaque
R. d'Oyapoco
Cap d'Orange
Cap Cassipouri
Mont Maye
Cap de Nord
GUIANE
GUIANE HOLLANDOISE
GUIANE FRANÇOISE
GUIANE PORTUGAISE
Arawary
Macapa
Embouchure
de la Riviere
des Amazones
Equinoctiale
Marajo
ou des
Joannes
Para
Pauxis
Surubiu
Tapajos
R. Cureca
Guajuara
Aricara
Anouryahy
R. Xingu
Corupa
Aricuru
R. Guanapu
I. Bocas
Camuta
Itaboca
R. des Tocantins
Amazones
R. Madera
R. Paru
Parucury
Fort de Rio Negro
St. Pierre
St. Raymond
la Conception
St. Laurent
St. Sebastien
Jamunda
R. des Trompettes
Curupatuba
Urubucuara
R. de Paru
Fort de Paru
Lac Amacu
Portage
R. Maho
Rupununi
R. Sibarona
R. Mavaroni
R. Essequebé
R. Casona
Ville et Fort
R. N. Zelandia
R. Poumaron
New Middelburg
Nassau
St. Louis
St. Paul
R. d'Oyapoco
Nouvelle Amsterdam
Demerari
Tacula

Bocca Grande
ou Grande Bouche de l'Orenoque
Cap Nassau
R. d'Essequebé
R. de Berbiche
Nassau
R. de Corentin
Copenama
Thomas
New Midelburg
R. Poumaron
N. Zelandia
Akary
Ville et Fort
R. Casona
R. Mazaroni
R. Sibarona
R. Demicari
R. Essequebe
Paramaribo
Nouvelle Amsterdam
GUIANE
HOLLANDOISE
Lac Amacu
Portage
R. Maho

En lo que concierne a la Guayana española, él dice haber empleado la obra del Padre Joseph Gumilla,[934] quien fuera Superior de las Misiones del Orinoco durante varios años. Pero, si bien utilizó una Carta del curso del río Orinoco de autoría de Gumilla, Bellin se sintió obligado a hacerle muchos cambios, y así lo señala. Además, él dice haber recurrido a mapas ingleses y holandeses, así como a la copia de un manuscrito que encontró en el Depósito de Mapas y Planos de la Marina.[935] Respecto de la Guyana holandesa, Bellin consultó, entre otras, una obra de François-Michel Janiçon,[936] un mapa general de la provincia y colonia de Surinam, de Alexandre de Lavaux, y, en cuanto a las riberas del Pomarón y del Esequibo, un mapa del cartógrafo holandés Johanes van Keulen, aunque -respecto de este último- avisa que no garantiza su exactitud.[937] Bellin advierte que hay una descripción de Guyana publicada por De la Barre.[938] Respecto a la relación de los viajes al Orinoco y a Guayana de Walter Raleigh, en 1595, y de Laurence Kemys (o Keymis),[939] en 1596, Bellin afirma que ellos no tenían nada que aportar al conocimiento de esa vasta región.[940] Luego de una descripción geográfica, en la primera parte de su libro se refiere al descubrimiento de Guayana, y al establecimiento en ella de los europeos; la segunda parte se refiere a la división territorial de la región, entre españoles, holandeses, franceses y portugueses; la tercera parte está dedicada a la navegación de sus costas. El libro contiene varios bocetos, incluyendo alguno sobre el curso del Orinoco, otro sobre su desembocadura -llegando hasta Santo Tomé-, y un tercero sobre la entrada de la ribera del Esequibo.

Lo primero que hay que observar es que, en su libro, Bellin comienza por definir Guyana como una vasta región de América, situada entre las riberas del Amazonas y del Orinoco, que son los ríos más grandes de la América del sur. Sus límites son el Orinoco, en el norte, el Amazonas, en el sur; al oriente, el mar baña sus costas, y al oeste limita con el río Negro, un río grande y hermoso, unido por el río de las Amazonas con el Orinoco. De modo que la Guayana, encerrada dentro de esos límites, es una isla que tiene por lo menos doscientas leguas de norte a sur, y más de trescientas leguas de este a oeste, teniendo por fronteras el Brasil, el Perú, y el nuevo Reino de Granada. Bellin hace notar que el interior es poco conocido, y que casi no ha sido frecuentado por los europeos.[941]

Bellin cuenta que, luego del descubrimiento de América en 1492, cruzando desde la isla de la Trinidad, Colón llegó a tierras continentales en agosto de 1498, llamándola *Tierra de Paria*, nombre que le daban los indios de la costa. Pero advierte que, de Guayana, Colón sólo habría conocido el Orinoco. En 1499, Alonso de Ojeda, Américo Vespucio y Juan de la Cosa, se internaron doscientas leguas al oriente del Orinoco, recorriendo toda esa costa.[942]

Luego de su Carta de la Guayana, de 1763, en 1764, Bellin publicó una Carta para la navegación de Cayena a Martinica.[943] En dicha Carta, no se marcan fronteras, pero se observa que la

---

934 *El Orinoco ilustrado, y defendido, Historia natural, civil, y geographica de este gran rio y de sus caudalosas vertientes…*, (sic), (dos tomos), Segunda impresión, Manuel Fernández, Impresor del Supremo Consejo de la Inquisición y de la Reverenda Cámara Apostólica, Madrid, 1745.

935 Cfr. J. N. Bellin, op. cit., pp. v y s.

936 *État présent de la République des Provinces-Unies, et des Païs qui en dependent*, Jean van Duren, La Haya, 1730.

937 Ibid., pp. vi y s.

938 Joseph-Antoine Lefebre, Señor de la Barre, *Description de la France Equinoctiale, ci-devant appelée Guyanne, et par les Espagnols, el Dorado*, (sic), Ribov, París, 1666.

939 Lawrence Kemys, *A relation of the second voyage to Guiana, Performed and written in the yeare* 1596, (sic), Thomas Dawson, London, 1596.

940 Cfr. J. N. Bellin, op. cit., p. ix.

941 Ibid., pp. 1 y s.

942 Ibid., pp. 3 y s.

943 *Carte Réduite pour la Navegation de Cayenne a la Martinique, Dressée au Dépost des Cartes Plans et Journaux de la Marine, pour le service de Vaiffeaux du Roy por ordre de M. le Duc de Choiseul Colonel-General des Suiffes et Griffons, Ministre de la Guerre et de la Marine, par le S. Bellin Ingenieur de la Marine et du Dépost de des Plans Censeur Royal, de la Academie de Marine, et de la Societé Rle. De Londres*, 1764, consultado en

"*Guyane Hollandoise*" atraviesa el Esequibo, y pareciera que la frontera con la "*Guyane Espagnole*" es el río Pomarón, al igual que se muestra en su mapa de 1763, por lo que no parece necesario reproducirla aquí.

6. EL MAPA DE BONNE, DE 1781

Poco se sabe de Rigobert Bonne, un cartógrafo francés, ingeniero hidrográfico de la Marina, que, en 1773, había sucedido a Nicolas Bellin como cartógrafo real. Bonne es el autor de una *Carte Générale de l'Amérique Méridionale*, publicada en febrero de 1781.

En el referido mapa se aprecia que la "NOUV.le ANDALOUSIE ou PROV. DE GUYANE", en su parte sur, se extiende hasta más allá de la ribera oriental del río *Essequebe*, y que la Colonia Holandesa -marcada con caracteres más pequeños, y delimitada por una línea de puntos-, se reduce a la parte oriental del río Esequibo, hasta la mitad de su curso, y a la zona de costa. Según este mapa, la Colonia de la Guayana holandesa estaría situada entre la boca del río Esequibo, en el oeste, y el río Marony, en el este.

Mapa de Sudamérica (Carte Générale de l'Amérique Méridionale), de Rigobert Bonne, de 1781, en la página siguiente, y una imagen recortada del mismo, mostrando la frontera trazada por Bonne, en la página 286.

https://www.raremaps.com/gallery/detail/107363/carte-de-guiane-bellin

https://www.davidrumsey.com/luna/servlet/detail/RUMSEY~8~1~204031~3001770:Facsimile--South-America-by-Bonne-

https://www.davidrumsey.com/luna/servlet/detail/RUMSEY~8~1~284174~90056735?qvq=q%3Abritish%2Bguiana%3Bsort%3APub_List_No_InitialSort%2CPub_Date%2CPub_List_No%2CSeries_No%3Blc%3ARUMSEY~8~1&mi=89&trs=120

CARTE GÉNÉRALE
DE L'AMÉRIQUE
MÉRIDIONALE.
Par M. BONNE, Ingénr. Hydrographe
de la Marine.
Fev. 1781.
Avec Privilege du Roi.
LIGNE EQUINOCTIALE
Tropique du Capricorne
MER DU SUD
OCÉAN MÉRIDIONAL
PAYS DES AMAZONES
BRESIL
CHACO
CHILI
MATTO GROSSO
Rio de la Plata
Malouines ou Falkland
Lieues d'Espagne et de Portugal, de 17 ½ au Deg.
Lieues Marines, de 20 au Degré
Lieues Légales de Castille, de 26 ½ au Degré.
L. communes de France, de 25 au D.

itude du Méridien de l'Isle de Fer
315
320
325
I. de la Grenade
I. de Tabago
S. Joseph
Pta. Galera
I. de la Trinité
Pte. de Barima
S. Thomas
R. Essequebe
Berbice R.
R. Caroni
Essequebe
R. de Surinam
R. Maroni
Paramaribo
Cole. Hollandoise
Kourou
Cayenne
C. d'Orange
ANDALOUSIE
GUYANE
Cole. Françaife
R. Aprouague
R. d'Oyapok
I. Maraca
I. Carpori
Par

7. EL MAPA DE POIRSON, DE 1802

Jean Baptiste Poirson, con formación de matemático, geógrafo e ingeniero, derivó en cartógrafo, bajo la dirección del eminente geógrafo Edme Mentelle. La precisión de sus trabajos le hizo merecedor a su reconocimiento como cartógrafo y, justo antes de la Revolución Francesa, fue parte de un equipo encargado de hacer un gran globo terráqueo para la instrucción del delfín de Luis XVI. Posteriormente, en 1803, fue llamado para elaborar un globo actualizado, esta vez para la instrucción del hijo de Napoleón Bonaparte y María Luisa, quien, al momento de su nacimiento, recibió el título de Rey de Roma; este globo se conserva en uno de los corredores del Palacio de Fontainebleau. Alexander von Humboldt y François de Pons, entre otros, habrían recurrido a sus servicios para transcribir el producto de sus expediciones.

Un mapa suyo, *Carte de la Guiane Française et Hollandaise*, de 1802, muestra, como la frontera de la Guayana holandesa con lo que él llama *Nouvelle Andalousie*, la misma que ya había trazado Cruz Cano en 1750, naciendo en frente del Cabo Nassau, descendiendo hasta conectarse con el río Cuyuní, continuando hasta la confluencia de éste con el Esequibo, y desde allí siguiendo el curso del Esequibo hasta su nacimiento.

El mapa de Poirson, Carte de la Guiane Française et Hollandaise, de 1802, se puede apreciar en las páginas siguientes.

https://www.raremaps.com/gallery/detail/78467/carte-de-la-guiane-francaise-et-hollandaise-poirson

Longitude du Méridien de l'Isle de Fer
Lieues Communes de France de 25 au Degré
Lieues Marines de 20 au Degré
Lieues d'Espagne et de Portugal de 17 ½ au Degré
Milles de Hollande de 19 au Degré
Myriamètres
OCÉAN
COLONIE HOLLANDAISE
Fort Nassau
Arwacas
Caribe
Atubayos
Negres Revoltés de Surinam
Macusis
KIRIKIRIS COTOS
MAJANAO
ou Manao
YBAPIDANOS
ou Unpisana
Armacotos
COLONIE FRAN
TARUMAS
Roucouyenes
AMI
GOUVERNEMEN
PAYS DE AMAZONES
ARINACOTOS
Longitude du Méridien de Paris

N.° XIV.
CARTE
DE LA GUIANE
FRANÇAISE et HOLLANDAISE,
par J.B. POIRSON,
ATLANTIQUE
Explication des Signes
Oyapock
Conani
Acoquas
Pirious
ILE DU CAP DU NORD
Cap du Nord
Carpori
Embouchures de la Riviere des Amazones
Ile Caviana
Macapa
DE PARA

8. LOS MAPAS DE DELAMARCHE, DE 1824 Y 1838

Poco se sabe de Felix Delamarche, un geógrafo y cartógrafo francés de fines del siglo XVIII y principios del siglo XIX. Su padre, el cartógrafo y editor de mapas Charles François Delamarche, es considerado el sucesor de Sanson, Vaugondy, y Bonne. Fue a través de su padre que Felix Delamarche heredó lo que antes había sido la casa de publicación de mapas de Robert de Vaugondy, en París, considerada en su época la más importante en su campo.

Su mapa de *Amérique Meridionale*, de 1824, divide la región en la Guayana "española", holandesa y francesa, con fronteras insuficientemente definidas, que no indican con precisión los accidentes geográficos que las separan. En este mapa no se tiene en cuenta la independencia de las colonias americanas y que, para el momento de la elaboración del mapa, España había sido sustituida por Colombia (la Gran Colombia). Delamarche tampoco registra la circunstancia de que, para 1824, los ingleses ya se habían establecido en una parte de lo que -hasta 1814- había sido la Guayana holandesa.

Según este mapa, la frontera de lo que Delamarche llama la Guayana "española" con lo que él llama la Guayana "holandesa" nace en la boca del río Orinoco, en lo que parece ser Punta Mocomoco, desde donde desciende, en dirección sur, siguiendo una línea de puntos, casi recta, que atraviesa el río Blanco, dejando a la derecha la frontera con la Guayana francesa, y continúa hacia el sur, hasta tocar la frontera con la Guayana portuguesa. En una versión de 1823 de este mapa[944] se marca el río Esequibo.

Su Carta de América meridional, de 1838, diseñada con pocos detalles, distingue entre la Guayana española, la inglesa y la holandesa. A diferencia de sus mapas anteriores, esta vez, la frontera ya no es una línea recta; pero -en una costa en que no se marca ni se identifica nada-, no se menciona el punto preciso en el que comienza esa frontera; en todo caso, ella está situada en las vecindades de *Nau Middelburg*, en lo que pudiera ser Cabo Nassau. A partir de allí, la frontera gira en sentido suroeste y, al alcanzar una serranía, se devuelve, en sentido sureste, hasta llegar a la confluencia del Cuyuní con un río cuyo nombre no se indica, pero que se supone que es el Mazaruni, en la confluencia de ambos ríos con el "*Essequebo*". La frontera continúa hacia el sur, por ese río sin identificar (que parece ser el Mazaruni), atraviesa una serranía (también sin identificar), y termina en la sierra de Pacaraima. Pero es interesante observar que el trazado del río que sirve de frontera meridional entre Venezuela y la entonces colonia de la Guayana británica corre de sur a norte, paralelo al Esequibo, y no en sentido suroeste-noreste, como corresponde al curso del Mazaruni.

El mapa de Delamarche, Amérique Meridionale, de 1824, se puede apreciar en la página de enfrente, y una imagen recortada del mismo, mostrando la línea de frontera trazada por él, en la página 292.

https://www.davidrumsey.com/luna/servlet/detail/RUMSEY~8~1~250546~5517112:Amerique-Meridionale-----1824-?sort=Pub_List_No_InitialSort

http://cartweb.geography.ua.edu/lizardtech/iserv/calcrgn?cat=South%20America&item=/SouthAm1841a.sid&wid=1000&hei=900&props=item(Name,Description),cat(Name,Description)&style=simple/view-dhtml.xsl

---

944 https://www.raremaps.com/gallery/detail/62450/carte-generale-de-lamerique-divisee-en-ses-principaux-etats-delamarche

Longitude Occidentale du Méridien de Paris.
20.
AMÉRIQUE
MÉRIDIONALE
Par Fs. Delamarche.
1824
Lieues communes de France.
Myriamètres
Lieues d'Espagne
GRAND OCÉAN AUSTRAL
OCÉAN ATLANTIQUE
Equateur ou Ligne Equinoxiale
Tropique du Capricorne
Emb. de la Riv. des Amazones
Guyane Hollandaise
Guyane Française
Guyane Espagnole
CARACAS
GRENADE
PAYS DES AMAZONES
BRESIL
PATAGONIE
BUENOS AYRES
Carthagene
Sa. Marta
Panama
B. de Panama
S. Fe de Bogota
Popayan
Quito
G. de Guayaquil
Truxillo
Lima
Cuzco
La Paz
La Plata
Buenos Ayres
Rio de la Plata
Rio Janeyro
S. Paulo
S. Salvador
Olinda de Fernambouc
Fernando-Noronha
I. de la Trinité
I. Ss. Ambroise
I. S. Felix
Is. S. Juan Fernandez
la Conception
I. de Chiloe
Archip. de los Chonos
Is. Malouines
Dét. de Magellan
Nlle. Georgie
Tuyu

la Grenade
I. Tabago
I. de la Trinité
Vent
Cumana
Orénoque Fl.
Cari
Orénoque
Carony
Mutanambo
Nle Middelburg
Stabrock
Nle Amsterdam
Guayor
R. Cuyuni
Paramaribo
ANGLAISE
HOLLANDAISE
R. Surinam
R. Maroni
Sra Pacaraina
Sa Barbara
S. Joaquim
S. Felipe
Essequebo

9. EL MAPA DE LAPIE, DE 1828

Pierre Lapie, un oficial del ejército francés, que formó parte del cuerpo de ingenieros topográficos, es otro francés fundador de una familia de cartógrafos.

Lapie es el autor de varios mapas notables, de un *Atlas Classique et Universal*, de 1812, y -junto con su hijo Alexander- de un *Atlas Universel de Géographie Ancienne et Moderne*, de 1842. Se trata de mapas de cierta belleza, confeccionados con mucho detalle.

Hay un mapa suyo, de Colombia y Guayana (Carte de Colombie et des Guyanes), de 1828, comenzando en el Cabo Nassau, descendiendo en dirección suroeste hasta el río Cuyuní, y siguiendo su curso hasta su confluencia con el río Mazaruni. A partir de allí, la frontera entre la entonces Colombia (la Gran Colombia) y la Guayana Inglesa es el río Mazaruni, aunque con un trazado que lo sitúa junto al Esequibo.

El mapa de Lapie, Carte de Colombie et des Guyanes, de 1828, se muestra en las páginas 294 y 295, y una imagen recortada del mismo, mostrando la línea de frontera trazada por él, en la página 296.

10. EL MAPA DE DUFOUR, DE 1849

Adolphe Hippolyte Dufour (1798 – 1865), fue un notable cartógrafo francés que, gracias a su vinculación con Lapie, tenía acceso a los archivos del Depósito de la Marina. Su producción cartográfica incluye, en gran formato, un Atlas universel, physique, historique et politique de Géographie Ancienne et Moderne (1861), [945]un mapa de America, de 1841, un mapa de América del Sur, de 1849, y un mapamundi, de 1856.

En su Atlas universel, physique, historique et politique de Géographie Ancienne et Moderne, antes de presentar cada mapa, hay un cuadernillo que describe cada región. En el que corresponde a la "Carte de l'Amérique du Sud", Dufour se refiere a esta mitad del Nuevo Mundo como una región notable no sólo por su vasta extensión, sino por la variedad de sus climas y de sus recursos. El macizo del Parima forma una meseta entre el Orinoco, el río Negro y el Amazonas, ocupando un terreno de forma trapezoide. Entre las principales ciudades o pueblos de los Estados que ocupan América del Sur, en la región de Guayana sólo cita a Georgetown -en la Guayana inglesa-, y a Ciudad Bolívar -en la Guayana venezolana-, la primera con veinte mil habitantes, y la segunda con tres mil.

En 1849, cuando ya la controversia había estallado, en su mapa de Amerique du Sud, de 1849, con un tamaño de 93 centímetros de alto por 65 de ancho, Dufour marca la frontera entre Venezuela y la entonces Colonia de la Guayana Británica comenzando en la desembocadura del río Moroco, sigue aguas arriba hasta la sierra de Imataca, se desvía hacia el oeste, siguiendo la sierra, en un punto sin definir desciende hasta el río Cuyuní, sigue aguas abajo hasta su confluencia con el río Mazaruni, y a partir de ese punto la frontera, en dirección sur, es el río Mazaruni, aunque con un trazado que lo sitúa junto al Esequibo. El mapa de Adolphe H. Dufour, de "Amerique du Sud", de 1849, se muestra en la página 297, y una imagen recortada del mismo, mostrando la región en disputa y las fronteras políticas trazadas por él, en la página 298.

---

[945] *Atlas universel, physique, historique et politique de Géographie Ancienne et Moderne, Composé et Dressé par M. A. H. Dufour, Gravé sur acier par Ch. Dyonnet, Graveur de Dépôt de la Marine*, Edité par Paulin et le Chevalier, rue Richelieu, 60 (París), sin fecha de impresión.

MER DES ANTILLE
ILES SOUS
BAIE DES MOSQUITOS
GOLFE DE PANAMA
OCÉAN
VENEZUELA
CORO
MERIDA
PAMPLONA
SOCORRO
BOGOTA
S. JUAN DE LOS LLANOS
CALABOZO
EQUATEUR
CANELOS
PÉROU
I. Oruba
I. Curazao
I. Buen Ayre
LAC DE MARACAIBO
CARTHAGENE
Mompox
Pamplona
Buenaventura
B. del Choco
I. Gorgona
C. Corrientes
Serrana
Banc Roncador
Ste Catalina
I. S. Andres
Albuquerque
I. de Quibo
I. Mala
Pasto
Loxa
Valencia
Calabozo
Merida
P. Uaupès
P. Jupuas
Indiens Maubas
Indiens Manaos
P. Cocamas
Villa de Lavari
Laguna Grande
Savanes
Angostura
la Laguna
S. Joaquin de Omaguas

Mapa de Colombia y las Guayanas, de Pierre Lapie, de 1828.

https://www.davidrumsey.com/luna/servlet/detail/RUMSEY~8~1~28711~1120948:Carte-de-Colombie-et-des-Guyanes---#

En la siguiente página detalle del mapa.

Bouches de Navios
Pta Barima
R. Barima
Caraïbes
R. Mocou
Moroco
C. Nassau
N.au Middelburg
R. d Essequebe
R. Poumaron
Arocarie
Stabrock
Avoackwa
Rykoveral
N.le Amsterdam
Cayuni
Araucas
R. Yirru
R. Mahaica
GUYANE ANGLAISE
Ft. de Nassau
R. Carmen
R. Camaran
R. Demerari
R. Essequebe
R. Arassari
R. Berbice
Canje
R. Pipi
R. Sibaroma
Ps. Guacabayos
R. Corentin
Nikeri R.
R. Amu
R. Arrou
Ps. Acurias
Ps. Aturayos
Ro. Maha
P. Macusia

Longitude Occidentale comptée du Méridien de Paris
AMÉRIQUE
du Sud
PAR A. H. DUFOUR.
PARIS, 1849.
Chez J. Andriveau-Goujon, Editeur.
MER DES ANTILLES
OCÉAN ATLANTIQUE ÉQUINOXIAL
GRAND OCÉAN ÉQUINOXIAL
GRAND OCÉAN AUSTRAL
OCÉAN ATLANTIQUE AUSTRAL
PEROU
BOLIVIA
HAUT PEROU
MATTO GROSSO
Tropique du Capricorne
Explication des Couleurs.
Iles Malouines ou Falkland
Archipel de Magellan

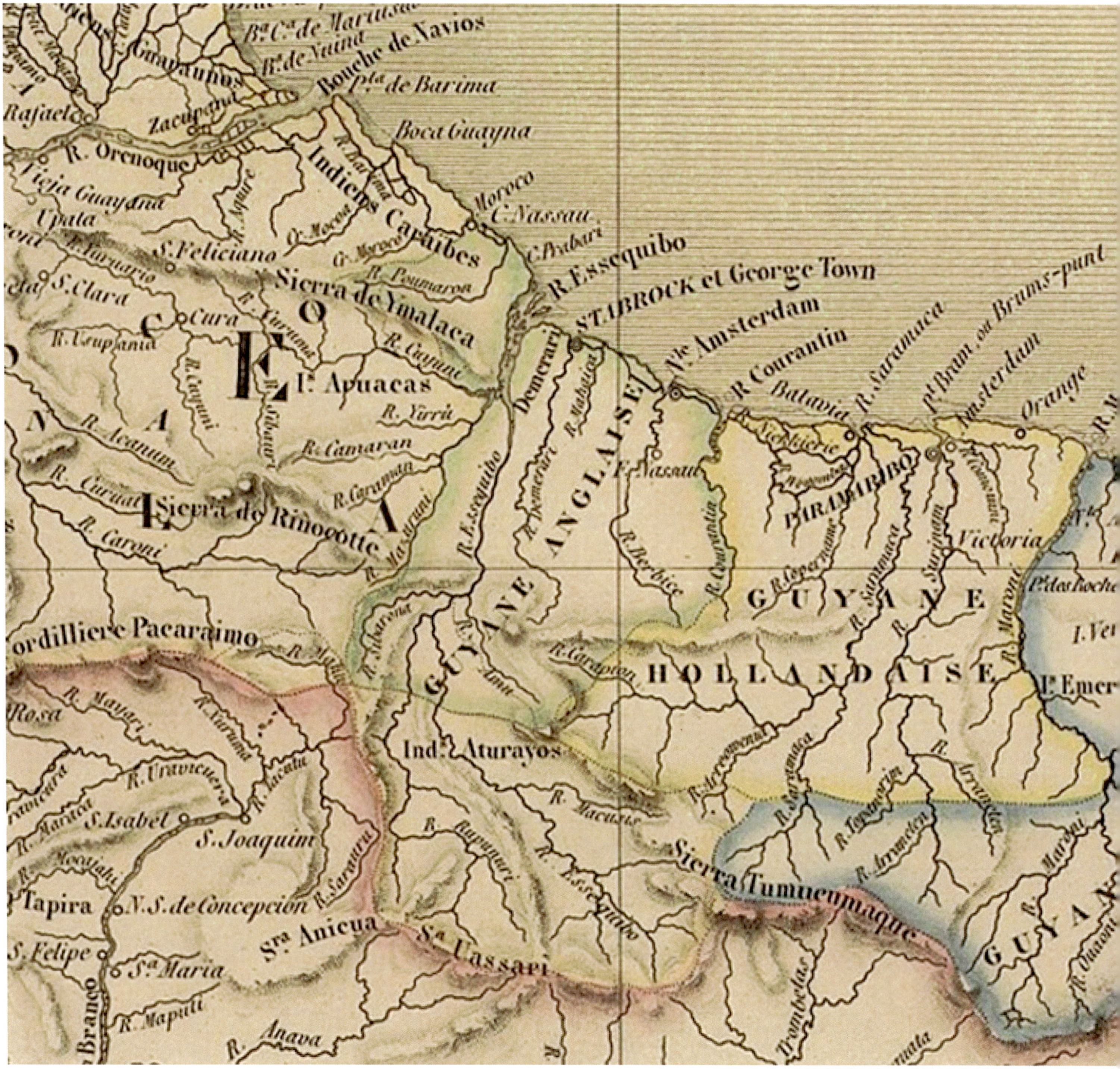

En la página anterior mapa de "Amerique du Sud", por A. H. Dufour, de 1849.
Amerique du Sud. - David Rumsey Historical Map Collection

En esta página, detalle del mismo, mostrando la región en disputa y la línea de frontera marcada por Dufour.

IV. LOS MAPAS DE OBSERVADORES INDEPENDIENTES

Algunos mapas son el producto de quienes ni eran cartógrafos, ni tenían un encargo oficial para prepararlos, ni estaban en el negocio de hacer mapas, o no formaban parte de las grandes escuelas cartográficas de la época. Sin embargo, teniendo en cuenta a su autor y a las circunstancias en que ellos fueron elaborados, esos mapas pueden tener algún valor, para probar, por ejemplo, la idea que -en un momento determinado- se tenía de la frontera entre Venezuela y la colonia de Guayana británica, o del grado de ocupación del territorio en disputa, y por quién.

1. EL MAPA DE FRANÇOIS DEPONS, DE 1805

François Raymond Joseph Depons –a veces escrito *de Pons*- fue un viajero francés que residió en Caracas entre 1801 y 1804. Depons no era un cartógrafo de profesión, sino un simple abogado que viajó por el mundo, y que vivió cuatro años en Caracas prestando servicios al gobierno francés. En el lenguaje de la Revolución Francesa, él cuenta que llegó "a las playas de Tierra Firme, el 28 nivoso del año 9" (el 18 de enero de 1801).[946] Es importante resaltar que, en el mapa que comentaremos, François Depons se presenta "como agente del Gobierno Francés en Caracas".

François Depons es el autor de un libro titulado *Viaje a la parte oriental de Tierra Firme.*[947] Se trata de un texto de más de 500 páginas, con abundante información histórica, desde la llegada de Colón a sus costas, con la advertencia de que "Cristóbal Colón no costeó la Tierra Firme". Este libro ofrece una detallada descripción de las ciudades y dependencias de esa "Tierra Firme", con los pueblos de sus alrededores, la organización colonial, la agricultura, el comercio, la minería, la población, el clima, y la geografía.

La parte de ese texto referida a Guayana y al Orinoco habría sido preparada teniendo presente la documentación de Miguel Marmión, quien -entre enero de 1785 y septiembre de 1790- fuera gobernador de la provincia de Guayana. Vicente Dávila, el autor del prólogo de la primera traducción al castellano de este libro, dice que, por lo bien documentado que está, es el "que mejor expone lo que era la Colonia hispano-americana para 1804". En dicho prólogo, Dávila cuenta que, entre las versiones conocidas de este libro, hay que mencionar, en primer término, la del escritor estadounidense Washington Irving, que la tradujo al inglés en 1806; a esa edición le siguieron dos en Londres, en 1806 y 1807, una traducción al alemán, editada en Weimer y en Berlín, en 1807 y 1808, respectivamente, y otra en holandés. De este texto, Manuel Segundo Sánchez dice que su obra excede a todo elogio, pues es la descripción más puntual de la Capitanía General de Venezuela, que trata de lo relativo a su descubrimiento, conquista, topografía, legislación, comercio, hacienda pública, población y productos, así como de las costumbres "y de la vida de los indios civilizados y salvajes".[948] En dicho libro, Depons incluye una *Carte de la Capitainerie Générale de Caracas*, de 1805, que reviste interés en esta controversia.

Ya en la introducción de su *Viaje a la parte oriental de Tierra Firme*, Depons anticipa que "Los tratados fijan como límite [con la Guayana holandesa] la ribera del Esequibo, cuarenta leguas al sur del

---

946 Cfr. La versión castellana, de 1930, pág. xviii de la introducción.

947 *Voyage à la partie orientale de la Terre-Ferme, dans l'Amérique Méridionale, fait pendant les années 1801, 1802, 1803 et 1804: contenant la description de la capitainerie générale de Caracas, composée des provinces de Venezuéla, Maracaibo, Varinas, la Guiane Espagnole, Cumana, et de l'ile de la Marguerite; et renfermant tout ce qui a rapport à la découverte, à la conquête, à la topographie, à la législation, au commerce, aux finances, aux habitans et aux productions de ces provinces; avec un aperçu des moeurs et usages des Espagnols, et des Indiens sauvages et civilisés*, Colnet, F. Buisson, París, 1806. Hay una traducción al castellano, Viaje a la parte Oriental de Tierra Firme, Tipografía Americana, Caracas, 1960.

948 Citado por Vicente Dávila, en el prólogo de la versión castellana, p. vi.

Orinoco, pero los holandeses lo han adelantado unas ocho o diez leguas al norte." [949] El Capítulo XI está dedicado a la Guayana española, reuniendo en él todo lo que hay que decir "para colocarla en el lugar prominente que le corresponde en la lista de las posesiones importantes.[950] En una carta del General Leclerc, éste le dice que no dejará que el ministro del interior (se entiende que de Francia) ignore que hay, en el continente americano, un francés ocupado en investigaciones útiles.[951]

Aunque el suyo no es un mapa oficial, que haya sido reconocido por alguna de las partes en esta controversia, tampoco puede ser desestimado con ligereza, pues muestra que ha sido elaborado con profesionalismo. Si bien se observan muy pocos topónimos, se puede apreciar que -para esa época- el mapa está hecho con esmero, mostrando la topografía del terreno y el curso de los ríos, con una precisión geográfica y utilización de datos astronómicos que fue posible gracias a la transcripción de su información por el eminente cartógrafo francés Jean Baptiste Poirson.

En el mapa de Depons se aprecia que la frontera entre la Guayana española y la Guyana holandesa es el río Esequibo. En su libro, Depons explica que Surinam, Esequibo y Demerara son las posesiones holandesas, limitadas, según los tratados, al norte por el río Esequibo, al sur por el Maroni, al este por el mar, y al oeste por las posesiones españolas; pero advierte que, a pesar de los tratados, los holandeses han extendido furtivamente sus límites por el norte hasta el Cabo Nassau. Según Depons, durante los primeros cuarenta años, los españoles, empeñados en la conquista, debieron soportar mil privaciones y sostener luchas continuas para mantenerse en el lugar, por lo que mal podían pensar en llevar más lejos sus armas.[952] Depons explica que los holandeses ponían más vigilancia para proteger sus posesiones que los españoles para conservar las suyas, y que estos últimos no mantenían ningún puesto avanzado en las fronteras, mientras que los holandeses establecieron desde el principio un puesto de seis soldados y un sargento -sin especificar dónde, pero podría ser tratarse del puesto del Moruca, o del puesto holandés que estaba casi en la desembocadura del Pomerón, establecido en 1679-, y posteriormente ocuparon un sitio llamado el Castillo Viejo, en la unión del río Mazaruni con el Esequibo sobre el Cuyuní (el Fuerte Kikoveral), convirtiéndose éste en un puesto avanzado de veinticinco hombres.[953]

Según Depons, sólo por milagro españoles y holandeses vivían en la Guayana como buenos vecinos, cuyas metrópolis respectivas mantenían relaciones de amistad; mutuamente se reprochaban agravios, algunos de los cuales eran bastante graves. Los españoles alegaban que los holandeses estaban constantemente ocupados en usurpar el territorio español, que no respetaban los límites, que destruían el comercio español por medio del contrabando, y que excitaban de continuo a los indios caribes contra ellos, suministrándoles armas y consejos para impedir su reducción. Los holandeses, a su vez, les imputaban a los españoles la deserción de los esclavos de las plantaciones de Surinam, pues éstos encontraban en Guayana acogida hospitalaria, libertad y protección del gobierno; y era verdad que, durante mucho tiempo, los españoles, más por vengarse de los holandeses que por sentimientos humanitarios, habían favorecido a los esclavos de Surinam que llegaban a pedirles auxilio.[954]

---

949 Cfr. Ibid, pág. vii de la introducción.

950 Cfr. Ibid, pág. xvii de la introducción.

951 Cfr. Ibid, pág. xviii de la introducción.

952 Cfr. Ibid, pp. 465 y s.

953 Cfr. Ibid, pp. 496 y s.

954 Cfr. Ibid, p. 497.

Para la expulsión de los caribes, Depons estimaba que tres mil hombres de tropa podían limpiar -en menos de dos meses- todo el territorio limitado al norte por el Orinoco, al sur por el Esequibo, al este por el mar, y al oeste por las misiones de los Capuchinos aragoneses. [955]

Esta representación del espacio y de la frontera entre la Capitanía General de Venezuela y la Guayana holandesa es la expresión de la visión que, en 1805, tenía un tercero imparcial de los espacios ocupados por los europeos en la región hoy en disputa; y es probable que esa visión correspondiera a la percepción prevaleciente que, en ese momento, se tenía de dicha frontera. En este sentido, hay que mencionar el mapa de L. Robelin (un cartógrafo francés poco conocido, autor de varios mapas de París), de 1884,[956] que también marca la frontera a lo largo de todo el río Esequibo, y el de Jacobs Cummings (circa 1821), que comentaremos a continuación. Pero mientras los mapas de Depons y de Cummings son de mucho antes de que estallara el conflicto, el de Robelin es de cuando la controversia ya estaba en su punto álgido.

---

[955] Cfr. Ibid, p. 504.

[956] Cfr. https://upload.wikimedia.org/wikipedia/commons/1/17/Mapa_de_los_Estados_Unidos_de_Venezuela.jpg

Carte de la Capitainerie Générale de Caracas, de François Depons, de 1805.

https://gallica.bnf.fr/ark:/12148/btv1b8441198j

https://upload.wikimedia.org/wikipedia/commons/8/8c/Carte_de_la_capitainerie_générale_de_Caracas%2C_comprenant_les_provinces_de_Venezuela%2C_Maracaibo%2C_Varinas%2C_Cumana%2C_la_Guiane_et_l%27ile_de_la_Marguerite%2C_pour_servir_au_Voyage_à_la_partie_orientale_de_la_Terre_ferme..._-_btv1b8441198j.jpg

Imagen recortada del mapa de François Depons, mostrando la frontera entre la Guyana Española y la Guayana holandesa.

2. LOS MAPAS DE CUMMINGS

Jacob Abbot Cummings, un escritor y maestro de escuela de Boston, Massachusetts, es el autor de un atlas escolar y de varios mapas, entre ellos dos de Sud América, uno probablemente de 1821, y el otro de 1829.

En el mapa de Sud América, circa 1821, la frontera entre Venezuela y lo que Cummings todavía llama "Dutch Guiana" es el río Esequibo. Esa frontera es la misma en el mapa de 1829.

Ver imagen recortada del mapa de South America, de Cummings, circa 1821, en página 305, e imagen recortada del mapa de 1829 en la página 306.

3. EL MAPA DE BOUCHON, DE 1825

Jean Alexandre Bouchon, político, historiador, y geógrafo francés -nacido en medio de la Revolución Francesa-, es el autor de un atlas geográfico de las dos Américas, publicado en 1825, en el que figura la *Carta geográfica, estadística e histórica de la República de Colombia*, que presenta la Nueva Granada después de su independencia.

El texto proporciona información detallada sobre el territorio representado en el mapa. Excepto por la región del Pomerón, que va de las proximidades del Cabo Nassau a la confluencia del río Cuyuní con el Esequibo, este mapa marca la frontera de lo que él todavía llama la "Guayana holandesa" con Venezuela en el curso del río Esequibo, hasta su confluencia con el Sibroma (Siparuni).

Ver mapa en la página 307, e imagen recortada del mismo, mostrando la frontera entre lo que él llama la Guayana española y la Guayana holandesa, en la página 308.

4. EL MAPA DE HEZEKIAH Y FRANCIS J. HUNTINGTON, DE 1830

En 1830, dos cartógrafos estadounidenses, Hezekiah y Francis Junius Hungtington, padre e hijo -el primero de los cuales había luchado en la guerra de la independencia de las colonias estadounidenses-, publicaron un mapa de Sudamérica, precisamente con ese título ("South America"). El mapa en cuestión muestra fronteras políticas visibles, marcando a color los distintos países. Sin registrar el cambio que se había producido en 1814, con la cesión de territorios de Holanda a Gran Bretaña, los territorios de Venezuela se muestran en verde, y los de la colonia holandesa en rosado.

En este mapa, que se caracteriza por marcar pocos puntos geográficos, lo que parece ser la región del Pomerón se atribuye a la Guayana Británica y, a partir de allí, poco antes de la confluencia del Cuyuní con el Esequibo, la frontera se dirige hacia el sur por puntos no definidos (probablemente el río Mazaruni), situados al oeste del río Esequibo, pero que en el trazado se observan muy cercanos al Esequibo.

Ver el mapa de "South America", de Hezekiah y Francis Junius Huntington, de 1830, en la página 309, y una imagen recortada del mismo, mostrando la frontera entre Venezuela y la Guayana Británica, en la página 310.

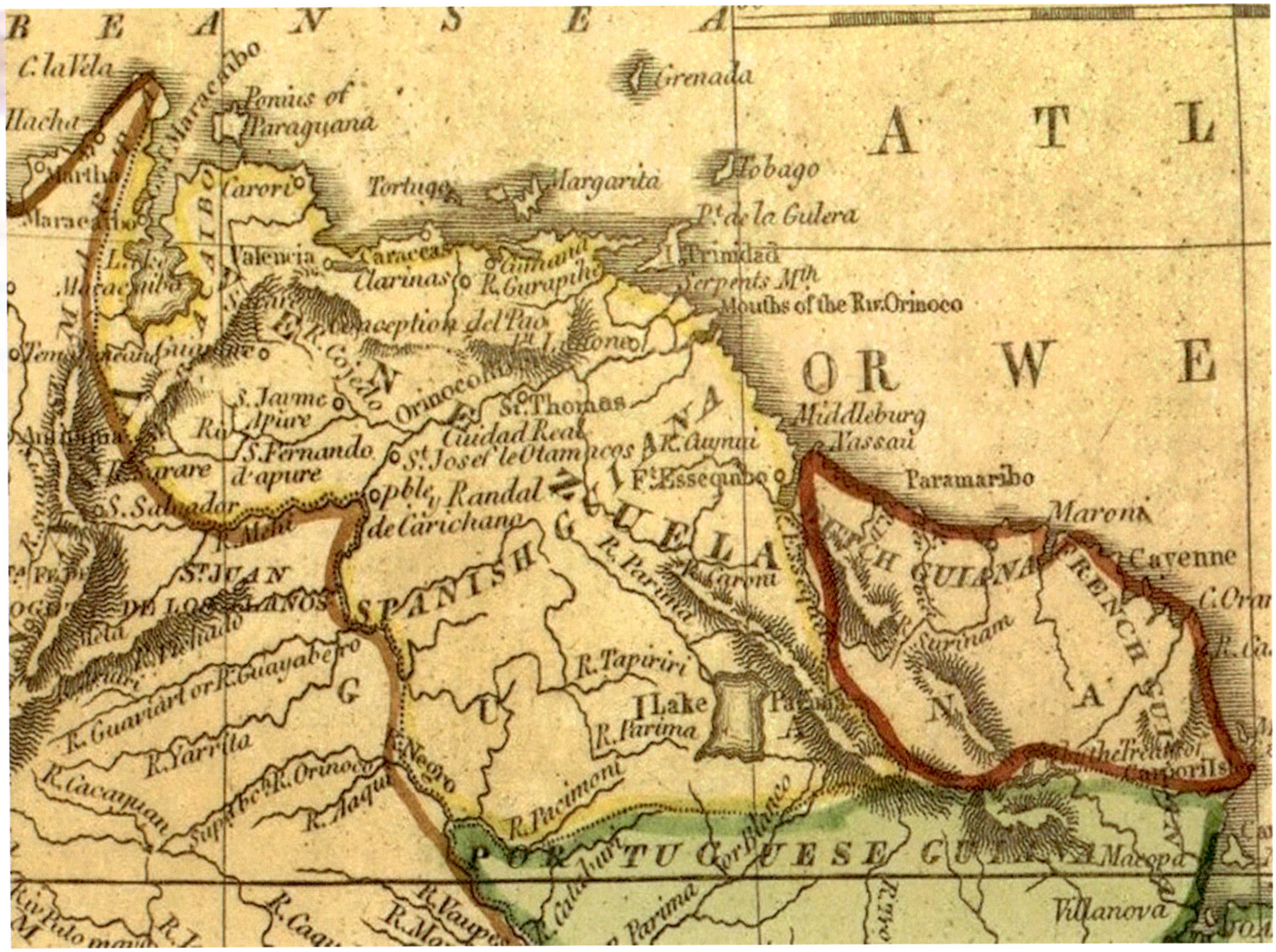

Imagen recortada del mapa de South America, de Jacobs Cummings, circa 1821, mostrando la región de Guayana con lo que él llama New Cumana y New Andalusia en el costado oeste del río Esequibo.

https://upload.wikimedia.org/wikipedia/commons/thumb/8/85/South_America_1821.jpg/1620px-South_America_1821.jpg

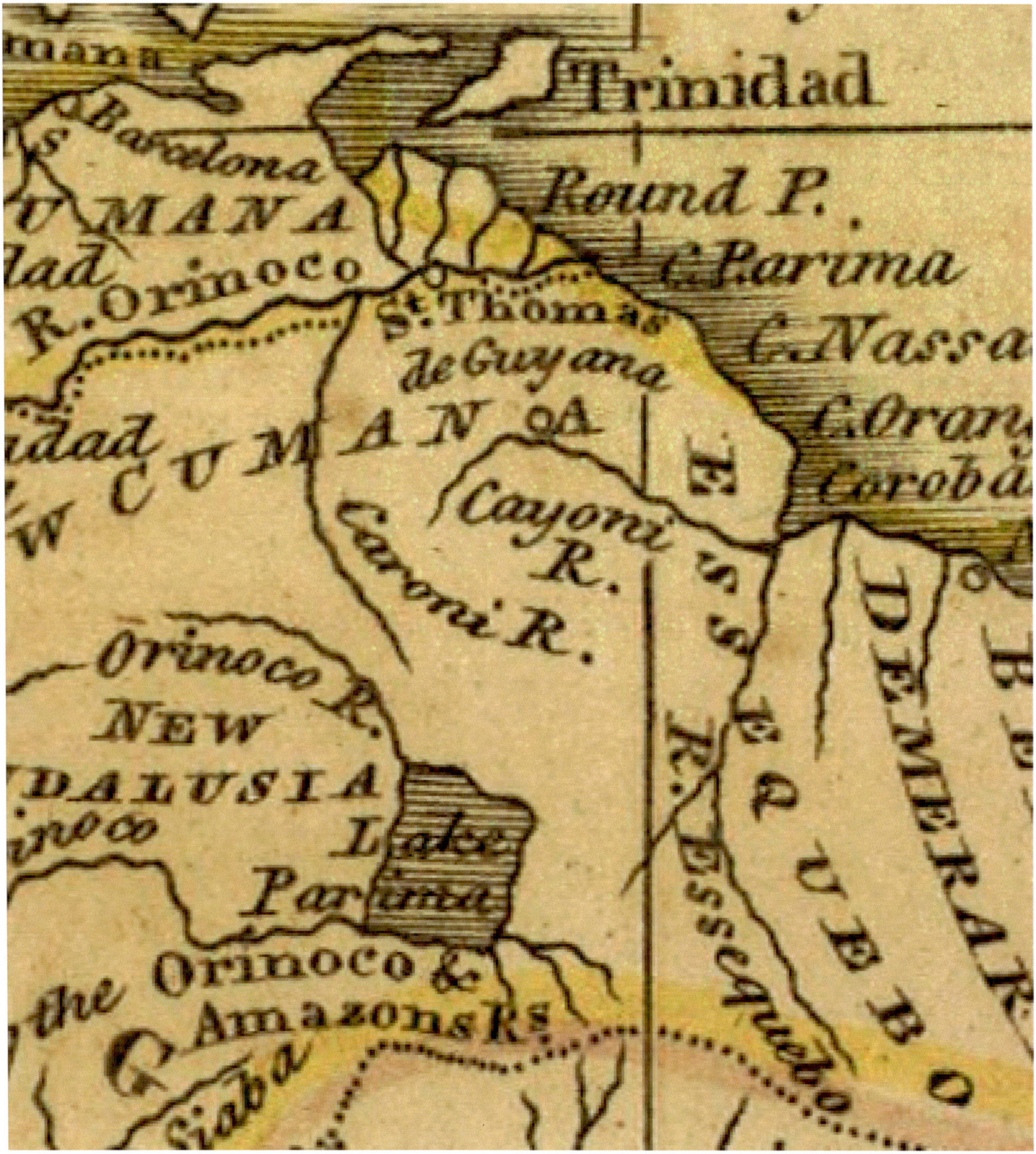

Imagen recortada del mapa de Sud America, de Cummings, de 1829.

https://www.davidru°msey.com/luna/servlet/detail/RUMSEY~8~1~28889~112012:South-America-

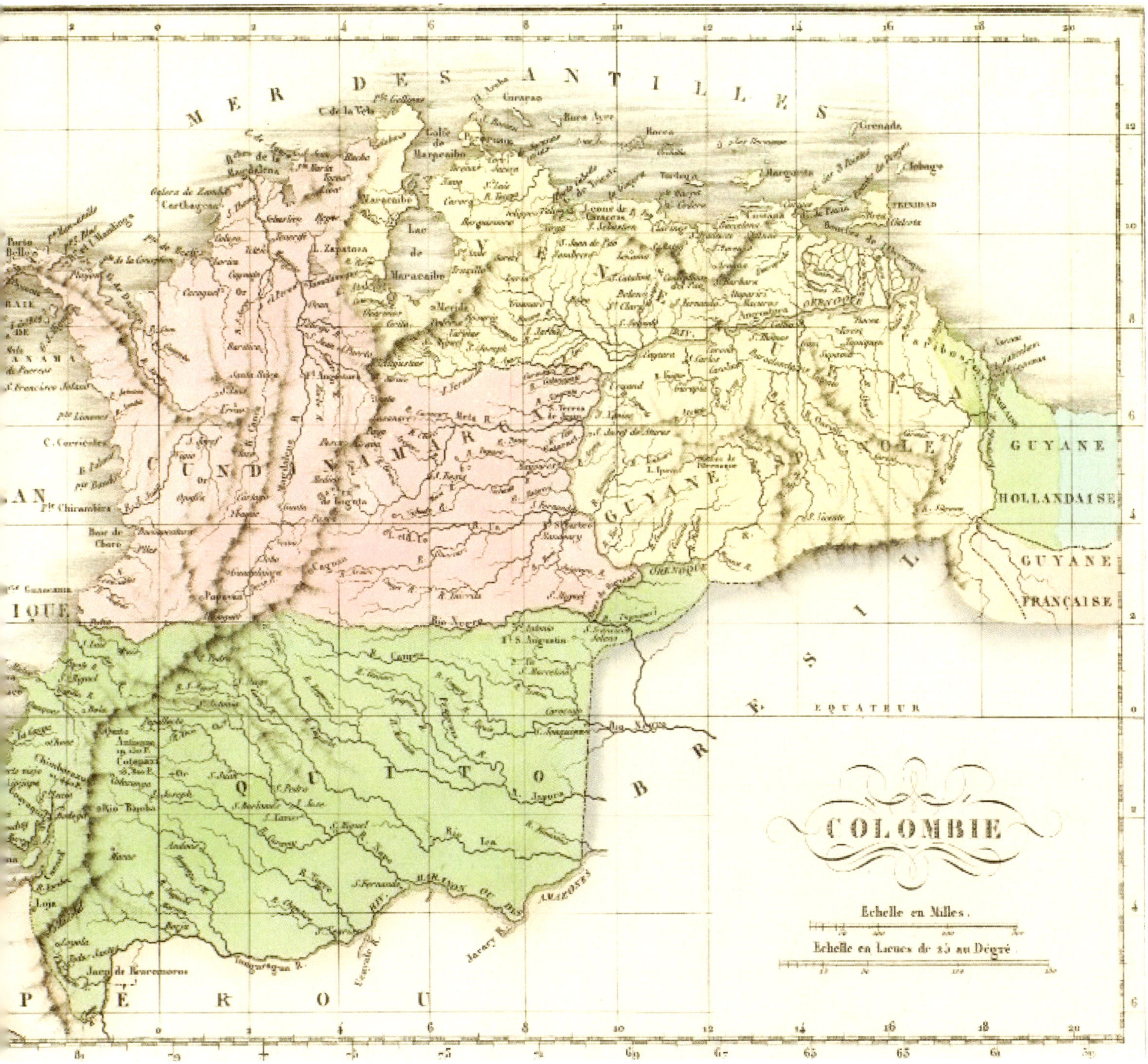

Mapa publicado junto con la “Carte geographique, statistique et historique de la republique colombienne”, de Jean Alexandre Buchon, de 1825

https://babel.banrepcultural.org/digital/collection/p17054coll13/id/659/

Imagen recortada del mapa de "Colombie", de Alexander Bouchon, de 1825

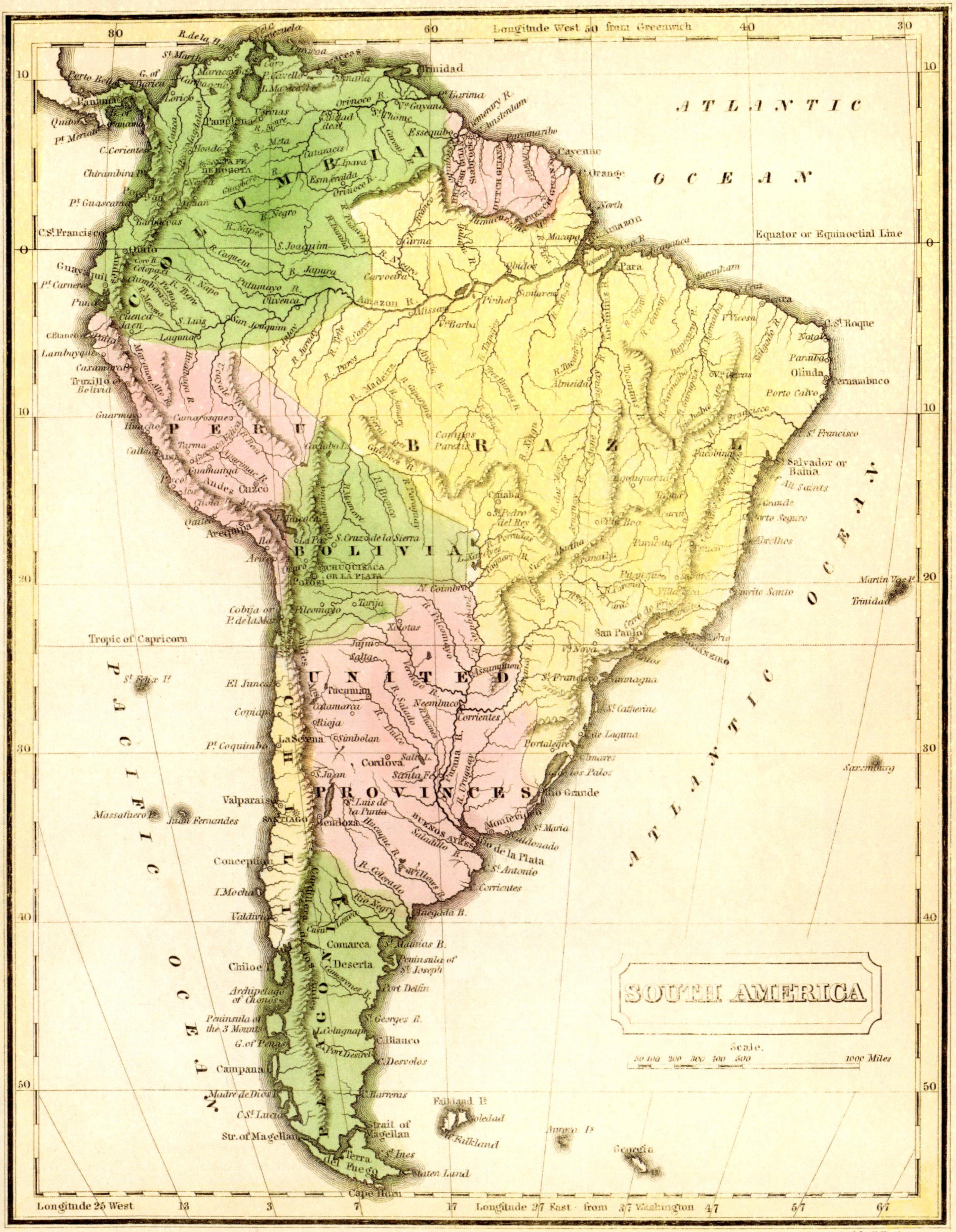

Entered according to Act of Congress the 12th day of August 1830 by H. & F. J. Huntington of the State of Connecticut.

Engraved upon Steel by E. Huntington.

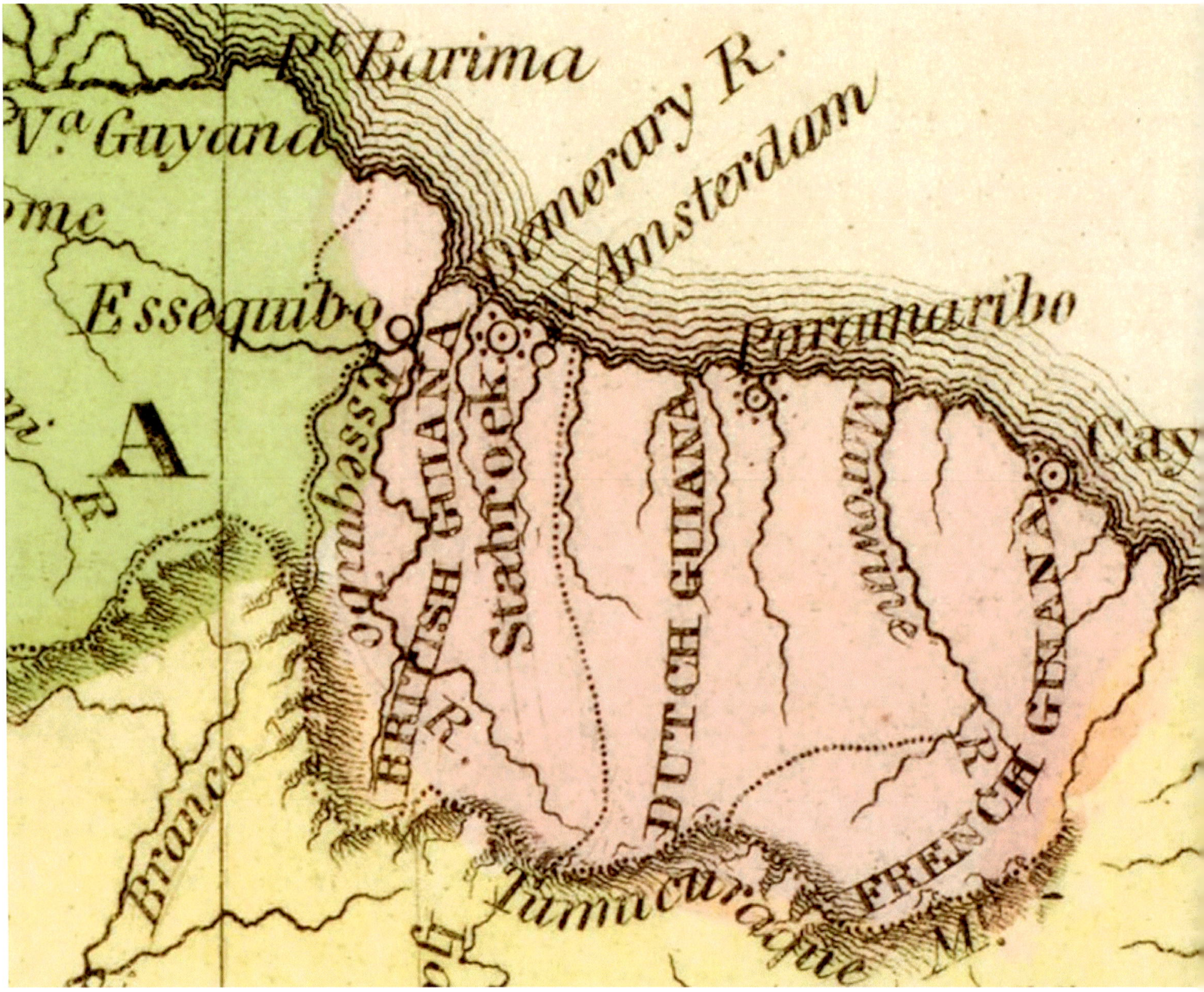

En la página anterior, mapa de "South America", de Hezekiah y Francis Junius Huntington, de 1830. En esta página, imagen recortada del Mapa de los Huntington, de 1830, mostrando la frontera de Venezuela y la Guayana Británica

https://www.davidrumsey.com/luna/servlet/detail/RUMSEY~8~1~372547~90139381:South-America-?sort=pub_list_no_initialsort%2Cpub_date%2Cpub_list_no%2Cseries_no#

5. EL MAPA DE RICHARD SCHOMBURGK, DE 1847

Otro mapa importante, también de un neófito en la cartografía, es el de Moritz Richard Schomburgk, hermano menor de Robert H. Schomburgk el personaje central de esta controversia, a quien acompañó en algunas de sus expediciones. Se trata de un botánico que, a pesar de haber llegado a ser una autoridad en la clasificación científica de las plantas, en el prefacio al primer volumen de su libro *Travels in British Guiana during the years 1840-1844*,[957] se define a sí mismo como "*un jardinero*", que carecía de entrenamiento científico, y que se habría limitado a recolectar material para el estudio más profundo de la flora y la fauna de Guyana. Para Richard Schomburgk, el viaje a Guayana fue fundamentalmente una excursión botánica. Y, aunque, por su formación, no tiene mucho que aportar a la cartografía, su trabajo es relevante para entender hasta dónde llegaba la presencia inglesa en Guyana.

Crítico con el trato dado a los indígenas, Richard Schomburgk manifiesta que, durante su estancia de casi cuatro años con lo que él llama esas "tribus sin lágrimas", todos los signos que había recogido apuntaban indiscutiblemente a que, para ellas, el presente era la escena final de ese gran drama que se renueva y se renovará en todas partes donde la cultura europea ha ganado terreno.[958]

El relato de Richard Schomburgk sobre la expedición a la boca del Orinoco, saliendo de Georgetown, es ilustrativo sobre la presencia de los venezolanos en la región. Según Schomburgk, la tripulación de los barcos de su hermano Robert estaba formada casi en su totalidad por hombres de color y negros casados, y aunque la línea de ruta propuesta se planeó sólo para unos pocos meses, en dicha tripulación había rumores inquietantes relativos a la actitud hostil de los venezolanos hacia la expedición. Según su relato, el pánico fue tan general que las pobres mujeres pensaron que era la última vez que verían a sus hombres.[959]

Un mapa atribuido a Richard Schomburgk, publicado en 1847, titulado, en alemán, "*Das mündugsland des Essequibo, Demerara und Berbice*" (El estuario del Esequibo, Demerara y Berbice), aunque no marca las fronteras políticas de Venezuela y la colonia de Guayana británica, es particularmente interesante, en primer lugar, porque la región que muestra es la que está situada entre los ríos Esequibo y Corentín (Berbice), como si ese fuera el único territorio que pertenecía a los británicos.

Este mapa también es interesante porque, al igual que el mapa del holandés Bouchenroeder, o el del inglés Hadfield, marca, en verde, las tierras cultivadas, y en rosado las que ya no lo estaban, con la particularidad de que todas ellas están situadas en la costa; eso es lo que -siguiendo a otros autores- él llama "*the wilde coast* colonies".[960] Entre las tierras cultivadas hay una pequeña lengua de tierra que sale de la boca occidental del río Esequibo hacia el noroeste.[961] Esa parecía ser toda la extensión de la ocupación inglesa o, anteriormente, holandesa. Todo lo demás da la impresión de ser una región no habitada por los europeos.

---

957 Richard Schomburgk, *Travels in British Guiana during the years 1840-1844. Carried out under the Commission of His Majesty the King of Prussia* (título original, Reisen in Britisch-Guiana in der Jahren 1840-1844), traducido por Walter E. Roth, Publishing House of J. J. Weber, Leipzig, 1847.

958 Cfr. Ibid., p. 54,

959 Cfr. Ibid., p. 81,

960 Cfr. Ibid., p. 21.

961 A juicio de Richard Schomburgk, esa extensión de tierra es la más importante y fértil de la Colonia, pues por sí sola incluye 37 haciendas azucareras y, además, varias haciendas grandes. Cfr. Ibid., p. 198.

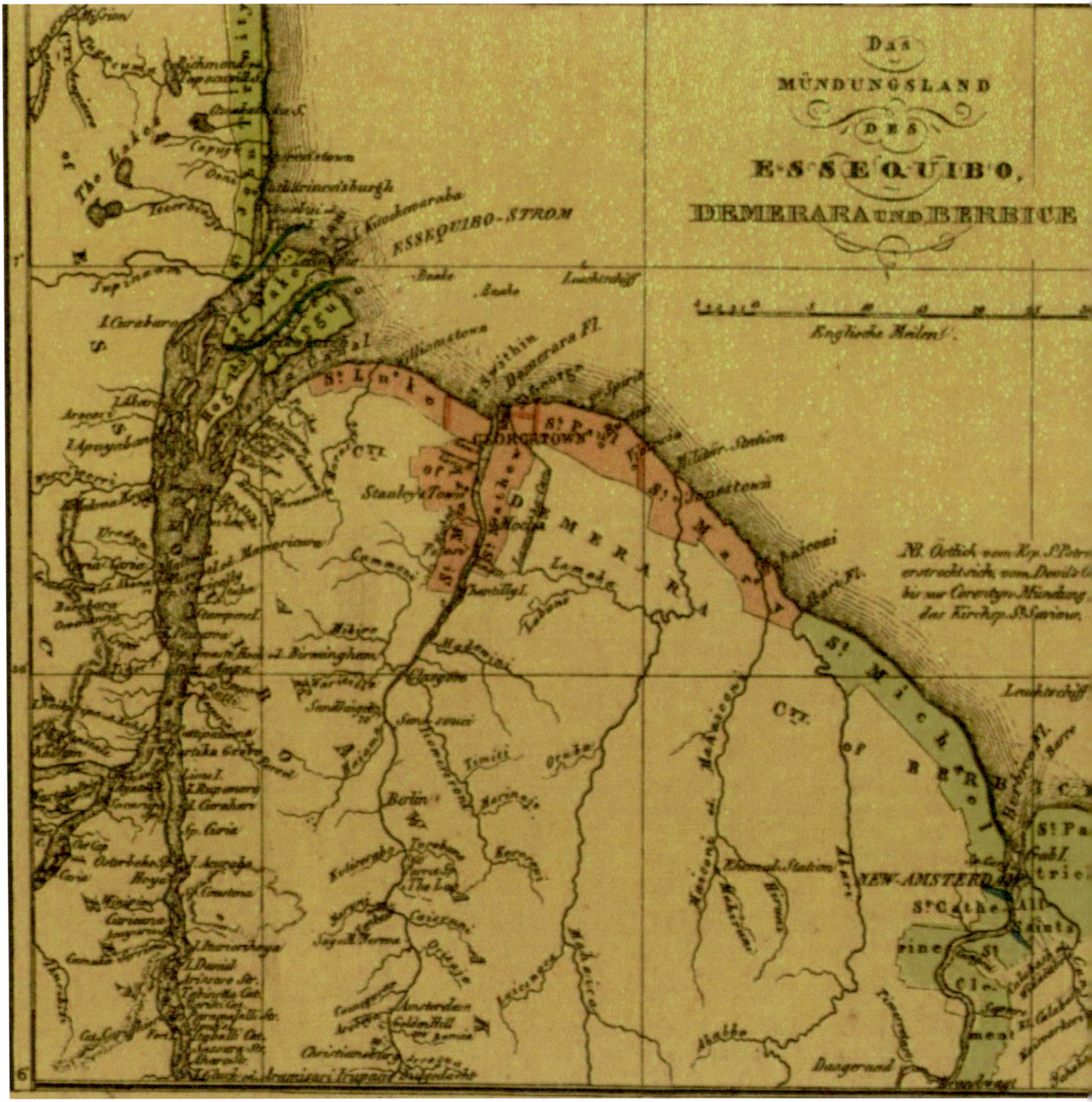

Mapa de Richard Schomburgk, publicado en 1847, del estuario del Esequibo, Demerara y Berbice

V. LA VISIÓN DE LOS GOBERNADORES DE GUAYANA

La opinión de quienes tuvieron responsabilidades administrativas, ya sea en la provincia de Guayana, perteneciente a la colonia española, o en la Guayana holandesa, reviste especial interés, porque muestra la percepción que tenían voces autorizadas de los españoles y holandeses sobre los límites de sus respectivos dominios.

Hay, por lo menos, tres mapas, preparados por gobernadores, de los que este autor tiene noticia. Los primeros son unos bocetos de Storm van Gravesande, el gobernador de la Colonia de Guayana Holandesa, elaborados en 1748 y 1750. Seguidamente, en el lado español, hay un mapa de Joseph Diguja, quien fuera gobernador de la provincia de Guayana, que data de 1761, y un tercer mapa de Manuel Centurión, también gobernador de la provincia de Guayana, de 1773. Conviene destacar que los mapas de Diguja y Centurión fueron tenidos en cuenta por el árbitro español -la Reina Regente doña María Cristina, durante la minoría de edad de Alfonso XIII- en el caso de la disputa fronteriza entre Colombia y Venezuela.[962] Si bien el referido laudo no dice que éstos sean mapas oficiales, les confiere especial credibilidad, dado que sus autores habían sido Gobernadores de la provincia de Guayana.

No se incluye aquí el mapa de Jan de Laet, de 1630,[963] porque, aunque él era director de la Compañía de las Indias Occidentales, nunca fue gobernador de la colonia holandesa; además, su mapa -que no reviste interés en esta controversia- ya ha sido comentado -e incluido- en páginas previas, en la parte relativa a los primeros mapas de la región en disputa.

1. LOS BOCETOS DE STORM VAN GRAVESANDE (1748 Y 1750)

Laurens Storm van's Gravesande, considerado el "*valiente fundador de la Colonia de Demerara*" y el "*comandante General de dos ríos*" (se entiende que el Esequibo y el Demerara), fue un militar holandés que, entre 1738 y 1772, trabajó para la Compañía de las Indias Occidentales, que era la que gobernaba las colonias holandesas en América. Originalmente, Storm sirvió como secretario en el Fuerte Zelandia, en 1743 pasó a ser el Comandante de la Colonia de Esequibo -Gobernador General-, y finalmente -después de que se dispusiera la administración separada de Demerara-, se le nombró Comandante General de ambas colonias. Como parte de sus responsabilidades, él mismo realizó exploraciones en el interior de la Colonia.

Hay una biografía suya, de 1911, escrita por dos ingleses, Harris y Villiers,[964] el primero de ellos empleado jefe del Colonial Office, y el segundo empleado del Museo Británico. Dicho libro está dedicado al Barón Alverstone (Richard Webster), que -como Fiscal General-, en 1899 había servido como el abogado principal de Gran Bretaña en el arbitraje con Venezuela. En 1739, Storm van Gravesande había sugerido a Nicolas Horstman hacer una expedición al interior de la Colonia, la cual está referida como complemento de la introducción de esta bibliografía. La primera parte del libro es una reseña histórica de la Colonia de Esequibo; la segunda parte recoge la correspondencia de Storm van Gravesande.

---

962 Cfr. *Sentence arbitrale de l'Espagne dans la question de limites entre les États-Unis du Vénézuéla et la République de Colombie*, Madrid, 16 mars 1891, en Reports of International Arbitral Awards, vol. I, pp. 292-296, en pág. 294.

963 Cfr. https://www.davidrumsey.com/luna/servlet/detail/RUMSEY~8~1~203962~3001743:-Facsimile--Guiana-by-de-Laet-?sort=Pub_List_No_InitialSort&qvq=q:De%20Laet%201630;sort:Pub_List_No_InitialSort;lc:RUMSEY~8~1&mi=2&trs=4

964 C. A. Harris y J. A. J. de Villiers, *Storm van's Gravesande, The rise of British Guiana (Compiled from his despacthes)*, Printed for the Hakluyt Society, London, 1911.

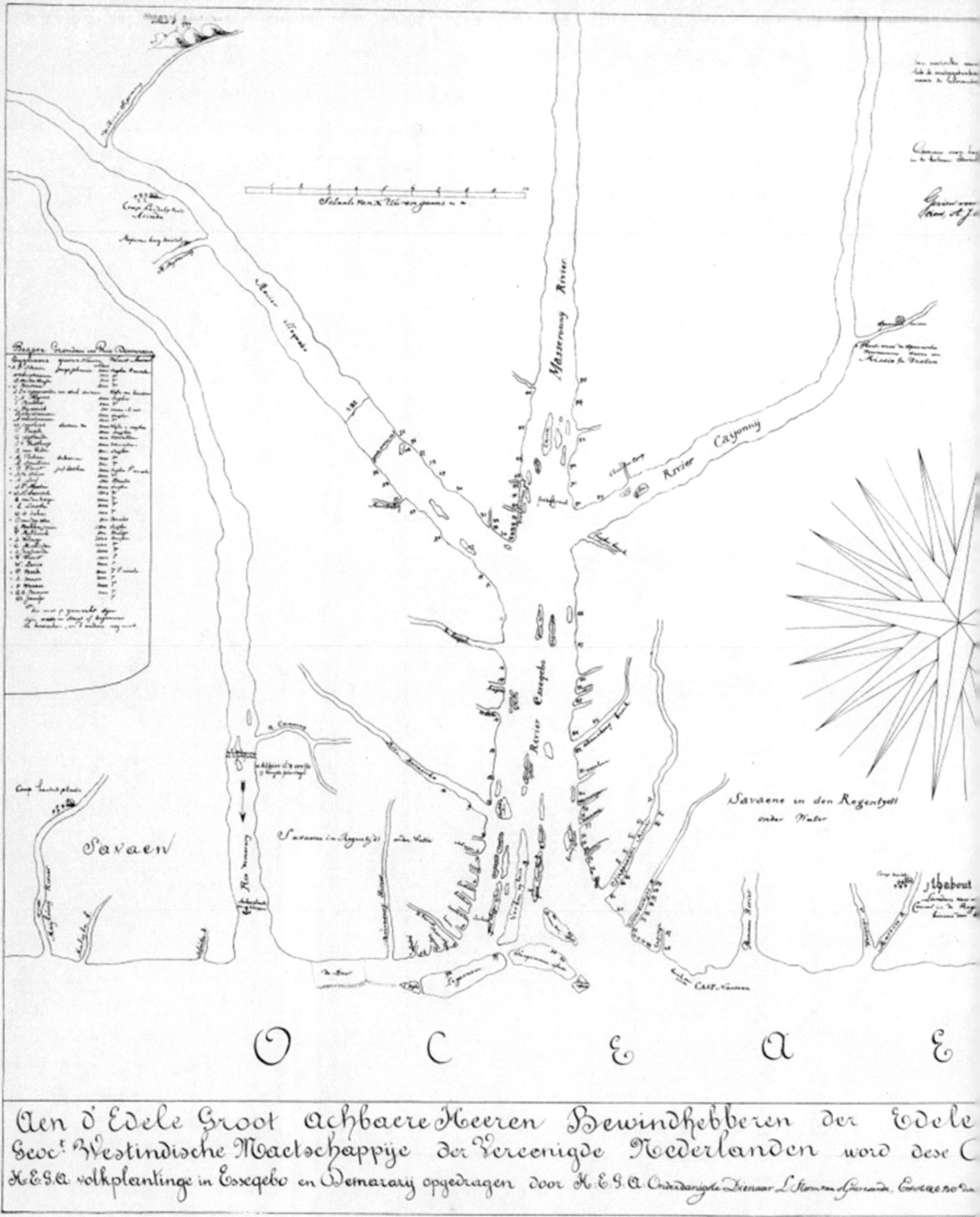

MAP OF THE ESSEQUIBO COLONY MADE FOR THE WEST INDIA COMPANY BY GOVERNOR

REPRODUCED FROM A CERTIFIED TRACING (FURNISHED BY THE REPUBLIC OF VENEZUELA) OF THE COPY IN THE COLONIAL

SIZE OF TRACING 52 X 41.7 INCHES.

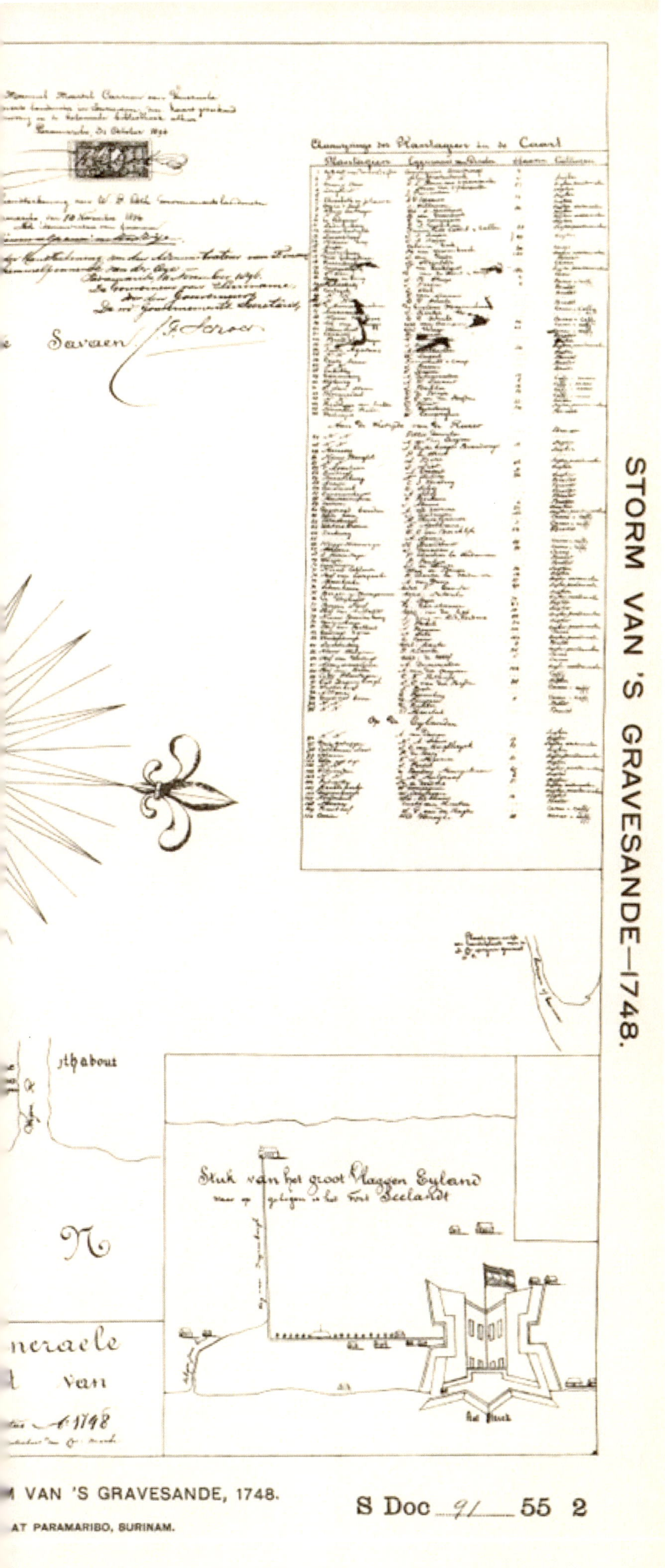

Boceto de Storm van Gravesande, de la Colonia de Esequibo, de 1748.

https://www.davidrumsey.com/luna/servlet/detail/RUMSEY~8~1~204055~3001779:Essequibo-by-Storm-Van-s-Gravesande

Sin ser un geógrafo, o un cartógrafo de formación, conviene saber cómo es que Storm se involucró en hacer mapas -o bocetos- de la Guayana holandesa. Burr cuenta que, en 1736, la Compañía de las Indias Occidentales estaba buscando un agrimensor para que hiciera un mapa del Esequibo; esa necesidad se hizo más imperiosa como consecuencia de los problemas fronterizos con los españoles y, en septiembre de 1747, el Consejo de la Compañía instruyó al Gobernador Storm van Gravesande para que consiguiera "un agrimensor competente" en la Colonia. En una carta de febrero de 1748, el Gobernador explicó que, como no había encontrado un agrimensor competente para hacer ese mapa, lo había hecho él mismo, a partir de diversos gráficos que él había preparado para su satisfacción personal.[965] Si hay algo que le preocupaba a Gravesande era conocer los límites de su jurisdicción, particularmente en la frontera con los españoles, cuestión sobre la que había escrito reiteradamente a la Compañía de las Indias Occidentales.

Hay dos bocetos de la Colonia, hechos por Storm. El primero de ellos es de agosto de 1748 y el segundo de 1750; a esos bocetos, por provenir de quien era el Gobernador de la Colonia, y por haber sido solicitados por la Compañía de las Indias Occidentales, probablemente debería atribuirse un carácter oficial.

El boceto de 1748, de un tamaño de 32 pulgadas de alto por 41,7 pulgadas de ancho, proyectado mirando desde el Atlántico, de manera muy rústica y con pocos detalles, aunque se supone que es de la Colonia de Esequibo, describe, fundamentalmente, los ríos Esequibo y Demerara. Después de la conjunción de los ríos Cuyuní y Mazaruni con el Esequibo, excepto por una misión en la ribera del Cuyuní, hacia el sureste, todo lo que se ve es un espacio en blanco, que no se interna mucho en lo que hoy sería la región en disputa. En este primer boceto no se aprecian fronteras. Según Mallet-Prevost, en 1748, la correspondencia intercambiada entre la Cámara de Zelandia (la junta directiva de la Compañía de las Indias Occidentales) y el Gobernador Storm van Gravesande muestra cuan nebulosas e indefinidas eran las nociones que se tenían sobre la frontera, incluso en la mente de las partes interesadas.[966]

El segundo boceto, de junio de 1750, que muestra los ríos Esequibo y Demerara, es muy pequeño (ocho y media pulgadas por menos de siete pulgadas), también está orientado mirando desde el mar, y escasamente es más detallado que el anterior. El mapa está mal proyectado, como si el Esequibo corriera casi paralelo al Orinoco, lo que no es el caso. Tal vez para simplificar, en la boca del Esequibo se muestran sólo dos islas. En la ribera occidental del río Orinoco se puede apreciar una misión de los capuchinos aragoneses; en la ribera oriental, una misión de los jesuitas y otra de los capuchinos catalanes. Más al sur, en las proximidades del río Cuyuní, otra misión de los capuchinos (probablemente catalanes); en la confluencia del Cuyuní y el Mazaruni hay una nueva misión. Casi en el centro del boceto, se describe un gran lago, marcado como "*Lac nan Parima*". En la ribera oriental del río Esequibo, poco más al sur del río Siparuni, se observa el puesto Arinda, y, aún más al sur, otro puesto, marcado como "Niew Arinda". Algunos espacios están marcados como controlados por losindios caribes ("*Caraibed*"). En la mitad inferior del boceto, se aprecian dos series de líneas punteadas, que marcan un camino, y que comienzan en la ribera del Orinoco; la primera nace casi en su desembocadura, y la segunda algo más al sur, en las proximidades del Caura; ambos caminos se proyectan, en dirección este.

---

965 Cfr. George Lincoln Burr, *Report on maps from official sources,* loc. cit., pp. 129 y s. Burr agrega que este mapa se habría perdido en el tránsito; sin embargo, el Gobierno de Venezuela lo habría encontrado en la Biblioteca Colonial, en Paramaribo, Surinam, y ese es el que se reproduce aquí. Sin embargo, como hace notar Burr, un volcán, que aparece en la esquina superior izquierda del boceto, tiene como fecha 1749, lo que sugiere que el mismo no habría sido completado antes de ese año.

966 Cfr. Severo Mallet-Prevost, op. cit., pp. 42, 48 y s, y 54.

El de más al norte llega al río Cuyuní, antes de su confluencia con el Esequibo, y el segundo -marcado como un camino explorado por los españoles- atraviesa el Cuyuní y el Mazaruni, hasta llegar a otro río, que supuestamente desemboca en el lago Parima. Storm señala el espacio ocupado por las misiones religiosas españolas, pero no marca una frontera política. Puede que los puestos Arinda y Nueva Arinda -ambos en la ribera oriental del río Esequibo- hayan sido puestos comerciales; pero no sería irrazonable asumir que también pudieran haber sido puestos fronterizos.

En cuanto al origen de este segundo boceto, Storm habría declarado que sería la copia de uno hecho por los españoles. En este sentido, Burr se refiere a un mapa español que habría llegado a manos de Storm. Según el relato de Burr, en marzo de 1747, Storm habría informado a la Compañía acerca de una expedición española en las cabeceras del río Cuyuní y del Mazaruni, agregando que esos exploradores estaban haciendo un mapa, del que él trataría de conseguir una copia. El 20 de noviembre de 1749, si no antes, él había logrado obtener esa copia, aunque -según afirma- a riesgo de su vida, pues estaba prohibido bajo pena de muerte. Burr hace notar que este mapa (boceto) es idéntico al que, meses más tarde, Storm entregó a la Compañía, para ilustrar su informe, diciendo que había sido hecho por los españoles y copiado de ellos ("*it was made by the Spaniards and copied from them*").[967] En todo caso, el interés de este boceto y del español deriva del hecho de que ambos deben haber estado a la vista de la Compañía de Indias Occidentales cuando, en 1759, ésta presentó ante España una comunicación que es la primera que se conoce reclamando límites territoriales en esta región.[968] Pero en ninguno de estos bocetos se muestran fronteras.

---

[967] Cfr. George Lincoln Burr, *Report on maps from official sources*, loc. cit, p. 132.

[968] Cfr. Ibid., p. 134.

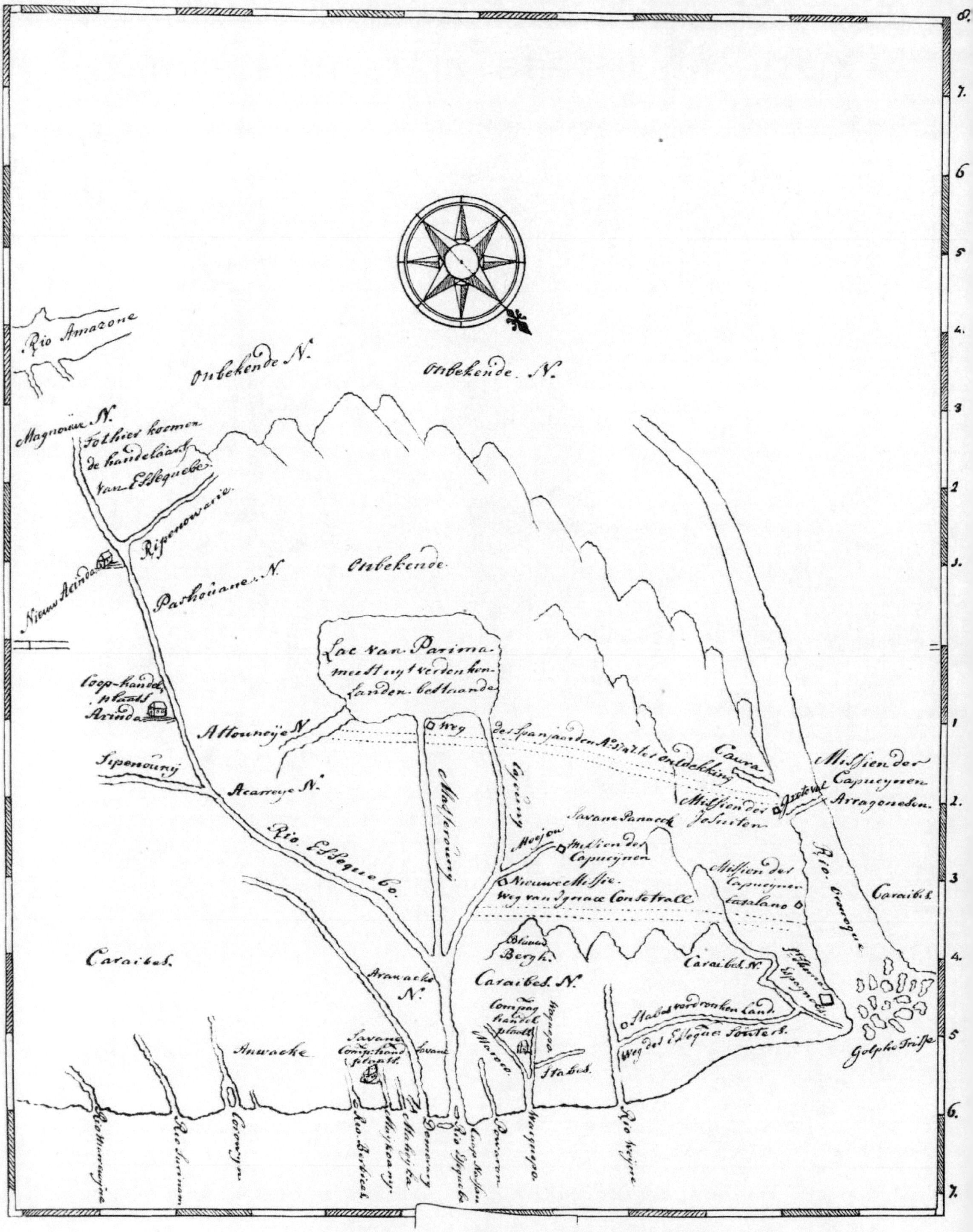

Boceto de la región Orinoco Esequibo, preparado para la Compañía Holandesa
de las Indias Occidentales por Storm van Gravesande, en 1750.
https://www.davidrumsey.com/luna/servlet/detail/RUMSEY~8~1~204057~3001780:Orinoco-Essequibo-Region-

2. EL MAPA DE DIGUJA, DE 1761

Joseph Diguja y Villagómez, o Josef Diguja y Villagómez, o José Diguja y Villagómez, o José de Yguja y Villa Gómez (también, Joseph Diguja y Quiñones), nacido en la villa de Benavente, en Castilla la vieja, fue un militar y marino español, coronel del ejército español, y comisario de la Comisión de Límites con Brasil. Entre 1759 y 1765, Diguja se desempeñó como gobernador de las provincias de Nueva Andalucía (o Cumaná), Nueva Barcelona, y Guayana. Terminada su gestión en Guayana, asumió como presidente de la Real Audiencia de Quito. Se trata de un funcionario de alto rango de la corona española en la administración de las colonias americanas.

En su condición de gobernador, Diguja visitó, pueblo por pueblo, las provincias de Cumaná y Barcelona, y recorrió los valles del Orinoco. En 1761, elaboró un mapa de la Gobernación de Cumaná, que comprendía las provincias de Cumaná, Barcelona, y Guayana; dicho mapa -de 44,5 centímetros de alto por 76 centímetros de ancho- va acompañado de unas notas, o un informe suyo (*Autos de la visita general de la gobernación de Cumaná*), en el que consignó observaciones de diversa naturaleza, incluyendo la geografía, la presencia de misiones religiosas, y las colonias extranjeras. A dichas observaciones él las llamó *Notas para la más pronta comprensión del mapa general de la gobernación de Cumaná.*[969]

En una comunicación privada del historiador Manuel Lucena Giraldo, éste ha sugerido que no es aventurado afirmar que, en la elaboración de este mapa, Diguja se haya valido de los estudios cartográficos de José Solano, quien -junto con Diguja- había sido miembro de la Comisión de Límites de los dominios españoles con los portugueses, y que había estudiado la geografía de Guayana.

En la parte superior del mapa hay la siguiente leyenda:

> "MAPA QUE MANIFIESTA LA GOBERNACIÓN DE CUMANÁ QUE CONSISTE EN SU PROVINCIA, LA DE BARCELONA, Y LA DE GUAYANA: los confinantes gobiernos de Caracas, Trinidad, y Margarita con las colonias olandesas situadas en la provincia de Guayana: curso del gran Orinoco: parte de los ríos que le entran, y su laberintho de bocas. Los estados margenales demuestran la existencia de las ciudades villas y lugares de españoles, doctrinas y misiones de indios, hombres e armas, familias, almas, casas, haziendas, iglesias, contribución de los indios: estado eclesiastico secular y regular: capellanes de tropa: principales de capellanías que goza dicho estado: haziendas de cacao. Lo que producen: haziendas de ganado mayor y cabezas que existen: numero de esclavos: tropa reglada y sus sueldos. Caxas en que estan situadas sus pagas: numero de milicias con distincion de compañias: empleos que provee el rey Ntro. Señor: los que provee el diocesano: beneficios que presenta este gobierno como vice patron real: empleos que provee en el real nombre de S.M: fortificaciones con el estado de sus utensilios: ingreso anual en las reales caxas regulado por un quinquenio: pensiones anuales de la real hazienda: caudales existentes al tiempo de la visita: deudas a favor de la real hazienda. Y lo que esta debe: con.las notas que dan una breve noticia de dichos estados y mas extensamente en el cuaderno de notas a todo el mapa que acompaña a los autos de la visita q ha hecho el actual gobernador D. Joseph Diguja Villagomez coronel de los reales exercitos: la que comenzó por la ciudad de Barcelona en 9 de enero de 1761, y concluió en la de Cumana en 4 de julio del mismo año". (sic)

[969] Joseph Diguja Villagómez, *Notas para la más pronta comprensión del mapa general de la gobernación de Cumaná, 1761*, con introducción de Angelina Lemmo, Instituto de Antropología e Historia, Tomo II, Caracas, 1965. Hay, también una versión publicada por la Academia de la Historia. Cfr. José Diguja Villagómez, *Notas para la mejor comprensión del mapa que dirige a S.M. el coronel José Diguja Villagómez, Gobernador de la Provincia de Cumaná. Año de 1761*, en Documentos para la Historia Económica en la Época Colonial, Viajes e Informes, Academia Nacional de la Historia, Fuentes para la Historia Colonial de Venezuela, Caracas, 1970.

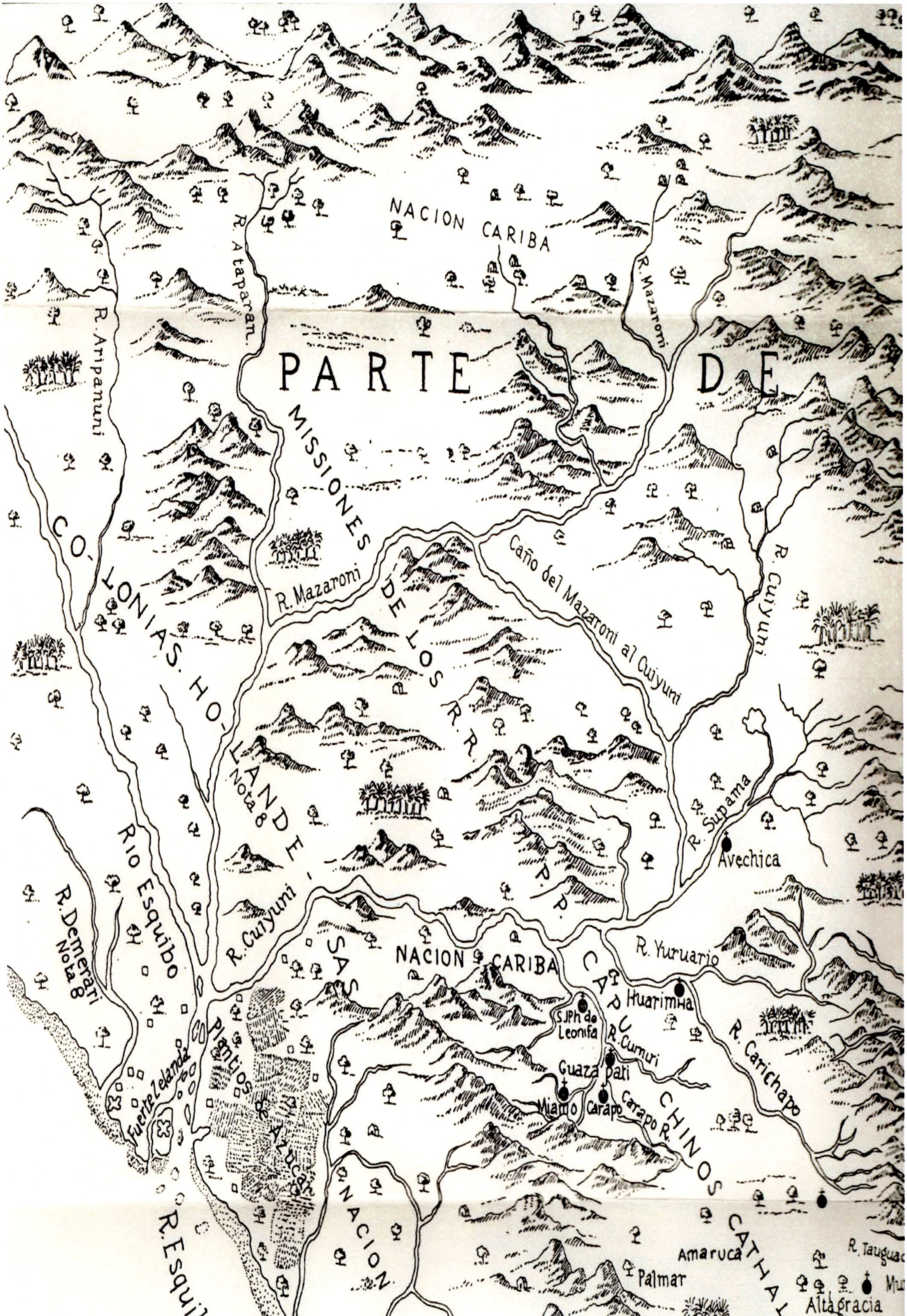
NACION CARIBA
R. Ataparan.
R. Aripanuni
R. Mazaroni
PARTE DE
MISSIONES DE LOS R.R. P.P. CAPUCHINOS CATHALA
CO-LONIAS. HO-LANDE-SAS
R. Mazaroni
Caño del Mazaroni al Cuyuni
R. Cuyuni
Nota 8
Rio Esquibo
R. Demerari Nota 8
R. Supama
Avechica
R. Cuyuni
NACION CARIBA
R. Yuruario
Huarimha
S. JPh de Leonifa
R. Cumuri
Guaza pati
Miamo
Carapo
Carapo R.
R. Carichapo
Fuerte Zelanda
Plantios de Azucar
NACION
R. Esquibo
Amaruca
Palmar
Altagracia

En el costado exterior derecho del mapa, hay una nota, escrita en sentido vertical, que dice:

"Certifico que este Mapa es copia exacta del original que se custodia en el Archivo de este Depósito Hidrográfico hecha a petición del Sr. James H. Reddan Comisionado del Gobierno de S. M. B. Madrid 23 de abril de 1898", seguida de una firma escasamente legible, pero que parece decir *Joaquin de Ariza*. Por la investidura de la persona que solicitó esta copia, y por la fecha de la misma, puede afirmarse que, antes del momento del arbitraje en París, en 1899, el Gobierno británico tuvo conocimiento de este mapa; sin embargo, el mismo no fue incluido en el atlas que el Reino Unido presentó a la consideración del Tribunal arbitral.

En el Archivo Histórico de la Armada, en Madrid, hay una versión revisada de este mapa, de 1765, con el título de "Plano de las Provincias de la nueva Andalucia, y nueva Barcelona, dela Governacion de Cumana. enmendado sobre el remitido por Dn. Josef Diguja, conque da cuenta á S.M. su Governador y Comandante gral. Capitan de Navío Dn. Maximo Dubuchet, añadiendosele, desde la Boca del Rio Unare hasta Cavo Guadera, terreno que se supone usurpado por la Provincia de Caracas y se halla en litigio." Pero no se indica quién sería el responsable de su enmienda.

El mapa está orientado mirando desde el mar, con el norte en su parte inferior y el este en el costado izquierdo. Con mucho relieve y mucho detalle del curso de los ríos, el mapa de Diguja[970] indica que las misiones de los capuchinos andaluces y de los franciscanos habrían estado al oeste del Orinoco, mientras que los capuchinos catalanes habrían ocupado la rivera oriental del mismo río, llegando hasta la ribera occidental del Esequibo; se muestran 16 "pueblos de indios de misión", siendo las misiones más orientales las de Avechica, Huarimha, y, aún más al este, S. JPH de Leonisa, Guazapati, Carapo, y Miamo. A orillas del Orinoco, en Piacoa, se muestra un "pueblo de indios de doctrina". Según Diguja, estas misiones servían "de antemural a los holandeses".[971] Sin embargo, no se muestran misiones al sur del río Cuyuní. Algunos puntos, al oeste del Esequibo, están marcados como "Nación Cariba"; siguiendo la costa, la parte occidental del Esequibo está marcada como "Nación Aruaca". Se muestra -con símbolos- una fortaleza (el Fuerte Zelanda) en la isla mayor de la boca del río Esequibo, y otra en la margen izquierda del río Demerara.

En la nota N° I -de sus *Notas para la más pronta comprensión del mapa general de la gobernación de Cumaná*-, Diguja explica que la Gobernación de Cumaná estaba compuesta de tres provincias, que eran Nueva Andalucía o Cumaná, con su capital en la ciudad de Cumaná, Nueva Barcelona, cuya capital era la ciudad de Barcelona, y Guayana, con su capital en lo que él llama el Presidio Santo Tomé de la Guayana. Respecto de esta última, dice que estaba totalmente despoblada.[972] La capital de las tres provincias era Santa Inés de Cumaná, y la gobernación estaba subordinada al Virrey de Santa Fe, "con cuya capital hay tan poca correspondencia que sólo de año a año se reciben pliegos de ella por manos de un oficial que del Presidio de Guayana pasa a traer los caudales del situado consignado en aquellas Cajas Rs. para paga de su guarnición." [973]

La Nota VIII se refiere a parte de la Provincia de Guayana. En ella se indica que, si bien se tiene un perfecto conocimiento de las Provincias de Cumaná y Barcelona, por el conocimiento que se

---

[970] *Mapa que manifiesta la Gobernación de Cumaná, que consiste en su provincia, la de Barcelona y la de Guayana*, 1761. En la cartela, ubicada en la parte inferior izquierda del mapa, se indica que éste está "Dedicado al Rey Nuestro Señor por el Gobernador de Cumaná".

[971] Notas para la mejor comprensión del mapa que dirige a S.M. el coronel José Diguja Villagómez, Gobernador de la Provincia de Cumaná. Año de 1761, en *Documentos para la Historia Económica en la Época Colonial, Viajes e Informes*, Academia Nacional de la Historia, Fuentes para la Historia Colonial de Venezuela, Caracas, 1970, p. 301.

[972] Cfr. Ibid, pp. 230 y s.

[973] Cfr. Ibid, pp. 231 y s.

tenía de sus situaciones, terreno, temperamento, etc., "de la extensísima Guayana se puede decir muy poco y lo más de ello por relaciones de indios y gentes rústicas quienes merecen menos ascensos."[974] Hecha esa advertencia, Diguja indica que, "por ahora", se atendrá a dicha información, "bajo de cuyo concepto se expresará cuanto de ella se sabe y parezca suficiente para hacerla comprensible."[975] A continuación, se señala que "esta dilatada Provincia en la mayor parte desconocida, sin que persona de razón hay internado en ella a excepción de los R.R.P.P. Capuchinos Catalanes y éstos en tan corto terreno, como manifiesta el Mapa".[976]

En el mapa, aunque se marcan los límites de las provincias españolas entre sí, no se marcan las líneas de la frontera con las colonias holandesas, dejándolo como algo por definir. Según el mapa, la provincia de Guayana se extiende, en el interior, hasta un punto sin precisar. En su parte norte, se indica que las colonias holandesas atravesarían el Esequibo hacia el oeste, en lo que pudiera corresponder a lo que se ha denominado la región "Pomerón Moroco". En sus notas (Nota VIII), Diguja explica que los límites de la provincia de Guayana son, por el este, toda la costa, en la que se hallan situadas las colonias holandesas de Esquibo (Esequibo), Berbis (Berbice), Demerari (Demerara), Corentín, Surinam, y más a barlovento la Cayena perteneciente a los franceses.[977] Luego agrega que, según D. Juan de Dios Valdez, un individuo bastante curioso y capaz, comandante del Presidio de Guayana, la colonia holandesa de Esequibo consistía de "diversas haciendas de caña que en la distancia de treinta leguas tienen los holandeses plantadas en las márgenes del río Esequibo, comenzando desde su boca, y también en algunas islas que forma dicho río, y ofrecen terreno para plantaciones. La mayor parte de dichas haciendas sólo tienen los cañaverales y las casas de habitación y molienda, distando unas de otras de dos a tres leguas."[978] En el mapa, a la izquierda de la desembocadura del Esequibo, se puede apreciar unos "Plantíos de azúcar".

Respecto del río Esequibo, del que la colonia holandesa toma su denominación, Diguja observa que, en su salida al mar, es de los más caudalosos de América, y que

> "Tiene sus cabeceras al Sur; pero mientras se acerca a ellas, minora su caja. Navégase con lanchas como seis jornadas río arriba donde se reconoce gran disminución de aguas por dividirse en varios raudales y en ellos muchas islas, sin que hasta el presente holandés alguno haya estado en sus cabeceras, y sólo tienen la noticia por los indios caribes, que dichas cabeceras se originan en la gran Laguna de Parima. … En dos de sus islas que forman las bocas hay una plantación en cada una de ellas con algunas casas para la habitación de los negros e indios que cada dueño tiene las que aparentan ser poblaciones pequeñas, y lo mismo las haciendas a las márgenes del río. En la 3ª isla que está más al Este tienen situadas como una docena de casas que sirven de habitación al Gobernador de aquella Colonia, al Capitán de la tropa y cirujano, la del secretario que corre con los intereses de la compañía, dos o tres posadas, dos herrerías, almacenes y alojamiento para los negros de la compañía. Con más chercha o lugar de la predicación, cuyo corto número de casas forma la única población que tiene esta Colonia. En el sitio más elevado de dicha isla a inmediato a la casa del Gobernador se halla situado el Fuerte de Celandra [Fuerte Zelanda]; es construido sobre fuertes estacas en sitio pantanoso, batido del río y de la mar, cuando es de leva, por lo que continuamente tienen que hacer faginas para repararlo. Además de dicho fuerte hay una batería rasa y horizontal a las aguas del río y mar con 12 piezas de artillería de calibre de a 24; mándase esta batería por dentro de la fortaleza o fuerte Celandra [Fuerte Zelanda]. La

974 Cfr. Ibid, p. 285.

975 Cfr. Ibidem.

976 Cfr. Ibid, p. 285.

977 Cfr. Ibid, p. 286.

978 Cfr. Ibid, p. 289.

guarnición de estas dos fortificaciones y Colonia, consiste en una compañía de tropa reglada compuesta de 70 plazas, las 40 pagadas por la compañía y las 30 por los habitantes. ...”[979]

El tamaño de la población, y la ubicación de las plantaciones, muestran hasta dónde llegaba la ocupación holandesa en tiempos del gobernador Diguja. Por su parte, la presencia del Fuerte Zelanda (en el costado oriental de la desembocadura del Esequibo) indica qué tanto hacia el oeste es que dicha colonia estaba dispuesta a defender sus posesiones. Esa descripción también sirve para indicar hasta dónde es que Diguja consideraba que llegaba la provincia de Guayana. Sin embargo, él advierte de los perjuicios que las colonias holandesas -especialmente la de Esequibo- causaban a la provincia de Guayana. En este sentido, él se refiere a la amistad de los holandeses con los indios caribes, a los actos de pillaje cometidos por ellos en la provincia de Guayana y en las adyacentes, y a la forma como inquietaban a las misiones de los Capuchinos catalanes, “aún no bien establecidos” en esas tierras, sin que, “por efecto de su genio cobarde y pusilánime”, las providencias de los misioneros fueran suficientes para contenerlos, a menos que contaran con la escolta de españoles para defenderlos. Según explica Diguja, “los holandeses nativos en aquellas Colonias que acompañan a los caribes, los enseñan a manejar las armas, y son aun más inhumanos que éstos, por lo que se hace precisa una gran vigilancia para contenerlos y defender dichas Misiones, a las que procuran destruir a fin de que no sirvan de antemural a sus Colonias como manifiesta el mapa.”[980]

En la página 320, imagen recortada del Mapa de Joseph Diguja, mostrando parte de la Provincia de Guayana. Copia del original, en el Archivo Histórico de la Armada, en Madrid.

3. EL MAPA DE CENTURIÓN, DE 1773

Otro militar español, Manuel Centurión Guerrero, fue el gobernador de la provincia de Guayana entre 1766 y 1776. Durante su gestión como gobernador, Centurión prestó especial atención a la defensa del territorio, para lo que impulsó un programa de fortificaciones. Centurión tenía diferencias con los capuchinos catalanes y andaluces, por la injerencia de éstos en cuestiones relacionadas con la administración civil; sin embargo, él entendió que la defensa del territorio iba de la mano de su poblamiento, por lo que fomentó la fundación de pueblos, incluyendo la fundación de pueblos de misiones religiosas, a pesar de los díscolos misioneros. Su condición de ingeniero militar, junto con su interés por la cartografía, lo impulsaron a conocer hasta la última región de la provincia que se le había confiado.

En una carta del 3 de noviembre de 1770, dirigida al virrey Pedro Messia de la Cerda, Manuel Centurión da cuenta de que, con dicha misiva, está adjuntando un mapa que, “aunque susceptible de alguna corrección en lo venidero, cuando el país esté enteramente descubierto y registrado por los españoles, [cree que, por ahora] es el plano más exacto que tenemos de la Guayana.”[981] Posteriormente, en un informe para el Consejo de Indias, del 11 de noviembre de 1773, se extiende sobre el mismo tema, y señala los límites de Guayana. Se trata de un “Plano General de la Provincia de Guayana”, publicado en 1773. En la cartela explica que éste es un mapa que, “con la exactitud posible y respecto de su dilatada circunferencia e incognito centro ha formado con las noticias adquiridas hasta oy 31 de Diziembre de 1773 el Comandante General de ella.” (sic)

---

979 Cfr. Ibid, pp. 289 y s.

980 Cfr. Ibid, p. 291.

981 Carta de Manuel Centurión al Virrey Pedro Messia de la Cerda, fechada en Guayana, el 3 de noviembre de 1770, en *Viajes a la Guayana Ilustrada El Hombre y el Territorio*, con estudio introductorio, selección documental y notas, de Manuel Lucena Giraldo, Editorial Arte, Caracas, 1999, p. 193.

PLANO
GENERAL DE LA PRO
VINCIA DE GUAIANA QUE, CON LA
exactitud posible, y respecto de su dilatada
COLONIA FRANCESA
COLONIAS OLANDESAS
RIO

Plano General de la Provincia de Guyana, de Manuel Centurion Guerrero, de 1773. https://upload.wikimedia.org/wikipedia/commons/a/a7/Mapa_de_Manuel_Centurion_Guerrero_de_Torres_1773.jpg

Hay otra versión -sin colorido, o con menos colorido-, que acompañó Gran Bretaña en su Atlas, y que se puede consultar en https://www.loc.gov/resource/g5250m.gct00549/?sp=28&r=0.391,0.017,0.651,0.383,0

El plano está dibujado mirando desde el mar, con el norte en su parte inferior, y con el este a la izquierda. En la parte superior se muestran los ríos Amazonas y Negro, con las colonias portuguesas. A la izquierda del mapa, básicamente en la costa, están las colonias francesas y holandesas. A la derecha del plano está el río Orinoco.

Se incluye una representación del Lago Parime, la mítica tierra de la laguna dorada, con cuyo descubrimiento Centurión estaba obsesionado.[982] Salvo una indicación de misiones de los capuchinos catalanes y los franciscanos, no se observan poblados, ni tampoco las zonas en que había presencia de tribus indígenas. Excepto por el nombre de los ríos, los topónimos son escasos. Este plano, que tiene coordenadas, muestra con bastante detalle la red fluvial, aunque no así el relieve y las cadenas montañosas. En todo caso, las características del mapa sugieren que éste debió haberse confeccionado a partir de un mapa anterior, o con la ayuda de un geógrafo o cartógrafo.

La frontera de la provincia de Guayana con las colonias holandesas comienza en la desembocadura del río Moruca, gira en sentido este, y atraviesa el río Esequibo en un punto que no se puede precisar. El territorio que hay de allí hacia el sur, y hacia el este, se presenta como si fuera parte de la provincia de Guyana. La Guayana holandesa -igual que la Guayana francesa-, se muestra como una colonia que no se interna en el interior de la región de Guayana, y que sólo controla una estrecha franja de territorio, en una fachada puramente atlántica.

---

[982] Según Lucena Giraldo, para Centurión, encontrar el Dorado hubiera representado "la consumación de su triunfo sobre los díscolos misioneros, los indios no reducidos y los tradicionales enemigos de la corona en la región, holandeses y portugueses", para lo cual Centurión había promovido una serie de exploraciones que constituyeron la última búsqueda de El Dorado. Cfr. Manuel Luce Giraldo, Estudio preliminar en *Viajes a la Guayana ilustrada: El hombre y el territorio*, Fundación Provincial, Caracas, 1999, p. 32.

VI. LOS MAPAS ESPAÑOLES

Por razones defensivas, inicialmente España no manifestó mucho entusiasmo por la elaboración de mapas detallados de sus posesiones en América, mostrando las rutas y peligros para la navegación, y mucho menos la ubicación de sus riquezas naturales. España se cuidó de no divulgar más información que la estrictamente necesaria. En 1503 los Reyes Católicos habían creado la Casa de Contratación, encargada del comercio con las Indias, y en 1508 se creó el cargo de "Piloto mayor", cuya misión era examinar y enseñar a los que se lanzaban a la navegación de las Indias; pero la principal responsabilidad del "Piloto Mayor" era la elaboración del "Padrón Real", con el que se quería evitar el uso de mapas inexactos. González describe el Padrón Real como "la carta marina en la cual se irían progresivamente incorporando los resultados de las diferentes expediciones de descubrimiento, a medida que fueran siendo presentadas las cartas, derroteros o descripciones traídas por los marinos."[983] De manera que esa cartografía estaba concentrada fundamentalmente en las exigencias de la navegación, y en la forma de las costas. El "Padrón Real" (o el Padrón General) de 1527, elaborado por la Casa de Contratación de Indias, era el principal mapa español, utilizado como modelo para los mapas y cartas náuticas de que se valían los pilotos de los barcos españoles durante el siglo XVI. Ese mapa se iba actualizando periódicamente, introduciendo los cambios y correcciones requeridos, según la información recabada después de cada nueva expedición; pero el acceso al mismo se mantenía bajo estricto control gubernamental.[984] Aunque los primeros padrones han desaparecido, según González, la Carta Universal de Diego de Ribeiro, de 1529,[985] preparada para servir de regalo del Emperador Carlos V a grandes dignatarios, y que contiene una muy nutrida descripción de la costa de lo que después se conocería como Guayana, estaría basada en los padrones reales.[986]

A medida que los conquistadores se internaron en el interior de esa región, y que esos espacios comenzaron a poblarse, la cartografía -que antes servía fundamentalmente a los propósitos de la navegación- tuvo que adaptarse a nuevas necesidades, mostrando los caminos entre los pueblos y caseríos que se iban fundando, dando una idea de las distancias relativas, e indicando los ríos que atraviesan ese territorio, y las características del mismo.

La Paz de Westfalia, sellada en múltiples tratados bilaterales -incluido el Tratado de Münster entre España y las Provincias Unidas de los Países Bajos-, todos de 1648, tuvo consecuencias en la cartografía política del Nuevo Mundo. Los tratados celebrados en Westfalia, que fueron el producto del cambio en las relaciones de poder en Europa, junto con la ruina económica de lo que todavía era un vasto imperio colonial, tuvieron consecuencias negativas en el desarrollo de la cartografía española. Mientras Holanda, Francia, e Inglaterra, querían conocer el mundo por conquistar, para los españoles, los mapas eran un secreto de Estado que había que mantener escondido del conocimiento de sus rivales. Citando a Carlos Sanz, Donís menciona que los datos geográficos llegados del Nuevo Mundo eran considerados secretos de Estado que se guardaban celosamente, sin comunicarlos al mundo científico de entonces; mediante un privilegio real, se autorizaba la expedición de cartas o mapas, convenientemente alterados en sus líneas formales, y en los que se eliminaba cuanto interesaba

---

983 Hermann González Oropeza, *Atlas de la Historia Cartográfica de Venezuela*, Editorial Papi S. R. L., Caracas, 1983, p. 38.

984 Cfr. Lloyd A. Brown, *The story of maps*, Dover Publications, Inc., New York, 1979, pp. 142 y s. Brown recuerda que, desde el comienzo de los tiempos, los mapas han estado asociados con la inteligencia militar, la aventura, y la intriga; siendo una fuente potencial de información para el enemigo, los mapas de un imperio, o incluso de una ciudad, eran celosamente guardados. Ibid, p. 7.

985 Cfr. https://www.loc.gov/resource/g3200.ct002450?r=0.427,0.177,0.063,0.033,0

986 Cfr. Hermann González Oropeza, op. cit., pp. 41 y s.

ocultar,[987] lo cual no era sencillo, pues a los marinos que salían con rumbo a las Indias se les tenía que entregar una copia del mismo. A juicio de Donís, la autorización, por privilegio real, dada a cartógrafos y geógrafos para falsificar o alterar convenientemente las cartas del Nuevo Mundo, eliminando todo lo que interesaba ocultar a los extranjeros, formaba parte de una política dirigida a defender las posesiones ultramarinas de la codicia de los demás países.[988]

Como parte de esa política del secreto, la decisión de excluir a los extranjeros de la navegación a las Indias es la que, probablemente, explica que España perdiera -aunque sólo fuera momentáneamente- el saber de Américo Vespucio, quien, excluido de España y en su afán por viajar -entre fines de 1500 y 1502- se sumó a dos expediciones de los portugueses. Ávido de conocer tierras lejanas, su viaje lo llevó hasta la Patagonia argentina, donde las posiciones astronómicas que leían sus instrumentos de navegación lo hicieron revisar la geografía de Ptolomeo, echando por la borda los supuestos aceptados hasta ese momento, basados en la idea que Colón tenía de las tierras a las que creía haber llegado. Américo Vespucio fue el primero en percatarse de que los parajes descubiertos no eran Asia, ni parte de ella; la magnitud y la continuidad de las costas, así como el volumen y la majestuosidad de sus ríos, imponían la realidad de una masa continental nueva, que se interponía entre Europa y Asia. En su mente despierta, fue Vespucio el que primero percibió la realidad de un Nuevo Mundo, por lo que vino a ser el "descubridor intelectual de América".[989]

En ese momento, sólo España podía ofrecer una cartografía del interior del imperio español. Pero la conquista del Nuevo Mundo hizo que la cartografía española se convirtiera en una herramienta eminentemente práctica, reflejada en bocetos concentrados en la descripción de lo local, sin ninguna preocupación por las proporciones o las escalas. Hubo que esperar hasta fines del siglo XVIII para que surgiera una cartografía española más profesional. Como parte de ese proceso de enriquecimiento intelectual, fue en 1735 que dos marinos españoles -Jorge Juan y Antonio de Ulloa- participaron, junto con el célebre geógrafo francés, Charles de La Condamine, en la misión geodésica franco-española encargada de medir -en Quito, Ecuador- el arco del meridiano terrestre.[990]

Por otra parte, debe tenerse presente que, entre 1580 y 1640 hubo, entre España y Portugal, una unión real que hizo que las fronteras de sus territorios en América -al estar bajo una misma corona- fueran más borrosas, y permanecieran así porque no podía haber conflicto en lo que estaba sometido a un soberano común. Eso contribuyó a que hubiera asentamientos portugueses en el lado español de la línea trazada por el Tratado de Tordesillas, al igual que asentamientos españoles en el lado portugués, sin que eso fuera objeto de disputa. Pero, luego de la ruptura de esa unión real, fue necesario delimitar esas fronteras, para lo cual se creó una Comisión de Límites, fruto de cuyos trabajos es el Tratado de Madrid, de 1750. A diferencia del Tratado de Tordesillas, cuya frontera era una línea astronómica medida a partir de alguna de las islas del Cabo Verde -sin especificar cuál- el Tratado de Madrid se sirvió de accidentes naturales reconocibles, aunque seguía mostrando una gran ignorancia de la geografía de la región. Mediante este Tratado, España aceptó ceder enormes extensiones de territorio, a cambio de la Colonia de Sacramente, en el actual Uruguay; dichas concesiones no fueron bien recibidas en ninguno de los dos reinos y -luego del fallecimiento de Fernando VI y el advenimiento de Carlos III-, teniendo en cuenta "los frecuentes motivos de controversia" y las dificultades encontradas

---

[987] Cfr. Manuel Alberto Donís Ríos, *Evolución histórica de la cartografía en Guayana y su significación en los derechos venezolanos sobre el Esequibo*, Biblioteca de la Academia Nacional de la Historia, Caracas, 1987, p. 25. La cita es a Carlos Sanz, *Mapas antiguos del mundo (Siglos XV-XVI)*, Edit. Gráficas Yagües, Madrid, 1962, p. 53.

[988] Cfr. Ibid, p. 86.

[989] Cfr. Hermann González Oropeza, *Atlas de la Historia Cartográfica de Venezuela*, Editorial Papi S. R. L., Caracas, 1983, pp. 28 y s.

[990] Cfr. Hermann González Oropeza, *Atlas de la Historia Cartográfica de Venezuela*, Editorial Papi S. R. L., Caracas, 1983, pp. 23 y s.

en la demarcación de los referidos límites, el Tratado finalmente fue dejado sin efecto, siendo sustituido por el Tratado de El Pardo, firmado el 12 de febrero de 1761. La cuestión de límites entre ambas coronas -tanto en América como en África y Asia- se resolvió mediante el Tratado de San Ildefonso, suscrito el 1 de octubre de 1777, en el que hubo compensaciones territoriales recíprocas. Sin embargo, a pesar de la corta duración del Tratado de 1750, éste es el responsable de un importante legado cartográfico.

La Comisión de Límites creada por el Tratado de Madrid requirió de un mejor conocimiento de la región, lo que tenía que reflejarse en mapas adecuados, con lo que se dio un impulso significativo a la cartografía española. González explica que, hasta el momento de esa expedición de límites, prevalecía un conocimiento fragmentario e imperfecto de la cartografía de la región, ilustrada por los misioneros, e incluso el simple mito; pero, a partir de ese momento -en la cartografía española-, surgió una observación detallada y una medición exacta.[991]

Resultado de las expediciones de la Comisión de Límites es un mapa corográfico de la Nueva Andalucía, de Antonio Caulín, fechado en 1758. Aunque no es éste el producto de un cartógrafo o de un científico, sino el de un misionero franciscano, que había sido capellán de la Comisión de Límites de 1750, tiene el valor de haber sido preparado a partir del trabajo de los expedicionarios, y muestra el grado de ocupación holandesa en la ribera del Esequibo. En un libro de su autoría, publicado en 1779,[992] a continuación del prólogo, en vez de su propio mapa, Caulín reproduce una versión reducida del mapa de Surville, de 1778, por entender que éste reflejaba una mejor representación de la provincia de Guayana. A partir de su experiencia en la exploración de la provincia de Guayana, en el Libro Segundo, Caulín relata la forma en que ésta fue conquistada por los españoles, así como la resistencia de los indios caribes, y las disputas con otras naciones europeas; en el Libro Tercero él se refiere a la fundación de algunas misiones religiosas en la región; fuera de eso, no hay mucho más que sea digno de mencionar, y que tenga relevancia en esta controversia. Pero hay, también, un mapa de alrededor de 1767, de José Solano -quien había sido el alma de la Comisión de Límites y que, en 1763, había sido nombrado gobernador de la provincia de Caracas-, en el que se describe con cierto detalle el norte de Sudamérica; al parecer, este mapa sirvió de base para otros trabajos.

De esta época sobresalen los trabajos cartográficos de Cruz Cano y de Surville. Respecto a mapas específicamente de la región de Guayana, ya hemos comentado los de los gobernadores Diguja y Centurión.

1. EL MAPA DE CRUZ CANO Y OLMEDILLA, DE 1775

Uno de los mapas más antiguos -y más destacados- de la América Meridional es el de Juan de la Cruz Cano y Olmedilla, hermano menor del dramaturgo y escritor Ramón de la Cruz.

Cruz Cano fue un eximio cartógrafo que, en 1752, fue enviado a París, por el marqués de Ensenada, a aprender las técnicas de la escuela cartográfica francesa, en el taller de Jean Baptiste D'Anville -quien fue su maestro-, donde permaneció hasta 1760. Pero fue el Marqués de Grimaldi quien, no está claro si en 1764 o 1765, siendo para esa época Primer Secretario de Estado y del

991 Cfr. Hermann González Oropeza, *Atlas de la Historia Cartográfica de Venezuela*, Editorial Papi S. R. L., Caracas, 1983, p. 84.

992 Antonio Caulín, Historia Coro-graphica Natural y Evangélica de la Nueva Andalucía Provincias de Cumaná, Guayana y Vertientes del Orinoco, Imprenta Juan de San Martín, Madrid, 1779.

despacho del Consejo de Estado de la corona española, le encargó hacer un gran mapa de América del Sur, representando todos los territorios españoles en su relación con los de Portugal.

Este mapa está fechado en 1775. En la cartela, que figura en la parte inferior derecha del mismo, Cruz Cano se presenta como geógrafo, pensionado de Su Majestad, e individuo de la Real Academia de San Fernando y de la Sociedad Bascongada de los Amigos del país. Según dicha cartela, el mapa habría sido elaborado "teniendo presentes varios Mapas y noticias originales con arreglo á Observaciones astronómicas".

En su realización, Cruz Cano habría utilizado 62 planos de la Secretaría de Indias, libros de geografía americana, el tomo V del Atlas Geográfico de Bellin, mapas privados, y algunos clásicos de la cartografía y corografía de la época, como los trabajos de Antonio de Herrera y Tordesillas, Pedro Sarmiento de Gamboa, y Jean Baptiste D'Anville.[993] Para demostrar que, en la elaboración de este mapa, Cruz Cano también se valió de los trabajos de la Comisión de Límites creada por el Tratado de 1750, Donís cita un trabajo de Luis Domínguez -Ministro Argentino encargado de discutir la cuestión de límites de su país con el Brasil-, en el que afirma que el trazado de la línea de frontera (entre Argentina y Brasil) habría sido hecho teniendo en cuenta el mapa publicado en Madrid, en 1775, por Juan de la Cruz Cano y Olmedilla, preparado a partir de *"los trabajos geodésicos de los demarcadores del Tratado de 1750"*; a juicio de Donís, con ello se demostraría que, tanto en el norte como en el sur, Cruz Cano se valió de los trabajos de los comisarios y demarcadores de la Comisión de Límites de 1750.[994] Aunque éste no sea un mapa oficial, esa circunstancia le confiere cierta autoridad y credibilidad.

Se trata de uno de los mapas más notables e importantes del siglo XVIII, abundantemente detallado, grabado en cobre, en gran escala, de tamaño mural, de 1 metro y 76 centímetros de ancho por 2 metros y 16 centímetros de alto. Como advierte Smith, éste es un mapa monumental, al que ninguna reproducción en pequeño le hace justicia.[995] Aunque, en su tiempo, fue desconocido por la administración española, hasta la utilización, en la cartografía, de la fotografía aérea -o de otras herramientas modernas, como las imágenes satelitales-, éste habría sido el mapa más completo de América meridional.[996] Por eso, por su valor histórico, y por lo que es capaz de probar -a veces sin percatarse de que hay más de una edición-, este mapa ha sido invocado en varios conflictos territoriales en América del Sur, particularmente en el arbitraje de la disputa por el territorio de Misiones, entre Argentina y Brasil, en 1894, así como en la disputa territorial entre Chile y Argentina por la demarcación de la frontera de la Puna de Atacama en la Cordillera de los Andes, decidida en 1899, en la controversia entre Brasil y la Guayana Francesa, en 1899, en la disputa entre Brasil y la Guayana Británica, en 1903, en la disputa entre Perú y Bolivia, en 1906, y, por supuesto, en el arbitraje entre el Reino Unido de Gran Bretaña e Irlanda y Venezuela, por el territorio situado en la ribera izquierda del río Esequibo, en 1899.

A pesar de haber nacido como un proyecto oficial -bajo la responsabilidad del Marqués de Grimaldi, Primer secretario de Carlos III-, y no obstante haber sido totalmente pagado por el Gobierno

---

993 Cfr. https://biblioteca.ucm.es/historica/juan-de-la-cruz-cano-y-olmedilla

994 Cfr. Manuel Alberto Donís Ríos, Significado del Mapa Geográfico de América Meridional de Juan de la Cruz Cano y Olmedilla en la Historia Cartográfica de Guayana, Universidad Católica Andrés Bello, Caracas, 1985, p. 12.

995 Cfr. Thomas R. Smith, *Cruz Cano's Map of South America, Madrid, 1775: Its creation, adversities and rehabilitation*, en Imago Mundi, The International Journal for the Study of Cartography, vol. 20 (1966), p. 49. Consultado en Cruz Cano's Map of South America, Madrid, 1775: Its Creation, Adversities and Rehabilitation (rumsey3.s3.amazonaws.com)

996 Cfr. José Andrés Jiménez Garcés, *La obra del cartógrafo Cano y Olmedilla y su mapa de la América Meridional de 1775*, tesis doctoral, Universidad Complutense de Madrid, 2015.

español,[997] durante un cuarto de siglo, después de su impresión, este mapa estuvo retirado de la circulación pública, por considerarse que era lesivo para los intereses españoles. Ante la negativa de España a darle difusión, en 1799, el cartógrafo inglés William Faden -geógrafo del rey Jorge III del Reino Unido- lo regrabó, a petición de Thomas Jefferson, siendo éste Ministro plenipotenciario de Estados Unidos en Francia.[998] Según relata Donís, en una carta de diciembre de 1799, dirigida por Francisco de Miranda a un amigo, aquel decía que éste mapa fue trabajado por Cruz Cano, en Madrid, en el año 1775, y que habría sido recogido inmediatamente por el Gobierno, "para que el mundo ignore los primores de la naturaleza de este Emispherio" (sic); Donís explica que el mapa no fue recogido por esas razones, sino porque perjudicaba los intereses españoles en América del sur frente a la corona portuguesa, especialmente por el conflicto respecto de la Colonia de Sacramento -hoy Uruguay-, "y quizás con respecto a Holanda en Guayana."[999] En todo caso, lo cierto es que al momento de su publicación, España estaba negociando un nuevo tratado de límites con Portugal en América del sur -proceso que concluyó, en octubre de 1777, con la suscripción del Tratado de San Ildefonso-, y los datos del mapa favorecían las pretensiones de Portugal, por lo que se ordenó poner término a la impresión del mismo, y se dispuso recoger los ejemplares ya distribuidos.[1000] En 1777, el Conde de Floridablanca había sustituido a Grimaldi, y fue aquel el que ordenó que fueran recogidas la mayor parte de los ejemplares ya distribuidos del mapa, y que fueran secuestradas las planchas del mismo.[1001] Confirmando lo anterior, en un discurso de Tomás López -otro reconocido cartógrafo español, en algún momento socio de Cruz Cano-, se cuenta que, al comienzo, el mapa había tenido una buena acogida, y atribuía el cambio de opinión al uso que se le dio en las negociaciones con Portugal, encontrando que, en vez de ser una ventaja, era perjudicial.[1002] La circulación y venta del mapa estuvo prohibida por España, hasta 1802, tiempo durante el cual su autor fue prácticamente ignorado; pero, a pesar de lo anterior, el mapa sí circuló, y se calcula que, además de 250 ejemplares que se alcanzaron a imprimir en 1775, hubo tres ediciones alteradas, impresas en el siglo XVIII, incluyendo la de William Faden, de 1799.

Donís sugiere que el mapa que Miranda le entregó a Faden es anterior a la versión definitiva de 1775, entre otras razones porque allí se ha quitado la palabra "Holandesas", sustituyéndola por "Colonias de Surinam", en la región ocupada por las colonias de Esequibo, Demerara, Berbice y Surinam, y observa que, en 1799, las dos primeras estaban bajo el poder de los ingleses -con planes de anexárselas-, por lo que a estos les hubiera interesado que hubiera aparecido la denominación "Colonias Holandesas de Surinam", propia del mapa de 1775.[1003]

Como apunta Donís, este mapa fue el producto de las nuevas concepciones cartográficas, resultantes de las actividades de la Comisión de Límites creada por las coronas de España y Portugal para delimitar sus colonias en América, como en efecto se hizo en virtud del Tratado de 1750. Él llega a afirmar -puede que incorrectamente por lo antes referido- que, en 1776, dicho mapa habría servido

---

[997] Cfr. Thomas R. Smith, op. cit., p. 49. Smith hace un pormenorizado relato del grado de involucramiento del Marqués de Grimaldi, como Primer Secretario de Carlos III, en la obtención de los materiales necesarios para preparar el mapa, en los pagos realizados a Cruz y a Hipólito Ricarte -el encargado de grabar las letras-, y como destinatario de los informes del progreso del mapa que se le enviaron. Cfr. pp. 53-57. Éste era, por lo tanto, un proyecto oficial.

[998] Cfr. Ibid, p. 66.

[999] Cfr. Manuel Donís, op. cit., pp. 6 y s.

[1000] Cfr. https://www.bne.es/es/colecciones/hispanoamerica/mapa-geografico-america-meridional

[1001] Cfr. Plantilla-pag (geoinstitutos.org) . También, Cartografos-21_Cartografos-1 (ign.es) . Smith se refiere al falso rumor, iniciado por Jefferson y continuado por Humboldt, de que las planchas habían sido destruidas. Cfr. op. cit., p. 67.

[1002] Citado por Thomas R, Smith, en op. cit., p. 68.

[1003] Cfr. Manuel Alberto Donís Ríos, *Evolución histórica de la cartografía en Guayana y su significación en los derechos venezolanos sobre el Esequibo*, Biblioteca de la Academia Nacional de la Historia, Caracas, 1987, pp. 201 y ss., y específicamente en *Guayana Historia de su territorialidad*, Universidad Católica Andrés Bello, Caracas, 2002, p. 325.

de base para las conversaciones entre ambas potencias para el arreglo de sus fronteras.[1004] Pero lo cierto es que, como señala Donís, el mapa de Cruz Cano inició, para España, un período de florecimiento cartográfico, que se tradujo en una mayor y mejor producción de mapas. En su opinión, dicho mapa habría hecho escuela, sirviendo de modelo a toda la cartografía hasta la época de Humboldt, y la mayor parte de los mapas que le siguieron representaron la línea fronteriza que allí aparece, a excepción de los de Jacques Nicolas Bellin.[1005]

En lo que concierne a la costa venezolana, Donís sostiene que Cruz Cano se basó en un mapa anterior de José Solano, siendo éste "Comisario de la Expedición de Límites, que debía fijar los correspondientes a la parte norte de los dominios hispanos en América con respecto a los de la Corona Portuguesa". En su opinión, habría coincidencia entre el mapa de la costa venezolana hecho por Solano y los fragmentos de su mapa sobre el origen del Orinoco, el espacio Caroní Paragua, y la zona del Ariari, con el mapa de Cruz Cano. Además, Donís observa que, en el título de su mapa, Cruz Cano indica que éste fue elaborado "teniendo presente varios mapas y noticias originales con arreglo a observaciones astronómicas."[1006] Citando a Ramos Pérez, Donís afirma que la obra cartográfica de Solano pasó casi fielmente al mapa de Cruz Cano de 1775, especialmente en lo referente a la costa venezolana y el curso del Orinoco, a tal punto que, si se colocaran las dos primeras hojas de su mapa junto al de Solano, se advertiría, a primera vista, tal fidelidad, que no habría inconveniente en decir que era el mismo.[1007] Sobre la coincidencia de los mapas de Cruz Cano y Solano, González hace la misma cita de Ramos, sin omitir que, según Ramos, "el de Solano es de líneas mucho más agradables y delicadas."[1008]

Sin embargo, según González, el paso gigantesco dado por el mapa de Cruz Cano hizo época. En su opinión, en lo que se refiere a la ocupación holandesa, Cruz Cano habría puesto las cosas en su lugar, y habría reconocido sin ambages la realidad de los puestos holandeses en los alrededores del Pomerún, Moruca, y Esequibo. Pero, a partir de la confluencia del Mazaruni y Cuyuní con el Esequibo, el límite entre las posesiones españolas y holandesas era el río Esequibo. A su juicio, tal concepción limítrofe correspondía con la realidad, y es la que se percibía en el informe que hizo el gobernador Juan Valdez en 1757, cuando visitó el río Moruca por instrucciones de Iturriaga. Según González, en el informe del otro comisionado de límites -Eugenio de Alvarado-, se usa el término "La Posta", que es el que va a utilizar Cruz Cano en toda su cartografía posterior para designar "al puesto precario que los holandeses tenían en el río Moruca."[1009]

En la parte superior del mapa -al sur del Orinoco- se puede leer, en letras grandes, "Nva ANDALUCIA" y "Pcia DE GUAYANA". Justo arriba de GUAYANA, con letra de tamaño menor, casi en la costa, se lee "COLONIAS OLANDESAS DE SURINAM" (sic) y, más a la derecha, "COLONIAS FRANCESAS DE CAYANA" (sic). En lo que hoy sería la región en disputa, en letra bastante más pequeña, aparece un recuadro en el que se lee:

> "Comprehende este Mapa; las Colonias de Surinam y de la Cayana: la primera poseída por los Holandeses, y la segunda por los Franceses. Están confinantes entre sí, en el Territorio

---

[1004] Cfr. Manuel Donís, op. cit., p. 5.

[1005] Cfr. Ibid., p. 26.

[1006] Cfr. Manuel Donís, op, cit., pp. 11 y s.

[1007] Cfr. Ibid., p. 14. La cita de Donís es a Demetrio Ramos Pérez, Historia secreta de unos mapas de Petroschi y Bellin, en relación con las conversaciones sobre Límites del Brasil, previstas para 1776, en Anais Hidrográficos, Servicio de Documentación General de Marina del Brasil (citado así), Río de Janeiro, 1976, Tomo XXX, p. 465.

[1008] Cfr. Hermann González Oropeza, *Atlas de la Historia Cartográfica de Venezuela*, Editorial Papi S. R. L., Caracas, 1983, p. 89.

[1009] Cfr. Ibid, p. 90.

nombrado Guayana, descubierto desde el año 1499 por Alfonso de Ojeda, Américo Vespucio, y, Juan de la Cosa, pero habiéndole abandonado, se establecieron los Franceses en dicho parage en 1635 y los Holandeses en 1663. Quatro años después, en 1667, fueron desalojados por los ingleses, y en 1676 bolvieron á recuperarle quedando establecidos." (sic).

En la parte inferior del mapa, en seis columnas, se incluyen varias "*Advertencias para la inteligencia de este Mapa*", relacionadas con la forma en que se elaboró. En la tercera columna, se lee:

> "Debe advertirse que las Longitudes de los parages, así de Puertos de Mar como de las Ciudades interiores en los Territorios, se han determinado por Observaciones de los Astrónomos y Geógrafos modernos que las han practicado en los distintos Viages que han hecho á aquella parte del Mundo, tanto Estrangeros como nacionales, siguiendo lo mismo en quanto á las Latitudes. Y por lo perteneciente al curso de los Rios, extensión y límites de los Reynos y de las distintas Provincias que comprehende aquel vasto continente, han servido de gobierno varios Mapas geográficos y topográficos dispuestos con la mayor exáctitud y las noticias de personas instruidas que han viajado por ellos, determinando las distancia y dirección de unos Lugares á otros, cuya diligencia ha facilitado instrucción y exactitud diversa de la que pueden haber tenido los autores de Mapas Estrangeros que se han publicado hasta ahora." (sic)

Los topónimos Nueva Andalucía y Provincia de Guayana sugieren claramente que se trata de territorios pertenecientes al Reino de España; pero es difícil apreciar, en una pequeña reproducción del mapa que se copia a continuación, las líneas limítrofes que separan esas tierras de las colonias holandesas, o de las posesiones portuguesas; sin embargo, incluso en una reproducción minúscula como ésta, se nota que la llamada "Pcia de Guayana" se extendería bastante hacía el este, llegando al sur de las "Colonias francesas de Cayana" [o Cayena]. Al disponer de una imagen más amplia que la que tiene cabida en un texto como éste, se observa que la frontera entre lo que entonces era la Nueva Andalucía y la provincia de Guayana con las "*Colonias Olandesas de Surinam*", comienza en la desembocadura del río Moruca (cerca del Cabo Nassau), sigue en dirección sur, hacia la sierra de Imataca, desviándose hacia la confluencia de los ríos Cuyuní y Mazaruni, y luego sigue el curso del río *Esquivo* (Esequibo), hasta la boca del Rupununi. Esta es la primera vez que, en la cartografía de la región, un sector situado al noroeste de la desembocadura del Esequibo, identificado como la región Pomerón-Moruca, es excluido del territorio que entonces pertenecía a España; pero, a partir de ese punto, la frontera de España seguía siendo el río Esequibo.

Smith advierte que el mapa estaba siendo revisado sistemáticamente, y que, en las sucesivas reimpresiones de este, se fueron introduciendo modificaciones, a veces de carácter geográfico, pero también otras de naturaleza política. Algunas de estas modificaciones se observan en la línea de frontera, en la que se ha eliminado o se ha agregado algo, alterando la versión original, particularmente en la frontera de España con Portugal, pero dejando inalterado el tramo de la frontera con la Colonia de la Guayana holandesa. Según Smith, en la primera edición del mapa, la frontera se extendía a lo largo de Sudamérica, de norte a sur, y fue eliminada hábilmente antes de la segunda reimpresión. El límite comenzaba en el norte, cerca del río Esequibo, en la actual Guyana, y seguía hacia el sur, a través de la Amazonia, continuando hasta la costa atlántica, en el sur de Brasil. Pero el límite -marcado con un *guión, punto, punto, punto, guión*- se había eliminado cuidadosamente, excepto por un segmento que quedó intacto, a lo largo del río Esequibo, en el tramo noroeste, que sigue estando presente en todas las reimpresiones del mapa.

Mapa Geográfico de América Meridional, de Juan de la Cruz Cano y Olmedilla, 1775

https://www.davidrumsey.com/luna/servlet/detail/RUMSEY~8~1~240074~90115526:Composite---Sheets-1-8--Mapa-Geogra

Imagen recortada del mapa de Cruz Cano, mostrando -con línea de puntos- la frontera del territorio en disputa.

Los motivos de tal decisión -en la que, según Smith, debe haber estado implicado Grimaldi-, se encontrarían en el hecho de que la frontera [originalmente marcada por Cruz Cano] favorecía las reclamaciones portuguesas sobre las españolas, en un momento en que existían vivas disputas sobre estos asuntos en América del Sur, y cuando el mapa de Cruz Cano estaba siendo activamente utilizado por los funcionarios españoles involucrados en la preparación del caso de su país.[1010]

De manera concordante con lo anterior, Donís advierte que, aunque, inicialmente, Cruz Cano fue comisionado para confeccionar el mapa, luego no lo autorizaron a que lo publicara, porque el Gobierno español no quería comprometerse oficialmente con la línea de frontera trazada por él, especialmente en la zona del río de la Plata ante Portugal, y posiblemente en Guayana, frente a las posesiones holandesas, por no corresponder a sus intereses.[1011]

En la versión de Faden, se observa que las colonias holandesas están marcadas en amarillo y que, dando credibilidad al mapa original de Cruz Cano, este geógrafo del rey Jorge III de Inglaterra tuvo como buenas las fronteras trazadas por aquel. Esta versión del mapa es especialmente relevante porque, como señala González, en Inglaterra, en esa época, se adoptó con firmeza creciente la línea de Cruz Cano como la frontera política hispano-holandesa. En esta visión, la reedición del referido mapa por la casa editorial cartográfica de Faden -geógrafo del rey y del principado de Gales- habría sido un factor importantísimo. González explica que, antes y después de 1800, la línea preponderante adoptada por los cartógrafos ingleses era la frontera marcada por Cruz Cano, o incluso se optaba por la frontera política del Esequibo desde su misma desembocadura. Según González, así consta en el Atlas General de Neele (1814-1819), en los mapas de Russell, de 1794 y 1811, en el mapa que acompaña al libro de Henry Bolingbroke (*A Voyage to the Demerary*, Stevenson and Matchett, Printers, Norwich, 1807), en la Enciclopedia Británica de 1812, y en la de Edimburgo, de 1804.[1012] Sin embargo, entre 1799 y 1822, hubo cambios radicales en la geopolítica imperial británica, que dejaron obsoleto el mapa de Cruz Cano reimpreso por Faden, y que transformaron la manera como los británicos veían a Sudamérica.[1013]

1010 Cfr. Thomas R. Smith, op. cit., pp. 59 y ss.

1011 Cfr. Ibid., p. 16.

1012 Cfr. Hermann González Oropeza, *Atlas de la Historia Cartográfica de Venezuela*, Editorial Papi S. R. L., Caracas, 1983, p. 92.

1013 Cfr. https://www.researchgate.net/figure/Juan-de-la-Cruz-Cano-y-Olmedilla-d-1790-y-William-Faden-Mapa-Geografico-de-America_fig2_47657396

Detalle de la reproducción del mapa de Cruz Cano, hecha por William Faden, en 1799, resaltando, en amarillo, las colonias holandesas, o "Colonias de Surinam", en la que -a pesar de otros cambios introducidos en la edición de Faden-se respeta la frontera marcada por Cruz Cano.

https://www.davidrumsey.com/luna/servlet/detail/RUMSEY~8~1~3373~330002:Mapa-Geografico-de-America-Meridion?sort=pub_list_no_initialsort%2Cpub_list_no_initialsort%2Cpub_date%2Cpub_date

2. EL MAPA DE LUIS DE SURVILLE, DE 1778

Inmediatamente después de que, en enero de 1777, se creara, por Real Cédula de Carlos III, la Capitanía General de Venezuela, el cartógrafo español Luis de Surville elaboró un mapa de la Nueva Andalucía, en el que la provincia de Guayana extiende sus dominios hasta el río Esequibo (llamado "*Esquivo*", en el mapa). Se trata de un mapa pequeño, de 35 centímetros de alto por 42 centímetros de ancho.

Surville era un cartógrafo de gabinete, dedicado a producir mapas de territorios no conocidos por él, por lo que, en el mapa objeto de este comentario, los estudiosos han encontrado numerosos errores geográficos. Así, dejándose llevar por la fantasía y por la leyenda de *El Dorado*, Surville dibuja una laguna, que marca en el mapa como el "origen del Orinoco, tenida hasta ahora por la Laguna Parime". No conforme con eso, al suroeste del cerro Dorado, marca otra inmensa laguna, con el nombre "Laguna Parime o Mar Dorado [que] otros llaman Mar Blanco." Según ha observado la geógrafo Josmar Fernández -en un trabajo todavía sin publicar que he tenido el privilegio de conocer-, este sería "uno de los últimos mapas donde se representó la laguna de Parime".

Éste es el único mapa al que -en relación con esta controversia-, se puede atribuir carácter oficial por parte de España. En este sentido, debe observarse que, en la parte final de la leyenda que hay en la cartela, ubicada en la parte superior derecha del mapa, se indica que el mismo fue elaborado por Don Luis de Surville, "Oficial segundo del Archivo de la Secretaría de Estado, y del Despacho universal de Yndias, *de orden de su Gefe el Excelentísimo Señor Don Josef de Galvez*". (Cursivas añadidas) Por lo tanto, éste era un mapa oficial, mandado a hacer por el Estado español. A mayor abundamiento, González hace notar que este mapa se publicó como anexo de una obra que se editó "de orden y a expensas de Su Majestad".[1014]

Según Surville, la frontera -marcada con una línea de puntos- comienza en el Cabo Nassau y se prolonga hasta el río Esequibo, en su confluencia con los ríos Cuyuní y Mazaruni, siguiendo aguas arriba, hasta su confluencia con el río Siparuni, para luego desviarse al este, encontrándose con el límite de la Guayana Francesa.

Según Burr, dicha frontera coincide con la del mapa de Cruz Cano, excepto en cuanto otorga a los holandeses toda la confluencia de los ríos Cuyuní y Mazaruni con el Esequibo.[1015] Pero es fácil apreciar que hay coincidencia entre los mapas de Cruz Cano y Surville en cuanto a la región Pomerón/Moroco como territorio ajeno a Venezuela. La continuación de la frontera desde la confluencia del Cuyuní y el Esequibo, río arriba, por la ribera del Esequibo, parece corresponder a la idea prevaleciente de la que era en ese momento la frontera entre España y Holanda, y que pronto sería la frontera entre Venezuela y la colonia de la Guyana británica.

En cuanto a puntos geográficos, sin duda, hay otros mapas más fidedignos que el de Surville; pero pocos mapas sirven tanto como éste para probar la aquiescencia de Holanda a la frontera reclamada entonces por España. A pesar de tratarse de un mapa oficial, el mismo no fue protestado por Holanda.

[1014] Cfr. Hermann González Oropeza, *Atlas de la Historia Cartográfica de Venezuela*, Editorial Papi S. R. L., Caracas, 1983, p. 236. La referencia de González al libro que se publicó "de orden y a expensas de Su majestad", es al texto de Antonio Caulín, *Historia Coro–Gráfica natural y evangélica de la Nueva Andalucía, Provincias de Cumaná, Guayana y Vertientes del Río Orinoco, … Dada á luz de Orden y á Expensas de S. M.*, año de 1779.

[1015] Cfr. G. L. Burr, *Report on maps from official sources*, loc. cit., p. 177.

Imagen recortada del mapa de Surville, mostrando la línea de frontera entre la Guayana española y lo que él llama las "COLONIAS OLANDESAS DE SURIÑAN"

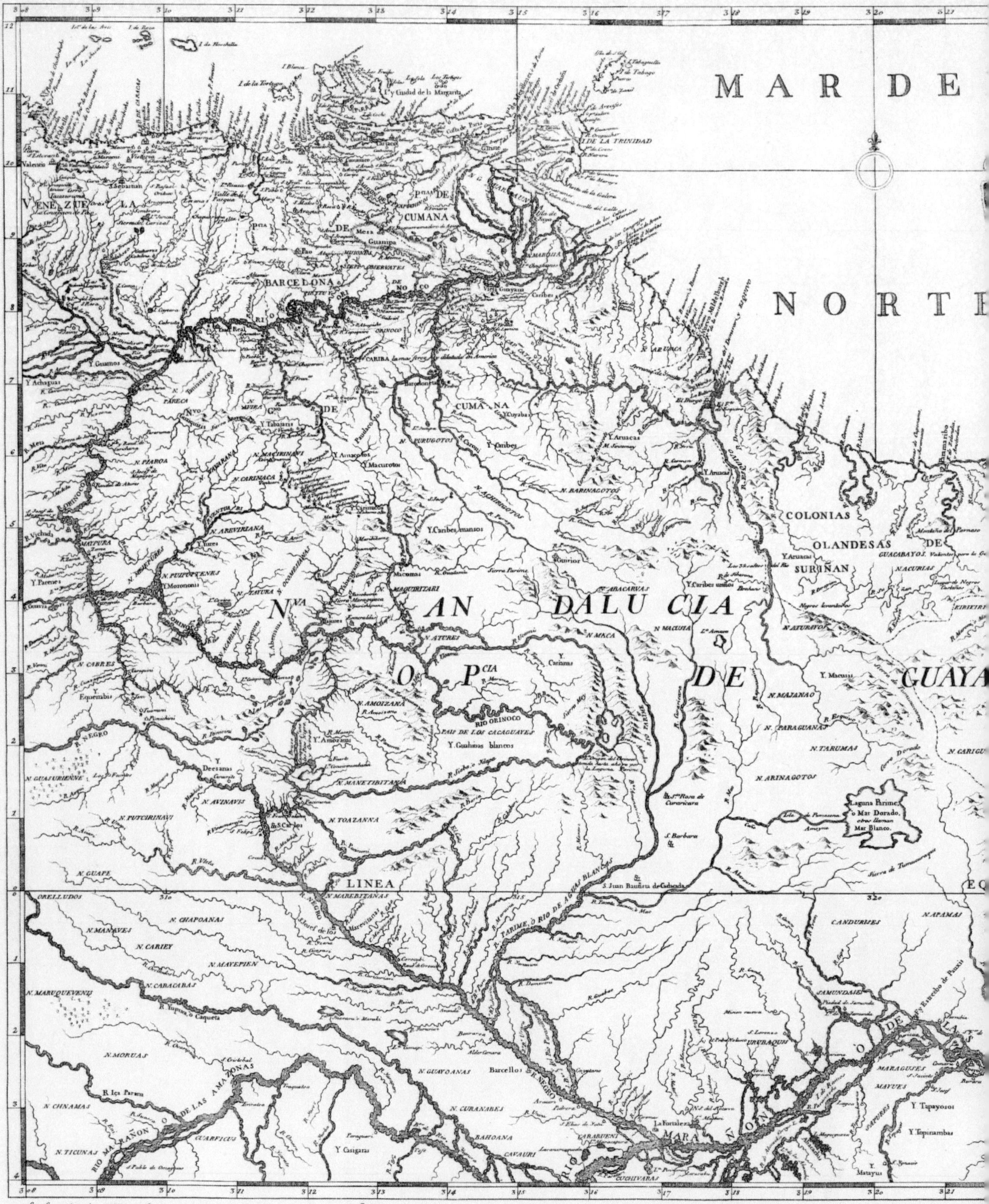

Las Longitudes de este Mapa se han tomado segun el Meridiano de Tenerife. NOTA. Por evitar la confusion de este Mapa, no se han puesto los nombres de los Rios pequeños, que no suponen para el asunto, solam.te los necesarios, para saber sus origene

MAP OF THE SPANISH PROVINCE OF NUEVA ANDALUCIA MADE AT THE ORDER OF THE HEAD OF T

THE INDIES BY LUIS DE SURVILLE, ASSISTANT ARCHIVIST, 1778.

REPRODUCED FROM THE ORIGINAL IN CAULIN'S *HISTORIA DE LA NUEVA ANDALUCIA*, MADRID 1779.

SIZE OF ORIGINAL 20.8 X 24.8 INCHES.

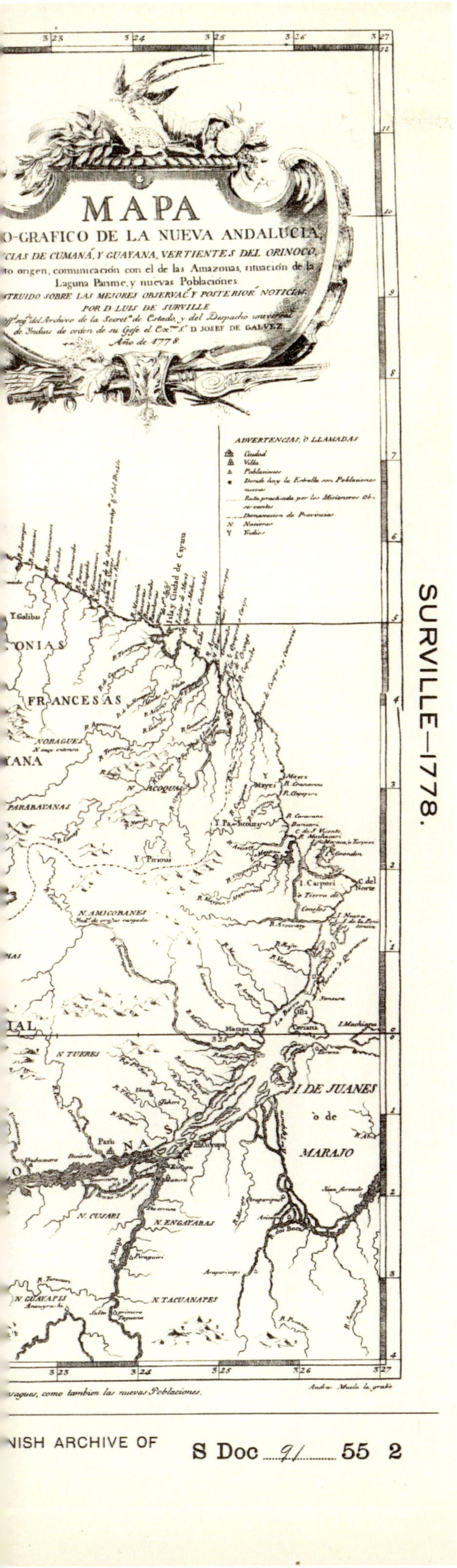

https://www.davidrumsey.com/luna/servlet/detail/RUMSEY~8~1~204078~3001790:Nueva-Andalucia-

VII. LOS MAPAS COLOMBIANOS Y VENEZOLANOS

Producida la independencia de las repúblicas americanas, España dejó de ser uno de los protagonistas en esta controversia, para dar paso primero a Colombia, y luego a Venezuela. Por lo tanto, habrá que considerar la visión que tenían los colombianos -en la época de la Gran Colombia-, y luego la que tenían los venezolanos, de lo que consideraban su frontera oriental. De este período sobresalen los mapas de Restrepo y de Codazzi.

1. LA CARTA DE LA REPÚBLICA DE COLOMBIA, DE RESTREPO

En 1827, siendo Secretario del Interior de la República de Colombia, José Manuel Restrepo publicó un mapa de Colombia que tiene especial relevancia en esta controversia. Se trata de un mapa pequeño, de 49 centímetros de alto por 60 centímetros de ancho.

En su Atlas de *Historia de la Revolución de la República de Colombia*,[1016] Restrepo explica que el río Orinoco y sus afluentes se han copiado de los trabajos del Barón de Humboldt y, en donde éstos han faltado, en los departamentos que componían la antigua capitanía general de Venezuela, se habrían seguido los mapas de Arrowsmith (por la fecha, y por el trazado de la frontera, se supone que Aaron), haciéndole pequeñas adiciones y mejoras, a partir de las observaciones astronómicas de Rivero y Boussingault, y de otros mapas.[1017]

El mapa que comentamos corresponde a antes de la disolución de la Gran Colombia, y muestra la frontera oriental del Departamento del Orinoco, comenzando en la desembocadura del río Pomarón, frente al Cabo Nassau, desde donde desciende, en línea recta, hasta la confluencia de los ríos Cuyuní, Mazaruni y Esequibo, punto a partir del cual sigue hacia el sur, por el curso del río Esequibo, hasta su confluencia con el río "*Sibroma o Sibarona*" (Siparuni), desde donde se interna hacia el este -sin seguir accidentes naturales aparentes-, para regresar –en el paralelo 59- por el costado norte de la sierra de Tumucuraque, bordeando la cabecera del río Esequibo, e internándose hacia el oeste por la serranía de Pacaraima.

En este mapa, tanto el territorio en disputa como el territorio situado al este del río Esequibo -que no se identifica como perteneciente a la Colonia de la Guayana Inglesa- se muestra como si estuviera deshabitado. Pero Restrepo admite que los límites con la antigua Guayana holandesa son inciertos, y que los "de la Guayana hoy inglesa, se han trazado con arreglo á la posesión que tenía la España hasta el río Esequibo, y que está marcada en los mejores mapas publicados en la misma Inglaterra."[1018]

En la página 343, detalle de la Carta de la República de Colombia, de Restrepo, de 1827, mostrando la región en disputa y la frontera del Departamento del Orinoco con la Guayana Británica.

https://www.davidrumsey.com/luna/servlet/detail/RUMSEY~8~1~20243~590076:Colombia-?sort=pub_list_no_initialsort%2Cpub_date%2Cpub_list_no%2Cseries_no

[1016] José Manuel Restrepo, *Historia de la Revolución de la República de Colombia – Atlas*, Librería Americana, París, 1827. Teniendo en cuenta la fecha de sus mapas, se entiende que la referencia a Arrowsmith es a Aaron, y no a su sobrino John.

[1017] Cfr. op. cit., p. 5.

[1018] Cfr. Ibid., p. 7.

O ATLANTICO
Rio Esequebo
Boca de los Caños Guaranos y Manacas
Sucupana
Antigua Guayana
Sierra de Ymataca
O R I N O C O
R. Cuyuni
Sierra de Rinocote
Rio Caroni
R. Esequebo
Minas de Cristal
S. Juan
S. Antonio
Sierras de Tumucuraque

2. LOS MAPAS DE CODAZZI

Agustín Codazzi fue un explorador y militar italiano, que formó parte de los ejércitos de Napoleón y que, luego de la batalla de Waterloo, atraído por las luchas independentistas en América, se embarcó hacia los Estados Unidos, en donde formó parte de una expedición en apoyo a Simón Bolívar. Como, en un comienzo, sus servicios no fueron suficientemente apreciados, en 1822 volvió a Italia, pero regresó en 1826, al servicio de la República de Colombia, e hizo amistad con José Antonio Páez, quien lo estimuló para ocuparse de la cartografía de Venezuela, a la que hizo su patria de adopción.

En 1830, José Antonio Páez le encomendó a Codazzi el levantamiento de un mapa completo de Venezuela, tarea que éste asumió, pero que se vio interrumpida en 1831, al haber sido llamado al servicio militar activo, tras el alzamiento de José Tadeo Monagas. Sin embargo, en 1832, Codazzi reanudó sus trabajos para el *Atlas* y la *Geografía de Venezuela*, cuyos originales entregó al General Páez (probablemente en 1838 o principios de 1839), los cuales fueron examinados por el jefe de ingenieros Juan Manuel Cagigal, quien les dio su aprobación, y el 18 de abril de 1839 obtuvieron el aval del Congreso Nacional, el cual ordenó su publicación. En esta tarea, Codazzi contó con la colaboración del dibujante Carmelo Fernández y de los historiadores Rafel María Baralt y Ramón Díaz, con quienes, el 11 de julio de 1840, se embarcó rumbo a París, para supervisar su publicación.[1019]

Casi coetáneamente con el mapa de Schomburgk, entre 1840 y 1841, se publicó, en París, el *Atlas Físico y Político de la República de Venezuela*, en el que hay varios mapas que muestran la región en disputa. En los mismos días, Codazzi publicó, también en París, un *Resumen de la geografía de Venezuela*.[1020] Al comienzo de esta obra, Codazzi avisa que, en la geografía política, se auxilió con las obras de Humboldt y Depons; pero, desde el inicio, él advierte que las fronteras que la naturaleza parece haber destinado a Venezuela no son las que le ha trazado la política. Refiriéndose a la provincia de Guayana, Codazzi dice que:

> "Este país es el más imponente y majestuoso, así como el más grande y desierto de Venezuela. Es la patria del gran lago fabuloso de parima, de la ciudad suntuosa del Dorado; es la tierra que dio nombre a todo el vasto territorio de las Guayanas, por los indígenas que habitaban entre el Caroní y la sierra Imataca; es el país por donde corre uno de los más grandes ríos del globo, separando del resto de Venezuela y casi circundando un vasto territorio erizado de serranías escarpadas, con llanuras cubiertas de frescos pastos y bosques inmensos, habitados por tribus salvajes y costumbres diferentes, que representan la infancia de las sociedades."[1021]

Según González, además de Humboldt, Codazzi se habría apoyado en la obra de "los cartógrafos españoles, particularmente la Carta Marítima de Fidalgo: se provechó (sic) de las informaciones y croquis de los oficiales de los Ejércitos republicanos: se apoyó en los esfuerzos de

---

1019 Cfr. Fundación Polar, *Diccionario de Historia de Venezuela*, Editorial Ex Libris, Caracas, 1988, Tomo I, nota de Nicolás Perazzo, pp. 699 y s.

1020 Agustín Codazzi, *Resumen de la Geografía de Venezuela*, formado sobre el mismo plan que el de Balbi y según los conocimientos prácticos adquiridos por el autor en el curso de la Comisión Corográfica que puso a su cargo el Gobierno de Venezuela, París, Imprenta de H. Fournier y Compañía, 1841. Según advierte el autor, toda la obra fue revisada por Rafael María Baralt y Ramón Díaz, y el plan general de la misma fue aprobado por el comandante de ingenieros Juan Manuel Cagigal, profesor de matemáticas en la Academia Militar de Caracas, a quien le fue consultado de antemano.

1021 Op. cit., p. 605.

Restrepo y Montenegro y Colón: revisó y constató con nuevas mediciones astronómicas las posiciones de muchos sitios de Venezuela y Nueva Granada."[1022]

De los varios mapas de Codazzi hay tres que merecen especial atención: a) el primero es uno anterior a la independencia, con las fronteras de Venezuela en 1810; b) el segundo es la *Carta de la República de Colombia, dividida por departamentos* (sin fecha), y c) el Mapa de la República de Venezuela en 1840. No hay una indicación precisa de la fecha en que se terminó cada uno de estos mapas, todos publicados en el Atlas de 1840. Se asume que la *Carta de la República de Colombia Dividida por* Departamentos tuvo que haber sido preparada antes de la disolución de la Gran Colombia, en 1830.[1023] En ninguno de ellos se indica si éste es el producto de la elaboración propia de su autor, o si se trata de una compilación de mapas de otros autores, a partir de alguno en particular. Tampoco se indica si se trata de mapas oficiales, a pesar de que el tercero de ellos fue encargado por José Antonio Páez, siendo Presidente de la República de Venezuela, y que -una vez concluido- recibió la aprobación del Congreso Nacional. Respecto de este último, es posible que no haya tenido un reconocimiento explícito de su carácter oficial porque, al compararlo con los varios otros mapas de Codazzi, se observa que no hay coherencia entre uno y otros, particularmente en cuanto a la determinación de la frontera oriental de Venezuela.

El primero de estos mapas, salvo indicar que corresponde a "*Venezuela antes de la revolución de 1810*", no tiene, en la cartela, ninguna información adicional sobre su autor, o sobre las fuentes utilizadas en su preparación. Pero se da por sentado que fue preparado por Codazzi -porque fue publicado en su Atlas-, y se asume que corresponde al territorio de la Capitanía General de Venezuela, creada en 1777, por una cédula real de Carlos III. En este mapa, a color, la frontera coincide con la que él describe en su Resumen de la geografía de Venezuela.

> "En la boca del Rupununi (lat. 5° 55'30" y long. 8°42' E.) cerca de los cerros de Macarapans empieza la línea que separa á Venezuela de la Guayana inglesa. Sigue por la margen izquierda del Esequibo hasta su confluencia con el Cuyuní: por el curso de este encuentra la boca del río Tupuru, cuyas aguas remonta: llega por allí á las cabeceras del Moroco, bajándole va á terminar en el Océano Atlántico frente al cabo Nassau (lat. 7° 55' N., long. 8° 2' 45" E.), teniendo esta línea un espacio de 96 leguas si se consideran las sinuosidades principales. Esta es la frontera oriental de la república."[1024]

El mapa de Venezuela antes de la Revolución de 1810, reproducido en las páginas 346 y 347, puede consultarse en

https://dn710109.ca.archive.org/0/items/dr_mapa-politico-de-venezuela-antes-de-la-revolucion-de-1810-mapa-politico-de-00594056/00594056.jpg

La Carta de la República de Colombia dividida por departamentos, reproducida en las páginas 348 y 349, puede consultarse en

https://www.davidrumsey.com/luna/servlet/detail/RUMSEY~8~1~20069~590062:Carta-de-la-Republica-de-Colombia%2C?sort=pub_list_no_initialsort%2Cpub_date%2Cpub_list_no%2Cseries_no&mi=21&t

---

1022 Cfr. Hermann González Oropeza, *Atlas de la Historia Cartográfica de Venezuela*, Editorial Papi S. R. L., Caracas, 1983, p. 284.

1023 En noviembre de 1829, Venezuela anunció que se separaba de Colombia. El 6 de mayo de 1830 inició sus sesiones el Congreso Constituyente de Venezuela.

1024 Cfr. op. cit., p. 3.

Long. Occident.l del Merid.no de Caracas.
Long. Orient.l del Meri
MAR DE LA
Provincia de Caracas
Provincia de Maracaybo
Provincia de Barinas
Provinc
Rio Hacha
Sta. Marta
Maracaibo
Coro
Valencia
Caracas
Barquisimeto
Trujillo
Merida
Pamplona
Achaguas
Socorro
Tunja
Pore
BOGOTA
S. Fernando
Golfo de Maracaibo
Golfete de Coro
R. Meta
R. Orinoco
R. Apure
R. Arauca
R. Magdalena
R. Vichada
R. Guaviare
R. Inirida
R. Guainia
R. Negro
Sierra Tunahi
Salto de la Angostura
S. Carlos

MAPA POLITICO
DE
VENEZUELA
ántes de la
Revolucion
de 1810.
OCÉANO ATLÁNTICO
ANTILLAS
Provincia de Margarita
Provincia de Cumaná
Golfo de Paria
I. Trinidad
Tabago
Cumaná
Barcelona
Asuncion
R. Orinoco
Angostura
Upata
Guayana
de
R. Caroni
R. Cuyuni
R. Esequibo
R. Parima
S. Joaquin
R. Macajahi
R. Mazaruni
R. Rupununi
R. Guidaru

Lith. de Thierry F.res à Paris

Long. Orient. del Merid. de Caracas
Los Roques
I. Margarita
Asuncion
Cumana
Barcelona
Tabago
I. Trinidad
Golfo de Paria
VENEZUELA
R. Orinoco
Angostura
D E P A R T A M E N T O
D E L
O R I N O C O
TERRITORIO
que se considera usurpado por los Ingleses
R. Esquibo
R. Parima
S. Joaquin
B R A S I L
D E L
R. Negro
Barcelos
Lag. Codaja
Rio de las Amazonas
R. Solimoes
Vª de Borba
R. Madeira
Sierra Acaray
Long. Oriental del Merid. de Caracas

En este mapa, Codazzi reproduce la línea del mapa de Cruz Cano, siguiendo la margen izquierda del Esequibo hasta su confluencia con el Cuyuní, para conectar con el curso del río Tupurú y dirigirse al Moroco, terminando en la boca del Pomarón, frente al Cabo Nassau. Esto es lo que se ha llamado la región Pomerón-Moroco, o Moruca-Esequibo. Aunque la frontera trazada en el mapa corre río arriba, por parte del Esequibo -desde su confluencia con el Cuyuní hasta el Rupununi-, se observa que no se extiende hasta las nacientes del Esequibo, sino que se detiene en una cadena de montañas situada en el lado norte del río Rupununi, en su conjunción con el Esequibo.

Este mapa se contradice con otros mapas de Codazzi, particularmente con una "Carta del Virreinato de Santafé y de la Capitanía General de Venezuela",[1025] con una "Carta de Colombia que presenta el teatro de la guerra de independencia 1806, 1811 y 1814",[1026] con la "Carta de la Antigua Colombia dividida en los departamentos de Cundinamarca, Venezuela y Quito – Campañas de la guerra de independencia 1821 a 1823",[1027] y con la "Carta de la División Política de Colombia en 1824",[1028] todas sin fecha, en las que la frontera oriental de España -o de Colombia- era el río Esequibo, por lo menos hasta su confluencia con el Rupununi. Este mapa también se contradice con la "Carta de la República de Colombia dividida por departamentos",[1029] aunque en ésta se marca algunos territorios como "usurpados por los ingleses".

El siguiente mapa es la *Carta de la República de Colombia, dividida por departamentos*, igualmente a color. En él, la región en disputa está situada en lo que allí se llama el Departamento del Orinoco (en amarillo), y tiene la particularidad de que -junto a la frontera con la Colonia de Guayana Británica- incluye dos enclaves, marcados en rosado claro, y con una leyenda que dice "TERRITORIO que se considera usurpado por los ingleses."

El primero de esos enclaves está ubicado en la boca occidental del río Esequibo, con su límite norte en la desembocadura del río Moroco -en frente del Cabo Nassau-, sigue el curso del río, en dirección suroeste, para tocar con una cadena de montañas y seguir por el río Tupurú, hasta conectar con el río Cuyuní, y termina en la conjunción de este último con el río Esequibo. A partir de allí, la frontera sigue río arriba, en dirección sur, por el curso del Esequibo. Esa área, situada a orillas del Atlántico, y cuya parte sur llega hasta el río Cuyuní en su confluencia con el río Esequibo, se ha identificado como la "*Región Moroco/Moruca*", "*Pomerón/Moroco*", o "Moruca-Esequibo".

El segundo enclave se encuentra en la región identificada como Tacutú-Alto Esequibo, y comienza en la confluencia del Rupununi con el Esequibo. En ese punto, la frontera se desvía hacia el occidente, siguiendo -aguas arriba- el curso del Rupununi, hasta encontrar los cerros Canucu, y sigue hacia el sur por esa cadena montañosa, continuando por los cerros Vindau, hasta conectarse con la sierra Acaraí, a unos treinta kilómetros de las nacientes del río Esequibo. A esta zona se le ha denominado "*Región del Alto Esequibo*", por los venezolanos, y "Upper Takutú", o "Upper Essequibo", por los guyaneses.

1025 Cfr. https://www.davidrumsey.com/luna/servlet/detail/RUMSEY~8~1~246181~5514967:Carta-del-Vireinato-de-Santafe-y-de?sort=pub_list_no_initialsort%2Cpub_date%2Cpub_list_no%2Cseries_no

1026 Cfr. https://www.davidrumsey.com/luna/servlet/detail/RUMSEY~8~1~246183~5514969:Carta-de-Colombia---que-representa-sort=pub_list_no_initialsort%2Cpub_date%2Cpub_list_no%2Cseries_no

1027 Cfr. https://www.davidrumsey.com/luna/servlet/detail/RUMSEY~8~1~246186~5514972:Carta-de-la-Antigua-Colombia,-ivid?sort=pub_list_no_initialsort%2Cpub_date%2Cpub_list_no%2Cseries_no

1028 Cfr. https://www.davidrumsey.com/luna/servlet/detail/RUMSEY~8~1~246194~5514974:Division-politica-de-Colombia-en-18?sort=pub_list_no_initialsort%2Cpub_date%2Cpub_list_no%2Cseries_no

1029 Cfr. https://www.davidrumsey.com/luna/servlet/detail/RUMSEY~8~1~20069~590062:Carta-de-la-Republica-de-Colombia,-?sort=pub_list_no_initialsort%2Cpub_date%2Cpub_list_no%2Cseries_no

Según este mapa, la verdadera frontera entre la entonces Colombia y la entonces Colonia de Guayana Británica, a lo largo de todo el borde oriental de Colombia, incluyendo los dos enclaves marcados como "*territorio que se considera usurpado por los ingleses*", era el río Esequibo, desde sus nacientes en la sierra de Acaraí, hasta su desembocadura en el Océano Atlántico.

En la parte inferior derecha del mapa, al sureste de lo que se considera el territorio de Colombia, entre el río negro y el Caquetá, hay otra parte marcada en rosado, con la leyenda de "TERRITORIO que se considera usurpado por los Brasilenses" (sic). Dicha frontera fue posteriormente delimitada, en el Tratado de Límites entre Brasil y Venezuela de 1859.

Pero debe advertirse que, en la visión de Codazzi, respecto de los enclaves que, en este mapa, están marcados como "*Territorio que se considera usurpado por los ingleses*" (o por los "*brasilenses*"), en el mapa de 1810, esos territorios están situados fuera de las fronteras de Venezuela.

Un tercer mapa, identificado como "*Mapa Político de la República de Venezuela en 1840*", tampoco tiene una indicación de su autor, o de las fuentes utilizadas en su preparación.

Si se compara este mapa con el de Colombia dividida por departamentos, se puede apreciar que, en el mapa de 1840, en lo que corresponde a la Provincia de Guayana, Codazzi omite toda referencia a territorios usurpados por los ingleses (o por "los brasilenses"), y esos espacios aparecen marcados como territorio extranjero. En este mapa, Codazzi considera que la región "Pomerón Moroco" es territorio extranjero; así se indica, también, en su Carta del Cantón de Upata de la Provincia de Guayana (sin fecha, pero publicada en su Atlas de 1840).[1030] A partir de allí, desde la confluencia del río Cuyuní con el río Esequibo, la frontera de Venezuela con la Colonia de Guyana Británica sigue, por el río Esequibo, hasta su confluencia con los ríos Rupununi y Guidaru; pero, de allí en adelante, siguiendo el curso del Esequibo hasta la sierra de Acaraí, es territorio extranjero. Esta es la "*Región del Alto Esequibo*", para los venezolanos, y "Upper Takutú", o "Upper Essequibo", para Guyana, que en el mapa de Colombia por Departamentos se marcaba como un "Territorio usurpado por los ingleses". En el mapa de 1840, la frontera de Venezuela, en su extremo suroriental, termina en la confluencia del Esequibo con el Rupununi y el Guidaru; a partir de allí, se desvía hacia el oeste por una cadena de montañas que sería la frontera con Brasil.

En su *Resumen de la geografía de Venezuela*, de 1841, en un párrafo un tanto confuso -a menos que se refiera a la boca del Esequibo en vez de a su naciente-, Codazzi señala que

> "Si se atiende a lo que dice el Sr. José Manuel Restrepo, secretario del interior que fue en la república de Colombia, en su tomo I° de la Historia de la Revolución, el límite hácia el naciente seria distinto del demarcado, pues que debia ser el rio Esequibo en lugar de la boca del Moroco, y siguiendo aquel hasta 4° 50' latit. N., en el promedio de la embocadura del Sibarona y del Rupununi se cruzaría el Esequibo buscando las cordilleras de las hoyas de este rio y del Rupununi. Seguiria luego las cimas de la cordillera de Tumucuraque, que por los últimos viajes del S. Schomburgh debe ser Carawayme, y por un retroceso iria á la de Vasari que segun el mismo viajero son los montes de Amajeure Pengheate, Ursato y la sierra Conoco, en donde tienen su orígen el Tacutú y el Rupununi." (sic) [1031]

[1030] https://www.davidrumsey.com/luna/servlet/detail/RUMSEY~8~1~20075~590068:Carta-del-Canton-de-Upata,-Provinci

[1031] Op. cit., p. 239.

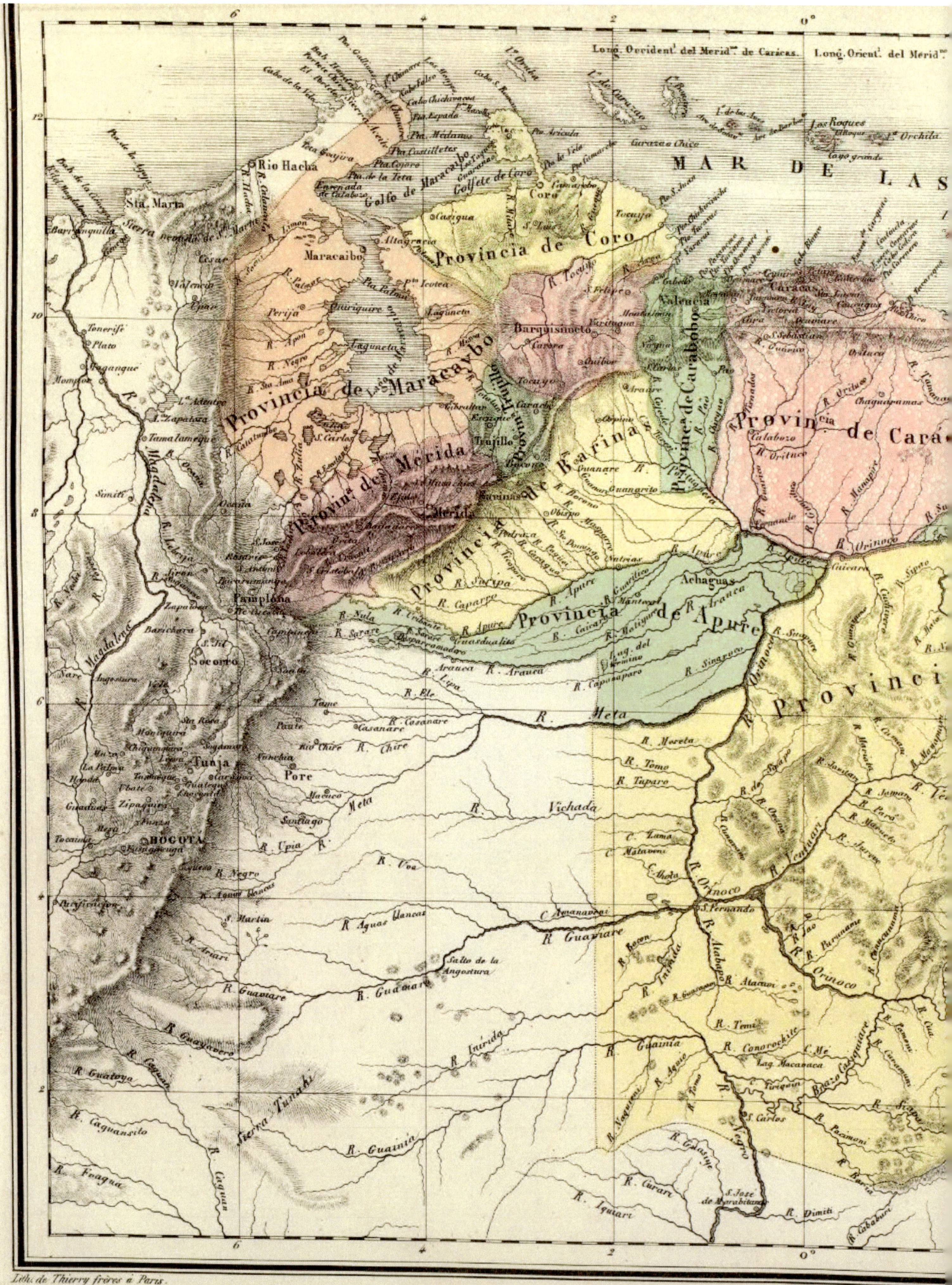
Long. Occident. del Merid. de Caracas.
Long. Orient. del Merid.
MAR DE LAS
Provincia de Coro
Provincia de Maracaybo
Provin. de Merida
Provincia de Barinas
Provincia de Carabobo
Provin. de Cara
Provincia de Apure
Provinci
Golfo de Maracaybo
Golfete de Coro
Rio Hacha
Sta. Marta
Barranquilla
Sierra Nevada de S. Marta
Maracaibo
Altagracia
Coro
Caracas
Valencia
Barquisimeto
Tocuyo
Trujillo
Merida
Barinas
Achaguas
Calabozo
Pamplona
Socorro
Tunja
Bogota
Pore
Santiago
S. Fernando
S. Carlos
Las Roques
Orchila
R. Magdalena
R. Meta
R. Apure
R. Arauca
R. Orinoco
R. Guaviare
R. Vichada
R. Guainia
R. Negro
R. Inirida
R. Casanare
Sierra Tunahi
Salto de la Angostura
Lith. de Thierry frères à Paris.

https://www.davidrumsey.com/luna/servlet/detail/RUMSEY~8~1~20063~590056:Mapa-politico-de-Venezuela-antes-de#

https://dn710109.ca.archive.org/0/items/dr_mapa-politico-de-venezuela-antes-de-la-revolucion-de-1810-mapa-politico-de-00594056/00594056.jpg

En la primera parte de este párrafo, Codazzi hace notar que, según Restrepo, la frontera de Venezuela se extiende desde la boca del Esequibo hasta el Rupununi; pero, curiosamente, a diferencia de lo que sostiene en el Mapa de Colombia dividida por Departamentos, en este mapa, Codazzi hace comenzar la frontera en la boca del río Moroco, dejando a la colonia inglesa la región Pomerón/Moroco. Lo mismo ocurre en el sur, con la región del Alto Esequibo.

Seguidamente, Codazzi afirma que este espacio -Guayana- habría que disputarlo a cuatro naciones limítrofes: Inglaterra, Holanda, Francia, y Brasil, "cada una de las cuales tendría sus pretensiones sobre *un país desconocido y solo pisado por los indios independientes*".[1032]

Refiriéndose a la frontera con la Guayana inglesa, Codazzi afirma que dicha línea

> "se demarca por la margen izquierda del Esequibo hasta su confluencia con el Cuyuni. Por el curso de este rio va á encontrar la boca del rio Tupurú, cuyas aguas remontan. Se dirige á las cabeceras del Moroco, y bajándole va á terminar en el Océano Atlántico, frente al cabo Nassau en la boca del rio Pomaron. Aquí termina el límite con la Guayana inglesa... La punta oriental de la boca del rio Pumaron, que tiene media legua de ancho, se llama cabo Nassau. Frente á este se encuentra la boca del caño Moroco, que es el límite de la Guayana." (sic)[1033]

En el mismo atlas de 1840, junto con el mapa de todo el país, se publicaron los mapas del cantón de Piacoa[1034] y del cantón de Upata,[1035] los cuales, como es de suponer, no hacen sino confirmar la frontera antes referida.

En un documento de tres páginas, escrito por José María Rojas el 4 de noviembre de 1898, y publicado en el Argumento impreso de Venezuela ante el Tribunal Arbitral, Rojas hace una comparación entre las líneas de Schomburgk y de Codazzi, y señala que, en el estudio de la Provincia de Guyana, Codazzi

> "invirtió los años de 1838 y 1839, recorriendo sus desiertos, navegando sus caudalosos ríos, y estudiando sobre el terreno con los documentos a la vista, las fronteras con el Brasil y con la Guayana Británica. La obra de Codazzi mereció los más sinceros aplausos de los hombres de ciencia de su tiempo. El Instituto de Francia felicitó al Congreso de Venezuela por la protección que había acordado a los trabajos del sabio geógrafo. La Sociedad Geográfica de París la discernió el primer premio anual, consistente en una medalla de plata. La Sociedad Geográfica de Londres le pasó una comunicación que abunda en expresiones lisonjeras para el autor. El Instituto de los Progresos de las Ciencias en Washington lo nombró miembro correspondiente. Su Majestad Luis Felipe, Rey de los Franceses, lo condecoró con la Cruz de la Legión de Honor. Finalmente, su patria adoptiva lo recibió con gran entusiasmo, y el gobierno de Venezuela declaró que, por tan importante servicio, el Coronel Codazzi se había hecho acreedor a una recompensa nacional."[1036]

Sin embargo, no hay nada que indique, explícitamente, que alguno de sus mapas tiene carácter oficial.

[1032] Ibidem. Cursivas añadidas.

[1033] Ibid., pp. 607 y s.

[1034] Cfr. https://www.venciclopedia.org/images/7/72/Canton_de_piacoa.jpg

[1035] Cfr. https://dn721900.ca.archive.org/0/items/dr_carta-del-canton-de-upata-de-la-provincia-de-guayana-lith-de-thierry-fre-00594068/00594068.jpg

[1036] Citado por Hermann González Oropeza, en *Atlas de la Historia Cartográfica de Venezuela*, Editorial Papi S. R. L., Caracas, 1983, p. 286.

VIII. LOS MAPAS BRITÁNICOS

Como potencia imperial, desde fines del siglo XVIII, Inglaterra comenzó a adquirir importancia en el mundo de la cartografía. En el siglo XIX, transformada en la reina de los mares, Inglaterra también se convirtió en un centro cartográfico de renombre. Fueron los ingleses los que perfeccionaron la forma de precisar las longitudes en el mar, y quienes descubrieron el cuadrante. Gracias a las investigaciones de Edmond Halley sobre la variación de las brújulas y las condiciones del magnetismo terrestre, fue él quien elaboró la primera carta de la variación de la declinación magnética.

Convertida ya en una potencia naval, desde comienzos del siglo XVII, la presencia de Inglaterra se hizo sentir en la costa de Guayana. Hay un mapa de 1646, de Robert Dudley, que muestra parte de la costa sudamericana, incluyendo las desembocaduras del Orinoco y el Amazonas. A éste le siguieron muchos otros, que revisten interés en la controversia entre Guyana y Venezuela.

La relación de mapas británicos que nos parecen relevantes en esta controversia la vamos a dividir en tres secciones. La primera se ocupará de los mapas anteriores a esta controversia; la segunda estará dedicada al mapa con cuya publicación comenzó la disputa territorial entre Inglaterra y Venezuela, y la tercera a los mapas producidos después de 1840, hasta antes de que se dictara el laudo arbitral de París.

1. LOS MAPAS BRITÁNICOS ANTERIORES A LA CONTROVERSIA

Puesto que, en sus inicios, el Reino Unido fue una de las partes en esta controversia, la visión que los cartógrafos ingleses tenían del territorio en disputa antes de que estallara el conflicto es de primordial importancia. Por supuesto, en este período hay tres momentos que deben tenerse en cuenta. El primero es el período anterior a la fecha en que el Reino Unido ocupó de hecho la Colonia holandesa del Esequibo, cuando Inglaterra era una nación absolutamente ajena a cualquier controversia limítrofe entre Venezuela y Holanda, y sus mapas podían considerarse neutrales. El segundo es el momento en que Inglaterra tomó posesión de esos territorios con el propósito de anexarlos (1796 – 1803), momento a partir del cual ya comienza a tener un interés directo en los límites de esas posesiones. El tercero es el período posterior a 1814, cuando Inglaterra adquirió formalmente parte de la referida Colonia, como consecuencia de la cesión territorial que le hizo Holanda, por lo que sus mapas ya no podían considerarse neutrales.

A partir de estos tres momentos relevantes, interesa saber cuál era el territorio que -antes de que estallara esta controversia-, los cartógrafos ingleses consideraban que formaba parte de la Guyana holandesa, cuáles eran las fronteras de la Guayana española (o de Venezuela), y cuál era el territorio que estimaban que, en 1814, los holandeses estaban en capacidad de cederle a Inglaterra, o los territorios que, con posterioridad a esa fecha, la colonia de la Guayana británica habría ocupado efectivamente. En este período se podrá apreciar que predominan los mapas en que la frontera entre Venezuela y la Guayana holandesa, luego la Guayana inglesa, era -casi en toda su extensión- el río Esequibo.

a) El mapa de Popple, de 1733. Excepto porque se trata de un cartógrafo inglés, activo en la primera mitad del siglo XVIII, que por un corto tiempo fue empleado de la Comisión de Comercio y Plantaciones, con competencias en la administración de las colonias británicas en América, no se tiene mucha información sobre William Henry Popple. Al parecer, su labor como hacedor de mapas comenzó y terminó con el que es objeto de este comentario; sin embargo, el mapa al que nos referimos ha sido considerado como uno de los mapas británicos más notables, copiado por otros cartógrafos, y tenido durante décadas como el mapa de referencia de América del Norte.

Su título completo es "*A Map of the British Empire in America with the French and Spanish Settlements adjacent thereto*" (Mapa del Imperio Británico en América, con las posesiones francesas y españolas adyacentes). Se trata de un mapa de grandes dimensiones, de tamaño mural, de 251 centímetros de alto por 230 centímetros de ancho. Aparentemente, la Comisión de Comercio -el Board of Trade and Plantations- tenía en mente que este mapa fuera una respuesta al mapa de Norteamérica, de Delisle, que mostraba fronteras que no correspondían a las ambiciones coloniales británicas. A pesar de que este mapa nunca obtuvo un reconocimiento oficial de las autoridades británicas, copias del mismo fueron enviadas a cada gobernador colonial.

Para subrayar su precisión, el mapa lleva una nota del célebre astrónomo Edmund Halley, indicando que, en su criterio, "parece haber sido ejecutado con gran exactitud y mostrar la posición de las diferentes Provincias e Islas en esa parte del Globo, con más verdad que otro cualquiera existente." Respecto de un mapa que cubre una región tan amplia, Halley se cuidó de afirmar que el mapa *había* sido ejecutado con gran exactitud, prefiriendo decir, simplemente, que eso *parecía* ser así.

Con poco detalle, la zona en conflicto está representada en la parte inferior derecha del mapa. No hay ninguna indicación de los ríos Cuyuní y Mazaruni, en cuya confluencia se encontraba el fuerte Kykoveral, que el mapa sitúa al oeste del río Esequibo. En este mapa, New Middlerburg y New Zeland, ambas en la ribera del río Pomarón -destruidas por los ingleses en 1666-, son las únicas señales de presencia europea al oeste del Esequibo.

En una de sus versiones, Nueva Andalucía se representa con color amarillo; Surinam (o la Colonia de la Guayana holandesa), se muestra en verde. Todo el delta del Orinoco sería parte de Surinam. Según se puede apreciar, la frontera entre la "*Nueva Andaluzia*" y "*Surinam*", situada muy al oeste del río Esequibo, comienza, en su punto norte, en las proximidades del delta del Orinoco, en la boca de un río al que él llama "*Covrama*", y corre en dirección sudoeste -apartándose completamente del curso del río, y sin seguir ningún accidente natural-, después de cruzar un río al que denomina "*Varacoyari*", se desvía en dirección sur, atraviesa un lago imaginario al que llama "*Casipa*" -situando Santo Tomé en una isla interior del mismo-, y termina en la parte inferior del mapa. Esta línea, que no sigue los accidentes naturales o alguna señal de presencia física de los holandeses, es enteramente arbitraria. Al estar fuera de lo que era el propósito del mapa (mostrar las fronteras del Imperio Británico en América), que hacía de la frontera hispano-holandesa un mero accidente, Mallet-Prevost sugiere que es posible que, en esta parte, Popple haya copiado alguna reproducción imperfecta de un mapa de Sanson.[1037]

Dado que al momento de su producción el Reino Unido no poseía parte de las colonias holandesas en Guayana y, por ende, no tenía fronteras con Venezuela, el mapa creado por Henry Popple, en 1733, para mostrar *las posesiones del imperio británico en América*, con los asentamientos franceses y españoles adyacentes al mismo, no parece ser relevante en esta controversia. Según Mallet-Prevost, en cualquier caso, en dicho mapa, Popple habría incurrido en errores manifiestos, sin que alguien tomara seriamente en cuenta la línea de frontera trazada por él entre Venezuela (España) y las colonias holandesas.[1038]

[1037] Cfr. Severo Mallet-Prevost, op. cit., p. 35.

[1038] Cfr. Ibidem.

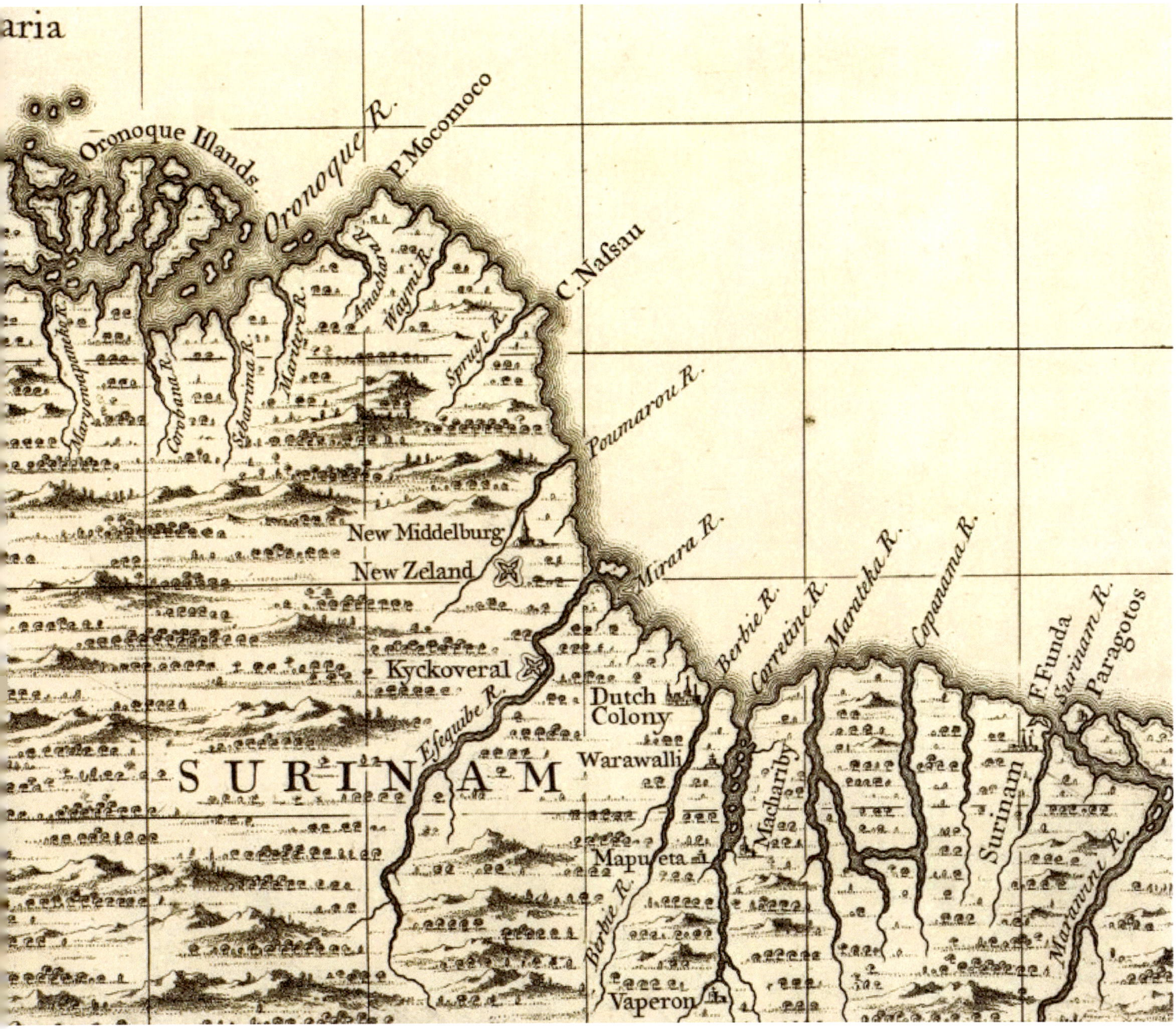

Detalle del mapa de Popple, "A Map of the British Empire in America with the French and Spanish settlements adjacent thereto", de 1733, mostrando la región de Guayana.

https://www.davidrumsey.com/luna/servlet/detail/RUMSEY~8~1~887~70081:Composite--British-Empire-in-Americ

Golfo de Paria
V A
Oronoque Islands.
Oronoque R
Europa R.
Oronoque R.
Ariacoa
I A
Caturivoari R.
Acamacori
Lago Casipa
St. Thomas
Tuteritonia
Macureyoari
Cowrama R.
Maryomapanche R.
Corobana R.
Sebarrima R.
Marique R.
Amacura
New
New
S U R I N
K

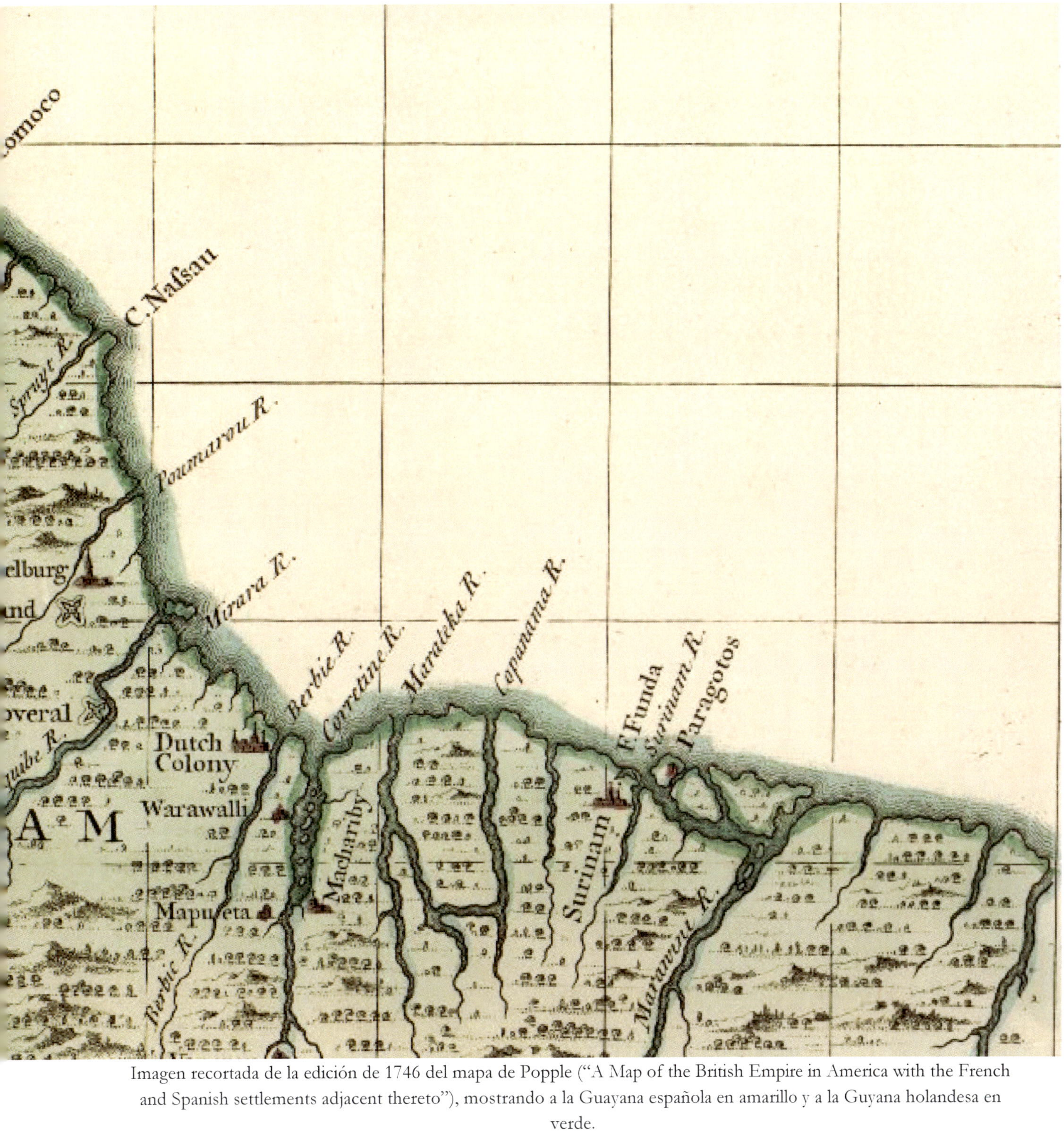

Imagen recortada de la edición de 1746 del mapa de Popple ("A Map of the British Empire in America with the French and Spanish settlements adjacent thereto"), mostrando a la Guayana española en amarillo y a la Guyana holandesa en verde.

https://archive.org/details/MapOfTheBritishEmpireInAmerica/page/n73/mode/2up

b) Los mapas de De La Rochette (1783 y 1807). Quien esto escribe no ha encontrado información sobre Louis Stanislas D'Arcy De la Rochette (o Delarochette) y, a pesar de su nombre -que sugiere que probablemente era francés, como se indica en más de un texto-, no tiene certeza de su nacionalidad, pues también se le ha presentado como inglés,[1039] o como inglés de origen francés.[1040] Que fuera lo uno o lo otro no es irrelevante. De haber sido francés, era el nacional de un Estado que no tenía ningún interés en esta controversia; en cambio, de haber sido inglés, era el nacional de un país que ya estaba instalado en parte del territorio en disputa, y que, pocos años después de la confección de sus mapas, iba a ser una de las partes en esta controversia. Aquí hemos optado por incluirlo entre los cartógrafos ingleses. Como quiera que sea, De la Rochette era un activo cartógrafo que trabajaba en Londres,[1041] y que estuvo asociado con otros cartógrafos británicos, tales como James Wyld, Thomas Kitchin, y William Faden; con este último produjo varios mapas, entre los que cabe mencionar uno de las Indias Occidentales, uno del archipiélago griego y parte de Anatolia, otro de la India, y una Carta de las costas de España y Portugal.

Un mapa de la costa de Guayana,[1042] desde el Orinoco hasta el río Amazonas, de 1783 -que puede atribuirse a Thompson-De la Rochette- reviste particular importancia porque aparece aprobado por el Comité de Mapas del Almirantazgo británico, dándole, así, un carácter oficial. Este mapa, que fue grabado y publicado por William Faden, a veces es incorrectamente presentado como el mapa de Thompson, de 1783. El autor del mapa es De la Rochette, pero en la cartela se deja constancia que fue elaborado a partir de las observaciones que, en 1781, hizo el Capitán Edward Thompson.[1043] En ese año, el Capitán Thompson había sido el responsable de tomar posesión de las Colonias holandesas de Guayana para los ingleses. Las notas y observaciones del Capitán Thompson, que se encuentran en dos recuadros, en la parte inferior del mapa, son observaciones relativas a la navegación de esa costa, que no tienen implicaciones geográficas. Más allá de la dudosa nacionalidad inglesa de De la Rochette, a la que ya se ha hecho referencia, éste es un mapa con un toque de influencia inglesa -a través de las observaciones de Thompson-, y que, al ser aprobado por el Almirantazgo británico, los ingleses asumieron como suyo.

Este mapa señala el río Barima -en su corta extensión, desde su nacimiento en una cadena de montañas sin identificar (la serranía de Imataca)- como la frontera occidental de los holandeses, "*según su reclamación*". Burr considera que éste es el primer mapa que señala ese límite.[1044] Si ese es el límite *en la costa*, en la parte inferior del mapa, De la Rochette también observa que "*New Andalusia or Province of Guayana*", de acuerdo con los españoles, se extiende desde el Orinoco hasta la Bahía de Vicente Pinzón, en las proximidades de la desembocadura del río Amazonas. Esto es, tanto la Guayana holandesa como la española atraviesan a uno y otro lado del Esequibo; la primera en el tramo norte, y la segunda en el alto Esequibo. Pero el mapa no marca una línea de frontera entre los territorios holandeses y los españoles; se trata de fronteras por definir. A ambos lados del Esequibo, toda la región interior está desprovista de detalles, como si se tratara de una zona deshabitada.

También reviste importancia un mapa de Sudamérica ("*Colombia Prima or South America*"), de exclusiva responsabilidad de De la Rochette, sin fecha, pero publicado por Faden en 1807, después del

[1039] Cfr. https://www.argosybooks.com/pages/books/207643/louis-stanislas-darcy-delarochette/map-of-the-empire-of-germany-including-all-the-states-comprehended-under-that-name-with-the-kingdom

[1040] Cfr. https://www.britishmuseum.org/collection/term/BIOG180115

[1041] Cfr. https://crouchrarebooks.com/product/map/fadens-reduction-of-delarochette-map-of-south-america/

[1042] The Coast of Guyana from the Oroonoko to the River of Amazons and the Inland Parts as far as they have been Explored by the French & Dutch Engineers with the Islands of Barbadoes Tobago &ca

[1043] "From the observations of Captain Edward Thompson, made in the Guyana, in the Year 1781, when he Commanded in the Rivers Berbice, Essequebo and Demerari, and Governed those Colonies after their Conquest from the Dutch, by L. S. de la Rochette, MCCCLXXXIII."

[1044] Cfr. G. L. Burr, *Report on maps from official sources*, loc. cit., p. 158.

fallecimiento de De la Rochette, ocurrido en 1802. Éste es un mapa de tamaño mural, de 239 centímetros de alto por 164 centímetros de ancho, sólo comparable con los mapas de Sudamérica de Cruz Cano, de 1775, y de Aaron Arrowsmith, de 1810. Se trata de uno de los mapas más detallados de comienzos del siglo XIX, producido justo antes de las guerras de independencia de las repúblicas americanas. Según la cartela y la nota de William Faden, ambas ubicadas en la parte inferior derecha del mapa, su confección se emprendió por consejo de "su Excelencia el difunto Chevalier Pinto", durante su residencia en Londres como Embajador de Portugal. Este mapa incluye la línea de demarcación entre los territorios de España y Portugal, acordada en el Tratado de San Ildefonso, de 1777. Según se indica en la explicación que hay en la parte inferior izquierda del mapa, se muestra, en color anaranjado, los dominios españoles, en rojo los portugueses, en amarillo los holandeses, y en azul los franceses. Al sur oeste del Esequibo se muestra un lago dorado ("*Golden Lake L. Parima*", también llamado Paranapitinga, es decir, Mar Blanco).

En el mapa de *Colombia Prima o Sudamérica*, la frontera de la Guayana holandesa con la todavía Guayana española comenzaría en la desembocadura del río Pomarón, sigue por el curso del Moroco hasta una sierra sin identificar (pero que obviamente es la sierra de Imataca), se desvía hacia el sur hasta el río Cuyuní, sigue el curso de ese río, en dirección este, hasta su confluencia con el Esequibo, y de allí en adelante -en dirección sur- la frontera es el río Esequibo. Ésta frontera es la misma que ya había marcado Cruz Cano.

En una nota de William Faden, ubicada en la parte inferior derecha del mapa ("*Advertisement*"), se observa que las fronteras de la Guayana holandesa "han sido corregidas", teniendo en cuenta un mapa de la Colonia de Surinam -elaborado por instrucciones del gobernador Bottenberg-, y un mapa editado de Berbice, Demerara y Esequibo, de Bouchenroeder. La abundancia de información que se observa en la parte occidental de esa frontera contrasta con los pocos detalles de lo que se marca como la *Dutch Guyana*, o *Surinam*.

En la página siguiente, Parte de la Carta de la costa de Guayana, de De la Rochette, de 1783, (A veces presentado como el mapa de Thompson, de 1783), mostrando la costa de la Guayana holandesa y la provincias españolas de Nueva Cumaná y Nueva Andalucia o Provincia de Guayana.

En la página 363, Parte del mapa de Sudamérica (Colombia Prima South America) de De laRochette, de 1807, mostrando la región en disputa y la frontera de la Guayana holandesa, según De la Rochette

https://www.davidrumsey.com/luna/servlet/detail/RUMSEY~8~1~204005~3001762:Facsimile--Part-of-Chart-of-the-Gui

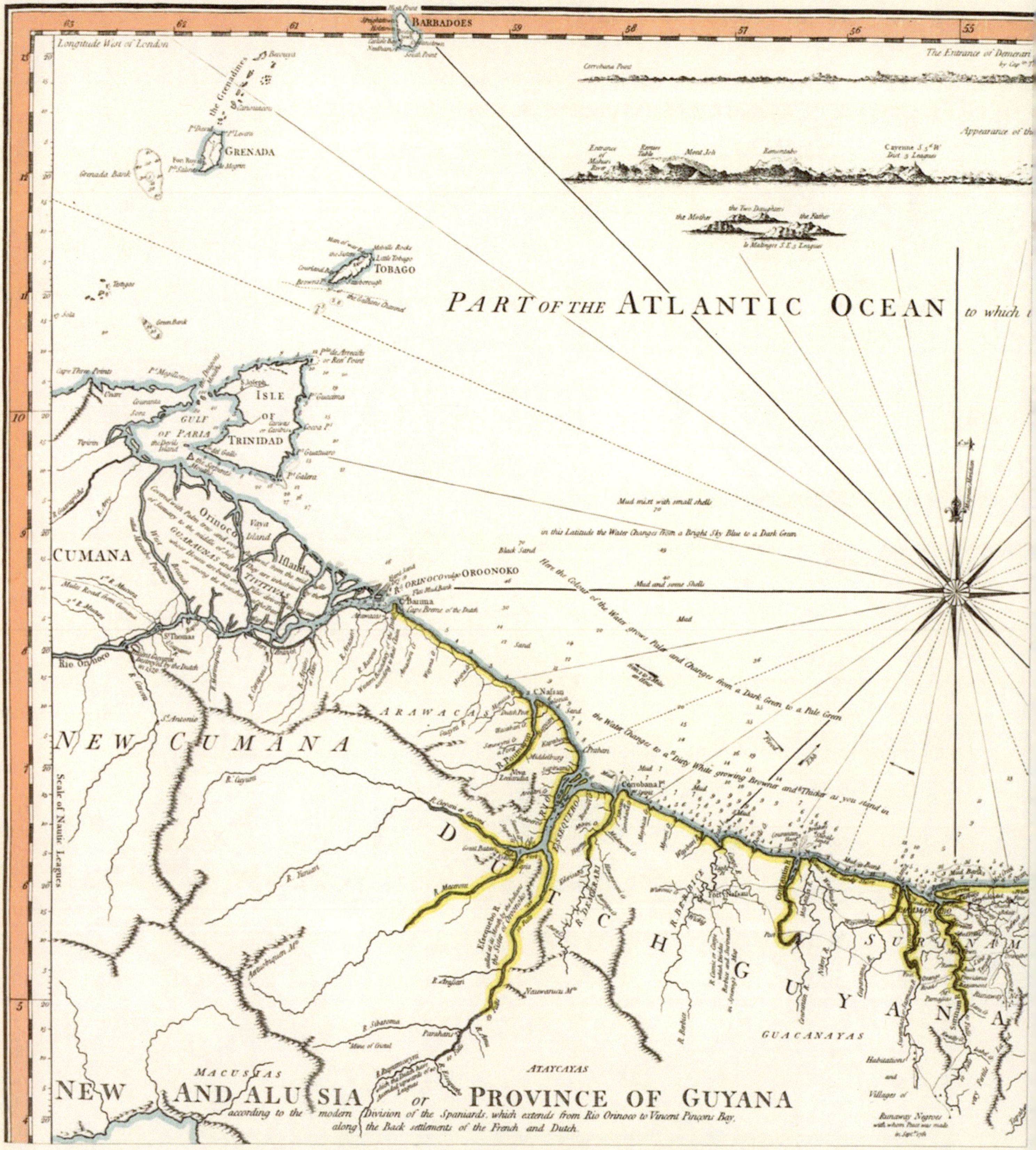

PART OF A CHART OF THE COAST OF GUIANA BY L. S. DELAROCHETTE, 1783, FROM OBSERVATIONS BY CAPT. EDWARD THOMPSON IN 1781; LONDON, PUBLISHED BY WM. FADEN, 1783.

S Doc 91 55 2

C.Nassau
Bird I.
ARUACAS
C.Orange
Corrobana
R.Berbice
New Amsterdam
Flat Sandy
DUTCH
Aruacas
BERBICE
R.Demerary
R.Courantin
R.Esquibo
GUY
GUACA NAYAS
a Warlike Nation
Fugitive Negroes
Campion R.
Acurias
Caribes Huranos
or more untractable than the others
to this Place they reckon 39 Falls in ascending the Essequebo
N. MACUSIA
LUCIA
are Cannibals
L.Amucu
overgrown with Rushes
R. Cayuni
according to Alcedo
GOLDEN LAKE or
LAKE PARIME
called likewise
PITINGA
R.Essequebo or Esquib
Macusi
N.MANAOS
or Majan aos
FRE

c) El mapa de Aaron Arrowsmith, de 1810. Aaron Arrowsmith fue el fundador de una familia de hacedores de mapas; él es el autor de varios mapas notables, incluyendo un mapamundi, de 1790, un mapa de América del Norte, de 1796, una Carta del Océano Pacífico, de 1798, y un Atlas del sur de la India, de 1822. A fines del siglo XVIII, Arrowsmith había trabajado con William Faden, grabador de mapas y responsable de la oficina del hidrógrafo del rey de Inglaterra. Pero poco se sabe de él.

En el mapa físico y político de Sudamérica, de 1810 (publicado en 1811), Aaron Arrowsmith marca la frontera entre la Capitanía General de Caracas y la Guyana holandesa. Dicha frontera comienza en la desembocadura del río Pomarón, desciende, en línea recta hacía el sur, atraviesa el río Cuyuní en su confluencia con el río Aruarua, dejando a su derecha el fuerte de Kykoverall, para conectar con el Esequibo en su conjunción con otro río -que no se identifica, pero que pudiera ser el río Potaro-, y sigue el curso del Esequibo hasta el río Rupununi, punto en el que se desvía, en dirección suroeste, para encontrarse con la sierra de Acaray. La línea de frontera marcada en este mapa -justo antes de la cesión de los Países Bajos a Inglaterra- se diferencia poco de la frontera trazada en los mapas de Cruz Cano, de Surville, e incluso del mapa de Codazzi, de 1840.

Una edición de 1820 de este mismo mapa sólo difiere de la edición anterior en que, en su parte superior izquierda, contiene una leyenda con información sobre el río Orinoco; pero en ambas versiones el trazado de la frontera entre Venezuela y la entonces Guayana holandesa es el mismo. Se trata de una reedición del mapa de 1810 que, respetando el original, no toma en cuenta la cesión de territorios que, en 1814, Holanda había hecho a Inglaterra.

González sostiene que el gran cartógrafo inglés Aaron Arrowsmith, "en su edición de 1794," le otorga a España regiones que están incluso al este del Alto Esequibo,[1045] pero, lamentablemente, ni muestra ese mapa, ni indica a qué mapa se refiere.

1045 Cfr. Hermann González Oropeza, *Atlas de la Historia Cartográfica de Venezuela*, Editorial Papi S. R. L., Caracas, 1983, p. 92.

Mapa físico y político de Sudamérica, de 1810 (publicado en 1811), de Aaron Arrowsmith

Detalle del mapa con las divisiones físicas y políticas de Sud América trazadas por Aaron Arrowsmith en 1810, mostrando la frontera occidental de la Guayana Holandesa

https://www.davidrumsey.com/luna/servlet/detail/RUMSEY~8~1~364663~90132068:-Sheet-2--Outlines-Of-The-Physical-?sort=Pub_List_No_InitialSort%2CPub_Date%2CPub_List_No%2CSerie

d) El mapa de Pinkerton, de 1818. John Pinkerton, un historiador y cartógrafo escocés, habría sido uno de los cartógrafos más notables de la escuela de cartografía de Edimburgo. Fue él quien impulsó a sus colegas a desprenderse de los elementos decorativos en los mapas, para prestar más atención a los detalles y a la precisión de los mismos. Su principal trabajo es el *Pinkerton's Modern Atlas*, de 1808.

Hay un mapa suyo, del noreste de Sudamérica (*The Caracas*), de 1818, que no tiene en cuenta el tratado de 1814, por el que Holanda le había cedido al Reino Unido parte de sus territorios en la Guayana holandesa, por lo que estos siguen apareciendo como holandeses.

En este mapa, la frontera entre Venezuela y "la Guayana holandesa" parte en el Cabo Nassau, desciende en dirección sur-suroeste, hasta atravesar la sierra de Imataca, de allí conecta con el río Cuyuní, para seguir su curso hasta su confluencia con el río Esequibo que, a partir de ese punto, se convierte en la frontera entre Venezuela y la colonia de Guayana holandesa. Según el mapa de Pinkerton, la frontera es prácticamente la misma que la trazada por Cruz Cano, o Surville.

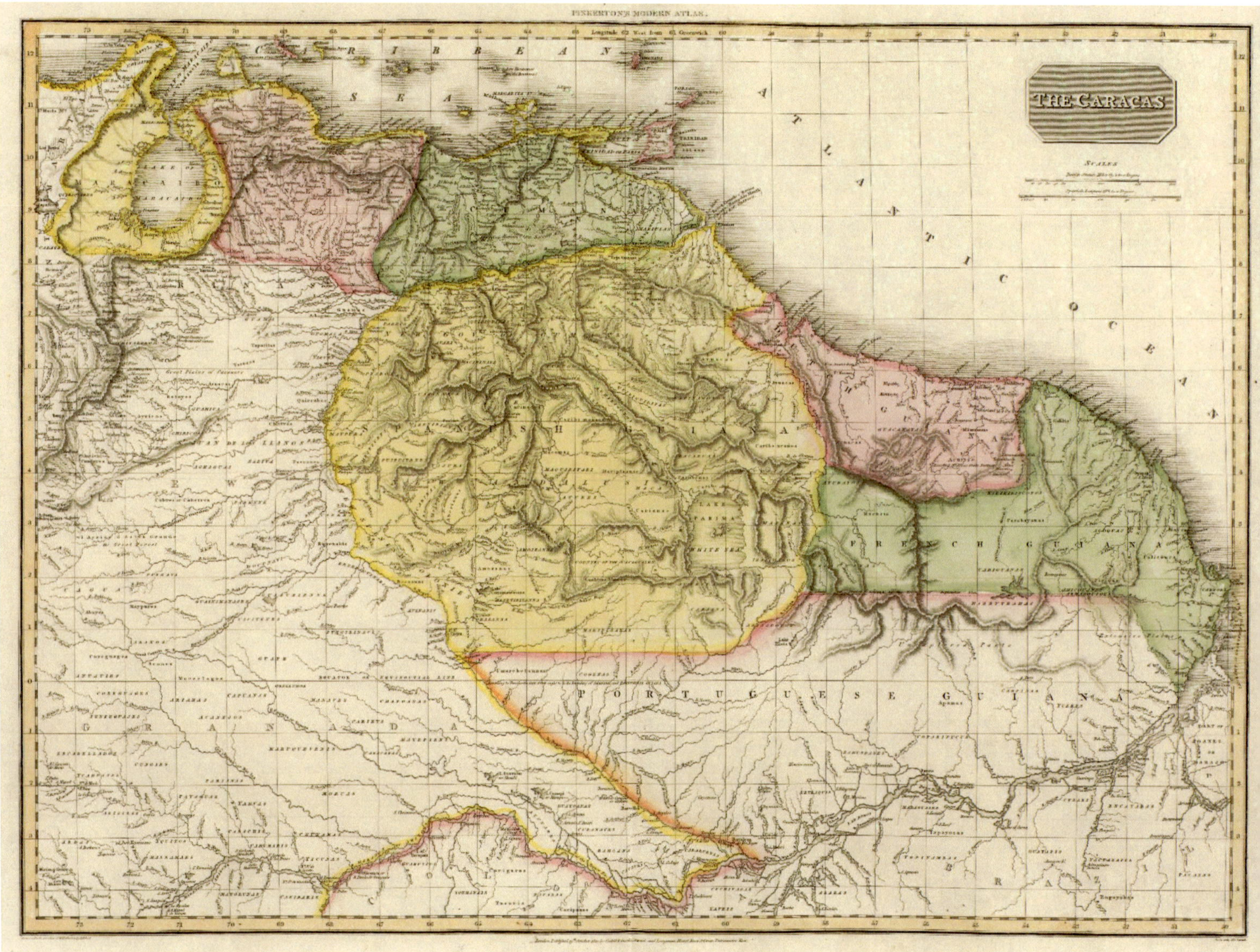

Mapa de John Pinkerton, *The Caracas*, de 1818

https://www.davidrumsey.com/luna/servlet/detail/RUMSEY~8~1~3830~360036:The-Caracas-?sort=pub_list_no_initialsort%2Cpub_date%2Cpub_list_no%2Cseries_no

Detalle de la frontera marcada por Pinkerton

***e) El mapa de Thomson, de 1817*.** En 1817, John Thomson (1777 – circa 1840), un cartógrafo escocés, publicó, en Edimburgo, un muy celebrado The New General Atlas. En este Atlas, entre los mapas de América -con el número 70 del índice general- incluyó uno titulado "Caraccas and Guiana" (sic). Este mapa es una versión recortada de su mapa de América, de 1814 -así como de su mapa de "South America"- y, como tal, no tiene fecha de producción, pero apareció por primera vez en The New General Atlas, de 1817, y así se presenta en la Colección de Mapas de David Rumsey. En la audiencia ante la Corte Internacional de Justicia, del 11 de mayo de 2026, en el caso Guyana c. Venezuela, se presentó una versión de este mapa publicada en Londres, en 1822, por Sherwood, Neely and Jones.

En forma ostensible, Thomson muestra la frontera en el río Esequibo, excepto por la región del Pomerón, desde la confluencia del Esequibo con el Cuyuní, siguiendo por la sierra de Imataca, para continuar, desde el río Casalta hacia el norte, y terminar en un punto sin identificar en la costa atlántica, pero muy al este de la desembocadura del río Barima, y más cerca del Cabo Nassau.

Ver su mapa de "Caraccas and Guiana", en la página siguiente, y su detalle en la página 372.

***f) El mapa de Hall, de 1829*.** Sidney Hall, un joven cartógrafo inglés, de comienzos del siglo XIX, es el autor de un mapa de Sudamérica, de 1829.

El mapa de Hall traza la frontera entre Venezuela y la Colonia de Guayana británica partiendo en lo que parece ser la desembocadura del río Amacuro; de allí sigue en dirección sur, y luego sureste, hasta encontrarse con la confluencia de los ríos Cuyuní y Esequibo; a partir de ese punto, continúa hacia el sur por el río Esequibo, pero sin llegar hasta su nacimiento.

Ver su mapa, de South America, en la página 373.

Mapa de John Thomson, "Caraccas and Guiana", de 1817.

En la siguiente página, imagen recortada mostrando la línea de frontera

https://www.davidrumsey.com/luna/servlet/detail/RUMSEY~8~1~28396~1120825

C. Nassau
New Middleburg
Zelandia
Casa alta
R. Ibapoi
Mouth of the Esquivo
I. Wakenham
the 7 Islands
R. Maybaca
R. Maccayiny
R. Warbury
de Krabben
Demerary
Cuyuni R.
el Brazo
R. Carimu
Aymarapa R.
R. Yuru
Mazaruni R.
Mazaruni
Carmen R.
Aruacas
Camaran R.
R. Caco
Esquivo or Essequibo R.
R. trasari
Caribs-uranos
R. de Sibarona
Mine
Maho R.
Lake
Ft. Andrew
New Amsterdam
Ft. Nassau
Berbis R.
Aruacas

https://www.davidrumsey.com/luna/servlet/detail/RUMSEY~8~1~21827~670060:South-America-?sort=pub_list_no_initialsort%2Cpub_date%2Cpub_list_no%2Cseries_no

Imagen recortada del mapa de Hall, mostrando la frontera entre Venezuela y la Colonia de Guayana Británica

g) El mapa de Alexander, de 1832. En 1831, James Edward Alexander, escocés, Capitán del ejército británico -del 42d Royal Highlanders-, tuvo un conocimiento directo del terreno que describe, pues estuvo en la Guayana Esequiba, penetrando en cada dirección -hasta donde pudo, según se lo permitieron los accidentes del terreno-, como él mismo relata en sus bocetos de los escenarios más interesantes que visitó en su viaje por América. Ese relato es crucial para entender el mapa de Alexander, que también se nutrió de las expediciones anteriores de Hilhouse (a veces escrito Hillhouse) y Tichmaker.

Alexander cuenta que, a comienzos de 1831, zarpó con dirección a la Guayana Británica, llegando a Stabroek -la actual Georgetown-, pasó algún tiempo con los agricultores de la costa de Guayana, y penetró en el interior. Él confiesa que estaba impaciente por visitar la tierra famosa desde los días de Walter Raleigh, en la que se encuentra la magnífica ciudad de El Dorado, cuya grandeza, riqueza, y ubicación, excedían de lejos a cualquier ciudad del mundo. Alexander dice que nunca se ha descubierto El Dorado, aunque -entre el Amazonas y el Orinoco- existe un lago poco profundo, llamado Parima. A su juicio, el galante cortesano -Walter Raleigh- estaba en lo correcto cuando afirmaba que nunca había visto un país tan hermoso ni perspectivas más vivas.

Según explica Alexander, el Essequibo comunica el Gran Amazonas con el río Orinoco, a través del río Negro. Subrayando la escasa presencia de europeos en el interior, él dice que, más allá de las islas situadas en la boca del Esequibo, no había fincas, y que un bosque tupido había borrado las huellas de antiguos cultivos; había silencio y soledad a ambos lados del río, y no se veía ningún vestigio de las viviendas de los holandeses. Alexander se pregunta si no era extraño y sorprendente que, aunque la mayoría de los ríos y arroyos del interior de la Guayana Británica fueran desconocidos, casi nadie hubiera intentado explorarlos. Pero él mismo señala que los mercaderes y plantadores de la costa ridiculizaban la idea de expediciones al interior, acompañadas, como estaban, de riesgos e incomodidades, y de ningún beneficio.

El libro del Capitán Alexander describe detenidamente, a veces en forma preciosista, la flora, la fauna, los insectos, los indígenas -donde los había-, la cultura local, la calidad del suelo, el clima, las montañas, las cataratas, y los demás accidentes del terreno. También se hace mención a alguna misión religiosa de los españoles. Pero, según sus palabras, el vasto bosque, habitado por bestias salvajes, evitaba el acercamiento del hombre.

Aunque carezca de relevancia en el diseño del mapa, o en el trazado de las fronteras, puesto que, en el procedimiento arbitral ante el Tribunal que se reunió en París, ambas partes recurrieron al argumento moral sobre el trato que se daba a los indígenas, conviene citar el juicio del Capitán Alexander a este respecto. Cuando Inglaterra ya se había posesionado del territorio cedido por Holanda, Alexander cuenta que le costó que le presentaran a un Protector de los indios (cargo que se había creado en 1808), a quien quería conocer con la esperanza de obtener de él información de esa población; sin embargo, para su sorpresa, el Protector no sabía nada acerca de los indígenas y, al parecer, tampoco le importaban. En su libro, él afirma que el sistema que había existido en la Guayana Británica durante cuarenta años -para el momento de su excursión-, comparado con el de Colombia, con respecto a los indios, hacía que él se sonrojara por su país. En su opinión, la administración de los asuntos indígenas debía ser cambiada inmediatamente, en primer lugar, por razones de humanidad.

Pero fue el denso e impenetrable bosque el que ocupó principalmente la atención de Alexander. Respecto del fuerte Kykoveral, dice que es un interesante vestigio de los antiguos amos del Esequibo -los holandeses-, y observa que no se había trazado un escudo de armas sobre la puerta de entrada; los altos muros, que rodeaban la isla hasta la orilla del agua, todavía se conservaban de manera tolerable. Según su relato, Kykoveral es un sitio pintoresco, por estar en la conjunción de los tres ríos (el Mazaruni, el Cuyuní, y el Esequibo), pero hacía mucho tiempo que había sido abandonado, por lo que la antigua capital de (la colonia holandesa de) Esequibo había sido sepultada por la vegetación.

Su mapa, de 1832, reproducido en los Bocetos transatlánticos antes referido, fue elaborado poco antes de que estallara la controversia territorial entre Gran Bretaña y Venezuela. Se trata de un croquis -apenas el esbozo de un mapa-, con poco detalle. Pero este mapa es importante, no sólo por provenir de un súbdito británico, sino porque es el primer mapa -de los que este autor tiene conocimiento- en el que se hace referencia a lo que podrían ser las fronteras de la colonia de Guyana Británica.

Aunque Alexander no era un cartógrafo de escritorio, porque estuvo en el terreno, el suyo es un mapa "compilado de reconocimientos e informes de Hancock, Hillhouse y autoridades holandesas y españolas, con las fronteras probables entre los británicos, colombianos, portugueses y holandeses." (Cursivas añadidas). En la parte superior derecha del mapa, siguiendo el río "Courantine", se puede leer, en forma transversal, Frontera oriental de la Guayana Británica ("Eastern boundary of British Guiana"). En una nota a la derecha, aproximadamente en la mitad del mapa, a la derecha del rio Branco o Parima, en cuya ribera se ubica "Fort Joachim", explica que el Fuerte Joaquín "puede ser considerado la frontera entre los británicos y los portugueses"; coherentemente, al sur de ese punto, se lee, en forma transversal, "BRAZIL". Al sur del Orinoco, en forma transversal, se puede leer, en grandes caracteres, "COLUMBIA"; más al este, en forma horizontal, "BRITISH GUAYANA". Pero -excepto por los accidentes geográficos- no se aprecia ninguna indicación precisa de lo que sería la frontera con lo que, en 1832, él todavía llamaba Colombia.

En una nota, en la parte inferior izquierda del mapa, se indica que el Lago Parima (El Dorado), como se muestra en muchas cartas, es una extensa sabana, entre los ríos Branco y Siparuni, cubierto de agua sólo en la estación lluviosa.

Según este mapa, la Guayana británica se extiende hasta el oeste del Esequibo; pero no se muestran signos de ocupación.

Si hay algo que prueba el mapa del Capitán Alexander es que, para el momento de su elaboración, no había fronteras políticas reconocidas por Gran Bretaña y Venezuela. El mapa subraya que las suyas son fronteras "probables". Y, respecto a la ocupación o la presencia europea en la región en disputa, ésta se reduce a la zona de la costa.

Ver su mapa en la página 377.

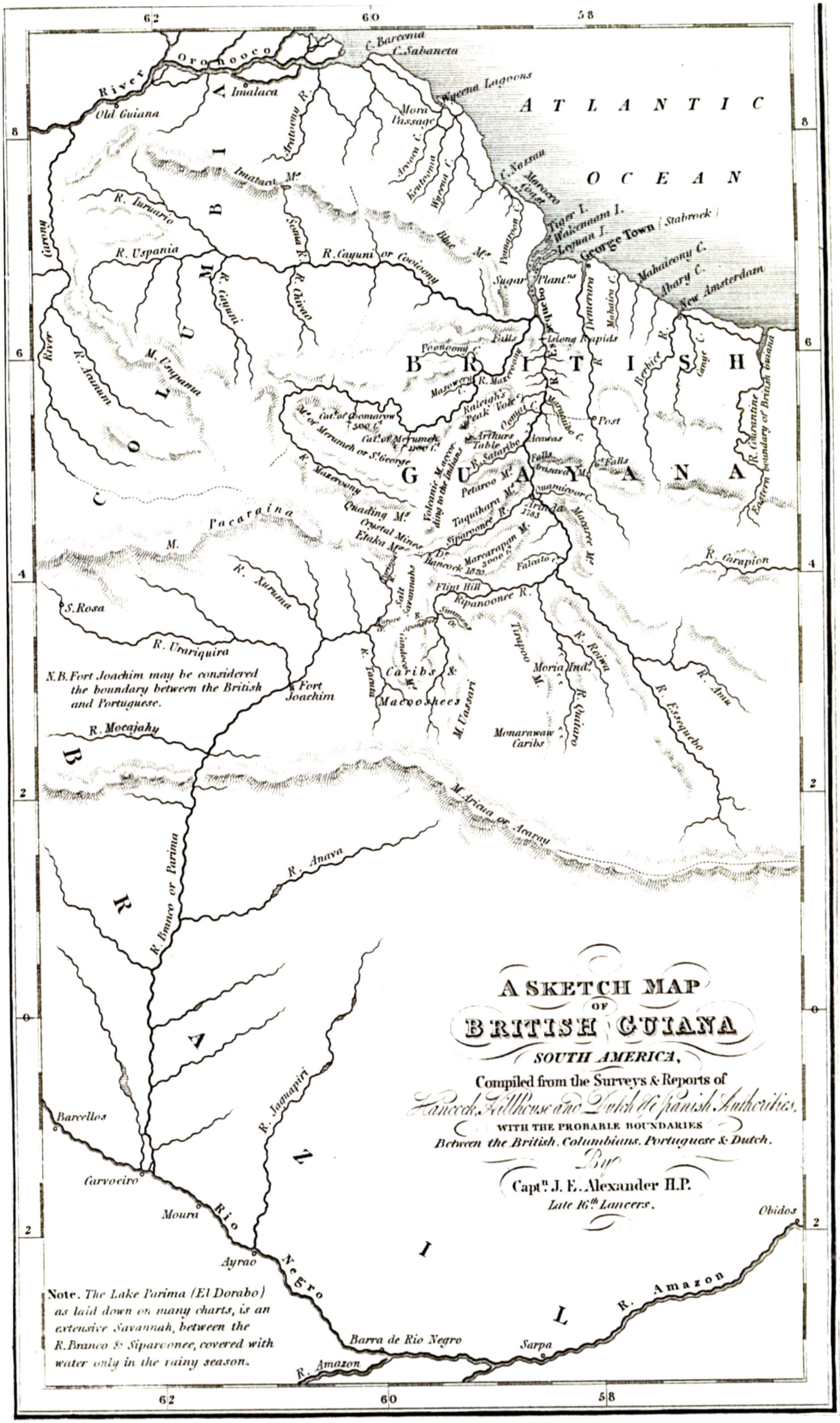

Boceto de la Guayana Británica, del Capitán James Edward Alexander, de 1832.

https://maps.lib.utexas.edu/maps/historical/british_guiana.jpg

h) Los mapas de John Arrowsmith, de 1832, 1834, y 1858. John Arrowsmith, con frecuencia presentado como el cartógrafo más influyente del siglo XIX, fue el sobrino de Aaron Arrowsmith. En 1830, John fue uno de los fundadores de la *Geographical Society of London*, que luego, bajo el patrocinio de Guillermo IV, se convirtió en la *Royal Geographical Society*. En su condición de miembro del Consejo de la Sociedad Geográfica, Arrowsmith tuvo acceso a los manuscritos de muchos exploradores de su época. Como hacedor de mapas del Imperio Británico, él tenía una estrecha relación con el Ministerio de Colonias, gozando de una posición privilegiada, que le daba a sus mapas una credibilidad semi oficial.

De los muchos mapas de John Arrowsmith, hay tres que resultan relevantes en esta controversia: los de Colombia, de 1832 y 1834, y el de parte de Sudamérica, de 1858.

En el mapa de 1832 de parte de Colombia[1046] -cuando Colombia y Venezuela ya se habían separado-, la frontera de Venezuela está marcada con verde, y la de la Guayana Británica con rojo. Como dato interesante, debe observarse que, en la cartela, este mapa está dedicado -en forma manuscrita- al coronel Belford Hinton Wilson, anteriormente Edecán del Libertador Simón Bolívar.[1047] Para ese momento, el coronel Wilson era el Encargado de Negocios del Reino Unido en el Perú, pero, el 1 de febrero de 1843, Aberdeen le nombró Encargado de Negocios Británico en Caracas.

Según el mapa de 1832, la frontera entre Venezuela (a la que él todavía llama Colombia) y la Colonia de Guayana Británica, en su punto nororiental, comienza en la boca del río Amacuro, y desciende hacia el sur, por lo que él llama el Caño Coyuru y el río Pareguayaura (un río imaginario, según la memoria presentada por el Reino Unido al Tribunal arbitral reunido en París),[1048] atraviesa el río Cuyuní, y sigue por el Aruarua (otro río imaginario, según la memoria presentada por el Reino Unido al Tribunal arbitral reunido en París)[1049] hasta otro río sin identificar, haciendo un giro hacia el oeste para luego volver al este, y termina en la sierra de Pacaraima, en un punto sin identificar, pero que puede corresponder al Monte Roraima. Excepto por el mapa de Popple, que no puede ser tomado con seriedad, éste es el primer mapa, del que el autor de estas líneas tenga conocimiento, en el que la frontera se lleva tan al oeste, apartándose tanto del curso del río Esequibo.

En un sentido estrictamente geográfico, a juicio de Mallet-Prevost, el mapa de parte de Colombia, de Arrowsmith, de 1832, representa lo que, para ese tiempo, era probablemente el mejor conocimiento que se tenía de la región.[1050] Sin embargo, eso no significa que, en términos políticos, la frontera trazada por él deba tenerse por cierta.

El Mapa de Colombia, de 1834,[1051] que también está dedicado al Coronel Belford Hinton Wilson, anteriormente Edecán de Simón Bolívar, no marca una frontera distinta a la del mapa de 1832.

1046 https://www.davidrumsey.com/luna/servlet/detail/RUMSEY~8~1~204018~3001766:Facsimile--Part-of-Venezuela,-Guian?sort=pub_list_no_initialsort%2Cpub_date%2Cpub_list_no%2Cseries_no

1047 "COLOMBIA, dedicated to Colonel Belford Hinton Wilson, quien fuera Edecán del Libertador Simon Bolivar, By his Obliged Servant J. Arrowsmith."

1048 Cfr. Boundary between British Guiana and Venezuela. Case presented on the part of the Government of Her Britannic Majesty to the Tribunal of Arbitration constituted under article I of the treaty concluded at Washington, on the 2nd February, 1897, between Her Britannic Majesty and the United States of Venezuela, Harrison and Sons, London, 1899, p. 140.

1049 Cfr. Ibidem.

1050 Cfr. Severo Mallet-Prevost, Report upon the Cartographical Testimony of Geographers, en Report and Accompanying Papers of the Commission Appointed by the President of the United States "To investigate and report upon the true divisional line between the Republic of Venezuela and British Guiana", Washington Government Printing Office, Washington, 1897, vol. 3, p. 63.

1051 https://www.davidrumsey.com/luna/servlet/detail/RUMSEY~8~1~360159~90127267:Colombia-?sort=pub_list_no_initialsort%2Cpub_date%2Cpub_list_no%2Cseries_no

Según la memoria presentada por el Reino Unido ante el Tribunal arbitral reunido en París, la frontera trazada en este mapa corresponde, en lo fundamental, a la que se muestra en el bosquejo del mapa de Schomburgk entregado al gobernador de la Colonia de Guayana Británica el 1 de julio de 1839.[1052]

En el mapa de Sudamérica, de 1858[1053] -dedicado al Capitán Robert Fitz Roy,[1054] de la marina británica-, la frontera trazada por John Arrowsmith es la misma que la que muestran sus mapas anteriores.

Hay un mapa de la Guayana británica -de 1838- que, en algunos textos, se atribuye incorrectamente a John Arrowsmith, por haber sido él quien lo publicó. Pero se trata de un mapa de Joseph Hadfield, que se comentará en la sección siguiente.

El Mapa de John Arrowsmith, de parte de Colombia ("Tracing of a part of a Map of Colombia"), de 1832, con la que él considera la frontera con la Guayana inglesa, se muestra en la página 380.

https://www.davidrumsey.com/luna/servlet/detail/RUMSEY~8~1~204018~3001766:Facsimile--Part-of-Venezuela,-Guian?sort=pub_list_no_initialsort%2Cpub_date%2Cpub_list_no%2Cseries_no

El Mapa de Colombia, de John Arrowsmith, de 1834, mostrando la que él considera la frontera entre Venezuela y la Guayana inglesa, se muestra en la página 381.

https://www.davidrumsey.com/luna/servlet/detail/RUMSEY~8~1~360159~90127267:Colombia-?sort=pub_list_no_initialsort%2Cpub_date%2Cpub_list_no%2Cseries_no

Una imagen recortada del Mapa de Colombia, de John Arrowsmith, de 1834, mostrando la que él considera la frontera entre Venezuela y la Guayana inglesa, se muestra en la página 382.

1052 Cfr. Boundary between British Guiana and Venezuela. Case presented on the part of the Government of Her Britannic Majesty to the Tribunal of Arbitration constituted under article I of the treaty concluded at Washington, on the 2nd February, 1897, between Her Britannic Majesty and the United States of Venezuela, Harrison and Sons, London, 1899, p. 141.

1053 https://www.davidrumsey.com/luna/servlet/detail/RUMSEY~8~1~360158~90127269:South-America-?sort=pub_list_no_initialsort%2Cpub_date%2Cpub_list_no%2Cseries_no

1054 Con quien viajó, a bordo del Beagle, el naturalista Charles Darwin, durante casi cinco años, entre diciembre de 1831 y octubre de 1836.

ARROWSMITH—1832.

PART OF A MAP OF COLOMBIA BY J. ARROWSMITH, LONDON, 1832.

REPRODUCED FROM A CERTIFIED MANUSCRIPT COPY OF THE ORIGINAL (IN HIS *LONDON ATLAS*, LONDON, [1834?]) IN BRITISH MUSEUM.

ORIGINAL SIZE OF THE COPY HERE REPRODUCED 15.0 X 11.4 INCHES.

COLOMBIA,
DEDICATED TO
J. ARROWSMITH.
C A R I B B E A N S E A
Portuguese Guayana
B R A Z I L
P E R U
Longitude West of Greenwich

R. ORIN
Pt. Barima
Pt. Sabaneta
R. Guayma or Wayeen
Caño Barima
Caño Macuro
Imataca
Caño Imataca
C. Aquire
Caño Araturo
Co. Basma
Caño Cuyuni
Morocca Creek
R. Guayma
Co. Caribe
Guayma Hills
Arooka Cr.?
Barima R.
New Middleburgh
Sa. Imataca
Chaymas & Waykeas
L. Caracara
R. Paraguacuaru
R. Carapaicuru
R. Urúani
R. Ala
R. Soma
Caribes
Tapura
R. Marauari
R. Copan
R. Kupuruni
R. Manacaura
R. Cuduvini
R. Cayuni
M. Kinorta
R. Cosacaro
R. Chiruu
R. Aruarua
R. Endaman
R. Carimi
Aruacas
R. Chicanama
R. Yuru
R. Carmen
R. Camaran
Coomarow Catt. 500 ft.?
Merumeh Catt. 1100 ft.?
R. Siparo
Aguarinc
M. Ucucuamo
Mines of Christal
R. Xuru

i) El mapa de Hadfield, de 1838. Joseph Hadfield era el topógrafo de la Corona y, en la colonia de Guayana Británica, se desempeñó como superintendente para Demerara de ríos y arroyos. En 1817, Hadfield ya había publicado el plano de una parte de Georgetown; se trata de alguien que conocía el terreno, puesto que vivió allí. Sin embargo, como él mismo indica, el mapa que aquí presentamos es la compilación del trabajo de varios cartógrafos.

En 1838, justo antes de que estallara la controversia del Esequibo, Hadfield publicó un mapa de la Guayana Británica, a partir de las últimas mediciones de Schomburgk, Owen, Hilhouse y otros, y aquellas de Hancock, Van-Cooten, Bouchenroeder, y Bercheyck, donde no habían sido refutadas por aquellos. El 1 de agosto de 1838, en la ciudad de Georgetown, Demerara, Hadfield le dedicó este mapa a Henry Light, Gobernador de la Colonia de Guayana Británica. El mapa fue publicado por John Arrowsmith.

En este mapa se muestran las divisiones distritales, así como los espacios dedicados al cultivo de alimentos básicos, y las extensiones de los mismos que habían sido abandonadas en los últimos treinta años. Se puede apreciar que dichos cultivos están situados solamente en la costa. Es oportuno observar que, en sus argumentos ante el Tribunal arbitral reunido en París en 1899, el Reino Unido señaló que la ocupación del territorio, ya sea por los holandeses o por los británicos, era la que podía esperarse teniendo en cuenta el momento y las diferentes circunstancias que habían impulsado a cada iniciativa, ya se tratara de plantaciones, del establecimiento de postas, estaciones (comerciales o de otro tipo), puntos de corte de madera, o estaciones de embarque de mercancías.[1055] Pero, en este mapa, fuera de las referidas plantaciones en la costa, no se aprecia ningún otro signo de presencia europea.

Según este mapa, todas las plantaciones -en explotación o ya abandonadas- están situadas en la costa, marcadas con verde (cuando están en explotación), o con beige (cuando ya fueron abandonadas). En la parte occidental de la desembocadura del río Esequibo, hasta la desembocadura del río Pomarón, en el Cabo Nassau, en lo que es estrictamente la costa, se indican unas pocas plantaciones abandonadas, y -más al sureste, en la ribera occidental del Esequibo- otras en cultivo. En la boca de los ríos Esequibo y Demerara hay una leyenda que indica que los cultivos se extendían 25 millas río arriba; pero, según se observa en el gráfico, en el caso del río Esequibo esa extensión se refiere al cultivo de seis islas fluviales en la boca misma del río, sin que haya nada más al sur, o hacia el interior de Guayana.

Siguiendo el curso del río Corentín, en el este, Hadfield marca la frontera con la colonia holandesa, o Suriname, pero no hace lo mismo en el oeste, con su vecina Venezuela. El mapa muestra toda la región entre el Corentín, en el este, y el río Esequibo en el oeste, del cual sigue su curso atravesando la sierra Taripona. Después de Christianburg (actualmente Linden), en la ribera del río Demerara, hacia el sur, el mapa muestra dos postas -Post Seba y la vieja Post Mora-, entre las que habría un pequeño caserío -Simons-, sin que haya otro signo de ocupación o presencia europea. Entre los poblados, excepto por *Georgetown* (en la desembocadura del Demerara), *Christianburg*, *Welte Vreden* y *Simons* (todos en la ribera del río Demerara), *N. Amsterdam* (en la desembocadura del río Berbice), *Pickersgill* (en el Pomerón), *Schoonhoven* (como el nombre de un río que desemboca en el Esequibo), *Lucky Spot* (en la ribera del río Demerara), y algún otro, el resto de los topónimos que allí figuran -en lenguas indígenas- corresponden a ríos, cascadas, rápidos, y colinas.

[1055] Cfr. Boundary between British Guiana and Venezuela. Argument presented on the part of the Government of Her Britannic Majesty to the Tribunal of Arbitration constituted under article I of the Treaty concluded at Washington on the 2nd February, 1897, between Her Britannic Majesty and the United States of Venezuela, Harrison and Sons, London, 1899, p. 26.

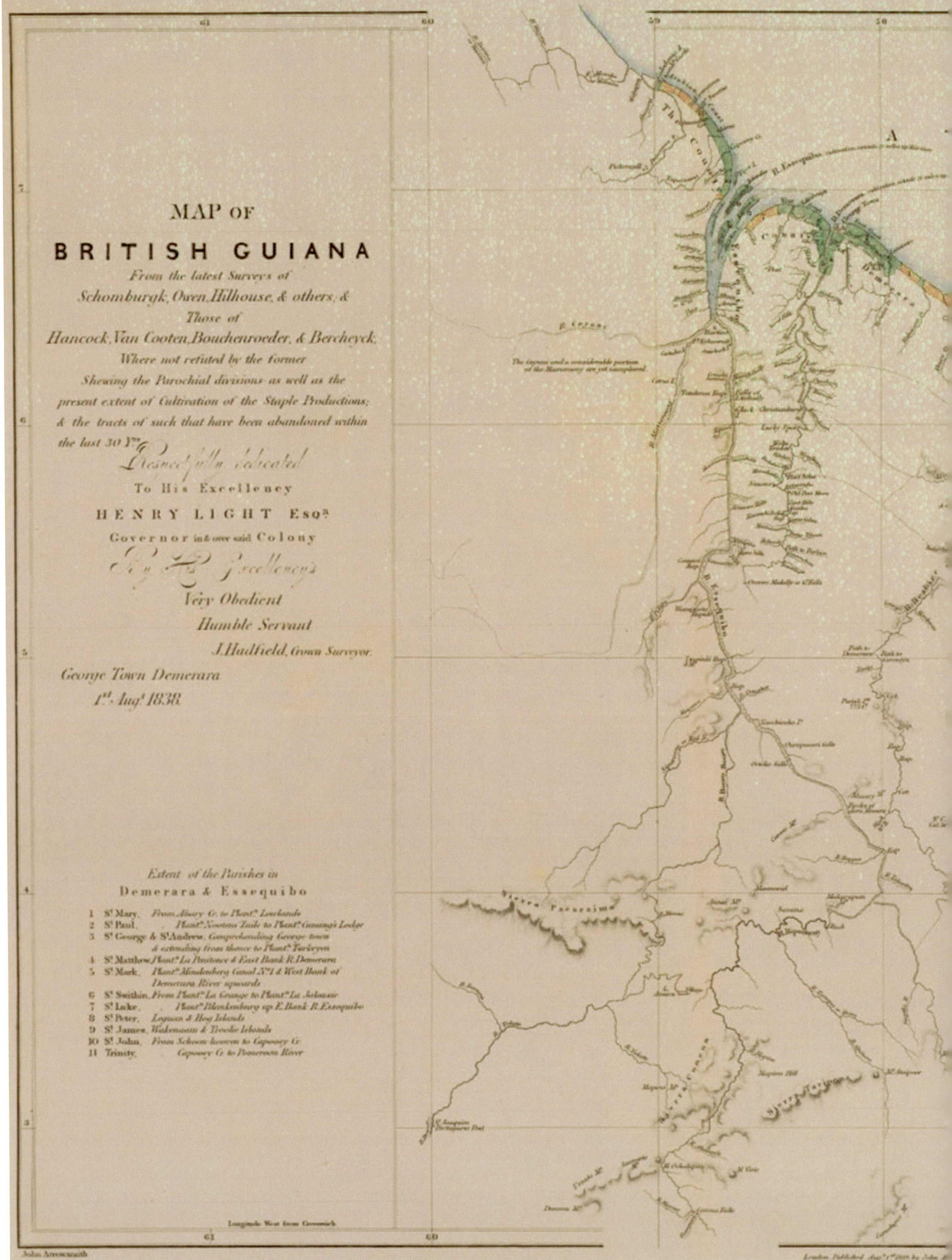

MAP OF
BRITISH GUIANA
From the latest Surveys of
Schomburgk, Owen, Hilhouse, & others; &
Those of
Hancock, Van Cooten, Bouchenroeder, & Bercheyck;
Where not refuted by the former
Shewing the Parochial divisions as well as the
present extent of Cultivation of the Staple Productions;
& the tracts of such that have been abandoned within
the last 30 Yrs.
Respectfully dedicated
To His Excellency
HENRY LIGHT Esqr.
Governor in & over said Colony
By His Excellency's
Very Obedient
Humble Servant
J. Hadfield, Crown Surveyor.
George Town Demerara
1st Augt. 1838.
Extent of the Parishes in
Demerara & Essequibo
1 St. Mary
2 St. Paul
3 St. George & St. Andrew, Comprehending George town
4 St. Matthew
5 St. Mark
6 St. Swithin
7 St. Luke
8 St. Peter
9 St. James
10 St. John
11 Trinity
R. Essequibo
R. Cuyuni
R. Mazaruni
Sierra Pacaraima
A
Longitude West from Greenwich
John Arrowsmith

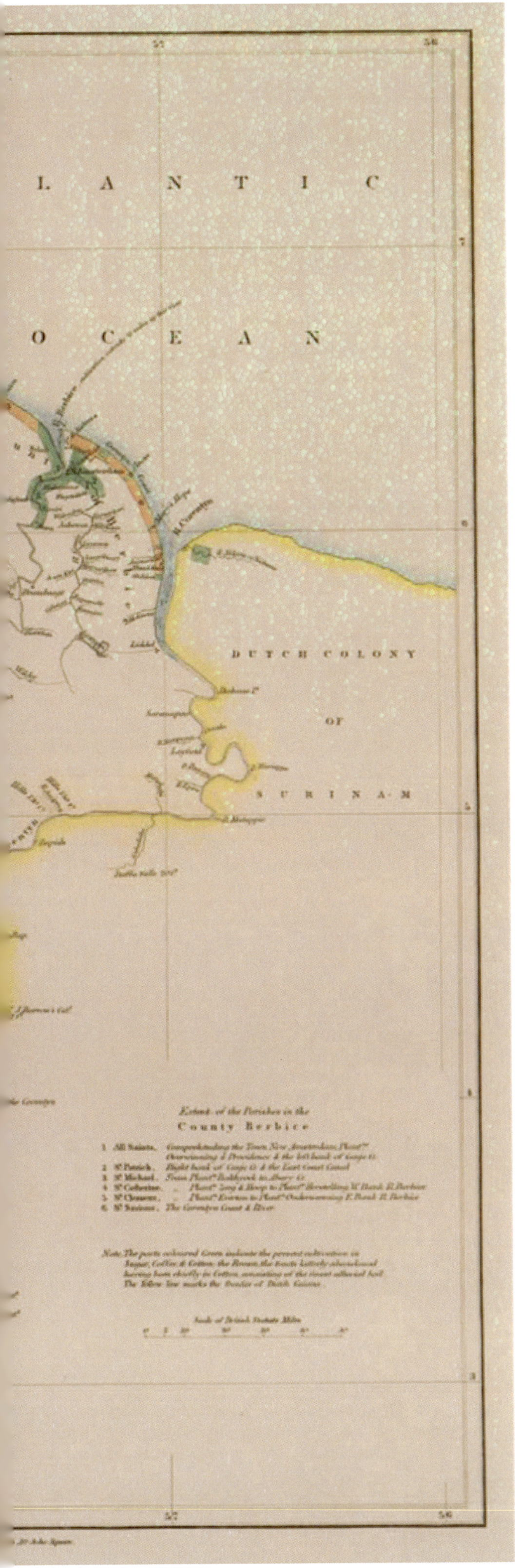

Mapa de la Guayana británica, de Hadfield, de 1838.

https://geo.btaa.org/catalog/p16022coll230:2731

Como únicos puntos que se muestran al oeste del río Esequibo, se observan el río Cuyuní y el río "Masseroony" (Mazaruni), acompañados de una leyenda que indica que "el Cuyuní y una porción considerable del Mazaruni todavía están inexplorados". A la derecha del mapa se muestra una porción de la Guayana holandesa o Surinam, y a la izquierda se muestra un territorio situado al oeste del río Esequibo, haciendo de marco de la Guayana Británica, pero sin sugerir que uno u otro territorio formaran parte de ella.

En el este, la frontera con la Guyana holandesa es el río Corentyn. Sin embargo, a pesar de tratarse de un mapa de la Guayana Británica, no se muestran sus fronteras políticas con Venezuela, en el oeste, o con Brasil, en el sur. Esas eran fronteras por delimitar. Pero, salvo por una cadena de plantaciones que se muestra a lo largo de la llamada Costa Árabe -desde el río Pomarón hasta la desembocadura del Esequibo- el protagonismo que Hadfield da al Esequibo sugiere que, para él, esa era la frontera. Lo que estaba en la ribera izquierda se muestra como una región "todavía inexplorada". Siendo éste un mapa preparado "a partir de las últimas mediciones de Schomburgk", hay un marcado contraste con el mapa de Schomburgk de 1840 y la frontera que éste indica como "reclamada" por Gran Bretaña.

2. LOS MAPAS DE SCHOMBURGK

El personaje central de esta controversia es Robert Hermann Schomburgk, un explorador y naturalista prusiano de nacimiento, nacionalizado británico en 1844, año en que también fue elevado a la categoría de caballero de la reina. Sirvió como cónsul británico en Santo Domingo y en Bangkok. Es autor, entre otras cosas, de una descripción geográfica, económica y estadística de la Guayana Británica,[1056] y de doce vistas del interior de Guayana.[1057] El recuento de sus viajes por Guayana, entre 1835 y 1844, está recogido en una compilación, en dos volúmenes, de Peter Rivière.[1058]

Gracias a sus exploraciones y a su conocimiento de la región hoy en disputa, Schomburgk confeccionó algunos mapas -los cuales pueden haber servido de base para la preparación de otros-, y es posible que un mapa suyo se haya extraviado; además, se le ha atribuido otros mapas, sin que haya tenido ninguna responsabilidad en las líneas de frontera trazadas en ellos. Pero el mapa con el que estalló esta controversia es enteramente de su autoría.

Dejando a un lado otros incidentes que sin duda influyeron en esta controversia, y a pesar del valor relativo de los mapas, la disputa territorial entre Guyana y Venezuela (inicialmente entre Venezuela y el Reino Unido), por el territorio situado al oeste del río Esequibo, tiene su origen principalmente en un mapa de Schomburgk, publicado en 1840. En este sentido, en la memoria presentada por el Reino Unido ante el Tribunal arbitral reunido en París en 1899, se afirma que la frontera trazada por Robert Schomburgk habría desempeñado un papel tan prominente en esta historia que le hace merecedor a un capítulo especial.[1059]

Como ya se ha señalado, el valor de cualquier mapa depende, entre otras cosas, de la mayor o menor preparación técnica de su autor. Por eso, el impacto político y diplomático que tuvo la labor cartográfica de Schomburgk respecto del territorio en disputa hace que no le hayan faltado detractores y defensores. Entre los primeros sobresalen dos historiadores venezolanos, Hermann González y Pablo Ojer -ambos sacerdotes jesuitas-, quienes, entre 1963 y 1965, en representación de Venezuela, pudieron revisar los archivos británicos en relación con esta controversia. González y Ojer han restado importancia a la formación y la labor del personaje que nos ocupa, e incluso han querido desacreditar su carácter moral. Comparando a Schomburgk con Agustín Codazzi, González dice que el primero era "un agrimensor", mientras que el segundo era "un geógrafo". Con lo que parece más pasión que razón, González afirma que Codazzi era un gigante al lado de Schomburgk, al que caracteriza como un pigmeo. Olvidando que Codazzi fue un oficial al servicio del ejército de Colombia -y luego de Venezuela-, González menciona que Schomburgk estuvo "a sueldo del Gobierno Inglés hasta 1843", y sostiene que el valor moral de la obra de Codazzi es superior al valor moral de la obra de Schomburgk.[1060] Por su parte, Ojer -un historiador- se refiere a Schomburgk como "un buen naturalista metido a geógrafo", y afirma que sus conocimientos geográficos "no debían de ser superiores a los de sus contemporáneos de cultura media", debido a sus "escasos conocimientos de la historia de

---

[1056] A Description of British Guiana, geographical and statistical: Exhibiting its resources and capabilities, together with the present and future condition and prospects of the Colony, Simpkin, Marshall, and Co., Londres, 1840.

[1057] Twelve views in the interior of Guiana, Ackermann and Co., London, 1841.

[1058] The Guiana Travels of Robert Schomburgk 1835-1844, The Hakluyt Society, London, 2006.

[1059] Cfr. Boundary between British Guiana and Venezuela. Case presented on the part of the Government of Her Britannic Majesty to the Tribunal of Arbitration constituted under article I of the treaty concluded at Washington, on the 2nd February, 1897, between Her Britannic Majesty and the United States of Venezuela, Harrison and Sons, London, 1899, p. 141.

[1060] Cfr. Hermann González Oropeza, *Atlas de la Historia Cartográfica de Venezuela*, Editorial Papi S. R. L., Caracas, 1983, p. 286.

Guayana". Para Ojer, "las funestas actuaciones" de Schombugrk "afectaron los legítimos derechos territoriales de Venezuela" en la región en disputa. Ojer se refiere a "la prolongada pugna de la Royal Geographical Society por lograr que su explorador prusiano, apartándose algo de su vocación de naturalista, realizara las observaciones geográficas que sus patronos esperaban de él". En fin, olvidando que -entre 1963 y 1965-, junto con el historiador Hermann González, ambos actuando como expertos, se habían pronunciado sobre una cuestión estrictamente jurídica, como era la nulidad o validez del laudo de París, Ojer se pregunta si Schomburgk estaba preparado para afrontar un problema tan complejo como el de la delimitación de las fronteras guayanesas, para cuya tarea se requerían no pequeñas dosis de conocimientos históricos y jurídicos, y afirma que Schomburgk convirtió su expedición en "una empresa política".[1061] Según Ojer, Schomburgk no vino a descubrir un mundo nuevo, pues todas las tierras transitadas por él ya habían sido exploradas por las expediciones españolas que, al igual que otras, buscaban el mítico El Dorado.[1062]

Para otros autores, la acuciosidad y el valor de los trabajos cartográficos de Schomburgk, que sirvieron de referencia a otros exploradores, parecen no estar en discusión. Alexander von Humboldt -que para algunos es el fundador de la geografía moderna, y que cuarenta años antes había publicado su Carta geográfica del curso del Orinoco, el Atabapo y el río Negro, mostrando la bifurcación del Orinoco y su comunicación con el Amazonas-,[1063] escribió un elogioso prólogo del libro elaborado a partir de las notas de Schomburgk sobre sus viajes por Guyana.[1064] En ese prólogo, Humboldt afirma que todo el sector comprendido entre el río Corentyn, el Padamo, en el Orinoco, y el Monte Duida, en la Misión Esmeralda, fueron investigados topográficamente, por primera vez, por Robert Schomburgk. Por su parte, Codazzi lo cita con respeto, y afirma que

"Por los recientes viajes de M. Schomburgk, se sabe positivamente que las cabeceras del Orinoco no están donde se había acostumbrado a situarlas... El nacimiento del Orinoco, según las observaciones hechas por M. Schomburgk en sus recientes viajes, está en el mismo meridiano en el que se halla fundada la ciudad de Angostura... (E)n la demarcación de las fronteras políticas, está especificada toda la línea, de acuerdo con los mapas y la obra de este célebre viajero [Humboldt], exceptuando solamente en la embocadura del Rupununi, que hemos tomado por raya; pues según los últimos viajes del S. Schomburgk, allí está la sierra de Maracapans de que habla Humboldt."[1065]

Según Codazzi, habría sido Schomburgk quien midió la altura más alta del monte Putubuire.[1066]

[1061] Cfr. Pablo Ojer, *Robert H. Schomburgk explorador de Guayana y sus líneas de frontera*, Universidad Central de Venezuela, Facultad de Humanidades y Educación, Instituto de Estudios Hispanoamericanos, Caracas, 1969, pp. 15, 26, 27, 30, y 32.

[1062] Cfr. Pablo Ojer, op. cit., pp. 20, 23, y 26.

[1063] Carte itineraire du cours de l'Orenoque, de l'Atabapo, de Casiquiare et du Rio Negro, offrant la bifurcation de l'Orenoque et sa communication avec la riviere de l'Amazone, diseñado por Humboldt en 1802, y que se encuentra en Voyage aux Régions Équinoxiales du Nouveau Continent (Fait en 1799, 1800, 1801, 1802, 1803, et 1804, par Alexandre de Humboldt et Aimé Bonpland), Librairie grecque-latine-allemande, París, 1816-1831.

[1064] Travels in Guiana and on the Orinoco during the years 1835-1839 according to his reports and communications to the Geographical Society of London, Published by Georg Wigand, Leipzig, 1841. Título original, Reisen in Guiana und Am Orinoko Während der Jahre 1835-1839, Georgetown, British Guiana, 1841.

[1065] Cfr. op. cit., pp. 21, 28, y 238.

[1066] Cfr. op. cit., p. 611.

En fin, Charles Brewer Carías -reconocido naturalista y explorador venezolano-, sostiene que Schomburgk era un "extraordinario explorador", y "un cartógrafo incomparable".[1067]

Pero, más allá del argumento *ad hominen*, de las descalificaciones de unos y de los elogios, merecidos o inmerecidos, de otros, lo que importa es el valor de los mapas de Schomburgk. Por lo tanto, dejemos que sea su obra la que hable por sí misma.

En la literatura sobre la controversia del Esequibo, suele hacerse referencia a una profusión de mapas de la Guayana Británica elaborados por Schomburgk, haciendo de ellos un verdadero rompecabezas, que cuesta descifrar. La cuestión es determinar de cuántos mapas de la región es responsable Robert Schomburgk y, de haber más de uno, cuál es el que cuenta.

a) El mapa de 1835. Enfrentados a una terra incognita, en 1834, la Real Sociedad Geográfica Británica había encargado a Robert Schomburgk explorar la Guyana Británica, con el propósito de realizar observaciones geográficas, con la descripción del territorio, de su población, del clima, etc.[1068] Ese es el origen de la primera exploración de Schomburgk en Guyana, la cual comenzó, en Georgetown, la capital de la colonia, y el principal asentamiento británico en Guyana.

Un mapa suyo, de 1835, tiene escaso valor para esta controversia, pues su propósito no es señalar límites, sino indicar la ruta que Schomburgk se proponía seguir en su primera expedición a Guayana, siguiendo el curso del río Esequibo. En efecto, en la cartela situada en la esquina inferior derecha del mapa, el título indica que éste es un mapa de los ríos Orinoco, Esequibo, y Branco, compilado de la narrativa personal de Humboldt y otras autoridades, con el objeto de ilustrar la ruta de un propuesto viaje científico a Sud América.[1069] El mapa -que está tomado de Humboldt- no indica fecha. En la esquina superior izquierda del mapa se señala la simbología con la que se indica la ruta seguida por Humboldt en 1800, la ruta que Schomburgk se proponía seguir ese año 1835, y líneas de frontera de la Guayana Británica, la Guayana francesa, Colombia, y Brasil. Dadas las circunstancias en que se realizó este mapa -que no es oficial-, así como el propósito del mismo, esas líneas de frontera difícilmente tienen algún valor probatorio.

Inscripción en la esquina superior izquierda del mapa de 1835

1067 Cfr. Charles Brewer Carías, *Plantas de los Tepuyes*, Giselle Petricca / Charles Brewer Carías, editores, Caracas, 2023, p. 37.

1068 Cfr. Carta del Capitán Alexander Maconochie, Secretario de la Real Sociedad Geográfica Británica, del 15 de abril de 1836, dirigida a Robert Schomburgk, insistiendo en el objetivo eminentemente geográfico de la misión que se le había encomendado. Citada en Pablo Ojer, *Robert H. Schomburgk: Explorador de Guayana y sus líneas de frontera*, Universidad Central de Venezuela, Facultad de Humanidades y Educación, Instituto de Estudios Lationamericanos, Caracas, 1969, p. 27.

1069 "MAP OF THE RIVERS ORINOCO, ESSEQUEBO, BRANCO. Compiled from Humboldt's personal narrative and other authorities in order *to illustrate the route of a proposed scientific Journey* to South America by Robert H. Schomburgk, Corresp. Member of the Royal Geographical Society of London." Cursivas del autor de estas líneas.

Baron Humboldt's Route in 1800.
Border proposed by me.
British Guiana
French Guiana
Colombia
Brasil
Sierra Imataca
Caribisi I.
Caribs
Achirogotos I.
Chinatos I.
Carinacos I.
Maquiritares I.
Aberionas I.
Equator
Barcelos
R. Negro
Longitude West from Greenwich

360 | Fuente: Instituto de Investigaciones Históricas de la Universidad Católica Andrés Bello

Mapa de la ruta de Schomburgk, de 1835

Este mapa fue reproducido en 1840 (a veces marcado como 1841), con el título de "Map of GUAYANA to Illustrate the route of R. H. Schomburgk Esq. 1840",[1070] notablemente referido a Guayana -como región natural- y no a la Guayana británica.

b) El mapa de 1839 (1840). La primera expedición de Schomburgk comenzó en septiembre de 1835, y concluyó el 20 de junio de 1839, con su llegada a Georgetown, desde donde regresó a Londres.[1071] Junto con su informe a la Real Sociedad Geográfica Británica, Schomburgk acompañó un mapa, o un croquis (basado en el mapa de Arrowsmith, de Colombia de 1834), que el Gobernador de la Colonia, Henry Light, remitió a Londres,[1072] con una carta en la que señalaba que sólo Gran Bretaña podía proteger a los aborígenes, por lo que urgía al gobierno británico a dar los pasos para delimitar inmediatamente la frontera de la Guyana Británica, recomendando a Schomburgk para esta tarea.[1073]

En 1840, el mapa que Schomburgk había anexado a su informe fue publicado en los Papeles del Parlamento Británico (*Parliamentary Papers*, N° 288), como parte de los documentos presentados a la Cámara de los Comunes; dicho mapa también fue publicado por el cartógrafo inglés John Arrowsmith.[1074] Pero tanto el Ministerio de Asuntos Exteriores como el Ministerio de Colonias británicos, rechazaron los argumentos de Schomburgk a favor de la línea de frontera mostrada en ese mapa, considerando que éste había actuado con parcialidad y sectarismo. Sin embargo, durante décadas, la publicación de ese mapa fue lo que representó la extensión de la reclamación territorial británica frente a Venezuela.

Puede afirmarse que, de los límites de la Colonia de Guayana Británica, hay un solo mapa de Schomburgk, que es el de 1840. Los otros son reproducciones de éste, o son mapas elaborados por otros cartógrafos, teniendo como punto de referencia el mapa de Schomburgk de 1840, o son mapas que, a veces, se ha atribuido incorrectamente a Schomburgk -como ocurre con los mapas del *Colonial Office List*, de 1886, no obstante que en ellos no se menciona a Schomburgk, ni como autor, ni como fuente. Tampoco hay que pasar por alto el que, como observa Ojer, "el gran mapa de Schomburgk se iba actualizando con los nuevos conocimientos geográficos que se obtenían."[1075]

Después de haber investigado, y luego de haber preguntado a los que saben, este autor no conoce otro mapa de Schomburgk sobre la Guayana Británica -que no sea una compilación- con un trazado de fronteras distinto al de su mapa de 1839, publicado en 1840.

i. La naturaleza oficial -o cuasi oficial- del mapa de 1840. A diferencia del mapa de 1835, el mapa de 1840 tiene una importancia fundamental, porque, al haber sido publicado en los Papeles del Parlamento británico, adquirió un carácter que antes no tenía, y al ser objetado por Venezuela, marcó

1070 Publicado en Robert H. Schomburgk, "*Twelve views in the interior of Guiana*", Ackermann and Co., London, 1841.

1071 Según la descripción de Pablo Ojer, Schomburgk remontó el río Esequibo hasta un rancherío de los indios macusis, en Pirara, en donde instaló su campamento para explorar, desde allí, parte del alto Rupununi (aunque sin llegar a sus cabeceras), y el alto Esequibo, hasta el punto en el que se encuentran las cataratas que él bautizó con el nombre de King William. Volvió por el Rupununi, regresando a Georgetown el 28 de marzo de 1836. Luego exploró parte del río Corentín (sin llegar a sus fuentes) y del Berbice. En junio de 1839 regresó a Georgetown, para luego dirigirse a Londres, a donde llegó en septiembre de 1939. Cfr. Pablo Ojer, op. cit., pp. 19 a 26.

1072 Cfr. Extract from Letter from Governor Henry Light, to the Marquess of Normanby, July 15, 1839, reprinted from Blue Book N° 1, pp. 181-183, en *Venezuela-British Guiana Boundary Arbitration. The Case of the United States of Venezuela Before the Tribunal of Arbitration to Convene at Paris under the Provisions of the Treaty between the United States of Venezuela and Her Britanic Majesty signed at Washington February 2, 1897*, Vol. 3, The Evening Post Job Printing House, New York, 1898, pp. 73 y ss.

1073 Cfr. ibid., p. 75.

1074 Cfr. https://www.loc.gov/resource/gdcwdl.wdl_11335/?r=0.11,1.313,0.785,0.439,0

1075 Cfr. Pablo Ojer, op. cit., p. 95.

el inicio de esta controversia. Sin esta circunstancia, el de Schomburgk habría sido un mapa más, en medio de un cúmulo de mapas de la región en disputa.

Haber hecho oficial, o cuasi-oficial, lo que Schomburgk marca como la frontera *reclamada* por Gran Bretaña es lo que le confiere un carácter especial, puesto que, durante más de cuarenta años, esa -y no otra- fue la frontera efectivamente reclamada por Gran Bretaña. Por lo tanto, cualquier intento posterior por expandir esa frontera tiene que ser visto con recelo. Por eso, aunque, durante el proceso arbitral de 1899, las partes puedan haber invocado otros mapas y otras líneas de frontera, la línea marcada por Schomburgk en 1840 respecto de la frontera reclamada por Gran Bretaña fue tenida como un punto de referencia obligado.

ii. Las fronteras reclamadas en el mapa de 1840. En el mapa de 1840, Schomburgk es coherente con lo que ha manifestado en su libro *Una descripción de la Guayana Británica*, publicado en 1840, al mismo tiempo que el mapa. En la versión propiamente de Schomburgk, en realidad este mapa no señala ninguna frontera, sino que -según la leyenda que se observa en la parte superior derecha del mismo- indica, marcado con rosado, lo que sería la frontera *reclamada* ("*claimed*") por Gran Bretaña ("*Boundary as claimed by Great Britain*"), con verde intenso lo que sería la frontera *reclamada* por Venezuela, y con amarillo lo que sería la frontera *reclamada* por Brasil. Con verde suave se muestran los cultivos a lo largo de la costa y de la desembocadura del río Esequibo. Cada una de esas fronteras se internaba en territorios reclamados por la potencia vecina. Según Schomburgk, esas eran las fronteras "reclamadas", porque los límites definitivos de la Colonia de Guayana Británica nunca se habían determinado y, para ese momento, todo lo que se había logrado era considerado como algo provisional.[1076]

En *Una descripción de la Guayana Británica*, Schomburgk señala las coordenadas que marcan la ubicación de la región de Guayana, rodeada, al norte, por el océano Atlántico y la ribera oriental del río Orinoco, al este, igualmente por el Atlántico, al sur por los ríos Negro y Amazonas, y al oeste por el curso norte del Orinoco, el canal natural del Casiquiare, y el curso sur del río Negro. En el referido texto, Schomburgk indica que esta región está dividida entre la Guayana brasileña, francesa, holandesa, británica y venezolana, pero aclara que

> "sus límites definitivos nunca se han obtenido. Todo lo que se ha logrado hasta el momento es considerado sólo provisional, y la frontera que separa los asentamientos británicos de Venezuela y Brasil nunca se ha determinado.
>
> La siguiente descripción está limitada a esas partes que están comprendidas dentro de la Guayana Británica; pero el conocimiento exacto de esta área depende de la determinación de sus fronteras; y, en la incertidumbre de si las pretensiones de los Gobiernos brasileño y venezolano serán atendidas, es imposible llegar a un resultado. Algunos geógrafos modernos extienden la Guayana Británica de la boca del Corentín, en el grado 56° con 58' de longitud oeste, a Punta Barima, en el grado 60° con 6' de longitud oeste, a consecuencia de que los primeros colonos holandeses habían ocupado la orilla oriental del río Barima, donde habían construido un puesto militar, antes de que los ingleses, en 1666, destruyeran el fuerte de Nueva Zelanda, o Nuevo Midelburgo. La República de Venezuela reclama el territorio hasta la desembocadura del río Moroco, desde allí hasta la confluencia de los ríos Cuyuní y Mazaruni, por la margen occidental del río Esequibo, hasta la confluencia del río Rupununi…
>
> Si seguimos los límites que la naturaleza prescribe según sus ríos y montañas, e incluimos todas las regiones drenadas por los arroyos que desembocan en el Esequibo dentro del territorio británico, y adoptamos el río Corentín como límite oriental, los condados de Demerara,

[1076] Cfr. Robert H. Schomburgk, op. cit., p. 1.

Esequibo y Berbice, que constituye la Guayana Británica, constan de 76.000 millas cuadradas."[1077]

Según el mapa de Schomburgk, la frontera reclamada por Venezuela, en su punto norte, comenzaría prácticamente en el delta del Orinoco, seguiría por la costa hasta la desembocadura del río Moroco, y continuaría por ese río hasta la sierra de Imataca, encontrándose con el río Esequibo, en Bártika; a partir de ese punto, se proyectaría hacia el sur, aguas arriba del Esequibo, pero solamente hasta su confluencia con el río Rupununi, punto en el que se desvía al oeste, siguiendo primero el curso de ese río, y luego la sierra de Pacaraima. Pero debe observarse que esa frontera no coincide con la frontera que había sido reclamada por Colombia. La frontera reclamada por ésta era la ribera del Esequibo, como se desprendía de los documentos presentados al Reino Unido, en 1821[1078] y 1824,[1079] cuando la Gran Colombia solicitó el reconocimiento de su independencia. Ese mapa discrepaba, *inter alia*, de lo reclamado por Venezuela en el sector comprendido entre la desembocadura del Esequibo hasta su confluencia con el Cuyuní, en el este, y el río Pomarón, en el oeste. Incluso, entre las publicaciones inglesas, una de John William Norie, un hidrógrafo británico, sostenía que la Guayana Británica se extendía desde el río *Courantine* hasta el Esequibo, y añadía que ésta era la extensión de la colonia, en la forma establecida por los españoles y los holandeses en el Tratado de Münster, aunque los agricultores ingleses y holandeses se habían asentado al norte de esta frontera, a lo largo del río Pomarón, hasta más allá del Cabo Nassau.[1080] La frontera que Schomburgk le atribuye a Venezuela como frontera reclamada se ajusta a esos parámetros, y excluye del territorio reclamado por Venezuela la zona que va desde el cabo Nassau a la boca del Esequibo, en el norte, siguiendo por el río Pomarón en el este, y descendiendo, en dirección sureste, hasta la conjunción del río Cuyuní con el Esequibo. Esa frontera corresponde, en lo fundamental, con la que se muestra en el mapa de Cruz Cano y de Surville.

Por lo que respecta a la frontera reclamada por Gran Bretaña, no resulta evidente de dónde es que Schomburgk extrae la conclusión de que esa es la frontera trazada por él. El tratado celebrado con los Países Bajos, en 1814, mediante el que estos le cedieron los asentamientos de Berbice, Demerara, y Esequibo, no señala fronteras; a partir de la suscripción de ese tratado, y hasta 1840, todo lo que hay, por parte del Gobierno Británico o de la administración de la Colonia de Guayana Británica, es que esa es una frontera sin definir. No obstante, se puede observar que la frontera trazada en el mapa de Colombia (se entiende que la Gran Colombia), de 1832, de John Arrowsmith -heredera de las líneas de frontera marcadas por D'Anville y Delisle-, se aproxima bastante a la trazada por Schomburgk. En efecto, desde la desembocadura del río Amacuro -o el Barima- pasando por la sierra de Imataca, y hasta la sierra de Pacaraima, terminando en el monte Roraima, la frontera es esencialmente la misma. Pero no puede perderse de vista que el mapa de Arrowsmith nunca tuvo carácter oficial.

[1077] Cfr. Op. cit., pp. 1 a 3. Traducción del autor de estas líneas.

[1078] Cfr. la Nota del Ministro Plenipotenciario de la República de Colombia, Francisco Antonio Zea, remitida a Lord Castleregh, Primer Ministro de la Gran Bretaña, fechada en Londres, el 20 de noviembre de 1821.

[1079] Cfr. el Memorándum presentado por el Ministro Plenipotenciario de Gran Colombia, José Manuel Hurtado, al Gobierno Británico, del 16 de julio de 1824. Copia de este documento se encuentra en el *Public Record Office*, de Londres, registrado con el N° 18/10.

[1080] Cfr. J. W. Norie, *Sailing directions for the coast of Guayana, from the river Maranon to the river Orinoco*, Compiled from the latest Surveys and best Authorities, by J. W. Norie, A new Edition, revised and corrected, printed for Charles Wilson, London, 1841, p. 1. Se observa que, aunque la edición citada es de 1841, ésta corresponde a una nueva edición, revisada y corregida, y que, probablemente, la edición original -que es posible que Schomburgk haya tenido a la vista- es muy anterior a 1840. Agradezco a la doctorando Josmar Fernández haber traído a mi atención este artículo.

En cambio, en 1841, el Gobierno británico había comisionado a Schomburgk para que realizara una segunda expedición a Guayana, con el propósito preciso de hacer un mapa de la Guyana británica "de acuerdo a las fronteras descritas por el Sr. Schomburgk" en su mapa de 1840, y se había dispuesto que comisionados británicos fueran enviados para erigir marcas en el terreno, señalando la frontera así reclamada por Gran Bretaña.[1081]

Según este mapa, la línea reclamada por Gran Bretaña es una línea más o menos serpenteante (que algunos autores han llegado a caracterizar como "*una línea recta*"), que va de norte a sur, desde la desembocadura del río Amacuro, en el norte, baja hacia el sur hasta encontrarse con una cadena de montañas, toca el monte Roraima, y sigue hacia el sur hasta la sierra de Acaraí.

Para trazar los límites reclamados por unos y otros, Schomburgk tuvo como guía el curso de los ríos y de las cadenas de montaña; la única excepción que se observa es la línea que atraviesa el río Cuyuní, y corta en dos la cuenca del mismo, situada más al sur. Tal vez por eso, para Venezuela, ésta era una línea "arbitraria y caprichosa", que no podía aceptar "ni en un solo punto".[1082]

En el mapa de Schomburgk había dos líneas de frontera, muy distantes entre sí, correspondientes a lo que Venezuela y Gran Bretaña reclamaban como suyo. Pero, si la frontera reclamada por Venezuela correspondía a una línea cierta, no se podía decir los mismo de la frontera reclamada por Gran Bretaña, que se valió de distintas interpretaciones de la línea trazada por Schomburgk -o de nuevos mapas-, para extender las pretensiones británicas a territorios situados cada vez más cerca del río Orinoco.

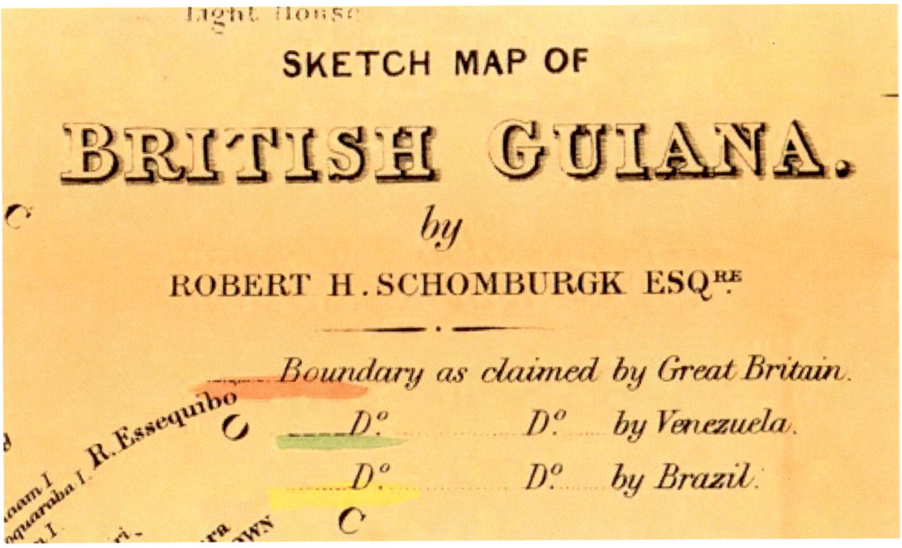

Nota inserta en el mapa de Schomburgk, de 1840, con los colores que muestran las líneas de frontera *"reclamadas"* por Gran Bretaña, Venezuela, y Brasil

---

1081 Cfr. la Carta del British Foreign Office al British Colonial Office, del 18 de marzo de 1840. Venezuela-British Guiana Boundary Arbitration. *The Case of the United States of Venezuela Before the Tribunal of Arbitration to Convene at Paris under the Provisions of the Treaty between the United States of Venezuela and Her Britanic Majesty signed at Washington February 2, 1897*, Vol. 3, The Evening Post Job Printing House, New York, 1898, pp. 76 y s.

1082 Nota de la Legación de Venezuela del 13 de febrero de 1890, en respuesta a las observaciones de Thomas Sanderson, del 10 de febrero de 1890 (Pro Memoria), en *Historia oficial de la discusión entre Venezuela y la Gran Bretaña sobre sus límites en la Guayana*, Louis Weiss & Co., Impresores, New York, 1896, p. 176.

Mapa de la Colonia de Guayana Británica, de Robert H. Schomburgk, de 1840.

https://www.loc.gov/resource/gdcwdl.wdl_11335/

El mapa que comentamos es el punto de partida de una larga danza de mapas ingleses, que terminaron llevando la frontera occidental de la Colonia de la Guayana Británica bastante más allá de lo que marcaba la frontera originalmente trazada por Robert Schomburgk.

c) El mapa de 1844. Hay un mapa de Schomburgk, publicado cuando ya habían concluido sus expediciones a Guayana -que se habría comenzado en 1841 y habría sido terminado en 1844- que ilustra el estado de las plantaciones de azúcar y café en la Guayana Británica, pero que no muestra líneas de frontera, ni proporciona ninguna información sobre lo que luego se llamaría la línea de Schomburgk. De manera que, en lo que a esta controversia se refiere, éste es un mapa irrelevante.

d) Un mapa extraviado, o inexistente. La sugerencia del gobernador Light para que Schomburgk procediera a delimitar la frontera de la Colonia fue acogida por el Ministerio de Colonias británico[1083] y, por instrucciones de Lord Russel, y por orden de Palmerston, el Ministerio de Asuntos Exteriores giró las instrucciones para ejecutarla.[1084] El 19 de abril de 1841, Robert Schomburgk regresó a Georgetown y emprendió una segunda excursión por Guyana -que duró tres años-, esta vez con el mandato de preparar un mapa de la Colonia de Guayana Británica, según las fronteras descritas por él mismo, copias del cual deberían ser transmitidas a los gobiernos de Venezuela, Brasil y Holanda, como declaración de lo que reclamaba Gran Bretaña.[1085]

Esta segunda expedición de Schomburgk, a pesar de haber sido anunciada fundamentalmente como una misión de investigación, al colocar en el terreno el emblema de la Reina e hitos fronterizos, en términos prácticos, operó como si fuera una empresa colonizadora, y como una forma de hacer sentir el dominio británico en la región. El significado político de esos actos no pasó desapercibido para las autoridades venezolanas, que protestaron y pidieron el retiro de esas marcas.

Los informes sobre su primera expedición en el interior de Guayana a la *Royal Geographical Society of London*,[1086] un libro suyo, publicado en 1840 -*Una descripción de la Guayana Británica*-,[1087] así como sus varios informes al Gobierno británico, sobre la misión que se le encomendó para investigar las fronteras de la Colonia de Guayana Británica,[1088] su correspondencia con Henry Light -el Gobernador

---

[1083] Cfr. Carta del Ministerio de Colonias al Ministerio de Asuntos Exteriores británico, del 6 de marzo de 1840, en ibid., p. 76.

[1084] Cfr. Carta del Ministerio de Asuntos Exteriores al Ministerio de Colonias, del 18 de marzo de 1840, en ibid., pp. 76 y s.

[1085] Cfr. ibid., p. 77.

[1086] Report of the Third Expedition into the interior of Guyana, comprising the journey to the sources of the Essequibo, to the Carumá Mountains, and to Fort San Joaquim, on the Rio Branco, in 1837-38, en The Journal of the Royal Geographical Society of London, Vol. 10, 1840, pp. 159 -190; Journey from Fort San Joaquim, on the Rio Branco, to Roraima, and thence by the rivers Parima and Merewari to Esmeralda, on the Orinoco, in 1838-9, loc. cit., vol. 10, 1840, pp. 191- 247; Journey from Esmeralda, on the Orinoco, to the San Carlos and Moura on the Rio Negro, and thence by Fort San Joaquim to Demerara, in the spring of 1839, loc. cit., vol. 10, pp. 248-267; Excursion to the lower parts of the Barima and the Guiana Rivers, in British Guiana, loc. cit., vol. 12, 1842, pp. 169 – 178; Excursion up the Barima and Cuyuni Rivers, in British Guiana, in 1841, loc. cit., vol. 12, 1842, pp. 178 – 196; Visit to the sources of the Takutu, in British Guiana, in the year 1842, loc. cit, vol. 13, 1843, pp. 18 – 75; y Journal of an expedition from Pirara to the upper Corentyne, and from thence to Demerara, loc. cit., vol. 15, 1845, pp. 1-104.

[1087] Robert H. Schomburgk, A Description of British Guiana, geographical and statistical: Exhibiting its resources and capabilities, together with the present and future condition and prospects of the Colony, Simpkin, Marshall, and Co., Londres, 1840.

[1088] Report of Sir Robert H. Schomburgk on the Surveys of the Boundary Commission, June 22 1841, y Report of Sir Robert H. Schomburgk on the Surveys of the Boundary Commission, August 1841, ambos en Venezuela-British Guiana Boundary Arbitration, The case of Venezuela before the Tribunal of Arbitration to convene at Paris under the provisions of the Treaty between the United States of Venezuela and Her Britannic Majesty signed at Washington

de la Colonia de Guayana Británica-, y con Lord Stanley -el entonces Ministro de Colonias-, al igual que un par de memoranda suyos sobre sobre los límites de la Colonia de Guayana Británica con Venezuela,[1089] son fundamentales para entender su mapa de 1840. Y vale hacer notar que, en esa documentación, Schomburgk había llamado la atención del gobierno británico sobre el valor estratégico de ciertos puntos, particularmente de la desembocadura del Barima y, por supuesto, del Orinoco, para el control de las tierras interiores; eso no pasó desapercibido para los venezolanos.

En su informe del 22 de junio de 1841, Schomburgk se refiere a un mapa que está preparando, pero cuyas investigaciones aún estaban inconclusas, pues no se le habían proporcionado los materiales necesarios para su elaboración.[1090] Quien escribe estas líneas no tiene evidencia de la existencia de ese mapa, de que alguna vez se haya terminado, y de que se haya entregado al Gobierno británico. De haber existido, tampoco hay evidencia de que se le haya transmitido a los gobiernos de Brasil, Holanda y Venezuela, como se había indicado que se haría, según la nota del Ministerio de Asuntos Exteriores al Ministerio de Colonias británico, de marzo de 1840. De haber existido, no hubiera escapado a la atención de Arrowsmith que este mapa tenía mayor importancia que el de 1840, y que -más que el anterior- también merecía ser publicado.

En 1899, respecto de este supuesto mapa, en su memoria ante el Tribunal arbitral reunido en París, el Reino Unido sostuvo que, "En 1840, el Sr. R. H. Schomburgk fue contratado por el Gobierno británico para determinar los límites de la Guayana Británica. Trazó una línea que comenzaba en la desembocadura del Amakuru, seguía dicho río hasta su nacimiento en las montañas de Imataka, desde allí seguía la cresta de dicha cordillera hasta el nacimiento del arroyo Acarabisi, y descendía por este arroyo hasta el Cuyuní, que seguía hasta su nacimiento en el monte Roraima. Esta línea, claramente definida en sus informes y *mostrada en dos de los mapas originales* que dibujó, posee ventajas en cuanto a características físicas..."[1091] Pero no hay referencia a un nuevo mapa, distinto de esos "mapas originales" a que se hace referencia.

En la memoria citada se señala que, luego de regresar a Inglaterra en 1844, Schomburgk habría empleado varios meses en terminar su gran mapa con características físicas; según el Reino Unido, este mapa, *en el que no habría trazado líneas de frontera*, es el que habría servido de base para el mapa Stanford de 1875 presentado ante el Tribunal.[1092] Pero ese gran mapa de Schomburgk, como tal, no se presentó, no se conoce, y -de existir- tampoco hay alguna indicación que permita localizarlo.

La memoria que comentamos hace mención al memorándum de marzo de 1890, entregado al plenipotenciario de Venezuela-, en el que, *inter alia*, se afirma que el gobierno británico no puede admitir ninguna discusión en cuanto a su título sobre los territorios situados dentro de la línea trazada por Schomburgk en 1841, "en la forma mostrada en el mapa de Hebert" de 1842.[1093] El argumento del Reino Unido es que, entre 1841 y 1844, Schomburgk escribió diez informes -además de algunas cartas y memoranda-, y tres mapas manuscritos. El primero de esos mapas -en una escala de dos millas por pulgada- incluye la parte norte de la Colonia, hasta el arroyo Acarabisi. En lo que concierne a la

---

February 2, 1897. The Evening Post Job Printing House, New York, 1898, Vol. III, pp. 77 a 97 y 97 a 120, respectivamente.

[1089] Cfr. Ibid., pp. 121 a 140.

[1090] Cfr. Report of Sir Robert H. Schomburgk, on the Surveys of the Boundary Commission, June 22, 1841, en ibid., pp. 77-97, en pág. 92.

[1091] Cfr. *Boundary between British Guiana and Venezuela. Case presented on the part of the Government of Her Britannic Majesty to the Tribunal of Arbitration constituted under article I of the treaty concluded at Washington, on the 2nd February, 1897, between Her Britannic Majesty and the United States of Venezuela*, Harrison and Sons, London, 1899, p. 18. Cursivas añadidas.

[1092] Cfr.Ibid, p. 67.

[1093] Cfr.Ibid, p. 134.

frontera, su información es la misma que la contenida en el segundo mapa. Dicha frontera, dibujada a color, va desde la desembocadura del Amacuru, a lo largo del río, hasta su nacimiento en la Sierra de Imataca, siguiendo por la cumbre de esas colinas, primero hacia el suroeste y luego hacia el sureste, hasta el Acarabisi, y por ese río hasta el Cuyuní; pero este mapa, que -en la versión de Mahlmann- habría sido publicado en Leipzig en 1847, no va más allá de eso en la descripción de la frontera. El segundo mapa -en una escala más pequeña, de cinco millas por pulgada-, también abarca sólo la parte norte de la Colonia, aunque en una porción mayor que la mostrada en el primer mapa. La frontera coloreada sigue el curso de la mayor parte del río Cuyuní, de oeste a este, hasta el arroyo Acarabisi. Ambos mapas habrían sido recibidos en 1841, y desde entonces habrían estado en posesión y custodia del Ministerio de Colonias. Ninguno de esos mapas habría sido publicado hasta 1896, cuando el segundo de ellos habría sido reproducido en el Libro Azul de ese año. Cuando Schomburgk todavía estaba al servicio del gobierno británico, en su segunda expedición a Guayana, habría sido sobre la base de esos mapas y de la información proporcionada por Schomburgk en sus dos primeros informes que, en 1842, se habría confeccionado el mapa de toda la Colonia, tarea que se encomendó a Lewis J. Hebert, "uno de los mejores dibujantes ingleses de su tiempo". Dicho mapa fue publicado, por primera vez, en 1886.[1094] Pero llama la atención que, de haber existido, en los papeles de Schomburgk no se haga ninguna referencia a estos bocetos, y que, a pesar de la importancia que tenían para Inglaterra, hubieran terminado extraviados.

Según el gobierno británico, el mapa dibujado por Schomburgk en 1844 -que no muestra líneas de frontera, ni proporciona ninguna información sobre lo que luego se llamaría la línea de Schomburgk-, y que nunca fue publicado, habría sido rescatado por Stanford en 1867, para uso del Ministerio de Colonias. Según el Reino Unido, este tercer mapa, al que Schomburgk dedicó tanto tiempo después de su regreso a Inglaterra, y en cuya preparación habría recibido la asistencia de Arrowsmith (se supone que John), habría servido para la confección de otros mapas. En 1875, por iniciativa de las autoridades coloniales, este mapa habría sido preparado por Stanford, y publicado en 1876, con una nota que indica que las fronteras que se muestran son las trazadas por Robert Schomburgk, pero que las fronteras con Brasil y Venezuela no debían tomarse como oficiales, pues estaban sujetas a ajustes con los respectivos gobiernos.[1095] Pero no hay rastros de ese supuesto mapa de Schomburgk.

Según el gobierno británico, en estos tres mapas -en las versiones de Mahlmann, Brown & Sawkins, y Stanford-, se indica una línea de frontera "similar" a la que se muestra en el mapa de Schomburgk de 1839 (publicado en los Papeles del Parlamento en 1840), aunque no idéntica con la de este último. Pero se advierte que, debido a diferencias en la delineación de las características físicas, la distribución del territorio difiere de la mostrada en el mapa de Schomburgk de 1839.[1096]

e) Los mapas atribuidos indebidamente a Schomburgk. Hay varios mapas que -por ignorancia u otras razones- a veces se atribuyen incorrectamente a Schomburgk, y que, aunque puedan estar basados en sus trabajos, no son de responsabilidad suya. Pero el hecho es que la línea de frontera que muestra el mapa de Schomburgk, que una vez fue oficial o cuasi-oficial, décadas después fue descartada, para dar paso a mapas que mostraban la frontera común entre Venezuela y la antigua colonia de Guayana británica cada vez más al oeste, como si esa fuera "la verdadera línea Schomburgk".

[1094] Cfr.Ibid, pp. 141 y s.

[1095] Cfr. Boundary between British Guiana and Venezuela. Case presented on the part of the Government of Her Britannic Majesty to the Tribunal of Arbitration constituted under article I of the treaty concluded at Washington, on the 2nd February, 1897, between Her Britannic Majesty and the United States of Venezuela, Harrison and Sons, London, 1899, pp. 143 y s.

[1096] Cfr.Ibid, p. 144.

Entre estos mapas destaca uno de 1842, que adquirió importancia en esta controversia, porque su trazado corresponde a la frontera de máxima aspiración de Gran Bretaña, en la misma forma presentada en un mapa de 1886 y publicado en diciembre de ese año en el *Colonial Office List*. Pero este mapa no es de responsabilidad de Schomburgk, sino de Lewis J. Hebert, un cartógrafo al servicio del gobierno británico.

Un mapa de 1846, identificado como Mapa de la Guayana Británica, incluidas las fuentes del Parima (Rio Branco) y del Orinoco, principalmente a partir de las representaciones de Sir Robert H. Schomburgk, organizadas entre los años 1835–44, y conservadas en la Oficina Colonial de Londres, 1846,[1097] incluido en "Reisen in Guiana und Am Orinoko Während der Jahre 1835-1839", publicado en 1841, es la reproducción en alemán del mismo mapa de 1840 -aunque con un diferente formato-, preparado por Heinrich Malhmann.

Un mapa de la Guayana Británica, de 1875 -el mapa de Stanford-, tampoco es de Schomburgk, ni ha sido presentado como tal; se recuerda que Schomburgk había fallecido en 1865. Aunque este mapa repite -en lo fundamental- el trazado de la frontera con Venezuela del mapa de Schomburgk de 1840, después de su título -"*Map of British Guiana*")-, se aclara que ha sido "*compilado* a partir de los estudios realizados bajo la comisión de Su Majestad de 1841 a 1844 y bajo la dirección de la Royal Geographical Society de 1835 a 1839 por Sir Robert H. Schomburgk, K. R. E., Ph.D., *revisado y corregido* hasta el presente por Catchcart Chalmers Esq. Agrimensor de la Corona de la Colonia, y James Gay Sawkins, Esq., Director del Servicio Geológico de las Indias Occidentales y la Guayana Británica, *con adiciones* de Charles B. Brown, Esq., 1875." El mapa fue grabado bajo la supervisión de William Walker; por eso, a veces también se le conoce como el mapa de Walker. Pero éste es un mapa sustancialmente distinto del mapa original de Schomburgk, y en esos cambios éste no habría tenido ninguna responsabilidad.

Dos mapas publicados por la *Colonial Office List*, en marzo y diciembre de 1886, que suponen una expansión de las aspiraciones territoriales británicas, están basados en los trabajos previos de Schomburgk (como se menciona en la cartela); pero las líneas de frontera que se muestran en dichos mapas no son responsabilidad de Schomburgk, ni pueden atribuirse a alguien que ya tenía veintiún años de fallecido.

Un mapa de la Guayana Británica, presentado -en el cintillo superior- como el "*Schomburgk-Great Colonial Map*", de 1887, aunque pueda estar basado en un trabajo previo suyo, tampoco es un mapa cuyas líneas de frontera sean responsabilidad de Schomburgk. En efecto -igual que en el mapa de Stanford, de 1875-, en la parte inferior del mapa hay una nota que dice que éste ha sido "compilado *a partir de los estudios realizados...* por Sir Robert H. Schomburgk...", y que ha sido "*revisado y corregido* hasta la actualidad por Cathcart Chalmers Esq. topógrafo de la Corona en la colonia, y por James Gay Sawkins Esq. Director del Servicio Geológico de las Indias Occidentales y la Guayana Británica, *con adiciones* de Charles Brown".[1098] Demás está decir que, habiendo fallecido en 1865, Schomburgk no podía ser el autor de un mapa *revisado y corregido* en 1887.

1097 "Karte von British-Guyana, nebst dem Quellande des Parima (Rio Branco) und Orinoco, Vornehmlich nach den in den Jahren 1835 - 44 veranstalteten, im Colonial Office zu London befindlichen Aufnahmen des Sir Robert H. Schomburgk. 1846".

1098 "Map of British Guiana compiled from the surveys executed under Her Majesty's commission from 1841 to 1844, and under the direction of the Royal Geographical Society from 1835 to 1839, by Sir Robert H. Schomburgk, K. R. E., Ph.D. Revised and corrected to the present time by Cathcart Chalmers Esq. Crown surveyor of the Colony, and James Gay Sawkins Esq. Director of the Geological survey of the West Indies and British Guiana, with additions by Charles Brown Esq. Engraved under the superintendence of William Walker Esq. 1875."

3. LOS MAPAS INGLESES POSTERIORES AL DE SCHOMBURGK

Después de que, en 1840, se publicara el mapa de Schomburgk, cuyas fronteras Gran Bretaña aceptó como buenas, el gobierno británico hizo suyos una serie de otros mapas que muestran una frontera diferente a la mostrada en aquel. Es en esta serie de mapas donde se puede apreciar cómo, en mapas oficiales ingleses, la frontera de la Colonia Británica de Guayana con Venezuela se movía sistemáticamente, en una danza interminable, que hacía que esa frontera se desplazara cada vez más hacia el oeste.

a) El mapa de Hebert, de 1842. Lewis J. Hebert (1809-1842), un cartógrafo al servicio del gobierno británico, es el autor de un mapa de 1842 que adquirió importancia en esta controversia, porque muestra la frontera de máxima aspiración de Gran Bretaña. Haciéndolo oficial, en un memorándum del 13 de febrero de 1890, se expresa que el Gobierno Británico no podía admitir ninguna discusión en cuanto a los títulos de su territorio dentro de la línea trazada por Robert Schomburgk en 1841, y recogida en el mapa de Hebert que se acompañó con dicho memorándum.[1099]

Lo primero que llama la atención es que este mapa no fuera invocado más tempranamente por las autoridades británicas, y que hayan esperado cuarenta y ocho años para mencionarlo. Convertido en un mapa fantasma, el mapa de Hebert reapareció medio siglo después, para dar vida a una nueva línea de frontera muy distinta a la trazada por Schomburgk. Según observa Ojer, este mapa se echó al olvido hasta 1881, cuando su hallazgo fue tenido como un nuevo descubrimiento. Y, aunque habría sido el 31 de diciembre de 1881 que el Colonial Office le comunicó su existencia al Foreign Office,[1100] este mapa fue invocado, por primera vez, en febrero de 1890.

El título del mapa es Mapa de la Guyana Británica ("*Map of British Guiana*"), e indica que fue elaborado a partir "de los levantamientos y rutas del Captn. Schomburgk, y de otros documentos en posesión del Departamento Colonial". La leyenda de la cartela agrega que dicho mapa fue dibujado en el Cuartel del Depósito Militar de los Guardias de la Casa de la Oficina de los Maestros Generales, por L. J. Hebert, en abril de 1842 ("*constructed from the surveys and routes of Captn. Schomburgk, and other documents in the possession of the Colonial Department. Drawn at the Military Depot Quarter, Master Generals Office House Guards, by L. J. Hebert, April 1842.*").

En una reproducción que hizo de este mapa la Biblioteca del Congreso de los Estados Unidos -y que es la que aquí utilizamos- hay notas que ponen en duda la posición de varios puntos geográficos.

El mapa indica que en Punta Barima estaría el sitio de "un fuerte holandés" (sin especificar si ya estaba abandonado, o si sus operaciones habían sido asumidas por los ingleses), y un puesto fronterizo; al suroeste, en la desembocadura del Amacuro, se representa otro puesto fronterizo. Se muestran algunas aldeas indígenas, el lugar de una misión católica, algunas postas, y, en la ribera del Pomarón, las viviendas de *Mr Dumbary*, *Mr Stoll*, *Mr Lino*, y *Mr Petersgill*, sin especificar detalles sobre su nacionalidad, o sobre las razones de su presencia en la región, y si ésta obedecía a una misión oficial o a motivos particulares. En el Cuyuní, donde éste se encuentra con el río Curumo, se indica que allí estaba situado un antiguo destacamento de los españoles. Las áreas de cultivo -en producción o abandonadas- están situadas en la costa, en las islas del delta del Esequibo, extendiéndose hasta el cabo Nassau en el este. En el Cuyuní, casi en su confluencia con el Mazaruni, se señala el sitio de una mina

---

[1099] Dicho memorandum fue transmitido en una carta del 19 de marzo de 1890, de Thomas Sanderson a Modesto Urbaneja. Reproducido en *Venezuela-British Guiana Boundary Arbitration. The Case of the United States of Venezuela Before the Tribunal of Arbitration to Convene at Paris under the Provisions of the Treaty between the United States of Venezuela and Her Britanic Majesty signed at Washington February 2, 1897*, Vol. 3, The Evening Post Job Printing House, New York, 1898, pp. 277 y s.

[1100] Cfr. Pablo Ojer, op. cit., p. 87.

de plata abandonada. Se observa un poblado en Bártika, y -contigua a él- una misión protestante. Fuera de lo ya indicado, en ese vasto territorio, al costado occidental del río Esequibo, no se aprecian signos de ocupación europea. Respecto del "Fuerte holandés" en el Barima, remitiéndose a la Colección de Fronteras del Ministerio de Relaciones Exteriores de Venezuela (aunque sin indicar volumen, o año), Donís escribe que, en 1684, bajo el mandato del gobernador Abraham Beekman, se levantó allí un pequeño refugio, para uso del maestre de posta del Pomarón, en sus irregulares visitas a la zona.[1101]

Aparentemente, el "fuerte holandés" situado en Punta Barima era un puesto establecido por los holandeses para el comercio con los indios, que había desaparecido en 1683 o 1684. En 1768, desde Barima, Manuel Centurión -el gobernador de Guayana- expulsó a los holandeses que habían regresado. En 1785, cuando el gobernador Marmión envió a algunas personas a visitar Barima, allí encontraron sólo un grupo de indios y ningún extranjero. Ese es también el punto en el que, en 1836, el Encargado de Negocios de Gran Bretaña en Caracas, Ker Porter, le solicitó al gobierno venezolano que instalara un faro, como señal para los barcos que se aproximaban a la entrada del Orinoco.[1102]

Como el de Schomburgk, el mapa de Hebert no marca fronteras definitivas, sino las fronteras *reclamadas* por unos y otros. Por consiguiente, en lo que concierne a esta controversia, en ese mapa, no hay una línea de frontera que separe a Venezuela de la Colonia de Guayana Británica, sino dos. En este sentido, en una explicación, en la parte inferior del mapa, se señala que se indican, en rosado, las fronteras reclamadas por Gran Bretaña ("*Boundary of Guiana as claimed by Great Britain*"), con amarillo las fronteras reclamadas por Venezuela, y con verde las fronteras reclamadas por Brasil. La ruta de Schomburgk es coloreada con marrón claro, y con marrón más oscuro cuando toca el costado de un río. Las flechas indican la dirección de la ruta de Schomburgk. En una nota a la derecha de esta explicación, se señala que "El límite occidental de la Guayana Británica en este mapa, desde la fuente del Esequibo hasta el puesto fronterizo en el Cuyuni, en la desembocadura del Acarabisi, es la línea propuesta por el Sr. Schomburgk, a ser determinada mediante agrimensura." En otra nota, más arriba y a la derecha del mapa, se señala que el curso exacto de la frontera entre la fuente del río Corentín y el Esequibo será determinada por la agrimensura del recorrido del Acaraí.

Como dato curioso, en la confluencia de dos ríos, que Hebert marca como el Barima y el Aunama, él apunta que ese sería el último lugar del hombre blanco ("Place of the last White Man"); esto es, el último lugar en el que se habría visto a un hombre europeo, que solía venir con las expediciones del occidente. De ahí se deduce que, de allí hacia el este, ese era un territorio por descubrir y conquistar. Ese territorio se marca como de los "*Warraus*", mientras al suroeste estarían los *Waicas* y los *Chaimas*. Pero es importante hacer notar que este punto queda aproximadamente a mitad de camino entre las fronteras reclamadas por Gran Bretaña y Venezuela.

En lo que sería la frontera reclamada por Venezuela, salvo una pequeña discrepancia en su extremo norte, el mapa de Hebert coincide, en lo esencial, con el mapa de Schomburgk. Según Hebert, la frontera reclamada por Venezuela comienza, en el norte, en la desembocadura de un río que él llama Maroco, a la izquierda del Cabo Nassau, se desvía hacia el noroeste -siguiendo el curso de ese río-, desciende hacia el sur por lo que él llama el río Kamaratta, y luego por una línea punteada que no parece obedecer a ningún accidente natural, hasta encontrarse con el río Tupuru: de allí continúa por ese río hasta su confluencia con el Cuyuní, en donde gira al este, siguiendo el curso de este último hasta su confluencia con el Esequibo. La frontera sigue, aguas arriba, el curso del Esequibo, pero solamente

[1101] Cfr. Manuel Alberto Donís Ríos, *Evolución histórica de la cartografía en Guayana y su significación en los derechos venezolanos sobre el Esequibo*, Biblioteca de la Academia Nacional de la Historia, Caracas, 1987, pp. 125 y s.

[1102] Cfr. Special Commission of the Government of Venezuela, The case of Venezuela. A reply to the British Blue Book entitled "Documents and correspondence relating to the question of boundary between British Guiana and Venezuela", The Frankling Printing and Publishing Co., Atlanta, GA, 1896, p. 18.

hasta su confluencia con el Rupununi, punto a partir del cual se desvía hacia el oeste, siguiendo el curso del Rupununi.

Respecto a la frontera reclamada por Gran Bretaña, ella se marca con una línea roja, que comienza en la desembocadura del río Barima, sigue, por la costa, hasta la desembocadura del Amacuro, para continuar su curso hasta sus nacientes, en la sierra de Imataca; al llegar allí gira hacia el sureste, formando un ángulo recto que apunta hacia el occidente, y continúa por dicha sierra, en dirección sureste, hasta llegar al río Cuyuní, en donde la frontera se devuelve, aguas arriba, por todo el curso del río, girando nuevamente hacia el occidente, y devolviéndose, en dirección sureste, en un monte que Hebert llama el "Guinirolo", hasta llegar al monte "Irutebuh", punto en el que abandona el curso del río y sigue, en dirección sureste, la cadena de montañas que llega al monte Roraima. A lo largo de esta línea de frontera, se indican algunos hitos fronterizos -o marcas en los árboles-, colocados por la segunda excursión de Schomburgk.

En lo que concierne a la frontera reclamada por Gran Bretaña, el mapa de Hebert difiere considerablemente de la representación que -sólo dos años antes- había hecho Schomburgk de esa misma línea de frontera. En la confluencia del Cuyuní con el Amacuro, hasta los montes Wausu y Arikita, el mapa de Schomburgk es más perjudicial que el de Hebert para los intereses venezolanos. Pero, a partir de allí, en el mapa de Hebert, hay dos extensos sectores que ahora se sostiene serían reclamados por Gran Bretaña. Mientras, en el mapa de Schomburgk, la frontera reclamada por Gran Bretaña es -por lo menos en la sección situada más al norte- una línea casi recta, en este sector, el mapa de Hebert muestra dos desviaciones de la frontera hacia el oeste, que abarcan una inmensa extensión. Según esos cambios, primero aparece un ángulo de noventa grados, y luego una concavidad que también apunta hacia el oeste, de manera que ambos espacios quedarían dentro de territorio británico; la frontera se proyecta hacia el suroeste del río Cuyuní, pero sin llegar a su nacimiento, que está más en el este.

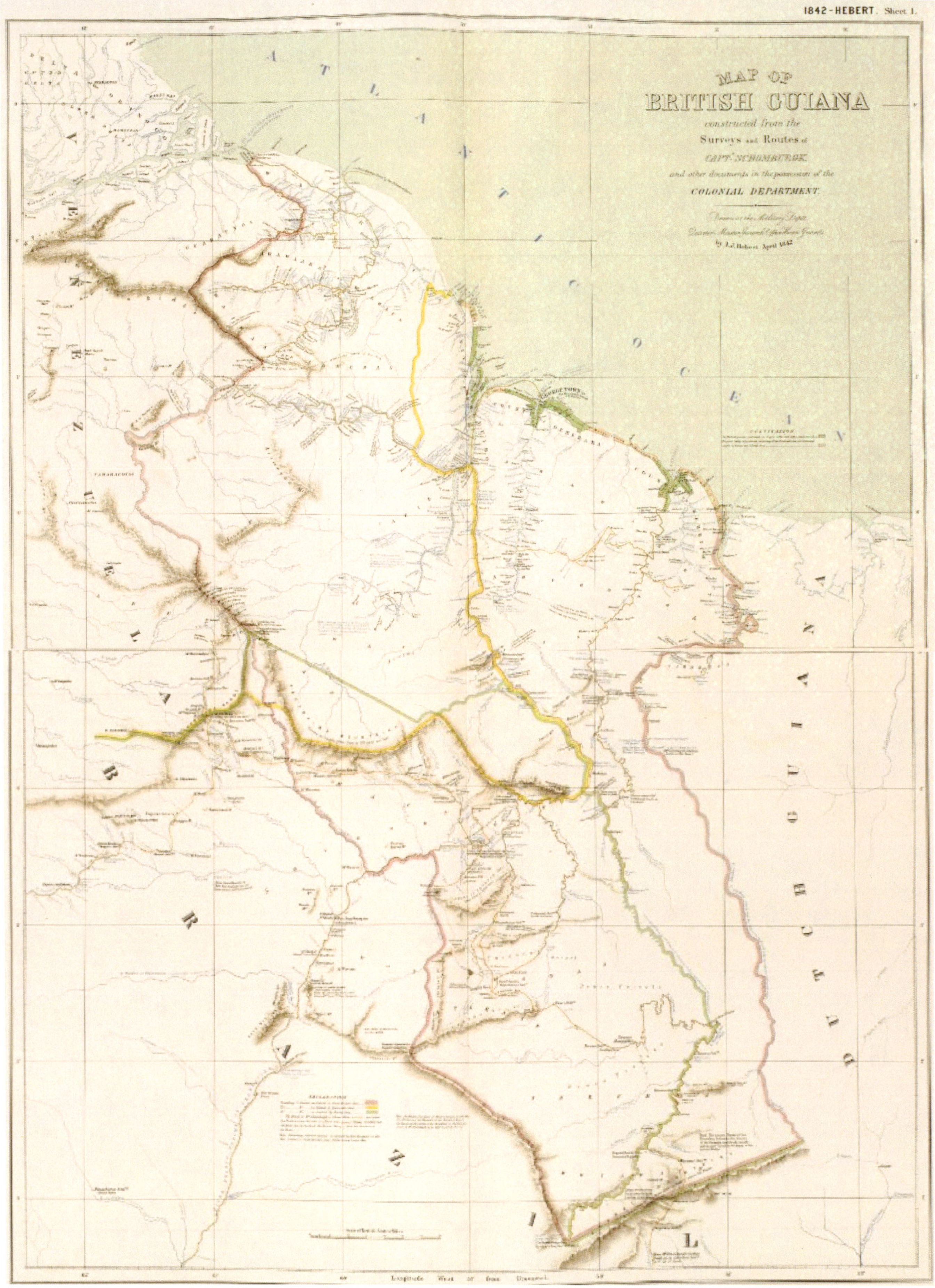

Mapa de Hebert, de 1842, elaborado a partir de las investigaciones y rutas de Schomburgk y de otros documentos en posesión del Departamento de Colonias.

https://www.loc.gov/resource/g5250m.gct00549/?sp=42&st=image&r=0.271,0.035,0.274,0.161,0

https://www.loc.gov/resource/g5250m.gct00549/?sp=43&st=image

b) El mapa Stanford, de 1875. En el procedimiento ante el Tribunal arbitral reunido en París, el Reino Unido presentó un Atlas en el que incluyó un mapa identificado como el Mapa de Stanford, de 1875, probablemente por referencia a Edward Stanford, propietario de una tienda de mapas[1103] que se indica en su parte inferior derecha externa, y él mismo autor de varios mapas. En un memorándum de Edward Hertslet -bibliotecario del Ministerio de Asuntos Exteriores británico-, éste le habría pedido al Administrador en Funciones de la Guyana Británica -Sr. Hawtagne- que le indicará cuál le parecía el mejor mapa publicado de la Colonia; la respuesta de Hawtage fue que ese era "un mapa *publicado* por el señor Stanford para la Oficina de Colonias, en 1875, en 4 hojas."[1104]

Como se recordará, según el Reino Unido, luego de regresar a Inglaterra en 1844, Schomburgk habría empleado varios meses en terminar su gran mapa con características físicas. Ese mapa, *en el que no habría trazado líneas de frontera*, sería el que habría servido de base para el mapa Stanford de 1875.[1105]

Inmediatamente después de su título -Mapa de la Guayana Británica ("*Map of British Guiana*")-, se aclara que éste ha sido "*compilado* a partir de los estudios realizados bajo la comisión de Su Majestad de 1841 a 1844 y bajo la dirección de la Royal Geographical Society de 1835 a 1839 por Sir Robert H. Schomburgk, K. R. E., Ph.D., *revisado y corregido* hasta el presente por Catchcart Chalmers Esq. Agrimensor de la Corona de la Colonia, y James Gay Sawkins, Esq., Director del Servicio Geológico de las Indias Occidentales y la Guayana Británica, *con adiciones* de Charles B. Brown, Esq., 1875." Este mapa fue grabado bajo la supervisión de William Walker, por lo que, a veces, también es identificado como el mapa de Walker.

Este mapa, que tiene reconocimiento oficial, y que supuestamente está *basado* en un mapa de Schomburgk -aunque no el de 1840-, reviste particular importancia porque -a continuación de la leyenda principal-, incluye una nota en la que se indica que:

Los límites indicados en este mapa son los establecidos por el difunto Sir Robert Schomburgk, quien se dedicó a explorar la colonia durante los años 1835 a 1839 bajo la dirección de la Royal Geographical Society. Pero *las fronteras así establecidas* entre el Brasil, por un lado, y Venezuela, por el otro, y la colonia de la Guayana Británica, *no deben tomarse como definitivas, ya que nunca han sido ajustadas por los respectivos gobiernos*. Y subsiste un compromiso entre los Gobiernos de Gran Bretaña y Venezuela, por el cual ninguno de ellos está en libertad de invadir u ocupar el territorio reclamado por ambos.[1106] (Cursivas añadidas).

1103 Stanford'Geographical Establishment, London.

1104 Cfr. Memorándum de Sir Edward Hertslet, Bibliotecario del Ministerio de Asuntos Exteriores británico, del 1 de junio de 1886. Public Record Office, F. O., 80/30. Reproducido por J. Gillis Wetter, en op. cit., vol. III, pp. 145 y s. Inmediatamente, Hertslet encargó una copia de dicho mapa; pero una persona que lo visitó desde la Oficina Colonial y lo vio sobre su mesa creyó correcto advertirle que ese mapa, en la forma como estaba coloreado, era completamente equivocado y contrario a los intereses británicos. Cfr. Ibidem.

1105 Cfr. Boundary between British Guiana and Venezuela. Case presented on the part of the Government of Her Britannic Majesty to the Tribunal of Arbitration constituted under article I of the treaty concluded at Washington, on the 2nd February, 1897, between Her Britannic Majesty and the United States of Venezuela, Harrison and Sons, London, 1899, p. 67.

1106 "The boundaries indicated in this Map are those laid down by the late Sir Robert Schomburgk who was engaged in exploring the Colony during the years 1835 to 1839 under the direction of the Royal Geographical Society. But the boundaries thus laid down between Brazil on the one side and Venezuela on the other and the Colony of British Guiana must not be taken as authoritative, as they have never been adjusted by the respective Governments. And an engagement subsists between the Governments of Great Britain and Venezuela by which neither is at liberty to encroach upon or occupy territory claimed by both."

La conclusión es que, en un mapa oficial del Reino Unido, de 1875, se hace saber que las fronteras entre Venezuela y la colonia de Guayana Británica "no deben tomarse por definitivas"; en segundo lugar, hay una referencia indirecta al Acuerdo de 1850, mediante el cual las partes habían acordado congelar sus respectivas reclamaciones y mantener el *status quo*.

La nota del mapa Stanford reviste importancia política y jurídica. Sin embargo, en un mapa de la *Colonial Office List*, de 1886, a pesar de tener un trazado idéntico al del mapa Stanford, y con la misma presentación, dicha nota se omite por completo.

En este mapa, la frontera de Venezuela con la Colonia de Guayana británica comienza en la desembocadura del río Amacuro, en la boca del río Orinoco. En el lado este de ese punto se indica un antiguo puesto holandés ("*Ancient Dutch Post*") que, según una nota que cita la Carta General de la Colonia del Esequibo y Demerara de Bouchenroeder, de 1798, marcaría el límite con las posesiones españolas. En el mapa se advierte que, en la Carta de Bouchenroeder, éste llama río Barima al Amacuro, y río Amacuro al Barima; pero se da por sentado que el antiguo puesto holandés estaría situado en el sitio correcto. En el mapa de Stanford, una frontera serpenteante -que no siempre se guía por accidentes naturales- sigue el curso del Amacuro, girando hacia el sur, dejando al este los montes Manapari y Arikita, y continuando por lo que él llama el río Murissicuru; siempre en dirección sur, la frontera sigue por una sierra, atraviesa el Acarabisi, y se desvía hacia el suroeste, siguiendo una cadena montañosa que tuerce hacia el oeste, atraviesa el Cuyuní junto al monte Otomong, y sigue hacia el sur-suroeste por el río del mismo nombre, conecta con una sierra, atraviesa el Mazaruni en las cataratas de Piamah, sigue hacia el sur en medio de dos ríos, atraviesa el Stenaparu, y continúa hacia el suroeste hasta el monte Irutipu (Irutibú), en donde gira hacia el este, hasta llegar al monte Roraima, donde se devuelve, en dirección noreste, hasta los montes Wayatsip y Yakontipu, punto en el que se desvía hacia el sur, por el río Cotinga, terminando en su confluencia con el río Caino. Al oeste de la frontera así trazada, en lo que es un recodo muy amplio del Cuyuní -pocos minutos al oeste del grado 61 de longitud oeste-, se muestra un antiguo fuerte que, citando a Humboldt, habría sido el puesto más oriental de los españoles. Siempre en el curso del Cuyuní, aunque esta vez en el lado este de la frontera, se muestra la isla Tokoropatti, que habría sido el sitio de un puesto holandés; pero no se indica si, para el momento en el que se confeccionó el mapa, ese puesto estaba abandonado -y, en ese caso, desde cuándo-, o si estaba operativo, bajo el control de los ingleses. A ambos lados de la frontera, se muestran algunas aldeas indígenas. La frontera trazada en el mapa Stanford de 1875 no se aparta mucho de la línea de Schomburgk.

Véase su mapa en la página 407.

https://www.loc.gov/resource/g5250m.gct00549/?sp=45&r=-0.809,0.026,2.618,1.54,0

1875 STANFORD.

c) El mapa Stanford, de 1886. En 1886 se publicó un mapa que tiene la misma base cartográfica que el mapa de Stanford de 1875. Al igual que en el mapa anterior, en la cartela se dice que éste ha sido "*compilado a partir de los estudios realizados…* por Sir Robert H. Schomburgk…", y que ha sido "*revisado y corregido* hasta la actualidad por Cathcart Chalmers Esq. topógrafo de la Corona en la colonia, y por James Gay Sawkins Esq. Director del Servicio Geológico de las Indias Occidentales y la Guayana Británica, *con incorporaciones* de Charles Brown".[1107] Pero, como ha observado la geógrafa Josmar Fernández, a pesar de identificarse como un mapa de 1886, en esta nueva edición, sus autores olvidaron hacer la corrección del año de su publicación, e indicaron 1875.

Lo notable es que, además de ese detalle de la fecha, ambos mapas tienen dos diferencias importantes. En primer lugar, el mapa de 1886 omite la nota que se incluía en el mapa de 1875, inmediatamente después de la cartela, señalando que:

> Los límites indicados en este mapa son los establecidos por el difunto Sir Robert Schomburgk, quien se dedicó a explorar la colonia durante los años 1835 a 1839 bajo la dirección de la Royal Geographical Society. Pero *las fronteras así establecidas* entre el Brasil, por un lado, y Venezuela, por el otro, y la colonia de la Guayana Británica, *no deben tomarse como definitivas, ya que nunca han sido ajustadas por los respectivos gobiernos.* Y subsiste un compromiso entre los Gobiernos de Gran Bretaña y Venezuela, por el cual ninguno de ellos está en libertad de invadir u ocupar el territorio reclamado por ambos.[1108] (Cursivas añadidas).

En segundo lugar, el trazado de la frontera del mapa de 1886 es muy distinto al de 1875, reclamando como territorio británico una inmensa región que, previamente, se reconocía como territorio venezolano. Mientras en el mapa de 1875, después de dejar los montes Manapari y Arikita la frontera giraba hacia el sur, siguiendo el río Murissicuru, en el mapa de 1886, la frontera se desvía -por accidentes naturales que no se identifican-, primero hacia el oeste y luego hacia el suroeste, hasta encontrar el nacimiento del río Barima, en una cadena de montañas que hace un ángulo de noventa grados, apuntando hacia el oeste. A partir de ese punto, la frontera desciende por la cadena de montañas, en dirección sureste, hasta llegar al río Acarabisi, todavía muy al oeste (unos veintidós kilómetros) del punto por el que antes pasaba la frontera dibujada en el mapa de 1875. En ese punto, la frontera trazada en el mapa de 1886 vuelve a alejarse de la anterior frontera esbozada en el mapa de 1875, en dirección suroeste, siguiendo primero el curso del río Acarabisi, hasta su desembocadura en el Cuyuní, punto a partir del cual sigue el curso de ese río, siempre en dirección suroeste, hasta su cabecera en una serranía, donde hace un giro de noventa grados para regresar, en dirección sureste, siguiendo las inflexiones de la cadena de montañas, hasta encontrarse con el monte Roraima. En ese punto, el mapa de 1886 muestra una curva que se interna hacia el oeste, formando una enorme cuenca en territorio que, en el mapa de 1875, se reconocía como parte de Venezuela.

Véase su mapa en la página 409 https://tile.loc.gov/image-services/iiif/service:gmd:gmd5m:g5250m:g5250m:gct00549:ca000046/full/pct:12.5/0/default.jpg

---

[1107] "Map of British Guiana compiled from the surveys executed under Her Majesty's commission from 1841 to 1844, and under the direction of the Royal Geographical Society from 1835 to 1839, by Sir Robert H. Schomburgk, K. R. E., Ph.D. Revised and corrected to the present time by Cathcart Chalmers Esq. Crown surveyor of the Colony, and James Gay Sawkins Esq. Director of the Geological survey of the West Indies and British Guiana, with additions by Charles Brown Esq. Engraved under the superintendence of William Walker Esq. 1875."

[1108] "The boundaries indicated in this Map are those laid down by the late Sir Robert Schomburgk who was engaged in exploring the Colony during the years 1835 to 1839 under the direction of the Royal Geographical Society. But the boundaries thus laid down between Brazil on the one side and Venezuela on the other and the Colony of British Guiana must not be taken as authoritative, as they have never been adjusted by the respective Governments. And an engagement subsists between the Governments of Great Britain and Venezuela by which neither is at liberty to encroach upon or occupy territory claimed by both."

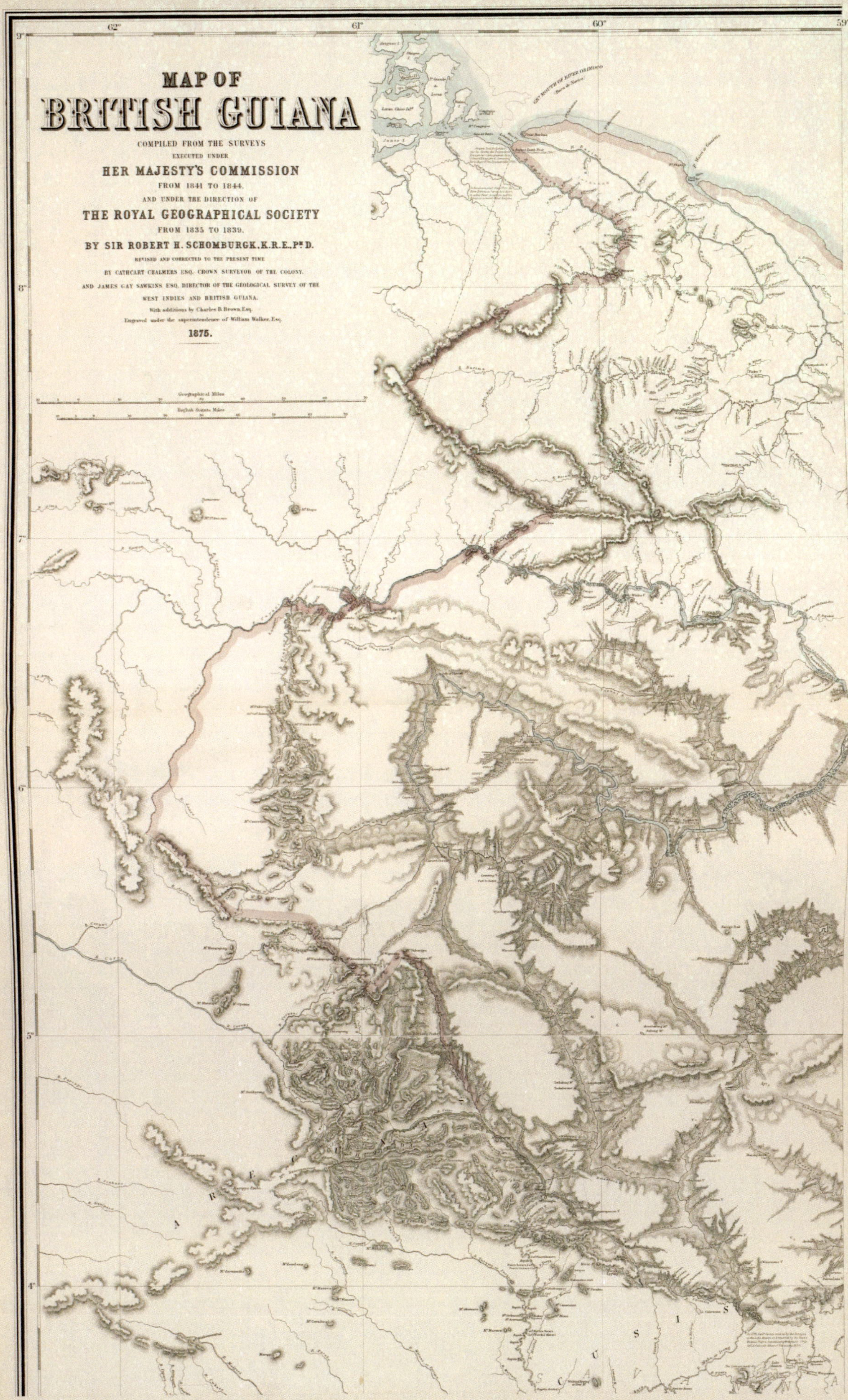

Reproduction on the same scale of a portion of the Original map, 1886.

Reproduced at Stanford's Geographical Establishment, London.

1886 STANFORD.

Mientras la línea de frontera trazada en el mapa de 1875 está más cerca de la frontera que muestra el mapa de Schomburgk, el mapa del 1886 se parece más al mapa de Hebert de 1842. En realidad, en el alegato presentado por Gran Bretaña ante el Tribunal arbitral reunido en París, en octubre de 1886, el gobierno británico decidió proclamar la línea Schomburgk como límite provisional, e indicó que un mapa que mostraba ese límite podía verse en la biblioteca del Ministerio de Colonias; pero, según el gobierno británico, el mapa referido era una copia del mapa de Hebert.[1109]

d) Los mapas del Colonial Office List (marzo y diciembre de 1886). En lo que en realidad es otra versión de los mapas de Stanford de 1875 y 1876, los siguientes son dos mapas oficiales de la Guayana Británica, publicados por *The Colonial Office List*[1110] -una publicación periódica realizada con la autorización del Ministro de Colonias- correspondiente a 1886. En dicha publicación, con una diferencia de meses, se muestran dos versiones distintas de la frontera reclamada por Gran Bretaña. En el segundo de ellos, con una alteración ostentosamente visible de la frontera occidental de la referida colonia, se muestra la máxima aspiración británica en el territorio del Esequibo.

Se trata de dos mapas que no indican quién los elaboró, que proporcionan escasa información sobre los ríos y las cadenas montañosas, y que, a pesar de tener la misma base cartográfica, muestran un trazado diferente de las fronteras de la Colonia de la Guayana Británica con Venezuela.

En el mapa publicado en marzo de 1886[1111] -cuyo trazado de la frontera corresponde con la línea del mapa de Hebert de 1842, y del mapa de Stanford, de 1875-, la frontera entre Venezuela y la Colonia de la Guayana Británica escasamente toca el meridiano 61. En cambio, en el mapa de diciembre del mismo año, siguiendo el curso del río Cuyuní, con una curva que se interna hacia el oeste, entre los 5 y los 7 grados de latitud norte, esa frontera se desvía más de 100 kilómetros hacia el oeste, llegando prácticamente hasta el meridiano 62, y se extiende, casi otros 100 kilómetros, desde el grado siete, casi hasta el grado 8 de latitud norte. Ese cambio representa una superficie aproximada de diez mil kilómetros cuadrados.

Esas dos versiones oficiales de un mismo mapa dejan algunas preguntas sin respuesta. En primer lugar, queda por saber ¿qué pasó -en menos de un año- para que la frontera tuviera una metamorfosis tan radical? Sin que cambiara la descripción de la geografía ¿qué factores hicieron que cambiara la línea de frontera? Pero la pregunta crucial es ¿por qué el mapa del mes de diciembre de 1886 tendría que producir más credibilidad que el mapa de marzo del mismo año? Ésta inconsistencia es explicada por el gobierno británico señalando que, cuando estaba a punto de publicar la Proclamación del 21 de octubre de 1886 (publicada en la *London Gazette* del día siguiente, y transmitida a su Ministro en Caracas el 23 del mismo mes y año), se habría llamado su atención sobre la circunstancia de que la línea de frontera del mapa (publicado en marzo) no correspondía con la línea

---

1109 Cfr. Boundary between British Guiana and Venezuela. Case presented on the part of the Government of Her Britannic Majesty to the Tribunal of Arbitration constituted under article I of the treaty concluded at Washington, on the 2nd February, 1897, between Her Britannic Majesty and the United States of Venezuela, Harrison and Sons, London, 1899, pp. 74 y s.

1110 The Colonial Office List for 1886: Historical and statistical information respecting the Colonial Dependencies of Great Britain, an account of the services of the officers in the colonial service, a transcript of the colonial regulations, and other information, with maps. Compiled from official records, by the permission of the Secretary of State for the Colonies, by Edward Fairfield, C. M. G., and John Anderson, of the Colonial Office. Harrison and Sons, London, 1886.

1111 Cfr. Ibid, p. 34.

realmente trazada por Schomburgk, por lo que el mapa se habría modificado para mostrar dicha línea, y se habría eliminado la nota que lo acompañaba.[1112]

El mapa de diciembre de 1886 es el mismo mapa de la Guayana Británica presentado, a veces, como el "*Schomburgk-Great Colonial Map*-1887. Este mapa, refleja la máxima pretensión británica en el territorio en disputa.

Ambos mapas se pueden ver en las .páginas 412 y 413.

1112 Cfr. Boundary between British Guiana and Venezuela. Case presented on the part of the Government of Her Britannic Majesty to the Tribunal of Arbitration constituted under article I of the treaty concluded at Washington, on the 2nd February, 1897, between Her Britannic Majesty and the United States of Venezuela, Harrison and Sons, London, 1899, p. 144.

MAP OF BRITISH GUIANA, COLONIAL OFFICE LIST, MARCH, 1886.

Harrison & Sons Lith. St Martins Lane. W.C.

MAP OF BRITISH GUIANA, COLONIAL OFFICE LIST, DECEMBER, 1886.

IX. LOS MAPAS HISTÓRICOS DE LA OCUPACIÓN EUROPEA

En forma expresa o implícita, en los mapas anteriores siempre ha estado presente la cuestión de la ocupación del espacio en disputa, ya sea por las potencias europeas o por comunidades autóctonas. Allí se aprecian misiones religiosas, aldeas, pueblos, ciudades, regiones controladas por alguna tribu indígena, a veces, las zonas en que estaban ubicadas las plantaciones de los holandeses, y alguna posta o un fuerte, incluso si estaba abandonado. Los topónimos utilizados en el mapa son una prueba cierta de quiénes estuvieron allí y, a veces, un indicio de quienes fueron los primeros en llegar a un sitio determinado. Sin embargo, los mapas históricos son una categoría especial de mapas, que muestran la evolución de la presencia europea en la región a lo largo del tiempo. Sobre este particular, hay una serie de once mapas, que fueron preparados por el profesor George Lincoln Burr para ilustrar su informe a la Comisión designada en 1896 por el Presidente Cleveland, de los Estados Unidos, para investigar e informar sobre la verdadera línea divisoria entre la República de Venezuela y la Guayana Británica, a la que ya se ha hecho referencia.

Se trata de diez mapas, más uno que sirve de resumen de los anteriores, todos preparados en 1897, de un tamaño de 43 centímetros de alto por 37 centímetros de ancho, con una escala de 1:2.027.520. Estos mapas fueron preparados con la misma base cartográfica, teniendo como autoridades, entre otros, los mapas de Arrowsmith, el Almirantazgo Británico, Chalmers, Codazzi, Hilhouse, la Royal Geographical Society, Sawkins, Schomburgk, y Stanford. Como advierte su autor, ninguno de estos mapas presta atención al territorio situado al oeste del Orinoco o al este del Esequibo, porque no había, respecto del primero, ninguna reclamación holandesa -o inglesa-, y porque respecto del segundo no había ninguna reclamación española, o venezolana.

1. LA OCUPACIÓN EUROPEA EN 1597

Esta serie de mapas comienza con uno relativo a la ocupación europea en 1597,[1113] por ser éste el año del primer viaje de los holandeses a las costas de Guayana, pero sin que a esa fecha hubiera comenzado la ocupación holandesa. Para esa época, no había indicios de una controversia territorial.

2. LA OCUPACIÓN EUROPEA EN 1626

El siguiente es un mapa que intenta mostrar la ocupación europea en 1626,[1114] por ser ese el año de la más temprana ocupación holandesa en la región, y que muestra, marcado en rojo, un puesto holandés en Kykoveral, en una isla fluvial en el río Esequibo. A pesar de la revuelta con la que, en 1568, había comenzado la guerra de Flandes y la lucha por la independencia de los Países Bajos, tampoco, en ese momento, había indicios de una controversia territorial entre España y Holanda.

[1113] Cfr. https://www.davidrumsey.com/luna/servlet/detail/RUMSEY~8~1~203929~3001724:European-Occupation-in-1597-

[1114] Cfr. https://www.davidrumsey.com/luna/servlet/detail/RUMSEY~8~1~203930~3001725:European-Occupation-in-1626-

3. LA OCUPACIÓN EUROPEA EN 1648

Sigue un mapa que presenta la ocupación europea en 1648,[1115] por ser éste el momento de la firma del Tratado de Münster, que puso fin a la Guerra de los Ochenta Años, y que reconoció la independencia de las Provincias Unidas de los Países Bajos. En el artículo III de dicho Tratado, se expresa que cada una de las partes continuará en posesión de las tierras que, a ese momento, tenga bajo su dominio. Asimismo, el artículo V expresa que el rey y las Provincias Unidas permanecerán en posesión y disfrutarán "de las costas de... América" que ya poseen. El Tratado de Münster no había indicado fronteras precisas, y tampoco lo hace este mapa, que sólo muestra el puesto holandés en Kykoveral, para ese momento convertido en un fuerte.

4. LA OCUPACIÓN EUROPEA EN 1674

A continuación, Burr nos ofrece un mapa que muestra la ocupación europea en 1674,[1116] año de la creación de la nueva Compañía de las Indias Occidentales, que sustituyó a la que se había fundado en 1621.

En este mapa se muestran, marcados en rojo, la Colonia de "Nova Zeelandia", sobre los ríos Pomerón y Moruca, indicando que ella habría existido entre los años 1653 y 1665, pero que luego habría sido destruida por los ingleses; asimismo, en la ribera oriental del Pomerón, se observa lo que podría ser un bloque de casas (Huis der Hooghte), Nueva Midelburgo, y el Fuerte Nueva Zelanda. Más al sur, en la margen occidental del río Esequibo, y en la confluencia de los ríos Cuyuní y Mazaruni con el Esequibo, se pueden apreciar algunas escasas plantaciones holandesas, y el Fuerte Kykoveral, indicando que este último habría sido ocupado por los ingleses entre 1865 y 1866.

5. LA OCUPACIÓN EUROPEA EN 1703

El siguiente es un mapa que muestra la ocupación europea en 1703,[1117] año en que -según el autor del mapa- los puestos holandeses habrían llegado más al occidente. De nuevo, se observan plantaciones holandesas en las márgenes del Esequibo y en la confluencia del Mazaruni con el Esequibo; en el río Pomerón se marca un puesto holandés, que habría estado allí entre 1703 y 1705, y, más al norte -casi en la desembocadura del Pomerón-, otro puesto holandés, establecido en 1679, y que en 1700 se trasladó a las orillas del Wacupo, que desemboca frente al Cabo Nassau. Cerca de allí, entre 1686 y 1689, entre el Pomerón y el Moruca, habría estado la Colonia Pomerón, destruida por los franceses. Se hace mención a un refugio construido "en Barima", en 1684, por el Gobernador de la Colonia de Esequibo, para visitas ocasionales, pero cuya ubicación precisa es objeto de especulación, y que Burr sugiere que podría estar en uno de los tres puntos indicados en el mapa, siendo el más occidental uno situado cerca de Punta Barima; al haber sido ocupado por los Caribes y por los franceses, Burr sugiere que probablemente nunca fue visitado. Adicionalmente, al sur de la cordillera de Imataca, en la ribera del río Curumo, se muestra un supuesto ("conjetural") Puesto de control Cuyuní que habría estado operativo entre mayo y septiembre de 1703. En la ribera sur del Orinoco, se

[1115] Cfr. https://www.davidrumsey.com/luna/servlet/detail/RUMSEY~8~1~203931~3001726:European-Occupation-in-1648-

[1116] Cfr. https://www.davidrumsey.com/luna/servlet/detail/RUMSEY~8~1~203932~3001727:European-Occupation-in-1674-

[1117] Cfr.https://www.davidrumsey.com/luna/servlet/detail/RUMSEY~8~1~203933~3001728:European-Occupation-in-1703-

muestra el pueblo español de Santo Tomé de la Guayana, ocupado brevemente por los franceses, en 1685.

Respecto del puesto en el Pomerón (que luego se trasladó al Wacupo), Donís lo describe como "una cabaña, con cuatro o cinco hombres, dos de los cuales generalmente eran indígenas, teniendo como misión controlar el tráfico comercial", agregando que "la posta del Moroco tenía como objetivo controlar el tráfico y evitar la fuga de esclavos hacia el Orinoco."[1118]

6. LA OCUPACIÓN EUROPEA EN 1724

Luego hay un mapa que muestra la ocupación europea en 1724,[1119] el año del comienzo de las misiones capuchinas en Guayana.

En cuanto a la presencia holandesa, esta vez se aprecian solamente el Puesto Wacupo, en frente del Cabo Nassau, el Puesto Pomerón, en la margen del río Pomerón (cerca de su desembocadura), con la indicación de que ya había sido abandonado en 1705, las mismas plantaciones holandesas anteriores, en las márgenes del río Esequibo y en su confluencia con los ríos Cuyuní y Mazaruni, el Fuerte Kykoveral, en una isla fluvial, en la confluencia del Cuyuní y el Mazaruni con el Esequibo, y un fuerte en construcción (Fuerte Zelandia), en la boca del Esequibo, aunque en su costado oriental. Todos esos puntos se encuentran en la ribera izquierda del Esequibo, o muy cerca de éste.

7. LA OCUPACIÓN EUROPEA EN 1756

A continuación, hay un mapa que muestra la ocupación europea en 1756,[1120] y que corresponde a la fecha en que las misiones religiosas españolas habrían alcanzado su mayor expansión en dirección hacia el este de Guayana.

El mapa muestra, en amarillo, unas prospecciones suecas realizadas en Barima, en 1732, pero sin que llegara a haber ningún asentamiento sueco. Más hacia el este, de los holandeses, se muestra un puesto en el Moruca. Las plantaciones holandesas esta vez están más extendidas- en las márgenes del Esequibo, comenzado en su misma desembocadura, siguiendo hasta poco más al sur de la confluencia de los ríos Cuyuní y Mazaruni con el Esequibo, y ocupando algunas islas en la boca del Esequibo. Se muestra, también, el Fuerte Zelanda, en el costado oriental de la boca del Esequibo, el Fuerte Kykoveral, y -en la ribera este del Esequibo- los pueblos de Ampa, en donde hay una iglesia, y el de Cartabo, en la confluencia de los ríos Cuyuní y Mazaruni. En el sur, en la confluencia del Esequibo con el Siparuni, se marca el Puesto Arinda.

Respecto de los españoles, en la ribera del Caroní, en su confluencia con el Orinoco, se muestran las misiones de Murucuri, Aguacagua, y Caroní; siguiendo la margen sur del Orinoco, San Miguel, Amaruca, el primer sitio donde estuvo la misión de Santa María, más al interior, las misiones de Suay y Payaraima, y el pueblo de Santo Tomé de la Guayana, con la advertencia de que fue saqueado por los británicos en 1740. Luego, siguiendo la sierra de Imataca, las misiones de Alta Gracia, Cuoapuy, el segundo sitio donde habría estado la misión de Santa María, Palmar, Divina Pastora, Miamo, Terepi,

---

1118 Cfr. Manuel Alberto Donís Ríos, Evolución histórica de la cartografía en Guayana y su significación en los derechos venezolanos sobre el Esequibo, Biblioteca de la Academia Nacional de la Historia, Caracas, 1987, p. 192.

1119 Cfr. https://www.davidrumsey.com/luna/servlet/detail/RUMSEY~8~1~203934~3001729:European-Occupation-in-1724-

1120 Cfr. https://www.davidrumsey.com/luna/servlet/detail/RUMSEY~8~1~203935~3001730:European-Occupation-in-1756-

Carapo, y, algo más al sur de la referida sierra, Cunuri (destruida por los Caribes en 1750), Tupuquén (destruida por los Caribes en 1750), Mutanambo (destruida por los Caribes en 1750), y Curumo (también destruida por los Caribes en 1750). En la confluencia del río Yuruari con el Aima, se indica el sitio de la misión Yuruari (que podría haber sido el primer sitio de la misión Aima. Avanzando hacia el sureste, en la confluencia del Cuyuní con el Wenamu, se muestra el sitio probable de una misión establecida en 1756, para lo que Burr sugiere ver las cartas del mismo año del encargado del Puesto de Arinda y del Gobernador de la colonia de Esequibo. Poco más al noreste, en la confluencia del Cuyuní con el Curumo, se muestra una misión establecida en 1754, pero que habría sido destruida por los Caribes en el mismo año. Mucho más al este (a unos cien kilómetros al oeste del Esequibo), se marca, con un signo de interrogación, la posible existencia de una misión en Queribura, en el curso del Mazaruni, cerca de las cataratas de Curabiri, establecida en 1756, pero indicando que probablemente fue destruida el mismo año por los holandeses, según cartas -de 1756- del encargado del Puesto de Arinda y del Gobernador de la colonia de Esequibo. También en el este, y más o menos en la misma longitud de la misión anterior, en el extremo inferior del mapa, se muestra, marcada igualmente con un signo de interrogación, una supuesta misión fundada en 1756, en Mawakken, en la parte alta del Siparuni; sobre su carácter conjetural, Burr remite a las cartas, del mismo año, del encargado del Puesto Arinda y de Gobernador de la colonia de Esequibo.

8. LA OCUPACIÓN EUROPEA EN 1772

En esta serie de mapas, sigue uno que muestra la ocupación europea en 1772,[1121] año en el que el control de la colonia de Esequibo pasó de Zeeland a Amsterdan; esto es, de la Compañía de las Indias Occidentales al gobierno de las Provincias Unidas de los Países Bajos.

En el costado izquierdo del mapa, en la ribera sur del Orinoco -marcado en verde, para significar que se trata de posesiones españolas-, aparece el pueblo de Nueva Guayana (Angostura), y luego las misiones de Maruanta, Panapana, y Santa Ana. En el curso del río Caroní, desde su desembocadura en el Orinoco y siguiendo aguas arriba, podemos apreciar la misión Calvario, en la ribera occidental, junto a las cataratas Caroní, y en el lado este, la misión San Joaquín, Caroní, Aguacagua, Murucuri, Caruachi, Guri, y, más al sur, en la confluencia del Caroní con el Paragua, San Pedro. Siguiendo el curso del río Paragua, en un recodo del mismo, se muestra el pueblo de Barceloneta (Paragua). En donde comienza el delta del Orinoco, después del pueblo de la Vieja Guayana, se encuentran las misiones de Uyacoa, Tipurua, y Piacoa, Internándose hacia el sur, en la sierra de Piacoa, se pueden apreciar las misiones de San Antonio, Alta Gracia, Cupapuy, el pueblo de Upata, y la misión de Santa María. En el costado sur de la sierra de Imataca está la misión de Cumano, y, alejándose de la sierra, las misiones de Miamo, Terepi, Carapo, y Guasipati. Junto a un brazo del río Yuruari se muestran las misiones de Tupuquén y Cavallapi, con la indicación de que habrían sido reestablecidas en 1770. Hacia el oeste, en la confluencia del Oronata con el Yuruari, se ubica la misión Divina Pastora, y más hacia el oeste la de Puedpa. Hacia el sur, en la margen izquierda del río Aima, la misión Aima. Más al sur, en la ribera izquierda del río Avechica, está la misión del mismo nombre y, poco más al sur, el sitio en el que hipotéticamente estaba la misión Supama.

Respecto de la ocupación holandesa -marcada en rojo-, en la margen derecha del río Esequibo, se muestra el Fuerte Zelanda, justo en la desembocadura del río, seguida del poblado de Ampa, con su iglesia. Las márgenes del río Esequibo, hasta la confluencia con los ríos Cuyuní y Mazaruni, muestran plantaciones holandesas, aunque más extendidas en la boca misma del río y en

[1121] Cfr. https://www.davidrumsey.com/luna/servlet/detail/RUMSEY~8~1~203936~3001731:European-Occupation-in-1773-

algunas de sus islas. En una isla fluvial (en la confluencia del Esequibo con los ríos Cuyuní y Mazaruni), se muestra el Fuerte Kykoveral, y -en la parte inferior del mapa, en la confluencia del Siparuni con el Esequibo-, el viejo Puesto Arinda, indicando que habría sido removido en 1765 hasta la boca del Rupununi. En la costa, al oeste del Esequibo, en la ribera del río Itabo, se marca la ubicación del Puesto Moruca. Poco más al este, en la desembocadura del río Moruca, en frente de Cabo Nassau, se muestran una casa de vigilancia y una plantación abandonadas, probablemente instalada en 1757, pero abandonada en 1769. Una nota indica que, en 1766, algunos colonizadores holandeses habrían estado viviendo en el costado occidental del río Barima, ostensiblemente para comerciar con los indios; ese mismo año, dos holandeses habrían sido arrestados al lado este del río, y removidos por las autoridades holandesas, que les prohibieron residir en Barima; a pesar de lo anterior, en 1768 y probablemente antes, al menos un colonizador tenía una plantación en ese río; pero, en ese mismo año, las instalaciones y plantaciones holandesas fueron destruidas por los españoles. Al oeste del Esequibo, y a poca distancia de éste, en el curso del Cuyuní, en su confluencia con el Quive-Kuru, a unos 120 kilómetros del Esequibo, se muestra un Puesto Cuyuní, destruido por los españoles en 1758; más hacia el oeste, siempre en la ribera del Cuyuní, se muestra otro Puesto Cuyuní, instalado en 1766, pero abandonado en 1769; éste habría sido el puesto más occidental de los holandeses. Aproximándose al Esequibo, en un recodo del Cuyuní, cerca de los rápidos del Tonoma, hay otro Puesto Cuyuní, instalado en 1769 y abandonado en 1772.

En la réplica del Reino Unido a los argumentos de Venezuela, en el proceso seguido ante el Tribunal arbitral reunido en París, en 1899, se observa que, desde 1686 hasta el término de la presencia holandesa en el Esequibo (salvo por un corto período después de 1783), la región del Pomerón y su paso a través del Moruca tenía un encargado que a veces residía en el Moruca, a veces en el Wakepo, y a veces en el mismo Pomerón.[1122]

Sin contar los espacios que se muestran vacíos en el sur de la región en disputa (particularmente desde el grado 7 de latitud norte hacia el sur), en una extensión de unos 220 kilómetros, de oeste a este, entre la cadena de misiones que va, en dirección sur, de la misión de Cumano a la de Cavallapi (aproximadamente en los 61° y 45' de longitud oeste), un punto en el río Barima, en el norte, y el sitio donde se encontraba el Puesto Cuyuní, en el sur (aproximadamente en los 59° 45' de longitud oeste), hay lo que parece ser un inmenso espacio vacío, sin asentamientos humanos de ningún tipo; pero hay que tener en cuenta que el propósito de Burr era examinar la ocupación europea en la región.

9. LA OCUPACIÓN EUROPEA EN 1796

El siguiente es un mapa que muestra la ocupación europea en 1796,[1123] por ser éste el año en que comenzó la larga ocupación británica de la Guayana holandesa.

Marcado en verde, para significar la presencia española, en el costado izquierdo del mapa, en la ribera sur del Orinoco, se muestra el pueblo de Nueva Guayana (Angostura) y, poco más a la derecha, las misiones de Maruanta y Panapana. Siempre en el curso del Orinoco, en la confluencia con el Caroní, se muestra una batería, y la misión de San Joaquín; más a la derecha, la misión Puga, y luego, casi comenzando el delta del Orinoco, la Vieja Guayana. Hacia el sur del Orinoco, y siguiendo el curso del

---

1122 Cfr. *Boundary between British Guiana and Venezuela. Counter-case presented on the part of the Government of Her Britannic Majesty to the Tribunal of Arbitration constituted under article I of the Treaty concluded at Washington on the 2nd February, 1897, between Her Britannic Majesty and the United States of Venezuela*, Harrison and Sons, London, 1899, p. 66.

1123 Cfr. https://www.davidrumsey.com/luna/servlet/detail/RUMSEY~8~1~203937~3001732:European-Occupation-in-1796-

Caroní, después de San Joaquín, se muestran las misiones de Caroní, Aguacagua (que probablemente ya estaba abandonada), Murucuri, Caruachi, Guri, San Serafín, y San Pedro, en la confluencia con el Paragua. En un recodo del Paragua, el pueblo de Barceloneta (Paragua). Hacia el sureste del Orinoco, en la sierra de Piacoa, el pueblo de Upata, y las misiones de Alta Gracia, San Antonio, Cupapuy, Santa María, y el Palmar. Más al sur, las misiones de Puedpa y Divina Pastora. En la margen izquierda del Yuruari, al sur de Puedpa, la misión Santa Clara y, avanzando hacia el este, Aima y Angel Custodio (un poco al sur de Tupuquén, también en la margen del Yuruari). Más hacia el este, al sur de la cordillera de Imataca, las misiones Cumamo, Miamo, Carapo, Guasipati, y -en la ribera del Yuruari, la misión Tupuquén. La misión que se muestra más al este es Tumeremo; pero, todavía más hacia el este, en la ribera del Cuyuní y en su confluencia con el río Curumo, se muestra un fuerte español, aproximadamente a unos 250 kilómetros del Esequibo.

En este mapa, la presencia holandesa, marcada en rojo, se ha reducido considerablemente. Ahora hay plantaciones solo a ambas orillas de la boca del Esequibo y en las islas mayores del delta, aunque, en el costado occidental, llegan hasta donde está el Puesto del Moruca, en la desembocadura del mismo río. En cuanto a la función de este puesto, en la memoria presentada por el Reino Unido ante el Tribunal arbitral reunido en París en 1899, se expresa que ésta era una estación para interceptar desertores, o esclavos fugados, en la ruta de la costa, y facilitar su captura por los indios caribes, waraos, y arawakas.[1124]

En la margen oriental del Esequibo se muestra el Fuerte Zelanda y, más hacia el este, en la desembocadura del Demerara, Stabroek (hoy, Georgetown). En la parte inferior derecha del mapa, al costado izquierdo del Esequibo, en su confluencia con el Siparuni, se muestra el viejo Puesto Arinda, indicando que el puesto en el Rupununi se mantuvo hasta 1791. En un recodo del Barima, en la intersección con un río sin identificar, se muestra el lugar en el que una expedición española encontró, en 1776, los restos de la plantación de un holandés de la colonia de Esequibo, y que ahora estaba abandonada. En la réplica del Reino Unido a los argumentos de Venezuela en el proceso seguido ante el Tribunal arbitral reunido en París, en 1899, se señala que el puesto en Arinda habría existido hasta fines del siglo XVIII y que -para el momento del arbitraje- todavía quedaban huellas de los dos sitios en que habría estado situado.[1125]

En el centro y en el sur de esta representación cartográfica se aprecia un inmenso vacío, indicando que, para esa fecha, allí no había presencia europea.

10. LA OCUPACIÓN EUROPEA EN 1803

Esta serie continua con un mapa de la ocupación europea en 1803,[1126] cuando la Colonia del Esequibo pasó -de hecho- a los británicos, aunque su territorio no fue cedido formalmente hasta 1814.

1124 Cfr. Boundary between British Guiana and Venezuela. Case presented on the part of the Government of Her Britannic Majesty to the Tribunal of Arbitration constituted under article I of the treaty concluded at Washington, on the 2nd February, 1897, between Her Britannic Majesty and the United States of Venezuela, Harrison and Sons, London, 1899, p. 93.

1125 Cfr. Boundary between British Guiana and Venezuela. Counter-case presented on the part of the Government of Her Britannic Majesty to the Tribunal of Arbitration constituted under article I of the Treaty concluded at Washington on the 2nd February, 1897, between Her Britannic Majesty and the United States of Venezuela, Harrison and Sons, London, 1899, p. 75.

1126 Cfr. https://www.davidrumsey.com/luna/servlet/detail/RUMSEY~8~1~203938~3001733:European-Occupation-in-1803--1814--

Los asentamientos españoles se marcan en verde, y todavía se muestran -en rojo, y bastante disminuidos- lo que serían los asentamientos "holandeses", aunque, de hecho, bajo control de los británicos.

En el lado español, nada parece haber cambiado. Se observan las mismas misiones que en el mapa de 1796, y en el mismo sitio. Sin embargo, han aparecido nuevos poblados, como Sacupana, en un punto en la costa, cerca de la isla de Imataca, y Pagayos, en una de las islas del delta del Orinoco, cerca de la desembocadura del Amacuro. El fuerte español, sigue estando donde antes, en la confluencia del Cuyuní y el Curumo, como el puesto más avanzado hacia el oriente, a unos 250 kilómetros al oeste del Esequibo.

Lo que todavía se marca en rojo, como dominio holandés, se ve muy disminuido. En el extremo inferior derecho del mapa, en la confluencia del Esequibo con el Siparuni, ha desaparecido toda referencia al viejo Puesto Arinda. Se sigue mostrando el Puesto Moruca, en la desembocadura del río del mismo nombre, y se siguen mostrando plantaciones a lo largo de la costa, desde el Moruca hasta la boca del Esequibo, pero sin que se internen aguas arriba. Se sigue mostrando el Fuerte Zelanda, en el costado oriental de la desembocadura del Esequibo, y Stabroek, en el costado oriental de la desembocadura del Demerara. En un río sin identificar, al sureste del Kaituma, se indica un punto en el que, según la tradición indígena, alrededor del año 1800, había un colono, posiblemente holandés, pero no se señala si -para la fecha de confección del mapa- ese sitio todavía estaba habitado, y si, quien lo hacía, cumplía funciones de algún tipo en nombre de algún Estado.

Como en los mapas anteriores de esta misma serie, sigue observándose un gran vacío, tanto en el centro del mapa como en su sección sur. Esos espacios vacíos indican que allí no había presencia europea, que no había manifestaciones de soberanía, o que no había una prueba tangible del despliegue de autoridad por alguna nación europea. Es innecesario observar que no se trataba de lugares remotos, como pudiera ser Groenlandia respecto de Dinamarca y Noruega a comienzos del siglo XX, o como pudiera ser la Isla de Palmas respecto de España u Holanda en esa misma época. Por supuesto, no corresponde a los mapas indicar o especular por qué un territorio parece estar deshabitado, ni tampoco se puede inferir que, por esa circunstancia, el territorio en cuestión fuera terra nullius.

Como condición de una ocupación efectiva, la jurisprudencia internacional ha admitido que el despliegue de autoridad se adapte a la naturaleza del terreno y al tamaño de su población, si es que la hubiere.[1127] En este sentido, Fitzmaurice afirma que, si se demuestra que una zona en disputa -ya sea por contigüidad real o por proximidad- forma parte de una entidad o unidad geográfica, sobre la cual un Estado tiene soberanía en su conjunto, en ciertas condiciones -y dentro de ciertos límites- sería innecesario aportar pruebas específicas de la actividad estatal en relación con la zona en disputa, siempre que dicha actividad constituya ocupación y posesión efectiva, y siempre que se demuestre que la soberanía no puede ejercerse de hecho en todo momento sobre cualquier punto de un territorio.[1128]

La escasez de población, la naturaleza del terreno, el carácter inaccesible de algunos de sus puntos, o incluso la contigüidad geográfica, pueden ser elementos que no requirieran un despliegue palpable de actos de jurisdicción, como ocurrió, en su momento, con numerosos archipiélagos de Oceanía, con algunas islas en las costas de África, o incluso con la Australia ocupada a fines del siglo

---

[1127] Cfr. Permanent Court of International Justice, Legal Status of Eastern Greenland (Denmark v. Norway), Judgment of April 5th, 1933, p. 46. También, Award of the Arbitral Tribunal in the first stage of the proceedings between Eritrea and Yemen - Territorial Sovereignty and Scope of the Dispute (Eritrea and Yemen), Arbitral Award of 9 October 1998, en Reports of International Arbitral Awards, vol. XXII, pp. 209-332, párrafo 239.

[1128] Cfr. Gerald Fitzmaurice, *The Law and Procedure of the International Court of Justice, 1951-4: Points of substantive law. Part II*, en The British Yearbook of International Law, 1955-6, Oxford university Press, London, 1957, p. 73.

XVIII por Gran Bretaña, sin que se pudiera asumir que las partes deshabitadas de ella constituían terra nullius, o que estaban abandonadas. En el caso que nos ocupa, quizás la presencia de uno de los litigantes era más conspicua que la del otro y, tal vez, había un despliegue de la autoridad del Estado que no requería necesariamente la presencia permanente de una población, aunque sí la capacidad de defender el territorio reclamado. En este sentido, se recuerda que, en el caso de la Isla de Palmas -en el que se alegó que en el ejercicio de la soberanía territorial hay necesariamente vacíos, intermitencias en el tiempo, y discontinuidad en el espacio-, refiriéndose a territorios coloniales, en parte deshabitados o en parte aún no sometidos, el laudo expresa que el hecho de que un Estado no pueda demostrar la soberanía con respecto a esa porción del territorio no puede interpretarse apresuradamente, en el sentido de que la soberanía es inexistente. Cada caso debe ser apreciado de acuerdo con sus circunstancias particulares. Por ejemplo, el acto inicial de tomar posesión difícilmente puede extenderse a cada porción del territorio; pero el despliegue de soberanía, como una manifestación continua y prolongada de la autoridad del Estado, debe hacerse sentir a través de todo el territorio.[1129] En el asunto de la Isla de Palmas, el laudo menciona como suficiente que, de acuerdo a las condiciones locales, cualquier Potencia que haya considerado poseer o reclamar soberanía sobre el territorio en disputa haya tenido la posibilidad razonable de establecer la existencia de un estado de cosas de acuerdo a sus derechos reales o presuntos.[1130]

Por otra parte, en sintonía con las conclusiones de Burr, sobre un inmenso territorio que no estaba ocupado por alguna potencia europea, en el laudo arbitral sobre la frontera entre Brasil y la Colonia de la Guayana Británica se expresa que, de la documentación presentada por las partes, no se desprendía que hubiera derechos históricos bien definidos en favor de la soberanía de una u otra de las partes, sino sólo sobre algunas porciones de la región en disputa, por lo que el límite entre ellas no podía fijarse con precisión.[1131]

Por consiguiente, en el asunto que nos ocupa, queda para quien tenga que decidir esta controversia determinar si esa inmensa desolación fue el producto de la falta de interés de los españoles -luego de los venezolanos- o de los holandeses -luego de los ingleses-, o de factores geográficos, climáticos, o de otro tipo, que hacían de ese un inmenso espacio inhóspito, impenetrable y salvaje, en el que era difícil hacer sentir el control y la presencia de una autoridad estatal. Asimismo, queda para las instancias judiciales pertinentes determinar cuál es el efecto jurídico de esa ausencia -real o aparente- de las potencias litigantes en el espacio en disputa, respecto de los títulos jurídicos que puedan alegar unos u otros.

De los once mapas preparados por el profesor Burr, si bien éste no es el que cierra la serie, sí es el último que muestra un período preciso de la historia de la región, y el más cercano al inicio de la controversia que nos ocupa, que estalló veintiséis años después. Por eso, para los efectos de ilustrar lo que está planteado en esta controversia, es importante reproducir este mapa, que muestra la ocupación europea en 1803, y que, en los hechos, ilustra la situación existente en 1814, al momento de la cesión de los asentamientos de Berbice, Demerara y Esequibo por parte de Holanda a Gran Bretaña.

1129 Cfr. *Island of Palmas Case* (Netherlands / USA), Max Huber, Arbitrator, Award 4 April 1928, en Reports of International Arbitral Awards, Vol. II, pp. 829-871, p. 855.

1130 Cfr. Ibid, p. 867.

1131 Cfr. Award of His Majesty the King of Italy with regard to the boundary between the Colony of British Guiana and the United States of Brazil, given at Rome, June 6, 1904, en Reports of International Arbitral Awards, vol. XI, pp. 11 – 23, en pág. 22.

Mapa de la ocupación europea en 1803,
https://www.davidrumsey.com/luna/servlet/detail/RUMSEY~8~1~203938~3001733:European-Occupation-in-1803--1814--

11. LA OCUPACIÓN EUROPEA DE 1597 A 1803 (1814)

Cerrando la serie de mapas que muestran la historia de la ocupación europea, el profesor Burr nos ofrece un mapa que pretende ser una recapitulación de todos los anteriores, mostrando en verde todos los asentamientos que, en algún momento, tuvieron los españoles en la zona en disputa, y en rojo los asentamientos que, en algún momento, tuvieron los holandeses en dicha región. Se muestra también, en amarillo, los sitios en que -en 1689- se supone que habrían estado los franceses, y el sitio de las prospecciones realizadas por los suecos, en 1732, aunque sin llegar a establecerse allí o en otro sitio de la región. En cada caso, se señala el momento en que se creó tal o cual asentamiento y, de ser el caso, el momento en que fue abandonado o destruido, o si éste seguía ocupado en 1803.

El mapa muestra que la batería española situada en la confluencia del Caroní con el Orinoco, construida en 1596 como una ciudadela, habría sido fortificada desde 1773. Asimismo, se indican algunos desplazamientos de las misiones capuchinas, y el cambio de nombre experimentado por Santo Tomé, luego la Vieja Guayana. Como dato interesante, se puede apreciar que la misión en Queribura, en la ribera sur del Mazaruni, en frente de las cataratas Curabiri, habría sido el establecimiento español situado más al este, a unos 100 kilómetros del Esequibo. Además, el Fuerte Kykoveral, construido en 1597 en una isla fluvial en el Esequibo, se marca con verde, como si fuera español, aunque con un signo de interrogación, porque, al momento de su construcción, Holanda (Flandes) todavía era parte del Imperio Español. Se menciona que, en 1684, en algún lugar "en Barima", los holandeses tenían un refugio; pero también se indica el punto hasta el que habrían llegado sus plantaciones -en la margen del Cuyuní y su confluencia con el Esequibo-, y se advierte que la existencia de plantaciones en el Mazaruni es puramente hipotética.

Como otro dato digno de resaltar, en este mapa se indica que dos colonias holandesas sobre el Pomerón y el Moruca, la Colonia de Nueva Zelanda, fundada en 1658, se abandonó en 1665, y la colonia que la sustituyó, la Colonia de Pomerón, fundada en 1686, terminó su existencia en 1689.

Se muestra que hubo asentamientos en el curso del Pomerón, pero todos de corta existencia: Huis der Hooghte, entre 1658 y 1665, el Puesto Pomerón, entre 1703 y 1705, y Nueva Midelburgo, entre 1656 y 1665. Los holandeses habían incursionado hacia el oeste del Esequibo, con instalaciones militares en la región del Pomerón, donde apostaron el primer Fuerte Nueva Zelanda, entre 1658 y 1665, y se observa que se retiraron hacia el este, construyendo un segundo Fuerte Zelanda, en 1720, pero esta vez en la margen oriental de la boca del Esequibo; ese fuerte duró menos de un siglo, sólo hasta 1803. Pero no hay evidencia de que los holandeses, hasta 1803 -según este mapa-, hayan estado en posesión del territorio actualmente en disputa. Según Donís, el puesto en el Pomerón fue abandonado en 1689, cuando, después de un ataque de los franceses y los caribes, la Compañía de las Indias Occidentales decidió que todo lo que había traído se trasladara a Esequibo, pero dejando tres hombres para mantener su posesión en el Pomerón.[1132]

Se trata de un mapa salpicado de testimonios e información, que ofrece una visión global de la historia de la ocupación europea en la región hoy en disputa, mostrando los cambios ocurridos entre 1597 y 1803. Allí se muestran los avances y retrocesos de cada una de las partes en la conquista y ocupación del territorio, al igual que las áreas que tradicionalmente estuvieron vacías. Por eso, y por provenir de un experto independiente, este mapa no puede faltar en un atlas del espacio en cuestión, y debe ser analizado con especial detenimiento.

[1132] Cfr. Manuel Alberto Donís Ríos, *Evolución histórica de la cartografía en Guayana y su significación en los derechos venezolanos sobre el Esequibo*, Biblioteca de la Academia Nacional de la Historia, Caracas, 1987, p. 12.

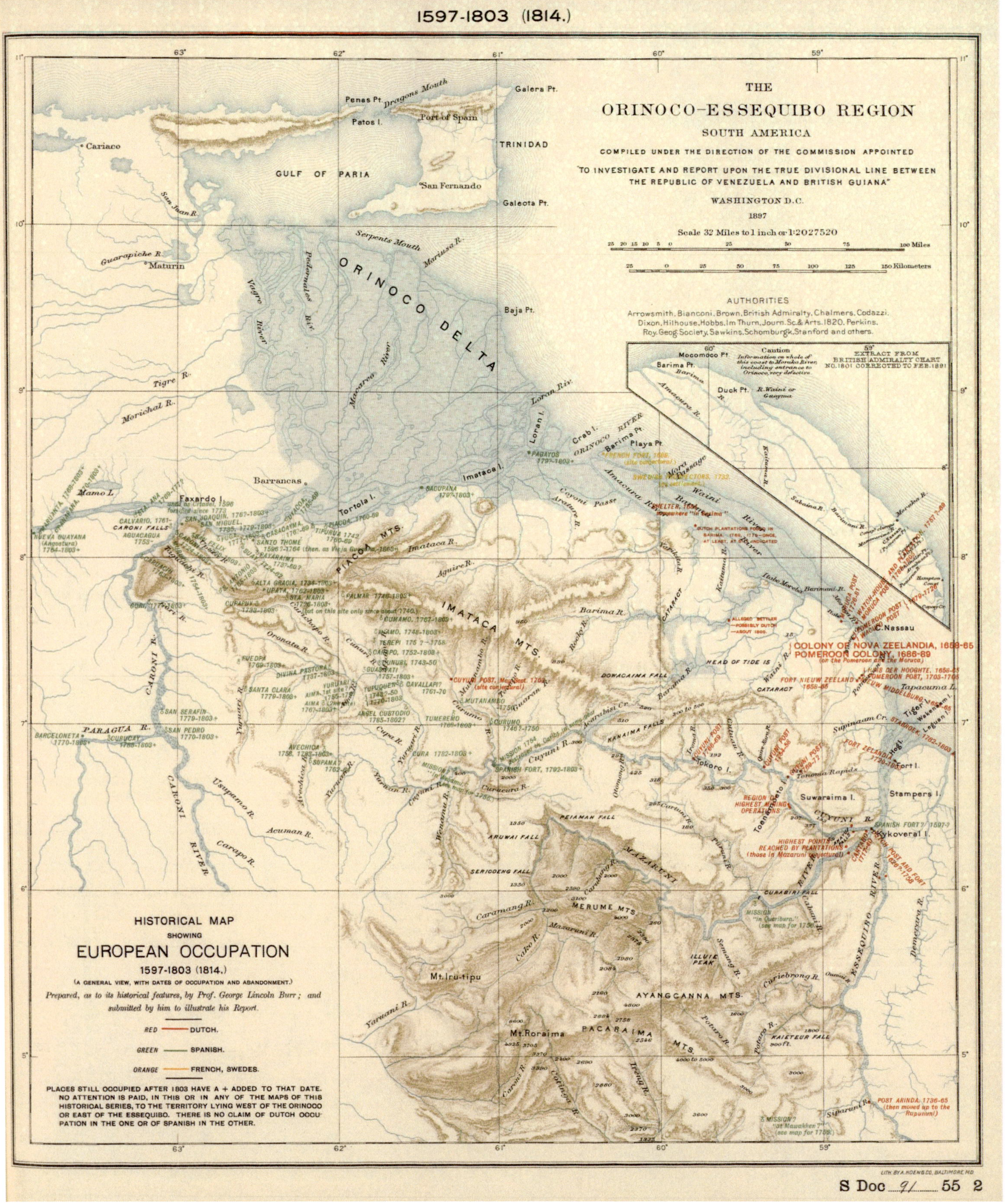

Mapa de la ocupación europea entre 1597 y 1803 (1814)

https://www.davidrumsey.com/luna/servlet/detail/RUMSEY~8~1~203939~3001734:Grand-View-of-European-Occupation

X. LAS LÍNEAS DE COMPROMISO

A pesar de sus reclamaciones antagónicas, en el curso de esta controversia, las partes llegaron a proponer algunas líneas de compromiso, las cuales se muestran en mapas.

Parece innecesario subrayar que, desde el punto de vista jurídico, no es lo mismo una frontera reclamada por una u otra de las partes, o la admisión de la frontera reclamada por la contraparte, que una línea de compromiso, propuesta para resolver la controversia. La frontera reclamada es la que cada una de las partes considera que en Derecho le corresponde, marcando los límites de lo que es su territorio; la discrepancia entre dos Estados vecinos en cuanto a cuál es esa línea de frontera es lo que ha hecho surgir esta controversia territorial. Otra cosa es que una de las partes no tenga claro cuál es su frontera y, a lo largo de los años, haya hecho reclamaciones diferentes. Por el contrario, las líneas de compromiso no tienen una base jurídica, sino que son concesiones que hace una de las partes -cediendo en su reclamación o partiendo la diferencia- con el afán de lograr un arreglo práctico de la controversia; por consiguiente, de no ser aceptadas por la contraparte, dichas propuestas no pueden tener consecuencias jurídicas, no son el equivalente a la frontera reconocida por el Estado en un mapa, y no pueden servir de base para un estoppel. En este sentido, el Reino Unido sostuvo, ante el Tribunal arbitral reunido en París en 1899, que las propuestas que se habían hecho en la correspondencia diplomática para un arreglo de la controversia no debían ser tomadas en consideración por los árbitros en la determinación de la frontera, puesto que no constituían un reconocimiento de derechos de una u otra parte, y se trataba de propuestas de compromiso, en las que no se insistía en los derechos respectivos.[1133]

En sintonía con el argumento británico, en el caso de la Fabrica en Chorzów, la Corte Permanente de Justicia Internacional expresó que ella no podía tener en cuenta declaraciones, admisiones, o propuestas que las partes hubieran hecho durante las negociaciones directas entre ellas, si tales negociaciones no habían conducido a un acuerdo completo.[1134] De acuerdo con la jurisprudencia, ésta es una práctica común y loable, que es esencial en las negociaciones, según la cual las partes en una controversia, tras haber presentado cada una sus alegaciones de principio, que son las que definen el alcance de la controversia, proceden a proponer concesiones mutuas, con miras a alcanzar una solución; pero si no se llega a un acuerdo, ninguna de las partes puede ser obligada a cumplir dichas concesiones, a menos que eso reflejara un entendimiento común de las partes en cuanto a la frontera internacional.[1135]

Cuando se ha buscado un arreglo negociado, esas líneas de compromiso muestran las propuestas de cada una de las partes, indicando hasta dónde es que ellas estaban dispuestas a ceder. Pero, en el presente caso, habrá que establecer si una línea de frontera corresponde a una frontera reclamada por una de las partes, a lo que se asumía que era la frontera común, o a una propuesta de negociación.

1133 Cfr. Boundary between British Guiana and Venezuela. Argument presented on the part of the Government of Her Britannic Majesty to the Tribunal of Arbitration constituted under article I of the Treaty concluded at Washington on the 2nd February, 1897, between Her Britannic Majesty and the United States of Venezuela, Harrison and Sons, London, 1899, p. 3.

1134 Cfr. Permanente Court of International Justice, German Interests in Polish Upper Silesia and the Factory at Chorzów (Germany v. Poland), Judgment N° 13 (Indemnity), September 13, 1928 (Series A, N° 17), Consultado en Manley O. Hudson, World Court Reports, A Collection of the Judgments, orders and opinions of the Permanent Court of International Justice, Oceana publications, Inc., Dobbs Ferry, New York, 1969, vol. I, pp. 646-691. La cita corresponde a la página 680.

1135 Cfr. International Court of Justice, *Land, Island and Maritime Frontier Dispute* (El Salvador / Honduras: Nicaragua intervening), Judgment of 11 September 1992, párrafo 73.

LONGITUD AL ESTE DEL MERIDIANO DE CARACAS
RIO ORINOCO
RIO CARONI
SIERRA IMATACA
CARTA COROGRAFICA
DE LAS REGIONES DEL
ESEQUIBO, CUYUNI
Y AMACURO
1896
EDICION OFICIAL
LONGITUD AL OESTE DEL

Carta Corográfica de 1896.

Fundación Guayana Esequiba
Carta Corográfica 1896

En el presente caso, hay dos Cartas inmediatamente anteriores al Laudo de París, la primera de 1896 y la segunda de 1897, que muestran las fronteras reclamadas y las líneas de compromiso que, a lo largo de esta controversia, fueron presentadas por Venezuela o Gran Bretaña. La primera es la Carta corográfica de las regiones Esequibo, Cuyuní y Amacuro, 1896, preparada por Venezuela. La segunda es el mapa de la región Orinoco – Esequibo, compilado bajo la dirección de la Comisión designada por el Presidente Cleveland, de los Estados Unidos, para investigar e informar sobre la verdadera línea divisoria entre la República de Venezuela y la Guayana Británica. Obviamente, las fronteras reclamadas eran incompatibles entre sí. Respecto de las líneas de compromiso, trazadas sobre una misma base cartográfica, ellas muestran hasta dónde Gran Bretaña y Venezuela habrían estado dispuestas a ceder territorio para resolver esta controversia. Como ninguna de ellas fue aceptada por la contraparte, las concesiones ofrecidas carecen de efectos jurídicos. Sin embargo, si alguna de esas "propuestas" correspondiera a una línea de máxima reclamación, tendría el efecto de impedir que la parte que la formuló pudiera obtener más que lo reclamado.

El mapa -o Carta- oficial del Gobierno de Venezuela, titulado Carta corográfica de las regiones Esequibo, Cuyuní y Amacuro, 1896, tiene la particularidad de que recopila todas las líneas de reclamación o de compromiso que, en algún momento, fueron presentadas por las partes. Se trata de una edición arreglada y dirigida por Manuel Cipriano Pérez, ingeniero a las órdenes del Ministerio de Obras Públicas, conforme a los datos del general Francisco Chartier y otros exploradores, compilados por el Ministerio de Relaciones Interiores. Este mapa fue publicado en 1962, por el Ministerio de Relaciones Interiores de Venezuela.

Con distintas formas y colores, allí están las propuestas del Reino Unido y de Venezuela. Entre las primeras, se incluye la "línea primitiva de Schomburgk", de 1840, la línea de Aberdeen, propuesta en 1844, lo que allí se llama la línea de "extrema pretensión" británica, de 1880, la línea propuesta por Granville en 1881, una primera línea propuesta por Rosebery, en 1886, lo que se presenta como "la línea alterada de Schomburgk" (que es la línea de la frontera reclamada por el Ministerio de Colonias, en su mapa de diciembre de 1886), la línea propuesta por Salisbury, en 1890 (aquí llamada la línea "caprichosa de arbitraje"), la línea propuesta por Sanderson, en 1890, y una segunda línea "caprichosa de arbitraje" propuesta por Rosebery, en 1893, menos generosa que la primera. Entre las propuestas de Venezuela, allí está la línea presentada por Fortique, en 1844, la línea propuesta por el Consejo de Gobierno, de 1844, que es la misma línea de Viso, de 1880, y la línea de compromiso de Rojas, de 1881. Adicionalmente, se inserta una línea de cruces, que marcaría el "límite actual aproximado", se supone que a la fecha de publicación del mapa (1962), teniendo en cuenta lo dispuesto por el laudo de París.

En orden cronológico, para apreciar la forma en que se avanzaba o se retrocedía en esas negociaciones, tenemos: la "línea primitiva de Schomburgk", de 1840, la línea presentada por Fortique, en 1844, la propuesta de Aberdeen, de 1844, la contrapropuesta del Consejo de Gobierno de Venezuela, de 1844, seguida de un largo silencio, la propuesta de Viso, de 1880 (que es la misma que la anterior), la línea propuesta por Granville, en 1881, la propuesta de Rojas, de 1881, una primera línea "propuesta" por Rosebery, en 1886, la propuesta de Sanderson, de 1890, y una segunda línea sugerida por Rosebery, en 1893, retrocediendo respecto de su propuesta anterior.

Esta Carta coincide, en lo esencial, con el mapa de la región Orinoco – Esequibo, compilado bajo la dirección de la Comisión designada por el Presidente Cleveland, de los Estados Unidos, para investigar e informar sobre la verdadera línea divisoria entre la República de Venezuela y la Guayana Británica. Este último fue publicado en Washington, en 1897, como el mapa de las líneas de frontera propuestas o reclamadas ("proposed or claimed"). Según indica la cartela, este mapa está basado en

Arrowsmith, Bianconi, Brown, el Almirantazgo Británico, Chalmers, Codazzi, Dixon, Hilhouse, Hobbs, Perkins, la Royal Geographical Society, Sawkins, Schomburgk, Stanford, "y otros".

La Carta corográfica de 1896 es de tamaño regular, de 70 centímetros de ancho por 54 centímetros de alto, y el mapa de la Comisión Cleveland es algo más pequeño, de 43 centímetros de alto por 37 centímetros de ancho.

En cuanto a asentamientos humanos, la Carta corográfica de 1896 es más detallada que el mapa de la Comisión Cleveland, que los omite casi por completo, con la excepción de Ciudad Bolívar, Soledad, Barrancas, Georgetown, un fuerte justo al sur de Georgetown, y la ubicación del fuerte de Kykoveral. Sin embargo, el mapa de la Comisión Cleveland es más minucioso en la descripción de la geografía y en la indicación de los ríos, las cataratas, el estuario del Orinoco, las cadenas de montaña (incluyendo la indicación de su altitud), y las planicies.

A diferencia de la Carta Corográfica de las regiones del Esequibo, Cuyuní y Amacuro, de 1896, el mapa de la Comisión Cleveland no incluye la línea de Schomburgk, de 1840, ni la línea propuesta por Salisbury, en 1890. Sin embargo, se agrega "la línea de Schomburgk, de 1875", en la forma publicada en el Mapa Colonial de la Guayana Británica, de 1875,[1136] y la mal llamada "línea de Schomburgk de 1887", publicada en el Mapa Colonial de la Guayana Británica, enmendado en 1887. Ya sea con una línea verde (la Carta Corográfica preparada por Venezuela) o con un espacio rellenado con puntos verdes (el mapa de la Comisión Cleveland), ambas incluyen territorios situados fuera de la línea de Schomburgk, respecto de los cuales el Primer Ministro Salisbury había ofrecido arbitraje, en 1890. Las líneas propuestas o reclamadas están basadas en mapas oficiales de Gran Bretaña o Venezuela. En la Carta de la Comisión Cleveland se pueden apreciar más nítidamente las distintas líneas de frontera.[1137]

En la Carta corográfica de 1896 se aprecian doce estaciones de policía de Venezuela, cuatro de ellas en el río Amacuro, una en una de las islas situadas en la desembocadura del Orinoco, siete en la parte oeste del río Cuyuní (la más occidental, en su confluencia con el río Acarabisi), tres en la confluencia con el río Yruán, y -en la parte sur, en la cabecera de dicho río-, dos estaciones de policía que estaban "en proyecto", o "en exploración". En el curso del Cuyuní, en su ribera oriental, al otro lado del pueblo de El Dorado, se indica una "casa habitada por ingleses", y muy poco más al noreste, en la ribera suroriental del Cuyuní, otra "casa habitada por ingleses".

De las líneas de frontera propuestas por Venezuela, la de Fortique (1844), marcada como una línea continua, con un trazo grueso y en color negro, es la más visible. Esta línea comienza en la boca oriental del Esequibo y se extiende río arriba, hasta un punto indeterminado, que en el mapa termina antes de llegar al Rupununi, y que tampoco muestra cómo es que esa frontera se proyecta en el sureste de Venezuela. Al igual que la línea de Schomburgk -que el gobierno británico había hecho suya-, la línea de Fortique no es una línea de compromiso, sino la frontera reclamada por Venezuela, del mismo modo que la línea de Schomburgk era la frontera reclamada por el Reino Unido. En ambos casos se trata de fronteras reclamadas, y no de líneas de compromiso. Lo mismo puede decirse de "la línea de Schomburgk, de 1875" en la forma publicada en el Mapa Colonial de la Guayana Británica, de 1875 (incorporada en el mapa de la Comisión Cleveland), de la línea de Granville, de 1881, que corresponde,

---

1136 Se recuerda que Schomburgk había fallecido en 1865, y que éste es el mapa Stanford.

1137 En un pequeño recuadro, que muestra la parte de la costa que va desde Punta Barima hasta Hampton Court (al sureste del río Pomerón, y prácticamente en la desembocadura del río Esequibo), se advierte que la información sobre esta parte de la costa, desde el río Moroco hasta la entrada del Orinoco, es muy deficiente ("*Information on whole of this coast to Moruka River, including entrance to Orinoco, very defective.*"). Sin embargo, esa circunstancia parece no haber afectado el trazado de las distintas líneas de frontera.

en lo esencial, a la línea del mapa de Hebert, de 1842, de la mal llamada "línea de Schomburgk de 1887" (también incorporada en el mapa de la Comisión Cleveland), de la línea de arbitraje de Salisbury (1890), que incursionó en territorios reconocidos previamente como venezolanos, cuya titularidad nunca antes había sido discutida por el Gobierno británico, y de la segunda línea de Rosebery, de 1893.

Respecto de las líneas de compromiso, las concesiones que suponían cada una de ellas tienen que ser vistas en función del territorio reclamado previamente por la parte que hacía esa concesión. Si no hay un retroceso en el territorio previamente reclamado, no se puede hablar de una línea de compromiso, sino de una nueva línea de reclamación o de frontera.

La línea del Consejo, de 1844, que coincide con la de Viso, de 1880, marcada con una fina doble línea continua, comienza en la desembocadura del río Moroco, frente del Cabo Nassau, sigue un corto trecho en sentido horizontal, hacia el oeste, se desvía en una corta línea recta oblicua, siempre hacia el oeste, cambia a otra línea oblicua con un ángulo mayor, hasta llegar al grado 7 de latitud norte, punto a partir del cual desciende hacia el sur, en una línea recta vertical -a 59 grados y algunos minutos al oeste de Greenwich- hasta un punto indeterminado en el sur. Puesto que la frontera reclamada por Venezuela era el curso del río Esequibo, estas líneas, que -en su punto más ancho- se retiraban alrededor de 100 kilómetros al oeste del Esequibo, significaban una renuncia a una porción considerable del territorio reclamado, y pueden caracterizarse como líneas de compromiso.

La línea de Rojas (1881), mostrada en el mapa con una triple línea continua muy delgada, casi imperceptible, comienza en el mismo punto que la línea del Consejo de Gobierno (1844) -luego la línea de Viso (1880)-, en la desembocadura del río Moroco, en frente del Cabo Nassau. De allí, sin seguir ningún accidente natural, se extiende en línea recta horizontal, hasta el grado 60 de longitud oeste. En ese punto, sin seguir ningún accidente natural, desciende, en línea recta vertical, hasta la parte inferior del mapa, al sureste de la Sierra Pacaraima. La línea de Rojas fue formulada por José María Rojas cuando éste era Ministro Plenipotenciario de Venezuela en Londres, sin seguir u obedecer instrucciones del Gobierno de Venezuela, por lo que éste lo desautorizó y le ordenó que retirara dicha propuesta; Rojas prefirió renunciar a su cargo, sin acatar esa orden. Sin embargo, el Gobierno de Venezuela tampoco retiró esa propuesta.

En estas dos Cartas, las líneas del Consejo de Gobierno -igual a la de Viso-, y la línea de Rojas -con un trazado y un color muy tenue, que las hace difícilmente visibles a simple vista-, reflejan que Venezuela era quien estaba dispuesta a renunciar a una mayor parte del territorio reclamado como suyo. La línea del Consejo y de Viso, en su punto más ancho (frente a Bártika), se alejaba aproximadamente 100 kilómetros al oeste del Esequibo, y la de Rojas unos 170 kilómetros.

Las distintas líneas de frontera propuestas por Gran Bretaña no pueden ser tenidas como verdaderas líneas de compromiso, puesto que no hay ninguna concesión que implicara un retroceso respecto de la frontera antes reclamada, sino que, curiosamente, se trata de reclamaciones territoriales situadas cada vez más al occidente de la frontera originalmente reclamada según el mapa publicado en 1840 en los Papeles del Parlamento.

En la propuesta de Granville, de 1881, se hace expresa mención del "mapa original de Schomburgk" y de "la línea de frontera propuesta por Schomburgk". Sin embargo, según señala el propio gobierno británico, el mapa ilustrando esa frontera que fue enviado al gobierno de Venezuela es una versión reducida del mapa de Hebert,[1138] de 1842, que se extendía en territorios que Schomburgk había considerado como indiscutiblemente venezolanos.

[1138] Cfr. Boundary between British Guiana and Venezuela. Case presented on the part of the Government of Her Britannic Majesty to the Tribunal of Arbitration constituted under article I of the treaty concluded at Washington, on the 2nd

La primera línea de Rosebery, de 1886, en color gris y en forma ondulada, y la línea de Aberdeen (1844), marcada en color amarillo, eran las más generosas de los ingleses. Pero, si éstas eran ofrecidas como una solución de compromiso, era un compromiso bastante extraño pues, por lo menos en parte, ambas se extendían al oeste de la línea de Schomburgk. La primera línea de Rosebery, representada por una línea recta, en forma ondulada -que va desde la desembocadura del río Amacuro hasta el monte Roraima- concedía a Venezuela una ínfima porción territorial entre la desembocadura del Amacuro y la conjunción de esta línea con el río Acarabisi; pero, a partir de allí y hasta el monte Roraima, se reclamaba como británico un extenso territorio situado al oeste de la línea Schomburgk. En el caso de la línea de Aberdeen, salvo una pequeña porción en la parte norte, que se reconocía como territorio venezolano, a partir del grado 60° de longitud, la frontera se extendía más allá de la línea de Schomburgk, reclamando un inmenso territorio que previamente se había aceptado que pertenecía a Venezuela. La línea de Aberdeen parte en el mismo punto que las líneas venezolanas del Consejo, de Viso, y de Rojas, extendiéndose en una recta horizontal hasta la confluencia de los ríos Guaima y Barama (sic), punto a partir del cual sigue el curso de este último, hasta el río Acarabisi, y luego conecta con el río Cuyuní, para seguir su curso hasta su fuente, en la sierra Rinocote, incursionando más allá de la línea Schomburgk. En ambos casos, se trataba, en realidad, de nuevas líneas de frontera, más ambiciosas que la de Schomburgk.

Respecto de la línea ondulada de Rosebery de 1886, marcada en color gris, debe decirse que, a partir de las propuestas de Granville y de Rojas -ambas de 1881- ésta sugería que el territorio en disputa era el territorio situado entre ellas, y que era entre esas líneas que un árbitro o una Comisión conjunta debía trazar la frontera, sobre la base de una división igualitaria, prestando atención a las fronteras naturales. Sin embargo, en ésta se extienden las pretensiones inglesas más allá de lo reclamado hasta ese momento. Esta línea comenzaba en la desembocadura del río Guaima, y se extendía, en dirección oblicua, hasta un punto en el cerro Irutibú, en la sierra Rinocote, que en el mapa de fronteras reclamadas o propuestas de la Comisión Cleveland se muestra como el monte Roraima. De nuevo, no hay una renuncia a territorios que en el mapa de Schomburgk se consideraban británicos, ni tampoco una renuncia a territorios reclamados como británicos en la propuesta de Aberdeen, sino una nueva reclamación territorial, más ambiciosa que las anteriores.

La línea de Granville (1881) corresponde, en lo esencial, a la línea del mapa de Hebert, de 1842; de manera que, más que una línea de compromiso, parece una línea de la frontera reclamada por Gran Bretaña. Tampoco hay aquí ninguna concesión respecto de la frontera reclamada trazada en el mapa de Schomburgk, sino una nueva extensión de las pretensiones británicas.

La línea de arbitraje de Salisbury (1890), marcada con una línea continua, en color verde, se apartaba considerablemente de la línea de Schomburgk y de todas las anteriores, incursionando en territorios tradicionalmente considerados venezolanos, cuya titularidad nunca antes había sido discutida por el Gobierno británico. Esa línea no tiene ningún precedente, no es una línea de compromiso, y no ha sido tomada con seriedad.

February, 1897, between Her Britannic Majesty and the United States of Venezuela, Harrison and Sons, London, 1899, p. 145.

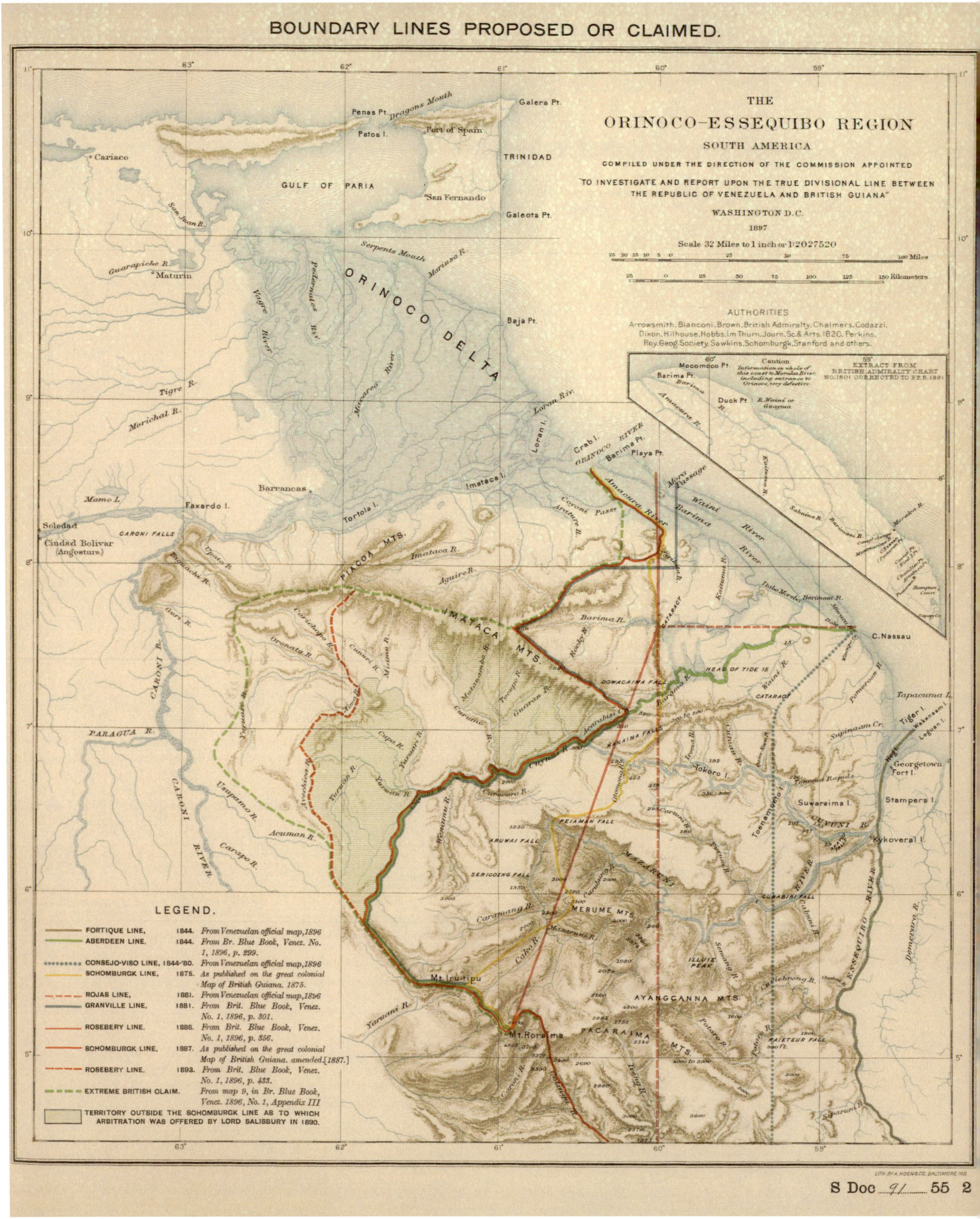

Mapa de la Comisión Cleveland

https://www.davidrumsey.com/luna/servlet/detail/RUMSEY~8~1~203924~3001803:Boundaries-Claimed-or-Proposed-?sort=pub_list_no_initialsort%2Cpub_date%2Cpub_list_no%2Cseries_no&qvq=q:Schomburgk;sort:pub_list_no_initialsort%2Cpub_date%2Cpub_list_no%2Cseries_no;lc:RUMSEY~8~1&mi=7&trs=86

La segunda línea de Rosebery (1893) escasamente es más modesta que la línea de Salisbury; en realidad, en la parte norte va todavía más lejos que la línea de Salisbury, llegando hasta el río Cumamo, y reclamando poblados venezolanos como Tumeremo, El Dorado, Cumamo, Miamo, Guasipati, y El Callao. Respecto de la línea de Schomburgk, en su punto más ancho, la línea de Rosebery se aparta más de doscientos kilómetros hacia el occidente. De manera que tampoco había aquí ningún tipo de concesión territorial respecto de la línea trazada por Schomburgk, o por otras de las líneas de compromiso comentadas aquí, excepto la línea de Salisbury.[1139]

En el mapa del gobierno de Venezuela, la línea de Salisbury (de 1890) y la segunda línea de Rosebery (de 1893), son calificadas como líneas "caprichosas de arbitraje". Pero lo cierto es que todas las propuestas de líneas de frontera recta -incluyendo las líneas del Consejo, de Viso, y de Rojas-, son "caprichosas", en el sentido de que no siguen accidentes naturales, como el curso de un río o una cadena de montañas. Tampoco puede perderse de vista que, para el momento en que se propusieron esas líneas, no había un compromiso arbitral y, en principio, esas líneas eran propuestas de negociación.

XI. LA LÍNEA DEL LAUDO DE PARÍS

El 3 de octubre de 1899, el Tribunal arbitral reunido en París, para determinar la frontera entre Venezuela y la Colonia de Guayana Británica, dictó su laudo,[1140] en el que decidió que la línea limítrofe entre ambos países sería la siguiente:

> "Principiando en la Costa a la Punta Playa la línea de demarcación correrá por línea recta a la confluencia del Río Barima con el Río Mururuma, y continuará por el medio de la corriente de este Río hasta su fuente, y de este punto a la unión del Río Haiowa con el Amacuro, y continuará por el medio de la corriente del Amacuro hasta su fuente en la Sierra Imataca, y de allí al Sudoeste por la cima más alta del Espolón de la Sierra Imataca hasta el punto más elevado de la Cordillera Principal, al Sudeste, hasta la fuente del Acarabisi, y de este punto continuará por el medio de la corriente de este Río hasta el Cuyuní, y de allá correrá por la orilla septentrional del Río Cuyuní al Oeste hasta su confluencia en el Wenamu, y de este punto seguirá el medio de la corriente del Wenamu hasta su fuente más occidental, y de este punto por línea recta a la cumbre del Monte Roraima, y del Monte Roraima a la Fuente del Cotinga, y continuará por el medio de la corriente de este Río hasta su unión con el Takutu, y seguirá el medio de la corriente del Takutu hasta su fuente, y de este punto por línea recta al punto más occidental de la Sierra Akarai, continuará por la cúspide de la Sierra Akarai hasta la fuente del Corentín llamado Río Cutari. Queda siempre entendido que la línea de demarcación establecida por este fallo existe sin perjuicio y con reserva de cualquier cuestión que ahora exista o que ocurriese para determinación entre los Estados Unidos de Venezuela y la República del Brasil o entre esta República y el Gobierno de Su Majestad."

1139 Cfr. Andrew Carnegie, *The Venezuelan Question*, en The North American Review, vol. 162. N° 471, February 1896, pp. 131 a 134. "She begins modestly by claiming a boundary; Venezuela requests her to submit her claims to arbitration; this is refused; the matter rests awhile, when it appears that the boundary of England has been shifted a good deal and embraces more territory adjoining Venezuela; another remonstrance from Venezuela, and another rest. When the question revives, Britain discovers she was mistaken again and did not claim enough, and her third claim extends far beyond the second. Finally, there is a fourth line drawn which reaches over valuable auriferous deposits, and really lands Great Britain on the banks of the Orinoco." Ibid., pp. 133 y s.

1140 Cfr. *Award regarding the Boundary between the Colony of British Guiana and the United States of Venezuela*, Decision of 3 October 1899, en Reports of International Arbitral Awards, vol. XXVIII, pp. 331-340.

Mapa que muestra la línea del laudo https://www.loc.gov/resource/gdcwdl.wdl_11328/?r=-1.006,-0.092,3.012,1.77,0

El laudo no dice qué evidencia, y qué consideraciones, tuvo en cuenta para determinar la línea de frontera escogida por el Tribunal; no se hace una evaluación de los mapas presentados por las partes, ni se indica cuáles fueron tenidos por buenos, y por qué, o qué otra evidencia se tuvo en cuenta para determinar que esa era la frontera, y no otra. A la línea limítrofe señalada por el laudo se llegó sin tener en cuenta un mapa particular, y sin preparar un mapa que sirviera para ilustrar gráficamente la frontera descrita verbalmente. Por supuesto, si la frontera ha sido descrita de manera suficientemente precisa, es irrelevante lo que después puedan decir los cartógrafos.

Sin embargo, puesto que lo que está en discusión es precisamente la validez del laudo de París, si se determina que éste es nulo, la frontera fijada por el mismo carece enteramente de valor, y debe determinarse cuál es la línea que separa a ambos países. Si el laudo es válido, la frontera es la señalada por éste; pero si el laudo es nulo, la frontera fijada por éste es una mera curiosidad histórica. Como quiera que sea, un mapa que muestre la frontera fijada por el laudo será de utilidad, ya sea para enseñar lo que es una frontera de jure, o para mostrar un extraño producto de la jurisprudencia internacional. Es en ese entendido que éste se presenta a continuación.

Este autor no conoce un mapa con la línea del laudo que no sea la que se representa en los mapas de las partes en esta controversia, junto con otros mapas de Guayana, incluyendo uno que reposa en la Biblioteca del Congreso de los Estados Unidos.[1141] Desde 1905, en los mapas de Venezuela y en los mapas de la Colonia de Guyana Británica, primero, y desde 1966, en los mapas de la Guayana independiente, se ha mostrado, como línea de frontera, la indicada por el laudo de París. Desde 1965 hasta 2012, Venezuela continuó utilizando esa línea, pero marcó, con rayas oblicuas, toda la zona situada entre ella y el río Esequibo como "*Territorio en reclamación*". En 2012 apareció una versión sin las rayas oblicuas, pero estas se volvieron a incorporar en 2018. El 5 de diciembre de 2023, luego de un referéndum celebrado el 3 de diciembre de ese mismo año, el gobierno de Venezuela, dispuso, entre otras medidas, quitar las líneas oblicuas de lo que se presentaba como una zona en reclamación, mostrando toda esa región como territorio venezolano.

Entre las fuentes venezolanas, esa frontera está marcada, por ejemplo, en la Carta Corográfica de las regiones del Esequibo, Cuyuní y Amacuru, de 1896, como se muestra en la reproducción del mismo hecha en 1962; en dicha Carta -ya comentada en páginas previas-, que contiene la línea de Schomburgk de 1840 y las líneas de compromiso propuestas por las partes, se agrega -marcado con cruces- lo que allí se llama el "límite actual aproximado" entre Venezuela y Guayana. Allí hay, por lo tanto, muchas líneas que se superponen. Esto permite comparar la línea del laudo con la frontera originalmente reclamada por Gran Bretaña -la línea de Schomburgk-, y con cada una de las propuestas de compromiso que, a lo largo de esta controversia, hicieron las partes. En la Carta Corográfica se puede apreciar que -salvo pequeñas desviaciones en beneficio de Gran Bretaña- la línea del laudo coincide, en lo esencial, con la línea de frontera trazada en el mapa de Hebert, de 1842, y con la línea propuesta por Granville en 1881.

Un mapa desprovisto de información en la cartela, aunque preparado en 1908, en la oficina cartográfica de Gran Bretaña -the Ordnance Survey- por el agrimensor de la Corona (Charles Wilgress Anderson), muestra la línea del laudo, con suficientes detalles de la geografía, y dando protagonismo a la frontera entre Venezuela y la entonces Colonia de Guayana Británica. Una nota indica

Un mapa desprovisto de información en la cartela, aunque preparado en 1908, en la oficina cartográfica de Gran Bretaña -*the Ordnance Survey*- por el agrimensor de la Corona (Charles Wilgress Anderson), muestra la línea del laudo, con suficientes detalles de la geografía, dando protagonismo a la frontera entre Venezuela y la entonces Colonia de Guayana Británica. Una nota Debe decir que la

[1141] https://www.loc.gov/resource/g5250.ct001557/?r=-0.114,0.187,1.228,0.721,0

parte del mapa al norte de los 5° de latitud norte proviene de un mapa preparado por el topógrafo gubernamental de la Guayana Británica, mientras que el resto del mapa "ha sido compilado a partir de varias fuentes y es menos confiable". Esa nota pone de relieve que gran parte del territorio en el sur del país aún estaba inexplorado. Este es el mapa que utilizamos a continuación, para mostrar la línea del laudo.

CONCLUSIÓN

Cercana a cumplir doscientos años, la controversia entre Guyana y Venezuela por el territorio situado en la ribera izquierda del río Esequibo, está pendiente de la decisión de la Corte Internacional de Justicia, la cual será definitiva e inapelable. Si se declara que el laudo de París es nulo, será necesario determinar cuál es la frontera terrestre definitiva entre Guyana y Venezuela, teniendo en cuenta los medios a través de los cuales los Estados litigantes habrían adquirido esos territorios.

Desde 1498, la vasta comarca de Guyana estaba abierta a su adquisición por los Estados, siendo la ocupación el modo de adquisición por excelencia; pero no era sencillo ocupar un espacio tan grande, a veces intransitable, plagado de selvas y de pantanos. Queda por demostrar si España o Venezuela adquirieron esos territorios gracias a títulos históricos, si la región en disputa es parte del territorio efectivamente ocupado por ellas, o si es una unidad geográfica independiente, adyacente al territorio efectivamente ocupado por los españoles primero, o por los venezolanos después, y, por lo tanto, perteneciente a Venezuela. Oppenheim y Lauterpacht admiten que, en la práctica, los Estados siempre han atribuido a sus zonas de ocupación una extensión mayor de la que realmente tenían; ellos entienden que la ocupación efectiva de cierto territorio permite extender la soberanía a las tierras vecinas, en la medida en que sea necesario para la integridad, la seguridad y la defensa de la zona ocupada materialmente.[1142] Esta por demostrar cuáles fueron los territorios que España u Holanda primero, y Venezuela o Inglaterra después, ocuparon efectivamente. Y queda pendiente la tarea de mostrar cuáles eran los límites de esos territorios.

Mientras Venezuela invoca títulos históricos, Guyana, como sucesora de los derechos de Gran Bretaña, alega haber adquirido esos territorios mediante la ocupación, por los holandeses o por los ingleses. Por lo tanto, en este caso, a la ocupación, la contigüidad geográfica, la cesión, la prescripción, y los títulos históricos, les corresponderá un papel protagónico. Cada uno de esos modos de adquisición de territorios tiene sus propias reglas, y sus propias condiciones operativas. De manera que no se trata, simplemente, de invocar alguno de esos medios de adquisición de territorios, sino que habrá que explicar cómo es que ellos encuentran aplicación en el presente caso, y por qué se afirma que esa fue la forma en que el Estado tal o cual adquirió el territorio reclamado.

A partir de lo decidido en cuanto a títulos territoriales, el siguiente paso es determinar el límite de esos territorios; esa es, precisamente, la segunda tarea que se había encomendado al Tribunal arbitral: Fijar la frontera.

La historia de esta controversia enseña que, en el Nuevo Mundo, la Corona española prestó mucha atención a delimitar las fronteras con Portugal, pero que nunca se hizo un esfuerzo serio por delimitar las fronteras con Holanda. A pesar de ese desinterés por señalar cuál era la frontera común, el hecho es que había espacios ocupados por unos y otros, y que, a partir de esa circunstancia, tanto los españoles como los holandeses poseían un título sobre parte de ese gigantesco territorio. Corresponde a los historiadores explicar -con datos relevantes debidamente sustentados, que sirvan para ser presentados como prueba de algo ante un tribunal de justicia- hasta dónde es que llegaba el dominio español (o venezolano), y hasta dónde se extendía la autoridad de los holandeses (o de los

---

[1142] Cfr. Lassa Oppenheim, op. cit., Tomo I, vol. II, pp. 119 y s.

ingleses); a partir de allí, serán los juristas quienes deban determinar las consecuencias de esos hechos históricos.

En el derecho internacional, la principal función de la frontera es marcar las jurisdicciones de Estados vecinos, determinando hasta dónde llega la aplicación de sus leyes, y hasta donde se extiende la autoridad de sus jueces y policías; pero estar a uno u otro lado de esa línea no nos hace ni mejores ni peores. La función de la frontera no es estimular la animosidad entre quienes se encuentran en lados opuestos de esa línea, sino facilitar la convivencia civilizada. Y si los Estados vecinos no se han puesto de acuerdo para delimitarla, habrá que acudir a otro medio de solución pacífica de controversias internacionales, entre los que el arreglo judicial ocupa un lugar destacado. Si se ha optado por el arreglo judicial, la decisión final depende exclusivamente de la aplicación de las reglas del Derecho, pero, para determinar esa frontera, habrá que recurrir al auxilio de la geografía, la historia, u otras disciplinas.

Aunque el *uti possidetis* ha sido entendido como un medio de delimitación de fronteras entre naciones herederas de un mismo imperio colonial, en el presente caso su utilidad es reducida, porque, al tratarse de dos Estados litigantes surgidos de Potencias coloniales diferentes, este principio no tendría aplicación. No obstante, las reclamaciones territoriales de España, primero, y las de Colombia, o de Venezuela, más tarde, llevando su frontera oriental hasta la ribera izquierda del río Esequibo, sin que fueran controvertidas, tienen que tener algún efecto. Si eso sirve para indicar lo que, en tiempos de la Corona española, ésta consideraba que eran sus derechos territoriales, al momento de la independencia de las repúblicas americanas, éstas habrían conservado esos mismos territorios, no como consecuencia del *uti possidetis*, sino como consecuencia de que esas fronteras no fueron oportunamente protestadas por los Estados vecinos. Que las nuevas repúblicas americanas reclamaran los territorios que anteriormente pertenecían al imperio español -con fronteras definidas que, en su costado oriental, llegaban hasta el Esequibo- era una afirmación de soberanía ante la cual los Estados vecinos no podían guardar silencio. En realidad, cuando, en 1824, la Gran Colombia solicitó al Reino Unido su reconocimiento como República independiente, señalando como su límite oriental el río Esequibo, el Reino Unido no hizo ningún reparo, no opuso reservas, y no objetó la frontera así reclamada. Hubo que esperar hasta 1840 para que el Reino Unido reclamara una frontera común que se situaba al oeste de esa línea, internándose en lo que hoy es el territorio en disputa.

En ausencia de una frontera aceptada por los Estados litigantes, entre otros medios de prueba, los mapas pueden servir de evidencia de cuál era la frontera reclamada por una de las partes, o de cuál era la frontera aceptada por alguna de las partes en un momento determinado. Incluso si no constituyen una prueba concluyente, los mapas son, por lo menos, un indicio de quién estaba en posesión de esas tierras, o de quién tenía la titularidad sobre el territorio en disputa, o de cuál era la idea que tenían los cartógrafos respecto a la titularidad del territorio en disputa.

Ciertamente, los mapas aquí reseñados no son todos los que ilustran el territorio en disputa; pero -a juicio de quien escribe estas líneas- son los más representativos y, por lo general, provienen de cartógrafos reconocidos, o de quienes estaban en capacidad de proporcionar información relevante sobre el territorio hoy en disputa, por lo que son de interés para el jurista. A veces hay diferencias irreconciliables entre uno y otro, e incluso puede que los mapas de un mismo autor tracen fronteras diferentes. Desde luego, esos mapas no dicen lo mismo ni conducen a la misma conclusión. Aunque, a veces, los mapas que se presentan están plagados de contradicciones, esa es la consecuencia lógica de haber emprendido esta tarea con el afán de entender el significado de esos mapas, y no con la idea de escoger con pinzas sólo los que favorecen a una de las partes, o de manipularlos, maquillando la verdad en favor de una u otra de las partes. Con la independencia de criterio que dan la universidad o la judicatura, habrá que ponderar qué es exactamente lo que prueban esos mapas, y por qué unos tienen más valor que otros.

Salvo por algunas excepciones, los mapas seleccionados para este libro tienen un tamaño original mayor que aquel en el que se presentan en estas páginas. A veces, se trata de mapas murales, a los que obviamente no se les puede hacer justicia en una pequeña reproducción como la que se puede ofrecer en un texto como éste, lo cual hace difícil poder apreciar las líneas de frontera, cuando las hay, y las anotaciones del autor. Confiamos en que el estudioso consultará, si no los originales, reproducciones más grandes de estos mapas. Para ello hemos indicado los enlaces de internet, en los que se puede apreciar esos mapas en un tamaño mayor, y en alta resolución.

Los primeros mapas relevantes sólo describen la región de Guayana, sin pretender fijar límites políticos. A partir de 1595, cuando Walter Raleigh utilizó, pot primera vez en un mapa, el nombre de "*Guiana*", ese es el nombre que se le dio a la región que se encuentra entre el río Orinoco, el océano Atlántico, y el río Amazonas. Ese es el topónimo utilizado por De Bry, en su mapa de 1599, Hulsius en 1599, Hondius en 1613, Speed en 1626, De Laet en 1625, y Gottfried en 1631. Hondius, Speed y Gottfried reservaron el nombre de "*Guiana*" para la zona interior, y "*Caribana*" para la región de la costa. Pero ninguno de ellos señaló límites políticos de ninguna clase.

En una segunda etapa, los mapas muestran la parte civilizada de la región de Guayana controlada por los españoles, y una parte inexplorada y salvaje, sin hacer ninguna referencia a los holandeses. Una vez que estos últimos se asentaron en esas comarcas, los mapas muestran que ellos ocupaban sólo la costa, sin que sus asentamientos se proyectaran hacia el interior del territorio guyanés. En la segunda mitad del siglo XVIII, los holandeses no sabían por dónde pasaba la frontera, y en el Tratado de cesión, de 1814, no se especifica el límite occidental de lo que los holandeses estaban cediendo a Inglaterra. Tampoco los ingleses conocían exactamente qué es lo que habían adquirido de los holandeses, por lo que -en 1840- le encomendaron a Schomburgk la tarea de fijar sus fronteras.

Por otra parte, por más que se insista en ello, una reclamación territorial no es el equivalente a un título territorial. De no probarse la existencia de títulos históricos, si no hay, en el territorio que se reclama, por lo menos una presencia simbólica de la autoridad del Estado autor de la reclamación, jurídicamente no hay nada, y eso no se puede suplir con un mapa.

Un mapa satelital, o una imagen de Google Earth, por más que se acerque al terreno, no muestra fronteras políticas, porque éstas son fundamentalmente el producto de la aplicación de las reglas sobre adquisición de territorios previstas por el derecho internacional. Y no es frecuente que esas fronteras convencionales, sobre todo si son fronteras lineales, se reflejen en el terreno.

En ausencia de una frontera que refleje la voluntad común de las partes, habrá que prestar atención a los mapas disponibles, teniendo en cuenta su relevancia, su calidad técnica, la reputación de su autor, y la actitud de los Estados litigantes frente a los mismos. Mientras algunos de los mapas de la región en disputa no muestran una frontera política, los que lo hacen sólo indican la frontera "reclamada" por unos u otros, o una frontera "probable", o proporcionan una indicación aproximada de lo que podría ser la frontera, advirtiendo que ésta está pendiente de delimitar. Además, no puede perderse de vista que, en los mapas de la región, suele encontrarse información contradictoria, que tendrá que ser valorada por la Corte Internacional de Justicia.

Habrá que ver qué valor atribuir a un conjunto de mapas que, de manera prevaleciente, indican una frontera, o muestran un espacio vacío y una frontera por determinar. Pero, como ya se ha señalado, los mapas no son el equivalente a un título territorial y, con frecuencia, sólo sirven para apoyar las reclamaciones de una u otra de las partes, sin que constituyan evidencia concluyente de sus derechos territoriales. Cada mapa tiene que ser valorado en el caso particular, según sus propios méritos. Otra cosa es lo que se pueda deducir de una idea que, de manera prevaleciente, puedan transmitir los mapas.

Considerando el momento en el que cristalizó esta controversia -que la Corte fija, simplemente, "en una serie de eventos que tuvieron lugar durante la segunda mitad del siglo diecinueve"-,[1143] el valor de los mapas debe medirse a partir del momento en el que esos mapas fueron elaborados o publicados. En tal sentido, hay que considerar que muchos de los mapas relativos a esta controversia fueron publicados en la época en que Holanda cedió a Gran Bretaña parte de sus posesiones en Guayana, y que muchos de ellos provienen de cartógrafos ingleses. Es innecesario subrayar la importancia de los mapas, elaborados antes de 1814, cuando sus autores podían ser tenidos como observadores imparciales en cuanto a la soberanía a que esos territorios estaban sujetos.

En 1821 y 1824, cuando Colombia solicitó al Reino Unido su reconocimiento como república independiente, lo hizo con una frontera oriental descrita con absoluta precisión, marcada por el río Esequibo. Esa frontera encuentra bastante respaldo en los mapas de la época. Hay abundante evidencia cartográfica, particularmente del siglo XIX, que indica que la frontera era el río Esequibo, o que comenzaba en el río Pomerón, descendía hasta el río Cuyuní, y conectaba con el Esequibo, siguiendo su curso aguas arriba.

Algunos de estos mapas han tenido carácter oficial para una u otra parte. En este sentido, el mapa de Cruz Cano, de 1775, que fue preparado a petición de España, y que fue pagado por ella, aunque no sea precisamente un mapa *oficial*, tiene un carácter especial. Se recuerda que, una vez terminado, España no lo invocó como suyo, porque perjudicaba sus intereses en su disputa territorial con Portugal; pero el no haberlo invocado -e incluso el haberlo retirado de circulación- no altera la circunstancia de que le fue encomendado por España a uno de sus cartógrafos más notables, y que las reservas de España no se referían al trazado de la frontera con Holanda, sino con Portugal. En cuanto al mapa de Surville, de 1778, éste indica, en la cartela, que fue elaborado por Don Luis de Surville, "Oficial segundo del Archivo de la Secretaría de Estado, y del Despacho universal de Yndias, *de orden de su Gefe el Excelentísimo Señor Don Josef de Galvez*". Por ende, se trata de un mapa que, al ser confeccionado *por orden* del Gobierno español, tiene carácter oficial, y que, en su oportunidad, no fue protestado por Holanda.

Aunque nunca hubo un mapa oficial, en el pleno sentido de la palabra, realizado por el gobierno de Holanda, a sus expensas, y publicado con su aprobación,[1144] los bocetos realizados por el gobernador Storm van Gravesande, sin que hayan sido desautorizados por el Gobierno holandés, tienen que producir alguna consecuencia jurídica. Pero, mientras los mapas de dos gobernadores de la Guayana española, Diguja y Centurión, tienen coordenadas, Storm sólo trazó dos bocetos que, aunque no marcan una frontera política, indican los espacios en que estaban asentados los holandeses.

El Mapa de la República de Venezuela, de 1840, elaborado por Agustín Codazzi, tiene todas las características de un mapa oficial, aunque no se presenta como tal. Según Perazzo, en 1830, fue José Antonio Páez -entonces Presidente de la República- quien le encargó a Codazzi el levantamiento de un mapa completo de Venezuela. Una vez entregados sus trabajos, en 1838 o a principios de 1839 -bajo la segunda presidencia de Páez-, estos fueron examinados por el Jefe de Ingenieros Juan Manuel Cagigal, quien les dio su aprobación, y el 18 de abril de 1839 el Congreso hizo lo propio, ordenando su publicación, la cual tuvo lugar en París, en 1840.[1145] Pero ese no es el único mapa oficial de Venezuela.

[1143] Cfr. International Court of Justice, *Arbitral Award of 3 October 1899 (Guyana v. Venezuela)*, Jurisdiction of the Court, Judgment of 18 December 2020, párrafo 29.

[1144] Cfr. G. L. Burr, Report on maps from official sources, loc. cit., p. 173.

[1145] Cfr. Fundación Polar, *Diccionario de Historia de Venezuela*, Editorial Ex Libris, Caracas, 1988, Tomo I, nota de Nicolás Perazzo, pp. 699 y s.

La *Carta corográfica de las regiones Esequibo, Cuyuní y Amacuro, de 1896*, arreglada y dirigida por un ingeniero a las órdenes del Ministerio de Obras Públicas de Venezuela, conforme a datos "compilados por el Ministerio de Relaciones Interiores", y publicado en una "*Edición oficial ordenada por el Ministerio de Relaciones Interiores*", es un mapa oficial, con las distintas líneas de reclamación o de compromiso propuestas por cada una de las partes. Según esta Carta -a diferencia del mapa de Codazzi de 1840-, la línea de frontera de Venezuela con Guyana es el río Esequibo en todo su trayecto.

En el lado británico, después de que, en 1781, los ingleses ocuparan brevemente la colonia holandesa de Esequibo, el Capitán Thompson -quien era el oficial a cargo de las fuerzas británicas-, realizo mediciones en la región. Un mapa de 1783, de la costa de Guayana desde el Orinoco hasta el río Amazonas, de Louis De la Rochette, con observaciones del Capitán Thompson, aparece aprobado por el Comité de Mapas del Almirantazgo británico. William Faden,[1146] que era geógrafo del rey de Inglaterra y del Príncipe de Gales, no es, precisamente, el autor de ningún mapa de la región en disputa; sin embargo, en 1799, él reprodujo el mapa de Cruz Cano, de 1775, y, aunque le introdujo algunos cambios, respetó la frontera de España con la colonia de la Guayana Holandesa trazada por Cruz Cano; esa circunstancia, viniendo del geógrafo del rey de Inglaterra, debe tener alguna consecuencia jurídica respecto de Inglaterra. Además, el mapa de Sudamérica ("*Colombia Prima or South America*"), de Louis de la Rochette, que muestra una línea de frontera casi idéntica a la de Cruz Cano, fue publicado por Faden en 1807 y, en una nota suscrita por éste, se indica que la frontera de la Guayana holandesa ha sido corregida, teniendo en cuenta un mapa de la Colonia de Surinam, elaborado por instrucciones del gobernador Bottenberg, y un mapa editado de Berbice, Demerara y Esequibo, de Bouchenroeder. Para los estudiosos del Derecho -y para quienes tienen la tarea de aplicarlo-, que ese mapa fuera corregido -y avalado- por el geógrafo del rey de Inglaterra no puede ser una circunstancia irrelevante. Tal era el interés de Faden en este último mapa que, en 1811, hizo una reducción de este (a 1,1 mts. de alto por 78,74 centímetros de ancho), mostrando la misma línea de frontera trazada por De la Rochette, que es la misma de Cruz Cano. Hasta qué punto eso comprometía a Inglaterra es una cuestión que le corresponderá determinar a la Corte.

Pero para el Reino Unido también hay otros mapas oficiales, que han estado en el meollo de esta controversia. El mapa de Schomburgk, de 1840, fue publicado en los papeles del Parlamento británico, e inicialmente fue hecho suyo por el Gobierno británico; durante décadas, la línea marcada por Schomburgk fue la frontera reclamada por Inglaterra. Entre las naciones respetuosas del Derecho, eso impediría que, posteriormente, valiéndose de nuevos mapas, un Estado pudiera alegar derechos sobre un territorio que está más allá de la frontera originalmente reclamada.

El mapa de Stanford, de 1875, realizado a partir de estudios de una Comisión nombrada por el rey, revisado por un agrimensor de la Corona y por el Director del Servicio Geológico de la Guayana Británica, es otro mapa oficial del Reino Unido; sin embargo, este mapa incluye una nota en la que se indica que "*las fronteras así establecidas* entre el Brasil, por un lado, y Venezuela, por el otro, y la colonia de la Guayana Británica, *no deben tomarse como definitivas, ya que nunca han sido ajustadas por los respectivos gobiernos*."[1147] En diciembre de 1886, el Gobierno británico publicó, en la *Colonial Office List*, un mapa con su máxima pretensión territorial, y en 1890 alegó que la frontera reconocida por ellos era la del mapa de Hebert, de 1842. Después de haber reivindicado consistentemente la línea sugerida por Schomburgk, se supone que ese repentino cambio de opinión, respecto de la frontera reclamada por

[1146] Uno de los más prominentes cartógrafos ingleses de fines del siglo XVIII y comienzos del siglo XIX. Hijo de William MackFaden, que cambió su apellido a Faden. Su mentor fue Thomas Jefferys, cartógrafo del rey. Después de la muerte de Jefferys, Faden heredó su negocio de editor y su tienda de mapas. y él mismo llegó a ser geógrafo de los reyes Jorge III y Jorge IV.

[1147] "...the boundaries thus laid down between Brazil on the one side and Venezuela on the other and the Colony of British Guiana must not be taken as authoritative, as they have never been adjusted by the respective Governments."

Gran Bretaña -que cambiaba de un mapa a otro-, debe tener alguna consecuencia jurídica. En este sentido, se recuerda que el *estoppel* es un principio firmemente arraigado en el derecho internacional y en la doctrina de los juristas ingleses.

Dos años antes de que, en los Papeles del Parlamento, se publicara el mapa de Schomburgk, el mapa de la Guayana británica de un agrimensor de la Corona, Joseph Hadfield, de 1838, aunque no marca la frontera política con Venezuela, no muestra nada, al oeste del Esequibo, como perteneciente a la colonia británica, o como ocupado por ella, excepto en la llamada "costa árabe", que iba desde el Pomerón, o el Moruca, hasta la boca del Esequibo.

Entre otros, el mapa del holandés Bouchenroeder, el de Richard Schomburgk, y el del inglés Hadfield, al que ya se ha hecho referencia, muestran las plantaciones holandesas en la costa y en una parte de la ribera del río Esequibo, hasta su conjunción con los ríos Cuyuní y Mazaruni. Asumiendo que esas plantaciones no eran simplemente los actos de particulares, sino que reflejaban una manifestación de la voluntad y la presencia del Estado en la región en disputa, ellas marcaban los límites de la ocupación holandesa. Si esa es una prueba de la ocupación efectiva, esa es, también, una prueba de la frontera de la colonia holandesa, o inglesa. Pero, fuera de eso, los mapas anteriores al laudo de París son casi unánimes en mostrar el territorio en disputa como una región deshabitada.

Dando la razón a la tesis venezolana, muy poco antes de que llegaran los ingleses, el mapa de Sudamérica, de Bonne, de 1781, marca la frontera occidental de la colonia holandesa llegando hasta el río Esequibo, aunque sin seguir su curso hasta el nacimiento de este. En este mapa, los territorios situados más hacia el sur se atribuyen a la Nueva Andalucía, o a la Provincia de Guayana, en la Guayana española. Varios otros mapas marcan la frontera comenzando en la misma desembocadura del río Esequibo, siguiendo su curso aguas arriba, aunque no siempre hasta su nacimiento. Ese es el caso del mapa de la Guayana francesa y holandesa, de Jean-Baptiste Poirson, de 1803,[1148] y del mapa de Depons, de 1805, en los que se aprecia que la frontera entre la Guayana española y la Guyana holandesa es el río Esequibo. Igualmente, el mapa de Sudamérica de Jacobs Cummings, de alrededor de 1821,[1149] y el mapa de Robelin, de 1884,[1150] son evidencia de la opinión informada de terceros de la época, que muestran que la frontera entre Venezuela y la Colonia de Guayana Británica corría a lo largo de la mayor parte del curso del río Esequibo, o incluso de todo su curso. Lo mismo se puede apreciar en una revisión del mapa de Delisle, de 1722, hecha por Jean-Claude Dézauche,[1151] en 1790 -que incluye fronteras políticas-, siendo que la frontera occidental de la Guayana holandesa está marcada en el río Esequibo. Asimismo, el mapa de Colombia dividida por Departamentos,[1152] sin fecha, de Codazzi, marca la frontera de Venezuela con la colonia de Guayana Británica a lo largo de todo el curso del río Esequibo, aunque marca la región del Pomarón y la del Alto Esequibo como "*territorio que se considera usurpado por los ingleses*".

[1148] Cfr. https://pictures.abebooks.com/inventory/22589560335.jpg

[1149] Cfr. https://upload.wikimedia.org/wikipedia/commons/thumb/8/85/South_America_1821.jpg/1620px-South_America_1821.jpg

[1150] Cfr. https://upload.wikimedia.org/wikipedia/commons/1/17/Mapa_de_los_Estados_Unidos_de_Venezuela.jpg

[1151] Cfr. https://images.fineartamerica.com/images/artworkimages/mediumlarge/3/carte-d-amerique----inset-map-pf-alaska-paris---jean-claude-dezauche.jpg

[1152] Cfr. https://www.davidrumsey.com/luna/servlet/detail/RUMSEY~8~1~20069~590062:Carta-de-la-Republica-de-Colombia%2C-?sort=pub_list_no_initialsort%2Cpub_date%2Cpub_list_no%2Cseries_no&mi=21&trs=70&qvq=q:codazzi;sort:pub_list_no_initialsort%2Cpub_date%2Cpub_list_no%2Cseries_no;lc:RUMSEY~8~1

Sin embargo, la reclamación venezolana es parcialmente desmentida por otros mapas que, si bien muestran que el Esequibo servía de frontera a Venezuela y a la colonia de Guayana Británica en la mayor parte de su curso, no ocurría así en la región del Pomerón, la cual atribuían a los holandeses, o a sus sucesores los ingleses. En el caso de los mapas que marcan fronteras políticas, la mayoría de ellos marcan un sector, en la ribera occidental de la desembocadura del río Esequibo, que se extiende hasta la desembocadura del río Barima, o el Moruca, o el Pomerón, y que desciende hacia el suroriente para conectar con el río Esequibo, en su confluencia con los ríos Cuyuní y Mazaruni. Ese sector ha sido identificado como la región Pomerón-Moruca, Moruca-Esequibo, o -en el caso de los ingleses- como el distrito de Barima; la parte de la costa era la llamada "*costa árabe*". Si bien no hay consenso en cuanto a los límites precisos de ese sector, sí lo hay en cuanto a que el mismo estaría bajo la soberanía de los holandeses o, después de 1814, de los ingleses. En este sentido, los mapas de dos gobernadores de la Guayana española, Diguja y Centurión, atribuyen la región del Pomerón a Holanda. En el mapa de Diguja, aunque no se muestra una línea de frontera que separe a la provincia de Guayana de la Colonia de Guayana holandesa, se muestra "Parte de la Provincia de Guayana", y se marca como "Colonias Holandesas" un sector en la costa, que atraviesa hacia el oeste del Esequibo, ocupando la desembocadura del mismo y parte de lo que se conoce como la región Pomerón. En cuanto al mapa de Manuel Centurión, éste traza una línea de frontera que comienza en el río Moruca y se prolonga hasta el río Cuyuní, en su confluencia con el Mazaruni, desde donde sigue hacia el sur, y hacia el este del Esequibo; toda esa inmensa extensión -que se conecta con la Guayana francesa y con las colonias portuguesas- sería territorio de la Guayana española. El mapa de Cruz Cano, de 1775, con la exclusión de la región del Pomerón, territorio antes indicado, marca la frontera de Venezuela con los holandeses en el río Esequibo. Asimismo, en el mapa de Surville, de 1778 -que tiene carácter oficial y que no fue protestado por los holandeses- la frontera comienza en el Cabo Nassau y se conecta con el río Esequibo en su confluencia con los ríos Cuyuní y Mazaruni, siguiendo aguas arriba, hasta su confluencia con el Siparuni, para luego desviarse al este, encontrándose con el límite de la Guayana Francesa. Esa es, también, la frontera, en la Carta de la República de Colombia de Restrepo, de 1827, en el mapa de Venezuela de Codazzi, de antes de la revolución de 1810, y en el *Mapa Político de la República de Venezuela en 1840*, también de Codazzi.

Los mapas de De la Rochette, de 1807 (Colombia Prima South America), de Aaron Arrowsmith, de 1810, de Pinkerton, de 1818, y de Sidney Hall, de 1829, también sitúan la región Pomerón-Moruca en el territorio de la Colonia de Guayana británica; pero, a partir de allí, la frontera marcada por ellos sigue el curso del río Esequibo. Igualmente, el mapa de 1817 de John Thomson, un destacado cartógrafo escocés, ("Caraccas (sic) and Guiana"),[1153] sigue esencialmente la misma línea que el mapa de Cruz Cano, apartándose levemente, hasta poco más allá del Cabo Nassau, para descender hasta la sierra de Imataca y de allí en dirección sur-este, hasta encontrarse con la confluencia del Cuyuní y el Esequibo, punto a partir del cual sigue, aguas arriba, el curso de este último. Estos mapas revisten particular interés, por provenir de cartógrafos británicos, y por reflejar la visión que se tenía *en Gran Bretaña* de la región de Guayana antes de que estallara esta controversia. Eso es lo que muestra, también, el derrotero de la costa de Guayana ("*New Chart of the coast of Guayana comprehending the Colonies of Demerary, Surinam, Cayenne, and the island of Trinidad, also the entrance to the river Orinoc, & C.*"), del cartógrafo inglés William Heather, revisado y corregido por John William Norie, de 1828,[1154] en la que, salvo la región del Pomarón, la ribera izquierda del Esequibo se describe como "*Colombian Guayana*".

Asimismo, el mapa de Jean-Claude Dézauche, de 1790,1156 los mapas de la república de Colombia, de 1825,[1157] y de las Guayanas francesa, holandesa e inglesa, también de 1825,[1158] ambos de

[1153] Cfr. https://www.davidrumsey.com/luna/servlet/detail/RUMSEY~8~1~28396~1120825:Caraccas,-Guiana-

[1154] Cfr. https://www.raremaps.com/gallery/detail/77708/a-new-chart-of-the-coast-of-guyana-comprehending-the-colonie-heather-norie-co

Jean Alexandre Buchon, intelectuales franceses ajenos a la controversia, muestran una frontera idéntica, que, luego de la región del Pomerón, sigue, aguas arriba, el curso del Esequibo. Incluso, el mapa de Richard Schomburgk, de 1847,[1155] muestra una Colonia de Guayana Británica que, luego de una angosta franja a lo largo de la costa árabe (en la región del Pomarón), a partir de allí, seguiría el curso del río Esequibo. Lo mismo ocurre con la «*Carte Générale de l'Amérique Méridionale et des Iles qui en Dépendents*», de 1826,[1156] de Adrien Hubert Brué, quien fuera geógrafo del Rey, y el mismo cartógrafo que publicó los mapas de Alexander von Humboldt. El mapa de Codazzi, de Venezuela antes de la revolución de 1810,[1157] al igual que su mapa de Venezuela en 1840,[1158] después de la región del Pomarón, muestran la frontera en el río Esequibo, aunque llegando sólo hasta su confluencia con el Guidaru. El mapa de Restrepo, de Colombia, de 1827,[1159] es un caso especial, porque, si bien excluye la región del Pomerón del territorio colombiano (ahora venezolano), sigue, al igual que los mapas anteriores, la frontera del Esequibo pero, a partir de su confluencia con el "Sibroma o Sibarona" (Siparuni), la frontera se desvía hacia el sureste, atravesando el Esequibo, hasta un punto no especificado, en el que se devuelve, en dirección suroeste, hasta la sierra de Tumucuraque, a partir de la cual regresa hacia el oeste.

En una cuenca hidrográfica rodeada por grandes ríos, como el Orinoco en el noroeste, el Amazonas en el sur, y el Esequibo en el sureste, con muchos ríos menores entre ellos, resulta curioso que, en algunos mapas (Delamarche, de 1824, Lapie, de 1828, Huntington, de 1830, y Dufour, de 1849), se muestre la frontera corriendo a lo largo del río Mazaruni (o de lo que parece ser el Mazaruni), que es un afluente del río Esequibo.

La jurisprudencia internacional ha sostenido en una cuenca hidrográfica rodeada por grandes ríos, como el Orinoco en el noroeste, el Amazonas en el sur, y el Esequibo en el sureste, con muchos ríos menores entre ellos, resulta curioso que, en algunos mapas (Delamarche, de 1824, Lapie, de 1828, Huntington, de 1830, y Dufour, de 1849), se muestre la frontera corriendo a lo largo del río Mazaruni (o de lo que parece ser el Mazaruni), que es un afluente del río Esequibo. Que, aunque se debe ser cauteloso con la evidencia cartográfica, pues no puede usarse como indicación de un título legal, debe, sin embargo, considerarse como "evidencia importante de opinión o reputación general". En cuanto los mapas fueron aceptados, o no fueron corregidos por alguno de los Estados partes en esta controversia cuando podían haberlo hecho, ellos reflejan hasta dónde llegaban las reclamaciones territoriales de cada uno. Históricamente, los mapas anteriores al laudo del 3 de octubre de 1899 muestran que existía la convicción de que, excepto por la región del Pomerón, la frontera entre Venezuela y la antigua colonia de la Guayana Británica seguía el curso del río Esequibo.

Después de presentar varias "*effectivités*", en la memoria del Reino Unido sometida al Tribunal arbitral reunido en París, se alega que, desde los primeros tiempos, el distrito de Barima (la región del Pomerón) estaba fuera del control jurisdiccional de los españoles, y que, sucesivamente, fue tratado por los holandeses y los británicos como formando parte de su jurisdicción territorial;[1160] pero ese no

---

[1155] Richard Schomburgk, Travels in British Guiana during the years 1840-1844. Carried out under the Commission of His Majesty the King of Prussia (título original, Reisen in Britisch-Guiana in der Jahren 1840-1844), traducido por Walter E. Roth, Publishing House of J. J. Weber, Leipzig, 1847.

[1156] Cfr. https://www.davidrumsey.com/luna/servlet/detail/RUMSEY~8~1~33964~1170116:Amerique-Meridionale-

[1157] Cfr. https://dn710109.ca.archive.org/0/items/dr_mapa-politico-de-venezuela-antes-de-la-revolucion-de-1810-mapa-politico-de-00594056/00594056.jpg

[1158] Cfr. https://dn710109.ca.archive.org/0/items/dr_mapa-politico-de-venezuela-antes-de-la-revolucion-de-1810-mapa-politico-de-00594056/00594056.jpg

[1159] Cfr. Colombia. - David Rumsey Historical Map Collection

[1160] Cfr. Boundary between British Guiana and Venezuela. Case presented on the part of the Government of Her Britannic Majesty to the Tribunal of Arbitration constituted under article I of the treaty concluded at Washington, on the 2nd

es el caso del resto del territorio en disputa. Esa porción de la costa, situada en la ribera occidental de la boca del Esequibo, sólo representa una pequeña fracción del territorio en disputa.

La Carta de América meridional, de Delamarche, de 1838, después de marcar una pequeña fracción de la región Pomerón-Moruca como parte de la Guayana inglesa, traza una frontera que no corre a lo largo del Esequibo, sino que sigue el curso de lo que parece ser el Mazaruni. Pero, a pesar de internarse en la ribera occidental del Esequibo, esa frontera está muy lejos de la que, el mismo año (y también en su mapa anterior de 1832, y en el posterior, de 1858) trazó John Arrowsmith, o de la que, sólo dos años después, mostraría el mapa de Schomburgk, que Gran Bretaña haría suyo.

En algunos aspectos -tal como la extensión de los territorios efectivamente ocupados-, los mapas disponibles sólo permiten hacer inferencias contradictorias, que no logran probar lo alegado por las partes. Sin embargo, en lo esencial, la evidencia cartográfica es abundante en mostrar que la frontera era -al menos parcialmente- la ribera del Esequibo.

Como quiera que sea, en la medida en que los mapas son expresión de pretensiones divergentes, respecto de las cuales los Estados no han logrado ponerse de acuerdo, la determinación de las mismas fue encomendada, primero, al Tribunal arbitral de París, y ahora a la Corte Internacional de Justicia; si se decide que el laudo de París es nulo, será es Tribunal el que, a partir de esos mapas y del resto de la evidencia histórica o documental que le presenten las partes, determine la frontera terrestre definitiva entre Guyana y Venezuela.

En el presente caso, en distintos momentos, las partes hicieron propuestas de compromiso que fueron desestimadas. Con otro lenguaje, luego de introducida ante la Corte la demanda de Guyana, Venezuela ha insistido en que hay que volver al espíritu del Acuerdo de Ginebra o, en una clara invitación a negociar, ha sostenido que dicho Tratado es el marco para el "arreglo práctico" de la controversia. Hasta el momento, Guyana se ha negado a negociar, porque confía en que puede obtener una sentencia favorable. Además, no puede perderse de vista que, cuando hay un clima enrarecido por las pasiones, será difícil para cualquier negociador tranzar una porción del territorio que sus compatriotas consideran que les pertenece, sin exponerse a ser acusado de traidor.

Para Venezuela, el laudo de París representa una afrenta histórica al honor nacional, mediante la que se le despojó de un espacio que en derecho y en justicia le correspondía; pero la reclamación venezolana -de casi dos tercios de lo que Guyana considera "su territorio"- es vista por ésta como una amenaza existencial. El territorio en disputa -que está en posesión de Guyana- es visto como la clave de su futuro económico. Mientras Guyana sostiene que Venezuela habría esperado 64 años para hacer su reclamación, Venezuela alega que, hasta 1840, Gran Bretaña no conocía cuáles eran las fronteras de su colonia en Guayana, y que, con cada mapa que produjo, esas fronteras se fueron internando progresivamente en territorio venezolano. Guayana alega que el laudo de París es *res judicata*, y que la frontera indicada por éste es intangible; por su parte, Venezuela reclama que el laudo es nulo y que, con el Acuerdo de Ginebra, las partes asumieron el compromiso de buscar un "arreglo práctico" a la controversia territorial entre ambos países.

Ésta es una disputa que, a ambos lados de la frontera, ha exacerbado las emociones. Afortunadamente, siendo el territorio un elemento fundamental del Estado, la sociedad internacional se ha dotado de reglas para adquirirlo y para delimitarlo, y a ellas habrá que atenerse. Corresponderá a las partes demostrar los títulos que poseen respecto del inmenso espacio que reclaman como propio, y recaerá en la Corte ponderar el valor de esas pruebas y de los argumentos de los litigantes.

February, 1897, between Her Britannic Majesty and the United States of Venezuela, Harrison and Sons, London, 1899, p. 118.

En la Edad Media, el proceso era una batalla -o un duelo- en el que el fallo se confiaba al "juicio de Dios"; el veredicto podía depender de un hierro candente, o de la fuerza para sostener una espada. Ahora, la sentencia es la consecuencia de un examen racional de los hechos y el Derecho. En el presente caso, el destino del territorio en disputa está en manos de dieciséis hombres y mujeres honorables. Ninguno de ellos es un advenedizo en estas lides; todos ellos tienen una sólida formación en el derecho internacional, especialidad a la que han dedicado sus vidas. Sin embargo, a pesar de todo el conocimiento y la experiencia acumulada por ellos, la tarea que les corresponde no será sencilla. Con absoluta certeza, su decisión no será del agrado de una de las partes, y quizás decepcione a ambas. Eso es lo normal en cualquier asunto que se somete al arreglo judicial. Pero, si una de las partes en el proceso ha sido incapaz de convencer al Tribunal de que su reclamación estaba bien fundada, lo correcto, y lo honorable, es aceptar el veredicto. En una contienda justa, en la que ambas partes han sido oídas, a la derrota no se le puede añadir el deshonor de negarse a reconocer el resultado. Cuando tengamos una sentencia, se habrá puesto fin a una controversia bicentenaria, y habrá acabado la incertidumbre sobre quién es el legítimo titular del territorio en disputa. Después de eso, sólo corresponde acatar la sentencia, y saludar al rival que resulte vencedor.

www.ingramcontent.com/pod-product-compliance
Lightning Source LLC
LaVergne TN
LVRC101545220926
848486LV00041B/382

* 9 7 9 8 9 0 5 0 4 4 1 6 8 *